Inhalt

		Seite
	Vorwort	5
	Methodisch-didaktische Überlegungen	6 – 7
1	Sommerferien	8
2	Alphabet	9 – 11
3	Sich vorstellen	12
4	Farben	13 – 14
	• Wortschatz 3 & 4	14
5	In der Schule	15 – 17
	• Wortschatz 5	17
6	Hobbys	18 – 19
7	Sportarten	20 – 22
	• Wortschatz 6 & 7	21 – 22
8	Tiere	23 – 29
	• Wortschatz 8	28 – 29
9	Körper	30 – 35
	• Wortschatz 9	34 – 35
10	Outfit	36 – 39
	• Wortschatz 10	38 – 39
11	Uhr & Uhrzeiten	40
12	Essen & Trinken	41 – 46
	• Wortschatz 11 & 12	44 – 46
13	Wetter	47
14	Winter	48 – 50
	• Wortschatz 13 & 14	49 – 50
15	Advent & Weihnachten	51 – 53
	• Wortschatz 15	52 - 53
16	Neues Jahr & Kalender	54 – 56
	• Wortschatz 16	55 – 56
17	Fasching & Karneval	57 – 59
	• Wortschatz 17	58 – 59

Inhalt

		Seite
18	**Wohnung**	**60 – 63**
	• *Wo ist K. Rotte?*	61
	• *Wortschatz 18*	62 – 63
19	**Berufe**	**64 – 68**
	• *Beruf & Tätigkeiten*	65
	• *Wortschatz 19*	66 – 68
20	**Werkzeug & Zubehör**	**69 – 70**
	• *Wortschatz 20*	70
21	**Im Büro (Schreibtisch)**	**71 – 72**
	• *Wortschatz 21*	72
22	**Gastronomie (Küche)**	**73 – 75**
	• *Wortschatz 22*	74 – 75
23	**Ostern**	**76**
	• *Wortschatz 23*	76
24	**Frühling & Frühlingsblumen**	**77**
	• *Wortschatz 24*	77
25	**Familie**	**78 – 80**
	• *Wortschatz 25*	79 – 80
26	**Fahren & Reisen**	**81 – 83**
	• *Wortschatz 26*	82 – 83

Vorwort

Liebe Kolleginnen, liebe Kollegen,

die Kultusministerkonferenz vom 20.10.2011 hat insbesondere die individuelle Förderung und Sprachförderung hervorgehoben. In den Bildungsplänen und -vereinbarungen aller Länder wird der Erwerb grundlegender Sprachkompetenzen festgehalten, wobei die interkulturelle Bildung fester Bestandteil der Bildungspläne ist. Für zugewanderte Schülerinnen und Schüler werden besondere Vorbereitungsklassen und Vorkurse angeboten. Der Migrationshintergrund dient dabei als Ansatzpunkt für eine besondere pädagogische Förderung, wobei Grundschulen und weiterführende Schulen besonderen Wert auf differenzierte Lernangebote und zusätzlichen Förderunterricht legen.

Der erste Band der neuen Reihe „Deutsch als Zweitsprache" für Vorbereitungsklassen und Vorbereitungskurse gibt Ihnen einen Schnellkurs zur Erarbeitung des Grundwortschatzes an die Hand. Die am Alltagsleben orientierten Themen sind bewusst auf den Einsatz in Grundschule und Sekundarstufe I zugeschnitten, an der Didaktik eines zeitgemäßen Unterrichtes ausgerichtet und berücksichtigen die heterogene Zusammensetzung Ihrer Klasse und unterstützen individuelles und differenzierendes Lernen. Die mündlichen und schriftlichen Übungen zum Wortschatztraining, die Bildkarten und zahlreiche spielerische Elemente sind vielseitig einsetzbar. In den nachfolgenden Bänden werden einzelne Themenbereiche aufgegriffen und vertieft, wobei Sie mit der kompletten Reihe ein vollständiges und umfangreiches Lehrwerk für die Arbeit mit Ihrer Vorbereitungsklasse erhalten. Die Wortschatzsammlung ist auch als Nachschlagewerk und Grundwortschatz ausgezeichnet geeignet.

Viel Erfolg beim Einstieg in die Arbeit mit Ihrer Vorbereitungsklasse wünschen Ihnen der Kohl-Verlag und

Rena Thormann

Rena Thormann ist Lehrerin an einer Grund- und Werkrealschule in Karlsruhe und in der Fortbildung mit ihrem Thema „Deutsch als Zweitsprache" tätig. Sie arbeitet als Fachberaterin Unterricht/DaZ beim Staatlichen Schulamt Karlsruhe und ist Mitglied im Arbeitskreis zur Erstellung einer Handreichung für Deutsch als Zweitsprache, Sekundarstufe I.

Methodisch-didaktische Überlegungen

Es wird empfohlen, mit den Themenangeboten 1-5 auch in dieser Reihenfolge zu beginnen. Die Reihenfolge der weiteren Inhalte ist bis auf die jahreszeitlich gebundenen Themen frei wählbar und richtet sich nach individuellen Bedürfnissen und aktuellen Entwicklungen. Sie werden mit eigenen Vorlagen ergänzt und von realen Gegenständen und originalen Begegnungen begleitet (Lerngänge; Besuche von Gebäuden, Räumen und Institutionen usw.). Die Bildvorlagen und Wortschatzlisten der 28 Themenangebote sind als Kopiervorlagen für die Hand der Lernenden entwickelt, wobei phonetische Übungen zu jeder Zeit berücksichtigt werden. Die Aufgaben zu einigen Themen werden in Einzel- oder Partnerarbeit gelöst.

Die folgenden Überlegungen zu den einzelnen Themen sind ergänzende Vorschläge. Eine Umsetzung hängt ab von Altersstufe, Wissensstand, Zeitbudget, individueller Unterrichtsplanung und Zielsetzungen.

1 Sommerferien
Eigene Ferienfotos ergänzen den Vorschlag und dienen als Sprechimpuls über individuelle Ferienziele, -gestaltungen und -erlebnisse.

2 Alphabet
Die Gruppe stellt sich alphabetisch auf nach Vornamen, Nachnamen, Mädchen und/oder Jungen.

3 Sich vorstellen
Die Redewendungen und Sprachmuster werden in wechselnden Dialogen geübt.

4 Farben
Die Farben werden an realen Gegenständen und im Ratespiel: „Ich sehe was, was du nicht siehst und das ist ...." geübt.

5 In der Schule
Ausgehend von den im Klassenraum zur Verfügung stehenden „Schulsachen" wird der Wortschatz erarbeitet.

6 Hobbys
Die Schülerinnen und Schüler stellen ihr Hobby vor und bringen Zubehör im Rahmen der Möglichkeiten mit (z.B. Inliner, Tennisschläger, usw.).

7 Sportarten
Die Gruppenmitglieder listen ihre individuellen Sportarten auf. Die Gruppe errät pantomimisch dargestellte Sportarten.

8 Tiere
Ein Besuch im Zoo, im Tiergehege usw. begleitet die Wortschatzerarbeitung. In sechs Gruppen werden Tiere im Haus, im Zoo, im Wald, auf der Wiese, auf dem Bauernhof und im Wasser gefunden und in einer Präsentation vorgestellt.

9 Körper
Ein mitgebrachter Hund unterstützt die Erarbeitung der Körperteile des Hundes. Die Körperteile des Menschen werden auch in Partnerarbeit gezeigt und geübt. Die Adjektive werden spielerisch dargestellt.

10 Outfit
Ein Besuch in einem örtlichen Bekleidungsgeschäft und das Sammeln von Begriffen zum Thema Kleidung kann als Einstieg dienen. Die Beschreibung der Kleidung der Klassenmitglieder begleitet die Erarbeitung.

11 Uhr & Uhrzeiten
Einfache Übungen an der Lernuhr und Lesen von z.B. Busfahrplänen unterstützen das Erlernen der Zeitbestimmungen.

Band 1

Rena Thormann

Deutsch als Zweitsprache
in Vorbereitungsklassen

1

Schnellkurs Grundwortschatz

- Wortschatz in Bildern & Vokabellisten
- Themenbereiche aus dem Alltag
- Grundschule & Sekundarstufe

Lernen mit Erfolg
KOHL VERLAG

www.kohlverlag.de

Deutsch als Zweitsprache

Band 1: Schnellkurs Grundwortschatz

6. Auflage 2025

© Kohl-Verlag, Kerpen 2013
Alle Rechte vorbehalten.

Inhalt: Rena Thormann
Coverbild: © clipart.com
Redaktion: Kohl-Verlag
Grafik & Satz: Kohl-Verlag
Druck: elanders Druck, Waiblingen

Bestell-Nr. 11 421

ISBN: 978-3-86632-202-8

Das vorliegende Werk und seine Teile sind urheberrechtlich geschützt. Jede Nutzung in anderen als den gesetzlich zugelassenen Fällen bedarf der vorherigen schriftlichen Einwilligung des Verlages. Hinweis zu § 52a UrhG: Weder das Werk noch seine Teile dürfen ohne eine solche Einwilligung eingescannt und in ein Netzwerk oder das Internet eingestellt werden. Dies gilt auch für Intranets von Schulen und sonstigen Bildungseinrichtungen.

Kontakt: Kohl-Verlag, An der Brennerei 37-45, 50170 Kerpen
Tel: +49 2275 331610, Mail: info@kohlverlag.de

Der vorliegende Band ist eine Print-Einzellizenz

Sie wollen unsere Kopiervorlagen auch digital nutzen? Kein Problem – fast das gesamte KOHL-Sortiment ist auch sofort als PDF-Download erhältlich! Wir haben verschiedene Lizenzmodelle zur Auswahl:

	Print-Version	PDF-Einzellizenz	PDF-Schullizenz	Kombipaket Print & PDF-Einzellizenz	Kombipaket Print & PDF-Schullizenz
Unbefristete Nutzung der Materialien	x	x	x	x	x
Vervielfältigung, Weitergabe und Einsatz der Materialien im eigenen Unterricht	x	x	x	x	x
Nutzung der Materialien durch alle Lehrkräfte des Kollegiums an der lizenzierten Schule			x		x
Einstellen des Materials im Intranet oder Schulserver der Institution			x		x

Die erweiterten Lizenzmodelle zu diesem Titel sind jederzeit im Online-Shop unter www.kohlverlag.de erhältlich.

Methodisch-didaktische Überlegungen

12 Essen & Trinken
Ein Besuch der Schulküche mit Übungen zu vorhandenen Lebensmitteln und Ausrüstung begleiten die Kopiervorlagen. In Kleingruppen wird Obstsalat mit Präsentation der Zutaten gemacht.

13 Wetter
Die folgenden Unterrichtsstunden beginnen jeweils mit der Erklärung der aktuellen Wetterlage in einer Einzel- oder Partnerpräsentation.

14 Winter
Der Wortschatz wird mit Hilfe der auf Folie kopierten Bildvorlage erarbeitet.

15 Advent & Weihnachten
Der Besuch eines weihnachtlich ausgerichteten Blumengeschäftes dient als Einstieg ins Thema. Das Backen von Weihnachtsplätzchen in der Schulküche schließt das Thema.

16 Neues Jahr & Kalender
In Kleingruppen werden Geburtstagskalender erstellt, die Daten werden in einen Klassenkalender übertragen.

17 Fasching & Karneval
Eigene Kostüme und Verkleidungen werden vorgestellt und beschrieben.

18 Wohnung
Das Klassenzimmer wird beschrieben. Ein realer oder fiktiver Plan der eigenen Wohnung wird gezeichnet und vorgestellt.

19 Berufe
Berufe und entsprechende Tätigkeiten von Familienmitgliedern werden erfragt und in der Klasse präsentiert. Eine Verbindung mit Thema 27 Familie bietet sich an dieser Stelle an.

20 Werkzeug & Zubehör
In Kleingruppen werden Werkzeuge ausgesuchten Berufen zugeordnet und präsentiert. In szenischen Rollenspielen werden Beruf und Werkzeuge pantomimisch dargestellt und von den Zuschauern verbalisiert.

21 Im Büro (Schreibtisch)
Ein Besuch des Schulsekretariats unterstützt das Erlernen des Vokabulars.

22 Gastronomie (Küche)
Die Schulküche wird erkundet. Im Essensbereich werden Spielszenen „Im Restaurant" vorbereitet und mit der Speisekarte umgesetzt.

23 Ostern
Der Besuch einer Kirche begleitet die Beschreibung des christlichen Hintergrundes von Ostern, gefolgt von einer kurzen Darstellung der sich daraus entwickelten Form, die vor allen Dingen an Kindern orientiert ist.

24 Frühling & Frühlingsblumen
Ein Lerngang in den Park/die Stadt/den Wald in Verbindung mit der Kopiervorlage bietet sich an.

25 Familie
Der fiktive Stammbaum wird auf Folie kopiert, gemeinsam werden die verwandtschaftlichen Beziehungen der Familienmitglieder erarbeitet. Schilderungen eigener familiärer Beziehungen werden gegebenenfalls mit mitgebrachten Familienfotos präsentiert.

26 Fahren & Reisen
Je nach den örtlichen Möglichkeiten werden Teilbereiche des Wortschatzes am Bahnhof oder Flughafen erlebt und erlernt.

1 Sommerferien

1 Sommerferien

Fülle die Tabelle aus.

	Sommerwörter	Schreibe die Wörter ab
1	die Berge	
2	die Frau	
3	der Himmel	
4	der Liegestuhl	
5	die Palme	
6	die Pflanze	
7	der Schatten	
8	der Strand	
9	die Wellen	
10	die Wolken	

Male die Farben.

Male bunt	Farbe	Male bunt	Farbe
	blau		schwarz
	braun		weiß
	gelb		
	grau		dunkelblau
	grün		dunkelgrün
	lila		hellblau
	orange		hellgrün
	rosa		
	rot		

Male die Gegenstände an.

Der Liegestuhl ist braun.

Die Palme ist grün.

Der Strand ist gelb.

Das Meer ist blau.

2 Das deutsche Alphabet/ABC

Buchstabe	Der Buchstabe heißt ...	Finde Wörter mit ...
A a	Aaa	
B b	Bee	
C c	Tsee	
D d	Dee	
E e	Ee	
F f	Eff	
G g	Gee	
H h	Haa	
I i	Ii	
J j	Jott	
K k	Kaa	
L l	Ell	
M m	Emm	
N n	Enn	
O o	Oo	
P p	Pee	
Q q	Kuu	
R r	Err	
S s	Ess	
T t	Tee	
U u	Uu	
V v	Fau	
W w	Wee	
X x	Iks	
Y y	Ypsilon	
Z z	Zett	
Weitere deutsche Buchstaben		
Ä ä	A-Umlaut	
Ö ö	O-Umlaut	
Ü ü	U-Umlaut	
ß	Eszett	
Eu eu	Oii	
Ei ei	Aii	
Au au	Au	
Äu äu	Oi-Zwielaut	
St st	Scht	
Sp sp	Schp	
Sch sch	Sch	
ch	Ch	
chs	Ks	

2 Das deutsche Alphabet/ABC

Die deutschen Buchstabenkombinationen			
groß	klein	Beispiel	
Ä	ä	die Äpfel	
Ö	ö	der Fön	
Ü	ü	das Küken	
Au	au	das Auto, die Maus	
Äu	äu	das Häuschen	
Ch	ch	der Christbaum, das Dach	
	ch	der Elch	
	ck	die Decke	
Pf	pf	das Pferd	
Qu	qu	die Qualle	

2 Das deutsche Alphabet/ABC

	Die deutschen Buchstabenkombinationen		
groß	klein	Beispiel	
Ei	ei	der Eimer	
Eu	eu	die Eule	
	ie	die Ziege	
St	st	der Storch	
	st	der Hamster	
Sp	sp	die Spinne	
	sp	die Wespe	
Sch	sch	das Schaf	
	ng	die Schlange	
	tz	die Katze	

Seite 12

3 Sich vorstellen

1. Ich heiße _____

2. Ich bin _____ Jahre alt.

3. Ich komme aus _____

4. Ich wohne in der _____

5. Ich wohne in _____

6. Meine Lehrerin heißt _____

Frage deine Freundin oder deinen Freund!
Frage deine Schwester oder deinen Bruder!

Wie heißt du?	
Wie alt bist du?	
Woher kommst du?	
Wo wohnst du?	
Wie heißt deine Lehrerin	

Schreibe Sätze über deine Freundin / deinen Freund!
Schreibe Sätze über deinen Bruder / deine Schwester!

er	**sie**
er ist er wohnt er kommt aus	sie ist sie wohnt sie kommt aus

4 Farben

Male an!

rot

blau

gelb

grün

orange

rosa

braun
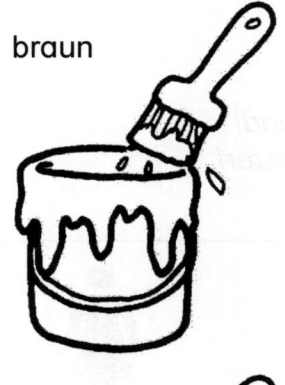

lila
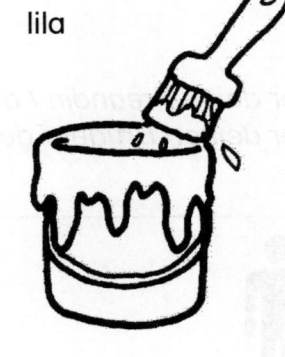

schwarz

bunt

4 Farben

Trage die Farbe zur Zahl in die Blume ein!

1	gelb
2	orange
3	rot
4	lila
5	rosa

6	blau
7	grün
8	braun
9	grau
10	schwarz

11	weiß
12	hellblau
13	dunkelblau
14	hellgrün
15	dunkelgrün

4 Farben

Wortschatz 3 & 4

	deutsches Wort	Schreibe es ab	In deiner Sprache
sich vorstellen			
1	ich heiße		
2	ich wohne		
3	ich bin		
4	er heißt		
5	er wohnt		
6	er ist		
7	sie heißt		
8	sie wohnt		
9	sie ist		
10	die Jahre		
11	die Straße		
12	alt		
13	in		
14	mein, meine		
15	die Lehrerin		
16	der Lehrer		
17	die Freundin		
18	der Freund		
19	die Schwester		
20	der Bruder		
21	Wie heißt du?		
22	Wie alt bist du?		
23	Wo wohnst du?		
24	Woher kommst du?		
25	Wer ist das?		
Farben			
26	blau		
27	braun		
28	gelb		
29	grau		
30	grün		
31	lila		
32	orange		
33	rosa		
34	rot		
35	schwarz		
36	weiß		
37	dunkelblau		
38	hellblau		
39	dunkelgrün		
40	hellgrün		
41	bunt		

5 In der Schule

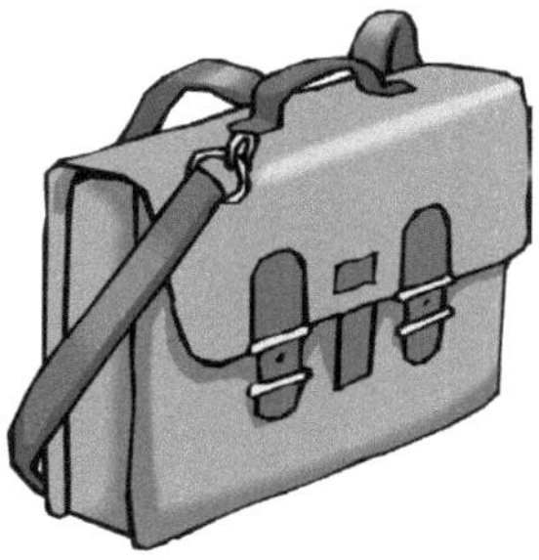 der Ranzen	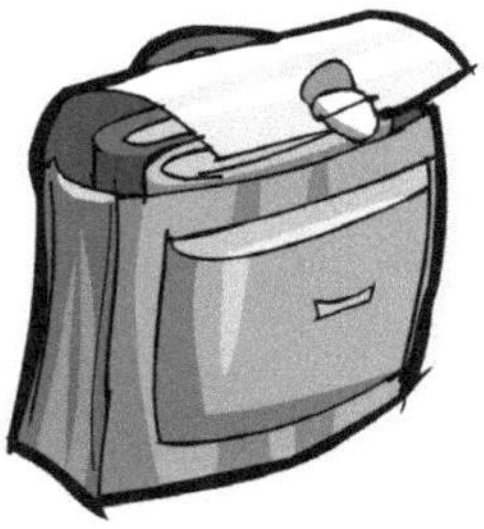 die Tasche	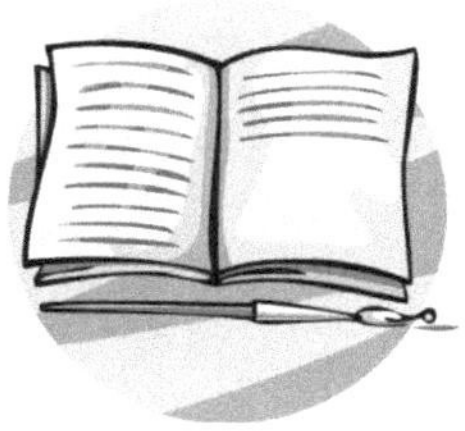 das Heft
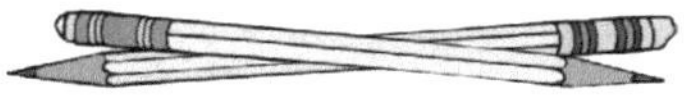 der Bleistift	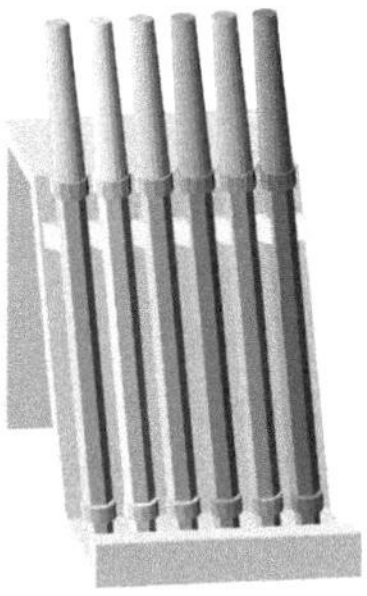 der Filzstift	der Radiergummi
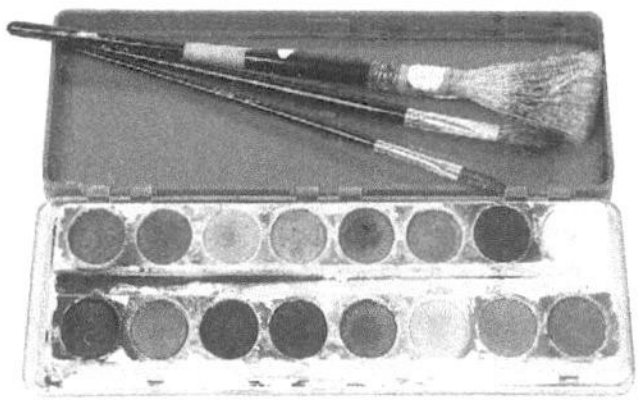 der Malkasten	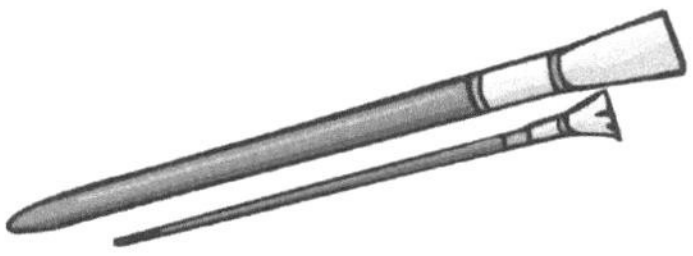 der Pinsel	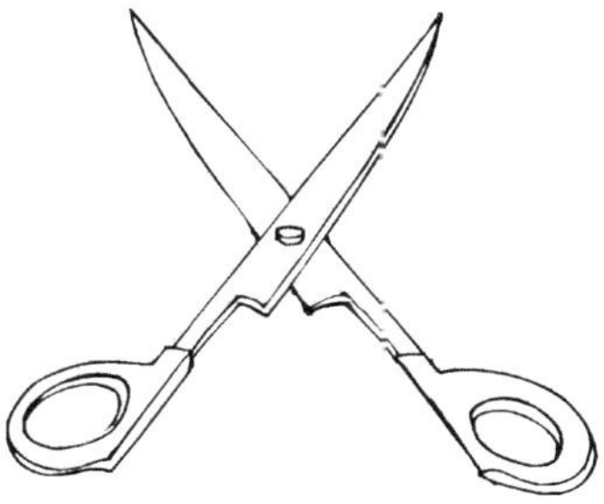 die Schere
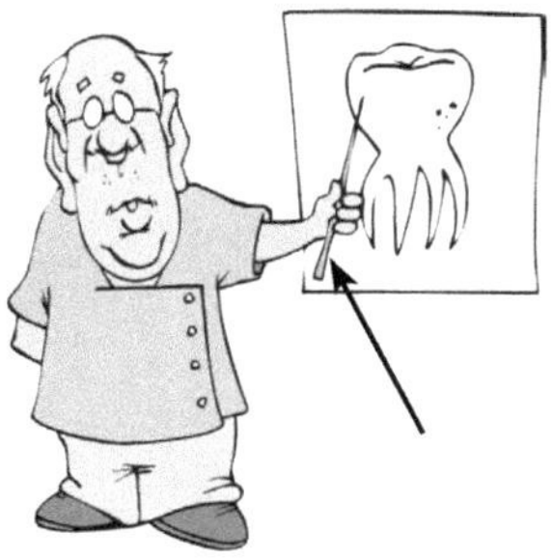 der Zeigestock	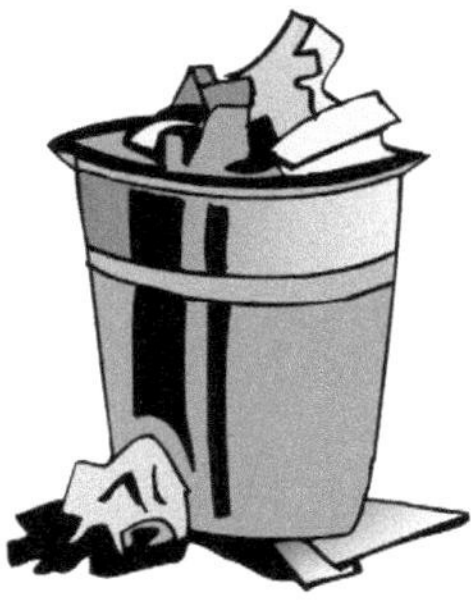 der Papierkorb	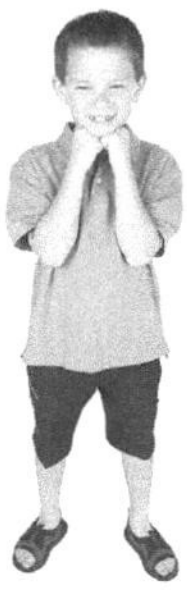 der Junge (der Schüler)

5 In der Schule

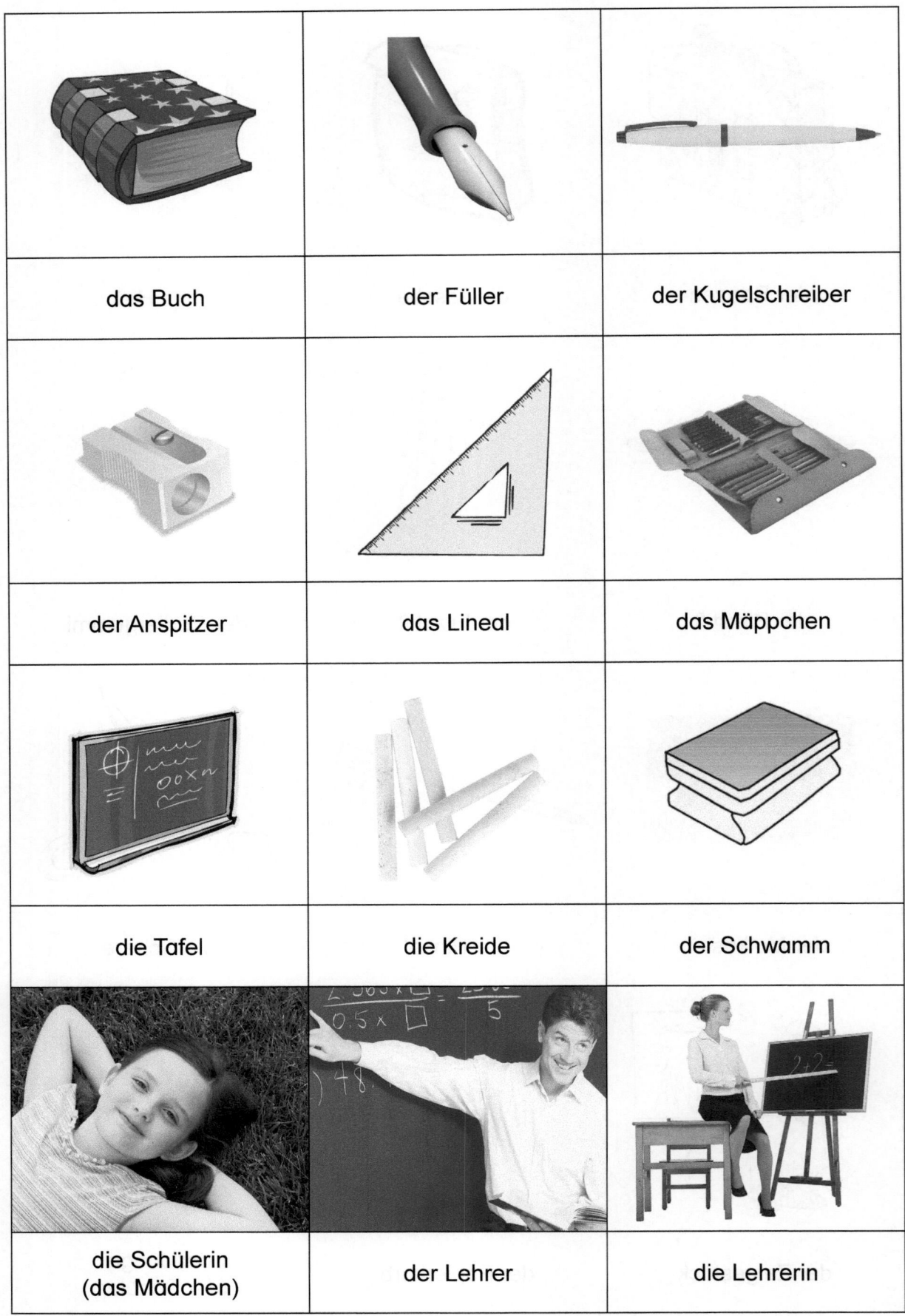

das Buch	der Füller	der Kugelschreiber
der Anspitzer	das Lineal	das Mäppchen
die Tafel	die Kreide	der Schwamm
die Schülerin (das Mädchen)	der Lehrer	die Lehrerin

5 In der Schule

Wortschatz 5

	deutsches Wort	Schreibe es ab	In deiner Sprache
Substantive			
1	der Anspitzer		
2	der Bleistift		
3	das Buch		
4	der Füller		
5	das Heft		
6	die Klasse		
7	die Kreide		
8	der Kugelschreiber/der Kuli		
9	die Landkarte		
10	der Lehrer		
11	die Lehrerin		
12	das Lineal		
13	der Malkasten		
14	das Mäppchen		
15	der Papierkorb		
16	der Pinsel		
17	der Radiergummi		
18	der Ranzen		
19	die Schere		
20	der Schreibtisch		
21	die Schultasche		
22	die Schule		
23	der Schüler		
24	die Schülerin		
25	der Schwamm		
26	die Tafel		
27	der Zeigestock		
Verben			
28	aufschreiben		
29	aufmachen		
30	kleben		
31	lesen		
32	malen		
33	rechnen		
34	schneiden		
35	schreiben		
36	unterstreichen		

6 Hobbys

6 Hobbys

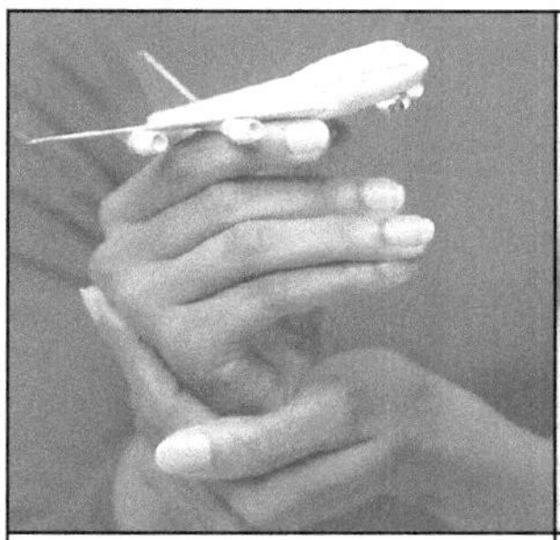 Modelle bauen	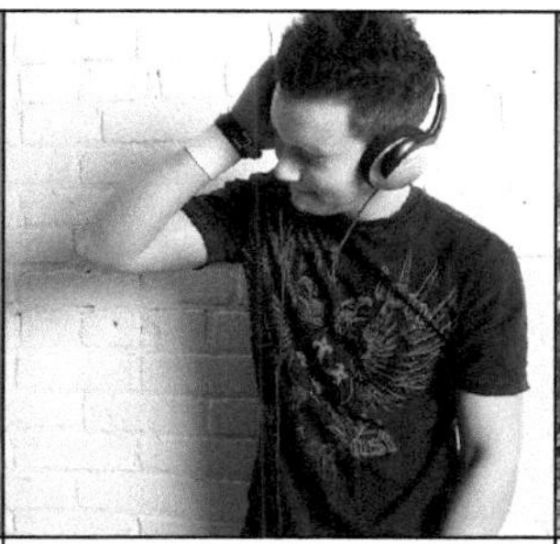 Musik hören	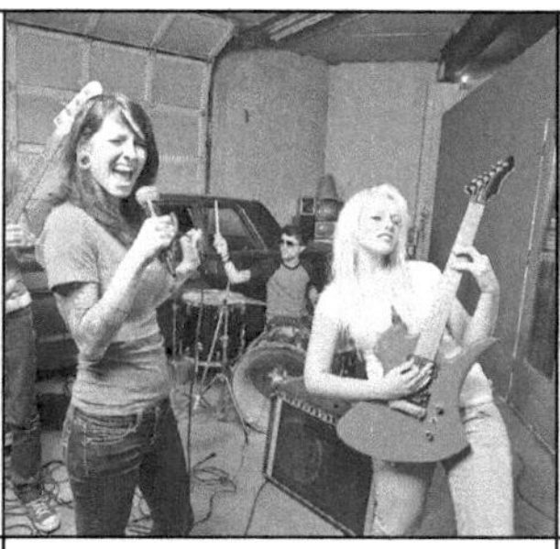 Musik machen	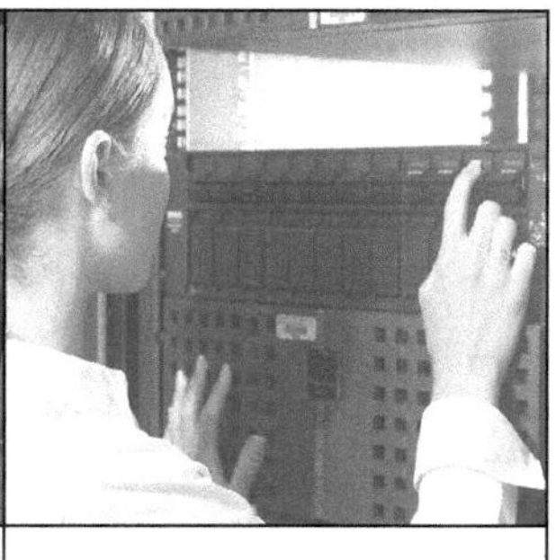 programmieren
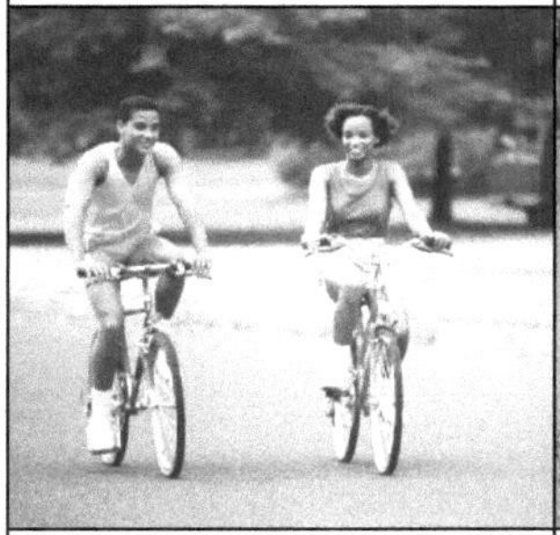 Rad fahren	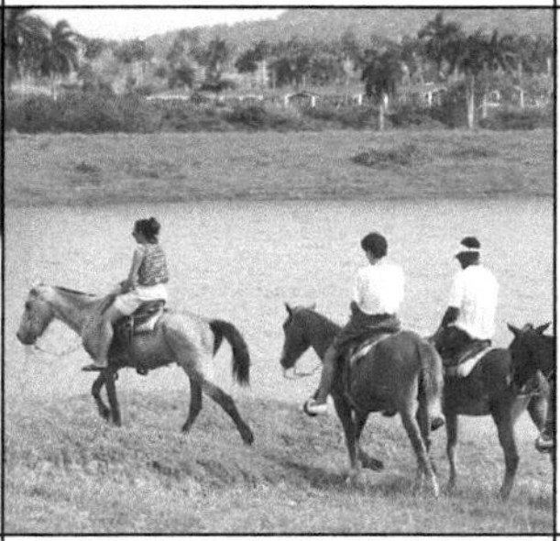 reiten	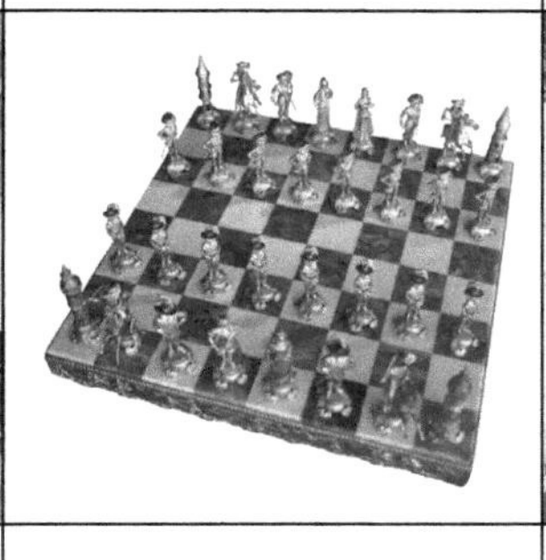 Schach spielen	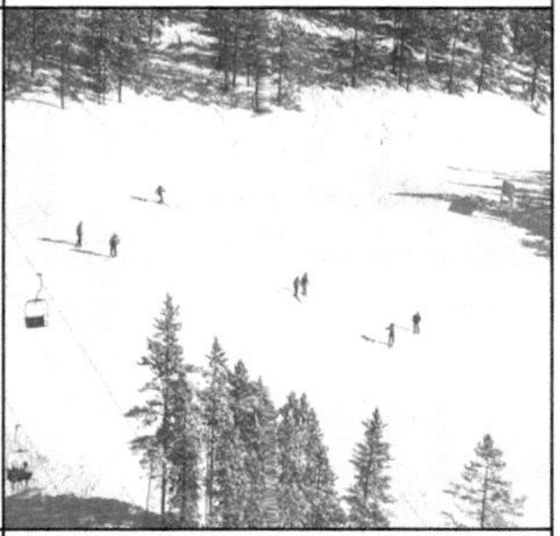 Schi (Ski) fahren
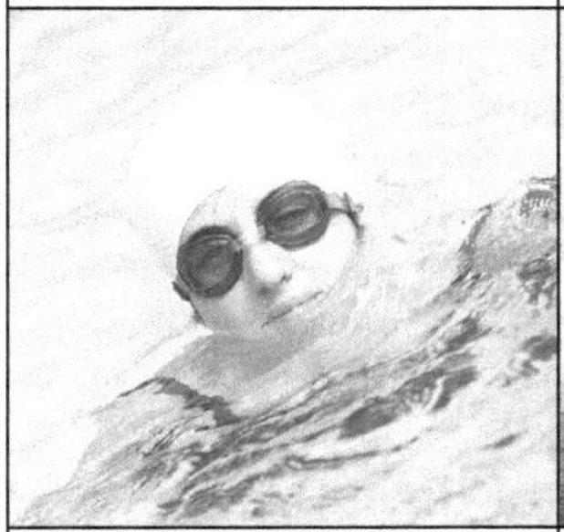 schwimmen	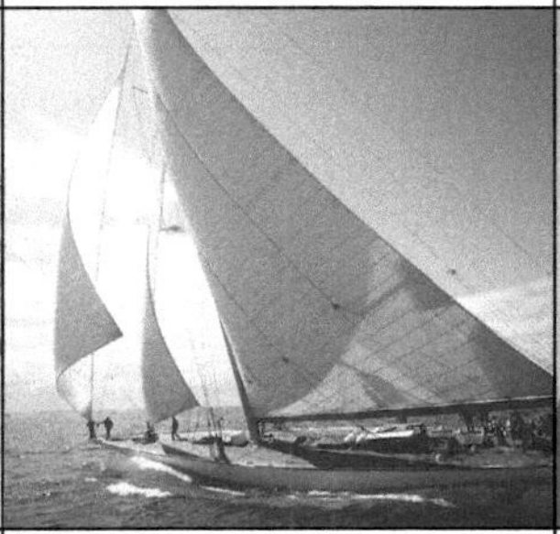 segeln	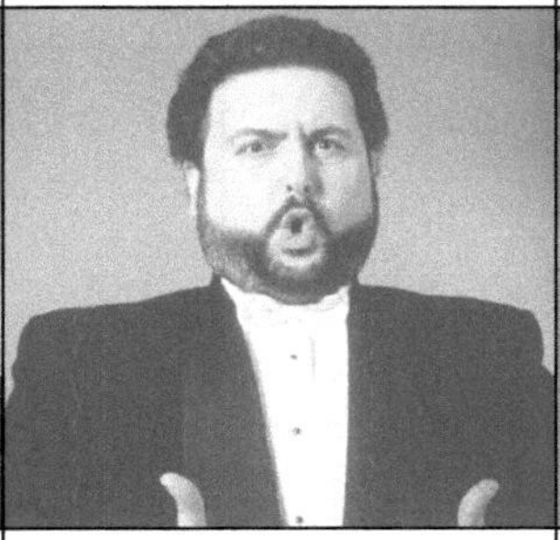 singen	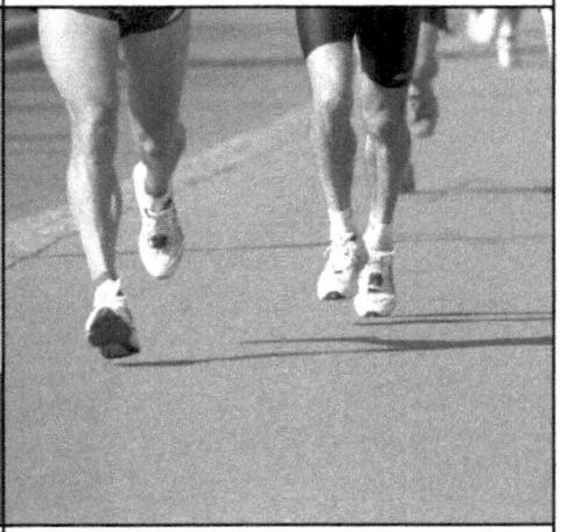 Sport treiben
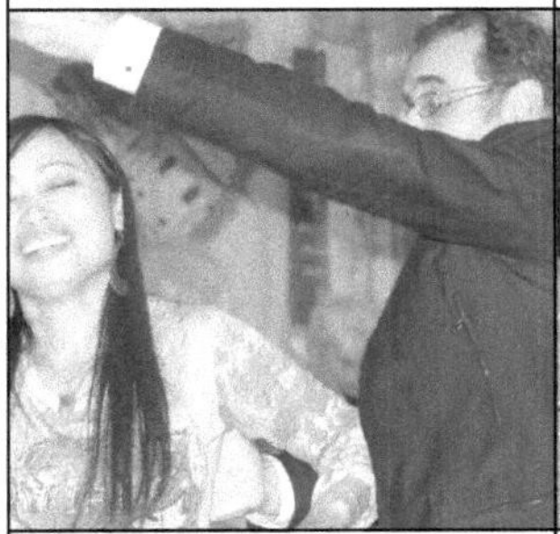 tanzen	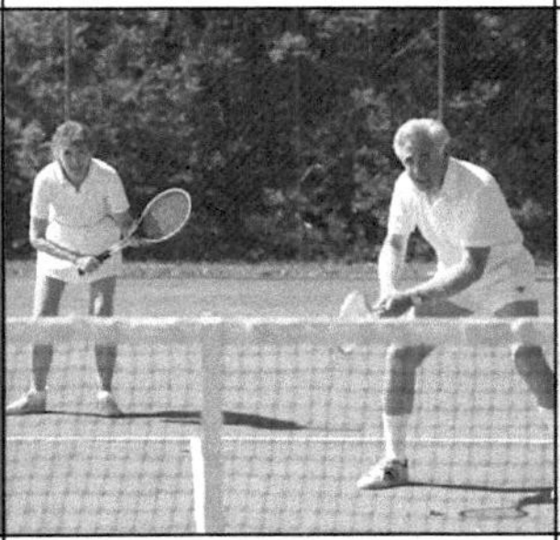 Tennisspielen	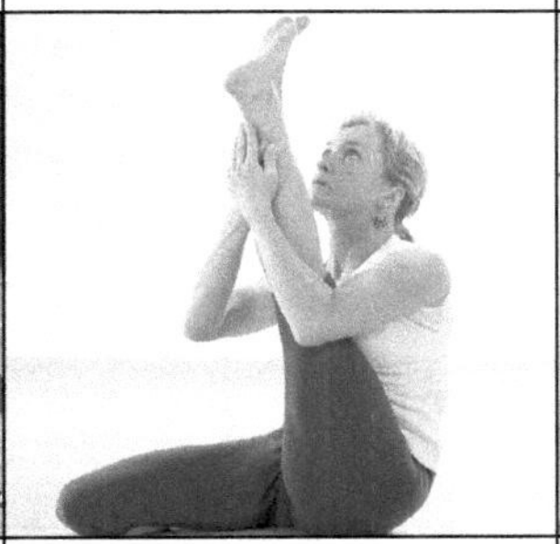 turnen	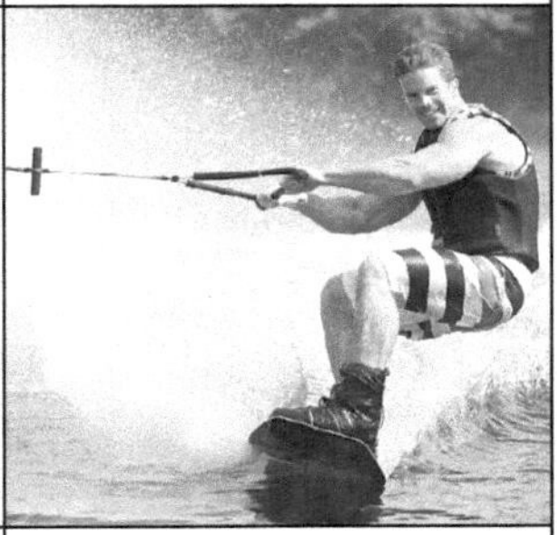 Wasserski fahren
Webseiten gestalten	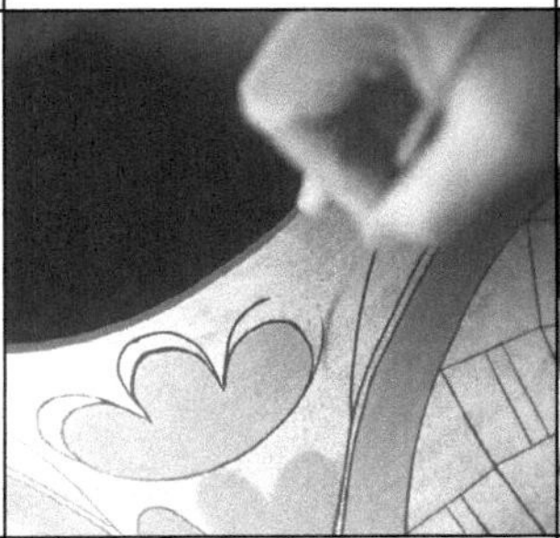 zeichnen	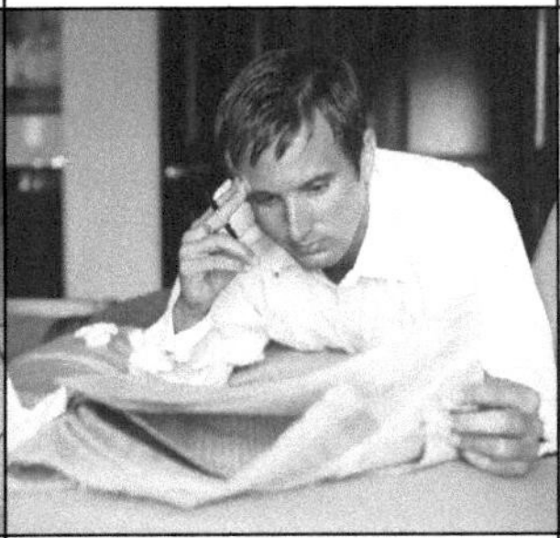 Zeitung lesen	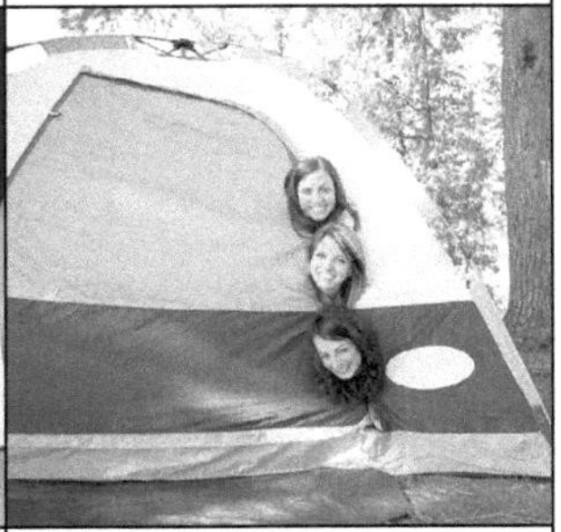 zelten (campen)

7 Sportarten

Basketball	Beachvolley-ball	Boxen	Eishockey	Eislaufen
Eisschnellauf	Fechten	Fußball	Gewichtheben	Golf
Handball	Hockey	Kanu/Kajak	Leichathletik	Polo
Rad fahren	Reiten	rhythm. Sportgymnastik	Ringen	Rodeln
Rudern	Rugby	Schießen	Schwimmen	Skateboard
Skilaufen	Skispringen	Surfen	Tauchen	Tennis
Tischtennis	Turnen	Volleyball	Wasserball	Wasserspringen

7 Sportarten

Wortschatz 6 & 7

	deutsches Wort	Schreibe es ab	In deiner Sprache
Substantive			
1	(das) Angeln		
2	(das) Ballonfliegen		
3	(das) Basteln		
4	(das) Beachvolleyball		
5	(das) Boxen		
6	(das) Briefmarkensammeln		
7	im Chor singen		
8	(das) Eishockey		
9	(das) Eislaufen		
10	(das) Fußballspielen		
11	(das) Gitarre spielen		
12	(das) Halten von Haustieren		
13	(das) Inlineskaten		
14	ins Kino gehen		
15	(das) Klavier spielen		
16	(die) Leichtathletik		
17	(das) Lesen		
18	(das) Malen		
19	(der) Modellbau		
20	(das) Musikhören		
21	(das) Radfahren		
22	(das) Reiten		
23	(das) Rodeln		
24	(das) Schachspielen		
25	(das) Schwimmen		

7 Sportarten

26	(das) Segeln		
27	(das) Skifahren		
28	(das) Surfen		
Substantive			
29	(das) Tanzen		
30	(das) Tauchen		
31	(das) Turnen		
32	(der) Wasserball		
33	(das) Wasserskifahren		
34	(das) Zeichnen		
Adjektive			
35	doof		
36	grausam		
37	gut		
38	interessant		
39	klasse		
40	langweilig		
41	spitze		
Meinung äußern			
42	Ich bin gut in …		
43	Ich bin nicht gut in …		
44	Ich finde … interessant.		
45	Ich habe … gern.		
46	Ich habe … nicht gern.		
47	Ich interessiere mich für …		
48	Ich mag …		
49	Ich mag … gern.		
50	Ich mag … überhaupt nicht.		

8 Tiere

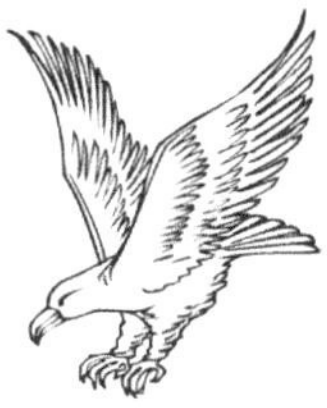 der Adler	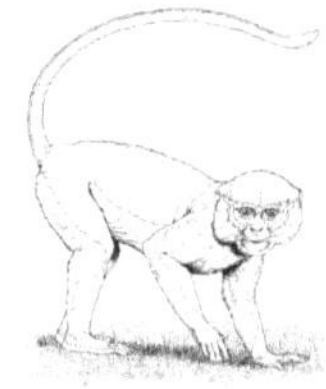 der Affe	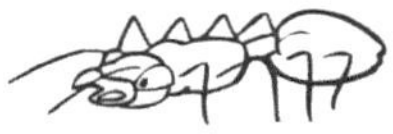 die Ameise	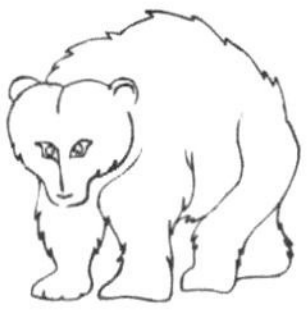 der Bär	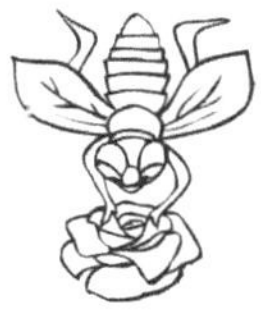 die Biene
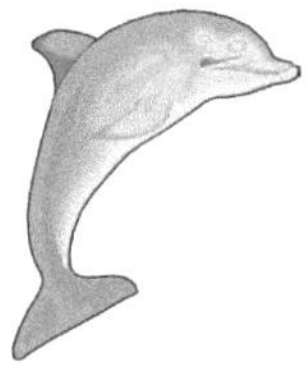 der Delfin	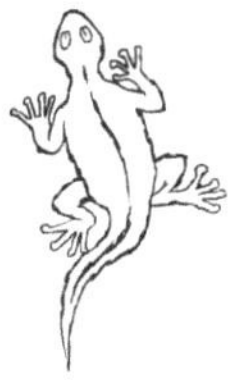 die Echse	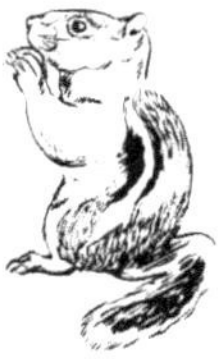 das Eichhörnchen	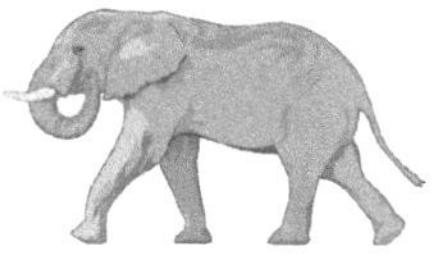 der Elefant	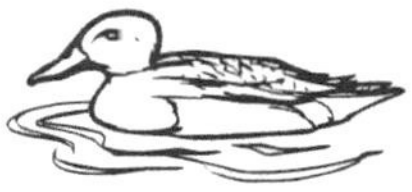 die Ente
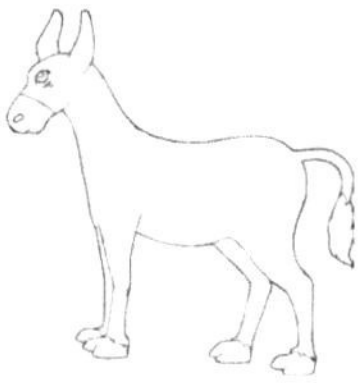 der Esel	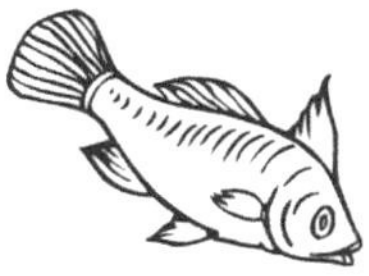 der Fisch	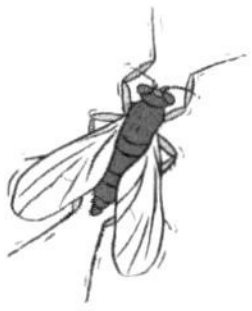 die Fliege	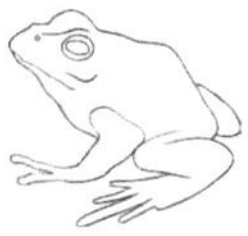 der Frosch	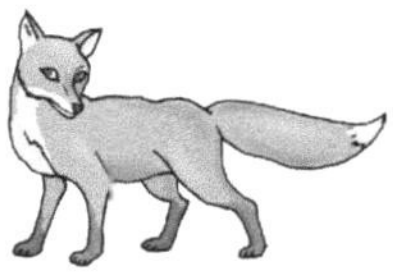 der Fuchs
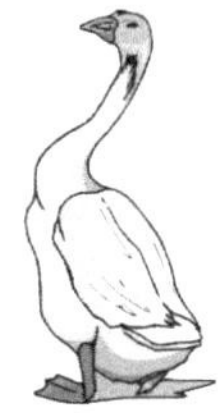 die Gans	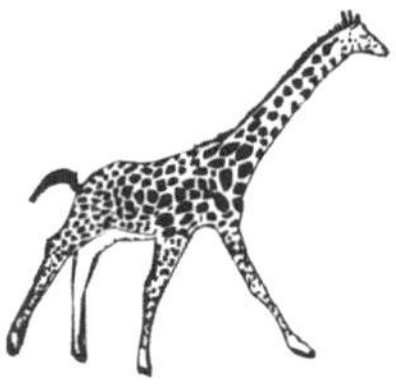 die Giraffe	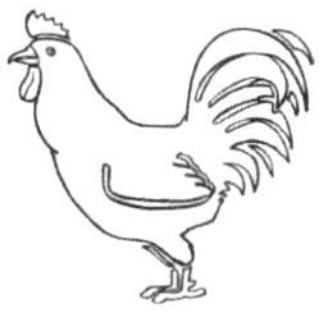 der Hahn	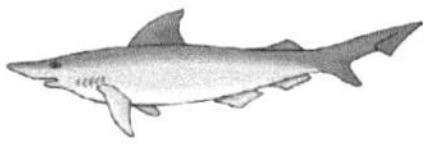 der Hai	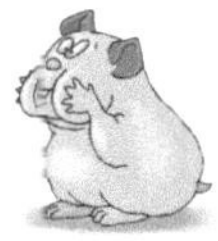 der Hamster
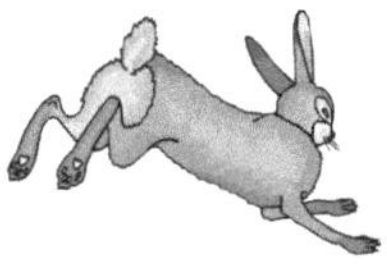 der Hase	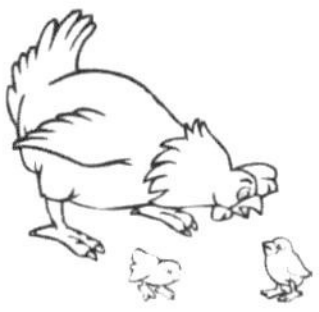 die Henne	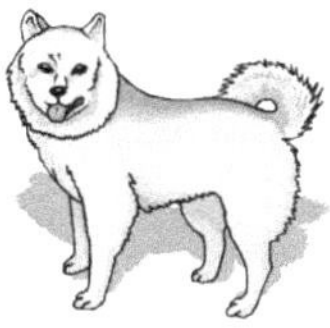 der Hund	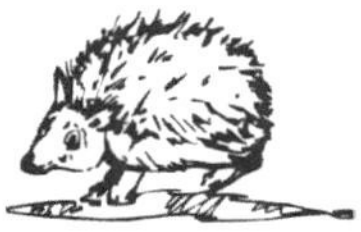 der Igel	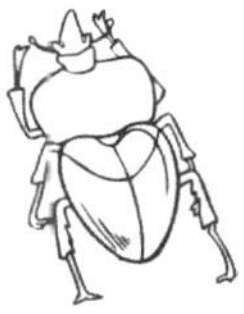 der Käfer
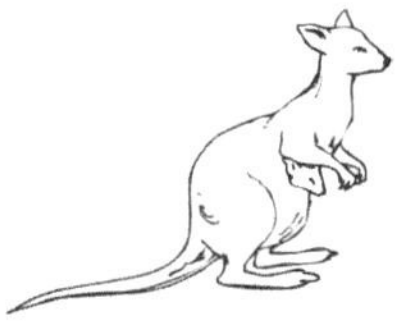 das Känguru	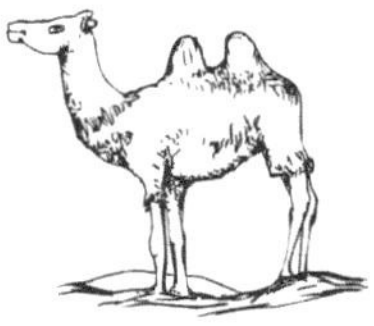 das Kamel	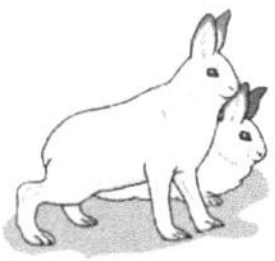 das Kaninchen	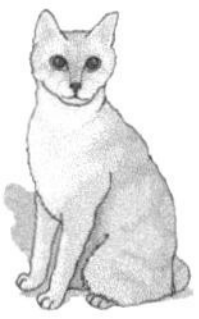 die Katze	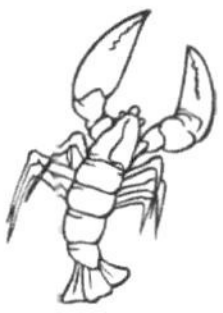 der Krebs

8 Tiere

das Küken	die Kuh	der Löwe	die Maus	die Muschel
der Papagei	das Pferd	der Pinguin	die Qualle	die Raupe
der Regenwurm	das Reh	das Schaf	die Schildkröte	die Schlange
die Schnecke	das Schwein	der Seelöwe	das Seepferdchen	der Seestern
die Spinne	der Stier	der Tiger	der Vogel	der Wal
der Wellensittich	die Wespe	das Wildschwein	das Zebra	die Ziege

8 Tiere

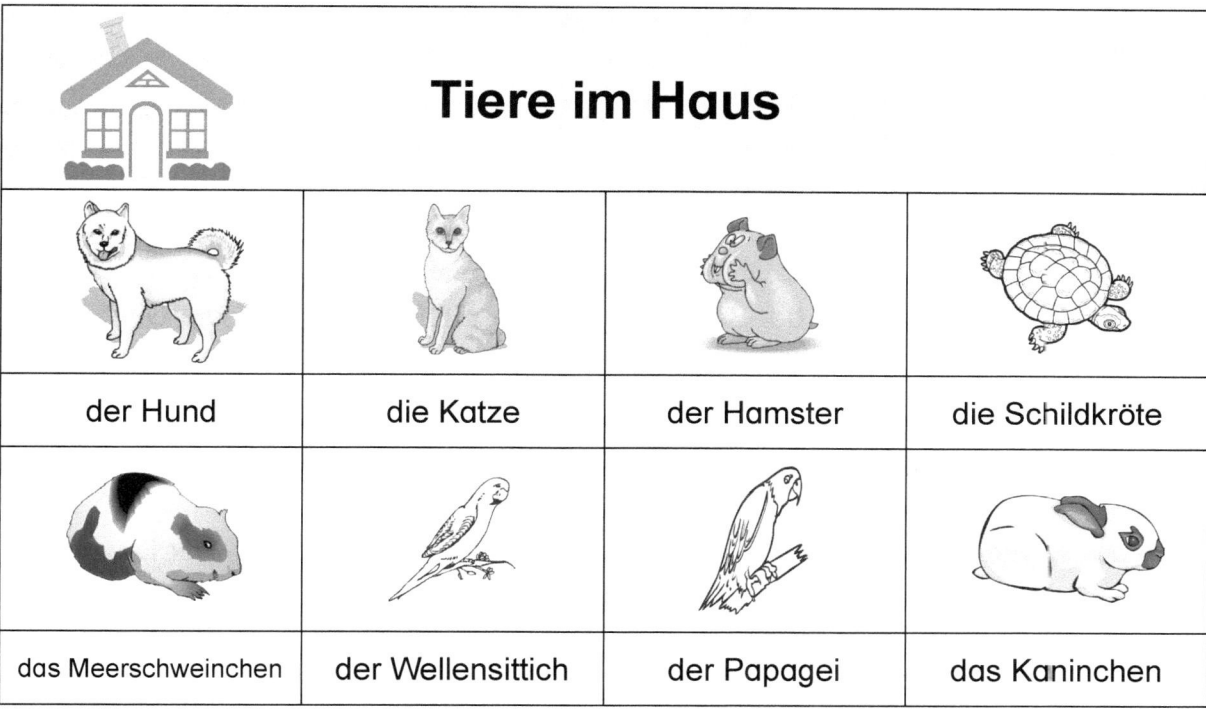

8 Tiere

Tiere im Zoo

der Affe	der Bär	der Elefant	die Giraffe
das Kamel	das Känguru	das Krokodil	der Löwe
das Nilpferd	der Pinguin	die Schlange	der Seelöwe
der Tiger	das Zebra		

Tiere im Wald

das Eichhörnchen	der Fuchs	der Käfer	die Ameise
das Wildschwein	das Reh	die Raupe	der Igel

8 Tiere

Tiere auf dem Bauernhof

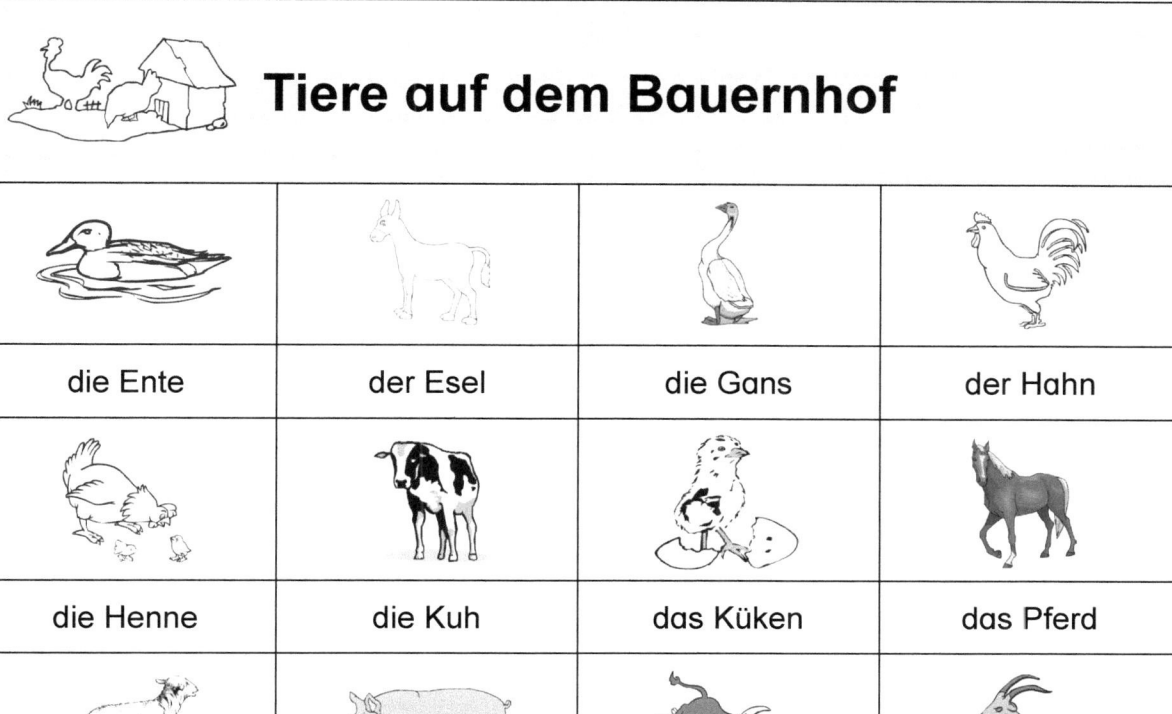

die Ente	der Esel	die Gans	der Hahn
die Henne	die Kuh	das Küken	das Pferd
das Schaf	das Schwein	der Stier	die Ziege

Tiere im Wasser

der Fisch	der Hai	der Krebs	die Muschel
die Qualle	das Seepferdchen	der Wal	

8 Tiere

Wortschatz 8

	deutsches Wort	Schreibe es ab	Auswendig schreiben
Substantive			
Haustiere			
1	der Hamster		
2	der Hund		
3	das Kaninchen		
4	die Katze		
5	die Schildkröte		
6	der Papagei		
7	das Meerschweinchen		
8	der Wellensittich		
Tiere im Zoo			
9	der Affe		
10	der Bär		
11	der Elefant		
12	die Giraffe		
13	das Kamel		
14	das Känguru		
15	das Krokodil		
16	der Löwe		
17	das Nilpferd		
18	der Pinguin		
19	die Schlange		
20	der Seelöwe		
21	der Tiger		
22	das Zebra		
Tiere auf dem Bauernhof			
23	die Ente		
24	der Esel		
25	die Gans		
26	der Hahn		
27	die Henne		
28	die Kuh		
29	das Küken		
30	das Pferd		
31	das Schaf		
32	das Schwein		
33	der Stier		
34	die Ziege		

8 Tiere

	deutsches Wort	Schreibe es ab	Auswendig schreiben
Substantive			
Tiere auf der Wiese			
35	die Biene		
36	die Fliege		
37	der Frosch		
38	der Hase		
39	der Igel		
40	der Käfer		
41	die Raupe		
42	der Regenwurm		
43	der Schmetterling		
44	die Schnecke		
45	die Spinne		
Tiere im Wald			
46	die Ameise		
47	das Eichhörnchen		
48	der Fuchs		
49	der Hirsch		
50	das Reh		
51	der Vogel		
52	das Wildschwein		
Tiere im Wasser			
53	der Fisch		
54	der Hai		
55	der Krebs		
56	die Muschel		
57	die Qualle		
58	das Seepferdchen		
59	der Wal		
Verben			
60	hüpfen		
61	jagen		
62	kriechen		
63	liegen		
64	rennen		
65	schlafen		
66	schleichen		
67	schwimmen		
68	sitzen		
69	springen		

9 Körper

Der Hund

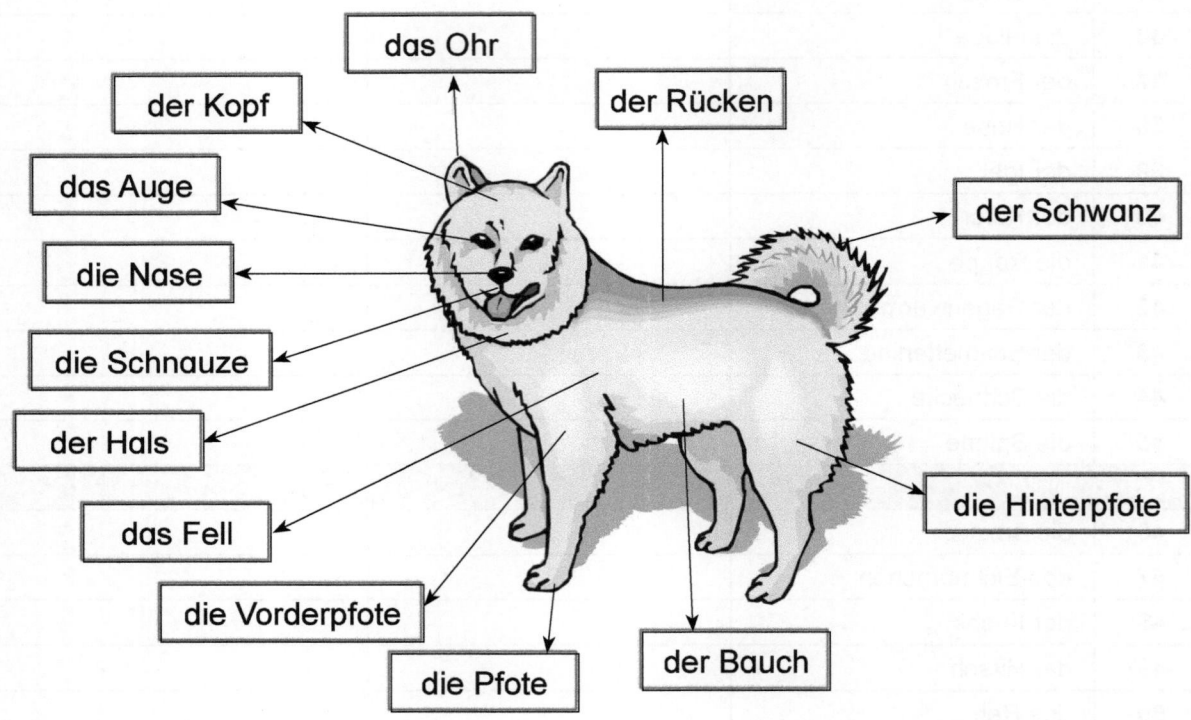

Setze die passenden Begriffe ein.

Am Kopf des Hundes befinden sich _____, _____,

_____ und _____ . Die vier Pfoten werden

unterschieden nach _____ und _____ .

Hinten befindet sich _____ . Der ganze Körper ist mit _____

bedeckt.

9 Körper

Der Mensch

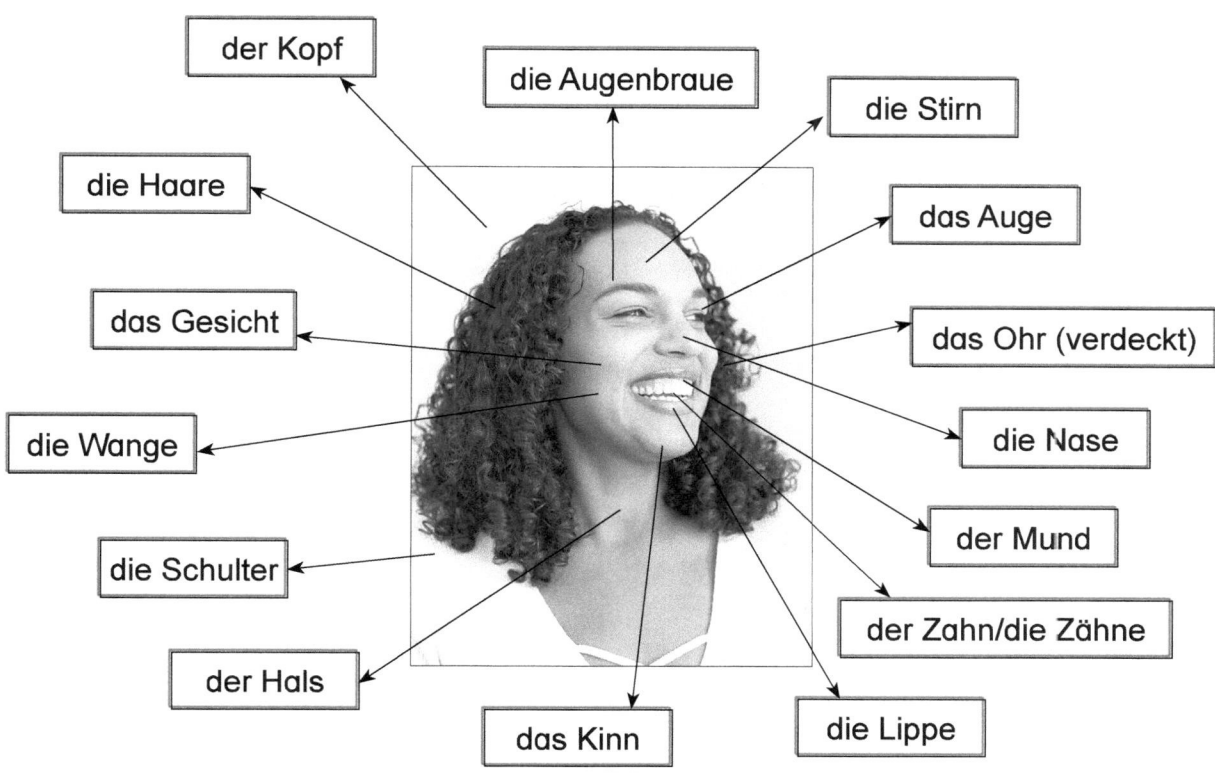

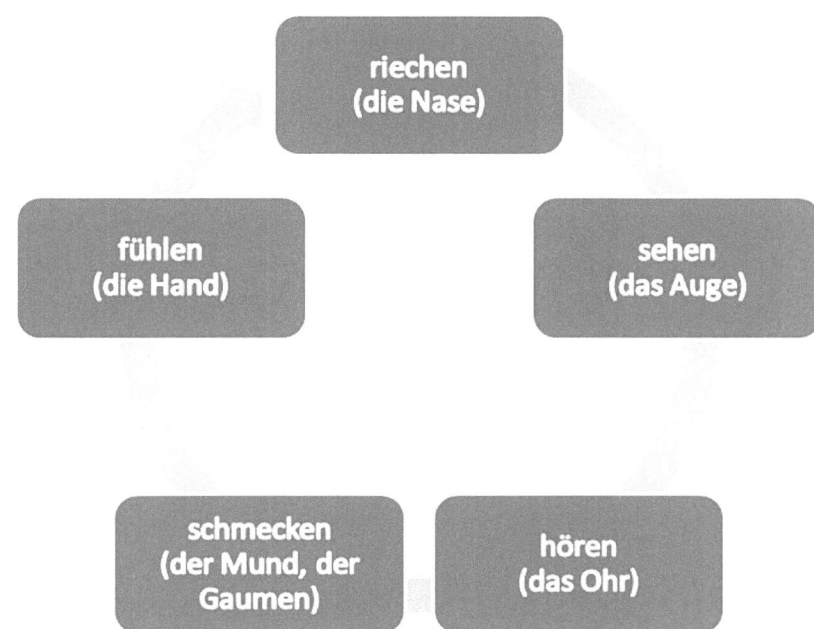

9 Körper

Der Mensch

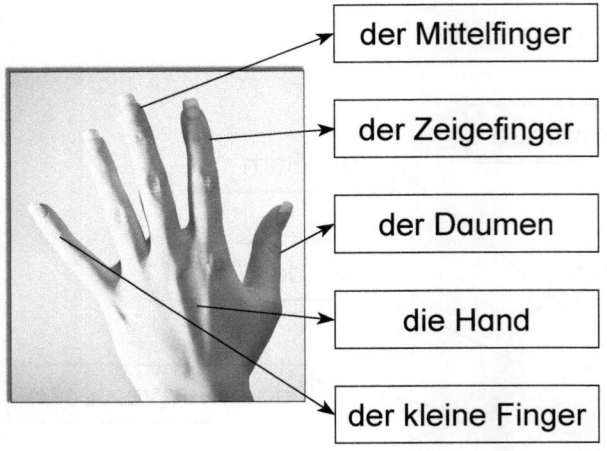

- der Mittelfinger
- der Zeigefinger
- der Daumen
- die Hand
- der kleine Finger

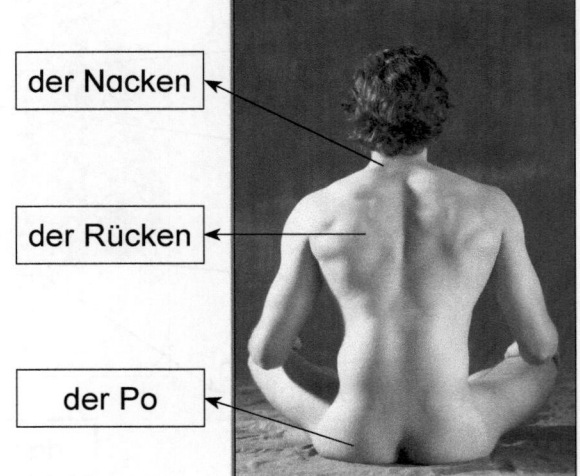

- der Nacken
- der Rücken
- der Po

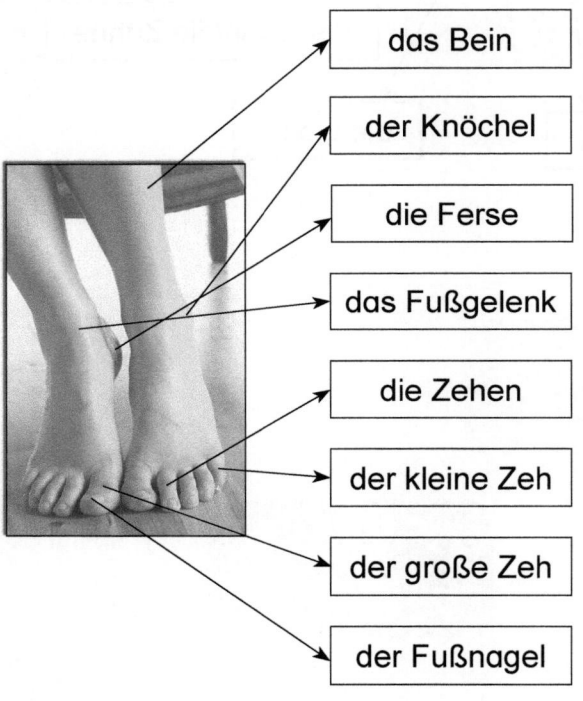

- das Bein
- der Knöchel
- die Ferse
- das Fußgelenk
- die Zehen
- der kleine Zeh
- der große Zeh
- der Fußnagel

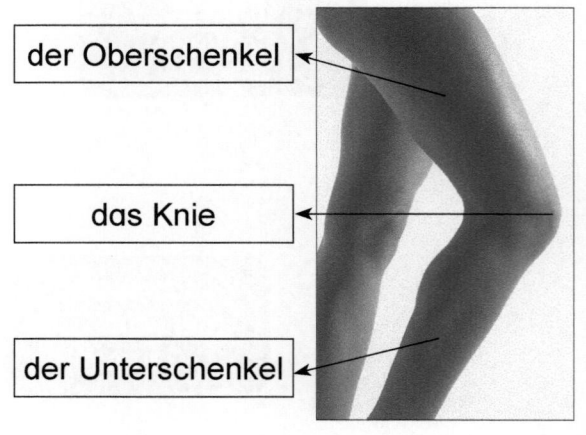

- der Oberschenkel
- das Knie
- der Unterschenkel

9 Körper

Der Mensch

groß – klein		groß		klein
lang – kurz		lang		kurz
dick – dünn		dick		dünn
hungrig – satt		hungrig		satt
müde – wach		müde		wach
jung – alt		jung		alt
gut – schlecht		gut		schlecht
laut – leise		laut		leise

9 Körper

Wortschatz 9

	deutsches Wort	Schreibe es ab	In deiner Sprache
Substantive			
1	der Arm		
2	das Auge		
3	der Bauch		
4	der Bauchnabel		
5	das Bein		
6	die Brust		
7	der Daumen		
8	der Ellenbogen		
9	das Fell		
10	die Ferse		
11	der Finger		
12	der kleine Finger		
13	der Fingernagel		
14	der Fuß		
15	das Fußgelenk		
16	der Fußnagel		
17	die Haare		
18	der Hals		
19	die Hand		
20	das Handgelenk		
21	die Haut		
22	das Kinn		
23	das Knie		
24	der Knöchel		
25	der Kopf		
26	der Mittelfinger		
27	der Mund		
28	die Nase		
29	der Nacken		
30	der Oberschenkel		
31	das Ohr		
32	der Po		
33	der Ringfinger		
34	der Rücken		
35	die Schnauze		
36	die Schulter		
37	der Schwanz		

9 Körper

	deutsches Wort	Schreibe es ab	In deiner Sprache
Substantive			
38	die Stirn		
39	der Unterschenkel		
40	der Zahn		
41	der Zeh		
42	der kleine Zeh		
43	der große Zeh		
44	der Zeigefinger		
Verben			
45	fühlen		
46	hören		
47	riechen		
48	schmecken		
49	sehen		
50	weh tun		
Adjektive			
51	alt		
52	laut		
53	dick		
54	dünn		
55	groß		
56	gut		
57	hungrig		
58	jung		
59	kurz		
60	lang		
61	leise		
62	klein		
63	müde		
64	satt		
65	schlecht		
66	wach		
Redewendungen			
67	Das tut mir leid.		
68	Gute Besserung!		
69	Mein ... tut weh.		
70	Mir geht es ...		
71	Schön dich zu sehen.		
72	Wie geht es Dir?		
73	Wo tut es weh?		

10 Outfit

die Unterwäsche				
der Büstenhalter/BH	die Leggings	der Slip	die Socken	die Strumpfhose
die Strümpfe	das Unterhemd	die Unterhose		
die Oberbekleidung für Mädchen und Damen				
der Blazer	die Bluse	das Kleid	der Rock	
die Oberbekleidung für Jungen und Herren				
die Fliege	das Hemd	das Sakko		
die Oberbekleidung für alle				
die Handschuhe	die Hose	der Hut	die Jacke	die Kappe
die Kapuze	die Krawatte	der Mantel	die Mütze	der Pullover
der Schal	das T-Shirt	die Weste		

Seite 38

10 Outfit

die Schuhe				
die Flipflops	die Hausschuhe	die Pumps	die Sandalen	die Schuhe
die Stiefel				
an der Kleidung				
der Knopf	der Kragen	der Reißverschluss		
der Schmuck				
das Armband	die Brosche	die Halskette	die Ohrringe	der Ring
für die Nacht				
das Nachthemd	der Schlafanzug			
zum Ausgehen, für Feste, Geschäftskleidung				
der Anzug	die Handtasche	das Kostüm		
Sonstiges				
die Brille	der Gürtel	der Kleiderbügel		

10 Outfit

Wortschatz 10

	deutsches Wort	Schreibe es ab	In deiner Sprache
Substantive			
1	der Anzug		
2	das Armband		
3	der Blazer		
4	die Bluse		
5	die Brille		
6	die Brosche		
7	der Büstenhalter / BH		
8	die Fliege		
9	die Flipflops		
10	der Gürtel		
11	die Halskette		
12	die Handschuhe		
13	die Handtasche		
14	die Hausschuhe		
15	das Hemd		
16	die Hose		
17	der Hut		
18	die Jacke		
19	die Kappe		
20	die Kapuze		
21	das Kleid		
22	die Kleider / die Kleidung		
23	der Kleiderbügel		
24	der Knopf		
25	das Kostüm		
26	der Kragen		
27	die Leggings		
28	der Mantel		
29	die Mode		
30	die Mütze		
31	das Nachthemd		
32	die Oberbekleidung		
33	die Ohrringe		
34	die Pumps		
35	der Pullover		
36	der Reißverschluss		
37	der Ring		
38	der Rock		
39	das Sakko		

10 Outfit

	deutsches Wort	Schreibe es ab	In deiner Sprache
Substantive			
40	die Sandalen		
41	der Schal		
42	der Schlafanzug		
43	der Schlips / die Krawatte		
44	der Schmuck		
45	die Schuhe		
46	der Slip		
47	die Socken		
48	die Stiefel		
49	die Strumpfhose		
50	die Strümpfe		
51	das T-Shirt		
52	das Unterhemd		
53	die Unterhose		
54	die Unterwäsche		
55	die Weste		
Verben			
56	anhaben		
57	anziehen		
58	ausziehen		
59	legen		
Adjektive			
60	altmodisch		
61	angezogen		
62	cool		
63	farbig		
64	modisch		
65	nackt / nackig		
66	ordentlich		
67	sauber		
68	schick		
69	schlampig		
70	sexy		
71	stylisch		
Redewendungen			
72	Er / Sie hat ... an.		
73	Ich ziehe ... an.		
74	... im Schrank		
75	... in die Wäsche		
76	Was hat ... an?		
77	Was ziehst du heute an?		

11 Uhr & Uhrzeiten

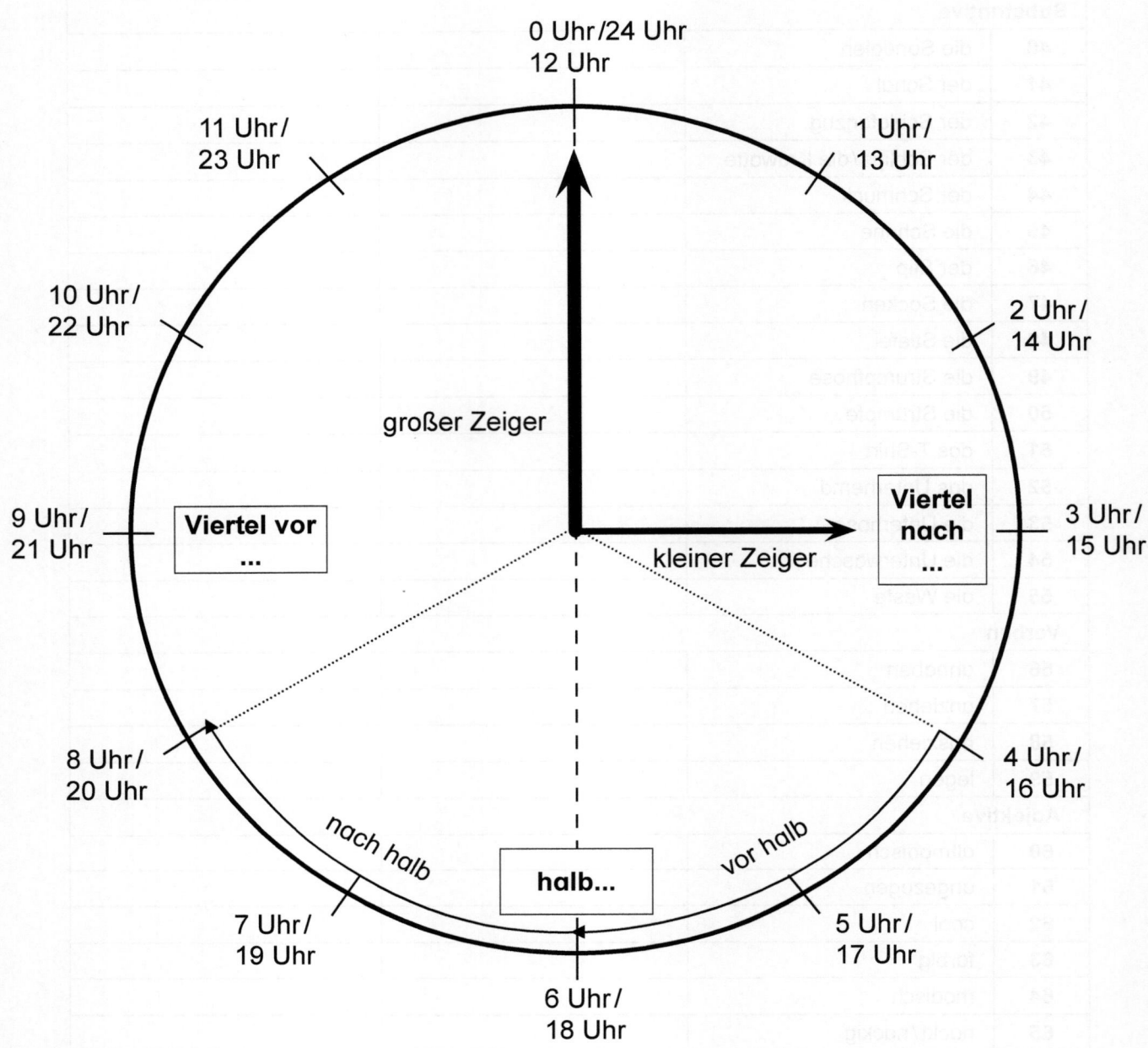

Wir fragen:

1. Wie spät ist es?
2. Wie viel Uhr ist es?
3. Wann .... ?
4. Um wie viel Uhr
   - kommst du nach Hause?
   - treffen wir uns?
   - fängt die Schule an?
   - machst du Hausaufgaben?
   - ist Sport?
   - …

12 Essen & Trinken

das Obst					
die Ananas	der Apfel	die Banane	die Birne	die Erdbeere
die Kirsche	die Orange	die Pflaume	die Weintrauben	die Zitrone

das Brot / die Brötchen				
die Brezel	das Brot	das Brötchen	das Croissant	das Toastbrot

der Brotaufstrich				
die Butter	der Honig	die Margarine	die Marmelade	die Schokocreme

der Brotbelag				
der Fleischsalat	der Käse	die Salami	der Schinken	die Wurst

die Milch / Milchprodukte				
der Joghurt	der Käse	die Milch	der Quark	

die Eier				
das Ei / die Eier	das gekochte Ei	das Omelette	das Rührei	das Spiegelei

Seite 43

12 Essen & Trinken

das Gemüse					
der Blumenkohl	die Bohnen	der Broccoli	die Erbsen	die Karotte
die Kartoffel	der Knoblauch	der Kohl	die Paprika	der Pilz
der Spinat	die Tomate	die Zwiebel		

das Fleisch / der Fisch					
der Braten	die Bratwurst	der Fisch	das Hähnchen	das Schnitzel

das Dessert					
das Eis	der Obstsalat	der Pudding		

die Getränke					
der Apfelsaft	das Bier	die Cola	der Kaffee	der Kakao
die Limonade	der Orangensaft	der Tee	das Wasser	der Wein

Seite 44

12 Essen & Trinken

der Kuchen / das Gebäck				
die Kekse	der Kuchen	die Muffins	die Torte	der Tortenboden
die Gewürze / die Zutaten				
das Mehl	das Salz	der Pfeffer	der Senf	der Zucker
Sonstiges				
die Pommes Frites	die Suppe			

Was siehst du auf dem Tisch? Erzähle!

12 Essen & Trinken

Wortschatz 12

	deutsches Wort	Schreibe es ab	In deiner Sprache
Substantive			
1	die Ananas		
2	der Apfel		
3	der Apfelsaft		
4	die Banane		
5	das Bier		
6	die Birne		
7	der Blumenkohl		
8	die Bohne		
9	die Bratwurst		
10	die Brezel		
11	der Broccoli		
12	das Brot		
13	der Brotaufstrich		
14	der Brotbelag		
15	das Brötchen		
16	die Butter		
17	die Cola		
18	das Ei / die Eier		
19	das Eis / die Eiscreme		
20	die Erbsen		
21	die Erdbeere		
22	der Fisch		
23	das Fleisch		
24	der Fleischsalat		
25	das Gebäck		
26	das gekochte Ei		
27	das Gemüse		
28	die Getränke		
29	die Gewürze		
30	das Hähnchen		
31	der Honig		
32	der Joghurt		
33	der Kaffee		
34	der Kakao		
35	die Karotte		
36	die Kartoffel		
37	der Käse		
38	der Keks		
39	die Kirsche		

12 Essen & Trinken

	deutsches Wort	Schreibe es ab	In deiner Sprache
Substantive			
40	der Knoblauch		
41	der Kohl		
42	der Kuchen		
43	die Limonade		
44	die Margarine		
45	die Marmelade		
46	das Mehl		
47	die Milch		
48	die Milchprodukte		
49	der Muffin		
50	das Obst		
51	der Obstsalat		
52	die Orange		
53	der Orangensaft		
54	die Paprika		
55	der Pfeffer		
56	die Pflaume		
57	der Pilz		
58	die Pommes Frites		
59	der Pudding		
60	der Quark		
61	das Rührei		
62	die Salami		
63	der Salat		
64	das Salz		
65	der Schinken		
66	das Schnitzel		
67	die Schokocreme		
68	der Senf		
69	das Spiegelei		
70	der Spinat		
71	die Suppe		
72	der Tee		
73	das Toastbrot		
74	die Tomate		
75	die Torte		
76	der Tortenboden		
77	die Traube		

Seite 47

12 Essen & Trinken

Wortschatz 12

	deutsches Wort	Schreibe es ab	In deiner Sprache
Substantive			
78	das Wasser		
79	der Wein		
80	die Weintrauben		
81	die Wurst		
82	die Zitrone		
83	der Zucker		
84	die Zutaten		
85	die Zwiebel		
Verben			
86	braten		
87	essen		
88	geben		
89	grillen		
90	kochen		
91	nehmen		
92	servieren		
93	trinken		
Adjektive			
94	fett		
95	gesund		
96	heiß		
97	kalt		
98	köstlich		
99	salzig		
100	sauer		
101	schmackhaft		
102	süß		
103	warm		
Redewendungen			
104	Es schmeckt gut.		
105	Es schmeckt nicht gut.		
106	Gibst du mir bitte …		
107	Ich bin hungrig.		
108	Ich bin satt.		

13 Wetter

der Himmel	der Nieder-schlag	der Wind	die Temperatur
wolkenlos	der Regen/ regnerisch	windstill	eisig
die Wolken/ bewölkt	neblig/ der Nebel	windig/ der Wind	kalt/ die Kälte
bedeckt	der Hagel	stürmisch/ der Sturm	warm/ die Wärme
klar	der Schnee	das Gewitter	heiß/ die Hitze

Seite 49

14 Winter

Im Winter

1	der Schnee	12	die Schneeballschlacht
2	das Glatteis	13	Schlitten fahren
3	der Schlitten	14	Eis laufen
4	der Schneemann	15	Schi (Ski) fahren
5	der Schi (Ski)	16	im Schnee wandern
6	die Schier (Skier)	17	einen Schneemann bauen
7	die Schlittschuhe	18	die Piste
8	die Mütze	19	der Skistock
9	der Schal	20	der Skifahrer
10	die Handschuhe	21	die Schneemauer
11	der Schneeball		

Trage die Zahlen neben den Winterwörtern oben in das Bild ein!

14 Winter

Wortschatz 13 & 14

	deutsches Wort	Schreibe es ab	In deiner Sprache
Substantive			
1	der Donner		
2	der Frost		
3	das Gewitter		
4	das Glatteis		
5	der Hagel		
6	die Hagelkörner		
7	die Handschuhe		
8	der Himmel		
9	die Hitze		
10	die Kälte		
11	die Mütze		
12	der Nebel		
13	die Piste		
14	der Regen		
15	die Regentropfen		
16	die Regenwolke		
17	der Schal		
18	der Schauer		
19	der Ski/die Skier		
20	der Skifahrer		
21	der Skistock		
22	der Schlitten		
23	die Schlittschuhe		
24	der Schnee		
25	der Schneeball		
26	die Schneeballschlacht		
27	der Schneefall		
28	die Schneeflocke		
29	der Schneemann		
30	die Schneemauer		
31	die Sonne		
32	der Sonnenschein		
33	der Sturm		
34	die Temperatur		
35	die Wolken		
36	der Wind		

14 Winter

	deutsches Wort	Schreibe es ab	In deiner Sprache
Verben			
37	blasen		
38	donnern		
39	Eis laufen		
40	fallen		
41	regnen		
42	scheinen		
43	Ski fahren		
44	Schlitten fahren		
45	einen Schneemann bauen		
46	im Schnee wandern		
47	eine Schneeballschlacht machen		
48	schneien		
49	wechseln		
50	wehen		
51	ziehen		
Adjektive			
52	bewölkt		
53	eisig kalt		
54	feucht		
55	frostig		
56	glatt		
57	heiß		
58	heiter		
59	klar		
60	neblig		
61	rutschig		
62	sonnig		
63	stürmisch		
64	verschneit		
65	warm		
66	wechselnd		
67	weiß		
68	windig		
69	windstill		
70	wolkenlos		

15 Advent & Weihnachten

der Advent

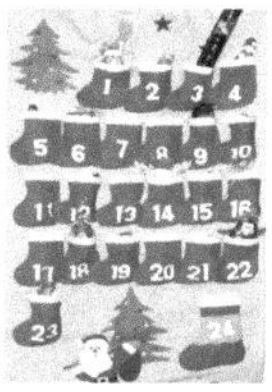 der Advents-kalender	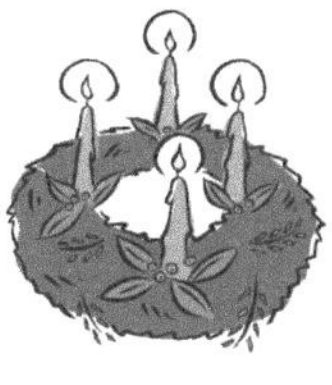 der Adventskranz	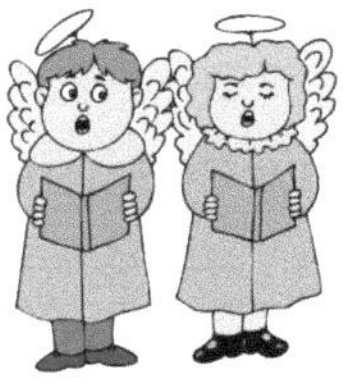 die Adventslieder	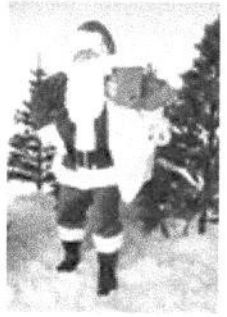 der Nikolaus	

Advent & Weihnachten

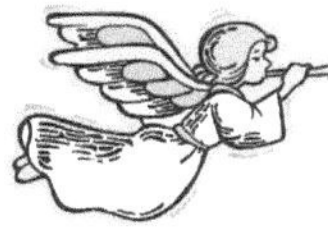 der Engel	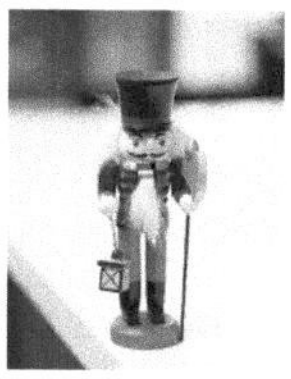 die Figur	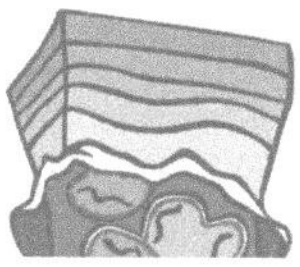 die Kekse	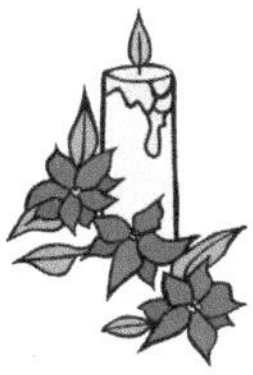 die Kerze	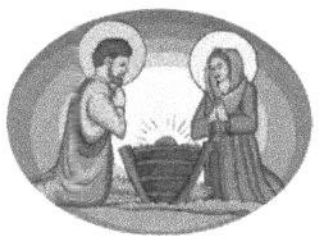 die Krippe
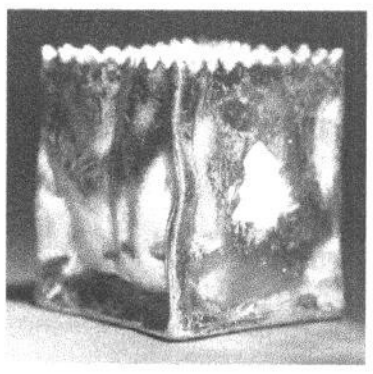 das Licht	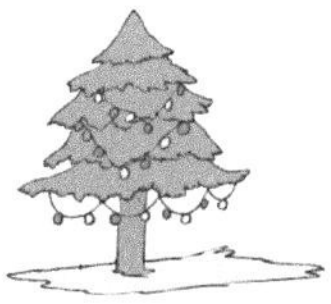 die Lichterkette	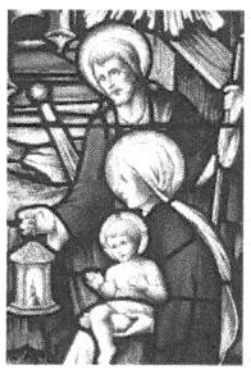 Maria & Josef	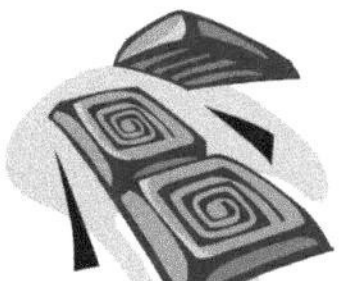 die Schokolade	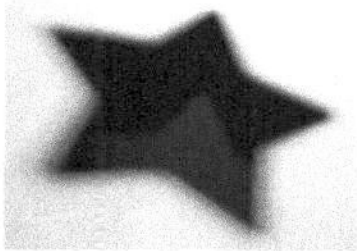 der Stern
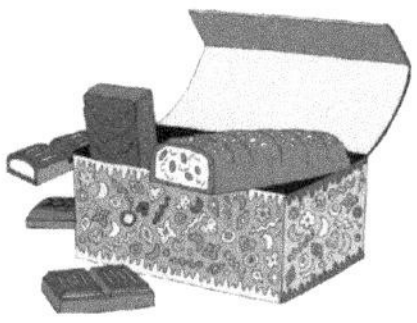 die Süßigkeiten	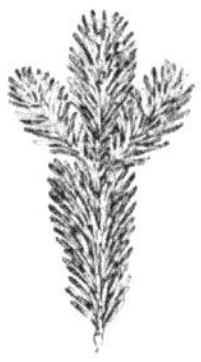 der Tannenzweig	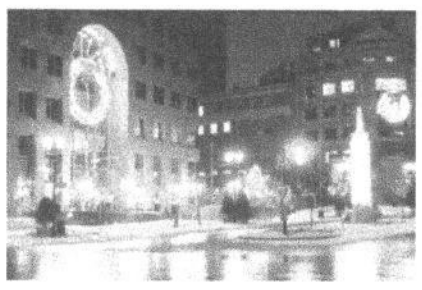 die Weihnachts-beleuchtung	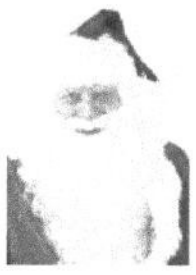 der Weihnachts-mann	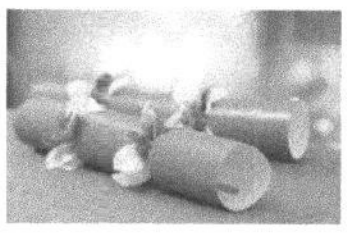 der Wunschzettel

Weihnachten

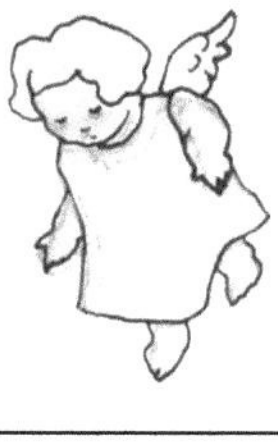 das Christkind	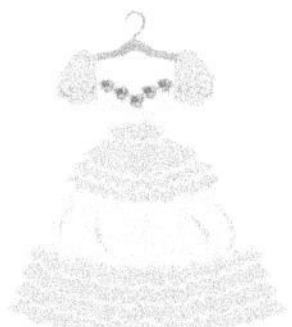 das Festkleid	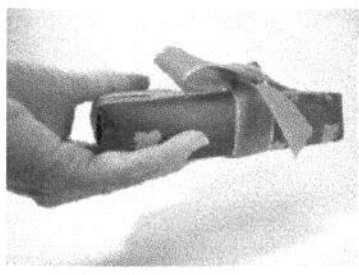 das Geschenk	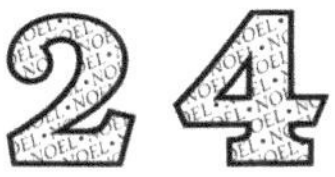 der Heilige Abend	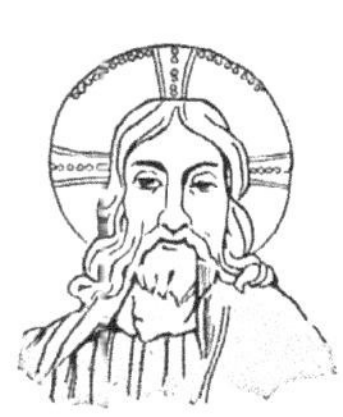 Jesus Christus
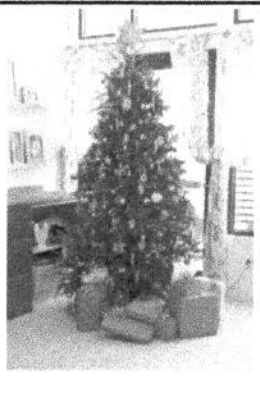 der Weihnachts-baum	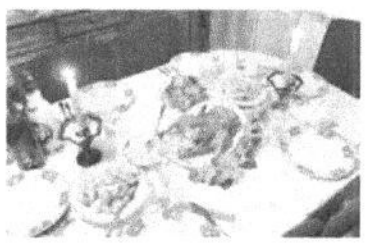 das Weihnachts-essen	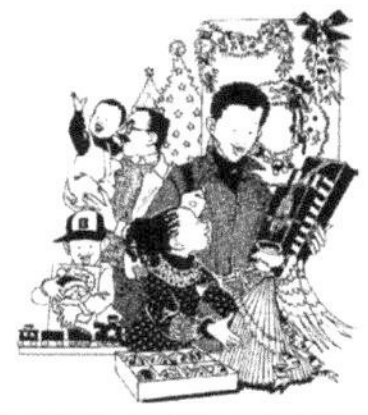 das Weihnachts-fest	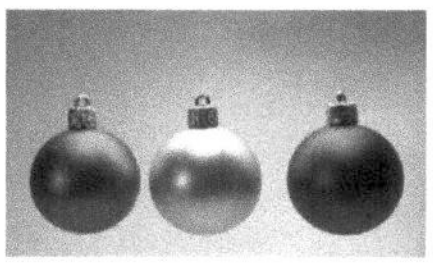 die Weihnachts-kugeln	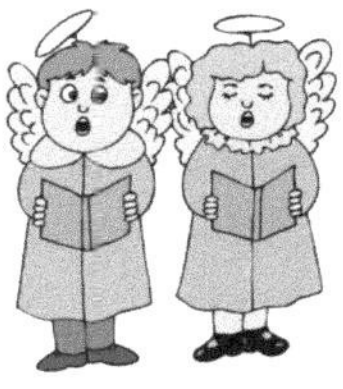 die Weihnachts-lieder

Seite 53

15 Advent & Weihnachten

Wortschatz 15

	deutsches Wort	Schreibe es ab	In deiner Sprache
Substantive			
1	der Advent		
2	der Adventskalender		
3	der Adventskranz		
4	die Adventslieder		
5	das Christkind		
6	der Engel		
7	das Festkleid		
8	die Figur		
9	das Geschenk		
10	der Heilige Abend		
11	Jesus Christus		
12	die Kekse		
13	die Kerze		
14	die Krippe		
15	das Licht		
16	die Lichterkette		
17	Maria und Josef		
18	der Nikolaus		
19	die Schokolade		
20	der Stern		
21	die Süßigkeiten		
22	der Tannenzweig		
23	Weihnachten		
24	der Weihnachtsbaum		

15 Advent & Weihnachten

Wortschatz 15

	deutsches Wort	Schreibe es ab	In deiner Sprache
Substantive			
25	die Weihnachtsbeleuchtung		
26	das Weihnachtsessen		
27	das Weihnachtsfest		
28	die Weihnachtskugeln		
29	die Weihnachtslieder		
30	der Weihnachtsmann		
31	der Wunschzettel		
Verben			
32	anstecken		
33	anzünden		
34	feiern		
35	hängen		
36	leuchten		
37	schenken		
38	schmücken		
39	sich freuen		
40	singen		
Adjektive			
41	brav		
42	freudig		
43	glänzend		
44	spannend		

16 Neues Jahr & Kalender

Seite 56

Neues Jahr & Kalender

Wortschatz 16

	deutsches Wort	Schreibe es ab	In deiner Sprache
Substantive			
1	der Frühling		
2	die Gesundheit		
3	das Glück		
4	der Glückwunsch		
5	der Herbst		
6	das Jahr		
7	der Kalender		
8	Neujahr		
9	Silvester		
10	der Sommer		
11	der Winter		
die Monate			
12	der Januar		
13	der Februar		
14	der März		
15	der April		
16	der Mai		
17	der Juni		
18	der Juli		
19	der August		
20	der September		
21	der Oktober		
22	der November		
23	der Dezember		

16 Neues Jahr & Kalender

Wortschatz 16

	deutsches Wort	Schreibe es ab	In deiner Sprache
die Woche			
24	das Datum		
25	der Tag		
26	der Termin		
27	die Verabredung		
28	das Wochenende		
29	der Montag		
30	der Dienstag		
31	der Mittwoch		
32	der Donnerstag		
33	der Freitag		
34	der Samstag		
35	der Sonntag		
Verben			
36	beginnen		
37	enden		
38	festlegen		
39	wünschen		
Redewendungen			
40	Ein gutes neues Jahr!		
41	Glück und Gesundheit!		

17 Fasching & Karneval

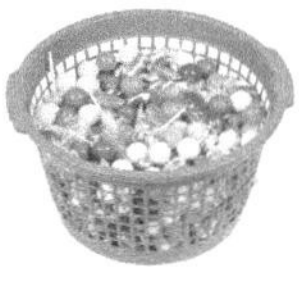 die Bonbons	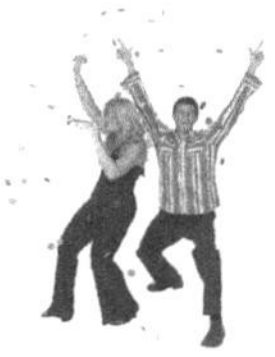 die Faschings-party	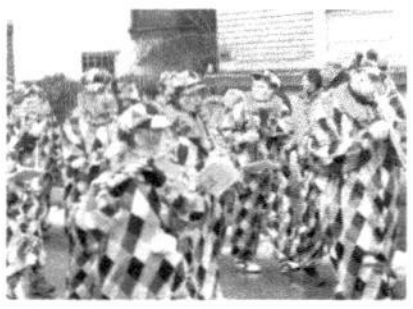 der Faschings-umzug	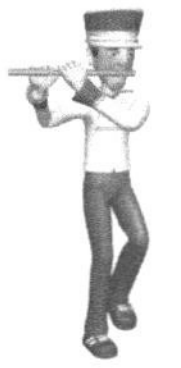 die Flöte	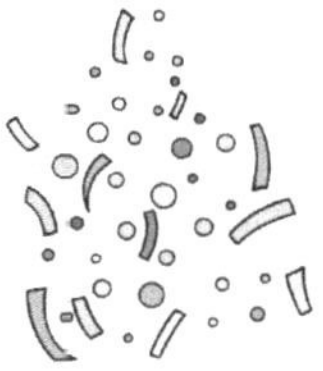 das Konfetti
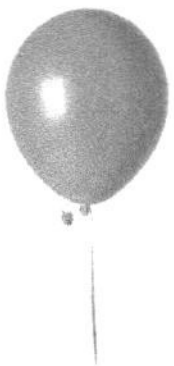 der Luftballon	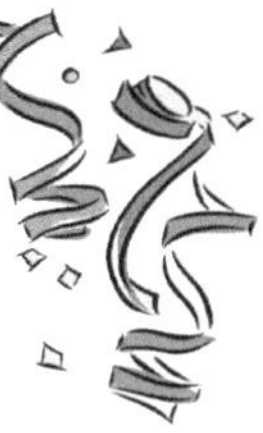 die Luftschlange	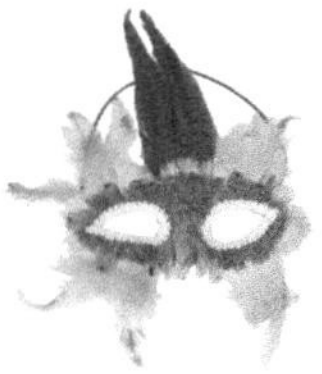 die Maske	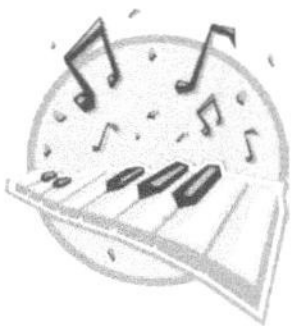 die Musik	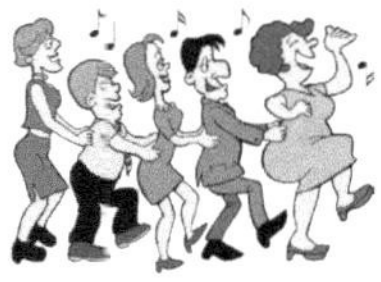 die Polonaise
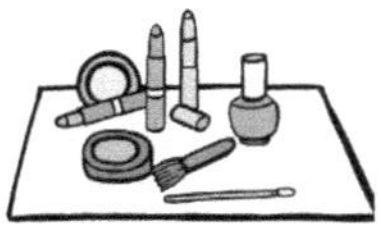 die Schminke	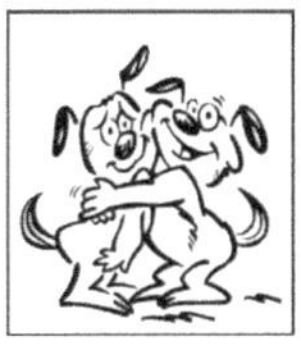 der Spaß	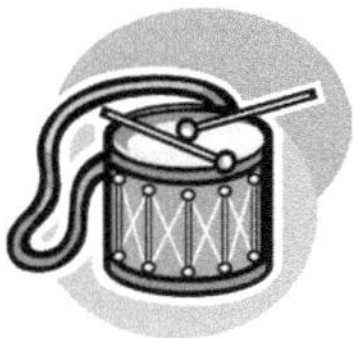 die kleine Trommel	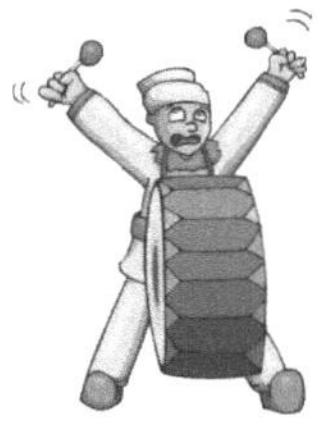 die große Trommel	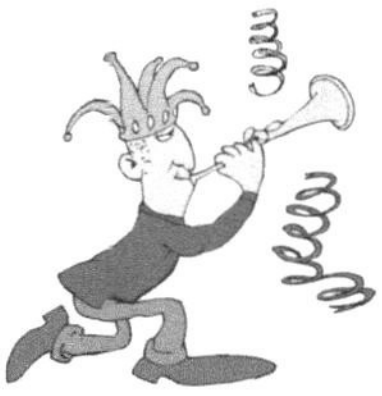 die Trompete

Kostüme

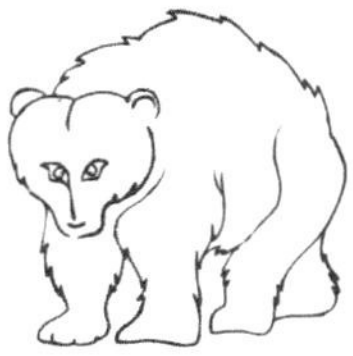	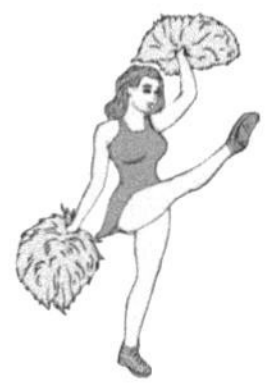	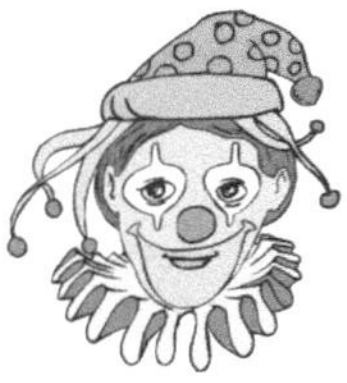	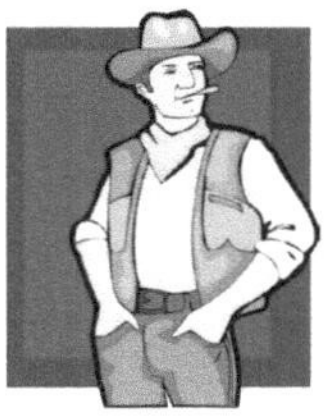	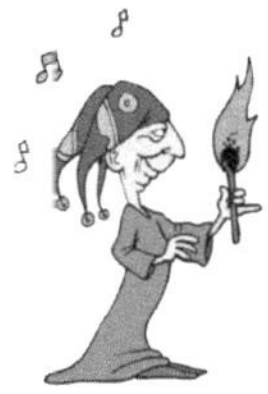
der Bär	die Cheer-leaderin	der Clown	der Cowboy	der Feuer-schlucker
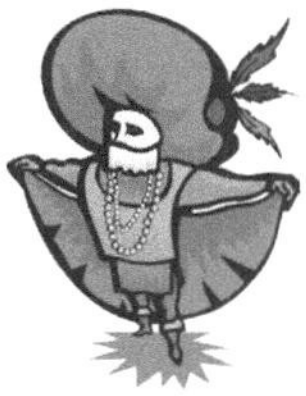 die Fledermaus	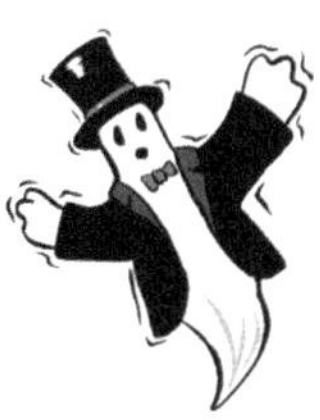 das Gespenst	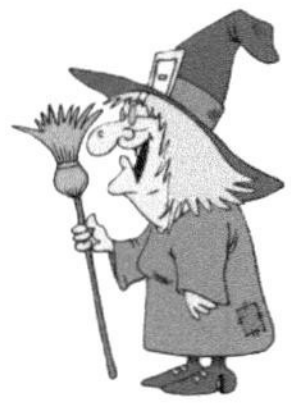 die Hexe	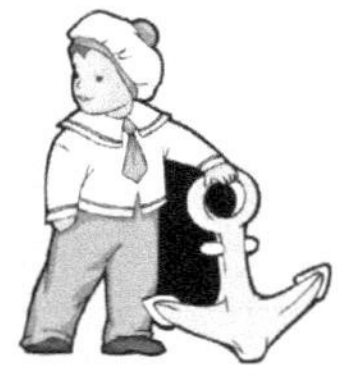 der Matrose	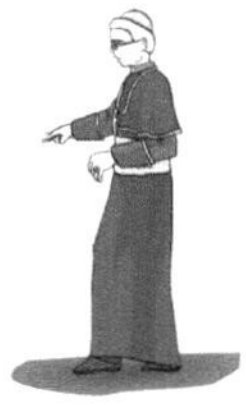 der Mönch
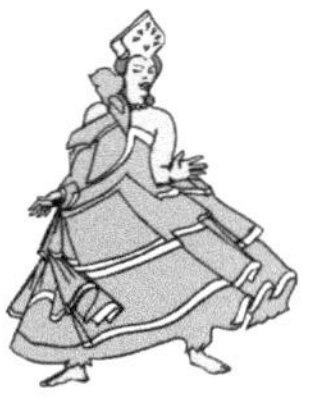 die Prinzessin	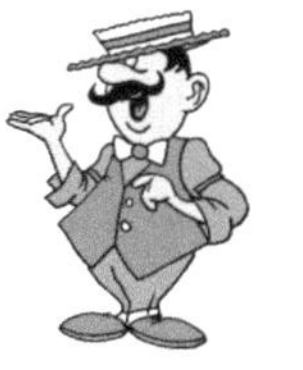 der Spanier	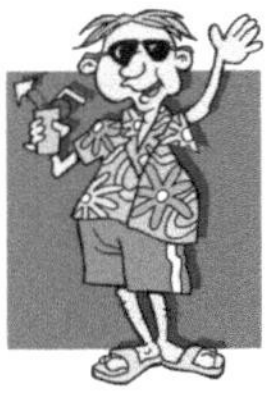 der Urlauber	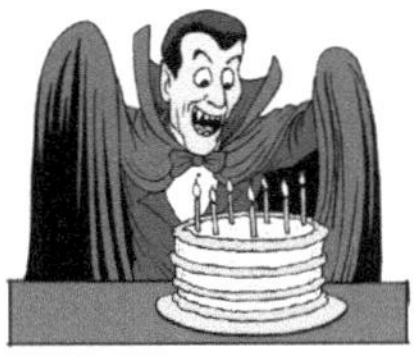 der Vampir	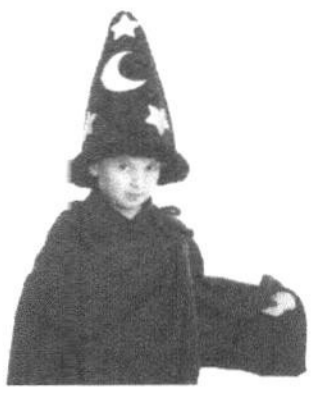 der Zauberer

17 Fasching & Karneval

Wortschatz 17

	deutsches Wort	Schreibe es ab	In deiner Sprache
Substantive			
1	der Bär		
2	die Bonbons (Kamelle)		
3	die Cheerleaderin		
4	der Clown		
5	der Cowboy		
6	der Fasching		
7	die Faschingsparty		
8	der Faschingsumzug		
9	der Feuerschlucker		
10	die Fledermaus		
11	die Flöte		
12	das Gespenst		
13	die Hexe		
14	der Karneval		
15	das Konfetti		
16	das Kostüm		
17	der Luftballon		
18	die Luftschlange		
19	die Maske		
20	der Matrose		
21	der Mönch		
22	die Musik		
23	die Polonaise		
24	die Prinzessin		
25	die Schminke		
26	der Spanier		

17 Fasching & Karneval

Wortschatz 17

	deutsches Wort	Schreibe es ab	In deiner Sprache
Substantive			
27	der Spaß		
28	die Trommel, groß		
29	die Trommel, klein		
30	die Trompete		
31	der Urlauber		
32	der Vampir		
33	der Zauberer		
34	der Zirkusdirektor		
Verben			
35	sich anziehen		
36	sich ausziehen		
37	sich schminken		
38	tanzen		
39	sich verkleiden als		
40	sich Witze erzählen		
Adjektive			
41	gefährlich		
42	hübsch		
43	lustig		
44	spaßig		
Redewendungen			
45	Helau!		
46	Alaaf!		

18 In der Wohnung

18 In der Wohnung

Wo ist die Karotte?

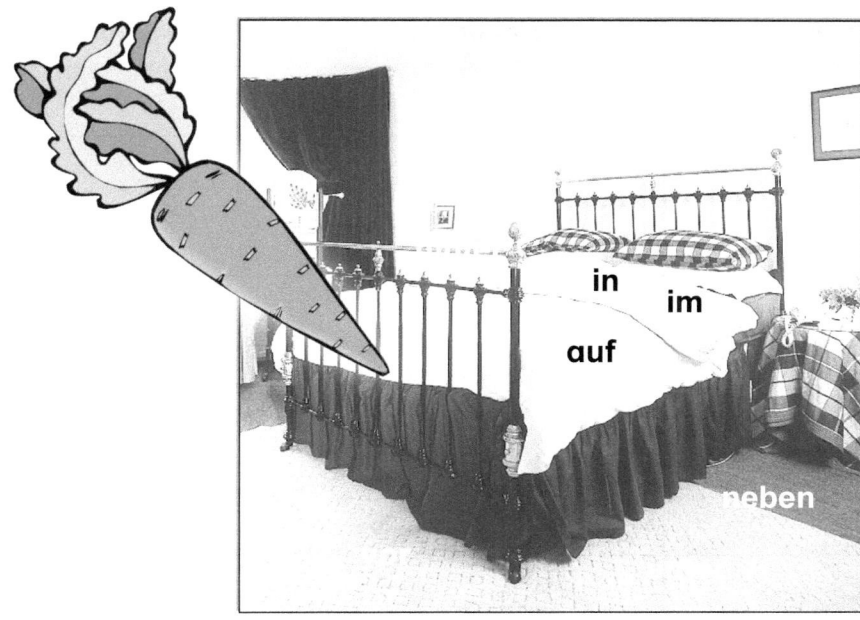

in   im   auf   neben

 _____  _____

 _____  _____

 _____  _____

 _____  _____

18 In der Wohnung

Wortschatz 18

	deutsches Wort	Schreibe es ab	In deiner Sprache
Substantive			
1	das Bett		
2	der Boden		
3	die Decke		
4	das Fenster		
5	der Fernseher		
6	die Gardine		
7	die Heizung		
8	der Kamin		
9	die Kiste		
10	die Lampe		
11	das Radio		
12	das Regal		
13	der Schrank		
14	der Schreibtisch		
15	der Sessel		
16	das Sofa		
17	der Spiegel		
18	die Steckdose		
19	der Stuhl		
20	der Tisch		
21	die Tür		
22	die Uhr		
23	die Wand		

18 In der Wohnung

Wortschatz 18

Präpositionen			
24	auf		
25	hinter		
26	im		
27	in		
28	neben		
29	über		
30	unter		
31	vor		
Redewendungen			
32	Die ... ist auf ...		
33	Der ... ist in dem / im ...		
34	Die ... ist ...		
35	Der Ball ist auf dem Tisch.		
36	Die Mappe ist in der Tasche.		
37	Das Buch ist im Bett.		
38	... ist unter / neben ...		
39	Wo ist ... ?		
40	Du findest es / ihn / sie ...		
41	Er / sie / es liegt ...		
42	Die Karotte ist / liegt ...		

19 Berufe

der Architekt	der Arzt	der Bäcker	der Bauer	der Busfahrer
der Computerfachmann	der Fotograf	der Frisör	die Gärtnerin	die Hausfrau
der Ingenieur	der Installateur	die Kassiererin	der Kellner	der Kfz-Mechaniker
der Koch	die Krankenschwester	die Lehrerin	der Maler	der Maurer
der Mechatroniker	der Metzger	die Musikerin	der Physiotherapeut	der Polizist
die Reinigungskraft	der Rechtsanwalt	die Sekretärin	der Sicherheitsdienst	die Verkäuferin

19 Beruf & Tätigkeiten

	der Beruf	die Tätigkeit	Schreibe die Tätigkeit ab	Schreibe die Tätigkeit in deiner Sprache
1	der Architekt	Häuser planen		
2	der Arzt	untersuchen, behandeln		
3	der Bäcker	backen		
4	der Bauer	pflanzen, ernten, füttern		
5	der Busfahrer	fahren		
6	der Computerfachmann	Programme installieren		
7	die Fotografin	fotografieren		
8	die Frisörin	Haare waschen und schneiden		
9	die Gärtnerin	pflanzen, anbauen		
10	die Hausfrau	putzen, spülen, kochen, backen, waschen, bügeln		
11	der Ingenieur	Maschinen oder elektrische Geräte planen		
12	der Installateur, der Mechaniker	schrauben, montieren, reparieren		
13	die Kassiererin	kassieren, rechnen		
14	der Kellner	servieren, bedienen		
15	der Kfz-Mechaniker	Autos reparieren		
16	der Koch	kochen		
17	die Krankenschwester	pflegen, versorgen		
18	die Lehrerin	unterrichten, korrigieren, erziehen		
19	der Maler	malen, streichen, tapezieren		
20	der Maurer	bauen		
21	der Mechatroniker	computergesteuert, reparieren, montieren		
22	der Metzger	Fleisch schneiden, Wurst herstellen		
23	die Musikerin	ein Instrument spielen, singen		
24	der Physiotherapeut	massieren, behandeln		
25	der Polizist	kontrollieren, Täter fangen		
26	der Rechtsanwalt	beraten, vor dem Gericht verteidigen		
27	die Reinigungskraft	reinigen, putzen		
28	die Sekretärin	verwalten, schreiben, telefonieren		
29	der Sicherheitsdienst	sichern, kontrollieren, aufpassen		
30	die Verkäuferin	beraten, verkaufen		

19 Berufe

Wortschatz 19

	deutsches Wort	Schreibe es ab	In deiner Sprache
Substantive			
Berufe (die angegebene Form schließt die weibliche bzw. männliche mit ein)			
1	der Architekt		
2	der Arzt		
3	der Bäcker		
4	der Bauer		
5	der Busfahrer		
6	der Computerfachmann		
7	der Fotograf		
8	der Frisör		
9	die Gärtnerin		
10	die Hausfrau		
11	der Ingenieur		
12	der Installateur		
13	die Kassiererin		
14	der Kellner		
15	der Kfz-Mechaniker		
16	der Koch		
17	die Krankenschwester		
18	die Lehrerin		
19	der Maler		
20	der Maurer		
21	der Mechatroniker		
22	der Metzger		
23	die Musikerin		
24	der Physiotherapeut		
25	der Polizist		
26	die Reinigungsfrau		
27	der Rechtsanwalt		
28	der Sicherheitsdienst		
29	die Sekretärin		
30	die Verkäuferin		

19 Berufe

	deutsches Wort	Schreibe es ab	In deiner Sprache
Schule			
31	das Abitur		
32	das Gymnasium		
33	der Hauptschulabschluss		
34	der Realschulabschluss, der Mittlere Bildungsabschluss		
Ausbildung			
35	das Anschreiben		
36	der Ausbildungsplatz		
37	die Arbeitsstelle		
38	die Bewerbung		
39	das Deckblatt		
40	der Lebenslauf		
41	das Praktikum		
42	die Prüfung – die Abschlussprüfung		
43	der Praktikumsbericht		
Verben			
44	anbauen		
45	aufpassen		
46	backen		
47	bauen		
48	beraten		
49	bedienen		
50	behandeln		
51	bügeln		
52	ernten		
53	erziehen		
54	fahren		
55	fangen		
56	fotografieren		
57	füttern		
58	herstellen		
59	installieren		

 **Berufe**

Wortschatz 19

	deutsches Wort	Schreibe es ab	In deiner Sprache
Verben			
60	kochen		
61	kontrollieren		
62	korrigieren		
63	malen		
64	massieren		
65	montieren		
66	pflanzen		
67	pflegen		
68	planen		
69	putzen		
70	reinigen		
71	reparieren		
72	schneiden		
73	schrauben		
74	schreiben		
75	sichern		
76	singen		
77	spielen		
78	spülen		
79	streichen		
80	tapezieren		
81	telefonieren		
82	unterrichten		
83	untersuchen		
84	verkaufen		
85	versorgen		
86	verwalten		
87	waschen		

20 Werkzeug & Zubehör

 die Bohr-maschine	 der Eimer	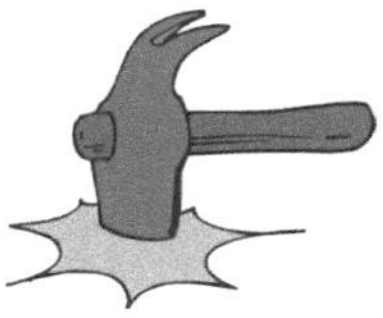 der Hammer	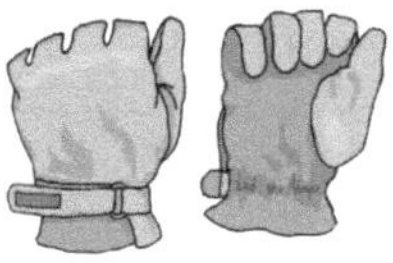 die Hand-schuhe	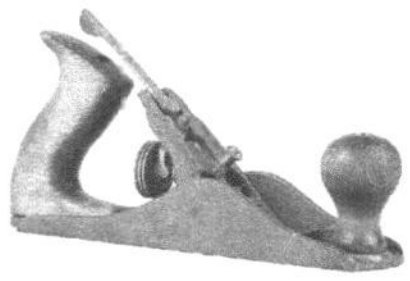 der Hobel
 die Leiter	 der Nagel	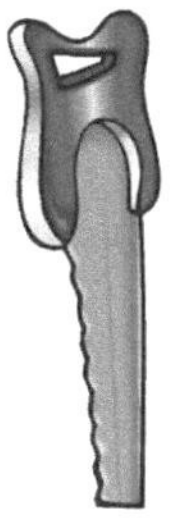 die Säge	 die Schaufel	 die Schraube
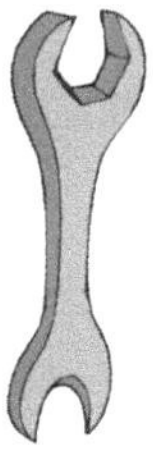 der Schrauben-schlüssel	 der Schrau-benzieher	 der Schutz-helm	 der Spaten	 das Taschen-messer
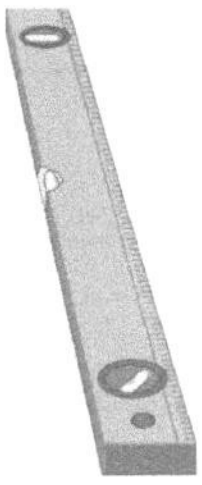 die Wasser-waage	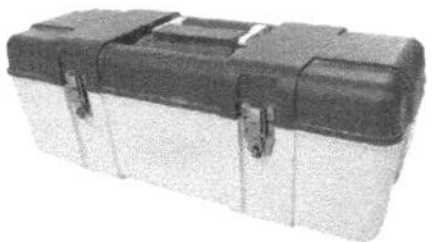 der Werkzeug-kasten	 die Zange	 der Zollstock	

20 Werkzeug & Zubehör

Wortschatz 20

	deutsches Wort	Schreibe es ab	In deiner Sprache
Substantive			
1	die Bohrmaschine		
2	der Eimer		
3	der Hammer		
4	die Handschuhe		
5	der Hobel		
6	die Leiter		
7	der Nagel		
8	die Säge		
9	die Schaufel		
10	die Schraube		
11	der Schraubenschlüssel		
12	der Schraubenzieher		
13	der Schutzhelm		
14	der Spaten		
15	das Taschenmesser		
16	die Wasserwaage		
17	der Werkzeugkasten		
18	die Zange		
19	der Zollstock		

21 Im Büro (Schreibtisch)

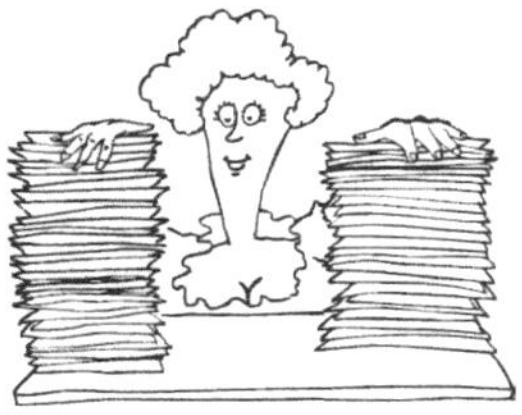 die Aktenablage	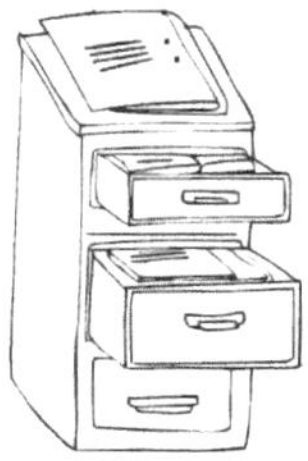 der Aktenschrank	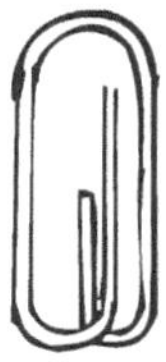 die Büroklammer	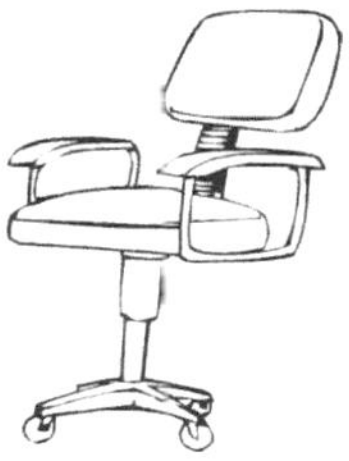 der Bürostuhl
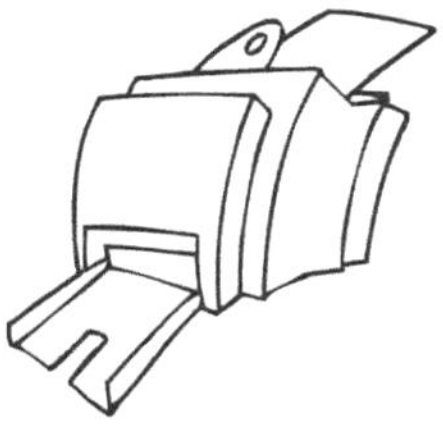 der Drucker	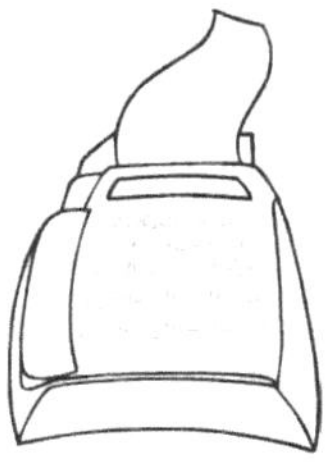 das Faxgerät	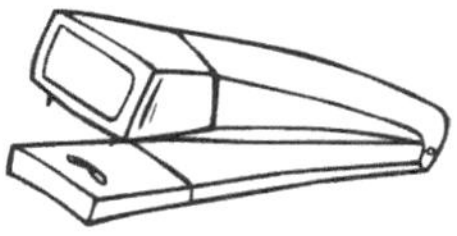 der Hefter	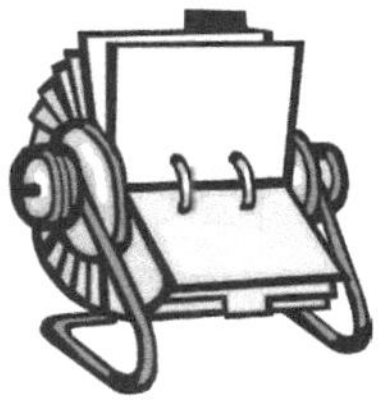 die Karteikarten
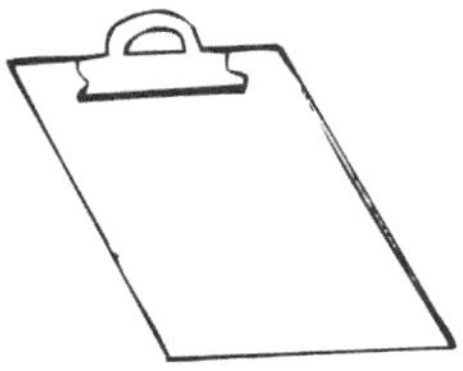 das Klemmbrett	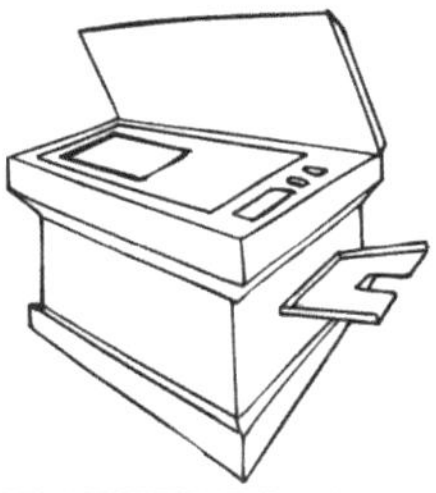 der Kopierer	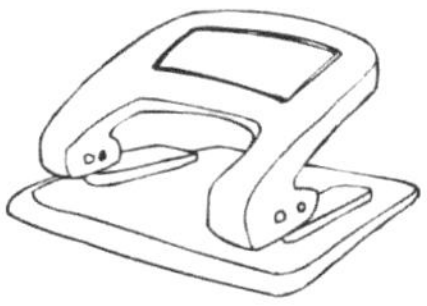 der Locher	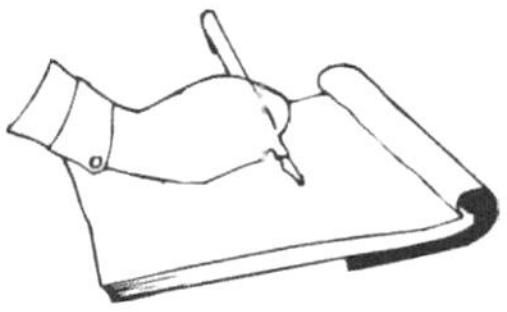 der Notizblock
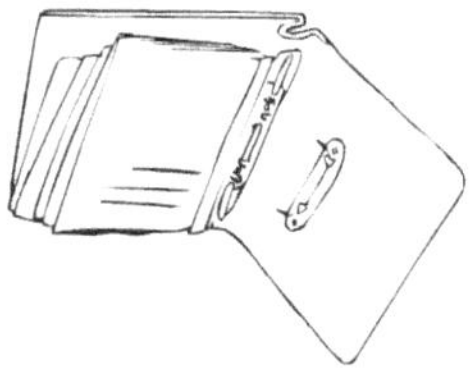 der Ordner	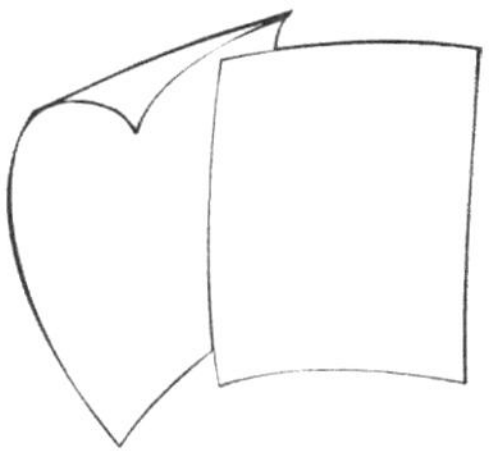 das Papier	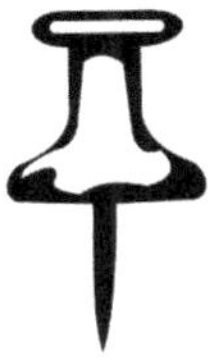 die Pinnadel	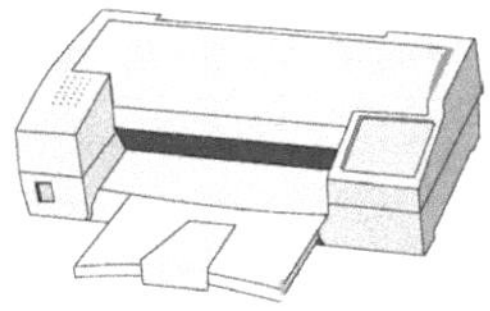 der Scanner
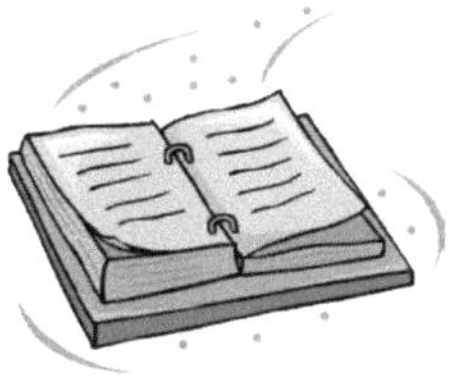 der Terminkalender	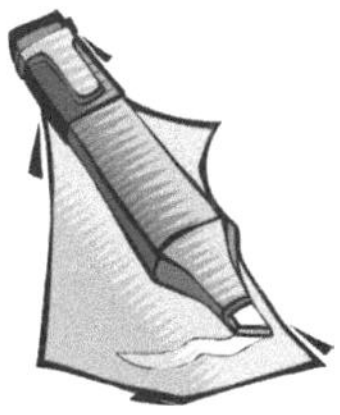 der Textmarker		

21 Im Büro (Schreibtisch)

Wortschatz 21

	deutsches Wort	Schreibe es ab	In deiner Sprache
Substantive			
1	die Aktenablage		
2	der Aktenschrank		
3	die Büroklammer		
4	der Bürostuhl		
5	der Drucker		
6	das Faxgerät		
7	der Hefter		
8	das Klemmbrett		
9	die Karteikarten		
10	der Kopierer		
11	der Locher		
12	der Notizblock		
13	der Ordner		
14	das Papier		
15	die Pinnadel		
16	der Scanner		
17	der Terminkalender		
18	der Textmarker		
Verben			
19	abheften		
20	ablegen		
21	drucken		
22	faxen		
23	klammern		
24	kopieren		
25	lochen		
26	markieren		
27	notieren		
28	ordnen		
29	scannen		
30	telefonieren		
31	terminieren		

22 Gastronomie

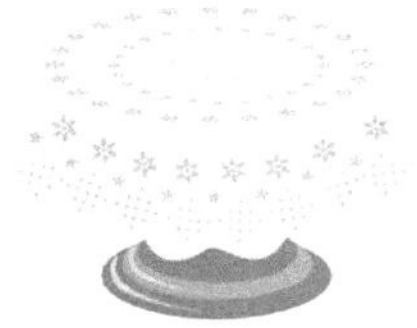 die Tischdecke	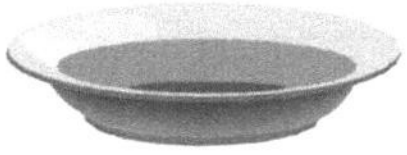 der Teller	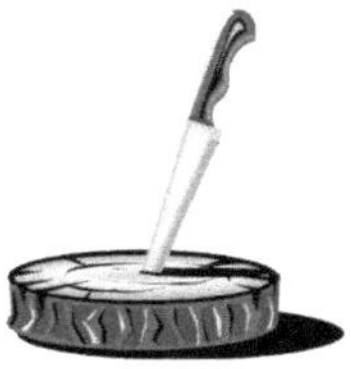 das Messer	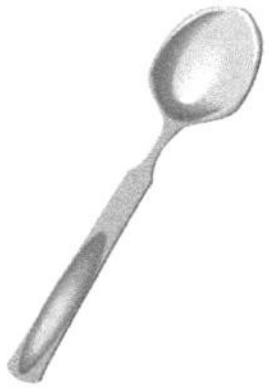 der Löffel	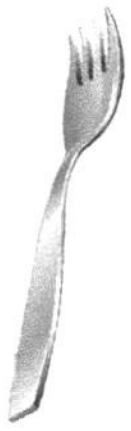 die Gabel
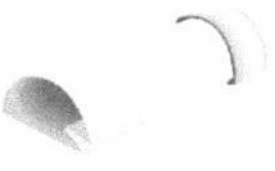 die Serviette	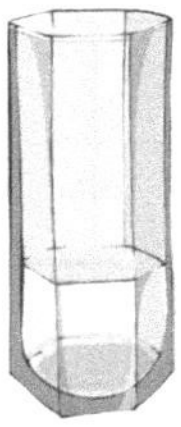 das Wasserglas	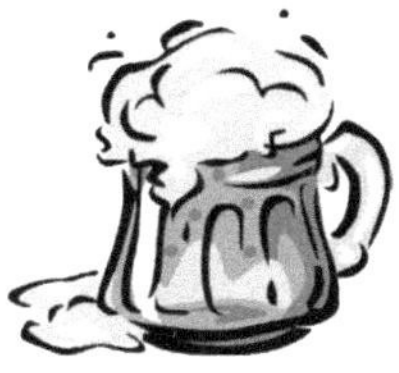 das Bierglas	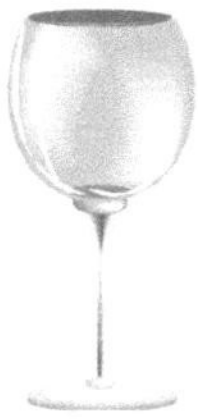 das Weinglas	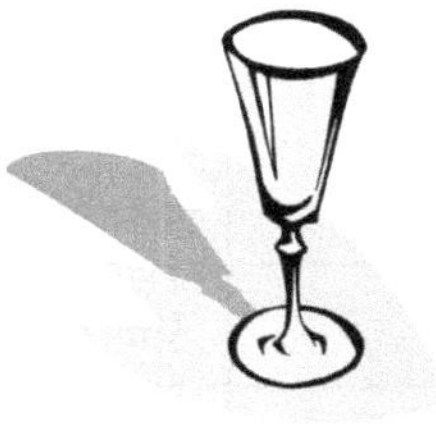 das Sektglas
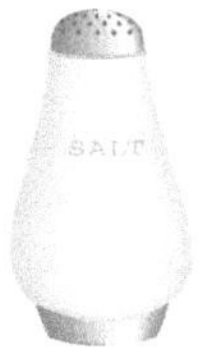 der Salzstreuer	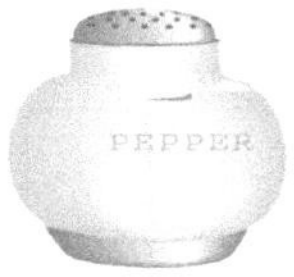 der Pfefferstreuer	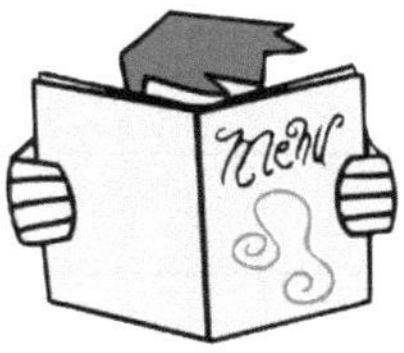 die Speisekarte	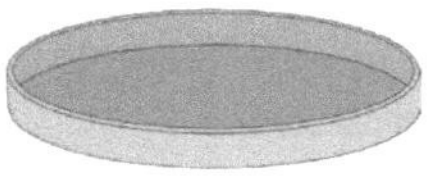 das Tablett	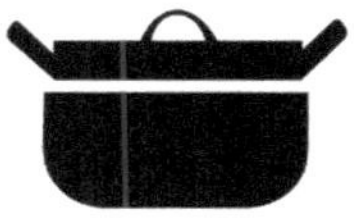 der Topf
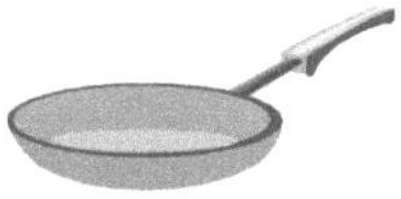 die Pfanne	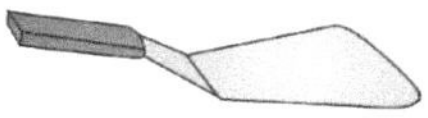 der Pfannenwender	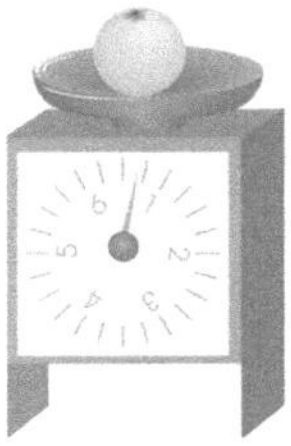 die Küchenwaage	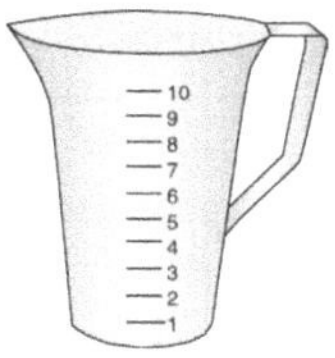 der Messbecher	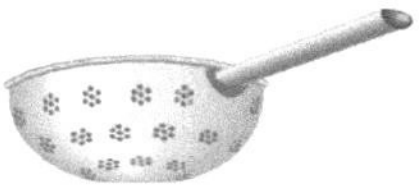 das Sieb
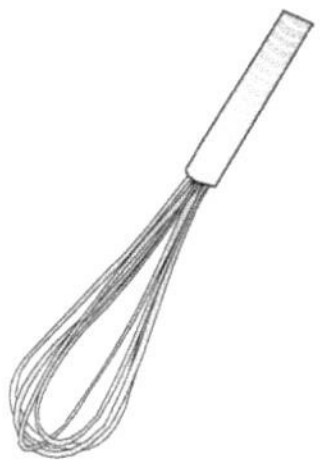 der Schneebesen	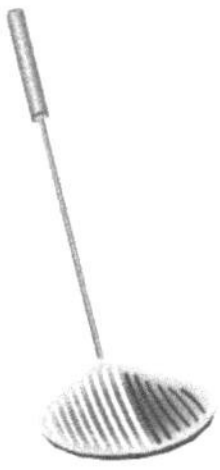 der Schöpflöffel	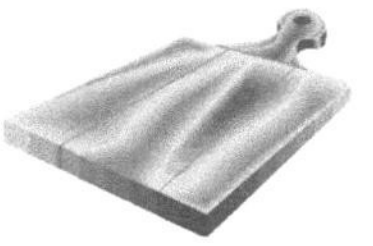 das Schneidebrett	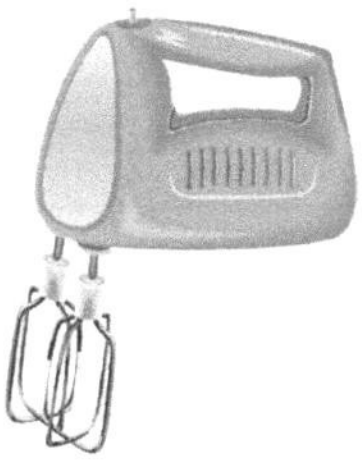 der Mixer	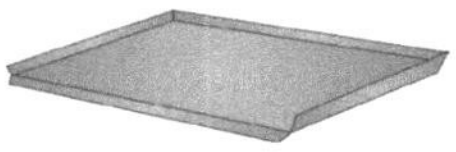 das Backblech

22 Gastronomie

Wortschatz 22

	deutsches Wort	Schreibe es ab	In deiner Sprache
Substantive			
1	das Backblech		
2	das Besteck		
3	das Bierglas		
4	die Dekoration		
5	die Gabel		
6	die Küchenwaage		
7	der Löffel		
8	der Messbecher		
9	das Messer		
10	der Mixer		
11	die Pfanne		
12	der Pfannenwender		
13	der Pfefferstreuer		
14	der Salzstreuer		
15	der Schneebesen		
16	das Schneidebrett		
17	der Schöpflöffel		
18	das Sektglas		
19	die Serviette		
20	das Sieb		
21	die Speisenkarte		
22	das Tablett		
23	der Teller		
24	die Tischdecke		
25	der Topf		
26	das Wasserglas		
27	das Weinglas		

22 Gastronomie

Wortschatz 22

	deutsches Wort	Schreibe es ab	In deiner Sprache
Verben			
28	backen		
29	bestellen		
30	eindecken		
31	eingießen		
32	empfehlen		
33	messen		
34	rühren		
35	schlagen		
36	schneiden		
37	servieren		
38	sieben		
39	streuen		
40	wiegen		
Redewendungen			
41	Was darf es sein?		
42	Möchten Sie ...?		
43	Darf ich Ihnen ...?		
44	Ich empfehle Ihnen ...		

Gastronomie

Speisenkarte

Restaurant – Bistro „Goldener Stern"

Suppen

Hochzeitssuppe mit Flädle	€ 3,50
Hühnersuppe mit Eierstich	€ 3,50
Kartoffelsuppe mit Lachsstreifen	€ 3,50
Rinderkraftbrühe mit Einlage	€ 3,50
Spargelcremesuppe	€ 3,50
Tomatensuppe mit Sahnehaube	€ 3,50
Zwiebelsuppe mit Käse überbacken	€ 3,50

Salate

Kleiner gemischter Salat	€ 3,50
Großer gemischter Salat	€ 6,20
Griechischer Hirtensalat	€ 6,80
Salatteller mit – Schinken und Ei	€ 6,80
Salatteller mit – Putenstreifen	€ 9,50
Salatteller mit – Fischvariationen	€ 9,50

Restaurant – Bistro „Goldener Stern"

Herzhaft & warm

Schweinenackensteak mit Salatgarnitur	€ 6,80
Gebackener Camembert mit Preißelbeeren	€ 5,00
Putensteak mit Früchten und Kroketten	€ 8,50
½ Hähnchen mit Salat und PommesFrites	€ 7,70
Seelachsfilet mit Gemüse der Saison	€ 8,50
Pfeffersteak mit Kartoffelecken & Salat	€ 12,50

Getränke

Coca Cola 0,4 l	€ 2,80
Apfelsaft/Apfelschorle 0,4 l	€ 2,80
Mineralwasser 0,4 l	€ 2,50
Bitter Lemon	€ 2,20
Stern-Pils 0,3 l	€ 3,10
Stern-Pils, alkoholfrei 0,3 l	€ 3,10
Weißwein/Rotwein 0,2 l	€ 2,50

23 Ostern

die Ostermesse	Jesus Christus	der Kreuzgang	die Kreuzigung
die Auferstehung	der Osterhase	die Ostereier	das Osternest
das Osterlamm			

Wortschatz 23

	deutsches Wort	Schreibe es ab	In deiner Sprache
Substantive			
1	die Auferstehung		
2	Jesus Christus		
3	der Kreuzgang		
4	die Kreuzigung		
5	die Ostereier		
6	der Osterhase		
7	das Osterlamm		
8	die Ostermesse		
9	das Osternest		
Verben			
10	auferstehen		
11	ausblasen		
12	bemalen		
13	feiern		
14	kreuzigen		
15	leben		
16	sterben		
17	suchen		
18	verstecken		

Seite 79

24 Frühling & Frühlingsblumen

das Blatt	die Blüte	die Hyazinthe	der Krokus
das Maiglöckchen	die Osterglocke / die Narzisse	das Schneeglöckchen	der Stängel
die Tulpe	die Wurzel / die Zwiebel		

Wortschatz 24

	deutsches Wort	Schreibe es ab	In deiner Sprache
Substantive			
1	das Blatt		
2	die Blüte		
3	die Frühlingsgefühle		
4	die Hyazinthe		
5	der Krokus		
6	das Maiglöckchen		
7	die Osterglocke (Narzisse)		
8	das Schneeglöckchen		
9	der Stängel		
10	die Wurzel		
11	die Zwiebel		
Verben			
12	blühen		
13	gießen		
14	sich verlieben		
15	wachsen		

25 Familie

Ein „Stammbaum" könnte folgendermaßen aussehen:

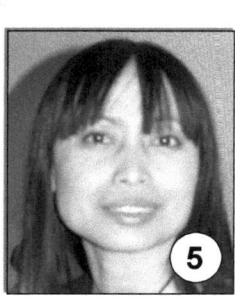

1	die Urgroßeltern: der Urgroßvater/der Urgroßopa & die Urgroßmutter/dieUrgroßoma
2 – 5	die Großeltern: die Oma & der Opa
2 & 4	die Söhne; die Brüder; der Onkel
3 & 5	die Schwiegertöchter; die Tante
6 & 8	die Tochter & der Sohn; die Geschwister; die Enkeltochter & der Enkelsohn
7 & 9	die Schwiegertochter & der Schwiegersohn
6 – 9	das Ehepaar; die Tante & der Onkel
10	die Tochter; die Enkeltochter; die Nichte
11 – 13	die Enkelkinder; die Töchter; der Sohn; der Cousin & die Cousine; die Nichte & der Neffe
11	die Tochter; die Enkeltochter; die Schwester; die Nichte
12	der Sohn; der Enkelsohn; der Bruder; der Neffe
13	die Tochter; die Cousine; die Nichte

25 Familie

Wortschatz 25

	deutsches Wort	Schreibe es ab	In deiner Sprache
Substantive			
1	das Baby		
2	die Braut		
3	das Brautpaar		
4	der Bräutigam		
5	der Bruder		
6	der Cousin		
7	die Cousine		
8	das Ehepaar		
9	die Eltern		
10	die Erwachsene		
11	die Geschwister		
12	die Großeltern		
13	der Jugendliche		
14	das Kind		
15	die Mutter		
16	der Neffe		
17	die Nichte		
18	die Oma		
19	der Onkel		
20	der Opa		
21	der Schwager		
22	die Schwägerin		
23	die Schwester		
24	die Schwiegereltern		
25	der Schwiegersohn		

Seite 82

25 Familie

Wortschatz 25

	deutsches Wort	Schreibe es ab	In deiner Sprache
Substantive			
26	die Schwiegertochter		
27	der Sohn		
28	die Tante		
29	die Tochter		
30	die Urgroßeltern		
31	der Vater		
Verben			
32	besuchen		
33	ein Baby bekommen		
34	einladen		
35	feiern		
36	heiraten		
37	schwanger sein		
Redewendungen			
38	Ich komme aus ...		
39	Meine Familie kommt aus ...		
40	Mein Großvater wohnt in ...		
41	Meine Cousine ist ...		

Seite 83

26 Fahren & Reisen

26 Fahren & Reisen

Wortschatz 26

	deutsches Wort	Schreibe es ab	In deiner Sprache
Substantive			
1	die Abfahrt		
2	der Abflug		
3	die Ankunft		
4	der Ausstieg		
5	das Auto / der PKW		
6	das Boot		
7	der Bus		
8	der Einstieg		
9	die Fahrkarte		
10	der Fahrplan		
11	das Fahrrad		
12	der Flughafen		
13	das Flugzeug		
14	das Gepäck		
15	das Gleis		
16	die Haltestelle		
17	der Lastkraftwagen / der LKW		
18	das Motorrad		
19	der Passagier		
20	der Pick-up		
21	das Schiff		
22	die Straßenbahn		
23	das Ticket / die Fahrkarte		
24	der Transporter		
25	das U-Boot		
26	der Zug		

26 Fahren & Reisen

Wortschatz 26

	deutsches Wort	Schreibe es ab	In deiner Sprache
Verben			
27	aussteigen		
28	einsteigen		
29	fahren		
30	fliegen		
31	halten		
32	rasen		
33	reisen		
34	sich verspäten		
35	umsteigen		
36	verreisen		
Adjektive			
37	langsam		
38	leer		
39	pünktlich		
40	schnell		
41	voll		
42	zu früh		
43	zu spät		

Rena Thormann

Deutsch als Zweitsprache in Vorbereitungsklassen

Ein motivierender Einstieg in die Lehrsituation von Vorbereitungsklassen. Die Themen sind am Alltagsleben orientiert, an der Didaktik eines zeitgemäßen Unterrichtes ausgerichtet und berücksichtigen die heterogene Klassenzusammensetzung.

Band 1: Schnellkurs zur Erarbeitung des Grundwortschatzes. Die mündlichen und schriftlichen Übungen zum Wortschatztraining, die Bildkarten und zahlreiche spielerische Elemente sind vielseitig einsetzbar.

Bände 2-6: Intensives Grundwortschatztraining zu Themen wie Sich vorstellen, Schule, Farben, Familie, Wohnung, Wohnungsplan und Speisen & Getränke. Inhalte und Methodik ermöglichen und unterstützen individuelles und differenzierendes Lernen.

48 S.	1	Schnellkurs Grundwortschatz	11 421	ab 15,99 €
96 S.	2	Wortschatztraining / Teil 1	11 422	ab 15,99 €
116 S.	3	Wortschatzerweiterung / Teil 2	11 562	ab 17,49 €
120 S.	4	Wortschatzerweiterung / Teil 3	11 589	ab 18,49 €
124 S.	5	Wortschatzerweiterung / Teil 4	11 652	ab 18,49 €
112 S.	6	Wortschatzerweiterung / Teil 5	11 837	ab 22,49 €

DIE optimale Ergänzung!

Autorenteam Kohl-Verlag

DaZ – GRUNDWORTSCHATZ
Wörterkartei zum selbstständigen Lernen

Sinnvolles Übungsmaterial zum Aufbau des Grundwortschatzes. Die wichtigsten Wörter der deutschen Sprache zum Selbstlernen in drei Niveaustufen! Die Selbstkontrolle findet durch einfaches Drehen und Vergleichendes Aneinanderlegen der Karten statt. **Je 192 Wörter auf 24 Karteikarten!**

1	Mensch, Outfit, Wohnung	12 421
2	Hobby, Tiere, Schule/Büro, Uhr	12 422
3	Beruf, Werkzeuge, Reisen	12 423
4	Familie, Essen, Gastronomie	12 424
5	Kalender, Jahreszeiten, Feiern	12 425

FARBIG — ab 15,99 €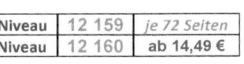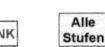

Horst Hartmann

Deutsch-Tests für Zuwanderer   A-/B-Niveau

Der Deutschtest für Zuwanderer (DTZ) stellt für die Lehrer in Deutschkursen eine Herausforderung dar, die inhomogene Zielgruppe erfolgreich auf den Test vorbereiten sollen. Die beiden vorliegenden Bände entsprechen in Aufteilung und Struktur dem DTZ, Aufgaben und Aufgabenstellungen mit Lösungsvorschlägen sind an die Sprachniveaus A und B angepasst.

A-Niveau	12 159	je 72 Seiten	
B-Niveau	12 160	ab 14,49 €	FÖ INK Alle Stufen

M. Al-Nashawatie & G. Rosenwald

Arabisches Schulbuch   Arabisch & Deutsch lernen

Viele Kinder aus arabischen Ländern müssen nicht nur die Sprache, sondern auch die fremde Schrift erlernen. So lernt hier der Syrerjunge Mariem mit dem Mädchen Julia zusammen. Die Begriffe in Deutsch, Arabisch und „Lautschrift" helfen dabei, die Worte und Sätze zu festigen. **Im Band 2** wurde die Darstellung sämtlicher Begriffe in Arabisch, Deutsch und Lautschrift beibehalten.

Band 1	11 993	je 48 Seiten
Band 2	12 056	ab 12,49 €

Horst Hartmann

DaZ für Erwachsene   Kurs zur Alltagsschulung

Einfache Sprachszenen, Rollenspiele und entsprechendes Wortschatztraining mit wechselnden Methoden vermitteln jungen Erwachsenen die deutsche Sprache. Altersgemäße Themen in angewandten Situationen wie z.B. Behörde, Einkaufen, beim Arzt, Büro, Diskothek, Freizeit, Tanzt verständigen, Flirten, Kochen, auf dem Weg zum Arbeitsplatz, Beruf, Radfahren, Auto, Ärger mit …, Spaß bei … etc. sorgen für eine problemlose Verständigung in Situationen des täglichen Lebens.

Band 1	11 888	je 32 Seiten
Band 2	12 158	ab 11,99 €

 FÖ

Horst Hartmann

Wir lernen Deutsch   Spielerisch zur deutschen Sprache

Schüler mit fremdsprachigem Hintergrund benötigen neben dem Aufbau eines allgemeinen Wortschatzes auch Hilfe beim Verstehen und Anwenden von Begriffen ihres täglichen Lebens. Mit themenbezogenen Übungen bietet dieser Band den grundlegenden Wortschatz zu typischen täglichen Situationen.

32 Seiten	11 992	ab 11,99 €

FÖ INK

Prisca Thierfelder

KOMM MIT!   Sprachmaterial für DAZ-Kinder

Bildkarten zum Lernen, einfache Wort- und Satz-übungen sowie kommunikative Übungen in einfachen Zusammenhängen. Erste Begegnung mit der deutschen Sprache Grundwortschatz und erste grammatische Strukturen kennenlernen und festigen auf der Reise rund um die Welt zu den Kindern Hannes, Narisara, Jim, Olivia, Bandele und Antonia, die uns zu sich einladen und uns über ihr Leben berichten. Informative Texte und Aufgaben wecken die Neugierde auf andere Kulturen und fördern Toleranz und Offenheit. Die Kopiervorlagen enthalten abwechslungsreiche Methoden mit unter anderem Zuordnungsspielen, einfachen Dialogen, Bildkarten, Kreuzworträtseln und Korrespondenz.

48 S.	1	Hobbys und Freizeit weltweit	12 257	ab 12,49 €
56 S.	2	Landwirtschaft weltweit	12 258	ab 13,49 €
48 S.	3	Wie wir zuhause leben – weltweit	12 259	ab 12,49 €
52 S.	4	Wie wir Schule erleben – weltweit	12 369	ab 13,49 €

Prisca Thierfelder

DaZ-Dialoge im Alltag

Binnendifferenzierung in der Vorbereitungsklasse! 10 Dialoge aus dem Alltag – zu jedem Thema gibt es 2 Dialoge in verschiedenen Schwierigkeitsstufen. Sie werden mittels Lückenwörtern/-texten erarbeitet, bevor sie präsentiert werden. Alternativ gibt es „Spickkarten" mit Stichwörtern zur Orientierung für Fortgeschrittene bzw. Leistungsstärkere. So hat buchstäblich „spielerisch" jeder Spaß an Unterricht und Rollenspiel.

48 Seiten	12 256	ab 13,49 €

Horst Hartmann & Aani Ichoua

Deutsch-arabische LESE- & SACHTEXTE
Sachtexte aus dem Alltag im A-Niveau

Kurze Lese- & Sachtexte aus dem Alltag beschreiben Situationen, die für Menschen in einem fremden Land mit einer fremden Sprache zum Problem werden können. Die Übungen sind in der Schwierigkeit dem A-Niveau angepasst. Am Ende eines jeden Kapitels ist eine zweisprachige Vokabelliste mit den wichtigsten Wörtern angefügt.

24 Seiten	12 375	ab 10,99 €

Brunhilde Sieburg

Multi-Kulti   Das Sprach- & Lesetraining

Wortbedeutungstraining. Die Bände 2/3 zeigen Gegenstände, Personen etc., zu denen die deutschen Bezeichnungen angegeben sind. Hinzu kommen einfache grammatikalische Basisübungen und einfache Leseübungen.

48 S.	1	Schreiblehrgang Buchstaben	19 032	ab 11,99 €
48 S.	2	Anfängerkurs	19 033	ab 11,99 €
48 S.	3	Fortgeschrittene	19 034	ab 11,99 €
36 S.	4	Die Zeitformen lernen	19 030	ab 10,99 €

Friedhelm Heitmann

DaZ-Spiele   ... in 3 Niveaustufen

Deutsche Grammatik und Rechtschreibung in gesteigerten Niveaustufen in jeweils 34 Einheiten mit Lösungsvorschlägen. Die Einheiten können sowohl einzeln als auch als motivierendes Spiel im Verbund eingesetzt werden. So macht Lernen Spaß. Der Titel ist ideal auch im Unterricht mit DaZ- und Regelschülern gemeinsam einsetzbar!

Grundniveau	11 991	
Mittleres Niveau	12 043	je 80 Seiten
Erweitertes Niveau	12 044	ab 16,49 €

Autorenteam Kohl-Verlag

Kreuzworträtsel DaZ   Grundwortschatz steigern

Einfache Wörter des Grundwortschatzes (Beispiel: „Ich fahre mit dem … [Auto].") werden gesucht und eingesetzt. „Verben" und „Adjektive" beinhalten den gleichen Aufbau wie „Nomen" und steigern den Grundwortschatz konsequent weiter.

Nomen	11 932	
Verben	11 933	je 24 Seiten
Adjektive	11 934	ab 11,99 €

Tobias & Nik Vonderlehr

Ganz einfache Lesetexte für DaZ-Kinder

Diese motivierenden und leicht verständlichen Lesetexte sind aus der Lebenswelt der Kinder. Das Textverständnis wird durch verschiedene Aufgabenstellungen überprüft. Einfache Malaufgaben, die sich aus dem Text erschließen oder schriftliche Aufgaben, die auch von Anfängern gut bewältigt werden können, sichern den Leseerfolg.

48 Seiten	12 140	ab 13,49 €

www.kohlverlag.de

DAZ

Friedhelm Heitmann & Billur Shirazi

So lerne ich Deutsch
..... von Anfang an!

Die dargebotenen Materialien gingen hervor aus der Arbeit in Vorbereitungsklassen, in denen elementare Kenntnisse im Sprechen, Lesen und Schreiben in der deutschen Sprache vermittelt wurden. Der Band bietet vielfältige Arbeitsmaterialien an. Die Übungseinheiten ist systematisch und übersichtlich aufgebaut. Es geht es unter anderem um Alltagskommunikation. Die Sätze und Texte einschließlich Arbeitsanweisungen sind kurzgehalten. Im Band sind auch hilfreiche Bilder sowie kurze grammatische Regeln enthalten. Besonderer Wert wird auf die Festigung des Lernstoffes gelegt. Dafür werden viele Übungsmaterialien bereitgehalten.

| 64 S. | 12 909 | ab 14,99 € | | Alle Stufen |

Bernhard Hartl

Themenwelt für Sprachanfänger
Kinder mit geringem Sprachniveau zielgerichtet fördern & fordern

Eingebettet in Themen aus ihrer Lebensumwelt fällt es den Kindern leichter, sich neue Wörter schnell zu merken. Mithilfe von Spielen und in Verknüpfung mit weiteren Fächern werden Wortschatz und Grammatik in diesem Kopiervorlagenband zielgerichtet und schülerorientiert vermittelt. Mithilfe von **LearningApps** wird auch dem digitalen Zeitalter Rechnung getragen. Als roter Faden im Unterricht werden diese wirkungsvollen Arbeitsblätter helfen, den Alltag zu meistern.

| 76 S. | 12 466 | ab 15,99 € | | Alle Stufen |

Marisa Herzog

Qualipass Nomen, Verben, Adjektive

Vielseitiges Übungsmaterial. die Erklärungen und Regeln werden dur kurze Sachtexte, Anwendungen und Übungen vermittelt. Alle Arbeitsbl ter dienen der Vertiefung und können als Einheit zum entsprechend Teilbereich oder einzeln als Übung, Wiederholung und Festigung eing setzt werden. **Mit Selbstbeurteilungsbögen und Lernzielkontrollen**

Nomen	11 334	je 72 Seiten		
Verben	11 335	17,80 €		
Adjektive	11 336			

Armin Weinfurter

Mathe-Basics ... für Asylbewerber

Das Fach Mathematik bietet eine gute Gelegenheit, im Unterricht F zu fassen – selbst wenn die Sprache noch einigen Lernbedarf erforde In Mathe bringen die Schüler Vorwissen mit und können so schnell in griert werden. Die verschiedenen Themenbereiche der Mathematik w den sprachneutral und mit den entsprechenden Übungsaufgaben für diese spezielle Schülerschaft zusammengefasst.

| 88 Seiten | 12 210 | ab 16,49 € | |

J. Tille-Koch & A. Ichoua

Mathematik als Fremdsprache
Deutsch - arabisch ...... kurz & knapp

Die wichtigsten Begriffe zu den Rechenverfahren, den Rechenrege dem Stellenwertsystem, den Zahlenarten sowie zu den Größen (Ge Geschwindigkeit, Gewicht, Länge, Zeit) werden kurz und anschaul aufgelistet und in die Fremdsprache übertragen.

| 32 Seiten | 12 374 | ab 11,99 € | FÖ | Alle Stuf |

Sonderpädag. Fördermaterial

Petra Hartmann / Autorenteam Kohl-Verlag

Lese-Versteher werden
Sinnerfassendes Lesen erfahren

Welches Kind möchte nicht gerne verstehen, was es liest? Sinnerfassendes Lesen ist das Tor zum erfolgreichen Lernen – regelmäßiges Training erhöht die Lernergebnisse langfristig nachhaltig. Dieser Band bietet Ideen für Kinder, die besondere Unterstützung bei der Hinführung zum sinnerfassenden Lesen benötigen. Erfasst es den Sinn z. B. eines Wortes, versteht es seine Bedeutung und kann ihm einen Sinn geben. Damit kann auch die Freude am Lesen Einzug halten.

| 64 Seiten | 12 911 | ab 14,99 € | Aa FÖ INK | 1/2 |

Anni Kolvenbach

Grundlagen Elektrizität NEU

Spezielles Material aus der Unterrichtsreihe „Inklusion kc kret" für den sonderpäd. Förderbedarf LE und den inklusiv Unterricht. Die Arbeitsblätter enthalten ganz einfache Aufg benstellungen in drei Niveaustufen zur Differenzierung u zur Bildung und Festigung des Basiswissens. Anschaulic Grafiken und liebevoll gestaltete Illustrationen, sowie leid verständliche Fachtexte holen die Schüler*innen da ab, sie stehen. Elektrizität ist eine natürliche Form von Energie in der Natur. Oft sprechen wir im Alltag einfach nur von „Strom", wenn genau genommen elektrischer Strom oder Elektrizität gemeint ist. Strom erzeugt Wärme, Licht und Bewegung. Elektrizität ist für uns unsichtbar.

| 32 S. | 13 044 | ab 13,49 € | Aa FÖ INK |

Dorle Roleff-Scholz & Friedhelm Heitmann

NaWi inklusiv   Arbeitsblätter & Versuche

Hier wird besonderer Wert auf die Vermittlung von Alltagskompetenzen und praktischen Fertigkeiten gelegt. Bei Feuer bauen wir einen Feuerlöscher, reinigen Schmutzwasser und ermitteln die benötigte Wassermenge verschiedener Lebewesen, betrachten neben dem Stromkreis auch die Gefahren der Elektrizität. Mit dazu passenden Fragen gelingt der Zugang zur Naturwissenschaft ganz nebenbei!

| 84 S. | 12 454 | ab 16,49 € | FÖ INK PDF plus |

Manuel Schneider

Lautgetreue Übungswörter
zur Förderung im Anfangsunterricht

Das angebotene Wortmaterial - bestehend aus 53 zweisilbigen Nomen - wird vom Autor nach Schwierigkeit der zugrundeliegenden Wortstruktur in vier Kapitel unterteilt und muss sukzessiv abgearbeitet werden. Die Einteilung wurde neben der Lauttreue und des Wortumfangs unter Berücksichtigung der Schwierigkeit der Synthese und Lautanalyse getroffen.

| 80 Seiten | 12 910 | ab 16,49 € | FÖ | 1/2/3/4 |

Petra Hartmann

Zahlbeziehungen bis 1000
Zahlenraumverständnis entwickeln

Ein gutes Zahlenverständnis ist die beste Grundlage für sicheres Re nen. In diesem Arbeitsheft finden sich viele verschiedene Übungen diesem Thema. Die Aufgaben sind für Groß & Klein und helfen dabei, gutes Zahlenverständnis zu entwickeln, zu vertiefen und auszubauen. Aufgaben sind leicht verständlich und können selbstständig erarbeitet werden. So lassen sich die Zahlenbeziehungen erfassen und verinnerlichen.

| 48 Seiten | 12 912 | ab 13,49 € | FÖ |

Manuel Schneider

Sinnentnehmend Lesen & Schreiben
... von Anfang an!

Der Band hilft, die Hürde des „Zusammenschleifens" von Buchstaben zur Silbe zu erleichtern. Daher werden nur die 3 Buchstaben M, A, O eingeführt, um aus einer identischen Zahl von Silben sinnvolle Wörter zu bekommen. Gleich von Beginn an kann man so schreiben und sinnentnehmend lesen üben, anstatt zu viele Silben stupide lernen zu müssen.

| 68 Seiten | 12 571 | ab 14,99 € | FÖ | 1/2/3/4 |

Anni Kolvenbach

Inklusion konkret umsetzen   ... ohne viel Mehrarbe

In diesem Ratgeber wird gezeigt, wie man Inklusion ohne viel Mehrart qualitativ gut bewältigen kann. Tabellen werden zur Planung und Orga sation und Formulierung eines Förderplans zur Verfügung gestellt. Au die Qualitätssicherung bietet per einfachem Abfrageformular eine ku Übersicht zum Verlauf. Auch die Materialvorbereitung und Arbeitsteilu wird angeschnitten. Zur einfacheren Handhabung stehen Ihnen alle F mulare und Tabellen als PDFplus zur Verfügung.

| 32 Seiten | 12 887 | ab 15,99 € | | Al Stuf |

---

www.kohlverlag.de   •   Bestell-Hotline: (0049) (0)2275 / 331610   •   Fax: (0049) (0)2275 / 331612   •   info@kohlverlag.de

Katrin Wemmer

Sinnentnehmendes Lesen üben – Wortebene

Lesekompetenz von Anfang an

Wir verwenden in unseren Werken eine genderneutrale Sprache, damit sich alle gleichermaßen angesprochen fühlen. Wenn keine neutrale Formulierung möglich ist, nennen wir die weibliche und die männliche Form. In Fällen, in denen wir aufgrund einer besseren Lesbarkeit nur ein Geschlecht nennen können, achten wir darauf, den unterschiedlichen Geschlechtsidentitäten gleichermaßen gerecht zu werden.

In diesem Werk sind nach dem MarkenG geschützte Marken und sonstige Kennzeichen für eine bessere Lesbarkeit nicht besonders kenntlich gemacht. Es kann also aus dem Fehlen eines entsprechenden Hinweises nicht geschlossen werden, dass es sich um einen freien Warennamen handelt.

10. Auflage 2025
© 2009 PERSEN Verlag, Hamburg

AAP Lehrerwelt GmbH
Veritaskai 3
21079 Hamburg
Telefon: +49 (0) 40325083-040
E-Mail: info@lehrerwelt.de
Geschäftsführung: Andrea Fischer, Sandra Saghbazarian
USt-ID: DE 173 77 61 42
Register: AG Hamburg HRB/126335
Alle Rechte vorbehalten.

Das Werk als Ganzes sowie in seinen Teilen unterliegt dem deutschen Urheberrecht. Die Erwerbenden einer Einzellizenz des Werkes sind berechtigt, das Werk als Ganzes oder in seinen Teilen für den eigenen Gebrauch und den Einsatz im eigenen Präsenz- wie auch dem Distanzunterricht zu nutzen. Produkte, die aufgrund ihres Bestimmungszweckes zur Vervielfältigung und Weitergabe zu Unterrichtszwecken gedacht sind (insbesondere Kopiervorlagen und Arbeitsblätter), dürfen zu Unterrichtszwecken vervielfältigt und weitergegeben werden.

Die Nutzung ist nur für den genannten Zweck gestattet, nicht jedoch für einen schulweiten Einsatz und Gebrauch, für die Weiterleitung an Dritte einschließlich weiterer Lehrkräfte, für die Veröffentlichung im Internet oder in (Schul-)Intranets oder einen weiteren kommerziellen Gebrauch. Mit dem Kauf einer Schullizenz ist die Schule berechtigt, die Inhalte durch alle Lehrkräfte des Kollegiums der erwerbenden Schule sowie durch die Schülerinnen und Schüler der Schule und deren Eltern zu nutzen.

Nicht erlaubt ist die Weiterleitung der Inhalte an Lehrkräfte, Schülerinnen und Schüler, Eltern, andere Personen, soziale Netzwerke, Downloaddienste oder Ähnliches außerhalb der eigenen Schule.
Eine über den genannten Zweck hinausgehende Nutzung bedarf in jedem Fall der vorherigen schriftlichen Zustimmung des Verlags. Sind Internetadressen in diesem Werk angegeben, wurden diese vom Verlag sorgfältig geprüft. Da wir auf die externen Seiten weder inhaltliche noch gestalterische Einflussmöglichkeiten haben, können wir nicht garantieren, dass die Inhalte zu einem späteren Zeitpunkt noch dieselben sind wie zum Zeitpunkt der Drucklegung. Der PERSEN Verlag übernimmt deshalb keine Gewähr für die Aktualität und den Inhalt dieser Internetseiten oder solcher, die mit ihnen verlinkt sind, und schließt jegliche Haftung aus.

Die automatisierte Analyse des Werkes, um daraus Informationen insbesondere über Muster, Trends und Korrelationen gemäß § 44b UrhG („Text und Data Mining") zu gewinnen, ist untersagt.

Autorschaft:	Katrin Wemmer
Covergestaltung:	TSA&B Werbeagentur GmbH, Hamburg
Illustrationen:	Barbara Gerth
Satz:	Satzpunkt Ursula Ewert GmbH, Bayreuth
Druck und Bindung:	Druckerei Joh. Walch GmbH & Co KG, Augsburg

ISBN/Bestellnummer: 978-3-8344-3357-2
www.persen.de

Inhaltsverzeichnis

1. **Vorwort** 4

2. **Konzeption** 5
   Aufbau des Heftes 5
   Arbeit mit dem Material 6

3. **Lesekartei** 7
   Übersichtspläne und Lese-Pass 7
   Lesekartei Stufe 1 10
   Lesekartei Stufe 2 22
   Lesekartei Stufe 3 34
   Lesekartei Stufe 4 46
   Lesekartei Stufe 5 58

4. **Arbeitsblätter** (jeweils in 5 Schwierigkeitsstufen) 70
   Lies genau und verbinde 70
   Schneide aus und klebe auf 85
   Finde die falschen Wörter 95
   Wie geht das Wort weiter? 103

1. Vorwort

Lesen lernen ist ein grundlegender Schritt in den ersten Schuljahren und immens wichtig für den weiteren schulischen und beruflichen Werdegang. „Wer nicht oder nur unzureichend lesen und das Gelesene verstehen gelernt hat, kann sich nicht selbstständig Wissen aneignen, in der Schule nur eingeschränkt den Anforderungen genügen, nicht an den neuen Medien selbstständig teilhaben und Lesen nicht als Bereicherung seines Lebens und als Mittel zur Informationsgewinnung nutzen" (Wedel-Wolf, Annegret. Anforderungen an Materialien zur Leseförderung. Grundschule 7–8/2003, S. 68).

Lesen meint hierbei natürlich mehr als die reine Technik, das Aneinanderreihen und Zusammenschleifen von Buchstaben – das mechanische Lesen. Lesen lernen im Sinne des Erwerbs der Lesekompetenz meint zwar auch eine ausreichende Lesefertigkeit und nicht zu vergessen eine grundsätzliche Lesemotivation, im Mittelpunkt steht jedoch das Leseverstehen.

Bereits auf der Wortebene liegt hier jedoch für viele Kinder schon ein wesentlicher Stolperstein. Das zunächst gelernte „technische Lesen" (die Buchstaben-Laut-Zuordnung und das Zusammenschleifen von Lauten) bedarf zu Beginn einer sehr hohen Konzentration und Anstrengung. Die Kinder wollen lesen können und sind oft damit zufrieden, wenn sie die Buchstaben erkannt und in eine Lautfolge übertragen haben. Dies bedeutet für sie schon „Lesen". Dabei vernachlässigen einige Kinder leider schnell die eigentliche Sinnentnahme – vor allem jene Kinder, denen das Erlesen schwer fällt und viel Anstrengung abverlangt. Kinder, die nur langsam einen Zugang zum geschriebenen Wort finden, reihen häufig Laute aneinander, ohne zum gelesenen Wort eine Bedeutung zu assoziieren. Daher sind parallel zum Erwerb der Lesefertigkeit Übungen zur Ausrichtung der Aufmerksamkeit auf die Sinnentnahme von Beginn an wichtig, damit die Kinder ihre Lesemotivation nicht verlieren (vgl. Wedel-Wolf, Annegret. Anforderungen an Materialien zur Leseförderung. Grundschule 7–8/2003, S. 68).

Besonders auf der Silben- und Wortebene gibt es noch häufig Leseübungsangebote mit „sinnlosen" Silben-Ketten oder isolierten Einzelwörtern mit Fokus auf besonderen Schwierigkeiten. Hierbei wird zwar die alphabetische Lesestrategie geübt, nicht aber das so notwendige problemlösende Vorgehen, das für die Sinnentnahme entscheidend ist. „Mit sinnlosen Leseaufgaben erfahren Kinder für sich nicht die Bedeutung des Lesens, lernen nicht mit Sinnspur zu lesen und können keine Lesemotivation und kein Leseinteresse aufbauen. (…) Durch Übungen mit sinnlosem Wortmaterial werden leicht Kinder herangebildet, die relativ flüssig und fehlerfrei einen Text vorlesen können, aber nicht verstehen, was sie gelesen haben." (Wedel-Wolf, Annegret. Anforderungen an Materialien zur Leseförderung. Grundschule 7–8/2003, S. 68)

2. Konzeption

Nach dem interaktiven Lesemodell besteht Lesen aus zwei wesentlichen Prozessen. Zum einen wird die erlernte Laut-Buchstaben-Zuordnung zum schrittweisen, mechanischen Erlesen des Wortes eingesetzt **(Bottom-up-Prozess)**, zum anderen der jeweilige Kontext zum Aufbau einer Sinnerwartung genutzt **(Top-down-Prozess)**. Nur wenn beide Prozesse gleichzeitig und in Wechselwirkung ablaufen, führt dies zum gewünschten Leseerfolg. Der schnelle und sichere Leser kann die verschiedenen Lesestrategien kombinieren und flexibel anwenden.

Die vorliegenden Leseübungen, sowohl die als Kartei einsetzbaren Arbeitsblätter als auch die folgenden Arbeitsblätter, sollen die **sichere Anwendung beider Lesestrategien** üben. Durch die Übungen sollen die Schüler dazu angeregt werden, anhand des Bildkontextes und des Wortanfanges eine Hypothese zu bilden (Top-down) und diese dann durch genaues lautorientiertes Nachlesen zu überprüfen (Bottom-up). Das kleinschrittig ausgewählte Wortmaterial soll dabei die noch wenig entwickelten Erlesefähigkeiten unterstützen.

Bei den vorliegenden Materialien zur Wortebene habe ich versucht, das Erlernen der Lesetechnik – das bei der Silben- und Kurzwortebene ja eigentlich noch im Vordergrund steht – bereits früh mit **Übungen zur Sinnentnahme** zu kombinieren. Besonders für Schüler, die aufgrund schwacher Leseleistungen intensive Übungen auf der Silben- und Wortebene benötigen, fehlen oft entsprechend umfangreiche Materialien. Viele Leseübungshefte gehen schnell zur Kurzsatz-Ebene über. Wenn jedoch die Sinnentnahme auf der Wortebene noch nicht ausreichend geübt ist, festigen sich falsche Strategien. Zudem trauen sich schwache Leser selbst kurze Sätze nur schwer zu. Die Hemmschwelle beim Erlesen einzelner Wörter ist erfahrungsgemäß geringer.

Aufbau des Heftes

Schüler mit geringer Leseleistung haben nach Untersuchungen zu einem lernförderlichen Unterricht (vgl. May, Peter. Lernförderlicher Unterricht. 2. Band. 2002) nicht nur eine geringe Lesemotivation, sondern auch grundsätzlich ein geringes Selbstbild und Selbstvertrauen. Daher sollten Materialien zur Leseförderung klar strukturierte und überschaubare Aufgaben enthalten, die keinen zu hohen Erwartungsdruck aufbauen. Durch die Erarbeitung in kleinen Schritten und durch Wiederholung von Übungstypen kann diesen Schülern Sicherheit vermittelt werden. „**Gleiche Aufgaben in verschiedenen Schwierigkeitsgraden bieten Kindern Erfolgserlebnisse und lassen sie ihr Können erfahren ...**" (Wedel-Wolf, Annegret. Anforderungen an Materialien zur Leseförderung. Grundschule 7–8/2003, S. 70).

Der erste Teil des Heftes besteht aus **als Lesekartei einsetzbaren Arbeitsblättern mit fünf Schwierigkeitsstufen**. Das Aufgabenprinzip bleibt auf jeder Stufe gleich. Zu einem Bild werden drei Wörter angeboten. Zwei davon sind Pseudowörter. Nach einer Hypothesenbildung aus dem Kontext

2. Konzeption

des Bildes heraus, muss das richtige Wort durch lautorientiertes Nachlesen herausgefunden und angekreuzt werden. Die erste Stufe ermöglicht auch Schülern, die noch auf der Silbenebene lesen, die Sinnerwartung zu nutzen und das sinnentnehmende Lesen zu trainieren. In den folgenden Stufen steigert sich der Schwierigkeitsgrad von ein- und zweisilbigen Wörtern ohne Konsonantenhäufung hin zu ein- und zweisilbigen Wörtern mit Konsonantenhäufung sowie drei- bzw. mehrsilbigen Wörtern. Durch die **nach Sprechsilben segmentierte Schreibweise** wird den Schülern eine zusätzliche Hilfe beim schnellen Erfassen der Wörter gegeben. Bei Bedarf können zusätzlich Silbenbögen oder Bindestriche eingezeichnet oder die Silben farbig markiert werden. Der große Schriftgrad unterstützt ebenfalls bei der Durchgliederung.

Die sich **anschließenden Arbeitsblätter** bieten angelehnt an die Lesekartei das Wortmaterial in verschiedenen Schwierigkeitsstufen erneut an. Die Aufgabenformen *„Lies genau und verbinde"* und *„Schneide aus und klebe auf"* greifen das Wortmaterial der Lesekartei auf und **festigen das sinnentnehmende Lesen auf der Wortebene**. Es gibt hier zwar keine Pseudowörter mehr, mitunter sind hier jedoch ähnliche Wörter auf einem Arbeitsblatt zusammengestellt, um das genaue Überprüfen der aus dem Kontext entwickelten Sinnerwartung herauszufordern. Da mehr Bildmaterial als Wörter angeboten wird, ist auch beim letzten Wort noch sinnentnehmendes Lesen erforderlich. Die Übungsform *„Finde die falschen Wörter"* soll verstärkt das Überprüfen von gebildeten Hypothesen durch genaues, konzentriertes Nachlesen trainieren. Die drei versteckten Pseudowörter müssen gefunden und markiert werden.

Arbeit mit dem Material

Die **Lesekartei** ist als Kartei für die selbstständige, freie Arbeit konzipiert und daher mit einer Selbstkontrollmöglichkeit ausgestattet. Die jeweiligen Karteikarten sollten dafür in der Mitte geknickt und anschließend laminiert werden. Für eine über die Symbole hinausgehende, sichtbare Struktur kann die Kartei auf unterschiedlich farbiges Papier (je nach Schwierigkeitsstufe) kopiert werden. Durch eigenständiges Abstempeln auf dem Übersichtsplan (ggf. auch farblich anpassen) können die Schüler die Übersicht über bereits bearbeitete Karten behalten. Der obere Teil der Karteikarte kann ebenfalls als Arbeitsblatt kopiert und für die zusätzliche Übung zu Hause genutzt werden.

Ebenso können natürlich auch die **als vertiefende Übung** für die unterrichtliche Arbeit konzipierten **Arbeitsblätter** laminiert und als wiederverwendbares Material für die freie Arbeit genutzt werden.

Insgesamt ist es natürlich auch möglich, die Karteikarten als Arbeitsblätter einzusetzen. Dazu kann die Kontrollmöglichkeit abgetrennt und ausgelegt oder wie bei dem Einsatz als Kartei einfach umgeknickt werden.

Wie Sie das Material einsetzen möchten, können Sie flexibel auf Ihre jeweilige Lerngruppe und Lernsituation abstimmen.

Übersichtspläne und Lesepass

MEINE LESEKARTEI

Name: _____

Das habe ich schon geschafft:

1	2	3	4
5	6	7	8
9	10	11	12

MEINE LESEKARTEI

Name: _____

Das habe ich schon geschafft:

1	2	3	4
5	6	7	8
9	10	11	12

Übersichtspläne und Lesepass

MEINE LESEKARTEI

Name: _____

☆☆☆			
Das habe ich schon geschafft:			
1	2	3	4
5	6	7	8
9	10	11	12

✂ -

MEINE LESEKARTEI

Name: _____

☆☆☆☆			
Das habe ich schon geschafft:			
1	2	3	4
5	6	7	8
9	10	11	12

Katrin Wemmer: Sinnentnehmendes Lesen üben – Wortebene
© Persen Verlag

Übersichtspläne und Lesepass

MEINE LESEKARTEI

Name: _____

Das habe ich schon geschafft:			
1	2	3	4
5	6	7	8
9	10	11	12

LESEKARTEI-PASS

Name: _____

geschafft am: _____
geschafft am: _____
geschafft am: _____
geschafft am: _____
geschafft am: _____

Herzlichen Glückwunsch, du bist nun Wort-Leseprofi!

Kreuze an, was richtig ist.  1

☐ Ba	☐ Ku
☐ Be	☐ Kä
☐ Bi	☐ Ka
☐ Am	☐ An
☐ Ap	☐ As
☐ Al	☐ Al
☐ Lo	☐ Ke
☐ Lü	☐ Ki
☐ Lö	☐ Kü

✂ Hier umknicken oder abtrennen ------

Alles richtig gemacht? ☆ 1

☐ Ba	☐ Ku
☐ Be	☒ Kä
☒ Bi	☐ Ka
☐ Am	☒ An
☒ Ap	☐ As
☐ Al	☐ Al
☐ Lo	☐ Ke
☐ Lü	☒ Ki
☒ Lö	☐ Kü

Katrin Wemmer: Sinnentnehmendes Lesen üben – Wortebene
© Persen Verlag

Kreuze an, was richtig ist.

☆ 2

☐ Tei		☐ Eu
☐ Teu		☐ En
☐ Tee		☐ Ei
☐ Nu		☐ da
☐ Na		☐ du
☐ Ne		☐ de
☐ Pez		☐ Pum
☐ Paz		☐ Pom
☐ Piz		☐ Pam

↳ Hier umknicken oder abtrennen -

Alles richtig gemacht?

☆ 2

☐ Tei		☐ Eu
☐ Teu		☐ En
☒ Tee		☒ Ei
☒ Nu		☐ da
☐ Na		☒ du
☐ Ne		☐ de
☐ Pez		☐ Pum
☐ Paz		☒ Pom
☒ Piz		☐ Pam

Kreuze an, was richtig ist.

★ 3

- [ ] Scha
- [ ] Schu
- [ ] Scho

- [ ] Bro
- [ ] Bar
- [ ] Bru

- [ ] Wa
- [ ] Wu
- [ ] Wo

- [ ] Au
- [ ] Ar
- [ ] An

- [ ] No
- [ ] Nu
- [ ] Na

- [ ] Kö
- [ ] Kä
- [ ] Kü

✂ Hier umknicken oder abtrennen - - - - - - - - - - - - - - - - - - -

Alles richtig gemacht?

★ 3

- [ ] Scha
- [ ] Schu
- [x] Scho

- [x] Bro
- [ ] Bar
- [ ] Bru

- [x] Wa
- [ ] Wu
- [ ] Wo

- [ ] Au
- [x] Ar
- [ ] An

- [ ] No
- [ ] Nu
- [x] Na

- [ ] Kö
- [x] Kä
- [ ] Kü

Kreuze an, was richtig ist. ★ 4

☐ Kach	☐ Mu
☐ Koch	☐ Mä
☐ Kauch	☐ Mü
☐ Rau	☐ Be
☐ Re	☐ Bu
☐ Rei	☐ Bo
☐ Ha	☐ To
☐ Heu	☐ Tau
☐ Hau	☐ Tu

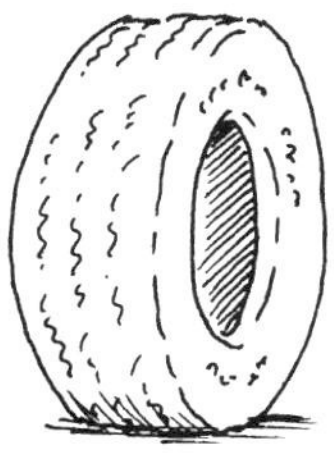

✂ Hier umknicken oder abtrennen -

Alles richtig gemacht? ★ 4

☐ Kach	☐ Mu
☒ Koch	☐ Mä
☐ Kauch	☒ Mü
☐ Rau	☐ Be
☐ Re	☒ Bu
☒ Rei	☐ Bo
☐ Ha	☐ To
☐ Heu	☐ Tau
☒ Hau	☒ Tu

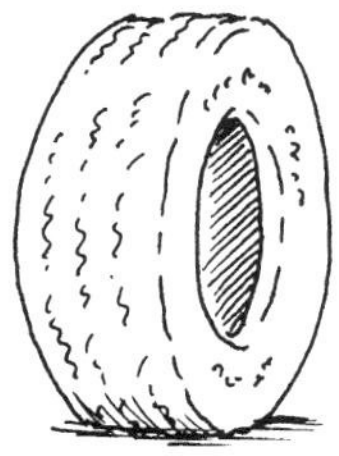

Kreuze an, was richtig ist. ⭐ 5

- ☐ Tu
- ☐ Ta
- ☐ To

- ☐ Flo
- ☐ Fla
- ☐ Flu

- ☐ O
- ☐ A
- ☐ E

- ☐ Blo
- ☐ Blu
- ☐ Bla

- ☐ Mu
- ☐ Mö
- ☐ Mü

- ☐ Pe
- ☐ Pa
- ☐ Pi

✂ Hier umknicken oder abtrennen

Alles richtig gemacht? ⭐ 5

- ☐ Tu
- ☒ Ta
- ☐ To

- ☐ Flo
- ☐ Fla
- ☒ Flu

- ☒ O
- ☐ A
- ☐ E

- ☐ Blo
- ☒ Blu
- ☐ Bla

- ☐ Mu
- ☐ Mö
- ☒ Mü

- ☐ Pe
- ☐ Pa
- ☒ Pi

Katrin Wemmer: Sinnentnehmendes Lesen üben – Wortebene
© Persen Verlag

Kreuze an, was richtig ist. 6

- ☐ Ra
- ☐ Re
- ☐ Ru

- ☐ Ple
- ☐ Pla
- ☐ Plo

- ☐ Eun
- ☐ En
- ☐ Ein

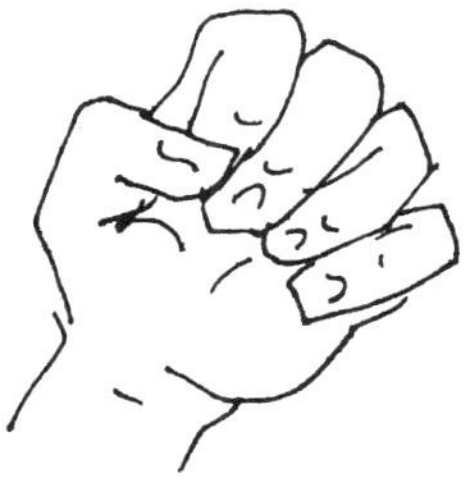

- ☐ Fi
- ☐ Fu
- ☐ Fau

- ☐ Re
- ☐ Ra
- ☐ Ri

- ☐ Ho
- ☐ Hu
- ☐ Ha

✂ Hier umknicken oder abtrennen -

Alles richtig gemacht? 6

- ☐ Ra
- ☐ Re
- ☒ Ru

- ☐ Ple
- ☒ Pla
- ☐ Plo

- ☐ Eun
- ☐ En
- ☒ Ein

- ☐ Fi
- ☐ Fu
- ☒ Fau

- ☐ Re
- ☐ Ra
- ☒ Ri

- ☐ Ho
- ☒ Hu
- ☐ Ha

Katrin Wemmer: Sinnentnehmendes Lesen üben – Wortebene
© Persen Verlag

Kreuze an, was richtig ist. ☆ 7

🚗🏠	☐ Ge ☐ Gi ☐ Ga	👆 ☐ Ne ☐ Na ☐ Nu
🪝	☐ He ☐ Hu ☐ Ha	🏠 ☐ Da ☐ Do ☐ Du
🥄	☐ Lu ☐ Lö ☐ Lä	🛝 ☐ Schu ☐ Schau ☐ Scheu

✂ Hier umknicken oder abtrennen

Alles richtig gemacht? ☆ 7

🚗🏠	☐ Ge ☐ Gi ☒ Ga	👆 ☐ Ne ☒ Na ☐ Nu
🪝	☐ He ☐ Hu ☒ Ha	🏠 ☒ Da ☐ Do ☐ Du
🥄	☐ Lu ☒ Lö ☐ Lä	🛝 ☐ Schu ☒ Schau ☐ Scheu

Katrin Wemmer: Sinnentnehmendes Lesen üben – Wortebene
© Persen Verlag

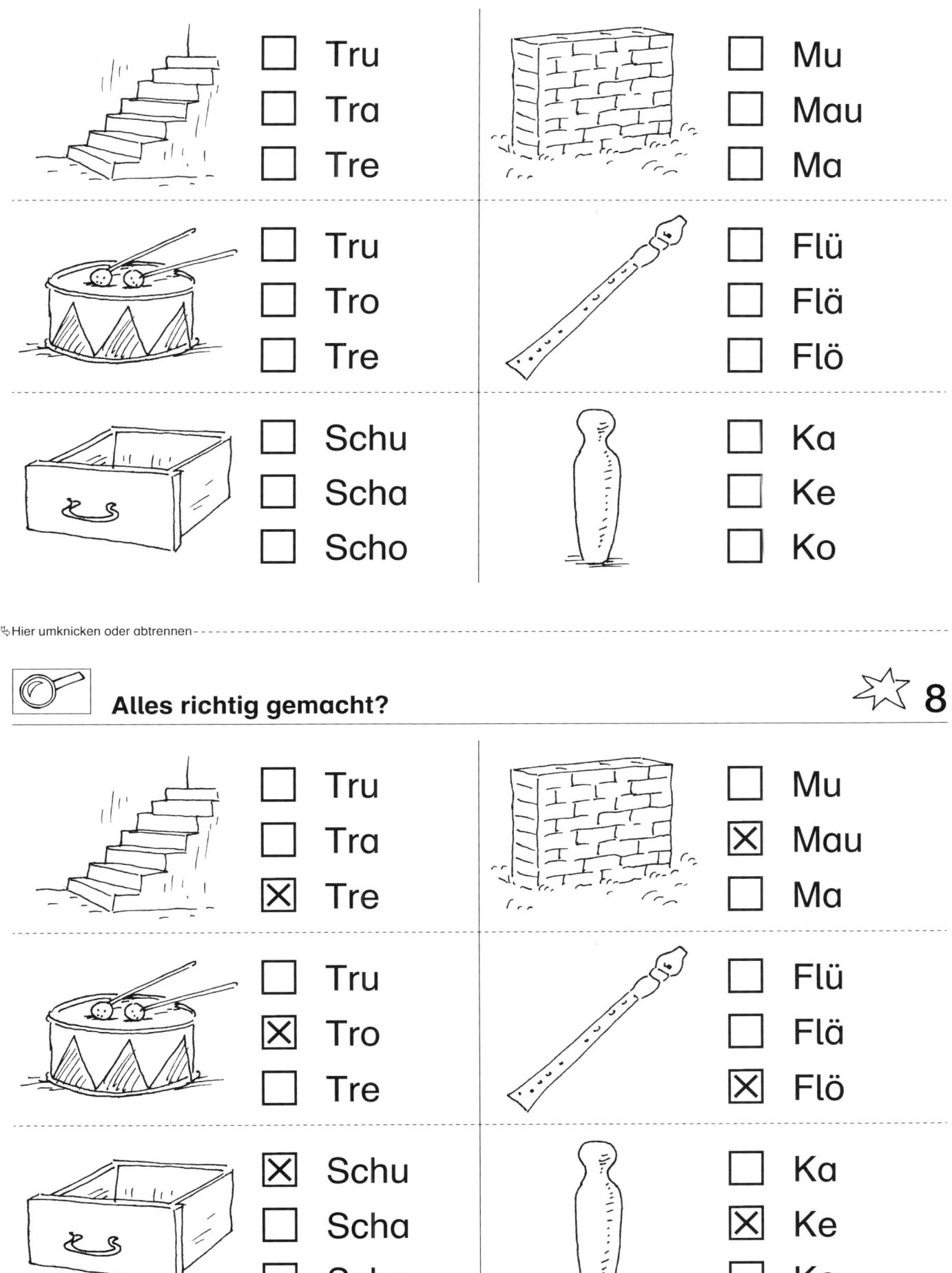

 Kreuze an, was richtig ist. 9

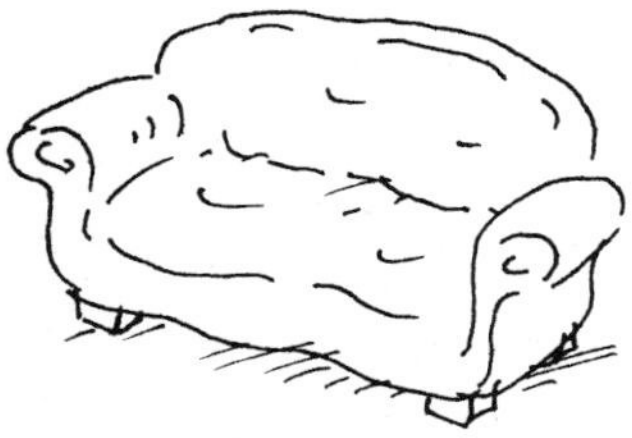

Sofa	☐ So ☐ Su ☐ Sa		Föhn	☐ Fü ☐ Fö ☐ Fä
Sack	☐ Se ☐ Su ☐ Sa		Eimer	☐ Eu ☐ Au ☐ Ei
Besen	☐ Bi ☐ Bu ☐ Be		Tisch	☐ Ti ☐ Te ☐ Tu

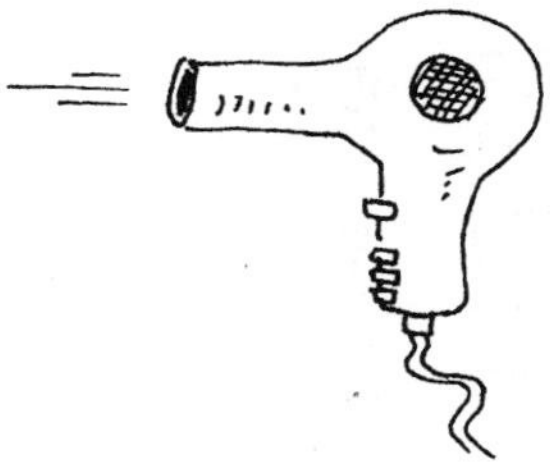

✂ Hier umknicken oder abtrennen -

 Alles richtig gemacht? 9

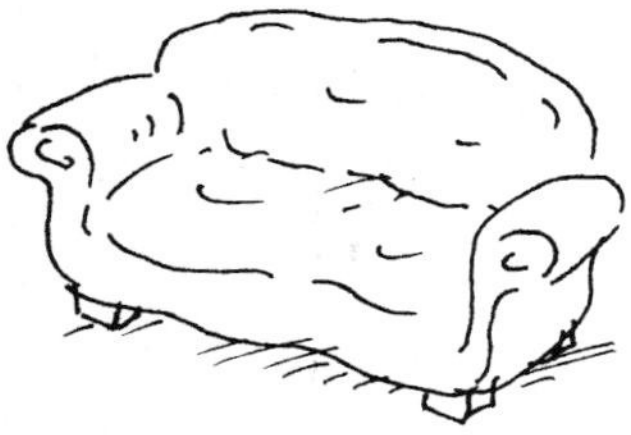

Sofa	☒ So ☐ Su ☐ Sa		Föhn	☐ Fü ☒ Fö ☐ Fä
Sack	☐ Se ☐ Su ☒ Sa		Eimer	☐ Eu ☐ Au ☒ Ei
Besen	☐ Bi ☐ Bu ☒ Be		Tisch	☒ Ti ☐ Te ☐ Tu

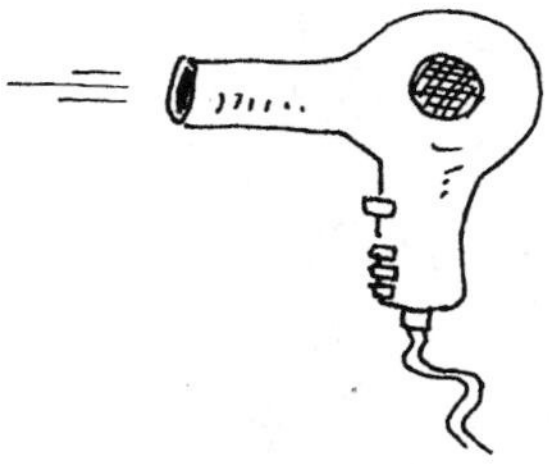

18

Katrin Wemmer: Sinnentnehmendes Lesen üben – Wortebene
© Persen Verlag

Kreuze an, was richtig ist. ⭐ 10

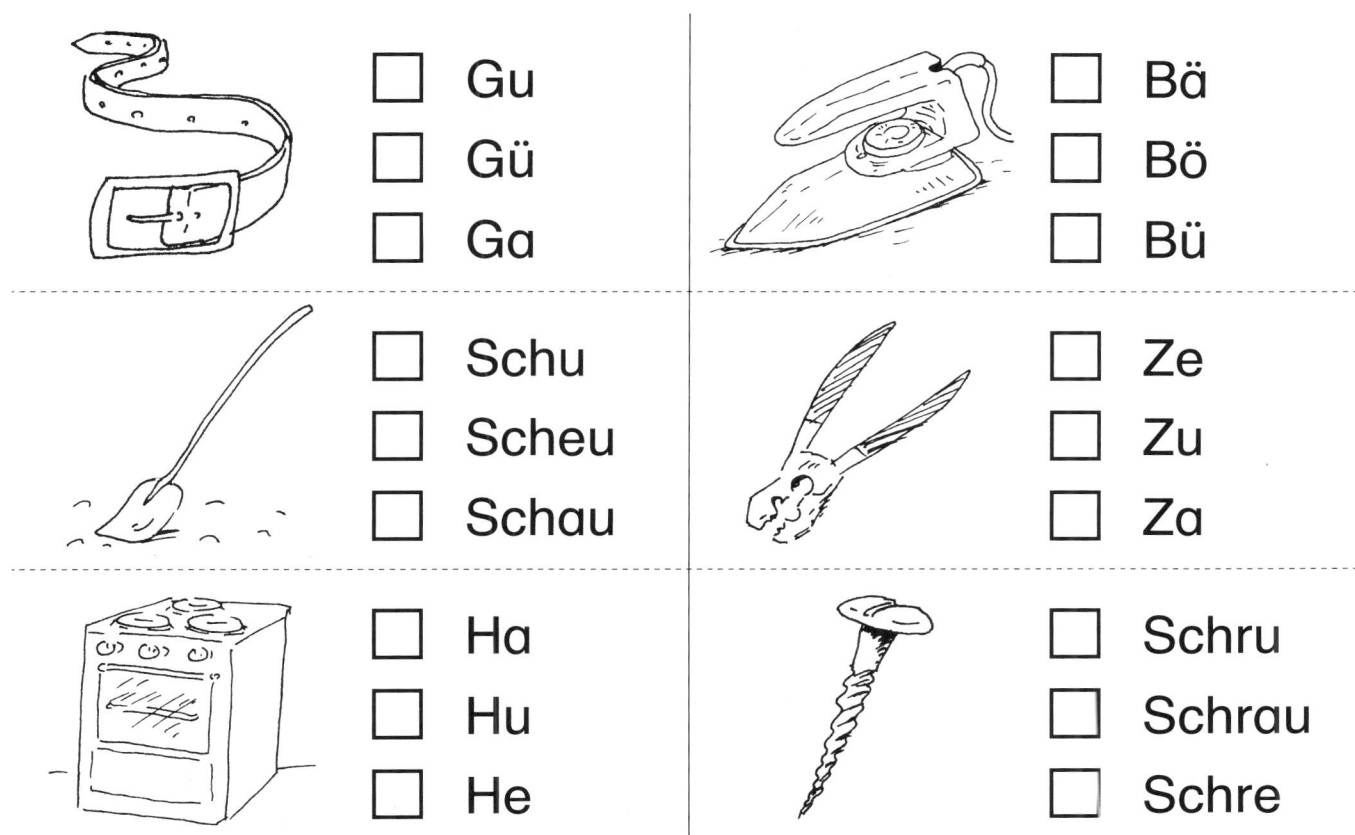

- ☐ Gu
- ☐ Gü
- ☐ Ga

- ☐ Bä
- ☐ Bö
- ☐ Bü

- ☐ Schu
- ☐ Scheu
- ☐ Schau

- ☐ Ze
- ☐ Zu
- ☐ Za

- ☐ Ha
- ☐ Hu
- ☐ He

- ☐ Schru
- ☐ Schrau
- ☐ Schre

✂ Hier umknicken oder abtrennen -

 Alles richtig gemacht?  10

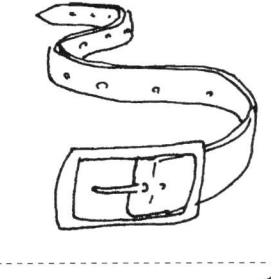
- ☐ Gu
- ☒ Gü
- ☐ Ga

- ☐ Bä
- ☐ Bö
- ☒ Bü

- ☐ Schu
- ☐ Scheu
- ☒ Schau

- ☐ Ze
- ☐ Zu
- ☒ Za

- ☐ Ha
- ☐ Hu
- ☒ He

- ☐ Schru
- ☒ Schrau
- ☐ Schre

Katrin Wemmer: Sinnentnehmendes Lesen üben – Wortebene
© Persen Verlag

Kreuze an, was richtig ist. ☆ 11

☐ Ku ☐ Li
☐ Ka ☐ Lu
☐ Ko ☐ Le

☐ Nu ☐ Pi
☐ Ne ☐ Pa
☐ Na ☐ Pu

☐ Fi ☐ Au
☐ Fo ☐ Eu
☐ Fe ☐ Ei

✂ Hier umknicken oder abtrennen

Alles richtig gemacht? ☆ 11

☐ Ku ☒ Li
☐ Ka ☐ Lu
☒ Ko ☐ Le

☐ Nu ☐ Pi
☒ Ne ☐ Pa
☐ Na ☒ Pu

☐ Fi ☐ Au
☐ Fo ☒ Eu
☒ Fe ☐ Ei

Katrin Wemmer: Sinnentnehmendes Lesen üben – Wortebene
© Persen Verlag

Kreuze an, was richtig ist. ⭐ 12

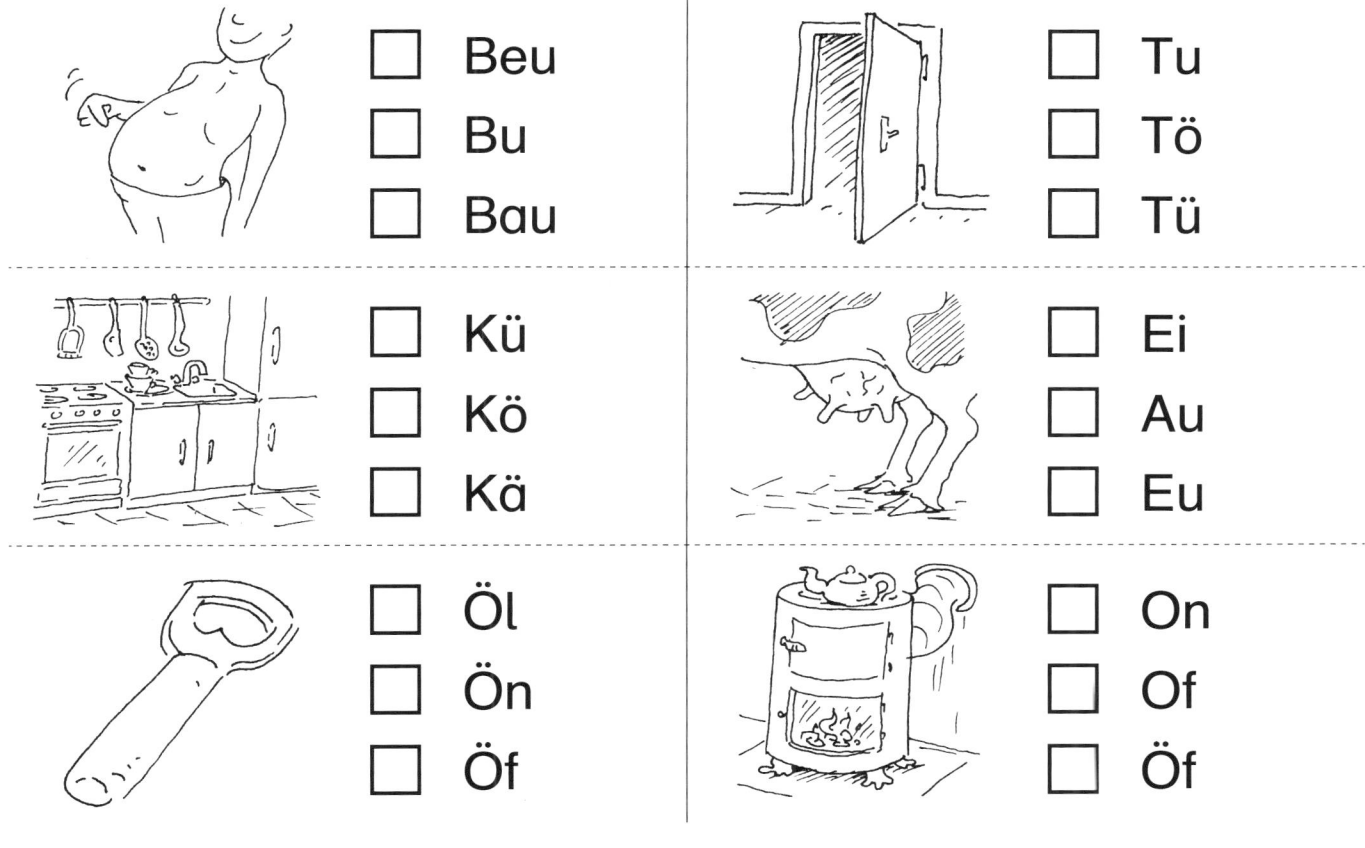

‑ ‑ ‑ Hier umknicken oder abtrennen ‑ ‑ ‑

Alles richtig gemacht? ⭐ 12

Kreuze an, was richtig ist.  1

🚗	☐ An to ☐ A tou ☐ Au to	🛁	☐ bo den ☐ bu den ☐ ba den
👁	☐ Eu ge ☐ Au ge ☐ Au be	🍦	☐ Eim ☐ Eis ☐ Eus
⚽	☐ Bull ☐ Baff ☐ Ball	🪓	☐ Beif ☐ Beul ☐ Beil

✂ Hier umknicken oder abtrennen -

Alles richtig gemacht? 1

🚗	☐ An to ☐ A tou ☒ Au to	🛁	☐ bo den ☐ bu den ☒ ba den
👁	☐ Eu ge ☒ Au ge ☐ Au be	🍦	☐ Eim ☒ Eis ☐ Eus
⚽	☐ Bull ☐ Baff ☒ Ball	🪓	☐ Beif ☐ Beul ☒ Beil

 Kreuze an, was richtig ist. ☆☆ 2

☐ Beun		☐ Beim
☐ Bein		☐ Beum
☐ Baun		☐ Baum
☐ Bus		☐ Bach
☐ Bos		☐ Boch
☐ Bas		☐ Buch
☐ Baat		☐ Beff
☐ But		☐ Batt
☐ Boot		☐ Bett
☐ Beit		☐ Bitt

↪ Hier umknicken oder abtrennen -

 Alles richtig gemacht? ☆☆ 2

☐ Beun		☐ Beim
☒ Bein		☐ Beum
☐ Baun		☒ Baum
☒ Bus		☐ Bach
☐ Bos		☐ Boch
☐ Bas		☒ Buch
☐ Baat		☐ Beff
☐ But		☐ Batt
☒ Boot		☒ Bett
☐ Beit		☐ Bitt

Katrin Wemmer: Sinnentnehmendes Lesen üben – Wortebene
© Persen Verlag

Kreuze an, was richtig ist. 3

- ☐ Do no
- ☐ Di no
- ☐ Do ni

- ☐ Do si
- ☐ Do so
- ☐ Do se

- ☐ En ta
- ☐ En fe
- ☐ En te

- ☐ Eu
- ☐ Ei
- ☐ Eis

- ☐ Fesch
- ☐ Fisch
- ☐ Fusch
- ☐ Fich

- ☐ Faß
- ☐ Foß
- ☐ Fuß
- ☐ Fauß

✂ Hier umknicken oder abtrennen

Alles richtig gemacht? 3

- ☐ Do no
- ☒ Di no
- ☐ Do ni

- ☐ Do si
- ☐ Do so
- ☒ Do se

- ☐ En ta
- ☐ En fe
- ☒ En te

- ☐ Eu
- ☒ Ei
- ☐ Eis

- ☐ Fesch
- ☒ Fisch
- ☐ Fusch
- ☐ Fich

- ☐ Faß
- ☐ Foß
- ☒ Fuß
- ☐ Fauß

Katrin Wemmer: Sinnentnehmendes Lesen üben – Wortebene
© Persen Verlag

 **Kreuze an, was richtig ist.**  4

🛢	☐ Fuss ☐ Fauss ☐ Fass	🥤	☐ Glos ☐ Glus ☐ Glas
🐰	☐ Ho se ☐ Hu sa ☐ Ha se	🌾	☐ Hei ☐ Heu ☐ Hau
🏠	☐ Heus ☐ Hauf ☐ Haus ☐ Hausch	👖	☐ Ha se ☐ Ho se ☐ Hu se ☐ He se

✂ Hier umknicken oder abtrennen ----------

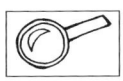 **Alles richtig gemacht?** 4

🛢	☐ Fuss ☐ Fauss ☒ Fass		☐ Glos ☐ Glus ☒ Glas
🐰	☐ Ho se ☐ Hu sa ☒ Ha se		☐ Hei ☒ Heu ☐ Hau
	☐ Heus ☐ Hauf ☒ Haus ☐ Hausch		☐ Ha se ☒ Ho se ☐ Hu se ☐ He se

Kreuze an, was richtig ist. ☆☆ 5

- ☐ Gas
- ☐ Gras
- ☐ Greis

- ☐ Ig la
- ☐ Id lu
- ☐ Ig lu

- ☐ Kann
- ☐ Kumm
- ☐ Kamm

- ☐ Hot
- ☐ Hut
- ☐ Huf

- ☐ Klu
- ☐ Kla
- ☐ Klo
- ☐ Kle

- ☐ Lo ma
- ☐ La ma
- ☐ La mo
- ☐ Lo mo

✂ Hier umknicken oder abtrennen

Alles richtig gemacht? ☆☆ 5

- ☐ Gas
- ☒ Gras
- ☐ Greis

- ☐ Ig la
- ☐ Id lu
- ☒ Ig lu

- ☐ Kann
- ☐ Kumm
- ☒ Kamm

- ☐ Hot
- ☒ Hut
- ☐ Huf

- ☐ Klu
- ☐ Kla
- ☒ Klo
- ☐ Kle

- ☐ Lo ma
- ☒ La ma
- ☐ La mo
- ☐ Lo mo

Katrin Wemmer: Sinnentnehmendes Lesen üben – Wortebene
© Persen Verlag

✏️ ☒ **Kreuze an, was richtig ist.** ⭐⭐ 6

	☐ Meus		☐ Mist
	☐ Mäus		☐ Mast
	☐ Maus		☐ Mais

	☐ Menn		☐ No se
	☐ Monn		☐ Na se
	☐ Mann		☐ Ne se

	☐ Ra se		☐ Ma fo
	☐ Ro se		☐ Mo fo
	☐ Ru se		☐ Ma fa
	☐ Ru sa		☐ Mo fa

✂ Hier umknicken oder abtrennen -

🔍 **Alles richtig gemacht?** ⭐⭐ 6

	☐ Meus		☐ Mist
	☐ Mäus		☐ Mast
	☒ Maus		☒ Mais

	☐ Menn		☐ No se
	☐ Monn		☒ Na se
	☒ Mann		☐ Ne se

	☐ Ra se		☐ Ma fo
	☒ Ro se		☐ Mo fo
	☐ Ru se		☐ Ma fa
	☐ Ru sa		☒ Mo fa

Katrin Wemmer: Sinnentnehmendes Lesen üben – Wortebene
© Persen Verlag

Kreuze an, was richtig ist. ☆☆ 7

- ☐ Rod
- ☐ Rad
- ☐ Rud

- ☐ Schaf
- ☐ Schof
- ☐ Schuf

- ☐ Sa lot
- ☐ Sa lat
- ☐ So lot

- ☐ Schul
- ☐ Schal
- ☐ Schol

- ☐ Teuch
- ☐ Tich
- ☐ Teich
- ☐ Tach

- ☐ Bär
- ☐ Bör
- ☐ Bär
- ☐ Bor

✂ Hier umknicken oder abtrennen

Alles richtig gemacht? ☆☆ 7

- ☐ Rod
- ☒ Rad
- ☐ Rud

- ☒ Schaf
- ☐ Schof
- ☐ Schuf

- ☐ Sa lot
- ☒ Sa lat
- ☐ So lot

- ☐ Schul
- ☒ Schal
- ☐ Schol

- ☐ Teuch
- ☐ Tich
- ☒ Teich
- ☐ Tach

- ☐ Bar
- ☐ Bör
- ☒ Bär
- ☐ Bor

Katrin Wemmer: Sinnentnehmendes Lesen üben – Wortebene
© Persen Verlag

 **Kreuze an, was richtig ist.** 8

- ☐ Ei le
- ☐ Eu le
- ☐ Au le

- ☐ Heu
- ☐ Hai
- ☐ Hie

- ☐ Tar
- ☐ Tur
- ☐ Tor

- ☐ Tesch
- ☐ Tisch
- ☐ Tasch

- ☐ To ba
- ☐ Tu ba
- ☐ Ta be
- ☐ Tu be

- ☐ Wul
- ☐ Waul
- ☐ Wal
- ☐ Wol

✂ Hier umknicken oder abtrennen

Alles richtig gemacht? 8

- ☐ Ei le
- ☒ Eu le
- ☐ Au le

- ☐ Heu
- ☒ Hai
- ☐ Hie

- ☐ Tar
- ☐ Tur
- ☒ Tor

- ☐ Tesch
- ☒ Tisch
- ☐ Tasch

- ☐ To ba
- ☐ Tu ba
- ☐ Ta be
- ☒ Tu be

- ☐ Wul
- ☐ Waul
- ☒ Wal
- ☐ Wol

Katrin Wemmer: Sinnentnehmendes Lesen üben – Wortebene
© Persen Verlag

 Kreuze an, was richtig ist. 9

	☐ Tar		☐ To te
	☐ Tro		☐ Tu te
	☐ Tor		☐ Tü te

	☐ Zeun		☐ E sal
	☐ Zein		☐ E sel
	☐ Zaun		☐ E sil

	☐ Zag		☐ Wag
	☐ Zug		☐ Wig
	☐ Zog		☐ Weg
	☐ Züg		☐ Wug

✂ Hier umknicken oder abtrennen

Alles richtig gemacht? 9

	☐ Tar		☐ To te
	☐ Tro		☐ Tu te
	☒ Tor		☒ Tü te

	☐ Zeun		☐ E sal
	☐ Zein		☒ E sel
	☒ Zaun		☐ E sil

	☐ Zag		☐ Wag
	☒ Zug		☐ Wig
	☐ Zog		☒ Weg
	☐ Züg		☐ Wug

Kreuze an, was richtig ist. ⭐⭐ 10

☐ Ku na ☐ Ka na ☒ Ka nu	☐ Zwei ☐ Zweu ☐ Zwe
☐ Dreu ☐ Dru ☐ Drei	☐ Naun ☐ Neun ☐ Nein
☐ Euns ☐ Eims ☐ Eins ☐ Enis	☐ Ka se ☐ Kä se ☐ Ku se ☐ Kä su

✂ Hier umknicken oder abtrennen — — — — — — — — — — — — — — — —

Alles richtig gemacht? ⭐⭐ 10

☐ Ku na ☐ Ka na ☒ Ka nu	☒ Zwei ☐ Zweu ☐ Zwe
☐ Dreu ☐ Dru ☒ Drei	☐ Naun ☒ Neun ☐ Nein
☐ Euns ☐ Eims ☒ Eins ☐ Enis	☐ Ka se ☒ Kä se ☐ Ku se ☐ Kä su

Kreuze an, was richtig ist. 11

- ☐ Ki mi
- ☐ Ka wi
- ☐ Ki wi

- ☐ Hot
- ☐ Hut
- ☐ Hat

- ☐ Tol
- ☐ Tul
- ☐ Tal

- ☐ Eu no
- ☐ Eu ro
- ☐ Ei ro

- ☐ Lo mi
- ☐ Li mo
- ☐ Li mi
- ☐ Lo mo

- ☐ Tur
- ☐ Tär
- ☐ Tür
- ☐ Tör

✂ Hier umknicken oder abtrennen - - - - - - - - - - - - - - - - -

Alles richtig gemacht? 11

- ☐ Ki mi
- ☐ Ka wi
- ☒ Ki wi

- ☐ Hot
- ☒ Hut
- ☐ Hat

- ☐ Tol
- ☐ Tul
- ☒ Tal

- ☐ Eu no
- ☒ Eu ro
- ☐ Ei ro

- ☐ Lo mi
- ☒ Li mo
- ☐ Li mi
- ☐ Lo mo

- ☐ Tur
- ☐ Tär
- ☒ Tür
- ☐ Tör

Katrin Wemmer: Sinnentnehmendes Lesen üben – Wortebene
© Persen Verlag

 Kreuze an, was richtig ist. ⭐⭐ 12

	Lak		La pe
	Luk		Lu pe
	Lok		Ln pe

	Seu fe		Elf
	Sei fe		Alf
	Sau fe		Elt

	Ta pi		Ju ja
	Ti po		Ja ja
	Ti pi		Jau jo
	To po		Jo jo

✂ Hier umknicken oder abtrennen -

Alles richtig gemacht? ⭐⭐ 12

	Lak		La pe
	Luk	☒	Lu pe
☒	Lok		Ln pe

	Seu fe	☒	Elf
☒	Sei fe		Alf
	Sau fe		Elt

	Ta pi		Ju ja
	Ti po		Ja ja
☒	Ti pi		Jau jo
	To po	☒	Jo jo

Kreuze an, was richtig ist. 1

- ☐ Am pil
- ☐ Am pal
- ☐ Am pel

- ☐ At te
- ☐ Af fo
- ☐ Af fe

- ☐ Amr
- ☐ Annr
- ☐ Arm

- ☐ Tu sche
- ☐ Tau sche
- ☐ Ta sche

- ☐ Del fan
- ☐ Del fin
- ☐ Del fun
- ☐ Dul fen

- ☐ Funf
- ☐ Fünf
- ☐ Fänf
- ☐ Fanf

✂ Hier umknicken oder abtrennen

Alles richtig gemacht? 1

- ☐ Am pil
- ☐ Am pal
- ☒ Am pel

- ☐ At te
- ☐ Af fo
- ☒ Af fe

- ☐ Amr
- ☐ Annr
- ☒ Arm

- ☐ Tu sche
- ☐ Tau sche
- ☒ Ta sche

- ☐ Del fan
- ☒ Del fin
- ☐ Del fun
- ☐ Dul fen

- ☐ Funf
- ☒ Fünf
- ☐ Fänf
- ☐ Fanf

 Kreuze an, was richtig ist.  2

(Birne)	☐ Bir me ☐ Bri ne ☐ Bir ne		(Blüte)	☐ Blö te ☐ Blu te ☐ Blü te
(Zelt)	☐ Zalt ☐ Zelf ☐ Zelt		(Brot)	☐ Brit ☐ Brat ☐ Brot
(Brett)	☐ Britt ☐ Brett ☐ Breit ☐ Brött		(Heft)	☐ Heift ☐ Heft ☐ Huft ☐ Haft

✂ Hier umknicken oder abtrennen -

 **Alles richtig gemacht?**  2

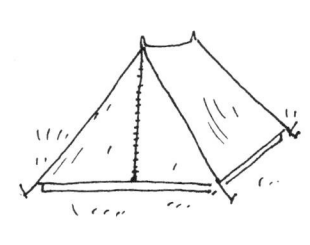

☐ Bir me
☐ Bri ne
☒ Bir ne

☐ Blö te
☐ Blu te
☒ Blü te

☐ Zalt
☐ Zelf
☒ Zelt

☐ Brit
☐ Brat
☒ Brot

☐ Britt
☒ Brett
☐ Breit
☐ Brött

☐ Heift
☒ Heft
☐ Huft
☐ Haft

Katrin Wemmer: Sinnentnehmendes Lesen üben – Wortebene
© Persen Verlag

 **Kreuze an, was richtig ist.**  3

🐪	☐ Ka mel ☐ Ko mel ☐ Ku mel	🪣	☐ Eu mer ☐ Ei ner ☐ Ei mer
🛁	☐ ba den ☐ ba pen ☐ ba ben	✉️	☐ Breif ☐ Bref ☐ Brief
🪝	☐ Bö gel ☐ Bu gel ☐ Ba gel ☐ Bü gel	🍴	☐ Ga bel ☐ Go bel ☐ Ga bal ☐ Go bel

✂ Hier umknicken oder abtrennen

Alles richtig gemacht? 3

🐪	☒ Ka mel ☐ Ko mel ☐ Ku mel	🪣	☐ Eu mer ☐ Ei ner ☒ Ei mer
🛁	☒ ba den ☐ ba pen ☐ ba ben	✉️	☐ Breif ☐ Bref ☒ Brief
🪝	☐ Bö gel ☐ Bu gel ☐ Ba gel ☒ Bü gel	🍴	☒ Ga bel ☐ Go bel ☐ Ga bal ☐ Go bel

Katrin Wemmer: Sinnentnehmendes Lesen üben – Wortebene
© Persen Verlag

 **Kreuze an, was richtig ist.** 4

- ☐ Frasch
- ☐ Frösch
- ☐ Frosch

- ☐ Te ger
- ☐ Ti ger
- ☐ Tu ger

- ☐ Geist
- ☐ Geust
- ☐ Gaust

- ☐ Gald
- ☐ Gelb
- ☐ Geld

- ☐ Berd
- ☐ Berm
- ☐ Berg
- ☐ Berb

- ☐ Hund
- ☐ Hemd
- ☐ Hamd
- ☐ Hand

✂ Hier umknicken oder abtrennen

Alles richtig gemacht? 4

- ☐ Frasch
- ☐ Frösch
- ☒ Frosch

- ☐ Te ger
- ☒ Ti ger
- ☐ Tu ger

- ☒ Geist
- ☐ Geust
- ☐ Gaust

- ☐ Gald
- ☐ Gelb
- ☒ Geld

- ☐ Berd
- ☐ Berm
- ☒ Berg
- ☐ Berb

- ☐ Hund
- ☐ Hemd
- ☐ Hamd
- ☒ Hand

Kreuze an, was richtig ist. ☆☆☆ 5

- ☐ Holz
- ☐ Hulz
- ☐ Helz

- ☐ Hand
- ☐ Hemd
- ☐ Hund

- ☐ Kut ze
- ☐ Kat ze
- ☐ Kaf fe

- ☐ Kon ne
- ☐ Kan ne
- ☐ Kau ne

- ☐ Im sel
- ☐ In sal
- ☐ In sel
- ☐ In sef

- ☐ Kä tig
- ☐ Kä fig
- ☐ Ka fig
- ☐ Kö fig

✂ Hier umknicken oder abtrennen

Alles richtig gemacht? ☆☆☆ 5

- ☒ Holz
- ☐ Hulz
- ☐ Helz

- ☐ Hand
- ☐ Hemd
- ☒ Hund

- ☐ Kut ze
- ☒ Kat ze
- ☐ Kaf fe

- ☐ Kon ne
- ☒ Kan ne
- ☐ Kau ne

- ☐ Im sel
- ☐ In sal
- ☒ In sel
- ☐ In sef

- ☐ Kä tig
- ☒ Kä fig
- ☐ Ka fig
- ☐ Kö fig

Kreuze an, was richtig ist. 6

☐ Kos se		☐ I del
☐ Kus se		☐ I gal
☐ Kas se		☐ I gel

☐ keu fen		☐ Kes sen
☐ kau fen		☐ Kis ten
☐ ka fen		☐ Kis sen

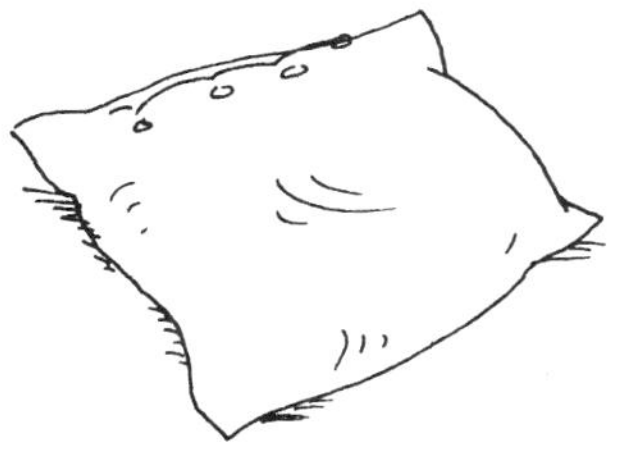

☐ Kas te		☐ Kleud
☐ Kes te		☐ Klaud
☐ Kos te		☐ Kleid
☐ Kis te		☐ Klied

✎ Hier umknicken oder abtrennen -

Alles richtig gemacht? 6

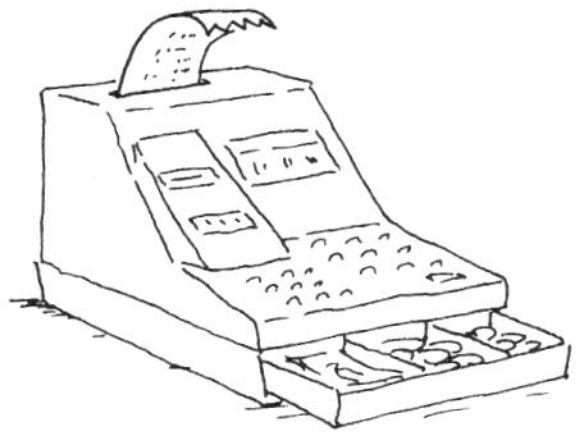

☐ Kos se		☐ I del
☐ Kus se		☐ I gal
☒ Kas se		☒ I gel

☐ keu fen		☐ Kes sen
☒ kau fen		☐ Kis ten
☐ ka fen		☒ Kis sen

☐ Kas te		☐ Kleud
☐ Kes te		☐ Klaud
☐ Kos te		☒ Kleid
☒ Kis te		☐ Klied

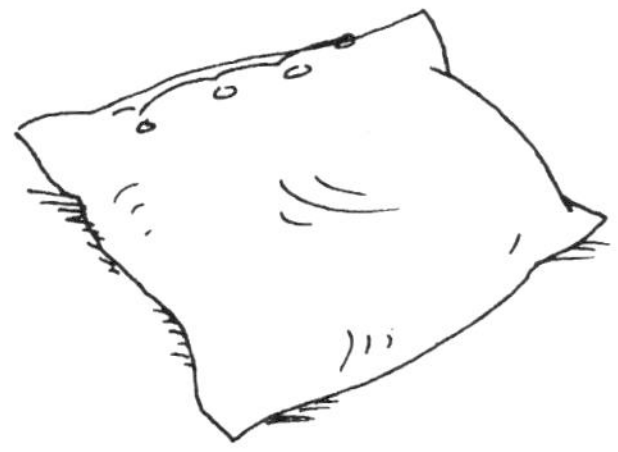

Katrin Wemmer: Sinnentnehmendes Lesen üben – Wortebene
© Persen Verlag

Kreuze an, was richtig ist.

☆☆☆ 7

- ☐ Krun
- ☐ Kran
- ☐ Kron

- ☐ Kurb
- ☐ Kord
- ☐ Korb

- ☐ Starn
- ☐ Stern
- ☐ Storn

- ☐ Kra ne
- ☐ Kro ne
- ☐ Kru ne

- ☐ Ku schen
- ☐ Ko chen
- ☐ Ku chen
- ☐ Kü chen

- ☐ Ko gel
- ☐ Ke gel
- ☐ Ku gel
- ☐ Ku del

✂ Hier umknicken oder abtrennen

Alles richtig gemacht?

☆☆☆ 7

- ☐ Krun
- ☒ Kran
- ☐ Kron

- ☐ Kurb
- ☐ Kord
- ☒ Korb

- ☐ Starn
- ☒ Stern
- ☐ Storn

- ☐ Kra ne
- ☒ Kro ne
- ☐ Kru ne

- ☐ Ku schen
- ☐ Ko chen
- ☒ Ku chen
- ☐ Kü chen

- ☐ Ko gel
- ☐ Ke gel
- ☒ Ku gel
- ☐ Ku del

Kreuze an, was richtig ist. 8

lamp	☐ Lum pe ☐ Lam pe ☐ Lom pe	reading girl	☐ li sen ☐ le sen ☐ lau sen	
ladder	☐ Leu ter ☐ Lau ter ☐ Lei ter	spoon	☐ Lof fel ☐ Lüf fel ☐ Löf fel	
button	☐ Kopf ☐ Knupf ☐ Knaupf ☐ Knopf	plates	☐ Tel lur ☐ Tet ter ☐ Tel ler ☐ Tei ler	

✂ Hier umknicken oder abtrennen ----

Alles richtig gemacht? 8

☐ Lum pe
☒ Lam pe
☐ Lom pe

☐ li sen
☒ le sen
☐ lau sen

☐ Leu ter
☐ Lau ter
☒ Lei ter

☐ Lof fel
☐ Lüf fel
☒ Löf fel

☐ Kopf
☐ Knupf
☐ Knaupf
☒ Knopf

☐ Tel lur
☐ Tet ter
☒ Tel ler
☐ Tei ler

Katrin Wemmer: Sinnentnehmendes Lesen üben – Wortebene
© Persen Verlag

 **Kreuze an, was richtig ist.** ☆☆☆ 9

☐ mu len	☐ Mas ser
☐ mau len	☐ Mes ser
☐ ma len	☐ Mus ser
☐ Schweun	☐ Mand
☐ Schwein	☐ Mond
☐ Schwaun	☐ Mund
☐ Mun tel	☐ leu fen
☐ Man tel	☐ lu fen
☐ Mau tel	☐ la fen
☐ Me tel	☐ lau fen

✂ Hier umknicken oder abtrennen

Alles richtig gemacht? ☆☆☆ 9

☐ mu len	☐ Mas ser
☐ mau len	☒ Mes ser
☒ ma len	☐ Mus ser
☐ Schweun	☐ Mand
☒ Schwein	☒ Mond
☐ Schwaun	☐ Mund
☐ Mun tel	☐ leu fen
☒ Man tel	☐ lu fen
☐ Mau tel	☐ la fen
☐ Me tel	☒ lau fen

Katrin Wemmer: Sinnentnehmendes Lesen üben – Wortebene
© Persen Verlag

 **Kreuze an, was richtig ist.** ☆☆☆ 10

	☐ Nist		☐ Mund
☐ Nast		☐ Mand
☐ Nest		☐ Mond

☐ Nucht		☐ Nu del
☐ Nascht		☐ No del
☐ Nacht		☐ Na del

☐ Pe kat		☐ Pelz
☐ Pa ket		☐ Pilz
☐ Pa kat		☐ Pulz
☐ Pe ket		☐ Pifz

✂ Hier umknicken oder abtrennen - - - - - - - - - - - - - - -

Alles richtig gemacht? ☆☆☆ 10

☐ Nist		☒ Mund
☐ Nast		☐ Mand
☒ Nest		☐ Mond

☐ Nucht		☐ Nu del
☐ Nascht		☐ No del
☒ Nacht		☒ Na del

☐ Pe kat		☐ Pelz
☒ Pa ket		☒ Pilz
☐ Pa kat		☐ Pulz
☐ Pe ket		☐ Pifz

Katrin Wemmer: Sinnentnehmendes Lesen üben – Wortebene
© Persen Verlag

Kreuze an, was richtig ist. 11

- ☐ Sund
- ☐ Saud
- ☐ Sand

- ☐ Pen sal
- ☐ Pin sol
- ☐ Pin sel

- ☐ Schloss
- ☐ Schluss
- ☐ Schlass

- ☐ Ra gen
- ☐ Re gen
- ☐ Rei gen

- ☐ Reu pe
- ☐ Rau pe
- ☐ Ran pe
- ☐ Ram pe

- ☐ Solz
- ☐ Safz
- ☐ Salz
- ☐ Sulz

✂ Hier umknicken oder abtrennen

Alles richtig gemacht? 11

- ☐ Sund
- ☐ Saud
- ☒ Sand

- ☐ Pen sal
- ☐ Pin sol
- ☒ Pin sel

- ☒ Schloss
- ☐ Schluss
- ☐ Schlass

- ☐ Ra gen
- ☒ Re gen
- ☐ Rei gen

- ☐ Reu pe
- ☒ Rau pe
- ☐ Ran pe
- ☐ Ram pe

- ☐ Solz
- ☐ Safz
- ☒ Salz
- ☐ Sulz

Katrin Wemmer: Sinnentnehmendes Lesen üben – Wortebene
© Persen Verlag

 Kreuze an, was richtig ist. 12

- ☐ Scharm
- ☐ Scherm
- ☐ Schirm

- ☐ Warm
- ☐ Wurm
- ☐ Worm

- ☐ Ral ler
- ☐ Rot ter
- ☐ Rol ler

- ☐ Scha re
- ☐ Sche ra
- ☐ Sche re

- ☐ Schaff
- ☐ Schitt
- ☐ Schiff
- ☐ Scheff

- ☐ Schrunk
- ☐ Schrauk
- ☐ Schrank
- ☐ Schronk

✂ Hier umknicken oder abtrennen

Alles richtig gemacht? 12

- ☐ Scharm
- ☐ Scherm
- ☒ Schirm

- ☐ Warm
- ☒ Wurm
- ☐ Worm

- ☐ Ral ler
- ☐ Rot ter
- ☒ Rol ler

- ☐ Scha re
- ☐ Sche ra
- ☒ Sche re

- ☐ Schaff
- ☐ Schitt
- ☒ Schiff
- ☐ Scheff

- ☐ Schrunk
- ☐ Schrauk
- ☒ Schrank
- ☐ Schronk

Katrin Wemmer: Sinnentnehmendes Lesen üben – Wortebene
© Persen Verlag

Kreuze an, was richtig ist. ⭐⭐⭐⭐ 1

- ☐ A houn
- ☐ A horn
- ☐ Au horn

- ☐ Blät ter
- ☐ Blat ter
- ☐ Blöt ter

- ☐ Am gel
- ☐ An gel
- ☐ Au gel

- ☐ Bril lo
- ☐ Brel le
- ☐ Bril le

- ☐ Flu sche
- ☐ Flo sche
- ☐ Fla sche
- ☐ Flö sche

- ☐ Falz steft
- ☐ Fifz steft
- ☐ Filz stift
- ☐ Filz stuft

✂ Hier umknicken oder abtrennen -

Alles richtig gemacht? ⭐⭐⭐⭐ 1

- ☐ A houn
- ☒ A horn
- ☐ Au horn

- ☒ Blät ter
- ☐ Blat ter
- ☐ Blöt ter

- ☐ Am gel
- ☒ An gel
- ☐ Au gel

- ☐ Bril lo
- ☐ Brel le
- ☒ Bril le

- ☐ Flu sche
- ☐ Flo sche
- ☒ Fla sche
- ☐ Flö sche

- ☐ Falz steft
- ☐ Fifz steft
- ☒ Filz stift
- ☐ Filz stuft

 **Kreuze an, was richtig ist.** ⭐⭐⭐⭐ 2

🖌	☐ Bors te ☐ Börs te ☐ Bürs te	🥨	☐ Bri zel ☐ Bre zal ☐ Bre zel
✋	☐ Deu men ☐ Däu men ☐ Dau men	🍂	☐ Ei chal ☐ Ei chel ☐ Eu chel
👼	☐ En gal ☐ En del ☐ En gel ☐ Eu gel	🐉	☐ Do che ☐ De che ☐ Dra che ☐ Drau che

✂ Hier umknicken oder abtrennen --------

🔍 **Alles richtig gemacht?** ⭐⭐⭐⭐ 2

🖌	☐ Bors te ☐ Börs te ☒ Bürs te	🥨	☐ Bri zel ☐ Bre zal ☒ Bre zel
✋	☐ Deu men ☐ Däu men ☒ Dau men	🍂	☐ Ei chal ☒ Ei chel ☐ Eu chel
👼	☐ En gal ☐ En del ☒ En gel ☐ Eu gel	🐉	☐ Do che ☐ De che ☒ Dra che ☐ Drau che

Katrin Wemmer: Sinnentnehmendes Lesen üben – Wortebene
© Persen Verlag

Kreuze an, was richtig ist. 3

- ☐ Fei er
- ☐ Feu er
- ☐ Fau er

- ☐ Fin ger
- ☐ Fan ger
- ☐ Fen ger

- ☐ Flog zeig
- ☐ Flug zeug
- ☐ Flag zug

- ☐ Eu er
- ☐ Ei er
- ☐ Ei mer

- ☐ Flu gel
- ☐ Fla gel
- ☐ Fü gel
- ☐ Flü gel

- ☐ Fu sche
- ☐ Fro sche
- ☐ Frö sche
- ☐ Frä sche

Alles richtig gemacht? 3

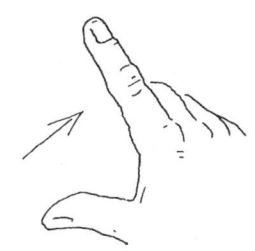

- ☐ Fei er
- ☒ Feu er
- ☐ Fau er

- ☒ Fin ger
- ☐ Fan ger
- ☐ Fen ger

- ☐ Flog zeig
- ☒ Flug zeug
- ☐ Flag zug

- ☐ Eu er
- ☒ Ei er
- ☐ Ei mer

- ☐ Flu gel
- ☐ Fla gel
- ☐ Fü gel
- ☒ Flü gel

- ☐ Fu sche
- ☐ Fro sche
- ☒ Frö sche
- ☐ Frä sche

Katrin Wemmer: Sinnentnehmendes Lesen üben – Wortebene
© Persen Verlag

 **Kreuze an, was richtig ist.** ★★★☆ 4

	☐ Frein de ☐ Fein de ☐ Freun de		☐ Gor ten ☐ Gar ten ☐ Gau ten
	☐ Hums ter ☐ Homs ter ☐ Hams ter		☐ Ker fe ☐ Kar se ☐ Ker ze
	☐ Acht zahn ☐ Ascht zehn ☐ Acht zehn ☐ Echt zehn		☐ Ker che ☐ Kar che ☐ Kir che ☐ Kir sche

✂ Hier umknicken oder abtrennen -

 **Alles richtig gemacht?** ★★★☆ 4

	☐ Frein de ☐ Fein de ☒ Freun de		☐ Gor ten ☒ Gar ten ☐ Gau ten
	☐ Hums ter ☐ Homs ter ☒ Hams ter		☐ Ker fe ☐ Kar se ☒ Ker ze
	☐ Acht zahn ☐ Ascht zehn ☒ Acht zehn ☐ Echt zehn		☐ Ker che ☐ Kar che ☒ Kir che ☐ Kir sche

Kreuze an, was richtig ist. ⭐⭐⭐⭐⭐ 5

- ☐ Ker schen
- ☐ Kir chen
- ☐ Kir schen

- ☐ Kaf fer
- ☐ Kof fer
- ☐ Kot ter

- ☐ Ko nig
- ☐ Kü nig
- ☐ Kö nig

- ☐ Seib zehn
- ☐ Sieb zehn
- ☐ Seub zehn

- ☐ Nos harn
- ☐ Nas harn
- ☐ Nas horn
- ☐ Nus horn

- ☐ Ord ner
- ☐ Ond rer
- ☐ Om red
- ☐ Ord red

↪ Hier umknicken oder abtrennen -

Alles richtig gemacht? ⭐⭐⭐⭐⭐ 5

- ☐ Ker schen
- ☐ Kir chen
- ☒ Kir schen

- ☐ Kaf fer
- ☒ Kof fer
- ☐ Kot ter

- ☐ Ko nig
- ☐ Kü nig
- ☒ Kö nig

- ☐ Seib zehn
- ☒ Sieb zehn
- ☐ Seub zehn

- ☐ Nos harn
- ☐ Nas harn
- ☒ Nas horn
- ☐ Nus horn

- ☒ Ord ner
- ☐ Ond rer
- ☐ Om red
- ☐ Ord red

Katrin Wemmer: Sinnentnehmendes Lesen üben – Wortebene
© Persen Verlag

Kreuze an, was richtig ist. ☆☆☆☆ 6

15	☐ Fönf zihn ☐ Fänf zehn ☐ Fünf zehn	(Schlitten)	☐ Schlat ten ☐ Schlit ten ☐ Schlet ten
(Schlüssel)	☐ Schös sel ☐ Schlüs sel ☐ Schlos sel	(Schnabel)	☐ Schnu bel ☐ Schna del ☐ Schna bel
(Schere)	☐ schneu den ☐ schnei den ☐ schau ben ☐ schnei ben	(Wölfe)	☐ Wol fe ☐ Wal fe ☐ Wäl fe ☐ Wöl fe

✂ Hier umknicken oder abtrennen - - - - - - - - - - - - - - - - - - -

Alles richtig gemacht? ☆☆☆☆ 6

15	☐ Fönf zihn ☐ Fänf zehn ☒ Fünf zehn		☐ Schlat ten ☒ Schlit ten ☐ Schlet ten
	☐ Schös sel ☒ Schlüs sel ☐ Schlos sel		☐ Schnu bel ☐ Schna del ☒ Schna bel
	☐ schneu den ☒ schnei den ☐ schau ben ☐ schnei ben		☐ Wol fe ☐ Wal fe ☐ Wäl fe ☒ Wöl fe

Kreuze an, was richtig ist. ☆☆☆☆☆ 7

- ☐ Schnei mann
- ☐ Schnee mann
- ☐ Schee mann

- ☐ scheu ben
- ☐ schrau ben
- ☐ schrei ben

- ☐ Tap pich
- ☐ Tep pisch
- ☐ Tep pich

- ☐ Zwun zig
- ☐ Zwan zig
- ☐ Zwon zig

- ☐ Tru ben
- ☐ Tra ben
- ☐ Treu ben
- ☐ Trau ben

- ☐ Wor fel
- ☐ Wür tel
- ☐ Wür fel
- ☐ Wär fel

↪ Hier umknicken oder abtrennen ---

Alles richtig gemacht? ☆☆☆☆☆ 7

- ☐ Schnei mann
- ☒ Schnee mann
- ☐ Schee mann

- ☐ scheu ben
- ☐ schrau ben
- ☒ schrei ben

- ☐ Tap pich
- ☐ Tep pisch
- ☒ Tep pich

- ☐ Zwun zig
- ☒ Zwan zig
- ☐ Zwon zig

- ☐ Tru ben
- ☐ Tra ben
- ☐ Treu ben
- ☒ Trau ben

- ☐ Wor fel
- ☐ Wür tel
- ☒ Wür fel
- ☐ Wär fel

52

Katrin Wemmer: Sinnentnehmendes Lesen üben – Wortebene
© Persen Verlag

Kreuze an, was richtig ist. ☆☆☆☆ 8

- ☐ Span ne
- ☐ Spin ne
- ☐ Spon ne

- ☐ Sprat ze
- ☐ Sprut ze
- ☐ Sprit ze

- ☐ Stam pel
- ☐ Stum pel
- ☐ Stem pel

- ☐ Stie fel
- ☐ Sta fel
- ☐ Sto fel

- ☐ Schlung ge
- ☐ Schlau ge
- ☐ Schle ge
- ☐ Schlan ge

- ☐ Spie gel
- ☐ Speu gel
- ☐ Spar gel
- ☐ Spei gel

✂ Hier umknicken oder abtrennen -

Alles richtig gemacht? ☆☆☆☆ 8

- ☐ Span ne
- ☒ Spin ne
- ☐ Spon ne

- ☐ Sprat ze
- ☐ Sprut ze
- ☒ Sprit ze

- ☐ Stam pel
- ☐ Stum pel
- ☒ Stem pel

- ☒ Stie fel
- ☐ Sta fel
- ☐ Sto fel

- ☐ Schlung ge
- ☐ Schlau ge
- ☐ Schle ge
- ☒ Schlan ge

- ☒ Spie gel
- ☐ Speu gel
- ☐ Spar gel
- ☐ Spei gel

 **Kreuze an, was richtig ist.** ⭐⭐⭐⭐⭐ 9

☐ Ze ba ☐ Ze bra ☐ Ze bru	☐ Zar kus ☐ Zur kis ☐ Zir kus
☐ Siech zehn ☐ Sech zahn ☐ Sech zehn	☐ Laucht turm ☐ Leucht turm ☐ Leicht torm
☐ Hund tuch ☐ Hand tach ☐ Hand tuch ☐ Hand tusch	☐ Bleu stift ☐ Blau steft ☐ Blei steift ☐ Blei stift

✂ Hier umknicken oder abtrennen - - - - - - - - - - - - - - - - - -

Alles richtig gemacht? ⭐⭐⭐⭐⭐ 9

☐ Ze ba ☒ Ze bra ☐ Ze bru	☐ Zar kus ☐ Zur kis ☒ Zir kus
☐ Siech zehn ☐ Sech zahn ☒ Sech zehn	☐ Laucht turm ☒ Leucht turm ☐ Leicht torm
☐ Hund tuch ☐ Hand tach ☒ Hand tuch ☐ Hand tusch	☐ Bleu stift ☐ Blau steft ☐ Blei steift ☒ Blei stift

Kreuze an, was richtig ist. ☆☆☆☆ 10

- ☐ Mans ter
- ☐ Muns ter
- ☐ Mons ter

- ☐ Tur te
- ☐ Tor te
- ☐ Tar te

- ☐ Drei zahn
- ☐ Dreu zehn
- ☐ Drei zehn

- ☐ Müt ze
- ☐ Mot ze
- ☐ Möt ze

- ☐ resch nen
- ☐ rich nen
- ☐ rech nen
- ☐ reich nen

- ☐ Nein zehn
- ☐ Neun zahn
- ☐ Nenn zehn
- ☐ Neun zehn

✂ Hier umknicken oder abtrennen -

Alles richtig gemacht? ☆☆☆☆ 10

- ☐ Mans ter
- ☐ Muns ter
- ☒ Mons ter

- ☐ Tur te
- ☒ Tor te
- ☐ Tar te

- ☐ Drei zahn
- ☐ Dreu zehn
- ☒ Drei zehn

- ☒ Müt ze
- ☐ Mot ze
- ☐ Möt ze

- ☐ resch nen
- ☐ rich nen
- ☒ rech nen
- ☐ reich nen

- ☐ Nein zehn
- ☐ Neun zahn
- ☐ Nenn zehn
- ☒ Neun zehn

Katrin Wemmer: Sinnentnehmendes Lesen üben – Wortebene
© Persen Verlag

Kreuze an, was richtig ist. — 11

- ☐ Bag ger
- ☐ Bog ger
- ☐ Bag gir

- ☐ Ser ben
- ☐ Sei ben
- ☐ Sie ben

- ☐ Ban bon
- ☐ Bun bun
- ☐ Bon bon

- ☐ Kra kus
- ☐ Kro kas
- ☐ Kro kus

- ☐ Erd sen
- ☐ Erb sun
- ☐ Enb sen
- ☐ Erb sen

- ☐ Am pel
- ☐ Ap tel
- ☐ Ap fef
- ☐ Ap fel

✂ Hier umknicken oder abtrennen

Alles richtig gemacht? — 11

- ☒ Bag ger
- ☐ Bog ger
- ☐ Bag gir

- ☐ Ser ben
- ☐ Sei ben
- ☒ Sie ben

- ☐ Ban bon
- ☐ Bun bun
- ☒ Bon bon

- ☐ Kra kus
- ☐ Kro kas
- ☒ Kro kus

- ☐ Erd sen
- ☐ Erb sun
- ☐ Enb sen
- ☒ Erb sen

- ☐ Am pel
- ☐ Ap tel
- ☐ Ap fef
- ☒ Ap fel

 **Kreuze an, was richtig ist.** 12

- ☐ Van pir
- ☐ Vum pur
- ☐ Vam pir

- ☐ Veir zehn
- ☐ Vier zehn
- ☐ Vier zahn

- ☐ Ge speinst
- ☐ Ge stenst
- ☐ Ge spenst

- ☐ Fau brik
- ☐ Fu brik
- ☐ Fa brik

- ☐ Stram mast
- ☐ Strom must
- ☐ Strom mast
- ☐ Strum most

- ☐ Vol kun
- ☐ Vul kan
- ☐ Vul kein
- ☐ Vul kon

✂ Hier umknicken oder abtrennen -

 **Alles richtig gemacht?** 12

- ☐ Van pir
- ☐ Vum pur
- ☒ Vam pir

- ☐ Veir zehn
- ☒ Vier zehn
- ☐ Vier zahn

- ☐ Ge speinst
- ☐ Ge stenst
- ☒ Ge spenst

- ☐ Fau brik
- ☐ Fu brik
- ☒ Fa brik

- ☐ Stram mast
- ☐ Strom must
- ☒ Strom mast
- ☐ Strum most

- ☐ Vol kun
- ☒ Vul kan
- ☐ Vul kein
- ☐ Vul kon

Katrin Wemmer: Sinnentnehmendes Lesen üben – Wortebene
© Persen Verlag

 **Kreuze an, was richtig ist.** ☆☆☆☆☆ 1

- ☐ A meu se
- ☐ A mau se
- ☐ A mei se

- ☐ A no nos
- ☐ A na nas
- ☐ A nau nas

- ☐ E le fent
- ☐ E le tant
- ☐ E le fant

- ☐ Gi rof fe
- ☐ Ge raf fe
- ☐ Gi raf fe

- ☐ Bo no ne
- ☐ Ba no ne
- ☐ Ba na ne
- ☐ Bo na ne

- ☐ Do mo ni
- ☐ Do mi no
- ☐ Di mo ni
- ☐ Di mi ni

✂ Hier umknicken oder abtrennen

Alles richtig gemacht? ☆☆☆☆☆ 1

- ☐ A meu se
- ☐ A mau se
- ☒ A mei se

- ☐ A no nos
- ☒ A na nas
- ☐ A nau nas

- ☐ E le fent
- ☐ E le tant
- ☒ E le fant

- ☐ Gi rof fe
- ☐ Ge raf fe
- ☒ Gi raf fe

- ☐ Bo no ne
- ☐ Ba no ne
- ☒ Ba na ne
- ☐ Bo na ne

- ☐ Do mo ni
- ☒ Do mi no
- ☐ Di mo ni
- ☐ Di mi ni

58

Katrin Wemmer: Sinnentnehmendes Lesen üben – Wortebene
© Persen Verlag

Kreuze an, was richtig ist. ⭐⭐⭐⭐⭐ 2

- ☐ Gi tar ri
- ☐ Ge tar ra
- ☐ Gi tar re

- ☐ Kus tu ni e
- ☐ Kas to ni e
- ☐ Kas ta ni e

- ☐ Kru ko dol
- ☐ Kro ku del
- ☐ Kro ko dil

- ☐ In do a ner
- ☐ In di a ner
- ☐ In du a ner

- ☐ La tir ne
- ☐ La ter na
- ☐ La ter ne
- ☐ Lu tor ne

- ☐ Le nu al
- ☐ Li ne al
- ☐ Lu ne al
- ☐ Lo ni al

↳ Hier umknicken oder abtrennen -

Alles richtig gemacht? ⭐⭐⭐⭐⭐ 2

- ☐ Gi tar ri
- ☐ Ge tar ra
- ☒ Gi tar re

- ☐ Kus tu ni e
- ☐ Kas to ni e
- ☒ Kas ta ni e

- ☐ Kru ko dol
- ☐ Kro ku del
- ☒ Kro ko dil

- ☐ In do a ner
- ☒ In di a ner
- ☐ In du a ner

- ☐ La tir ne
- ☐ La ter na
- ☒ La ter ne
- ☐ Lu tor ne

- ☐ Le nu al
- ☒ Li ne al
- ☐ Lu ne al
- ☐ Lo ni al

Katrin Wemmer: Sinnentnehmendes Lesen üben – Wortebene
© Persen Verlag

 **Kreuze an, was richtig ist.** ☆☆☆☆☆ 3

📻	☐ Ru di o ☐ Ra do o ☐ Ra di o	🥖	☐ Pan taf fal ☐ Pon taf fel ☐ Pan tof fel
🦜	☐ Pa po geu ☐ Pa pa geu ☐ Pa pa gei	☂	☐ Re gen scharm ☐ Ra gen schirm ☐ Re gen schirm
🏍	☐ Ma tor rod ☐ Mo tar rad ☐ Mo tor rad ☐ Ma tor rud	🚀	☐ Re ka te ☐ Ro ke te ☐ Ru ke te ☐ Ra ke te

↳ Hier umknicken oder abtrennen -

🔍 **Alles richtig gemacht?** ☆☆☆☆☆ 3

📻	☐ Ru di o ☐ Ra do o ☒ Ra di o	🥖	☐ Pan taf fal ☐ Pon taf fel ☒ Pan tof fel
🦜	☐ Pa po geu ☐ Pa pa geu ☒ Pa pa gei	☂	☐ Re gen scharm ☐ Ra gen schirm ☒ Re gen schirm
🏍	☐ Ma tor rod ☐ Mo tar rad ☒ Mo tor rad ☐ Ma tor rud	🚀	☐ Re ka te ☐ Ro ke te ☐ Ru ke te ☒ Ra ke te

Katrin Wemmer: Sinnentnehmendes Lesen üben – Wortebene
© Persen Verlag

Kreuze an, was richtig ist. ⭐⭐⭐⭐⭐ 4

- ☐ Re gen warm
- ☐ Re gen wurm
- ☐ Ra gen wurm

- ☐ Pan gu in
- ☐ Pen gu an
- ☐ Pin gu in

- ☐ Scha ko la de
- ☐ Scho ko la de
- ☐ Schu ku la de

- ☐ San do le
- ☐ Sun du le
- ☐ San da le

- ☐ Pap ri ko
- ☐ Pap ri ku
- ☐ Pap ro ka
- ☐ Pap ri ka

- ☐ Te lo fon
- ☐ Ta le fon
- ☐ Te la fon
- ☐ Te le fon

✂ Hier umknicken oder abtrennen - - - - - - - - - - -

Alles richtig gemacht? ⭐⭐⭐⭐⭐ 4

- ☐ Re gen warm
- ☒ Re gen wurm
- ☐ Ra gen wurm

- ☐ Pan gu in
- ☐ Pen gu an
- ☒ Pin gu in

- ☐ Scha ko la de
- ☒ Scho ko la de
- ☐ Schu ku la de

- ☐ San do le
- ☐ Sun du le
- ☒ San da le

- ☐ Pap ri ko
- ☐ Pap ri ku
- ☐ Pap ro ka
- ☒ Pap ri ka

- ☐ Te lo fon
- ☐ Ta le fon
- ☐ Te la fon
- ☒ Te le fon

Katrin Wemmer: Sinnentnehmendes Lesen üben – Wortebene
© Persen Verlag

 **Kreuze an, was richtig ist.** ☆☆☆☆☆ 5

- ☐ Ga ril la
- ☐ Go ril lo
- ☐ Go ril la

- ☐ Fle der mus
- ☐ Fle der maus
- ☐ Fla der mus

- ☐ Kor taf fel
- ☐ Kar tof fef
- ☐ Kar tof fel

- ☐ Tu ma te
- ☐ To mu te
- ☐ To ma te

- ☐ Eich härn chen
- ☐ Ech hörn chen
- ☐ Eich hörn chen
- ☐ Eich harn chen

- ☐ Tram pe te
- ☐ Trum po te
- ☐ Trom pe te
- ☐ Traum pe te

✂ Hier umknicken oder abtrennen

Alles richtig gemacht? ☆☆☆☆☆ 5

- ☐ Ga ril la
- ☐ Go ril lo
- ☒ Go ril la

- ☐ Fle der mus
- ☒ Fle der maus
- ☐ Fla der mus

- ☐ Kor taf fel
- ☐ Kar tof fef
- ☒ Kar tof fel

- ☐ Tu ma te
- ☐ To mu te
- ☒ To ma te

- ☐ Eich härn chen
- ☐ Ech hörn chen
- ☒ Eich hörn chen
- ☐ Eich harn chen

- ☐ Tram pe te
- ☐ Trum po te
- ☒ Trom pe te
- ☐ Traum pe te

 **Kreuze an, was richtig ist.**  6

	☐ Zi tra ne		☐ Zeu be rer
	☐ Zi tro na		☐ Zei be rer
	☐ Zi tro ne		☐ Zau be rer
	☐ Tee kon ne		☐ Lo bel la
	☐ Tee kan ne		☐ Li bel le
	☐ Tee kun ne		☐ Lu bul le
	☐ Tu ma ton		☐ Tu schen reih ner
	☐ To ma ten		☐ To schen rich ner
	☐ To ma fen		☐ Ta schen rech ner
	☐ To mu ten		☐ Ta chen reich ner

✂ Hier umknicken oder abtrennen - - - - - - - - - - - - - - - - - - -

Alles richtig gemacht? 6

	☐ Zi tra ne		☐ Zeu be rer
	☐ Zi tro na		☐ Zei be rer
	☒ Zi tro ne		☒ Zau be rer
	☐ Tee kon ne		☐ Lo bel la
	☒ Tee kan ne		☒ Li bel le
	☐ Tee kun ne		☐ Lu bul le
	☐ Tu ma ton		☐ Tu schen reih ner
	☒ To ma ten		☐ To schen rich ner
	☐ To ma fen		☒ Ta schen rech ner
	☐ To mu ten		☐ Ta chen reich ner

Katrin Wemmer: Sinnentnehmendes Lesen üben – Wortebene
© Persen Verlag

 **Kreuze an, was richtig ist.** ☆☆☆☆☆ 7

- ☐ Kän ga ra
- ☐ Kän gu ru
- ☐ Kin ge re

- ☐ Breif kus ten
- ☐ Brief kas ten
- ☐ Brief kos ten

- ☐ Dra me dur
- ☐ Drei me der
- ☐ Dro me dar

- ☐ Geis kan ne
- ☐ Gieß kan ne
- ☐ Geus kon ne

- ☐ Schald krö te
- ☐ Schild kru te
- ☐ Schild krä te
- ☐ Schild krö te

- ☐ Erb dee re
- ☐ Erd beu re
- ☐ Erd bee re
- ☐ End bee te

✂ Hier umknicken oder abtrennen

Alles richtig gemacht? ☆☆☆☆☆ 7

- ☐ Kän ga ra
- ☒ Kän gu ru
- ☐ Kin ge re

- ☐ Breif kus ten
- ☒ Brief kas ten
- ☐ Brief kos ten

- ☐ Dra me dur
- ☐ Drei me der
- ☒ Dro me dar

- ☐ Geis kan ne
- ☒ Gieß kan ne
- ☐ Geus kon ne

- ☐ Schald krö te
- ☐ Schild kru te
- ☐ Schild krä te
- ☒ Schild krö te

- ☐ Erb dee re
- ☐ Erd beu re
- ☒ Erd bee re
- ☐ End bee te

Kreuze an, was richtig ist. ☆☆☆☆☆ 8

☐ Ar beits blatt ☐ Ar buts blett ☐ Ar bets blitt	☐ Kle be staft ☐ Kle be stift ☐ Kla be stift
☐ Fe der map pe ☐ Fi der mup pe ☐ Fa dir mip pe	☐ Schul tu sche ☐ Schal ta sche ☐ Schul ta sche
☐ Firb kus ten ☐ Farb kas ten ☐ Furb kas ten ☐ Farb kis ten	☐ An tun ne ☐ An tan ne ☐ Au ten ne ☐ An ten ne

↪ Hier umknicken oder abtrennen -

Alles richtig gemacht? ☆☆☆☆☆ 8

☒ Ar beits blatt ☐ Ar buts blett ☐ Ar bets blitt	☐ Kle be staft ☒ Kle be stift ☐ Kla be stift
☒ Fe der map pe ☐ Fi der mup pe ☐ Fa dir mip pe	☐ Schul tu sche ☐ Schal ta sche ☒ Schul ta sche
☐ Firb kus ten ☒ Farb kas ten ☐ Furb kas ten ☐ Farb kis ten	☐ An tun ne ☐ An tan ne ☐ Au ten ne ☒ An ten ne

Katrin Wemmer: Sinnentnehmendes Lesen üben – Wortebene
© Persen Verlag

 **Kreuze an, was richtig ist.** 9

- ☐ Arn bond uhr
- ☐ Arm bund ahr
- ☐ Arm band uhr

- ☐ Bo de wan ne
- ☐ Ba de wan ne
- ☐ Ba de wun ne

- ☐ Bö gel eu sen
- ☐ Bü gel ei sen
- ☐ Bü del ei sen

- ☐ Hub schreu ber
- ☐ Hab schrau ber
- ☐ Hub schrau ber

- ☐ Buf fer keks
- ☐ But ter kuks
- ☐ But ter keks
- ☐ Bat ter kaks

- ☐ Vo gel schau che
- ☐ Va gel schei che
- ☐ Vo gel scheu che
- ☐ Vo gel schei che

✂ Hier umknicken oder abtrennen -

Alles richtig gemacht? 9

- ☐ Arn bond uhr
- ☐ Arm bund ahr
- ☒ Arm band uhr

- ☐ Bo de wan ne
- ☒ Ba de wan ne
- ☐ Ba de wun ne

- ☐ Bö gel eu sen
- ☒ Bü gel ei sen
- ☐ Bü del ei sen

- ☐ Hub schreu ber
- ☐ Hab schrau ber
- ☒ Hub schrau ber

- ☐ Buf fer keks
- ☐ But ter kuks
- ☒ But ter keks
- ☐ Bat ter kaks

- ☐ Vo gel schau che
- ☐ Va gel schei che
- ☒ Vo gel scheu che
- ☐ Vo gel schei che

Katrin Wemmer: Sinnentnehmendes Lesen üben – Wortebene
© Persen Verlag

Kreuze an, was richtig ist. 10

- ☐ Schmit ter ling
- ☐ Schnef fer ling
- ☐ Schmet ter ling

- ☐ Tei tus se
- ☐ Tee tos se
- ☐ Tee tas se

- ☐ Gur ken schlauch
- ☐ Ger ten schleuch
- ☐ Gar ten schlauch

- ☐ Hom ber ger
- ☐ Ham bur ger
- ☐ Hum bar ger

- ☐ To schen lom pe
- ☐ Tu schen lum pe
- ☐ Ta schen lam pe
- ☐ Tä schen läm pe

- ☐ Holz hät te
- ☐ Hulz hüf fe
- ☐ Halz hül le
- ☐ Holz hüt te

✂ Hier umknicken oder abtrennen -

Alles richtig gemacht? 10

- ☐ Schmit ter ling
- ☐ Schnef fer ling
- ☒ Schmet ter ling

- ☐ Tei tus se
- ☐ Tee tos se
- ☒ Tee tas se

- ☐ Gur ken schlauch
- ☐ Ger ten schleuch
- ☒ Gar ten schlauch

- ☐ Hom ber ger
- ☒ Ham bur ger
- ☐ Hum bar ger

- ☐ To schen lom pe
- ☐ Tu schen lum pe
- ☒ Ta schen lam pe
- ☐ Tä schen läm pe

- ☐ Holz hät te
- ☐ Hulz hüf fe
- ☐ Halz hül le
- ☒ Holz hüt te

Katrin Wemmer: Sinnentnehmendes Lesen üben – Wortebene
© Persen Verlag

Kreuze an, was richtig ist. 11

- ☐ Tee bau tel
- ☐ Too beu tel
- ☐ Tee beu tel

- ☐ Sund kos ten
- ☐ Sand kas ten
- ☐ Sond kis ten

- ☐ Zahn bors te
- ☐ Zöhn bürs te
- ☐ Zahn bürs te

- ☐ Tral ler pfeu fe
- ☐ Tril ler pfei le
- ☐ Tril ler pfei fe

- ☐ Schutz in sul
- ☐ Schotz in sal
- ☐ Schatz in sel
- ☐ Schätz in sil

- ☐ Un fer hemb
- ☐ Un ter hend
- ☐ Um ter humd
- ☐ Un ter hemd

✂ Hier umknicken oder abtrennen

Alles richtig gemacht? 11

- ☐ Tee bau tel
- ☐ Too beu tel
- ☒ Tee beu tel

- ☐ Sund kos ten
- ☒ Sand kas ten
- ☐ Sond kis ten

- ☐ Zahn bors te
- ☐ Zöhn bürs te
- ☒ Zahn bürs te

- ☐ Tral ler pfeu fe
- ☐ Tril ler pfei le
- ☒ Tril ler pfei fe

- ☐ Schutz in sul
- ☐ Schotz in sal
- ☒ Schatz in sel
- ☐ Schätz in sil

- ☐ Un fer hemb
- ☐ Un ter hend
- ☐ Um ter humd
- ☒ Un ter hemd

Katrin Wemmer: Sinnentnehmendes Lesen üben – Wortebene
© Persen Verlag

Kreuze an, was richtig ist. — 12

- ☐ Un fer ha se
- ☐ Un ter ho se
- ☐ Un tir hu se

- ☐ Schatz kis te
- ☐ Schutz kas te
- ☐ Schotz küs te

- ☐ Weun trei ben
- ☐ Wein treu ben
- ☐ Wein trau ben

- ☐ Lu ger fei er
- ☐ La ger feu er
- ☐ Lo der feu er

- ☐ Spin nen netz
- ☐ Span nin nutz
- ☐ Stin nen neff
- ☐ Sin nen metz

- ☐ Zohn pus ta
- ☐ Zähn pis ta
- ☐ Zahn pas ta
- ☐ Zuhn pes to

✂ Hier umknicken oder abtrennen

Alles richtig gemacht? — 12

- ☐ Un fer ha se
- ☒ Un ter ho se
- ☐ Un tir hu se

- ☒ Schatz kis te
- ☐ Schutz kas te
- ☐ Schotz küs te

- ☐ Weun trei ben
- ☐ Wein treu ben
- ☒ Wein trau ben

- ☐ Lu ger fei er
- ☒ La ger feu er
- ☐ Lo der feu er

- ☒ Spin nen netz
- ☐ Span nin nutz
- ☐ Stin nen neff
- ☐ Sin nen metz

- ☐ Zohn pus ta
- ☐ Zähn pis ta
- ☒ Zahn pas ta
- ☐ Zuhn pes to

Katrin Wemmer: Sinnentnehmendes Lesen üben – Wortebene
© Persen Verlag

 **Lies genau.**

 **Verbinde die Silbe mit dem passenden Bild.**

Bi

Pi

Po

Kä

Scho

Lö

Na

Ki

Wa

Tee

Bro

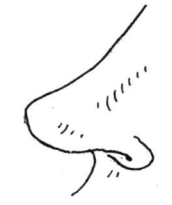

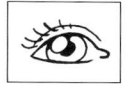 **Lies genau.**

 **Verbinde die Silbe mit dem passenden Bild.**

Rei

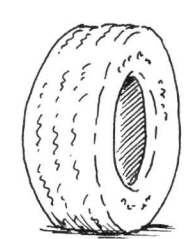

Pi

Bu

Ri

Ein

Blu

Hu

Ru

Pla

Ga

Fau

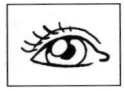 **Lies genau.**

 **Verbinde die Silbe mit dem passenden Bild.**

 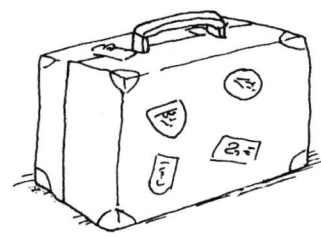

Ko

Schau

Mü

Pu

Schu

Eu

Flö

Ei

Fö

Ti

Fe

 **Lies genau.**

 Verbinde das Wort mit dem passenden Bild.

	Bus	
	Au ge	
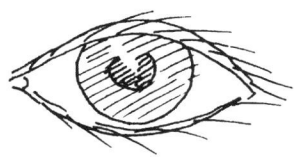	Au to	
	Ball	
	Buch	
	Baum	
	Eis	
	En te	
	Di no	
	Fisch	
	Hut	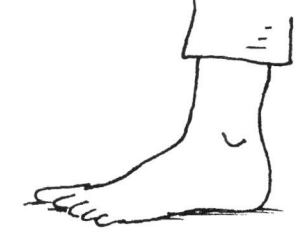

Katrin Wemmer: Sinnentnehmendes Lesen üben – Wortebene
© Persen Verlag

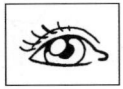 **Lies genau.**

 Verbinde das Wort mit dem passenden Bild.

| Ha se |
| Haus |
| Ho se |
| Klo |
| La ma |
| Maus |
| Ro se |
| Rad |
| Na se |
| Schal |
| Wal |

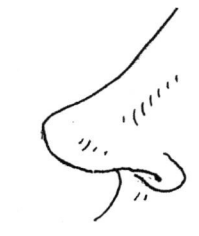
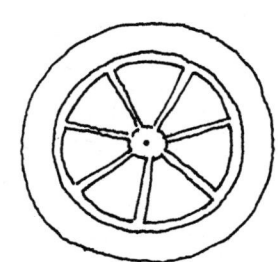

 **Lies genau.**

 Verbinde das Wort mit dem passenden Bild.

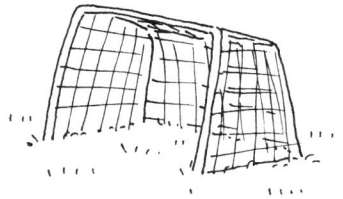

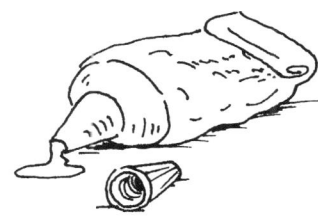

Tisch

Tu be

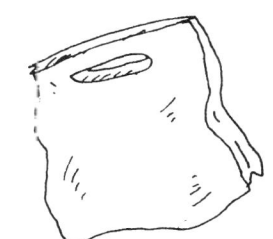

Tü te

Zug

Ka nu

Tür

Kä se

Li mo

Sei fe

Ig lu

Bär

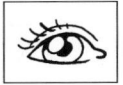 **Lies genau.**

 **Verbinde das Wort mit dem passenden Bild.**

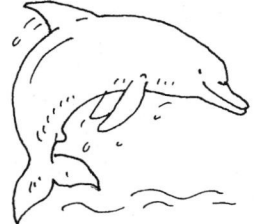

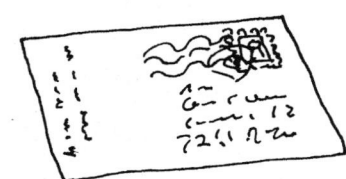

Heft

Arm

Am pel

Bank

Del fin

Fünf

Brett

Blü te

Brot

Brief

Ei mer

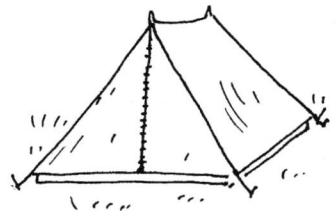

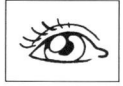 **Lies genau.**

 **Verbinde das Wort mit dem passenden Bild.**

| Geld |
| Ga bel |
| Hand |
| Geist |
| Holz |
| Kat ze |
| Kä fig |
| In sel |
| Kan ne |
| Kis te |
| Kas se |

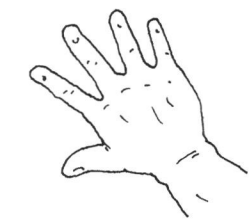

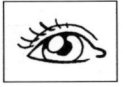 **Lies genau.**

 **Verbinde das Wort mit dem passenden Bild.**

| Korb |
| Ku chen |
| Lam pe |
| Kran |
| Lei ter |
| Mond |
| Löf fel |
| Sand |
| Mund |
| Pu del |
| Pin sel |

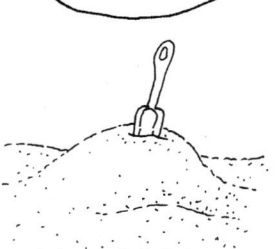

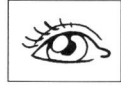 **Lies genau.**

 Verbinde das Wort mit dem passenden Bild.

| An gel |
| Bril le |
| Blät ter |
| Bürs te |
| Fla sche |
| Bre zel |
| Kof fer |
| Ker ze |
| En gel |
| Ei chel |
| Kir schen |

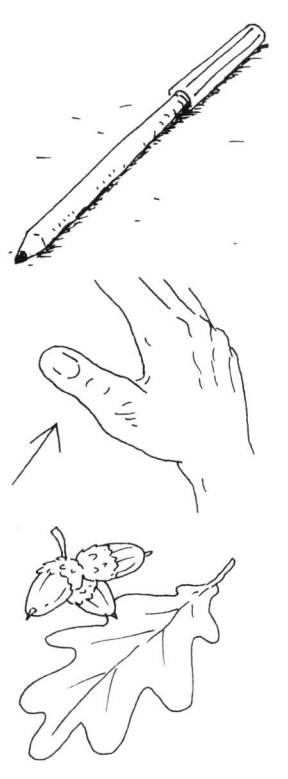

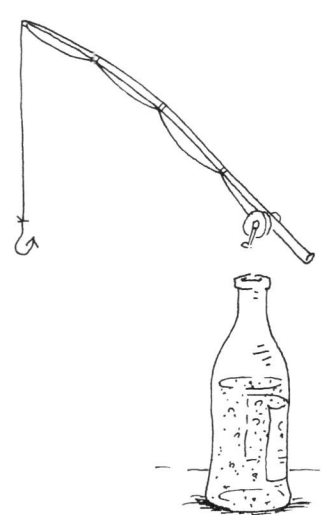

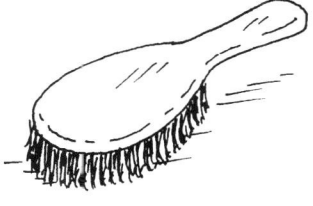

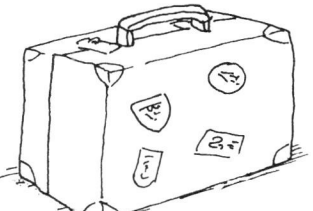

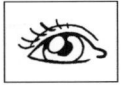 **Lies genau.**

 Verbinde das Wort mit dem passenden Bild.

Schlit ten

Wür fel

Ord ner

Kö nig

Trau ben

Wöl fe

Tep pich

Spin ne

Stem pel

Ze bra

Zir kus

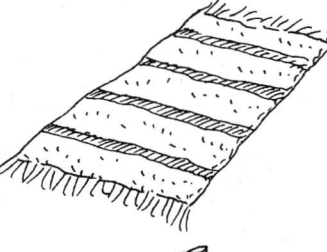

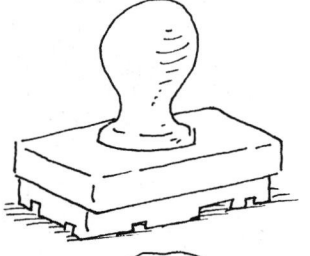

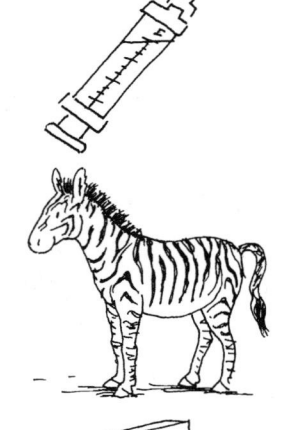

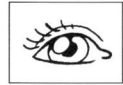 **Lies genau.**

 Verbinde das Wort mit dem passenden Bild.

Blei stift

Mons ter

Ge spenst

Vam pir

Erb sen

Müt ze

Vul kan

Nas horn

Fa brik

Strom mast

Sie ben

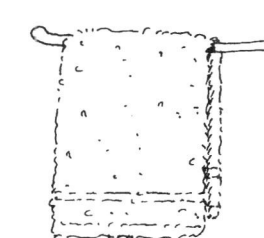

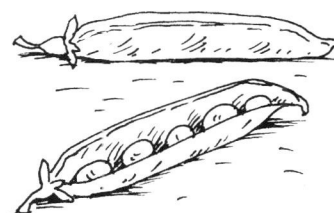

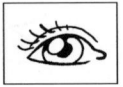 **Lies genau.**

 Verbinde das Wort mit dem passenden Bild.

Ba na ne

E le fant

A mei se

A na nas

Gi tar re

Gi raf fe

Re gen schirm

Li ne al

La ter ne

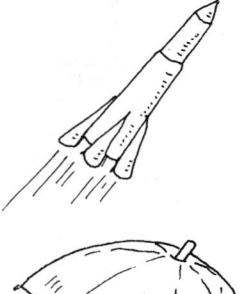

Ra ke te

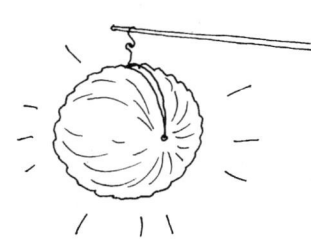

Pa pa gei

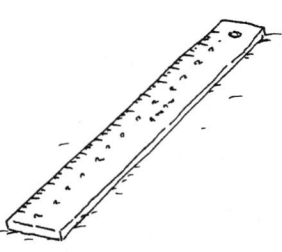

82

Katrin Wemmer: Sinnentnehmendes Lesen üben – Wortebene
© Persen Verlag

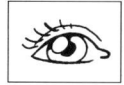 **Lies genau.**

 **Verbinde das Wort mit dem passenden Bild.**

| Te le fon |
| Fle der maus |
| Eich hörn chen |
| Pap ri ka |
| Zi tro ne |
| Tee kan ne |
| Zau be rer |
| Li bel le |
| Schild krö te |
| Re gen wurm |
| Brief kas ten |

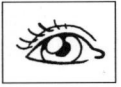 **Lies genau.**

 **Verbinde das Wort mit dem passenden Bild.**

Schul ta sche

Ar beits blatt

Kle be stift

Ba de wan ne

Fe der map pe

An ten ne

Bü gel ei sen

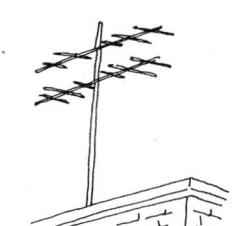

Farb kas ten

But ter keks

Schmet ter ling

Arm band uhr

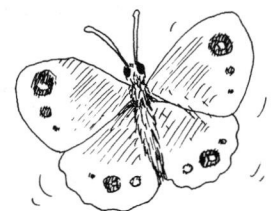

 **Lies genau.**

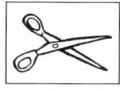 **Schneide die Silben aus.**

 **Klebe die richtige Silbe zum Bild.**

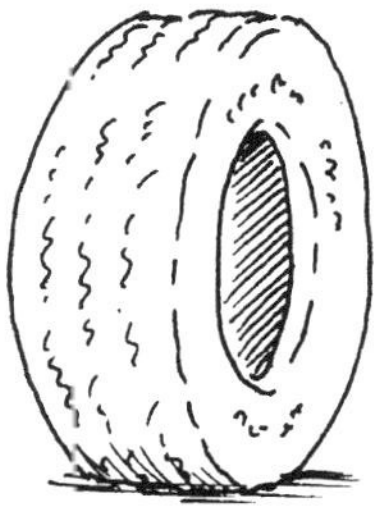

Pla	Ru	Hau	Tu
Ri	Mü	Pi	Flu
Ar	Hu	Lö	Rei

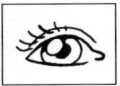 **Lies genau.**

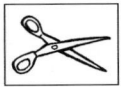 **Schneide die Silben aus.**

 **Klebe die richtige Silbe zum Bild.**

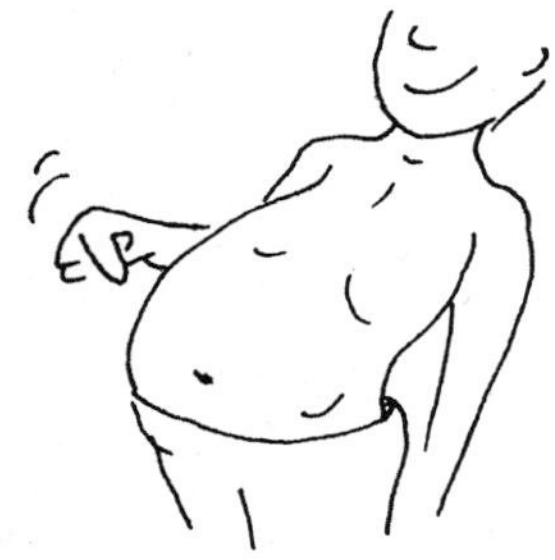

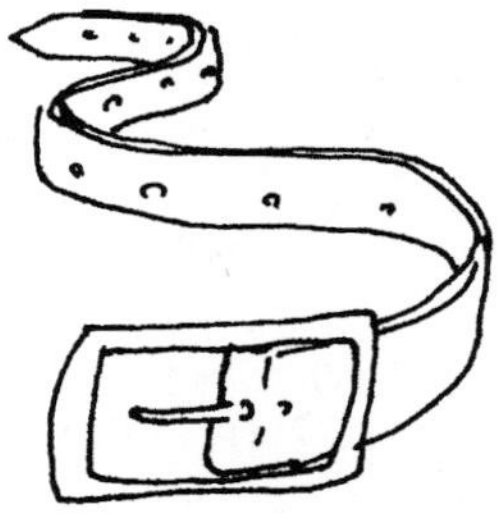

Bau	Tre	Da	Be
Ga	Fe	Gü	Ne
Na	Tro	Bü	Tü

 **Lies genau.**

 **Schneide die Wörter aus.**

 **Klebe das richtige Wort zum Bild.**

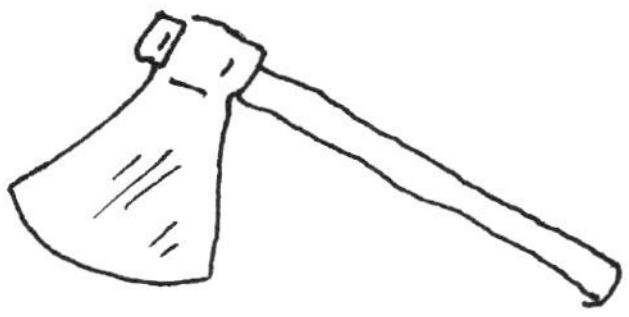

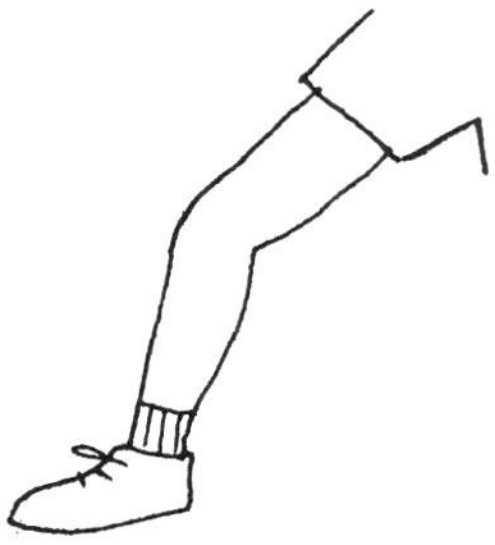

Ho se	Do se	Bett	Eis
Baum	Beil	Ha se	Di no
Ei	Bus	Bein	En te

 **Lies genau.**

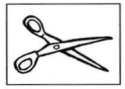 **Schneide die Wörter aus.**

 **Klebe das richtige Wort zum Bild.**

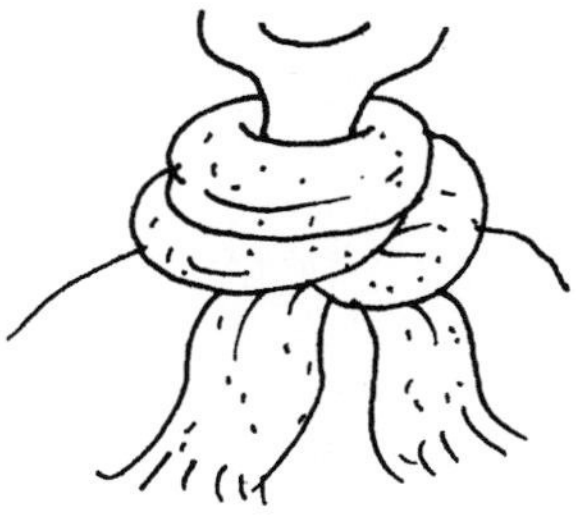

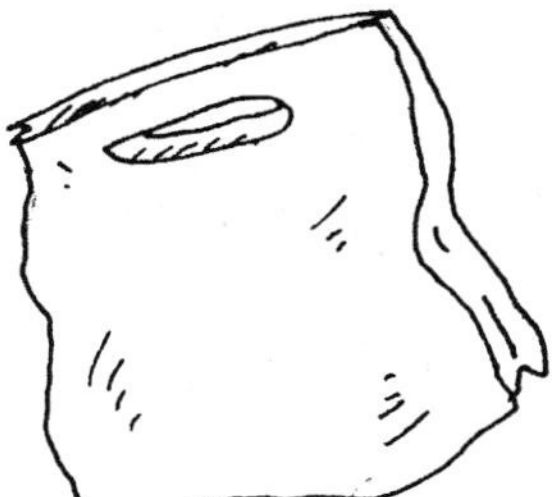

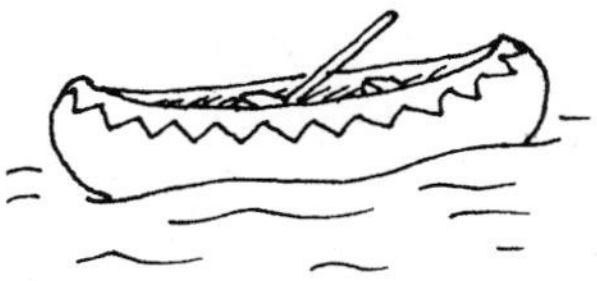

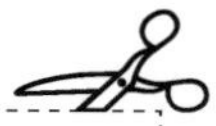

Ka nu	Mann	Hut	Klo
Schal	Schaf	Tü te	Maus
Tür	Ig lu	Tu be	Na se

88

 **Lies genau.**

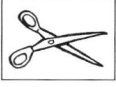 **Schneide die Wörter aus.**

 **Klebe das richtige Wort zum Bild.**

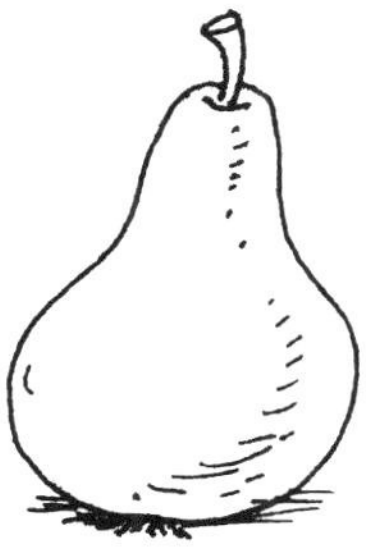

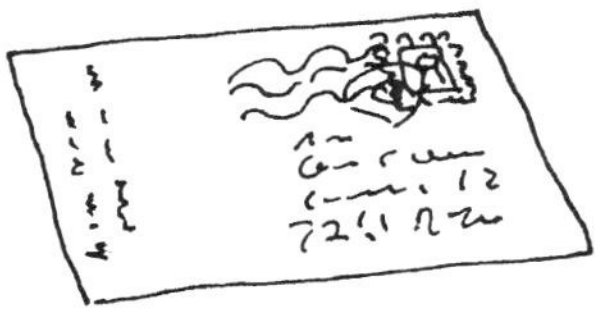

Ga bel	Bir ne	Del fin	Brief
Gei ge	Kleid	Brot	Bank
Geld	Heft	Brett	Geist

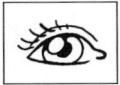 **Lies genau.**

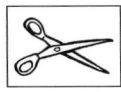 **Schneide die Wörter aus.**

 **Klebe das richtige Wort zum Bild.**

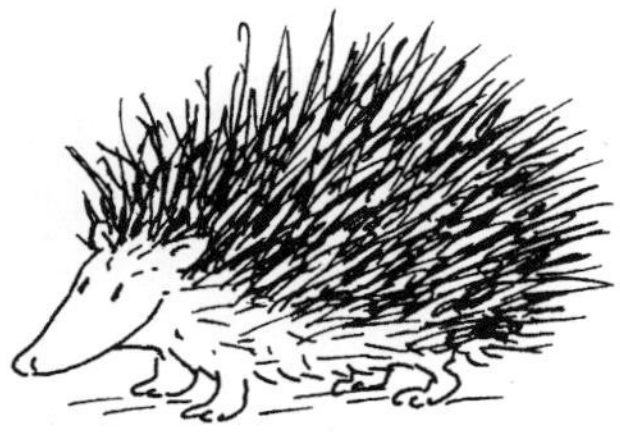

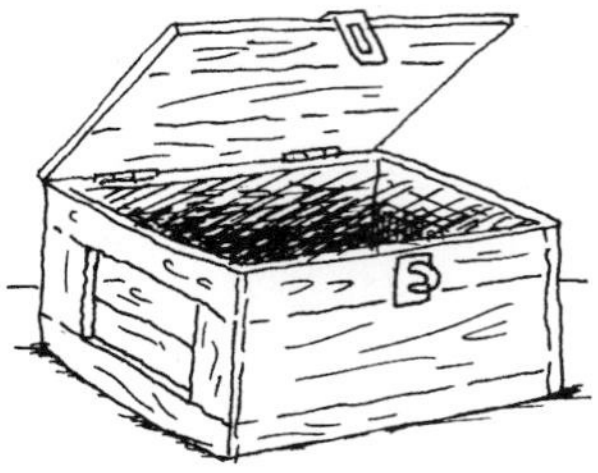

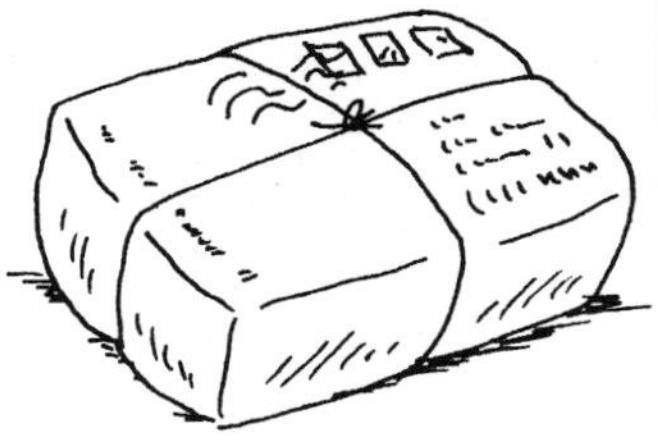

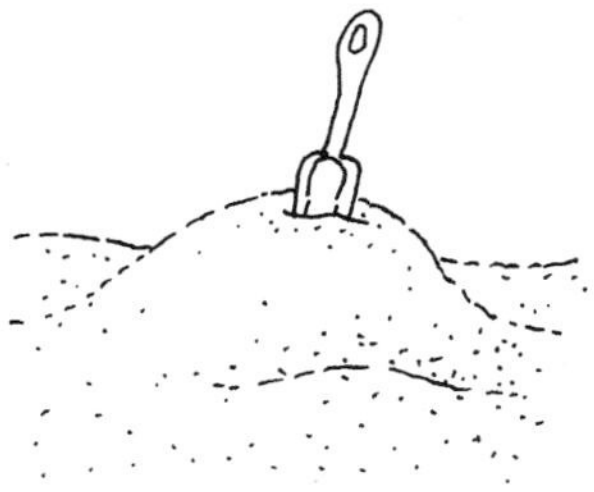

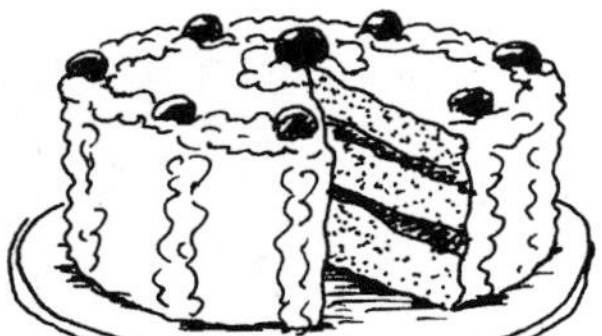

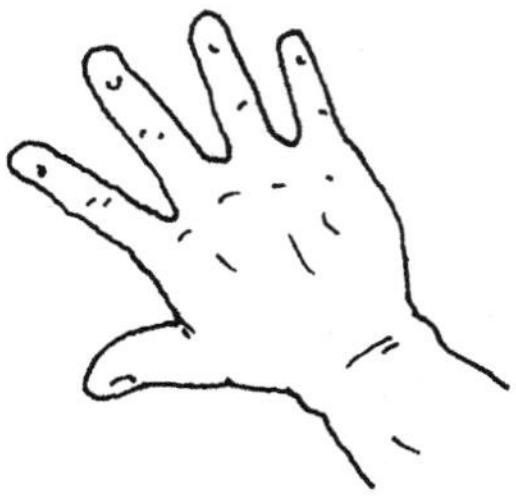

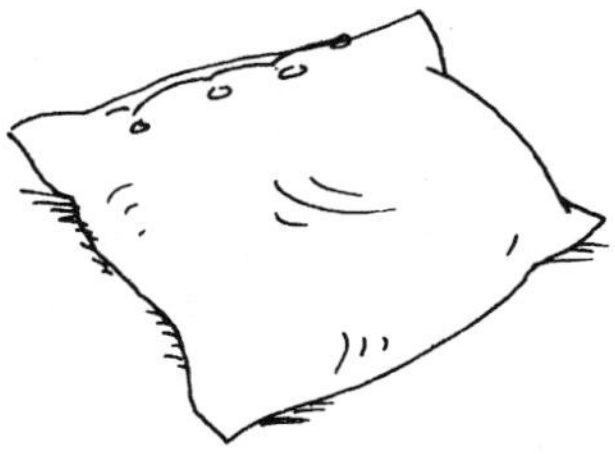

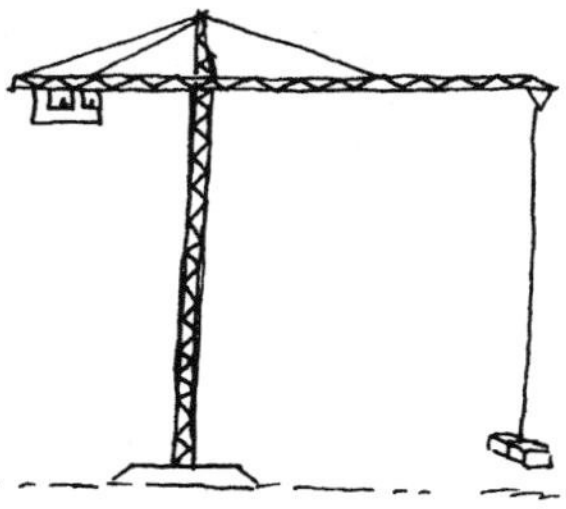

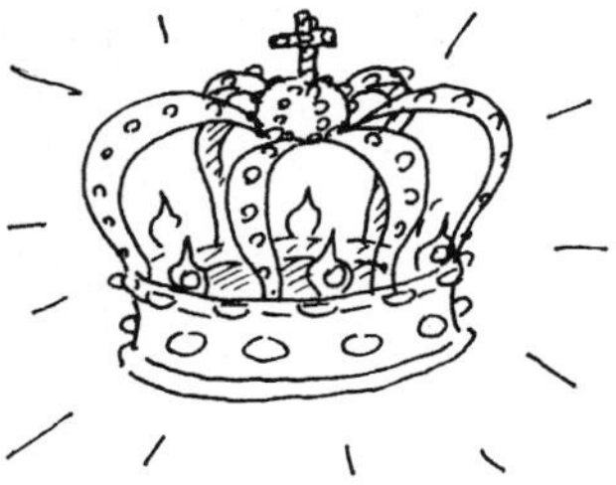

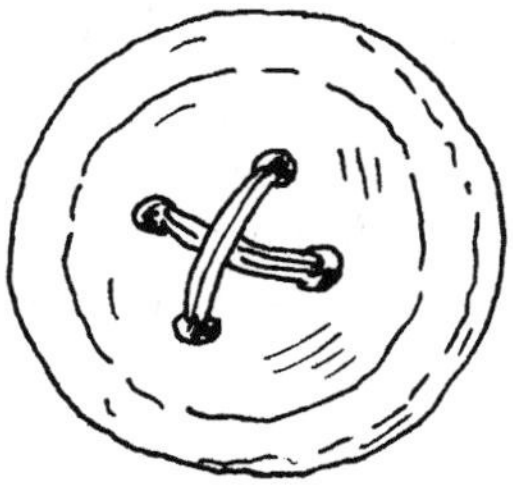

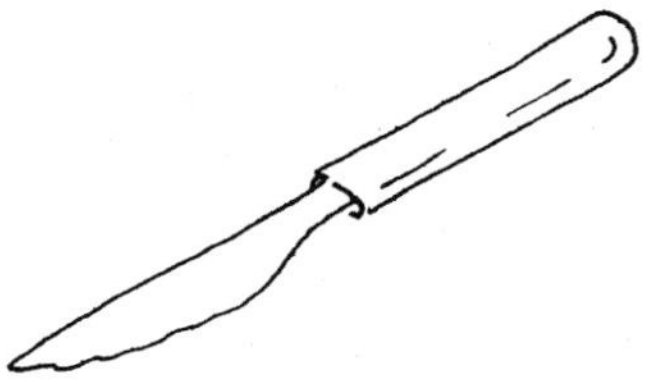

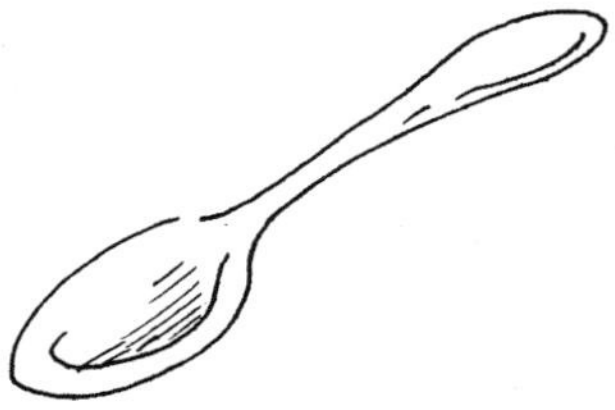

Kro ne	Hand	Pa ket	Knopf
Kis sen	Sand	Löf fel	Kran
Mes ser	Tor te	Kis te	I gel

 **Lies genau.**

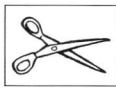 **Schneide die Wörter aus.**

 **Klebe das richtige Wort zum Bild.**

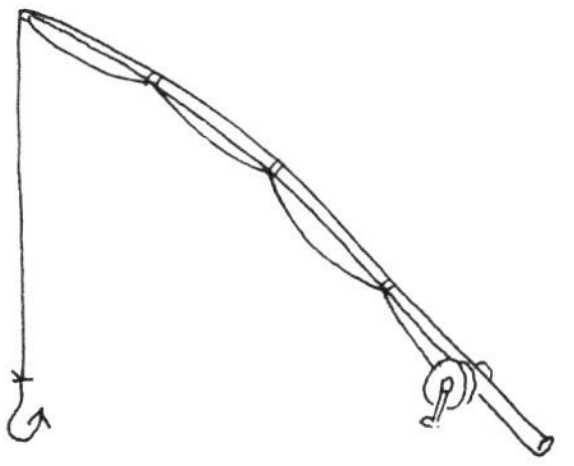

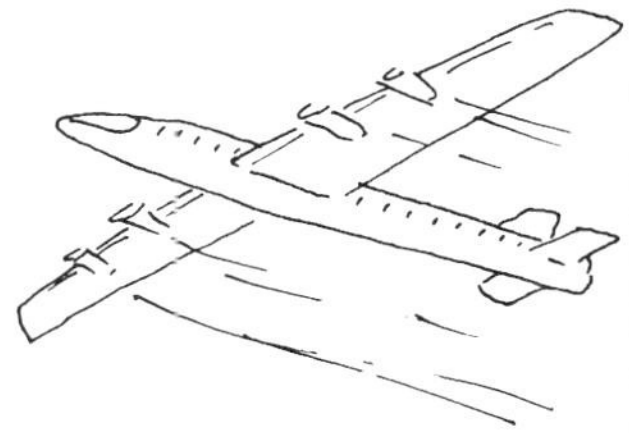

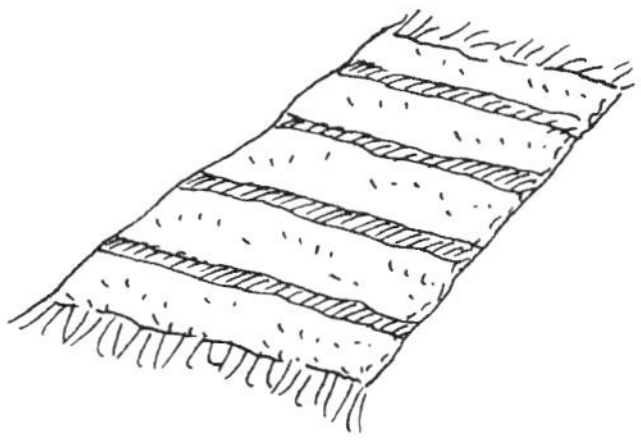

Tep pich	An gel	Schlit ten	Ord ner
Trau ben	Flug zeug	Gar ten	Flü gel
Dra che	Frö sche	Acht zehn	Schlüs sel

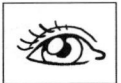 **Lies genau.**

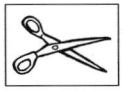 **Schneide die Wörter aus.**

 **Klebe das richtige Wort zum Bild.**

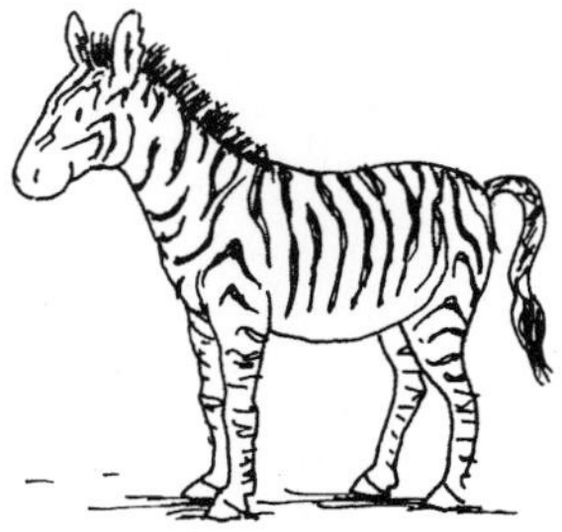

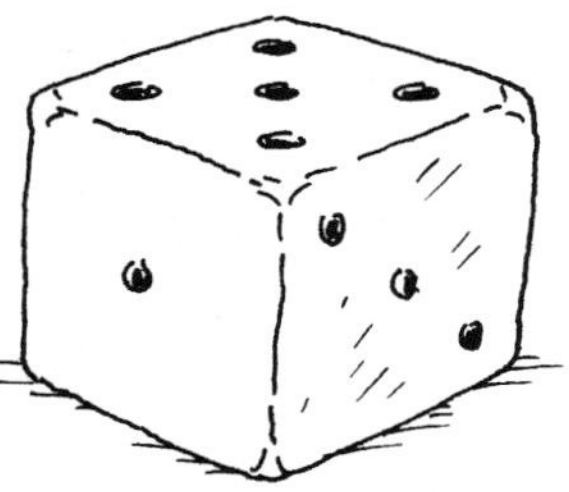

Stie fel	Ze bra	Erb sen	Spin ne
Vul kan	En gel	Mons ter	Bre zel
Wür fel	Wöl fe	Drei zehn	Zir kus

 **Lies genau.**

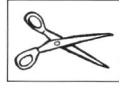 **Schneide die Wörter aus.**

 **Klebe das richtige Wort zum Bild.**

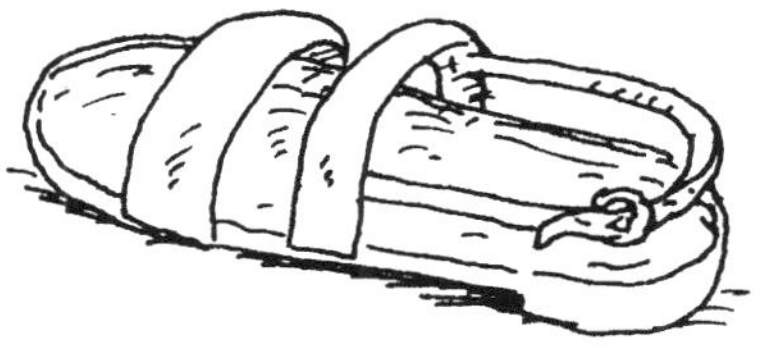

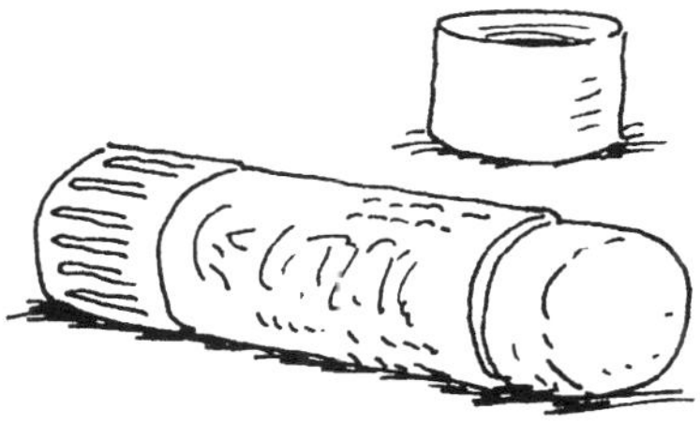

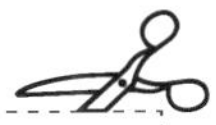

Zi tro ne	Tee kan ne	Re gen wurm
San da le	Mo tor rad	Pin gu in
Kän gu ru	Kle be stift	Pap ri ka

 **Lies genau.**

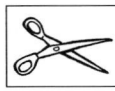 **Schneide die Wörter aus.**

 **Klebe das richtige Wort zum Bild.**

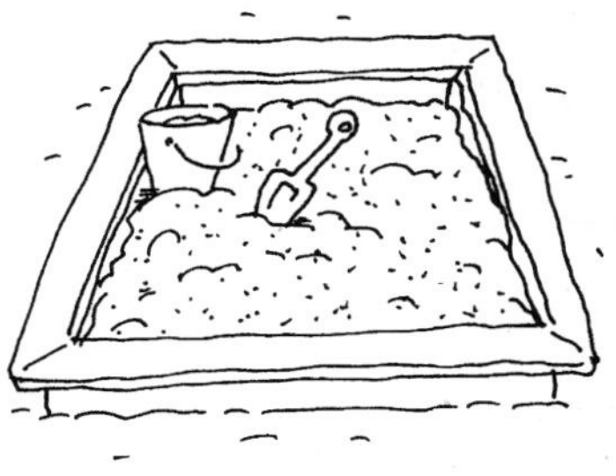

Sand kas ten	Gieß kan ne	A mei se
Lo ko mo ti ve	Zahn pas ta	Holz hüt te
Kin der bett	Go ril la	Bü gel ei sen

94

 **Lies genau.**

 **Finde die 3 falschen Wörter und kreise sie ein.**

Bus	Bus	Bus	Bus	Bus	Bus
Bus	Bus	Bos	Bus	Bus	Bus
Bus	Büs	Bus	Bus	Bas	Bus

Bett	Bett	Bett	Bett	Bott	Bett
Bett	Bett	Brett	Bett	Bett	Bett
Bett	Bett	Bett	Bett	Brett	Bett

Eis	Eis	Eis	Eis	Eis	Els	Eis
Eus	Eis	Eis	Eis	Eis	Eis	Eis
Eis	Eis	Eis	Efs	Eis	Eis	Eis

Ball	Boll	Ball	Ball	Ball	Ball
Ball	Ball	Ball	Boll	Ball	Ball
Ball	Ball	Ball	Ball	Ball	Boll

Baum	Beum	Baum	Baum	Baum
Baum	Buam	Beum	Baum	Baum
Baum	Baum	Baum	Baum	Baum

Katrin Wemmer: Sinnentnehmendes Lesen üben – Wortebene
© Persen Verlag

 **Lies genau.**

 **Finde die 3 falschen Wörter und kreise sie ein.**

Fisch	Fisch	Fisch	Füsch	Fisch
Flsch	Fisch	Fisch	Fisch	Fisch
Fisch	Fisch	Fesch	Fisch	Fisch

Bär	Bar	Bär	Bär	Bär	Bär
Bär	Bär	Bär	Bär	Bär	Bür
Bör	Bär	Bär	Bär	Bär	Bär

Schaf	Schaf	Schuf	Schaf	Schaf
Schaf	Schaf	Schaf	Schaf	Schof
Schaf	Schäf	Schaf	Schaf	Schaf

Haus	Haus	Haus	Heus	Haus
Huas	Haus	Haus	Haus	Haus
Haus	Haus	Haas	Haus	Haus

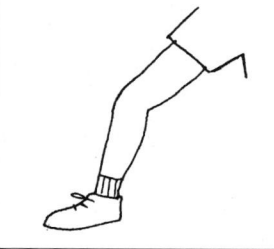

Bein	Beun	Bein	Bein	Bein	Bein
Bein	Bein	Ben	Bein	Bein	Bein
Bein	Bein	Bein	Ban	Bein	Bein

 **Lies genau.**

 Finde die **3** falschen Wörter und kreise sie ein.

Maus	Maus	Meus	Maus	Maus
Maus	Maus	Maas	Maus	Maus
Mous	Maus	Maus	Maus	Maus

Ticch	Tisch	Tisch	Tisch	Tisch
Tisch	Tisch	Tiech	Tisch	Tisch
Tisch	Tesch	Tisch	Tisch	Tisch

Wal	Wal	Wal	Wal	Wol	Wal
Wal	Wul	Wal	Wal	Wal	Wal
Wal	Wal	Wal	Wäl	Wal	Wal

Tor	Tor	Ton	Tor	Tor	Tor	Tor
Tür	Tor	Tor	Tor	Tor	Tor	Tor
Tor	Tor	Tor	Tor	Tor	Tor	Tar

Zaun	Zaun	Zaun	Zaun	Zeun
Zaum	Zaun	Zaun	Zaun	Zaun
Zaun	Zaun	Zahn	Zaun	Zaun

 **Lies genau.**

 Finde die **3** falschen Wörter und kreise sie ein.

	Arm Ann Arm Arm Arm Arm Arm Arm Aus Arm Arm Arm Arm Arm Arm Arm Aun Arm

	Fünf Fünf Fünf Fänf Fünf Fünf Fünf Fönf Fünf Fünf Fünf Fünf Fünf Funf Fünf

	Heft Heift Heft Heft Heft Heft Heft Heft Helt Heft Heft Heft Heft Haft Heft Heft Heft Heft

	Brief Brief Brief Brief Breif Brief Breuf Brief Brief Brief Brief Brief Brief Briel Brief

	Frosch Frasch Frosch Frosch Frauch Frosch Frosch Frosch Frosch Frosch Frisch Frosch

Katrin Wemmer: Sinnentnehmendes Lesen üben – Wortebene
© Persen Verlag

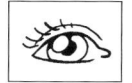 **Lies genau.**

 Finde die **3** falschen Wörter und kreise sie ein.

Blü te	Blü te	Blü te	Blü te
Blü te	Blö te	Blü te	Blu te
Blü te	Blie te	Blü te	Blü te

Ga bel	Go bel	Ga bel	Ga bel
Ga bel	Ga bil	Ga bel	Ga gel
Ga bel	Ga bel	Ga bel	Ga bel

Hand	Hund	Hand	Hand	Hand
Hand	Hand	Hond	Hand	Hand
Hand	Haut	Hand	Hand	Hand

In sel	In sol	In sel	In sel	In sel
In sel	In sel	Ir sel	In sel	In sel
In sel	In sel	In sel	In sil	In sel

Mund	Mond	Mund	Mund	Mund
Mund	Mund	Mond	Mund	Mund
Mund	Mund	Mund	Mund	Mond

Katrin Wemmer: Sinnentnehmendes Lesen üben – Wortebene
© Persen Verlag

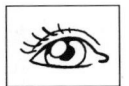 **Lies genau.**

 Finde die **3** falschen Wörter und kreise sie ein.

Hund	Hand	Hund	Hund	Hund
Hund	Hund	Hand	Hund	Hund
Hund	Hund	Hund	Hund	Hand

Korb	Korb	Korb	Kalb	Korb
Korb	Kalb	Korb	Korb	Korb
Korb	Korb	Korb	Kaub	Korb

Kis sen	Kis sen	Kis sen	Kis sen
Kis sen	Kin nen	Kie sen	Kis sen
Kis sen	Kis sen	Kis sen	Kis sei

Kat ze	Kat ne	Kat ze	Kat ze
Kat ze	Kat ze	Kot ze	Kat ze
Kat ze	Kut ze	Kat ze	Kat ze

Holz	Holz	Holz	Holz	Hals
Holz	Hals	Holz	Holz	Holz
Holz	Holz	Holz	Hals	Holz

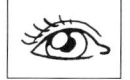 **Lies genau.**

 **Finde die 3 falschen Wörter und kreise sie ein.**

	Bürs te	Bürs te	Biirs te	Bürs te
	Bürs te	Bürs te	Bürs te	Börs te
	Bürs te	Bürs te	Bürs te	Bars te

	Ker ze	Kei ze	Ker ze	Ker ze
	Kor ze	Ker ze	Ker ze	Ker ze
	Ker ze	Ker ze	Kur ze	Ker ze

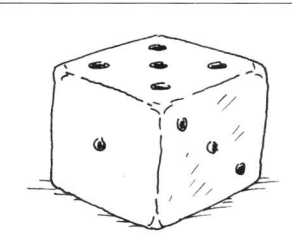	Wür fel	Wür fel	Wür fel	Wär fel
	Wür fel	Wür fel	Wor fel	Wür fel
	Wür fel	War fel	Wür fel	Wür fel

	Brei zel	Bre zel	Bre zel	Bre zel
	Bre zel	Bru zel	Bre zel	Bre zel
	Bre zel	Bre zel	Bre nel	Bre zel

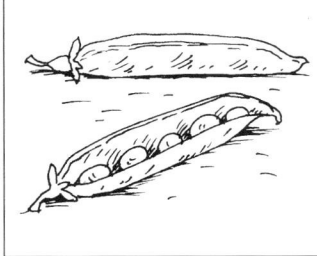	Erb sen	Enb sen	Erb sen	Erb sen
	Erb sen	Erb sen	Erb sen	Erb nen
	Erb sen	Erb sen	Erb een	Erb sen

Katrin Wemmer: Sinnentnehmendes Lesen üben – Wortebene
© Persen Verlag

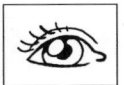 **Lies genau.**

 Finde die **3** falschen Wörter und kreise sie ein.

Gar ten	Gur ken	Gar ten	Gar ten
Gar ten	Gar ten	Ger ten	Gar ten
Gar ten	Gar ten	Gar ten	Gur ken

Müt ze	Mat ze	Müt ze	Müt ze
Müt ze	Müt ze	Meit ze	Müt ze
Müt ze	Müt ze	Müt ze	Mot ze

Ord ner	Ord ser	Ord ner	Ord ner
Ord ner	Ord ner	Oro ner	Ord ner
Ora uer	Ord ner	Ord ner	Ord ner

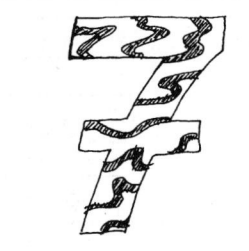

Sie ben	Sei ben	Sie ben	Sie ben
Sie ben	Sie ben	Sie den	Sie ben
Sie ben	Sie ben	Sel ben	Sie ben

Schna bel	Schau kel	Schna bel
Schna bel	Schna bel	Schnu del
Schna bel	Schna bel	Schna del

Katrin Wemmer: Sinnentnehmendes Lesen üben – Wortebene
© Persen Verlag

 **Lies genau.**

 **Wie geht das Wort weiter? Verbinde.**

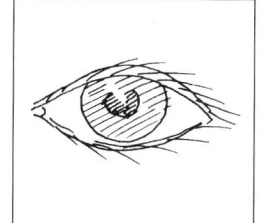 Au	to / gel / ge	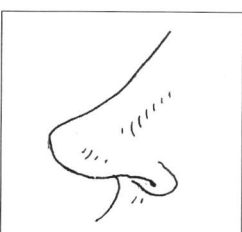 Na	ser / se / del
 Di	va / ner / no	 Ka	nu / ja / ner
 La	me / va / ma	 Au	sel / ge / to
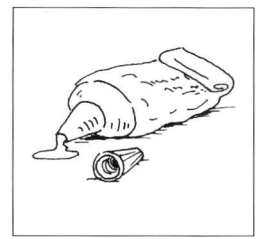 Tu	be / ba / bunt	 Mo	gel / fa / de
 Ha	ser / gel / se	 Sa	ler / lat / len
 Ro	se / ser / sel	 En	ter / tel / te

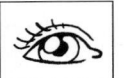 **Lies genau.**

 **Wie geht das Wort weiter? Verbinde.**

	Do	ne / se / seil		Ig	el / lu / len
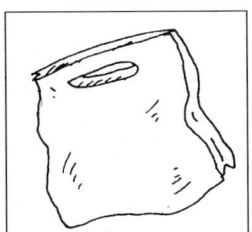	Tü	fer / cher / te		Eu	le / ro / gel
	Kä	fer / sel / se		Ho	se / sel / bel
	Ki	ka / wer / wi		Eu	ro / le / lo
	Li	mer / ma / mo		Lu	pe / se / ra
	Ti	te / pi / pen		Sei	le / de / fe

 **Lies genau.**

 Wie geht das Wort weiter? Verbinde.

	Am	pel / pen / per	 Na	se / del / gel
	Del	fan / ta / fin	 Man	tel / teil / ter
	Bir	ke / ma / ne	 Kro	kus / ne / nel
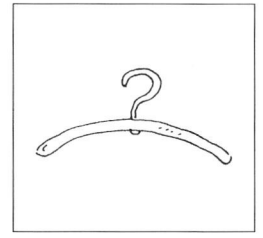	Bü	gel / cher / ro	 Lam	pe / ge / a
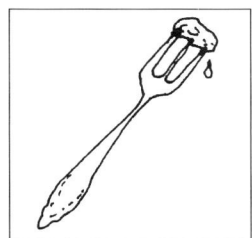	Ga	bei / bär / bel	 ba	den / ge / rer
	Kis	te / sen / seil	le	ger / sel / sen

Katrin Wemmer: Sinnentnehmendes Lesen üben – Wortebene
© Persen Verlag

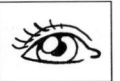 **Lies genau.**

 **Wie geht das Wort weiter? Verbinde.**

	Pa	keit / ste / ket	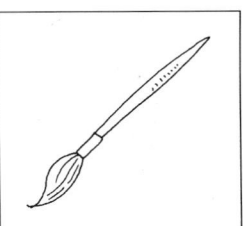	Pin	sel / ser / se
	Re	ger / gen / gut		Löf	fat / fit / fel
	Rau	ben / pest / pe		Ta	pe / fel / ge
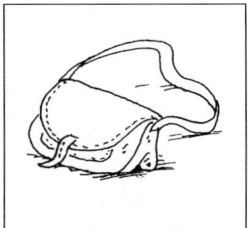	Ta	sche / che / ter		Ka	met / mei / mel
	Tel	list / lust / ler		Wol	ke / le / kel
	Teu	fen / fach / fel		Ti	gel / ger / gan

106

Katrin Wemmer: Sinnentnehmendes Lesen üben – Wortebene
© Persen Verlag

 **Lies genau.**

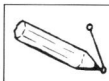 **Wie geht das Wort weiter? Verbinde.**

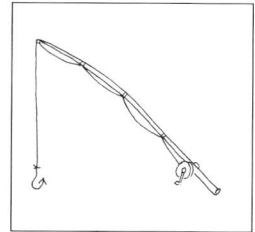 An
- gut
- gern
- gel

 Fla
- sche
- ser
- sch

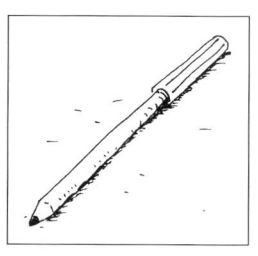 Filz
- stoff
- stern
- stift

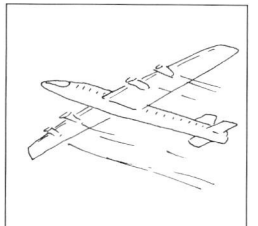 Flug
- zeit
- zeug
- zung

 En
- gel
- gern
- ge

 Dra
- che
- tig
- ch

 Flü
- ger
- mme
- gel

 Gar
- to
- ten
- tig

 Acht
- zig
- zahn
- zehn

 Kof
- fer
- fug
- fein

 Kir
- mes
- che
- sche

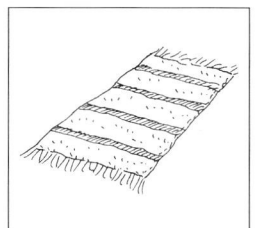 Tep
- pich
- per
- pus

Katrin Wemmer: Sinnentnehmendes Lesen üben – Wortebene
© Persen Verlag

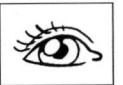 **Lies genau.**

 **Wie geht das Wort weiter? Verbinde.**

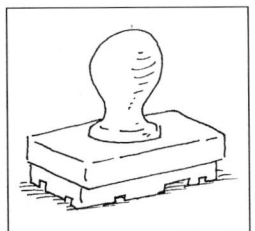	Stem	per / pen / pel	 Spin	gel / ne / ter
	Stie	fel / ger / ment	 Bre	zeit / zig / zel
	Blei	fest / stab / stift	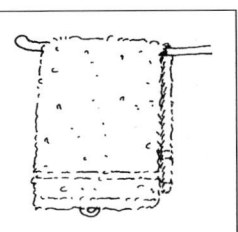 Hand	tuch / tau / ter
	Nas	horn / hut / hand	 rech	tig / nis / nen
	Ap	fein / fuß / fel	 Mons	ter / seil / se
	Vam	pir / pakt / puste	 Wöl	fuß / fe / fing

 **Lies genau.**

 **Wie geht das Wort weiter? Verbinde.**

 Re | gen | schön
| schen | schein
| gent | schirm

 Kro | kus | dank
| ger | dil
| ko | dir

 Mo | tank | rad
| tor | rot
| tür | rer

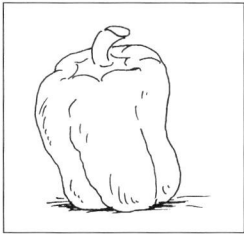 Pan | tof | fein
| tür | fang
| tor | fel

 Pap | rot | ka
| ri | ki
| reun | kes

Fle | gen | mann
| ge | maus
| der | mars

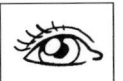 **Lies genau.**

 **Wie geht das Wort weiter? Verbinde.**

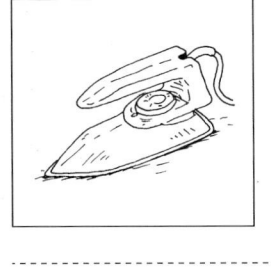	Ta	schen / sehr / schö	reich / rust / rech	nen / ner / neu
	Fe	gel / der / tüt	map / mo / mer	pel / fa / pe
	Bü	gen / ro / gel	seu / ei / au	sen / gen / ger
	Ba	de / gen / ler	wer / wan / won	se / ge / ne
	Kin	gu / der / die	wer / wu / wa	gen / len / ger
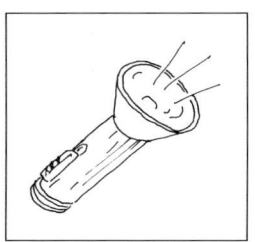	Ta	cher / gel / schen	lam / luft / sen	ge / pe / per

EinFach Deutsch

Unterrichtsmodell

Joseph von Eichendorff

Aus dem Leben eines Taugenichts

Von
Stefan Volk

Herausgegeben von
Johannes Diekhans

Baustein 4: Romantik (S. 84 – 101 im Modell)

4.1	Merkmale der Romantik	ges. Text S. 116 – 118 (Anhang) S. 123 (Anhang) S. 109 (Anhang) S. 6 S. 99	Textarbeit Tafelskizze
4.2	Sehnsucht und romantische Metaphorik	ges. Text S. 140 (Anhang) S. 10, S. 53 S. 5, S. 22, S. 27 S. 32 – 33	Textarbeit Tafelskizze Arbeitsblatt 9
4.3	Traumwelt	ges. Text S. 5, S. 29 – 30, S. 40 – 41 S. 45 – 46, S. 53, S. 56, S. 65 S. 81 S. 109 (Anhang)	Textarbeit Tafelskizze

Baustein 5: Parodie und Selbstironie (S. 102 – 116 im Modell)

5.1	Antibildungsroman	ges. Text	Tafelskizze Arbeitsblatt 10
5.2	Romantische Selbstironie	ges. Text S. 17, S. 69, S. 80 – 81 S. 95 S. 104 – 105 S. 98 S. 98 – 105	Textarbeit Tafelskizze Arbeitsblatt 11 Zusatzmaterial 5

Baustein 6: Rezeption und Verfassen einer Kritik (S. 117 – 125 im Modell)

6.1	Zwei Besprechungen	ges. Text S. 125 – 126 (Anhang) S. 129 – 132 (Anhang)	Textarbeit Tafelskizze
6.2	Eine eigene Rezension verfassen	ges. Text	Textarbeit Tafelskizze Schreibauftrag Arbeitsblatt 12
6.3	Podiumsdiskussion	ges. Text S. 124 – 132 (Anhang)	Textarbeit Szenisches Spiel

Baustein 1: Mögliche Einstiege (S. 21 – 29 im Modell)

1.1	Assoziationen zum Titel	Fotografien, Kurzfilm	Schreibauftrag
1.2	Erste Leseeindrücke	ges. Text	Arbeitsblatt 1
1.3	Bilder	ges. Text S. 91	Malauftrag
1.4	Kapitelüberschriften	ges. Text S. 5	Schreibauftrag
1.5	Standbild	ges. Text	Szenisches Spiel Rollenspiel Arbeitsblatt 2

Baustein 2: Figuren, Schauplätze, Handlungszeit (S. 30 – 64 im Modell)

2.1	Der „Taugenichts" und die Philister	ges. Text S. 5 S. 36 S. 8 S. 17	Textarbeit Tafelskizze Schreibauftrag Arbeitsblatt 3 Zusatzmaterial 1
2.2	Adel, Künstler, Studenten	ges. Text S. 25 – 26 S. 112 – 115 (Anhang) S. 94 – 95 S. 78 – 79	Textarbeit Tafelskizze Zusatzmaterial 2
2.3	Der „Taugenichts" und die „schöne Frau"	ges. Text S. 6 – 7, S. 9 S. 10, S. 64 S. 13 – 14 S. 25 – 26	Schreibauftrag Malauftrag Textarbeit Tafelskizze Arbeitsblatt 4
2.4	Der „Taugenichts" und das Glück	ges. Text S. 5, S. 76 – 77 S. 21 – 22 S. 8, S. 35	Textarbeit Tafelskizze Schreibauftrag Malauftrag Projekt Zusatzmaterial 3
2.5	Symbolische Schauplätze	ges. Text S. 6 – 7 S. 63 S. 20 – 22, S. 22 – 25 S. 15	Textarbeit Tafelskizze Arbeitsblatt 5
2.6	Symbolische Tageszeiten	ges. Text S. 63 – 71	Textarbeit Tafelskizze

Baustein 3: Erzählaufbau, Erzähltechnik und die Frage der Gattung (S. 65 – 83 im Modell)

3.1	Gliederung und Handlungsverlauf	ges. Text	Tafelskizze Arbeitsblatt 6
3.2	Erzähltechnik	ges. Text S. 52 S. 44, S. 91	Textarbeit Tafelskizze Schreibauftrag Arbeitsblatt 7
3.3	Lieder	ges. Text S. 6 S. 94 – 95 S. 66	Textarbeit Tafelskizze
3.4	Gattungsbestimmung: Märchen, Novelle, Roman?	ges. Text	Tafelskizze Arbeitsblatt 8

Bildnachweis:

|akg-images GmbH, Berlin: 116, 126, 130, 135. |alamy images, Abingdon/Oxfordshire: Art Collection 4 135. |fotolia.com, New York: pdesign 28, 28. |Goethezeitportal - www.goethezeitportal.de, München: 71. |Houba-Hausherr, Mauga, Krefeld: 9. |Picture-Alliance GmbH, Frankfurt/M.: dpa 133. |stock.adobe.com, Dublin: Iantapix 28. |ullstein bild, Berlin: 128.

westermann GRUPPE

© 2018 Bildungshaus Schulbuchverlage Westermann Schroedel Diesterweg Schöningh Winklers GmbH, Georg-Westermann-Allee 66, 38104 Braunschweig
www.westermann.de

Das Werk und seine Teile sind urheberrechtlich geschützt. Jede Nutzung in anderen als den gesetzlich zugelassenen bzw. vertraglich zugestandenen Fällen bedarf der vorherigen schriftlichen Einwilligung des Verlages. Nähere Informationen zur vertraglich gestatteten Anzahl von Kopien finden Sie auf www.schulbuchkopie.de.

Für Verweise (Links) auf Internet-Adressen gilt folgender Haftungshinweis: Trotz sorgfältiger inhaltlicher Kontrolle wird die Haftung für die Inhalte der externen Seiten ausgeschlossen. Für den Inhalt dieser externen Seiten sind ausschließlich deren Betreiber verantwortlich. Sollten Sie daher auf kostenpflichtige, illegale oder anstößige Inhalte treffen, so bedauern wir dies ausdrücklich und bitten Sie, uns umgehend per E-Mail davon in Kenntnis zu setzen, damit beim Nachdruck der Verweis gelöscht wird.

Bei der Übernahme von Werkteilen (Grafiken) aus den Arbeitsblättern sind Sie verpflichtet, das Namensnennungsrecht des Urhebers zu beachten und die Namensnennung in ein neues Arbeitsblatt mit einzufügen. Unterlassungen dieser Verpflichtung stellen einen urheberrechtlichen Verstoß dar, der zu urheberrechtlichen Schadensersatzansprüchen führen kann.

Druck A^2 / Jahr 2022
Alle Drucke der Serie A sind im Unterricht parallel verwendbar.

Umschlaggestaltung: Jennifer Kirchhof
Druck und Bindung: Westermann Druck GmbH, Georg-Westermann-Allee 66, 38104 Braunschweig

ISBN 978-3-14-**022697**-4

Vorwort

Der vorliegende Band ist Teil einer Reihe, die Lehrerinnen und Lehrern erprobte und an den Bedürfnissen der Schulpraxis orientierte Unterrichtsmodelle zu ausgewählten Ganzschriften und weiteren relevanten Themen des Faches Deutsch bietet.
Im Mittelpunkt der Modelle stehen Bausteine, die jeweils thematische Schwerpunkte mit entsprechenden Untergliederungen beinhalten.
In übersichtlich gestalteter Form erhält der Benutzer/die Benutzerin zunächst einen Überblick zu den im Modell ausführlich behandelten Bausteinen.

Es folgen:

- Hinweise zu den Handlungsträgern
- Zusammenfassung des Inhalts und der Handlungsstruktur
- Vorüberlegungen zum Einsatz des Textes im Unterricht
- Hinweise zur Konzeption des Modells
- Ausführliche Darstellung der einzelnen Bausteine
- Zusatzmaterialien

Ein besonderes Merkmal der Unterrichtsmodelle ist die Praxisorientierung. Enthalten sind kopierfähige Arbeitsblätter, Vorschläge für Klassen- und Kursarbeiten, Tafelbilder, konkrete Arbeitsaufträge, Projektvorschläge. Handlungsorientierte Methoden sind in gleicher Weise berücksichtigt wie eher traditionelle Verfahren der Texterschließung und -bearbeitung.
Das Bausteinprinzip ermöglicht es dabei den Benutzern, Unterrichtsreihen in unterschiedlicher Weise und mit unterschiedlichen thematischen Akzentuierungen zu konzipieren. Auf diese Weise erleichtern die Modelle die Unterrichtsvorbereitung und tragen zu einer Entlastung der Benutzer bei.

Das vorliegende Modell bezieht sich auf folgende Textausgabe:
Joseph von Eichendorff: Aus dem Leben eines Taugenichts. Braunschweig: Bildungshaus Schulbuchverlage Westermann Schroedel Diesterweg Schöningh Winklers ^{14}2018 (= Reihe Textausgaben EinFach Deutsch). ISBN: 978-3-14-022366-9.

 Arbeitsfrage

 Einzelarbeit

 Partnerarbeit

 Gruppenarbeit

 Unterrichtsgespräch

 Schreibauftrag

 szenisches Spiel, Rollenspiel

 Mal- und Zeichenauftrag

 Bastelauftrag

 Projekt, offene Aufgabe

Inhaltsverzeichnis

1. **Die Figuren** 10

2. **Der Inhalt** 15

3. **Vorüberlegungen zum Einsatz des Textes im Unterricht** 17

4. **Konzeption des Unterrichtsmodells** 19

5. **Die thematischen Bausteine des Unterrichtsmodells** 21

    Baustein 1: Mögliche Einstiege 21
    1.1 Assoziationen zum Titel 21
    1.2 Erste Leseeindrücke 23
    1.3 Bilder 24
    1.4 Kapitelüberschriften 25
    1.5 Standbild 25
    Arbeitsblatt 1: Erste Leseeindrücke 28
    Arbeitsblatt 2: Standbildbauen – das Verhältnis der einzelnen Figuren zum „Taugenichts" und zueinander 29

    Baustein 2: Figuren, Schauplätze, Handlungszeit 30
    2.1 Der „Taugenichts" und die Philister 30
    2.2 Adel, Künstler, Studenten 36
    2.3 Der „Taugenichts" und die „schöne Frau" 40
    2.4 Der „Taugenichts" und das Glück 47
    2.5 Symbolische Schauplätze 52
    2.6 Symbolische Tageszeiten 57
    Arbeitsblatt 3: Der Gegensatz von „Taugenichts" und Philister 60
    Arbeitsblatt 4: Die „schöne Frau" 61
    Arbeitsblatt 5: Der Garten als Sinnbild 63

    Baustein 3: Erzählaufbau, Erzähltechnik und die Frage der Gattung 65
    3.1 Gliederung und Handlungsverlauf 65
    3.2 Erzähltechnik 67
    3.3 Lieder 70
    3.4 Gattungsbestimmung: Märchen, Novelle, Roman? 74
    Arbeitsblatt 6: Handlungsverlauf (+ Lösung) 78
    Arbeitsblatt 7: Grundbegriffe der Erzähltechnik 80
    Arbeitsblatt 8 a/b Gattungsbestimmung 82

    Baustein 4: Romantik 84
    4.1 Merkmale der Romantik 84
    4.2 Sehnsucht und romantische Metaphorik 89
    4.3 Traumwelt 97
    Arbeitsblatt 9: Romantische Sehnsuchts-Metaphorik (+ Lösung) 100

Baustein 5: Parodie und Selbstironie 102
5.1 Antibildungsroman 102
5.2 Romantische Selbstironie 104
Arbeitsblatt 10: Bildungsroman (+ Lösung) 113
Arbeitsblatt 11: Joseph von Eichendorff: „Die zwei Gesellen" (1818) 116

Baustein 6: Rezeption und Verfassen einer Kritik 117
6.1 Zwei Besprechungen von Eichendorffs Werk „Aus dem Leben eines Taugenichts" 118
6.2 Eine eigene Rezension verfassen 120
6.3 Podiumsdiskussion 122
Arbeitsblatt 12: Wie schreibt man eine Rezension? 124

6. Zusatzmaterialien 126
Z 1: Schilderung eines Musterphilisters 126
Z 2: Der Wiener Kongress und seine gesellschaftlichen Folgen 128
Z 3: Hans im Glück 130
Z 4: Das Land, wo die Zitronen blühn 133
Z 5: Wir winden dir den Jungfernkranz 135
Z 6: Klausurvorschlag mit Bewertungsbogen 136
Z 7: Weitere Klausurvorschläge und mögliche Facharbeitsthemen 142

Aus dem Leben eines Taugenichts

(Mauga Houba-Hausherr)

„Ich aber hatte mich unterdes ganz vorn auf die Spitze des Schiffes gesetzt, ließ vergnügt meine Beine über dem Wasser herunterbaumeln und blickte, während das Schiff so fortflog und die Wellen unter mir rauschten und schäumten, immerfort in die blaue Ferne, wie da ein Turm und ein Schloss nach dem andern aus dem Ufergrün hervorkam, wuchs und wuchs und endlich hinter uns wieder verschwand. Wenn ich nur *heute* Flügel hätte!, dachte ich und zog endlich vor Ungeduld meine liebe Violine hervor und spielte alle meine ältesten Stücke durch, die ich noch zu Hause und auf dem Schloss der schönen Frau gelernt hatte."

Joseph von Eichendorff: Aus dem Leben eines Taugenichts, Paderborn: Schöningh Verlag ¹⁴2018, S. 91, Z. 14–24

Die Figuren

Die Figuren

Der Ich-Erzähler „Taugenichts": Er ist ein junger, romantisch veranlagter Träumer, der bei der Mühle seines Vaters müßig in den Tag hinein lebt (vgl. S. 5). Als Heranwachsender befindet er sich an der Schwelle zum Erwachsenwerden (vgl. S. 51, Z. 36). Deshalb, meint sein Vater, sei es nun an der Zeit, dass er auf Wanderschaft gehe und selbst für seinen Lebensunterhalt aufkomme. Seine Mutter ist bereits verstorben (vgl. S. 36). Während sein Vater das Dasein eines arbeitsamen Müllers führt, scheint der „Taugenichts" seinen Hang zur Fantasie und Poesie von der Mutter zu haben (vgl. S. 36).

Auf seiner Reise lässt sich der „Taugenichts" planlos treiben. Zufälle und Missverständnisse bestimmen seinen Weg. Zwar musiziert er viel mit seiner Geige und singt, meist jedoch aus einem spontanen Impuls heraus, um seiner jeweiligen Stimmung Ausdruck zu verleihen. Künstlerische Ambitionen hegt er nicht. Wie ein Vogel klettert er auf Bäume und lebt von Moment zu Moment. Dabei zeigt er ein oftmals naiv anmutendes Gottvertrauen, das ihn zugleich als einen romantischen Charakter ausweist; an der Grenze zur Karikatur. Er romantisiert Natur und Wirklichkeit, wodurch er immer wieder den Bezug zur Realität verliert. Er steigert sich in abenteuerliche Fantasien hinein, was sich im Laufe seiner Reise in zahlreichen Missverständnissen und Verwechslungen niederschlägt.

So hält er Aurelie, in die er sich im Schloss in Wien verliebt, fälschlicherweise für eine Adlige und nimmt an, sie sei bereits verheiratet. Anstatt rationale Nachforschungen anzustellen, reagiert er impulsiv und emotional und reist nach Italien ab.

Die Liebe zur „schönen Frau" entwickelt sich schnell zum entscheidenden Handlungsimpuls des „Taugenichts". Es ist eine zutiefst romantische Liebe, die dem Ich-Erzähler aufgrund des vermuteten Standesunterschiedes zunächst unerfüllbar erscheint. Die „schöne gnädige Frau" wird zum Zielpunkt romantischer Sehnsucht.

Trotz seiner romantischen Ader verhält sich der „Taugenichts" bisweilen wie ein komischer, tölpelhafter Schürzenjäger (vgl. S. 21). Dass er es mit der sittlichen Moral nicht allzu genau nimmt, lässt sich bereits erahnen, als er im Hinblick auf die beiden Frauen, die ihn zu Beginn seiner Reise in der Kutsche mitnehmen, bemerkt: „eigentlich gefielen sie mir alle beide" (S. 6, Z. 24). Auch das hübsche Dorfmädchen würde er am liebsten gleich küssen (vgl. S. 33, Z. 21 ff.).

Zudem weist er einen Hang zur Bequemlichkeit auf, der ihn auch für ein Dasein als Philister empfänglich macht. So findet er im Wiener Schloss durchaus Gefallen an der ihm zugewiesenen Stelle des Zolleinnehmers (vgl. S. 16).

Am Ende weist die bevorstehende Hochzeit mit der Nichte des Portiers in eine Zukunft als Philister. Der „Taugenichts" träumt jedoch lieber von einer romantischen Hochzeitsreise nach Italien. Welchen Weg er einschlagen wird, bleibt offen.

Die „schöne Frau" Aurelie: Sie fungiert über weite Strecken der Geschichte als Projektionsfläche des Ich-Erzählers. Dieser hält sie, seit er ihr das erste Mal in der herrschaftlichen Kutsche begegnet ist (vgl. S. 6), für die junge Gräfin des Wiener Schlosses. Aurelie ist jung und hübsch. Ihre weiße Haut (vgl. S. 11) und die weiße Kleidung (vgl. S. 25) versinnbildlichen einerseits ihre Unschuld, stehen andererseits jedoch auch symbolisch für den sehnsuchtsvollen Blick des „Taugenichts", der sie für eine vornehme Adlige hält und wie einen Engel bzw. eine Mariengestalt verehrt. Lange erscheint sie als eine Art namenlose weiße Leinwand, auf die der Ich-Erzähler seine romantischen Vorstellungen projiziert.

Erst als der „Taugenichts" im alten Schloss in den Bergen einen Brief von ihr liest, den sie mit Aurelie unterzeichnet hat, erfährt der Leser ihren Namen (vgl. S. 57). Doch auch danach bleibt sie zunächst weiterhin identitätslos. Der Ich-Erzähler spricht von ihr lediglich als der „schönen gnädigen Frau". In seiner Fantasie ist sie damit im Grunde austauschbar. Bei den wenigen tatsächlichen Begegnungen zwischen den beiden bleibt sie meist stumm, schlägt schüchtern die Augen nieder und weicht seinem Blick aus. Morgens, wenn sie sich ungestört glaubt, spielt sie gerne am offenen Fenster Gitarre (vgl. S. 10f.). Mit diesem Verhalten offenbart auch Aurelie ungestillte Sehnsüchte. Ihre romantischen Neigungen zeigen sich nicht zuletzt darin, dass sie sich in den „Taugenichts" verliebt.

Obwohl also auch Aurelie romantische Charakterzüge aufweist, ist sie keineswegs eine romantische Natur. Wie sich gegen Ende der Geschichte herausstellt, ist sie die Nichte des Portiers und wurde von der Gräfin gleichermaßen als Pflegetochter und Kammerzofe im Schloss aufgenommen. Mit ihrem Onkel verbindet sie eine pragmatische Lebenseinstellung. Anders als in der sehnsuchtsvollen Fantasie des Ich-Erzählers tritt Aurelie am Ende als reale Figur durchaus wortgewandt, resolut und selbstbewusst auf (vgl. S. 103ff.). Sie verfolgt einen klaren Plan, denkt rational und wirkt bodenständig. Ihre Zukunftsvorstellung vom Leben im benachbarten „Schlösschen" (S. 104, Z. 19) ist durch den Diminutiv bereits formal als Philistertraum gekennzeichnet. Noch vor ihrer Hochzeit versucht sie, den „Taugenichts" auf Philisterlinie zu bringen. Sie macht ihm Vorschriften bezüglich seines Verhaltens und seiner Kleidung (vgl. S. 105). Ihre Ansichten sind weitgehend deckungsgleich mit denjenigen ihres Onkels. Die Romantik reduziert sich bei ihr zuletzt nur noch auf eine glänzende Verpackung ihrer materiellen (Philister-)Wünsche: „das weiße Schlösschen, das da drüben im Mondschein glänzt" (S. 104, Z. 19f.).

Der Portier, der Gärtner und der Zolleinnehmer: Sie treten in Eichendorffs Geschichte als typische **Philister** in Erscheinung. Das lässt sich bereits daran erkennen, dass sie nie mit Namen, sondern stets nur mit ihrer Berufsbezeichnung erwähnt werden. Beruf und Anstellung verleihen diesen arbeitsamen, pflichtbewussten Bürgern eine austauschbare Identität. Sie treten nicht als Individuen, sondern lediglich als Funktionsträger auf. Auch der Vater des „Taugenichts", der sich als Müller seinen Lebensunterhalt verdient, gehört zu dieser Figurengruppe, die zu Beginn der Geschichte einen Gegenpol zum „Taugenichts" bildet, der als müßiggängerischer Romantiker in die weite Welt hinauszieht, um am Ende dann doch in den Armen der Nichte des Portiers zu landen.

„Schlafrock und Schlafmütze" (S. 16, Z. 11; vgl. u. a. auch S. 5), Pantoffeln, Tabak und Pfeife (vgl. S. 16f.) sind ebenso wie das „Bänkchen" (vgl. u. a. ebd.) typische Utensilien dieser Philister. Auch der gepflegte Nutzgarten, das „Gärtchen" (S. 16, Z. 30), ist Teil dieser auf Behaglichkeit, Gemütlichkeit sowie Nützlichkeit und Pflichtbewusstsein ausgerichteten kleinen, angepassten Lebenswelt, von der sich der „Taugenichts" je nach Stimmungslage angezogen oder abgestoßen fühlt (vgl. S. 16 f.).

In der Beziehung zum Portier spiegelt sich zugleich der zwiespältige Charakter des „Taugenichts" wider, der den Portier einerseits als seinen „intime[n] Freund" (S. 16, Z. 34) bezeichnet, andererseits aber wütend fortjagt, als dieser seiner romantisierenden Weltsicht widerspricht (vgl. S. 17).

Die Kammerzofen: Sie bilden gemeinsam mit den Gräfinnen die wichtigsten Frauenfiguren in dem Text. Wie auch die männlichen Philisterfiguren bleiben sie als individuelle Persönlichkeiten vage, namenlos und austauschbar. Die Wiener Kammerzofe, die später in den Dienst der römischen Gräfin wechselt, agiert als resolute, raffinierte, mal neckische, mal schnippische Kupplerin (vgl. S. 21 ff., S. 81 ff.). Sowohl die Kammerzofe als auch die älteren Gräfinnen, in deren Dienst sie steht, erscheinen als burleske, komisch-intrigante Figuren im Stile einer Verwechslungskomödie.

Die Rolle als Kupplerin ist insofern charakteristisch für die Figur der Kammerzofe, als diese bei Eichendorff eine Mittlerin und Grenzgängerin zwischen adliger und bürgerlicher Sphäre darstellt. So entpuppt sich Aurelie, die der „Taugenichts" für eine Gräfin hält, am Ende als Kammerjungfer.

Ähnlich wie bei den adligen Damen, bei denen den lüsternen Gräfinnen in Wien und Rom die junge Gräfin Flora als Idealbild entgegengestellt wird, lassen sich auch bei den Kammerzofen moralisch eher zweifelhafte und vorbildliche Vertreterinnen unterscheiden. Der spätromantische Gegensatz von der bedrohlichen Venus-Frau und der überhöhten Marienfigur wird bei diesen Nebenfiguren variiert. Im Gegensatz zur kupplerischen Kammerzofe in Wien bzw. Rom werden Aurelie und die Kammerzofe auf dem Schiff (vgl. S. 90 ff.) sittsam und keusch gezeichnet. Ihre innere Vornehmheit spiegelt sich in ihrem „hübschen" (S. 90, Z. 25) Aussehen wider. Wie Aurelie hat auch das Mädchen auf dem Schiff, das seine erste Stelle am Schloss in Wien antritt, als (noch) unschuldiger Charakter weiße Haut (vgl. S. 90, Z. 32) und schlägt in Gegenwart des „Taugenichts" stets verlegen und schamvoll die Augen nieder (vgl. S. 90 f.). Entsprechend ließe sie sich auch als Alter Ego Aurelies beschreiben. Das verschämte Niederschlagen der Augen steht als Reaktion auf die Annäherungsversuche des „Taugenichts" im auffälligen Kontrast zum lauten Lachen der selbstbewussten und nicht zimperlichen Wiener Kammerzofe (vgl. S. 21).

Das schöne Dorfmädchen: Es ist eine weitere namenlose Handlungsträgerin. Seine dramaturgische Rolle besteht darin, dem „Taugenichts" einen alternativen Weg anzubieten, sein „Glück machen" (S. 35, Z. 25) zu können. Mit den „perlweißen Zähne[n]" und den „roten Lippen" (S. 35, Z. 23 f.) verkörpert das Dorfmädchen eine junge, hübsche und gesunde Verführerin, die unverhohlen mit dem „Taugenichts" flirtet (vgl. S. 34). Der Ich-Erzähler bezeichnet sie als „schmuck" (S. 34, Z. 21), ein Wort, das die Eigenschaften miteinander vereint, auf die es für die Geschichte ankommt: Obwohl sie „sehr reich" (S. 34, Z. 15) und schön ist, wäre das Glück, das der „Taugenichts" mit ihr machen könnte, wohl nur ein oberflächliches, äußerliches.

Dennoch zeigt sich der Ich-Erzähler diesem materiellen, sinnlichen Glück gegenüber keineswegs abgeneigt. Am liebsten würde er das Mädchen sofort küssen (vgl. S. 33, Z. 25). Nur durch einen Zufall bzw. eine schicksalhafte Fügung werden die beiden voneinander getrennt (vgl. S. 34). Anders als bei der „schönen Frau" im Wiener Schloss unternimmt der „Taugenichts" jedoch nichts, um diese Trennung zu überwinden (vgl. S. 34 ff.). Offenbar entspricht das Glück, das der Ich-Erzähler mit dem Dorfmädchen in Aussicht hat, nicht jenen Vorstellungen von Glück, mit denen er einst von der väterlichen Mühle aufgebrochen ist. Das Dorfmädchen steht als Kontrastfigur zur „schönen Frau" sinnbildlich für ein pragmatisches, materielles Philisterglück. Damit wird das Konzept einer möglichen bürgerlichen Vernunftehe der sehnsüchtig-romantischen Liebe entgegengestellt.

Flora und Leonhard: Sie geben sich gegenüber dem Ich-Erzähler als die Maler Guido und Leonhard aus. In Wirklichkeit handelt es sich bei Guido jedoch um die junge Gräfin Flora vom Wiener Schloss, die gemeinsam mit ihrem Geliebten Leonhard vor einer geplanten Hochzeit flieht.

Leonhard tritt selbstbewusst und überlegen auf. Er ist deutlich älter als Flora (vgl. S. 40, Z. 5 f.), organisiert die Flucht und klärt am Ende den Ich-Erzähler wortreich über die wahren Hintergründe auf (vgl. S. 101 ff.). Im Gegensatz zum „Taugenichts" behält Leonhard stets den Überblick. Der Ich-Erzähler beschreibt ihn als „groß, schlank, braun, mit lustigen feurigen Augen" (S. 40, Z. 4 f.). Damit verkörpert er einen leidenschaftlichen, vorbildlichen, wenn auch bisweilen leicht überheblich wirkenden Adligen vom Typus eines Kraftmenschen, wie man ihn aus der Epoche des Sturm und Drang kennt. Allerdings zeigt er sich am Ende durchaus aufgeklärt und geht zu Poeten und Fantasten auf (selbst-)ironische Distanz (vgl. S. 99). Insgesamt erscheint er als robuster Charakter, den nichts so schnell aus der Fassung bringt.

Flora wirkt dagegen empfindsam und zerbrechlich (S. 40, Z. 6 f.). Sie hat eine Vorliebe für Musik und Gesang (vgl. S. 40). Ihre Gefühle und Herzensangelegenheiten hat sie nicht immer unter Kontrolle (vgl. S. 101). Ihre Bereitschaft zur Flucht weist sie wie auch Leonhard als abenteuerlustig und mutig aus. Mit diesem selbstbestimmten, rebellischen Verhalten fällt sie für eine junge Adlige der damaligen Zeit aus der Rolle, was sich sinnbildlich darin ausdrückt, dass sie sich als Mann tarnt.

Dieses Spiel mit den Geschlechterrollen greift Eichendorff als komödiantisches Element auch in den Passagen auf, die im alten Bergschloss angesiedelt sind. Dort verliebt sich der „blasse[..] Jüngling" (S. 54, Z. 19 f.) in den „Taugenichts", den er für die als Mann verkleidete Flora hält. Im Gewand einer Verwechslungskomödie verarbeitet Eichendorff damit auch ein homoerotisches Motiv (vgl. S. 40 ff.; S. 54 ff.).

Die Maler in Rom: Sie stehen stellvertretend für zwei unterschiedliche Typen von Künstlern. Der junge deutsche Maler, den der „Taugenichts" zufällig trifft, kennt nicht nur Leonhard und Flora alias Guido, sondern hat auch Aurelie gemalt. Obwohl er in einer kleinen Dachgeschosswohnung in bescheidenen Verhältnissen (vgl. S. 67 ff.) lebt, arbeitet er mit großer Hin-

Die Figuren

gabe. In weiten Teilen entspricht er dem romantischen Ideal eines freien, unangepassten Künstlers. Im Gegensatz dazu betrachtet der ebenfalls junge Maler Eckbrecht Kunst als eine ernste Angelegenheit, die er mit fast schon verbissenem Ehrgeiz betreibt (vgl. S. 78f.). Dabei entpuppt er sich als wichtigtuerischer Prahler, der sich für ein Genie hält. In der karikierenden Darstellung des Ich-Erzählers erscheint der Maler Eckbrecht als negatives, abschreckendes Beispiel eines eitlen, selbstverliebten Künstlers (vgl. S. 78f.).

Die Prager Studenten: Ihnen begegnet der Ich-Erzähler auf dem Rückweg nach Wien. Sie treten stets zu dritt als Gruppe auf. Sie besitzen kaum individuelle Eigenschaften. Mit dem „Taugenichts" teilen sie die Freude am Reisen und am Musizieren. Ihre Ferien neigen sich allerdings dem Ende entgegen und stellen nur ein vorübergehendes Intermezzo in ihrem Studienalltag dar. In ihrem Lied widersprechen sie den Vorstellungen vom idyllischen Studentenleben (vgl. S. 94f.). Dem „Taugenichts" flößen sie mit ihrer betont zur Schau gestellten Bildung „einen ordentlichen Respekt" (S. 87, Z. 6) ein. Sie werfen mit lateinischen Formulierungen nur so um sich. Diese bleiben jedoch oft floskelhaft und nichtssagend (vgl. S. 86ff.). Politisch zeigen sie keinerlei Ambitionen, wodurch sie vor dem historischen Hintergrund des Wartburgfestes und der Karlsbader Beschlüsse (vgl. 2.2) wie aus der Zeit gefallen wirken.

Der Inhalt

Der namenlose Ich-Erzähler der Geschichte Joseph von Eichendorffs, die sich sowohl als Novelle als auch als Roman klassifizieren lässt, lebt als Sohn eines Müllers träge in den Tag hinein. Gleich zu Beginn schickt ihn sein Vater deshalb weg. Der Frühling steht vor der Tür und sein Sohn, den der emsige Müller einen „Taugenichts" schimpft, soll lernen, selbst für sich zu sorgen. Frohgemut zieht der „Taugenichts" daraufhin los, um sein „Glück" zu „machen" (S. 5, Z. 16). Dabei singt er und musiziert mit seiner Geige.
Was wie eine Coming-of-Age-Story, also eine Geschichte des Erwachsenwerdens, im Sinne eines klassischen Bildungs- und Entwicklungsromans beginnt, entwickelt sich zu einer Irrfahrt durch romantische Symbollandschaften.
Am Anfang seiner Reise begegnet der „Taugenichts" zufällig zwei Frauen, die er beide für Gräfinnen hält und die in einer Kutsche auf dem Weg nach Wien sind. Sie nehmen ihn mit auf ihr Schloss, wo er eine Anstellung als Gärtnergehilfe erhält.
Während seines Aufenthaltes im Wiener Schloss verliebt sich der „Taugenichts" in die jüngere der beiden Frauen, die ihm aber aufgrund ihrer vermeintlich adligen Herkunft nahezu unerreichbar scheint. Nach dem Tod des Zolleinnehmers übernimmt er dessen Stelle und richtet sich häuslich ein. Heimlich hinterlegt er im angrenzenden Schlossgarten jeden Abend einen Blumenstrauß für seine Geliebte, nach der er sich weiterhin verzehrt. Als er jedoch fälschlicherweise annimmt, diese habe einen jungen Grafen geheiratet, verlässt er das Schloss in Richtung Italien.
Unterwegs begegnet er in einem Dorf einem schönen, reichen Mädchen, das mit ihm flirtet und bei dem er glaubt, sein „Glück machen" (S. 35, Z. 25) zu können. Er entscheidet sich jedoch dagegen. In Gedanken sehnt er sich immer noch nach der „schönen gnädigen Frau". So in sich versunken trifft er auf zwei Reiter, die er zunächst für Räuber hält, die sich später jedoch als die Maler Leonhard und Guido ausgeben. Der „Taugenichts" schließt sich ihnen an. Als sie eines Nachts plötzlich Hals über Kopf verschwinden, lässt er sich von ihrem Kutscher durch die Lombardei und schließlich zu einem alten Schloss in den Bergen fahren.
Dort wird er merkwürdigerweise bereits erwartet, und es herrscht eine geheimnisvolle Atmosphäre. Die Bediensteten benehmen sich seltsam in der Gegenwart des „Taugenichts". Ein „blasser Jüngling" verhält sich, als wäre er in ihn verliebt. Der „Taugenichts" kann sich keinen Reim darauf machen, fühlt sich aber zunehmend unwohl. Als ihn ein mit Aurelie unterzeichneter Brief in der Handschrift seiner „schönen Frau" erreicht, in dem diese mitteilt, alles sei „wieder gut" (S. 57, Z. 32), und ihn scheinbar auffordert, schnell zu ihr nach Wien zurückzukehren, da sie nicht länger ohne ihn leben könne, schleicht er sich mithilfe des geheimnisvollen Jünglings in der Nacht aus dem Schloss. Plötzlich scheint der Jüngling zudringlich zu werden. Der „Taugenichts" fürchtet einen heimtückischen Mordanschlag und ergreift die Flucht.
Da er in der Nähe von Rom ist und schon als Kind von der prächtigen Stadt geträumt hat, die in der Fantasie des „Taugenichts" und in Eichendorffs Geschichte gleichermaßen am Meer liegt, entschließt er sich, Rom einen Besuch abzustatten, ehe er nach Wien zurückkehrt.
In Rom glaubt er in einer gespenstischen Mondnacht, Aurelie in einem Garten erkannt zu haben. Zufällig begegnet er danach einem jungen Maler, der Leonhard und Guido kennt und sogar Aurelie gemalt hat. Der Maler führt den „Taugenichts" in einen Garten, wo er einen weiteren Maler namens Eckbrecht kennenlernt. Dort begegnet er auch der Kammerzofe aus dem Wiener Schloss, die ihm einen Zettel zusteckt, der ihn zu einer heimlichen Verabredung mit der „schönen jungen Gräfin" (S. 76, Z. 32f.) führen soll. Als der „Taugenichts" am verabredeten Ort eintrifft, erwartet ihn dort jedoch eine andere, römische Gräfin, in deren Dienst die Wiener Kammerzofe gewechselt ist.
Nach dieser Enttäuschung verlässt der „Taugenichts" Rom und macht sich wieder auf den

Weg nach Wien. Bei seiner Rückreise begegnet er unter anderem einer Gruppe Prager Studenten. Zurück im Schloss wird er freudig begrüßt. Blumenmädchen gratulieren ihm zur bevorstehenden Hochzeit. Ehe der „Taugenichts" seine Braut trifft, klärt ihn Leonhard, der sich nun ebenfalls im Schloss befindet, über eine Reihe von Missverständnissen auf. Bei Guido handelt es sich in Wirklichkeit um die junge Gräfin Flora, die gemeinsam mit ihrem Geliebten, dem Grafen Leonhard, vor einem Nebenbuhler Leonhards – und der vermutlich von den Eltern bereits geplanten Hochzeit – aus Wien geflohen ist. Bei ihrer heimlichen Flucht haben sich beide als Maler getarnt und Flora hat sich als Mann ausgegeben. Um ihre Verfolger abzulenken, haben sie den „Taugenichts" in das alte Schloss in den Bergen geschickt, wo man ihn für die verkleidete Gräfin Flora gehalten hat. So erklärt sich auch das Verhalten des liebestollen blässlichen Jünglings. Auch der Brief von Aurelie war nicht an den „Taugenichts", sondern an Flora gerichtet.

Nachdem Leonhard das aufgeklärt hat, finden nun endlich auch Aurelie und der „Taugenichts" zusammen. Aurelie gesteht dem Ich-Erzähler ihre Liebe. Aber auch sie hat noch etwas klarzustellen. Anders als vom „Taugenichts" vermutet, ist sie nämlich keine Adlige, sondern die Nichte des Portiers und Kammerzofe der Gräfin, die sie als Waisenkind bei sich aufgenommen hat. Einer Hochzeit zwischen dem „Taugenichts" und Aurelie steht nun ebenso wenig im Wege wie derjenigen zwischen Leonhard und Flora. Ob der „Taugenichts" damit nun aber das zu Beginn seiner Reise erhoffte Glück gemacht hat, lässt das Ende in der Schwebe.

Vorüberlegungen zum Einsatz des Textes im Unterricht

„Aus dem Leben eines Taugenichts" ist neben „Das Marmorbild" das berühmteste Werk Joseph von Eichendorffs. Es zählt zur deutschsprachigen Weltliteratur und ist seit vielen Jahren fester Bestandteil der Schullektüre.

Doch nicht nur wegen seines kanonischen, literaturhistorischen Stellenwertes empfiehlt es sich für den Einsatz im Unterricht.

Als Text der Spätromantik eröffnet „Aus dem Leben eines Taugenichts" mit seiner leichthändigen, unterhaltsamen Schreibweise einen hervorragenden Zugang für die Auseinandersetzung mit der Epoche der Romantik. Mit dem Gefühl der „Sehnsucht" sowie der Poetisierung der Natur verarbeitet es zentrale romantische Themen und greift dabei auf ein breites Spektrum romantischer Sinnbilder und Stilmittel zurück. Eichendorffs Text bedient sich jedoch nicht nur romantischer Elemente, sondern der Autor macht die Romantik im Allgemeinen und die romantische Literatur im Besondern auf humorvolle, ironische Weise selbst zum Thema seiner Geschichte. Zumindest legt sein Text eine solche Lesart nahe. Ein besonderes Augenmerk lässt sich dabei auf die Erzähltechnik und den unzuverlässigen, subjektiven Ich-Erzähler richten.

Dass der Text „Aus dem Leben eines Taugenichts" keiner Gattung eindeutig zugeordnet werden kann, ist charakteristisch für die romantische Literatur. Im Unterricht ermöglicht die generische Unbestimmtheit zwischen Novelle und Roman, sich beiden Gattungen formal anzunähern. Ein Beleg für die romantische Gattungsoffenheit sind auch die vielen Lieder, die Eichendorff in seine Geschichte einwebt. Einige davon haben bis heute als Volks- und Kunstlieder überdauert.

Die wichtigsten thematischen, literaturhistorischen, formalen und wirkungsgeschichtlichen Anknüpfungspunkte, die Eichendorffs Text für den Einsatz im Unterricht liefert, greift das vorliegende Modell in seinen Bausteinen auf.

Das Bausteinprinzip setzt sich auch innerhalb der jeweiligen Bausteine fort. Die darin vorgestellten und exemplarisch durchgeführten Arbeitsaufträge lassen sich je nach Bedarf zu unterschiedlichen Unterrichtseinheiten zusammenfassen.

Grundsätzlich ist das Unterrichtsmodell so angelegt, dass die Lektüre des Textes durch die Schülerinnen und Schüler vorausgesetzt wird. Einzelne Arbeitsaufträge wie beispielsweise mögliche Einstiege in die Unterrichtseinheit können jedoch auch lektürebegleitend eingesetzt werden.

Die Zusatzmaterialien können wahlweise einzeln verwendet oder aber in die entsprechenden Bausteine integriert werden. Innerhalb der Bausteine wird jeweils auf die dafür geeigneten Zusatzmaterialien verwiesen. **Vorschläge für Klausuren und Facharbeiten finden sich als Zusatzmaterial 6 und Zusatzmaterial 7, S. 136 ff..**

Wo nicht anders genannt, beziehen sich die Seitenangaben auf die im Schöningh Verlag erschienene Ausgabe von 2018 (14. Auflage).

Das vorliegende Unterrichtsmodell setzt mit seinen Bausteinen gezielt Schwerpunkte und beansprucht nicht, eine umfassende formale, inhaltliche und thematische Analyse von Joseph von Eichendorffs Text zu liefern. An dieser Stelle sei daher auf eine Auswahl weiterer Materialien zur Unterrichtsgestaltung und Interpretation verwiesen:

Unterrichtsmaterialien und Sekundärliteratur zum Text:

- Freund-Spork, Walburga: Joseph von Eichendorff – Aus dem Leben eines Taugenichts. Hollfeld: Bange Verlag 2016
- Hanß, Karl: Joseph von Eichendorff – Das Marmorbild/Aus dem Leben eines Taugenichts. München: Oldenbourg 1996
- Hellberg, Wolf Dieter: Joseph von Eichendorff – Aus dem Leben eines Taugenichts. Lektürehilfe. Stuttgart: Klett 2016
- Klöhr, Friedhelm: Joseph von Eichendorff – Aus dem Leben eines Taugenichts. Freising: Stark 1999
- Lill, Klaus; Thomasen, Margarethe: Die Künstlernovelle – Joseph von Eichendorff: Aus dem Leben eines Taugenichts – Thomas Mann: Tonio Kröger. Unterrichtsmodell der Reihe „EinFach Deutsch", herausgegeben von Johannes Diekhans. Paderborn: Schöningh Verlag 2010
- Pelster, Theodor: Joseph von Eichendorff – Aus dem Leben eines Taugenichts. Lektüreschlüssel. Stuttgart: Reclam 2011

Konzeption des Unterrichtsmodells

Baustein 1 eröffnet den Schülerinnen und Schülern erste Einstiegsmöglichkeiten in die Beschäftigung mit Eichendorffs Text: über Assoziationen zum Titel, erste Leseeindrücke, kreative Mal- und Schreibaufträge sowie das Erstellen eines Standbildes. Hier stehen nicht die zu erzielenden analytischen, interpretatorischen Ergebnisse im Vordergrund. Wesentlich ist vielmehr, den Schülerinnen und Schülern ein ungefähres Gefühl von der Eigenart und den Grundstrukturen des Textes zu vermitteln.

Selbstverständlich erlaubt das Bausteinprinzip aber auch einen Quereinstieg über jeden weiteren Baustein des Unterrichtsmodells. Die Reihenfolge, in der die Bausteine aufgeführt sind, gibt nur eine von mehreren sinnvollen Möglichkeiten wieder, eine Unterrichtseinheit aufzubauen. Die einzelnen Bausteine können ebenso selektiv und variabel verwendet werden wie die umfangreichen Aufgabenstellungen innerhalb eines Bausteins.

Folgt man dem hier vorgeschlagenen Unterrichtsaufbau, so kann im ersten Schritt einer vertiefenden Interpretation auf die Figuren, Schauplätze sowie die Handlungszeit des Textes näher eingegangen werden. Dies geschieht im **Baustein 2**, indem der Ich-Erzähler als zentraler Protagonist und Titelfigur zunächst im Verhältnis zu den (männlichen) Philistern und später im Verhältnis zu der von ihm geliebten „schönen Frau" Aurelie näher untersucht wird. Bei diesen vergleichenden Analysen werden jeweils auch Philister und die „schöne Frau" charakterisiert. Zudem werden in diesem Baustein auch ausgewählte Nebenfiguren im Hinblick auf ihre dramaturgische und sinnbildliche Funktion schlaglichtartig beleuchtet. Darüber hinaus wird auch die Glückssuche des „Taugenichts" aufgearbeitet. Neben den Figuren widmet sich der Baustein den Schauplätzen und Tageszeiten und deren symbolischer Bedeutung.

Baustein 3 befasst sich mit dem Erzählaufbau sowie der Erzähltechnik. Zunächst wird der Text in fünf Abschnitte gegliedert, und der kreisförmige Handlungsverlauf wird hervorgehoben. Anschließend wird die Erzähltechnik mit dem Hauptaugenmerk auf die Erzählform und die subjektive Erzählweise des Ich-Erzählers in den Blick genommen. Danach wendet sich der Baustein noch den Liedern und deren Funktion innerhalb des Gesamttextes zu, ehe zuletzt die Schwierigkeiten thematisiert werden, die sich beim Versuch ergeben, den Text einer literarischen Gattung zuzuordnen.

Baustein 4 setzt Eichendorffs Text zur Epoche der Romantik in Bezug, in der er entstanden ist. Als Grundlage hierfür werden zentrale Merkmale romantischer Literatur ermittelt. Das Motiv der Sehnsucht und die romantische Metaphorik werden anschließend auf der Basis von Eichendorffs Text eingehender analysiert. Außerdem befasst sich der Baustein mit der Funktion des Schlaf- und Traummotives innerhalb der Geschichte sowie mit der traumähnlichen Struktur des Textes selbst.

Baustein 5 wendet sich Deutungsansätzen zu, bei denen die komödiantischen und satirischen Aspekte des Textes in den Mittelpunkt rücken. Ein Vergleich mit dem klassischen Bildungsroman legt nahe, Eichendorffs Text „Aus dem Leben des Taugenichts" als Parodie dieses Genres bzw. als einen Antibildungsroman zu interpretieren. Eine weitere mögliche Lesart, die in diesem Baustein vorgestellt und didaktisch aufgearbeitet wird, versteht den Text als selbstironische Auseinandersetzung mit der romantischen Literatur und deutet den Ich-Erzähler als Karikatur eines romantischen Helden. Besonders das scheinbare „Happy End" der Geschichte wird dabei ausführlich unter die Lupe genommen.

Baustein 6 beschäftigt sich schließlich mit der Rezeption von Eichendorffs Text „Aus dem Leben eines Taugenichts". Nach einem beispielhaften Blick in die Wirkungsgeschichte auf der Basis zweier ausgewählter Rezensionen werden die Schüler und Schülerinnen selbst zur kritischen Auseinandersetzung mit dem Text animiert. Mithilfe vorbereitender Arbeitsmaterialien werden sie in die Lage versetzt, ihre persönlichen Eindrücke und Ansichten in Form einer eigenen Buchkritik zu formulieren. Dass durchaus auch unterschiedliche und gegensätzliche Urteile ihre Berechtigung haben, können sie zuletzt in Form einer inszenierten Podiumsdiskussion spielerisch erfahren.

schiedenen Welten leben. Die Sorgen und Nöte der Studenten berühren den Ich-Erzähler auch deshalb nicht, weil er selbst einen anderen Lebensweg einschlägt.

Wie die Adligen so bleiben auch die Studenten in Eichendorffs Darstellung ohne historischen Zeitbezug. Die gerade von den Studenten – etwa auf dem Wartburgfest 1817 – vorangetriebenen politischen Forderungen nach Freiheit, Mitbestimmung und nationaler Einheit, die sich gegen die auf dem Wiener Kongress restaurierte alte Ordnung richteten, bleiben unerwähnt. Auch dass die deutschen Fürsten infolge der Karlsbader Beschlüsse (vgl. Anhang, S. 114f.) von 1819 liberale und nationale Bestrebungen verstärkt unterdrückten, schlägt sich bei Eichendorff nicht in der Handlung nieder.

Neben Adligen und Studenten bilden Künstler einen weiteren möglichen Gegenentwurf zum Philisterdasein. Doch auch dieser Lebensentwurf wird in Eichendorffs Geschichte kritisch beleuchtet und kommt für den „Taugenichts" nicht infrage.

■ *Lesen Sie den folgenden Textauszug: S. 78, Z. 3 – S. 79, Z. 32.*

■ *Worin unterscheidet sich die Lebensauffassung eines Künstlers, wie sie der Maler Eckbrecht in seiner Rede vertritt, von derjenigen eines Philisters? Worin ähnelt sie ihr?*

Für Eckbrecht ist ein Künstler ein Genie, das nur mit einem Bein in der Gegenwart steht, mit dem anderen aber bereits in der Zukunft. Sein Wirken ist auf die „Ewigkeit" (S. 79, Z. 6) ausgelegt. Mit diesem Geniekult knüpft Eckbrecht an die Epoche des „Sturm und Drang" an. Die politischen, gesellschaftlichen und aufklärerischen Dimensionen jener Geniezeit spielen bei ihm jedoch keine Rolle. Das Genie erscheint bei Eckbrecht vielmehr als selbstgefälliger, überheblicher Übermensch, der nicht von dieser Welt ist.

Diese Weltferne bildet auf den ersten Blick den Gegenpol zur spießbürgerlichen Enge, in der sich der Philister einrichtet. Philister und Eckbrechts Künstler ähneln sich darin, dass sie nur sich selbst als Mittelpunkt sehen. Es geht ihnen jeweils um ihren eigenen Status und Erfolg. Die Kunst, so wie Eckbrecht sie beschreibt, ist letztlich nur eine andere Form der Arbeit.

■ *Wie verhält sich der „Taugenichts" zu Eckbrechts Künstleridealen? Worin unterscheiden sich die Lebensauffassungen der beiden? Welche Rolle spielt dabei die Liebe des „Taugenichts" zur „schönen Frau"?*

Eine solche verbissene, „unbequeme" (S. 79, Z. 7) Kunstauffassung muss der „Taugenichts" ablehnen. In der Beschreibung des Ich-Erzählers erscheint Eckbrecht als Karikatur eines Künstlers. Seine hochtrabende „Rede" (S. 78, Z. 19f.) empfindet der „Taugenichts" lediglich als wildes „Gerede" (S. 79, Z. 27). Ihn graut vor dem „verwirrten" Eckbrecht, der lieber an die Ewigkeit und Unsterblichkeit denkt als an das Leben im Hier und Jetzt und entsprechend auf den Ich-Erzähler schon ganz „leichenblass" (Z. 25) wirkt. Zwar ist, wie sich zeigen wird (vgl. 2.3.), auch die sehnsuchtsvolle Liebe des „Taugenichts" nicht von dieser Welt. Aber anders als bei Eckbrecht führt dies beim „Taugenichts" nicht zu Selbstüberhöhung und wichtigtuerischer Selbstüberschätzung, sondern im Gegenteil zu leidenschaftlicher Hingabe.

Auch ärgert sich der Ich-Erzähler über die anmaßende Art, mit der Eckbrecht ihn ganz ähnlich wie einst der Gärtner (vgl. S. 8) belehrt. Die „nützliche[n] Lehren" (S. 8, Z. 32) des Gärtners und die „Moralitäten" des Malers (S. 78, Z. 24f.) unterscheiden sich zwar im Detail, gleichen sich jedoch in ihrem Anspruch und in dem verbissenen Ernst, mit dem sie vorgetragen werden. Dieser Ernst beschwert die Kunst für Eckbrecht derart, dass sie ihm kein Vergnügen mehr bereitet, sondern zur Arbeit und Pflichterfüllung wird.

Wie sehr sich diese Haltung von der ungezwungenen Lebensfreude des „Taugenichts" unterscheidet, zeigt sich beispielhaft an der Art und Weise, wie die beiden musizieren. Während sich der „Taugenichts" stets einfach seine Geige greift und munter drauflosspielt, ohne sich über die Wirkung Gedanken zu machen, nimmt der Maler sein Gitarrenspiel derart wichtig, dass er ganz „zornig" (S. 78, Z. 9) wird, wenn er das Instrument stimmen muss. Vor lauter Verbissenheit zerreißt er eine Saite und verliert die Lust am Spiel. Eine solche Haltung ist dem „Taugenichts" fremd. Die hohe, schwere Kunst mit ihrem Geniekult und Ewigkeitsanspruch interessiert ihn nicht. Er musiziert aus Lust und Freude ausschließlich für den Moment. Das, was ihn beschäftigt, ist weder Kunst noch Arbeit, sondern „die schöne Fraue" (S. 78, Z. 6) und mithin die Liebe.

An der Tafel lässt sich das so skizzieren:

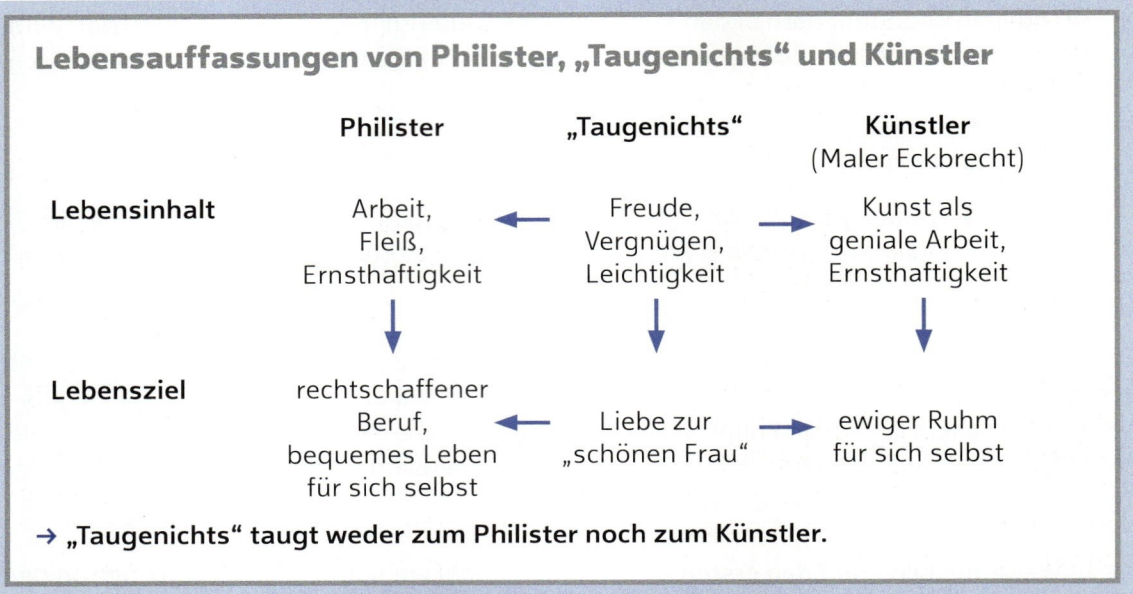

2.3 Der „Taugenichts" und die „schöne Frau"

Der „Taugenichts" verliebt sich in eine „schöne Frau", die er für eine Adelige hält und die ihm deshalb unerreichbar erscheinen muss. Diese unglückliche Liebe, der er sich hingibt, entpuppt sich am Ende als Missverständnis. Die „schöne Frau" nämlich ist gar keine Adlige, sondern nur die Nichte des Portiers und die Kammerzofe der Gräfin. Einer Heirat steht nun nichts mehr im Wege. Die Illusionen des „Taugenichts" weichen dabei der Realität. Ernüchterung macht sich im „Happy End" der Geschichte aber scheinbar dennoch nicht breit. Wie dieses Ende zu bewerten ist, können die Schülerinnen und Schüler diskutieren, nachdem sie zunächst die Beziehung zwischen dem „Taugenichts" und der „schönen Frau" näher untersucht haben.

■ *Lesen Sie die folgenden beiden Textpassagen aus dem ersten Kapitel, in denen sich der „Taugenichts" und die „schöne Frau" die ersten Male begegnen:*
- *S. 6, Z. 17 – S. 7, Z. 4,*
- *S. 9, Z. 8 – Z. 22.*

■ *Erstellen Sie anhand der beiden Textstellen einen Steckbrief der „schönen Frau". Ließe sich auf der Grundlage dieser Angaben ein Phantombild zeichnen?*

- *Diskutieren Sie ausgehend von dieser Darstellung, wie die Gefühle des „Taugenichts" für die „schöne Frau" einzuschätzen sind. Präsentieren Sie das Ergebnis Ihrer Diskussion im Plenum.*

An der Tafel kann beispielsweise folgender Steckbrief notiert werden:

Steckbrief der „schönen Frau"

Name: ?
Alter: jung (vgl. S. 6, Z. 23 ff.)
Größe: „groß" (S. 9, Z. 21)
Haarfarbe: ?
Augenfarbe: ?
Äußere Merkmale: „schön" (S. 6, Z. 23)
Sonstige Eigenschaften: „vornehme Dame" (S. 6, Z. 21), „still", „freundlich" (S. 9, Z. 21), spielt Gitarre, liest (Z. 19 f.)

eine schöne, (vermeintlich) adlige Unbekannte

Ein Phantombild lässt sich auf der Grundlage dieser spärlichen Angaben nicht zeichnen. Unklar bleibt auch, wieso sich der „Taugenichts" in die „schöne Frau" verliebt. Tatsächlich erscheinen seine Gefühle zunächst austauschbar. Die beiden vornehmen Damen gefallen ihm „alle beide" (S. 6, Z. 24). Er zieht nur deshalb die eine der anderen vor, weil er sie „besonders schön" (Z. 23) findet und sie „jünger" (Z. 23) ist als die andere. Darüber hinaus gibt er sich seinen Fantasien hin, in denen er der jungen Adligen, für die er Aurelie zu diesem Zeitpunkt noch hält, den Hof macht (vgl. S. 9, Z. 8 ff.). Diese Fantasien erhalten gerade dadurch den nötigen Raum, dass er kaum etwas über Aurelie weiß. Dass sie im Gegensatz zu ihrer älteren Begleiterin kein Wort mit ihm spricht (vgl. S. 6, Z. 24 ff.), kommt dem entgegen. Aus der „Ferne" (S. 9, Z. 20) überhöht er sie zu einem „Engelsbild" (Z. 21). Gerade die Distanz zwischen dem „Taugenichts" und der „schönen Frau" erweist sich als Grundlage dafür, dass sich Realität und Fantasie vermischen und der „Taugenichts" nicht recht weiß, ob er „träumte oder wachte" (Z. 22).

An der Tafel lässt sich das so zusammenfassen:

Der „Taugenichts" verliebt sich in die „schöne Frau", weil ...

... er sie für eine Adlige hält.
... sie jung und schön ist.
... sie still ist, unerreichbar scheint und er kaum etwas von ihr weiß.
... er sie aus der Ferne und in seiner Fantasie zu einem Engel überhöht.

→ „Taugenichts" verliebt sich in ein (oberflächliches) Wunsch- und Fantasiebild.

■ *Mehrfach kommt es im Laufe der Handlung vor, dass der „Taugenichts" Aurelie mit einer anderen Frau verwechselt (vgl. z. B. S. 10, Z. 3 – Z. 14 oder S. 64, Z. 22 – Z. 37).*
Überlegen Sie, wie es dazu kommen kann und was diese Verwechslungen über die Liebe des „Taugenichts" und seine Beziehung zur „schönen Frau" aussagen. Erläutern Sie das Ergebnis Ihrer Überlegungen im Plenum.

Ermöglicht werden die Verwechslungen durch mehrere Faktoren. Erstens dadurch, dass der „Taugenichts" kaum etwas über Aurelie weiß. Bis kurz vor Schluss kennt er noch nicht einmal ihren Namen. Auch weiß er nicht, dass Aurelie keine Adlige ist. Wenn die Kammerjungfer also von der „vielschöne[n] gnädige[n] Frau" (S. 10, Z. 3) spricht, kann er annehmen, dass es sich um jene „schöne Frau" handelt, in die er sich verliebt hat.

Dass er das aber automatisch annimmt, ohne daran zu zweifeln, liegt zweitens auch daran, dass er sich die Wirklichkeit so zurechtbiegt und zurechtfantasiert, wie er sie sich erträumt. Dies aber ist drittens nur möglich, solange die Distanz zwischen ihm und seiner Angebeteten erhalten bleibt – solange sie also abwesend ist (vgl. S. 10) oder er sie nur aus der Ferne beobachtet (vgl. S. 64).

Da Aurelie für den „Taugenichts" bis zu ihrer Begegnung im letzten Kapitel nur ein oberflächliches Wunsch- und Fantasiebild darstellt, kann dieses auch von jeder anderen Frau verkörpert werden, die ihr äußerlich ähnelt.

Bis hierhin haben die Schüler und Schülerinnen die distanzierte, oberflächliche Liebe des „Taugenichts" zu einer anonymen, idealisierten, vermeintlich adligen Frau ausschließlich auf der Grundlage ihrer Textarbeit charakterisiert. Mithilfe von **Arbeitsblatt 4**, S. 61 können sie das Erarbeitete im Folgenden in einen breiteren literaturhistorischen und metaphorischen Zusammenhang stellen.

■ *Lesen Sie den auf Arbeitsblatt 4 abgedruckten Text „Der Minnesang". Lesen Sie anschließend den folgenden Auszug aus Eichendorffs „Aus dem Leben eines Taugenichts": S. 13, Z. 4 – S. 14, Z. 27.*

■ *Erläutern Sie ausgehend von dieser Passage und im Kontext des Gesamttextes, was den „Taugenichts" mit einem Minnesänger verbindet und was ihn von diesem unterscheidet. Gehen Sie insbesondere auch darauf ein, welche Rolle das (romantische) Gefühl der Sehnsucht in den Liebesvorstellungen eines Minnesängers und des „Taugenichts" jeweils spielt.*

Wie ein Minnesänger besingt der „Taugenichts" die Liebe zu einer unerreichbaren schönen „hohe[n]" (S. 13, Z. 28), also adligen „Fraue" (Z. 28, vgl.: „vrouwe"). Und wie dem Minnesänger droht dem „Taugenichts", der offenbar mit dem lyrischen Ich seines Liedes deckungsgleich ist, das Herz zu zerspringen (S. 14, Z. 8 und Z. 21). Auch der „Taugenichts" leidet unter den Qualen seiner unerfüllbaren Liebe.

Anders aber als dem Minnesänger erscheint dem „Taugenichts" die Angebetete nicht deshalb unerreichbar, weil sie verheiratet ist, sondern weil sie, wie er glaubt, adlig und damit „zu hoch" (Z. 2) für ihn sei. Der „Taugenichts" nämlich ist (anders als viele adlige Minnesänger) nur ein einfacher Müllerssohn.

Gemeinsam ist dem Liebeskonzept des Minnesängers und des „Taugenichts" die schmerzhafte Sehnsucht, die sich aus dem Wissen um die Unerfüllbarkeit des eigenen Liebeswunsches ergibt. Ähnlich wie im Minnesang realisiert sich die Liebe auch beim „Taugenichts" zunächst nur als Liebesqual. Dieses unstillbare Sehnen ist zugleich ein zentrales Merkmal der romantischen Epoche und Literatur (vgl. dazu 4.2).

Der „Taugenichts" als Minnesänger

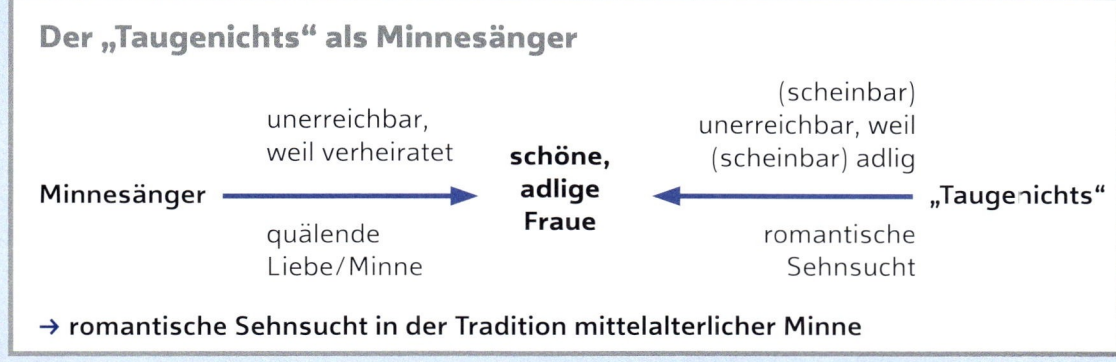

→ romantische Sehnsucht in der Tradition mittelalterlicher Minne

 Lesen Sie die auf Arbeitsblatt 4 abgedruckten Texte „Die Symbolik der ‚weißen Lilie'" und „Die ‚weiße Frau'". Lesen Sie anschließend den folgenden Auszug aus Eichendorffs „Aus dem Leben eines Taugenichts": S. 25, Z. 7 – S. 26, Z. 4.

 Deuten Sie die darin verwendete Symbolik der Farbe Weiß und der Lilie im Kontext des Gesamttextes.

Sinnbildlich verwandelt sich „die schöne junge gnädige Frau" (S. 25, Z. 22) an dieser Stelle in eine weiße Lilie. Sie erscheint damit als Verkörperung der vollkommenen Schönheit und Reinheit (Jungfräulichkeit und Keuschheit). Zugleich lässt sie die Symbolik der Lilie in ihrem weißen Kleid (vgl. Z. 22 f.) wie eine Braut erscheinen. Der „Taugenichts" ist angesichts dieses Anblicks hinterher davon überzeugt, dass sie „lange verheiratet ist" (S. 26, Z. 3).

Zugleich aber hat dieser nächtliche Auftritt auf dem Balkon auch gespenstische Züge. Eine Assoziation, die dadurch gefestigt wird, dass der Ich-Erzähler die weiß gekleidete Frau mit dem Mond vergleicht, der über den Nachthimmel zieht.

Die Mehrdeutigkeit der Symbolik des weißen Kleides, das sowohl an ein Brautkleid erinnert als auch an die „weiße Frau", und der weißen Lilie, die für Schönheit, madonnenhafte Tugend, aber auch den Tod steht, scheint vor diesem Hintergrund kein Zufall zu sein. Dies gilt umso mehr, bedenkt man, dass innerhalb des Buches mehrfach Sinnbilder – wie etwa der Vergleich mit einem „Engelsbild" (S. 9, Z. 21) oder die im Mondschein vorüberhuschende „schlanke weiße Gestalt" (S. 64, Z. 30) – verwendet werden, die Assoziationen an den Tod, das Jenseits oder Gespensterspuk hervorrufen können.

 Noch an mehreren weiteren Stellen wird die „schöne Frau" mit der Farbe Weiß in Verbindung gebracht, etwa wenn sie in einem „schneeweißen Kleide" (S. 10, Z. 39) ans offene Fenster tritt.
Überlegen Sie in Partner- oder Gruppenarbeit, inwiefern die Farbe Weiß die „schöne Frau" und das, was der „Taugenichts" in ihr sieht bzw. an ihr liebt, sinnbildlich charakterisiert.

 Die Texte „Die Symbolik der ‚weißen Lilie'" und „Die ‚weiße Frau'" können Ihnen dabei als Grundlage dienen. Sie dürfen sich für zusätzliche symbolische Deutungsmöglichkeiten jedoch auch davon lösen.

Das „schneeweiße Kleid" symbolisiert zunächst abermals die Reinheit und Unbeflecktheit Aurelies. In Verbindung mit dem offenen Fenster, an das sie tritt, gerät diese zugleich jedoch auch in Gefahr. Das offene Fenster repräsentiert eine ungestillte Sehnsucht. Gleichzeitig verliert das Fenster, wenn es geöffnet wird, seine schützende Funktion. Das offene Fenster versinnbildlicht daher auch eine (möglicherweise tödliche) Gefahr. Es ist daher sowohl ein Sehnsuchts- als auch ein Todesmotiv und symbolisiert häufig eine unbewusste Todessehnsucht (vgl. auch 4.2).

Die Metaphorik der Farbe Weiß charakterisiert Aurelie einerseits als schön, unschuldig und geradezu madonnenhaft rein. Gleichzeitig verleiht ihr dieser Vergleich mit der Mutter Gottes auch etwas Unwirkliches, Übermenschliches. Als Engelswesen erscheint sie wie nicht von dieser Welt (vgl. auch S. 12, Z. 35 – S. 13, Z. 3). Die Farbe Weiß vermittelt entsprechend auch gespenstische, spukhafte Züge.

Auch Aurelies „weißen Arm" (S. 11, Z. 4), ihre weiße Haut könnte man mit Leichenblässe assoziieren, naheliegender ist jedoch, ihn als Ausdruck einer vornehmen Blässe und Hinweis auf ihre vermeintlich adlige Herkunft zu deuten. Bis in die Neuzeit hinein galt helle, ungebräunte Haut als besonders edel. Die Adligen hoben sich dadurch sichtbar von der im Freien arbeitenden Bevölkerung ab.

Die Symbolik der Farbe Weiß lässt Aurelie für den „Taugenichts" über weite Strecken des Buches ungreifbar wirken. Als vermeintlich Adlige scheint sie ihm unerreichbar. Zudem entzieht sie sich mit ihrer engelsgleichen Schönheit und Reinheit einer irdischen Liebe. Die Sehnsucht des „Taugenichts" nach dieser unerreichbaren „weißen Frau" lässt sich daher auch als eine Todessehnsucht bzw. als religiöse Sehnsucht nach dem Jenseits bzw. Gott und einem himmlischen Glück deuten. Dazu passt, dass der „Taugenichts" bei seinem Aufbruch im Anschluss an den Balkonauftritt Aurelies die Bibel (Johannes 18,36) zitiert: „Unser Reich ist nicht von dieser Welt!" (S. 27, Z. 17 f.)

Aus Sicht des „Taugenichts" signalisiert das Weiß, mit dem Aurelie immer wieder in Verbindung gebracht wird, dass er sich nicht etwa in eine reale Frau, eine individuelle Persönlichkeit verliebt, sondern vielmehr in eine flüchtige Fantasiegestalt. Im weißen Kleid erscheint Aurelie entsprechend nicht nur unbefleckt, sondern auch wie eine weiße Leinwand, ein unbeschriebenes weißes Blatt. Damit stellt sie eine ideale Projektionsfläche für die Fantasien und Wunschvorstellungen des „Taugenichts" dar und ermöglicht es ihm, sie zu einer engelsgleichen Idealfrau zu überhöhen. Dies gilt freilich nur, solange die Distanz zwischen ihm und seiner Angebeteten gewahrt bleibt und er sie nicht wirklich kennenlernt.

An der Tafel lässt sich das so skizzieren:

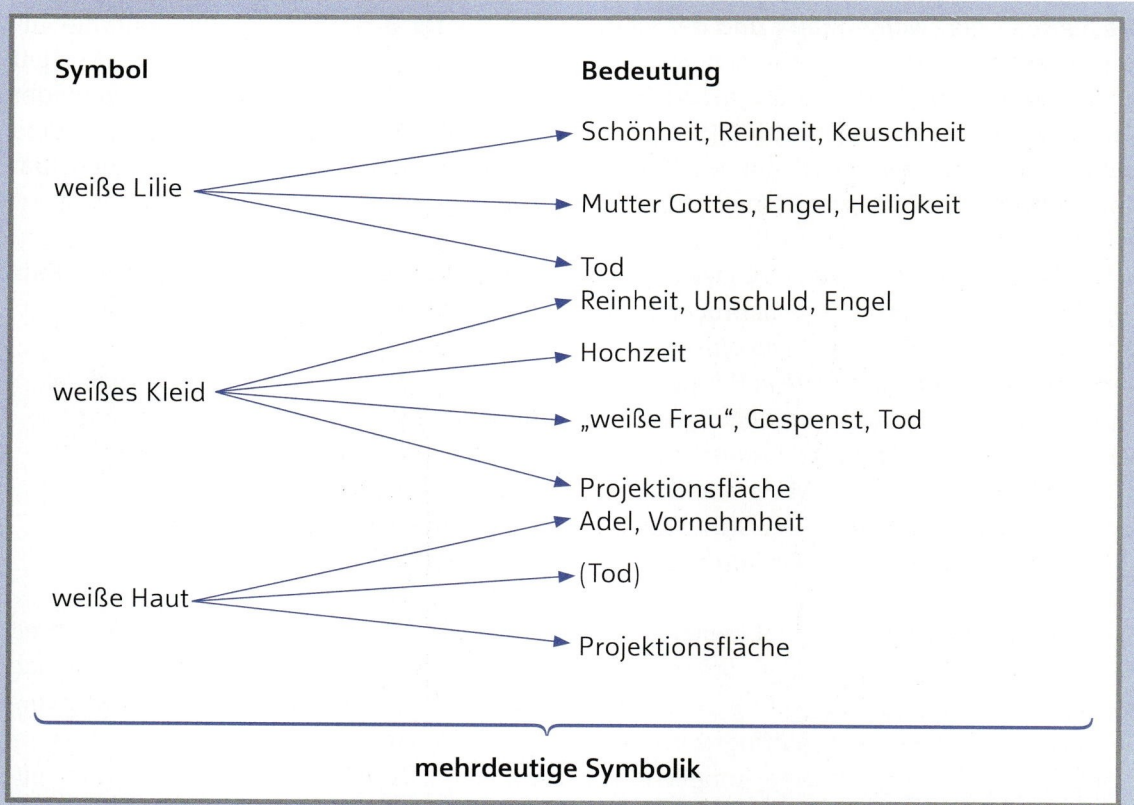

In einem weiteren Tafelbild lässt sich das so zusammenfassen:

Symbolik der Farbe Weiß in Eichendorffs „Taugenichts"

Weiß (in Verbindung mit der „schönen Frau" Aurelie) — Sinnbild für:
- Schönheit, Reinheit
- Adel
- Engel, heilige Jungfrau
- Tod, Jenseits, himmlisches Reich
- Projektionsfläche, Wunschbild

→ **Sehnsucht nach Idealfrau/unerreichbarem Liebesglück/Gottessehnsucht/ Todessehnsucht**

Vor diesem Hintergrund können die Schülerinnen und Schüler nun auch das Ende der Geschichte noch einmal lesen und neu bewerten.

■ *Welchen grundlegenden Wandel vollzieht die Beziehung zwischen dem „Taugenichts" und der „schönen Frau" im zehnten Kapitel?*

Im Schlusskapitel werden die zahlreichen Missverständnisse, die sich im Laufe der Handlung angesammelt haben, aufgelöst.
Der junge Maler Guido entpuppt sich als Fräulein Flora. Und es klärt sich auf, dass der Brief von Aurelie in Wirklichkeit nicht an den „Taugenichts", sondern an Flora gerichtet war. Dennoch bewahrheitet sich, dass auch Aurelie in den „Taugenichts" verliebt ist.
Erst ganz am Ende wird dann das letzte, bis dahin fast unüberwindbar erscheinende Hindernis aus dem Weg geräumt: Es stellt sich heraus, dass Aurelie gar keine Gräfin ist, sondern eine „arme Waise" (S. 104, Z. 37) und die Nichte des Portiers. Einer gemeinsamen Hochzeit steht nun nichts mehr im Wege.
Mit dieser unerwarteten Wendung offenbart sich jedoch auch die sehnsuchtsvolle Liebe des „Taugenichts" als Missverständnis. Die scheinbar unerreichbare adlige Schönheit, die qualvoll verehrte und zu einem Engel überhöhte Angebetete entpuppt sich plötzlich als eine gewöhnliche, bürgerliche junge Frau. Der Satz „Sie wurde ganz rot" (S. 104, Z. 2 f.) bringt diesen Wandel von der weißen Projektionsfläche und der marienhaften Unschuld zu einem Menschen aus Fleisch und Blut bildlich zum Ausdruck. Anstatt wie bis dahin meist mit gesenktem Kopf still dazusitzen, wird sie aktiv, redet und klärt das Missverständnis auf.
Die bis dahin nur geträumte, fantasierte, ideelle, geistige Liebe des „Taugenichts" wird dadurch real, konkret und körperlich. Aurelie fällt ihm um den Hals, während er sie in seine Arme nimmt (vgl. S. 103, Z. 17 ff.). Weil die scheinbar unerreichbare Liebe auf einmal greifbar wird, ist es dem „Taugenichts", als ob ihm „ein Stein vom Herzen fiele" (S. 104, Z. 39 f.).

■ *Diskutieren Sie in Gruppen, ob es sich bei dem Ende der Geschichte um ein „Happy End" handelt. Was spricht dafür, was dagegen? Gehen Sie dabei insbesondere auf die Missverständnisse ein, die zum Ende hin aufgeklärt werden.*

■ *Präsentieren Sie die Ergebnisse Ihrer Diskussion im Plenum.*

Eine ausführlichere Analyse des Endes findet sich unter 5.2. Diese kann bei Bedarf bereits jetzt erarbeitet werden.

Alternativ genügt es an dieser Stelle, darauf hinzuweisen, dass das irdische Glück mit Hochzeit und einem eigenen „Schlösschen" (S. 104, Z. 19) zugleich das Resultat einer Desillusionierung ist. Die weiße Projektionsfläche verschwindet, die sehnsüchtige Fantasie des „Taugenichts" verliert ihren Spielraum. Die überhöhte „schöne Frau" wird gleichsam vom Sockel gestoßen und aus der Sphäre des Heiligen ins Weltliche zurückgeholt. Das vermeintliche irdische Glück basiert entsprechend auf einer Enttäuschung. Die Täuschung zuvor war jedoch nur deshalb möglich, weil der „Taugenichts" kaum etwas über die wahre, reale Aurelie wusste. Es sind daher zumindest Zweifel angebracht, ob die reale Aurelie dem Trugbild, in das sich der „Taugenichts" verliebt hat, auf Dauer standhält.

Sinnbildlich verstärkt werden diese Zweifel durch den Blick auf das im Mondschein glänzende „weiße Schlösschen" (Z. 19), das die gemeinsame Zukunft der beiden repräsentiert. In auffälliger Weise ähnelt diese Beschreibung derjenigen Aurelies, als der „Taugenichts" sie noch für eine Gräfin gehalten und aus der Distanz auf dem Balkon beobachtet hat („in ganz weißem Kleide, wie eine Lilie in der Nacht, oder wie wenn der Mond über das klare Firmament zöge", S. 25, Z. 22 ff.). Aus der Ferne erscheint die gemeinsame Zukunft ähnlich verheißungsvoll wie einst die „schöne Frau". Möglicherweise aber wird sich auch das als Illusion entpuppen.

Als Schaubild lässt sich das vereinfacht so darstellen:

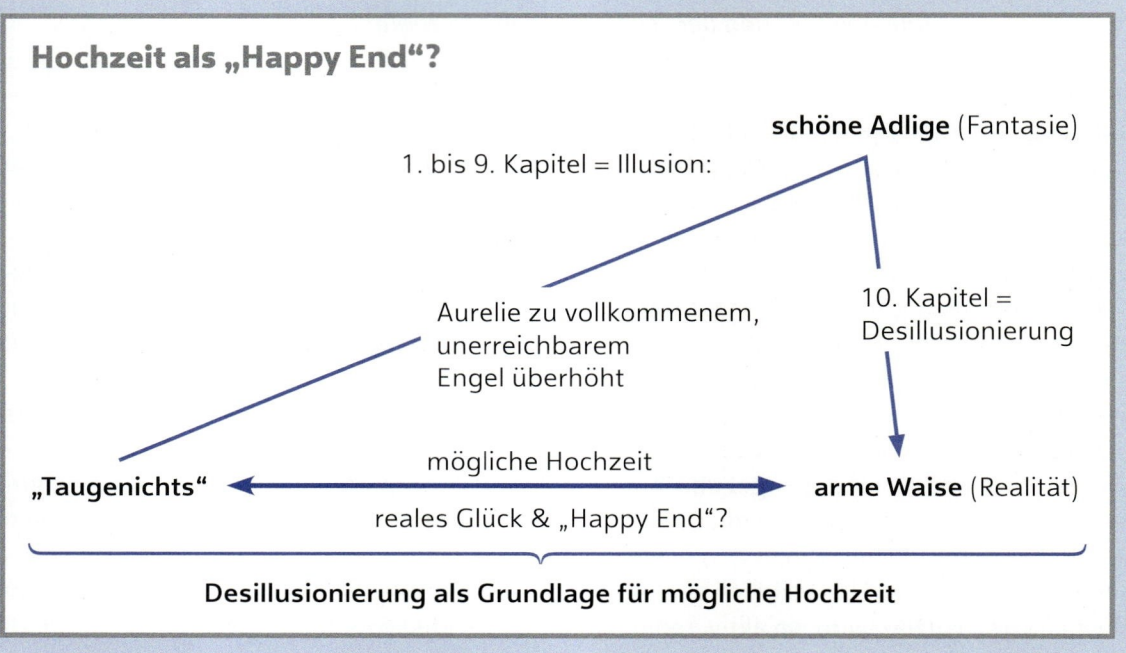

Bemerkenswert ist zuletzt die ambivalente gesellschaftliche Stellung Aurelies, auf die bei Bedarf im gelenkten Unterrichtsgespräch hingewiesen werden kann. Sie ist keine Adlige, sondern von bürgerlicher Herkunft, nimmt als Pflegling aber dennoch am Hofleben teil. Als ständige Begleiterin der älteren Gräfin fungiert sie als eine Art Kammerzofe.

Die Kammerzofen treten in Eichendorffs Geschichte oftmals als Vermittlerinnen zwischen Hof und „Taugenichts" in Erscheinung, indem sie Nachrichten und Botschaften weitergeben. Dabei entsteht eine Reihe von Missverständnissen. In ähnlicher Weise ließe sich nun Aurelie als Vermittlerin zwischen Fantasie und Realität deuten. Dass auch das zu Missverständnissen führt, lässt sich am Ende zumindest nicht ausschließen.

Baustein 2: Figuren, Schauplätze, Handlungszeit

2.4 Der „Taugenichts" und das Glück

Das Glück spielt eine wesentliche Rolle in Joseph von Eichendorffs „Aus dem Leben eines Taugenichts".
Doch ehe die Schülerinnen und Schüler die Funktion des Glückes in Eichendorffs Text näher untersuchen, empfiehlt es sich, zunächst ihr eigenes Verständnis von Glück zu erfragen.

■ *Gestalten Sie in Ihrem Heft einen Ideenstern zum Thema „Glück". Schreiben Sie hierfür das Wort Glück groß und dick eingekreist in die Mitte der Seite. Notieren Sie sich anschließend an den Rändern der Seite einzelne Stichworte, die sie mit dem Begriff „Glück" in Verbindung bringen.*

Im gemeinsamen Unterrichtsgespräch stellen die Schüler und Schülerinnen ihre Ideensterne vor. Aus den gesammelten Assoziationen kann dabei an der Tafel ein eigener Ideenstern entstehen.

Nach diesem allgemeinen Einstieg können sich die Schülerinnen und Schüler wieder der konkreten Textarbeit zuwenden.

■ *Lesen Sie den Anfang des ersten Kapitels, S. 5, Z. 1 – Z. 16. Erläutern Sie ausgehend von diesem Auszug und Ihrer Kenntnis des Gesamttextes, welche Bedeutung das Glück für den weiteren Verlauf der Geschichte hat.*

Gleich zu Beginn verbindet der „Taugenichts" seinen Aufbruch mit der Absicht, sein Glück zu machen (vgl. Z. 15f.). Im Grunde lässt sich die gesamte folgende Handlung als Suche nach dem Glück zusammenfassen. Darüber, ob diese Suche am Ende erfolgreich ist oder nicht, lässt sich streiten (vgl. hierzu 2.3 und 5.2). Das hängt auch davon ab, was man jeweils unter Glück versteht.

■ *Vergleichen Sie den Textanfang (S. 5, Z. 1 – Z. 16) mit folgender Passage: S. 76, Z. 25 – S. 77, Z. 3. Welche Art von Glück ist jeweils gemeint? Was verbindet und was unterscheidet die beiden Arten von Glück? Berücksichtigen Sie bei Ihrer Antwort auch, wie das Glück jeweils zustande kommt.*

■ *Skizzieren Sie das Ergebnis Ihrer Überlegungen in einem Schaubild.*

Bei dem Glück, das der „Taugenichts" zu Beginn des ersten Kapitels „machen" (S. 5, Z. 16) möchte, handelt es sich um sein (vgl. Z. 16) Glück. Das Glück beschreibt damit ein persönliches Lebensglück als Ziel, das der „Taugenichts" durch eigenes Handeln aktiv erreichen möchte.
Das Glück in der zweiten Passage entspricht dagegen eher einer glücklichen Fügung, einem Zufall, der im Moment hilfreich ist.
Gemeinsam ist diesen beiden Arten von Glück, dass sie für den „Taugenichts" etwas Positives darstellen.
Beim „Glück", das zu Beginn des ersten Kapitels erwähnt wird, handelt es sich um einen dauerhaften Gefühlszustand, der die gesamte Lebenssituation des „Taugenichts" berücksichtigt und durch eigenes Zutun erreicht werden soll.
Dagegen beschränkt sich das „Glück" in der zweiten Passage auf einen kleinen, eher unbedeutenden Aspekt. Es entspringt einem Zufall und ist nur vorübergehend von Belang.
Das erste „Glück" beschreibt ein individuelles Lebensziel.
Das zweite „Glück" bezeichnet lediglich ein flüchtiges, willkommenes Ereignis.

Baustein 2: Figuren, Schauplätze, Handlungszeit

Im Tafelbild lässt sich das folgendermaßen zusammenfassen:

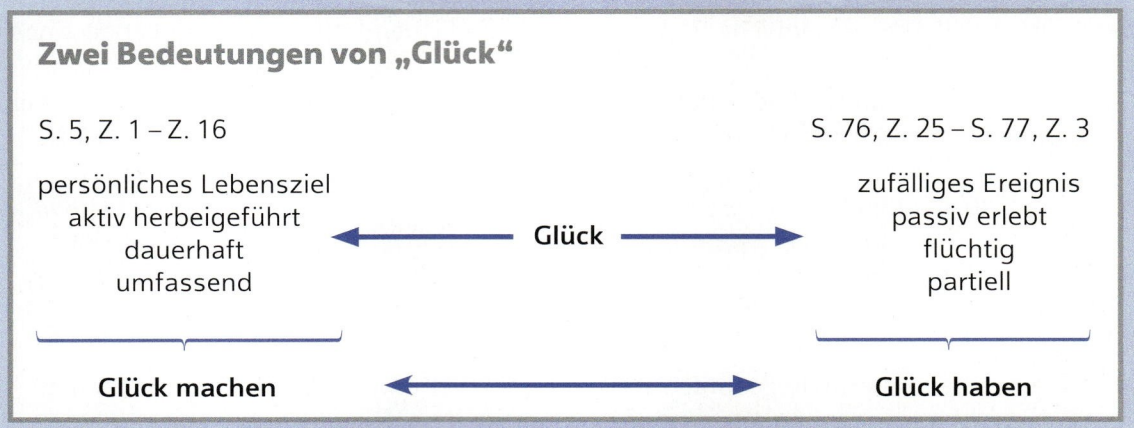

 Im gemeinsamen Unterrichtsgespräch kann anschließend darauf hingewiesen werden, dass es freilich nicht schadet, Glück zu haben, um sein Glück zu machen. Möglicherweise ist das Glück in seiner zweiten Bedeutung (Glück haben) auch eine Voraussetzung dafür, sein Glück machen zu können. In diesem Fall jedoch erhält das scheinbar zufällige Ereignis eine schicksalhafte Bedeutung.

- *Lesen Sie den folgenden Textabschnitt: S. 21, Z. 29 – S. 22, Z. 7.*
- *Überlegen Sie in Partner- oder Gruppenarbeit, warum sich der „Taugenichts" an dieser Stelle glücklich fühlt. Was bedeutet „Glück" für ihn?*

Der „Taugenichts" ist glücklich, weil er glaubt, dass Aurelie sich mit ihm verabreden möchte. Nachdem er zuvor an ihrer Liebe gezweifelt hat, hofft er jetzt wieder darauf. Alles dreht sich bei ihm um „Sie" (S. 21, Z. 30 und Z. 37), was grafisch durch die Kursivschrift und durch die Großschreibung hervorgehoben wird. Eine solche Großschreibung des dritten Personalpronomens im Singular ist sonst allenfalls üblich, wenn von Gott die Rede ist („Er"). Abermals überhöht der „Taugenichts" Aurelie, deren Namen er zu diesem Zeitpunkt noch nicht kennt, zu einer Göttin. Sein Lebensglück scheint einzig und allein von ihr und ihrer Liebe abzuhängen. Glück bedeutet für den „Taugenichts" demnach Liebesglück. Er hat sein Glück gemacht, wenn er die wahre, große Liebe gefunden hat und seine Liebe erwidert wird.

- *Überlegen Sie anschließend auf der Basis Ihrer Kenntnis des Gesamttextes, inwiefern beide Arten von „Glück" – „Glück machen" und „Glück haben" – dazu geführt haben, dass der „Taugenichts" sich glücklich fühlt.*

Der „Taugenichts" hat sich beständig um die Liebe seiner Angebeteten bemüht. Er war also aktiv und hat versucht, sein Glück zu „machen". Gleichzeitig jedoch hätte er Aurelie nie kennengelernt, wenn er nicht das Glück gehabt hätte, ihr zufällig zu begegnen (vgl. S. 6).
Geht man davon aus, dass Aurelie und der „Taugenichts" füreinander bestimmt sind, handelt es sich bei diesem scheinbar glücklichen Zufall um eine schicksalhafte Fügung.

Dass der „Taugenichts" an dieser Stelle „Glück" mit „Liebe" gleichsetzt, kennzeichnet ihn als einen romantischen Charakter und unterscheidet ihn grundlegend von den Philistern.

- *Lesen Sie die beiden folgenden Textpassagen:*
  - *S. 8, Z. 24 – Z. 31,*
  - *S. 35, Z. 23 – Z. 31.*

Baustein 2: Figuren, Schauplätze, Handlungszeit

■ *Erläutern Sie, weshalb der „Taugenichts" die Gelegenheit, sein Glück zu machen (S. 35, Z. 25), ungenutzt lässt, obwohl es doch im ersten Kapitel heißt, dass er eben dazu aufgebrochen sei (vgl. S. 5, Z. 14 ff.).*
Arbeiten Sie bei Ihren Ausführungen insbesondere auch heraus, worin sich die Lebensziele des „Taugenichts" von denjenigen des Gärtners und des Portiers unterscheiden.

Als der „Taugenichts" ganz zu Beginn von der väterlichen Mühle aufbricht, heißt es im ersten Kapitel: „so will ich in die Welt gehen und mein Glück machen" (S. 5, Z. 15 f.). Aus diesem Wollen wird nun scheinbar ein Können, als er einem Dorfmädchen aus wohlhabendem Hause (vgl. S. 34, Z. 15) begegnet, das ihm eine Rose schenkt. Kurz darauf nämlich heißt es: „ich konnte da mein Glück machen" (S. 35, Z. 25).

Der „Taugenichts" aber lässt diese Gelegenheit verstreichen. Wohl auch, weil sich damit nur scheinbar der Zweck seiner Reise erfüllen würde. Das „Glück", das er mit dem Dorfmädchen haben könnte, entspricht nämlich nicht dem „Glück", das er sucht.

Der „Taugenichts" verlässt die väterliche Mühle, um zu reisen und die Freiheit zu genießen. Das Glück, das er auf diesem Wege zu finden hofft, ist ein rein ideelles, romantisches. Zunächst scheint es das Reisen selbst, die Freiheit und die Naturverbundenheit zu sein. Spätestens nachdem er Aurelie begegnet ist, entpuppt sich das ersehnte Glück jedoch als die große Liebe.

Dieses „Glück" bliebe ihm beim Dorfmädchen verwehrt, auch wenn er das Mädchen durchaus anziehend und attraktiv findet (vgl. S. 33, Z. 20 ff.). Das Dorfglück wäre – im Gegensatz zum großen erträumten Schlossglück – ein kleines und rein materielles Glück. Hammel, Schweine und die fetten, mit Äpfeln gefüllten Gänse (vgl. S. 35, Z. 26 f.) stehen nicht nur für gutes Essen, sondern auch für allgemeinen Wohlstand, ein bequemes, sättigendes Leben. Dass der „Taugenichts" im Geiste auch noch den Portier hört, der ihm dazu rät, „im Lande" (Z. 31) zu bleiben, zu heiraten und sich „tüchtig" (Z. 31) zu nähren, kennzeichnet diese Glücksvorstellung als Lebensideal eines Philisters: ein bodenständiges, sesshaftes, angenehmes und gemütliches Dasein. An der Seite des reichen Dorfmädchens könnte es der „Taugenichts" ganz im Sinne des Gärtners „zu was Rechtem bringen" (S. 8, Z. 31).

Dieses „Glück", das er mit dem Dorfmädchen machen könnte, ist aber nicht das „Glück", das er mit der „schönen Frau" Aurelie machen möchte. Das Liebesglück, das der „Taugenichts" anstrebt, dürfte in den Augen des Gärtners vielmehr zu den Flausen zählen, die dieser als „unnützes Zeug" (Z. 29 f.) ablehnt. Vom „Glück" ist in der nüchternen (vgl. Z. 28) „Predigt" (Z. 27) des Gärtners erst gar keine Rede. Ideale und Gefühle gelten ihm nichts. Wenn er überhaupt von „Glück" sprechen würde, dann nur im materiellen Sinne des Portiers.

Als mögliches Tafelbild ergibt sich daraus:

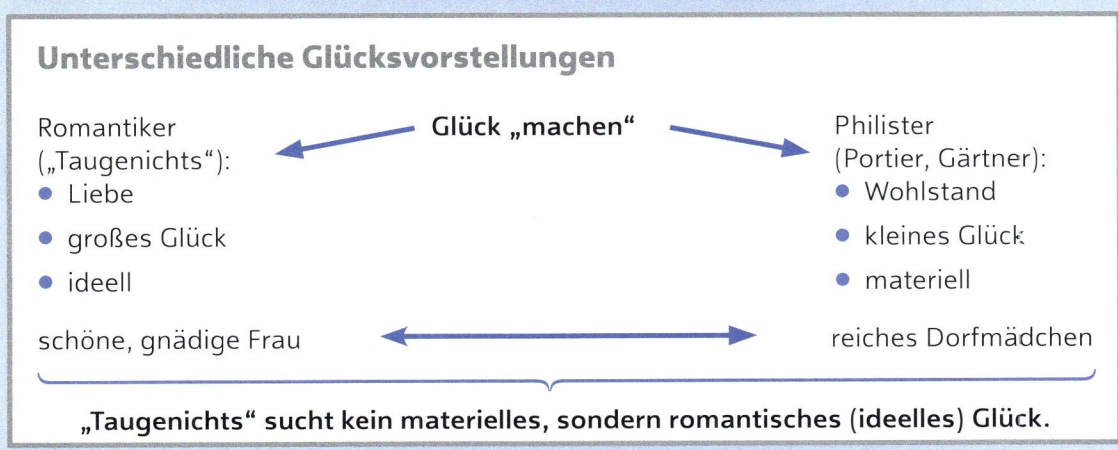

Dass das materielle Glück, das ihm das Dorfmädchen verheißt, nicht dem Glück entspricht, das sich der „Taugenichts" eigentlich ersehnt, wird im Anschluss an den zweiten Textauszug auch daran deutlich, dass sich die Stimmung des „Taugenichts" immer mehr verdüstert (vgl. S. 35, Z. 31 – S. 36, Z. 16).
Andererseits deutet die Anziehungskraft, die das „schmucke[..]" Mädchen" (S. 33, Z. 21) auf ihn ausübt, an, dass der Lebensstil eines Philisters auch für den „Taugenichts" durchaus seine Reize hat.
Dieser Zwiespalt mündet in den „philosophischen Gedanken" (S. 35, Z. 31 f.), die sich der „Taugenichts" im Anschluss an die Begegnung mit dem Dorfmädchen macht.

In Bezug auf den weiteren Handlungsverlauf lässt sich daraus die Frage ableiten, welches „Glück" es ist, das der „Taugenichts" am Ende macht.

■ *Diskutieren Sie in Gruppen darüber, ob die Glückssuche des „Taugenichts" am Ende erfolgreich ist. Präsentieren Sie das Ergebnis Ihrer Diskussion anschließend im Plenum.*

Wie unter 2.3 dargelegt, basiert das vermeintliche „Happy End" auf einer Desillusionierung (vgl. dazu auch 5.2). Das Glück, das der „Taugenichts" am Ende findet, entspricht nicht dem Glück, das er sich vorgestellt hat.
Dem ersehnten Liebesglück mit Aurelie steht zwar nichts mehr im Wege. Das „weiße Schlösschen" (S. 104, Z. 19) im „Mondschein" (Z. 20) verheißt zudem scheinbar eine romantische Zukunft. Und der „Taugenichts" träumt von „Pumphosen" (S. 105, Z. 6) und einer Italienreise (vgl. Z. 7 ff.).
Diese romantischen Fantasien setzen jedoch eine bürgerliche Hochzeit (Z. 7) voraus. Und zwar mit der Nichte des Portiers, der mehrfach als typischer Philister gekennzeichnet wurde. Der Traum von der „schönen gnädigen Frau", der Gräfin, ist am Ende zerplatzt. Aus dem unerreichbaren großen Glück ist ein nicht mehr ganz so großes Glück geworden, das dafür aber verwirklichbar ist. Dieses realistische Glück rückt zugleich jedoch in die Nähe des kleinen Philisterglückes. Es ähnelt jenem Glück, das ihm das Dorfmädchen verheißen und zu dem ihm der Portier geraten rat. Sinnbildlich zeigt sich das daran, dass das ersehnte Schloss zu einem „Schlösschen" schrumpft. Ähnlich wie beim „Bänkchen" (S. 17, Z. 16), auf dem der „Taugenichts" einst gemeinsam mit dem Portier – also, wie sich am Ende herausstellt, dem Onkel Aurelies – den Sonnenuntergang betrachtet hat, signalisiert die Verkleinerungsform an dieser Stelle die kleine, genügsame Lebenswelt des Philisters (vgl. 2.1).
Das Ende erscheint damit doppeldeutig. Das ganz große romantische Glück wurde dem „Taugenichts" verwehrt. Ob er aber zumindest ein wenig davon retten kann und es ihm gelingt, romantisches Glück und Philisterglück unter einen Hut zu bekommen, bleibt offen (vgl. auch 5.2).

Mithilfe von **Zusatzmaterial 3**, S. 130 kann Eichendorffs Buch schließlich zu Grimms Märchen „Hans im Glück" in Bezug gesetzt werden, das Eichendorff möglicherweise als Inspirationsquelle diente.

■ *Lesen Sie das auf Zusatzmaterial 3 abgedruckte Märchen „Hans im Glück".*

■ *Hans beginnt seine Heimreise mit einem großen Stück Gold und kommt am Ende mit leeren Händen bei seiner Mutter an. Dennoch fühlt er sich glücklich. Wie lässt sich das erklären?*

Hans' Vorstellungen von Glück weichen derart grundlegend von den allgemeinen Glücksvorstellungen ab, dass er auf den ersten Blick wie ein Narr erscheint. Das, was für ihn „Glück" bedeutet, würden alle anderen, denen er begegnet, als „Pech" oder „Dummheit" und „Verlust" bezeichnen.

Legt man diese allgemeinen Vorstellungen zugrunde, so macht jeder, der dem „Hans im Glück" begegnet, einen vorteilhaften Handel. Hans dagegen schneidet jedes Mal schlecht ab. Er verliert immer mehr von seinem Vermögen, bis es schließlich vollkommen aufgebraucht ist.

Für Hans jedoch ist Glück offensichtlich nicht an materiellen Besitz gebunden.

Zudem erscheint Glück – so die Botschaft des Märchens – zu einem wesentlichen Teil eine Frage der inneren Einstellung zu sein. Hans ist glücklich, weil er sich glücklich fühlt. Das Glück ist gewissermaßen Teil seines positiven, optimistischen Wesens, das selbst vermeintlichen Verlusten stets etwas Gutes abgewinnt.

> ■ *Beschreiben Sie in wenigen Worten, was sich Hans und die Menschen, denen er begegnet, jeweils unter „Glück" vorstellen. Vergleichen Sie diese Glücksvorstellungen mit denjenigen des „Taugenichts" und der Philister in Joseph von Eichendorffs „Aus dem Leben eines Taugenichts".*

Glück scheint den Menschen, denen Hans begegnet, ein materieller Gewinn zu bedeuten. Deren Glück lässt sich entsprechend weitgehend mit Reichtum und Besitz gleichsetzen.

Für Hans ist Glück dagegen völlig unabhängig davon. Im Gegenteil erscheint ihm Besitz meist ein Hindernis, eine Last und Verpflichtung. Glücklich dagegen fühlt er sich am Ende des Märchens, weil er „frei von aller Last" unbeschwert und „leichten Herzens" seiner Wege gehen kann. Glück bedeutet für Hans demnach in erster Linie Freiheit.

Ähnlich wie die Menschen, denen Hans begegnet, setzen auch die Philister Glück vor allem mit Wohlstand gleich. Für den „Taugenichts" und den „Hans im Glück" ist Glück dagegen vor allem ein ideeller Wert.

> ■ *Erläutern Sie, worin sich der „Taugenichts" und der „Hans im Glück" ähneln und worin sie sich unterscheiden.*

Wie bereits erwähnt, ähneln sie sich darin, dass für sie die Basis ihres Glückes nicht materiell, sondern ideell ist.

Anders als der „Hans im Glück" genügt der „Taugenichts" jedoch nicht sich selbst. Um glücklich zu sein, braucht er mehr als nur seine Freiheit.

Im Gegensatz zum „Hans im Glück" kehrt der „Taugenichts" nicht nach Hause in seine Heimat zurück und wird dabei gleichsam vom Glück, das seiner inneren Natur entspringt, verfolgt, sondern er verlässt sein zu Hause, um sich auf die Suche nach dem Glück zu begeben. Während es Hans nach Hause zieht, will der „Taugenichts" hinaus in die weite Welt. Und während sich der „Hans im Glück" mit wenig, ja, im Grunde nichts, begnügt, strebt der „Taugenichts" nach Großem. Insofern erweisen sich die beiden als gegensätzliche Charaktere.

Anders als beim „Hans im Glück" konkretisiert sich das Glück beim „Taugenichts" zum Liebesglück. Während Hans also das Glück in sich selbst findet, sucht es der „Taugenichts" in der (romantischen) Liebe.

An der Tafel kann das wie folgt zusammengefasst werden:

> **„Taugenichts" und „Hans im Glück"**
>
> | „Taugenichts" | „Hans im Glück" |
> |---|---|
> | ideelles Glück, nicht materielles | |
> | • verlässt Heimat, sucht Glück in der Fremde | • kehrt zurück in seine Heimat |
> | • strebt nach Großem | • begnügt sich mit eigener Freiheit |
> | • sucht Glück in der Liebe | • findet Glück in sich selbst |
>
> → gegensätzliche Vorstellungen vom ideellen Glück
> → gegensätzliche Charaktere

Nachdem sich die Schülerinnen und Schüler ausführlich mit fremden Glücksvorstellungen auseinandergesetzt haben, können sie zum Schluss dieser Unterrichtseinheit ihre eigenen Vorstellungen vom Glück argumentativ oder kreativ ausdrücken.

■ *Diskutieren Sie in Gruppen darüber, was wichtiger ist, materielles oder ideelles Glück. Präsentieren Sie die Ergebnisse Ihrer Diskussion anschließend im Plenum.*

Im gelenkten Unterrichtsgespräch ist darauf hinzuweisen, dass die Unterscheidung von materiellem und ideellem Glück sich in der Praxis nicht immer aufrechterhalten lässt. Wer hungert oder um sein Überleben kämpfen muss, dürfte kaum in der Lage sein, ideelles Glück zu finden. Ein gewisses materielles Grundauskommen, gesicherte Lebensbedingungen bilden wohl die Grundlage für ideelles Glück. Darüber hinaus aber haben Befragungen zum subjektiven Glücksempfinden bislang keinen Zusammenhang von Reichtum und Glück nachweisen können. Wer reicher ist, fühlt sich dadurch nicht automatisch glücklicher.

■ *Was bedeutet Glück für Sie? Verarbeiten Sie Ihre persönlichen Vorstellungen von Glück in einem kreativen Werk (Gedicht, Tagebucheintrag, Brief, Essay, Dialog, Zeichnung, Gemälde, Collage, Fotografie, Video …).*

Alternativ können die Schülerinnen und Schüler auch dazu ermuntert werden, einen Dialog zu verfassen, in dem sie sich mit dem „Taugenichts" über ihre jeweiligen Glücksvorstellungen austauschen. Wahlweise können sie den fertigen Dialog im Plenum vorlesen oder gemeinsam mit einem Partner oder einer Partnerin aufführen.
Eine weitere Möglichkeit ist, den Dialog als fiktiven Briefwechsel zu gestalten.

2.5 Symbolische Schauplätze

Dass sich Joseph von Eichendorffs Ich-Erzähler nicht um eine realistische Darstellung der Schauplätze bemüht, kann den Schülerinnen und Schülern an einem Textauszug beispielhaft vermittelt werden.

Baustein 2: Figuren, Schauplätze, Handlungszeit

■ *Lesen Sie den folgenden Textauszug: S. 6, Z. 29 – S. 7, Z. 34.*
Welchen Eindruck vermitteln die Landschafts- und Ortsbeschreibungen Ihnen?

Im gelenkten Unterrichtsgespräch sollte darauf hingewiesen werden, dass die Beschreibungen skizzenhaft bzw. stichwortartig und austauschbar bleiben.
Bezeichnend hierfür ist, dass der Name der Stadt, zu der die Reisegesellschaft unterwegs ist, mit „W." abgekürzt wird. Das verdeutlicht, dass es Eichendorff und dem Ich-Erzähler nicht darauf ankommt, die Geschichte eindeutig zu lokalisieren. Die Stadt erhält kein Gesicht und bleibt austauschbar. Dass es sich bei „W." offenbar um Wien und bei den „Türme[n]" (S. 7, Z. 27) um die des Stephansdoms handelt, lässt sich im weiteren Verlauf des Textes nur indirekt, etwa durch die Lage an der Donau, erschließen. Erst in späteren Textausgaben wurde „W." dann durch „Wien" ersetzt.
Auch die Dörfer, Gärten und Kirchtürme, an denen der „Taugenichts" vorbeifährt, werden nicht genauer beschrieben. Die Landschaft hat keinen individuellen Charakter.
Teilweise lässt sich das an dieser Stelle durch die hohe Reisegeschwindigkeit erklären, mit der der „Taugenichts" und die beiden Damen unterwegs sind. Die Beschreibung spiegelt die Wahrnehmung des Ich-Erzählers wider, dem es so vorkommt, als würden sie dahinfliegen (vgl. S. 7, Z. 3 und Z. 7 f.).
Es zeigt sich bereits, dass Eichendorff seinen Ich-Erzähler die Schauplätze nicht realistisch, detailliert und möglichst objektiv abbilden lässt, sondern der subjektiven Erzählform entsprechend vor allem dessen persönliche Eindrücke beschreibt. Die Darstellung der Schauplätze erfolgt gefiltert durch die Wahrnehmung des Ich-Erzählers.
Auch die Beschreibung des Schlosses bleibt vage. Viel mehr, als dass es „prächtig" (Z. 26) ist, was im Grunde auf jedes intakte Schloss zutrifft, erfahren wir nicht.

Ergänzend kann noch auf eine weitere Textstelle verwiesen werden:

■ *Lesen Sie den folgenden Textauszug: S. 63, Z. 1 – Z. 23.*

■ *Auf welche Art und Weise wird die Stadt Rom hier vom Ich-Erzähler beschrieben? Markieren Sie auffällige sprachliche Mittel und erläutern Sie deren Funktion. Welche Wirkung wird durch diese Art der Darstellung erzielt?*

Auffällig ist, dass die Beschreibung Roms dadurch vorbereitet wird, dass der Ich-Erzähler zunächst seine kindliche Vorstellung von der Stadt wiedergibt. Anschließend entspricht die Beschreibung weitgehend dieser unrealistischen Fantasie, bei der Rom am Meer oder doch zumindest in unmittelbarer Nähe zum Meer zu liegen scheint. Tatsächlich aber ist das Meer über 25 Kilometer von Rom entfernt.
Und auch sonst bemüht sich der Ich-Erzähler hier nicht um eine realistische, informative Beschreibung, sondern gibt vor allem die Wirkung wieder, die der Anblick der Stadt bei ihm erzielt. Er beschreibt die Stadt nicht, wie sie ist, sondern wie sie ihm erscheint.
Ein auffälliges Stilmittel dafür sind die malerischen Vergleiche mit einem „eingeschlafene[n] Löwe[n]" (S. 63, Z. 21 f.) und einem „dunkle[n] Riesen" (Z. 23).
Es sind vor allem Stimmungsbilder, die durch diese Art der Beschreibung erzeugt werden. Offensichtlich kommt es dem Ich-Erzähler nicht auf Exaktheit und Wahrheitstreue an, sondern Atmosphäre und persönliche Empfindungen stehen im Vordergrund.

Beschreibung von Schauplätzen und Landschaften

- vage
- austauschbar
- wenig informativ
- subjektiv
- atmosphärisch, stimmungsvoll
- malerische Vergleiche

→ vermittelt persönliche Eindrücke statt realistischer Darstellung

Dieser erste Befund lässt sich an weiteren Textstellen konkretisieren.

■ *Lesen Sie die beiden Textauszüge:*
- *S. 20, Z. 20 – S. 22, Z. 7,*
- *S. 22, Z. 36 – S. 25, Z. 6.*

■ *Beantworten Sie anschließend die folgenden Fragen:*
- *Auf welche Art und Weise beschreibt der Ich-Erzähler in diesen Passagen die Schauplätze und seine eigene Stimmungslage?*
- *Welcher Zusammenhang besteht jeweils zwischen beidem?*

Vor allem in der ersten Passage fällt auf, dass sich mit der Stimmungslage des Ich-Erzählers auch dessen Umgebung zu verändern scheint. Zunächst spiegelt der verwilderte, von Unkraut übersäte Garten (vgl. S. 20, Z. 21 ff.) die gedrückte Gefühlslage des „Taugenichts" wider, dem es „ebenso wild und bunt und verstört im Herzen" (Z. 24 f.) ist. Doch als er glaubt, die von ihm begehrte „schöne Frau" (Aurelie) habe bei ihm Blumen bestellt, um sich zu einem Stelldichein mit ihm zu verabreden, ändert sich seine Stimmung schlagartig. Er glaubt jetzt wieder, dass seine Liebe erwidert wird, stürmt entzückt nach draußen (vgl. S. 21, Z. 15 ff.) und fühlt sich „glücklich" (S. 22, Z. 7). In dieser veränderten Stimmung betrachtet er auch seinen Garten wieder mit anderen Augen. Auf einmal erscheint er ihm wie ein Abbild seiner Geliebten (S. 21, Z. 34 ff.). Das Unkraut, das er übermütig herausreißt, symbolisiert für ihn dagegen „alle Übel und Melancholie" (Z. 34). Sieht er vor Ankunft der Kammerzofe in seiner niedergedrückten Stimmung durchs Fenster lediglich in die „leere Luft" (S. 20, Z. 28) hinaus, scheint ihm die Welt, nachdem sie gegangen ist, wieder in Ordnung: „ein stiller schöner Abend und kein Wölkchen am Himmel" (S. 22, Z. 2 f.), die Donau rauscht und die Vögel singen „lustig durcheinander" (Z. 6 f.).

Auch im zweiten Textauszug scheint sich die Umgebung an die innere Befindlichkeit des Ich-Erzählers anzupassen. Während er im Baum Richtung Schloss sieht, wirkt dieses auf ihn wie ein unerreichbarer leuchtender Sehnsuchtsort (vgl. S. 20, Z. 39 – S. 21, Z. 8). Seine unmittelbare Umgebung dagegen beschreibt er als „schwarz und still" (S. 21, Z. 9). Und nachdem ihm das Missverständnis klar geworden ist, dass sich nicht „die liebe schöne gnädige Frau" (S. 24, Z. 4) mit ihm zu einem Rendezvous verabredet hat, sondern „die andere ältere gnädige Frau" (S. 23, Z. 38), ist ihm, als wolle sich die Natur „mit langen Nasen und Fingern" (S. 25, Z. 1 f.) über ihn lustig machen.

- *Mit welchen sprachlichen Stilmitteln kennzeichnet Eichendorff die Beschreibungen als subjektiv?*

Das markanteste Stilmittel bilden die vielen Vergleiche in den beiden Passagen. Die Rosen erscheinen ihm „wie ihr Mund", die Winden „wie ihre Augen", die Lilie „wie Sie" (S. 21, Z. 34 ff.).

Baustein 2: Figuren, Schauplätze, Handlungszeit

Die Kronleuchter drehen sich „wie Kränze von Sternen" (S. 22, Z. 40), die Leute im Schloss bewegen sich „wie in einem Schattenspiele" (S. 23, Z. 1), der Garten ist „wie vergoldet" (Z. 6). Später deuten die Bäume und Sträucher „wie mit langen Nasen und Fingern" (S. 25, Z 1 f.) auf die ältere Gräfin.

Als der „Taugenichts" das Unkraut herauszupft, ist ihm „als zög" (S. 21, Z. 33) er alles Übel mit heraus. Dieser im Konjunktiv gehaltene Vergleich verdeutlicht grammatisch, wie sehr sich der Ich-Erzähler bei seinen Beschreibungen von der Realität entfernt. Er beschreibt die Welt nicht so, wie sie ist, sondern so, wie sie sich für ihn anfühlt bzw. wie sie ihm vorkommt. Exemplarisch deutlich wird das, wenn er ausdrücklich davon spricht, dass Blumen und Vögel um ihn herum aufzuwachen „schienen" (S. 23, Z. 7 f.).

An der Tafel lässt sich das so festhalten:

Schauplätze und Stimmungslage des Ich-Erzählers/„Taugenichts"

Inhaltliche Darstellung
- Umgebung spiegelt Stimmungslage wider.
- Umgebung verändert sich mit Gefühlslage.

→ **subjektive Wahrnehmung**

Stilmittel
- Vergleiche
- Konjunktiv
- „scheinen"

→ **sinnbildliche Sprache**

Schauplätze als Sinnbilder der inneren Befindlichkeit des Ich-Erzählers/„Taugenichts"

Eine besondere Bedeutung kommt bei dieser sinnbildlichen Darstellung den Landschafts- und Naturbeschreibungen zu. Beispielhaft hierfür setzen sich die Schülerinnen und Schüler anhand von **Arbeitsblatt 5**, S. 63 mit der Metaphorik des „Gartens" auseinander.

Wahlweise können die Schüler und Schülerinnen zunächst auch mithilfe eines Ideensterns ihre persönlichen Assoziationen zum Begriff „Garten" im Heft sammeln, die dann an der Tafel zu einem gemeinsamen Ideenstern gebündelt werden. Anschließend wenden sie sich dann **Arbeitsblatt 5** zu.

> ■ *Unterstreichen Sie die zentralen Textstellen in dem auf Arbeitsblatt 5 abgedruckten Lexikonauszug. Fassen Sie die Kernaussagen des Textes in einem Schaubild (z. B. einer Mindmap) zusammen und präsentieren Sie diese in einem mündlichen Vortrag dem Plenum.*

Nachdem sich die Schülerinnen und Schüler auf diese Weise den vielfältigen Deutungsmöglichkeiten der Gartensymbolik angenähert haben, können sie diese im nächsten Schritt auf Eichendorffs Primärtext anwenden.

> ■ *Lesen Sie den folgenden Auszug aus Eichendorffs „Aus dem Leben eines Taugenichts": S. 15, Z. 1 – Z. 7.*
>
> ■ *Erläutern Sie ausgehend von Ihrer Kenntnis des Gesamttextes, wie sich diese Passage auf der Grundlage des auf Arbeitsblatt 5 abgedruckten Lexikonartikels deuten lässt.*

Zwei Gärten werden in diesen beiden Sätzen zueinander in Bezug gesetzt: der herrschaftliche Schlossgarten und das kleine, bunt umzäunte Blumengärtchen des Zollhäuschens. Die beiden Diminutive markieren den Kontrast zwischen dem repräsentativen Schlossgarten der Adelsgesellschaft und dem Gärtchen des Bürgers.

Neben diesem Machtgefälle versinnbildlicht die Verkleinerungsform in Verbindung mit den Blumen und dem bunten Zaun jedoch auch spielerische Lebensfreude, Verletzlichkeit und Freiheit. Letzteres umso mehr, da sich das liebliche Gärtchen „hinter" (Z. 4) der Fassade des „gar saubere[n]" (Z. 3) Zollhäuschens gleichsam versteckt. Möglicherweise steht das Gärtchen damit auch stellvertretend für ein verborgenes Verlangen, eine heimliche Sehnsucht. Allerdings werden dieser Sehnsucht und Lebensfreude durch den Zaun enge, bürgerliche Grenzen gesetzt.

Der umzäunte Garten ist zudem ein in der Literatur häufig verwendetes Sinnbild der Jungfrau Maria. Da der „Taugenichts" die von ihm begehrte „schöne Frau" an mehreren Stellen zu einer engelhaften Mariengestalt überhöht (vgl. 2.3), liegt es nahe, das Blumengärtchen als sinnbildliche Darstellung dieser „schönen Frau" zu verstehen.

Indem der „Taugenichts" die Stelle des Zolleinnehmers antritt und in das Zollhäuschen einzieht, rückt seine Angebetete gewissermaßen in greifbare Nähe. Dies gilt umso mehr, da das Blumengärtchen durch eine „Lücke in der Mauer" (Z. 6) mit dem Schlossgarten und damit der Lebenssphäre der „schönen Frau" verbunden ist.

Diese Mauer repräsentiert die soziale Grenze zwischen Adels- und Bürgerwelt und möglicherweise auch ein sexuelles Tabu. Durch die Lücke in dieser Mauer erscheint sowohl die soziale Grenze als auch das sexuelle Tabu durchlässig und überwindbar. Dass diese Grenzüberschreitung aber dennoch einen Tabubruch bedeutet, lässt sich daran erahnen, dass die Lücke in der Mauer in den „schattigsten und verborgensten Teil" (Z. 7) des Schlossgartens führt.

Auch das Sinnbild von der Jungfrau Maria erhält durch die Lücke in der Mauer Risse. Die Gefühle, die der „Taugenichts" der „schönen Frau" gegenüber empfindet, sind offenbar nicht nur platonisch und quasi religiös, sondern auch von sinnlichem Verlangen durchsetzt.

Möglicherweise also symbolisiert der Blumengarten an dieser Stelle die freiheitsliebende, sehnsuchtsvolle Natur sowie das Liebesverlangen des „Taugenichts", die an soziale Grenzen stoßen, diese aber heimlich überwinden können.

An der Tafel kann das wie folgt notiert werden:

Sinnbildliche Deutung des „Blumengärtchens" (S. 15, Z. 1 – Z. 7)

Sinnbild	Deutung
Schlossgarten	• Adelswelt • Macht, Herrschaft, Ordnung • Lebenssphäre der „schönen Frau"
Blumengärtchen	• Bürgertum, Philister • Lebensfreude, Freiheit • heimliche Sehnsucht, sinnliches Verlangen • Jungfrau Maria • „schöne Frau"
Mauer, Zaun	• Standesgrenze, soziale Grenze • gesellschaftliche (adelige = Mauer und bürgerliche = Zaun) Tabus
Lücke in der Mauer	• Grenzüberschreitung • Tabubruch

Heimliche Liebe & Sehnsucht überschreiten soziale Grenzen.

>
> ■ *Gärten sind häufige Schauplätze in Eichendorffs „Aus dem Leben eines Taugenichts" (Schlossgarten in Wien, Blumengarten am Zollhäuschen, großer Garten beim alten Schloss, Gärten in Rom).*
> *Suchen Sie in Partner- oder Gruppenarbeit eine Textstelle heraus, in der ein Garten beschrieben wird. Überlegen Sie gemeinsam, welche sinnbildliche Bedeutung die gewählte Passage haben könnte. Präsentieren Sie die Textstelle und Ihre Überlegungen im Plenum.*

Neben der oben gewählten Passage gibt es etliche weitere Textstellen, in denen Gärten Schauplätze des Geschehens bilden (vgl. S. 20 ff., S. 53 ff., S. 63 ff., S. 72 ff., S. 80 ff., S. 97 ff.). Dabei zeigt sich stets, dass sich die Metaphorik des Gartens nicht nur auf eine einzige Weise aufschlüsseln lässt, sondern mehrere Deutungsmöglichkeiten eröffnet.

In Eichendorffs Werk „Aus dem Leben eines Taugenichts" reicht dies von einer sinnbildlichen Darstellung unterbewusster Lüste über ein Reich der Poesie und blühenden Fantasie bis hin zu einem Sinnbild für die heilige Jungfrau Maria und das Reich Gottes oder auch einem Symbol für die Geisterwelt, Tod und Vergänglichkeit (vgl. etwa den Garten in Rom, S. 64 ff.). Oftmals werden diese Deutungsmöglichkeiten miteinander verwoben, sodass sich sexuelles Verlangen, religiöse Hingabe, Träumerei und Todesnähe zu einem diffusen, vielschichtigen Gefühl der Sehnsucht vermischen.

Die bis hierhin erfolgte Analyse der Schauplätze bietet mehrere mögliche Anknüpfungspunkte für die weitere Unterrichtsgestaltung. So lässt sich beispielsweise die symbolische Darstellung zu den Merkmalen der Romantik (vgl. 4.1) und insbesondere der romantischen Metaphorik (vgl. 4.2) in Bezug setzen. Entsprechendes gilt auch für das romantische Konzept der Sehnsucht (vgl. 4.2).

Ebenso kann nach der Symbolik der Schauplätze als Nächstes diejenige der Tageszeiten in den Blick genommen werden.

2.6 Symbolische Tageszeiten

Ähnlich wie die Schauplätze spiegeln auch die Tageszeiten tendenziell die Stimmungslage des Ich-Erzählers wider und erhalten dadurch sinnbildlichen Charakter.

Den Schülerinnen und Schülern lässt sich das an einem Textbeispiel veranschaulichen:

>
> ■ *Lesen Sie den folgenden Textauszug: S. 63, Z. 1 – S. 71, Z. 33.*
>
> ■ *Analysieren Sie in Gruppenarbeit, wie die darin vorkommenden Tageszeiten jeweils beschrieben werden. Überlegen Sie gemeinsam, welche besondere Bedeutung die einzelnen Tageszeiten haben könnten. Halten Sie die Ergebnisse Ihrer Analyse und Überlegungen in einem Schaubild fest.*

Die vier in dieser Passage aufgeführten Tageszeiten – Nachmittag (S. 63, Z. 8 ff.), Nacht (S. 63, Z. 14 ff.), Morgen (S. 65, Z. 27 ff.), Mittag (S. 71, Z. 16 ff.) – lassen sich vereinfachend zu Nacht, Morgen und Mittag zusammenfassen.
Besonders augenfällig ist der Gegensatz zwischen Nacht und Morgen.

Die Nacht wird charakterisiert durch den Mondschein. Dieser „Schein" des Mondes lässt sich als doppeldeutig interpretieren, versinnbildlicht er doch auch die Täuschungen und Illusionen, die in der Nacht zum Leben erweckt werden. Die in Nebel gehüllte Stadt Rom verwandelt sich scheinbar in einen von Riesen bewachten Löwen (vgl. S. 63, Z. 20 ff.). Der Mond scheint, „als wäre es heller Tag" (S. 64, Z. 6). Und dem „Taugenichts" scheint es, „als wenn es drinnen leise flüsterte" (S. 65, Z. 4) und „als wenn zwei helle Augen zwischen Jalousien im Mondschein hervorfunkelten" (Z. 5 ff.).

Die unwirkliche nächtliche Stimmung ist durchsetzt von Sinnbildern des Todes und der Vergänglichkeit: „einsame Heide" (S. 63, Z. 24), „im Grabe" (Z. 25), „altes, verfallenes Gemäuer" (Z. 26), „Gräbern" (Z. 32), „Engel" (S. 63, 13; S. 64, Z. 1), „Toter " (S. 64, Z. 8), „schlanke weiße Gestalt" (Z. 30). Auch das Tor (Z. 4), die „Marmorschwellen" (Z. 8) und die „Schwelle" (S. 65, Z. 18), auf der der „Taugenichts" einschläft, markieren als Sinnbilder des Übergangs das Zwischenreich von Traum und Wirklichkeit, Leben und Tod.

Diese Todessymbolik erzeugt in der Nacht und im Mondschein auf den „Taugenichts" jedoch keine abschreckende Wirkung. Vielmehr wirkt alles prächtig (vgl. S. 63 f.) und verströmt einen goldenen Glanz (vgl. S. 63).

Die prächtige, goldene, „wunderbar[e]" (S. 63, Z. 27) Verlockung der verführerisch „warm[en]" (S. 65, Z. 20) und „lieblich[en]" (Z. 21) Nacht wird außer mit den sirenenhaften Engeln auch mit einem heidnischen Kult – der „Frau Venus" und den „alten Heiden" (S. 63, Z. 31 f.) – in Verbindung gebracht.

Sinnbildlich lassen sich diese Verlockungen als menschliche Nachtseiten oder im Unterbewusstsein lauernde Wünsche und Sehnsüchte deuten. Auch die „Garten"-Metaphorik (vgl. 2.5) unterstützt eine solche Lesart.

Der Morgen dagegen wird im Atelier des Malers mit den christlichen Motiven der „heilige[n] Jungfrau" (S. 68, Z. 17) und des „Jesuskind[es]" (Z. 20) in Verbindung gebracht. Entsprechend steht der Morgen sinnbildlich für Keuschheit und platonische, mütterliche Liebe. Möglicherweise allerdings hallt die nächtliche Spukerfahrung im „wehmütigen Gesichte" (Z. 19), den „ernsthaften Augen" (Z. 21) und im „zerbrochene[n] Spiegel" (Z. 39) noch nach.

Bei Tageslicht besehen verliert das scheinbar unbewohnte Haus seinen Reiz, und den „Taugenichts" überfällt angesichts der nächtlichen Begegnung ein „ordentliches Grausen" (S. 65, Z. 40).

Der Vormittag wird wiederholt charakterisiert durch „frische Morgenluft" (S. 65 ff.). Die Gespenster der Nacht und mit ihnen die unterbewussten Wunsch- und Todesfantasien werden „beim hellen Tageslicht" (S. 71, Z. 14 f.) sinnbildlich von Verstand und Realitätssinn verscheucht, wenn sich der „Taugenichts" im „klaren Wasser die Augen hell" (S. 66, Z. 15 f.) wäscht oder der Maler die Dunkelheit vertreibt, indem er das Fenster aufreißt (S. 68, Z. 3 ff.). Anders als in der Nacht, in der der „Taugenichts" nur als heimlicher, passiver Beobachter auftritt, erscheint er am Morgen aktiv, springt „voller Freude" (S. 66, Z. 9) auf die Straße und unterhält sich angeregt mit dem Maler.

Das Gespräch mit dem Maler stellt einen sozialen Kontakt her. Im Gegensatz zur Nacht, in der die Innenwelt des „Taugenichts" sinnbildlich zum Leben erwacht, repräsentiert der Morgen damit das Erwachen der Außenwelt und ihrer gesellschaftlichen Normen.

Der Mittag verwandelt die morgendliche Tatkraft und Energie in eine schläfrige Lethargie. Die Mittagsstunden werden charakterisiert durch Tagträume (vgl. S. 63, Z. 8 ff.), Schwüle (vgl. S. 71, Z. 15), „breite[..] Schatten" (Z. 23 f.), Stille (vgl. Z. 24), „Einsamkeit" (Z. 25) und eine „schauerlich[e]" (Z. 26) Atmosphäre.

Ähnlich wie in der Nacht fällt der „Taugenichts" auch am Mittag in den Schlaf und träumt. Die düstere mittägliche Stimmung erinnert an diejenige der Nacht. Allerdings bleibt es anders als in der Nacht bei einem diffusen Gefühl und es kommt zu keiner unheimlichen (und zugleich verführerischen) Begegnung.

Die träge Mittagszeit erscheint insofern als Vorbote der Nacht.

Baustein 2: Figuren, Schauplätze, Handlungszeit

■ *Mit welchen Tageszeiten wird die „schöne Frau" im vorliegenden Textauszug in Verbindung gebracht? Inwiefern spiegeln diese Tageszeiten das Bild wider, das sich der Ich-Erzähler von der „schönen Frau" macht?*

Bemerkenswert ist hier die **Doppelrolle der „schönen gnädigen Frau"** (S. 64, Z. 19f.; S. 70, Z. 10), die in der vorliegenden Passage sowohl mit der Nacht und der Venus (vgl. S. 63f.) als auch mit dem Tag und der heiligen Jungfrau (vgl. S. 68ff.) in Verbindung gebracht wird (vgl. dazu auch Baustein 4). Diese Doppelfunktion entspricht jedoch nicht etwa ihrer wahren Natur, sondern reflektiert die widersprüchliche Wahrnehmung des „Taugenichts", die wiederum Ausdruck seiner ambivalenten Natur ist. Die geheimen Wünsche des Unterbewusstseins und der Verstand, der sich an gesellschaftlichen und sittlichen Normen orientiert, geraten bei ihm in einen inneren Konflikt. Sinnbildlich schlägt sich das in den jeweiligen Tageszeiten nieder.

Vereinfacht lässt sich das an der Tafel so darstellen:

Charakterisierung der Tageszeiten und ihre sinnbildliche Deutung

Morgen
- frische Morgenluft
- helles Tageslicht
- verscheucht nächtliche Spukgestalten
- heilige Jungfrau, Jesuskind

↓

- Realitätssinn, Verstand
- Christentum
- keusche Liebe
- Tatendrang, Aktivität, Freude

↓

Außenwelt, soziale Normen

↓

„Schöne gnädige Frau" erscheint „Taugenichts" als heilige Jungfrau.

Mittag
- Schwüle
- Schatten
- Stille, Einsamkeit
- schauerliche Atmosphäre

↓

- diffuse Bedrohung
- Melancholie
- Vorbote der Nacht

Nacht
- Mondschein
- Nebel
- Gräber, Engel, Schwellen etc.
- Gold, Pracht, Venus
- Garten

↓

- Täuschung, Schein
- Traum, Unterbewusstsein
- Tod, Verfall, Wandel
- Heidentum
- sinnliche Verlockungen
- Verführung

↓

Innenwelt, heimliche Wünsche

↓

„Schöne gnädige Frau" erscheint „Taugenichts" als verführerische Venus/Gespenst.

Außenwelt, soziale Normen ⟷ **Innenwelt, heimliche Wünsche**

Tageszeiten spiegeln Stimmung und inneren Konflikt des „Taugenichts" wider.

Der Gegensatz von „Taugnichts" und Philister

Taugenichts und Philister

Die Sprache Eichendorffs im Taugenichts ist weitgehend eine Studenten- und Scholarensprache[1] – in ihrem Gebrauch hat Eichendorff sich an seine glückliche Zeit an der Universität Halle erinnert. 1806 endet dieses unbeschwerte Studentenglück jäh, als Napoleon nach der Schlacht von Jena und Auerstedt die Universität schließen und die Studenten, die als mögliche Widerständler gelten, vertreiben lässt.

In Scharen ziehen sie aus der Stadt, viele von ihnen mit einem Kommissbrot, einem Schinken und einem griechischen Testament im Knappsack, wie Augenzeugen berichten. In dieser Zeit wird der Student stets mit dem Philister, seinem Gegenspieler, in einem Atemzuge genannt.

In einem in Halle erschienenen Studenten-Lexikon liest man: „Philister heißt in der Sprache der Studenten alles, was nicht Student ist; insonderheit werden Bürger, welche Studenten im Hause wohnen haben, so genannt. Sobald der Bursche die Universität verlässt und Kandidat[2] wird, sobald wird er auch Philister."

Der „Taugenichts" als Gegenentwurf zum Spießer

„Philister" ist der bevorzugte Negativausdruck der Zeit – heute würde man das Adjektiv „uncool" benutzen, um einen ähnlichen Charakter zu beschreiben. In Achim von Arnims Sammlung „Des Knaben Wunderhorn" findet sich eine Attacke auf die Philister, die als Repräsentanten der beginnenden Arbeits- und Industriegesellschaft gesehen werden: „Der Nährstand … wollte tätige Hände, wollte Fabriken, wollte Menschen, die Fabrikate zu tragen; ihm waren die Feste zu lange Ausrufungszeichen und Gedankenstriche; ein Komma, meinte der, hätte es wohl auch getan."

In diesem Zusammenhang nun wird, als Gegenbild, der Taugenichts erwähnt, und es ist wahrscheinlich, dass Eichendorff bei Achim von Arnim die Anregung für seine Erzählung gefunden hat.

---

[1] Scholar: fahrender Schüler oder Student, akademisch gebildeter Kleriker; Scholarensprache: Gelehrtensprache
[2] Kandidat: Anwärter auf einen akademischen Grad; Student, der sich auf eine Abschlussprüfung vorbereitet

Drei Jahre vor dem Taugenichts hat Eichendorff ein „dramatisches Märchen in fünf Abenteuern" mit dem Titel „Krieg den Philistern" verfasst. Und in einem Aufsatz mit dem Titel „Die geistliche Poesie in Deutschland" hat Eichendorff den Philister folgendermaßen definiert „Ein Philister ist, wer mit Nichts geheimnisvoll und wichtig tut, wer die hohen Dinge materialistisch und also gemein ansieht, wer sich selbst als goldenes Kalb in die Mitte der Welt setzt und es ehrfurchtsvoll anbetend umtanzt." Im Philister verkörpern sich Routine und Alltag – wenn möglich, mit Pensionsanspruch.

Von den Forderungen des Alltags verführt

Nicht nur bei den Romantikern spielt der Gegensatz von Taugenichts und Philister eine große Rolle. In der Literatur zeigt sich dieser Gegensatz in vielen Spielarten – von Schillers Konfrontation des Brotgelehrten mit dem philosophischen Kopf bis zum Gegensatz von Künstler und Bürger, der seit den Buddenbrooks und Tonio Kröger das Werk Thomas Manns durchzieht.

Eichendorff selbst musste Philister, d.h. Beamter werden, um Dichter bleiben zu können; er musste sich im Alltag anpassen, um seine dichterische Freiheit zu bewahren. Er kämpfte mit dem Zwiespalt in seiner eigenen Brust.

„Werde niemals ein trauriger, vornehmer, schmunzelnder, bequemer Philister", heißt es in Eichendorffs Roman „Ahnung und Gegenwart" – aber das ist leicht gesagt und schwer getan. Denn den Forderungen des Alltags kann man zuletzt doch nicht entgehen.

Auch im Taugenichts steckt ein Philister, der manches Mal an die Oberfläche drängt: Als der Held in Eichendorffs Novelle Zolleinnehmer auf dem Schloss geworden ist, findet er an Schlafrock und Schlafmütze durchaus Geschmack, und es ist keineswegs ausgemacht, dass er, hat er seine geliebte Doch-nicht-Gräfin erst einmal geheiratet, nicht wieder zu Schlafrock und Schlafmütze zurückfinden wird.

Wolf Lepenies: Eichendorff, der ewig späte Taugenichts. www.welt.de/kultur/article1400183/Eichendorff-der-ewig-spaete-Taugenichts.html; veröffentlicht am 26.11.2007 (21.02.2018)

- Lesen Sie den Textauszug.
- Erklären Sie den Begriff „Philister" in wenigen eigenen Worten.
- Erläutern Sie, in welchem Verhältnis der „Taugenichts" nach Ansicht Lepenies' zum Philister steht. Nehmen Sie begründet dazu Stellung.

Die „schöne Frau"

Der Minnesang

Der Begriff „Minnesang" oder „Minnelyrik" bezeichnet verschiedene mittelhochdeutsche Formen der Liebesdichtung, vom 12. bis maximal ins 14. Jahrhundert. Minnedichter waren dabei immer Komponisten, Dichter und Vortragende zugleich. […]

Das Spezifische dieser Kunstform ist vor allem das besondere und dabei ganz neue Liebesmodell: Im Mittelpunkt steht die Liebe und Verehrung des Sängers zu einer verheirateten adligen Dame (vrouwe), die auch während des Vortragens anwesend war. Diese Liebe wird zwar im Gesang als vornehm und wahr dargestellt, bezeichnete aber kein reales Verhältnis.

Der Sänger warb um eine Dame und beteuerte seine Treue und Dienstbereitschaft. Die Liebe beeinflusste, ja quälte mitunter seinen gesamten Körper und bedeutete ihm dabei alles. Die Liebe selbst und vor allem die sichere Gefahr, dass sie nicht erfüllt werden würde, wird teilweise so mächtig dargestellt, dass der Sänger daran zu zerbrechen drohte. Problematisch war dabei natürlich, dass die Dame verheiratet war und die gesellschaftlichen Zwänge damit die Liebe dazu verdammten, unerfüllt zu bleiben. Die Liebe wurde dabei keineswegs negativ gedeutet. Vielmehr wurde ihre Aufrichtigkeit und Beständigkeit betont, und solange sie unerfüllt blieb, galt sie sogar als richtig und wertvoll.

Pauline Koester, „Grundlegendes zum Minnesang". Auf: http://wikis.fu-berlin.de/display/editionmhd/Grundlegendes+zum+Minnesang (21.02.2018)

■ *Lesen Sie den folgenden Textauszug der Textausgabe: S. 13, Z. 4 – S. 14, Z. 27.*

■ *Erläutern Sie ausgehend von dieser Passage und im Kontext des Gesamttextes, was den „Taugenichts" mit einem Minnesänger verbindet und was ihn von diesem unterscheidet. Gehen Sie insbesondere auch darauf ein, welche Rolle das (romantische) Gefühl der Sehnsucht in den Liebesvorstellungen eines Minnesängers und des „Taugenichts" jeweils spielt.*

Die Symbolik der „weißen Lilie"

Der weißen Lilie werden zahlreiche Bedeutungen zugeordnet. Die Bedeutung einer jeden Pflanze birgt zumeist einen tieferen Glaubens-Sinn und steht als Symbol zur Zeichensetzung ohne Worte. In der griechischen Mythologie stehen weiße Lilien zum Beispiel für den Tod. Man sieht sie deshalb häufig bei Trauerfeiern und Beerdigungen. Gläubige Menschen legen den Toten oft auch eine weiße Lilie in das Grab, in der Hoffnung, den Toten auf seinem Weg in „das Licht" von seinen Sünden befreiend zu begleiten.

Auch dem christlichen Glauben dienlich, wird ein Altar mit weißen Lilien geschmückt, um so die heilige Muttergottes Maria zu ehren. Aber diese Blumen werden natürlich nicht nur [bei] Beerdigungen symbolisch [verwendet], sondern [...] genauso [auch bei] einem freudigen Ereignis, wie beispielsweise bei einer Hochzeit [...], als Symbolträger für aufrichtige Liebe mit reinem Herzen. Neben der ausdrucksstarken Rose, die als Symbol der Liebe steht, wird die ebenso ausdrucksstarke weiße Lilie zum Symbolträger von Schönheit, Jungfräulichkeit, Keuschheit und der Vergebung. [...]

Von der weißen Lilie inspiriert, verwendeten bereits zahlreiche Lyriker, Dichter und Denker, wie beispielsweise Brentano oder Heinrich Heine, das Symbol als Träger ihrer Dichtungen. In der romantischen Epoche wurde eine weiße Lilie als Geschenk überreicht und als bildhaftes Erkennungszeichen für Liebesbekenntnisse oder Avancen gedeutet.

Anatoli Bauer, „Die Bedeutung von weißen Lilien – leicht erklärt". Auf: https://uni-24.de/die-bedeutung-von-weissen-lilien-leicht-erklaert/ (21.02.2018)

Die „weiße Frau"

Die „weiße Frau" ist eine ab dem 15. Jahrhundert verbreitete Sagengestalt, die als Gespenst in europäischen Adelsschlössern gespukt haben soll. Der Legende nach kündigte das Erscheinen der „weißen Frau" bevorstehende Todesfälle an.

- *Lesen Sie folgenden Textauszug der Textausgabe: S. 25, Z. 7 – S. 26, Z. 4.*
- *Deuten Sie die darin verwendete Symbolik der Farbe Weiß und der Lilie im Kontext des Gesamttextes.*
- *Noch an mehreren weiteren Stellen wird die „schöne Frau" mit der Farbe Weiß in Verbindung gebracht, etwa wenn sie in einem „schneeweißen Kleide" (S. 10, Z. 39) ans offene Fenster tritt.*
  Überlegen Sie in Partner- oder Gruppenarbeit, inwiefern die Farbe Weiß die „schöne Frau" und das, was der „Taugenichts" in ihr sieht bzw. an ihr liebt, sinnbildlich charakterisiert. Die beiden Texte „Die Symbolik der ‚weißen Lilie'" und „Die ‚weiße Frau'" können Ihnen dabei als Grundlage dienen. Sie dürfen sich für zusätzliche symbolische Deutungsmöglichkeiten jedoch auch davon lösen.

Der Garten als Sinnbild

Garten/Park

Symbol des weiblichen Körpers, der Weltordnung, des glücklichen Jenseits, der Verwandlung und der Poesie. [...]

1. Symbol des weiblichen Körpers, der Liebeslust und der Jungfrau Maria.

Der Garten [...] als ein abgegrenzter und geschützter Raum gehört zu dem ursprünglichen Arsenal der europäischen Folklore[1]. Dabei handelt es sich vorwiegend um den Typ des Nutz- bzw. Hausgartens, deren Erzeugnisse die aus der Agrikultur gewonnene Hauptnahrung ergänzen. In seiner Bedeutung als ein fruchtbringender Körper der Frau zählt der Garten zu den Symbolen des mythologischen Mutterarchetypen. Im Lied tritt der Garten als Ganzes und/oder Pars pro Toto seine Pflanzen als Symbol für die heranwachsenden Mädchen in der Erwartung der Liebeserfüllung auf. In der Erzählliteratur der griechischen Antike [...] werden die weiblichen Geliebten als Gartenpflanzen personifiziert. Die Symbolik des Gartens als eines Frauenkörpers – „liebe braut, du bist ein verschlossen garten" – verdichtet sich jedoch im *Hohelied Salomons* [2] und wird somit zum festen Bestandteil der abendländischen Liebesliteratur [...]. Vor dem Hintergrund der zunehmenden Verbreitung der Gärten der höfischen Gesellschaft, die weniger der Nahrungsbeschaffung als dem Vergnügen und der Repräsentation dienen, wird der literarische Garten zum Ort des Lustspiels und der Liebeserfüllung [...].
Infolge der Herausbildung einer neuen Gefühlskultur [...] wird die Liebessemantik[3] des geschlossenen Gartens in die offene Gartenlandschaft bzw. Natur überhaupt verlagert [...]. Der sich in seine Umgebung öffnende Garten wird zum Symbol der freien Gefühlsentfaltung.
Als kontinuierlich erweist sich dagegen die symbolische Bedeutung des geschlossenen Gartens als Jungfrau Maria [...]. In diesem Bild werden die Vorstellungen von Unschuld [...], Erotik und Fruchtbarkeit vereint und ins Sakrale überführt. [...]

2. Symbol der Weltordnung, des Wissens und der Erziehung.

Die mythische Symbolik des Gartens als Mutterleib im Sinne des Lebensursprungs findet ihre Weiterentwicklung in der biblischen Schöpfungsgeschichte (*Genesis 2*). Der alttestamentarische Gottesgarten verweist auf die Urgeschichte; in Verbindung mit dem Vorstellungskreis des Goldenen Zeitalters wird „Eden, erster garte" [...] zum Symbol der harmonischen Weltordnung [...].
Auf die epistemische[4] Tragweite des Gartens verweist eine um 1700 in England begonnene Kontroverse um die politische Ordnung der regierenden Eliten, die im Verlauf des Jahrhunderts zur Umgestaltung der Gartenanlagen in dem gesamten europäischen Kulturraum führt [...]. Der Absolutismus und sein Symbol – geometrisch gestalteter und axial auf das Schloss ausgerichteter Garten – werden infrage gestellt und verworfen, das alternative Konzept des freien Landschaftsgartens in der Auseinandersetzung über die schöne Natur entwickelt und verbreitet. Neben der politischen und ästhetischen Dimension der „Gartenrevolution" [...] wird der Landschaftsgarten für die zeitgenössische Diskussion ein Symbol der Verbesserung des Menschen [...]. Den gepflegten Garten als Sinnbild der Wissensaneignung und der Erziehung transportieren die Emblemata-Bücher[5] noch bis ins 18. Jahrhundert hinein. [...]

3. Symbol des glücklichen Jenseits, des verlorenen Paradieses, der kultivierten Natur und der Kindheit.

Die verbotene Aneignung des Wissens im Garten steht am Anfang der biblischen Erzählung der Vertreibung der Ureltern Adam und Eva (*Genesis 2*). Damit beginnt die spätere [...] Interpretation des Gartens als eines jenseitigen Ortes, an dem das urzeitliche Dasein bei Gott den Frommen wieder zuteilwerden kann. [...]
In der zweiten Hälfte des 18. Jahrhunderts [...] symbolisieren die Gartenanlagen nicht mehr die Natur, sie sind „verschönerte natürliche Landschaft" [...]. Die Korrespondenz der äußeren Gestalt des Gartens mit der inneren Welt des Besuchers steht von da an im Mittelpunkt einer individualisierten Symbolbildung [...].

---

1. Folklore: hier im Sinne von: Brauchtum, volkstümliche Kultur
2. Hohelied Salomons: Sammlung sinnlicher und sehnsuchtsvoller Liebeslieder aus dem Alten Testament
3. Semantik (hier): Bedeutung, Deutung
4. epistemisch: erkenntnistheoretische; hier auch im Sinne von: symbolische
5. Emblemata-Bücher: Werke, in denen Text und Bilddarstellungen auf symbolische Weise miteinander verbunden wurden

© Westermann Gruppe
Best.-Nr. 022697

4. Symbol der Verwandlung, des Grenzganges zwischen Leben und Tod, der Vergänglichkeit.

Ausschlaggebend für die Symbolbildung der Verwandlung des Gartens ist neben den natürlichen Veränderungen der Pflanzenwelt während des Jahres die Tatsache, dass bereits die frühe Gartenkunst sich darin verstand, die gegebenen Bedingungen nicht nur auszunutzen, sondern diese der Zauberei gleich zu überwinden. [...]
Die durch die räumliche Abgrenzung des Gartens angelegte Trennung in alternierende[1] Bereiche (außen/innen; fremd/eigen; wild/kultiviert; profan/sakral[2] usw.) und die Möglichkeiten der Grenzüberschreitungen erweisen sich als besonders attraktiv für die literarische Symbolbildung. [...] Der [...] Wandlungsfähigkeit des Gartens schenken die Autoren der Romantik besondere Aufmerksamkeit (E.T.A. Hoffmann, *Der goldene Topf*; Eichendorff, *Das Marmorbild*). [...]

5. Symbol der Poesie.

Als literarisches Symbol bedeutet der Garten die selbst geschaffene Welt der Dichter und die Quelle poetischer Inspiration [...]. Die besondere Zeitstruktur des Gartenerlebnisses, das in seiner Gegenwart die Vergangenheit (durch die Erinnerung an den urzeitigen Garten) und die Zukunft (im Wunsch nach Wiedergewinnung des harmonischen Zustandes) vereint, steht im Zentrum der romantischen Poetik (Eichendorff, *Dichter und ihre Gesellen*). Dem Garten kommt darin die symbolische Bedeutung der Poesie zu, da beide als Ganzes das Verhältnis des Subjekts zur äußeren Welt zum Ausdruck bringen. [...]

Anna Ananieva: Garten. In: Metzler Lexikon literarischer Symbole, herausgegeben von Günter Butzer und Joachim Jacob. Stuttgart: Metzler 2008. S. 120 ff.

---

[1] alternierend: alternativ
[2] profan: weltlich; sakral: heilig, religiös

- *Unterstreichen Sie die zentralen Textstellen im vorliegenden Lexikonauszug. Fassen Sie die Kernaussagen des Textes in einem Schaubild (z. B. einer Mindmap) zusammen und präsentieren Sie diese in einem mündlichen Vortrag dem Plenum.*

- *Lesen Sie den folgenden Auszug aus Joseph von Eichendorffs Werk „Aus dem Leben eines Taugenichts": S. 15, Z. 1 – Z. 7.*
  Erläutern Sie ausgehend von Ihrer Kenntnis des Gesamttextes, wie sich diese Passage auf der Grundlage des Lexikonartikels deuten lässt.

- *Gärten sind häufige Schauplätze in Eichendorffs Werk „Aus dem Leben eines Taugenichts" (Schlossgarten in Wien, Blumengarten am Zollhäuschen, großer Garten beim alten Schloss, Gärten in Rom).*
  Suchen Sie in Partner- oder Gruppenarbeit eine Textstelle heraus, in der ein Garten beschrieben wird. Überlegen Sie gemeinsam, welche sinnbildliche Bedeutung die gewählte Passage haben könnte. Präsentieren Sie die Textstelle und Ihre Überlegungen im Plenum.

Baustein 3
Erzählaufbau, Erzähltechnik und die Frage der Gattung

Dieser Baustein beschäftigt sich mit der formalen Gestaltung von Eichendorffs Werk „Aus dem Leben eines Taugenichts". Neben dem kreisförmigen Erzählaufbau und der Erzähltechnik werden exemplarisch auch die in den Text eingebauten Lieder und deren erzählerische Funktion beleuchtet. Außerdem setzt sich der Baustein mit der schwierigen und in der Sekundärliteratur oftmals strittigen Gattungsbestimmung des Textes auseinander.

3.1 Gliederung und Handlungsverlauf

Mithilfe eines Wörterreservoirs können sich die Schüler und Schülerinnen dem formalen Erzählaufbau des Textes annähern.

> ■ *Wählen Sie aus den folgenden Adjektiven diejenigen aus, die den Erzählaufbau von Eichendorffs „Aus dem Leben eines Taugenichts" zutreffend beschreiben: kompakt – chronologisch – zweigeteilt – eingerahmt – episodisch – unchronologisch. Begründen Sie Ihre Auswahl.*

Die Handlung wird **chronologisch** dargestellt. Sie erscheint jedoch weder kompakt noch zweigeteilt[1]. Vielmehr wird die Reise des „Taugenichts" durch Aufenthalte an wechselnden Schauplätzen strukturiert. Mit diesen Schauplätzen sind auch jeweils unterschiedliche Protagonisten und Handlungsstränge verknüpft. Dadurch erhält der Erzählaufbau einen **episodischen** Charakter.

Ausgehend von den Schauplätzen lassen sich die insgesamt zehn Kapitel zu fünf (Reise-)Abschnitten zusammenfassen:

> ■ *Teilen Sie die Reise des „Taugenichts" in Partnerarbeit in fünf Abschnitte auf. Ordnen Sie die einzelnen Kapitel diesen Abschnitten zu und benennen Sie jeweils stichwortartig die (wichtigsten) dazugehörigen Schauplätze.*

Als mögliches Tafelbild ergibt sich daraus folgende Tabelle:

Die fünf Reiseabschnitte des „Taugenichts"

Abschnitt	1	2	3	4	5
Kapitel	1/2	3/4	5/6	7/8	9/10
Schauplatz	Schloss in Wien	Reise nach Italien	altes Schloss in den Bergen	Rom	Rückreise/ Wiener Schloss

---

[1] Zwingend falsch ist eine Charakterisierung des Aufbaus als „zweigeteilt" nicht. So lässt sich der Text beispielsweise ausgehend vom Brief Aurelies in ein Davor und Danach aufteilen. Eine solche Zweiteilung hat jedoch eher hermeneutischen Charakter und beschreibt kein strukturell hervorstechendes Element des Aufbaus.

Mithilfe von **Arbeitsblatt 6**, S. 78 können die fünf Reiseabschnitte analog zum Erzählaufbau eines Fünfaktschemas fünf Erzählphasen bzw. Erzählabschnitten zugeordnet werden.

Die auf **Arbeitsblatt 6** abgebildete Erzählpyramide basiert auf Gustav Freytags Abhandlung „Die Technik des Dramas" (1863). Da der Aufbau von Eichendorffs Text demjenigen einer Novelle zumindest ähnelt (zur Gattungsbestimmung vgl. 3.4) und dieser wiederum eng mit demjenigen eines Dramas verwandt ist, kann der pyramidale Aufbau entsprechend auf Eichendorffs Text übertragen werden.

- *Ergänzen Sie in der auf Arbeitsblatt 6 abgedruckten Erzählpyramide die Kapitelangaben zu den einzelnen Erzählphasen bzw. Handlungsabschnitten.*
- *Notieren Sie stichwortartig, was in den einzelnen Abschnitten jeweils geschieht.*

Ein Lösungsvorschlag hierfür findet sich im Anschluss an **Arbeitsblatt 6**, S. 79.

Bei der Zuordnung der Reiseabschnitte zu den einzelnen Erzählphasen ergibt sich eine mögliche Schwierigkeit, auf die bei Bedarf im gelenkten Unterrichtsgespräch hingewiesen werden kann.

Durch ihren episodischen Charakter erhalten die einzelnen Reiseabschnitte gewissermaßen ein narratives Eigenleben und lassen sich entsprechend nur bedingt in einen übergeordneten Handlungsverlauf einfügen.

Über ihren episodischen Erzählwert hinaus erfüllen die einzelnen Abschnitte jedoch auch eine Handlungsfunktion für den Gesamttext, die sich mithilfe des gewählten Fünfphasenschemas darstellen lässt.

Am Ende der Handlung scheint sich der Kreis gleich auf mehrfache Weise zu schließen.

- *Überlegen Sie in Partnerarbeit, inwiefern die Handlung insgesamt einen kreisförmigen Verlauf nimmt. Inwiefern spiegelt der Schluss der Geschichte deren Anfang bzw. Exposition wider? Lassen Sie in Ihre Überlegungen auch die Frage einfließen, inwieweit es sich bei dem Schluss um ein „Happy End" handelt.*

Am Ende seiner von Missverständnissen und Verwechslungen geleiteten Odyssee kehrt der „Taugenichts" zurück ins Wiener Schloss und zu seiner geliebten Aurelie. Es scheint, als ob er mit seiner Rückkehr auch den ursprünglichen Zweck seiner Reise erfüllt und sein Glück gemacht habe.

Diese auf den ersten Blick harmonische Kreisstruktur weist beim genaueren Hinsehen jedoch auch negative, desillusionierende Züge auf (vgl. dazu auch 2.3, 2.4 und 5.2).

Aurelie ist nach der Rückkehr des „Taugenichts" nicht mehr die „schöne gnädige Frau", in die er sich zu Beginn verliebt, die er verehrt und begehrt hat, sondern entpuppt sich als einfache Bürgerliche und zudem als Nichte des Portiers und damit eines typischen Philisters.

Der Kreis – so lässt sich das Ende auch deuten – schließt sich auf ernüchternde Weise. Der „Taugenichts" ist wieder dort angelangt, wo er ganz zu Anfang war: in der Lebenswirklichkeit der Philister. Ähnlich wie der Vater den „Taugenichts" zu Beginn aufgefordert hat, endlich selbst für seinen Lebensunterhalt zu sorgen (vgl. S. 5, Z. 13 f.), drängt ihn Aurelie nun, auf ihren Onkel und Ersatzvater, den Portier, zu hören, sich anzupassen und einzufügen (vgl. S. 105, Z. 2 ff.).

Und ähnlich wie zu Beginn, als der „Taugenichts" aufbricht, um sein Glück zu machen und zugleich der väterlichen Lebenswelt, den väterlichen Erwartungen und Ansprüchen zu entkommen, zieht es ihn auch am Ende in Gedanken schon wieder in die Welt hinaus (vgl. Z. 7 ff.). Es scheint, als habe er sein Glück vielleicht doch noch nicht gefunden.

3.2 Erzähltechnik

Bevor sich die Schülerinnen und Schüler mit der Erzähltechnik im Werk „Aus dem Leben eines Taugenichts" beschäftigen, erhalten sie durch **Arbeitsblatt 7**, S. 80 zunächst in Partnerarbeit und anschließend im Klassen- bzw. Kursplenum die Gelegenheit, sich wesentliche Grundbegriffe der Erzähltechnik anzueignen bzw. in Erinnerung zu rufen.
Danach können sie ihre Kenntnisse auf Eichendorffs Text anwenden.
Dies kann zunächst auf kreative Weise geschehen, indem sich die Schülerinnen und Schüler mit der subjektiven, einseitigen und mitunter naiv anmutenden Erzählperspektive in Eichendorffs Text produktiv auseinandersetzen.

> ■ *Lesen Sie den Anfang des Buches (S. 5).*
>
> ■ *Schildern Sie das darin beschriebene Geschehen aus der Sichtweise einer der im Buch auftretenden Figuren (jedoch nicht des „Taugenichts") oder einer zusätzlichen, unabhängigen Erzählerfigur. Erzählform, Erzählperspektive und Erzählhaltung sowie die Textsorte können Sie frei wählen.*
> *Wahlweise können Sie auch einen Dialog zwischen mehreren Personen verfassen.*

Die Schülerinnen und Schüler lesen ihre Texte anschließend im Plenum vor und tauschen sich über die veränderte Wirkung, die durch den jeweiligen Perspektivwechsel erzielt wird, untereinander aus.

Die Erkenntnisse aus ihrer Diskussion können die Schüler und Schülerinnen dann auf den Gesamttext übertragen.

> ■ *Erläutern Sie, inwiefern die von Eichendorff gewählte Erzählform die Darstellung des Textes wesentlich prägt. Berücksichtigen Sie bei Ihren Ausführungen auch die Unterscheidung zwischen erlebendem und erzählendem Ich.*

Die Handlung des Werkes „Aus dem Leben eines Taugenichts" basiert zu einem erheblichen Teil auf Missverständnissen und Verwechslungen. Erst im letzten Kapitel erfährt der ‚Taugenichts' die wahren Hintergründe des Geschehens.
Dadurch, dass Eichendorff sich für einen Ich-Erzähler entscheidet, kann er den Leser und die Leserin an den Fehldeutungen des „Taugenichts" teilhaben lassen. Auch für die Leserinnen und Leser lösen sich die vielen Rätsel und mitunter bedrohlich oder unheimlich anmutenden Ungereimtheiten erst ganz am Ende auf, selbst wenn man bei der Lektüre an einigen Stellen ahnt, dass der „Taugenichts" eine Situation falsch einschätzt, sich etwas vormacht oder einbildet.
Entscheidend ist, dass der Wissenshorizont der Leserinnen und Leser denjenigen des Ich-Erzählers nicht wesentlich überschreitet. Das unterscheidet Eichendorffs Buch von einer typischen Verwechslungskomödie, die darauf abzielt, dass sich das wissende Publikum über die nichtsahnenden Protagonisten amüsiert.
Wichtig ist hierbei, zwischen erzählendem und erlebendem Ich zu unterscheiden. Das erzählende Ich ist sich selbstverständlich über die zahlreichen Missverständnisse im Klaren, da es die Geschehnisse rückblickend wiedergibt, nachdem es bereits über die wahren Sachverhalte aufgeklärt wurde. Der Ich-Erzähler wählt für seine Darstellung jedoch den Erzählerstandort und die Erzählperspektive des erlebenden Ichs. Das heißt, er gibt die Dinge so wieder, wie er sie damals selbst erlebt und wahrgenommen hat. Dadurch werden auch Leserinnen und Leser bis zum erhellenden Schlusskapitel über wesentliche Zusammenhänge im Unklaren gelassen.

Wie sich die von Eichendorff gewählte Erzähltechnik im Einzelnen auswirkt, kann den Schülerinnen und Schülern an einem konkreten Textbeispiel vor Augen geführt werden.

- *Lesen Sie den folgenden Textauszug: S. 52, Z. 10 – Z. 29.*
- *Bestimmen Sie zunächst auf der Grundlage von Arbeitsblatt 7 die Erzähltechnik dieser Passage.*

An der Tafel lässt sich die Erzähltechnik des Textauszugs so zusammenfassen:

Erzähltechnik: S. 52, Z. 10 – Z. 29

Erzählform	Ich-Erzählung
Erzählperspektive	Mix aus Innen- und Außenperspektive
Erzählerstandort	innerhalb
Erzählverhalten	personal
Erzählhaltung	neutral (mit wertenden Elementen)
Zeitstruktur	weitgehend zeitdeckend, leicht raffend
Darbietungsform	Erzählerbericht, Personenrede

- *Erläutern Sie anschließend, welche Verwechslung dem Aufeinandertreffen des „Taugenichts" und der Magd in dieser Passage zugrunde liegt und wie sich diese auf das Verhalten bzw. die Reaktionen der beiden auswirkt.*

Die Magd glaubt, dass es sich beim „Taugenichts" um die als Mann getarnte junge Gräfin Flora handelt. Entsprechend neugierig betrachtet die Magd ihn „von der Seite" (S. 44, Z. 5). Unschlüssig verharrt sie am Bett. Möglicherweise um der vermeintlichen Gräfin beim Auskleiden behilflich zu sein, falls diese ihr Versteckspiel aufgäbe. Oder aber erneut aus reiner Neugier. Auch amüsiert die Magd sich über das – wie sie annehmen muss – „gespielt" männliche Verhalten der vermeintlichen Gräfin, die ein „großes Glas Wein" (Z. 22) in einem Zug leer trinkt (vgl. Z. 22ff.).

Der „Taugenichts" wiederum ahnt nichts von dieser Verwechslung und wundert sich über das seltsame, unangebrachte Verhalten der Magd.

- *Mithilfe welcher Erzähltechnik erreicht Eichendorff in dieser Passage, dass auch der Leser und die Leserin die Verwechslung nicht durchschauen?*

Der Ich-Erzähler erzählt diese Passage – wie den gesamten Text – aus der subjektiven und begrenzten Wahrnehmungs- und Wissensperspektive des erlebenden Ichs. Erzähltechnisch entscheidend hierfür sind Erzählform, Erzählerstandort und Erzählverhalten.

- *Schildern Sie die gewählte Passage mit einer veränderten Erzähltechnik so, dass zwar die Magd und der „Taugenichts" nach wie vor nichts von der Verwechslung ahnen, die Leserinnen und Leser aber über die tatsächlichen Hintergründe aufgeklärt werden.*
- *Lesen Sie Ihre Texte anschließend im Plenum vor.*

Formuliert man die Passage beispielsweise im Stile eines auktorialen allwissenden Erzählers, wird das Missverständnis für die Leserschaft ausgeräumt.

Dies kann jedoch auch durch einen Ich-Erzähler geschehen, der vom Standort des erzählenden Ichs aus erklärend und erläuternd in die Darstellung eingreift; etwa durch Wendungen wie „was ich damals jedoch nicht ahnte, war ..." oder Ähnliches.

Entscheidend ist, dass der Erzähler dem Leser oder der Leserin ein Wissen vermittelt, das den Wissenshorizont der handelnden Figur zum Zeitpunkt des Geschehens überschreitet. Nachdem die Schülerinnen und Schüler auf diese Weise ihren Blick für die Darstellungsweise des Ich-Erzählers in Eichendorffs Text geschärft haben, lernen sie anhand weiterer Textauszüge einige markante Stilmittel dieser subjektiven Erzähltechnik kennen.

■ *Lesen Sie die beiden folgenden Textauszüge:*
- *S. 44, Z. 3 – Z. 25,*
- *S. 91, Z. 14 – Z. 24.*

■ *Arbeiten Sie in Gruppenarbeit die Stilmittel und Erzähltechniken heraus, anhand derer die subjektive Erzählweise in diesen Passagen deutlich wird.*

Zunächst ist hier für beide Passagen natürlich die Ich-Erzählform zu nennen.

Darüber hinaus lassen sich für die einzelnen Auszüge an der Tafel folgende Stilmittel und Erzähltechniken stichwortartig zusammentragen:

Subjektive Wahrnehmung und Erzählweise: S. 44, Z. 3 – Z. 25 + S. 91, Z. 14 – Z. 24

Stilmittel, Erzähltechnik	Textbeispiel
Umgangssprache, Plauderton (erinnert an mündliche Rede)	anglotzen (vgl. S. 44, Z. 4 f.), „Herrlein" (S. 44, Z. 7), „Wunder, wie gut" (S. 44, Z. 24 f.), „wuscht" (S. 44, Z. 13)
Partikel (wie in mündlicher Rede)	„recht" (S. 44, Z. 6), „so" (S. 44, Z. 13; S. 91, Z. 16), „ganz" (S. 44, Z. 23)
Vergleiche	„wie junge Herrlein" (S. 44, Z. 6 f.), „wie eine Spinne" (S. 44, Z. 16), „als wenn der Sturmwind durchgefahren wäre" (S. 44, Z. 20 f.)
Metaphern, bildliche Sprache	„fortflog" (S. 91, Z. 17), „blaue Ferne" (S. 91, Z. 18), „hervorkam, wuchs und wuchs [...] verschwand" (S. 91, Z. 19 – Z. 21)
Personenrede, Gedanken, Innensicht	„Da bist du [...] und Bildern" (S. 44, Z. 7 – Z. 11), „Wenn ich nur [...] dachte ich" (S. 91, Z. 21)
Erlebte Rede, Innensicht	„Was der Mensch [...] hervormacht!" (S. 44, Z. 11 f.)
Szenisches Präsens (wie in mündlicher Rede)	„Wie ich noch eben [...] auf mich los." (S. 44, Z. 13)
Personales Erzählverhalten	S. 44, Z. 23; „unter mir rauschten" (S. 91, Z. 17), „blickte [...] verschwand" (S. 91, Z. 16 – 21), „meine liebe Violine" (S. 91, Z. 22)
Wertende Erzählhaltung, Innensicht	„grauslichen Kopf" (S. 44, Z. 17 f.), „schönen Frau' (S. 91, Z. 24)

3.3 Lieder

Außer im fünften und achten Kapitel fügt Eichendorff in jedem anderen Kapitel mindestens ein Lied ein. Insgesamt wird der Erzählfluss vierzehnmal durch Liedvorträge unterbrochen. Gesungen werden die Lieder innerhalb der Handlung sowohl vom „Taugenichts" als auch von anderen Figuren.
Volkstümliche Neudichtungen Eichendorffs kommen ebenso vor wie eine Umdichtung aus dem „Freischütz"-Libretto von Johann Friedrich Kind (vgl. S. 98, Z. 29 – Z. 34).
An dieser Stelle soll es nun jedoch nicht darum gehen, die einzelnen Lieder im Kontext des Gesamttextes zu analysieren. Stattdessen soll die erzählerische Funktion der Lieder in ihrer Gesamtheit in den Blick genommen werden.

- *Beschreiben Sie, welche Wirkung die eingestreuten Lieder auf Sie ausüben.*
- *Wie verändert sich durch die Lieder Ihre Wahrnehmung des Handlungsgeschehens?*
- *Wie würde der Text umgekehrt auf Sie wirken, wenn er keine Lieder enthielte?*

Die Lieder unterbrechen den Handlungsverlauf. Mit ihren gereimten Versen markieren sie zudem einen stilistischen Bruch. Dadurch verliert das geschilderte Geschehen seine unmittelbare Wirkung.
Die Lieder erzeugen Distanz und heben die formale – künstlerische und künstliche bzw. fiktive – Gestaltung des Textes hervor. Sie gleichen in diesem Sinne den Gesangseinlagen eines Musicals.
Durch die Lieder wirkt das geschilderte Geschehen weniger realistisch und erhält eher einen beispielhaften, allegorischen oder auch märchenhaften Charakter.
Umgekehrt würde der Text ohne Lieder realistischer wirken. Der „Taugenichts" würde möglicherweise weniger als Kunstfigur und eher als individuelle Persönlichkeit wahrgenommen. Dies könnte jedoch auch dazu führen, dass die Handlungsabläufe anders bewertet und stärker an der Realität gemessen würden. Möglicherweise würde das Geschehen dadurch unglaubwürdiger wirken.

Als möglicher Tafelaufschrieb ergibt sich daraus:

Gesamtwirkung der Lieder

- unterbrechen Handlungsverlauf
- Stilbruch
- distanzierend

→ **Geschehen wirkt weniger realistisch.**
→ **erscheint fiktiv, märchenhaft**

Die Inhalte der Lieder spielen für diese erste Einschätzung noch keine Rolle.

Am Beispiel des Eingangsliedes aus dem ersten Kapitel kann sich jedoch eine inhaltliche Einzelanalyse anschließen.

Baustein 3: Erzählaufbau, Erzähltechnik und die Frage der Gattung

„**Wem Gott will rechte Gunst erweisen**" ist das erste und zugleich bis heute bekannteste Lied aus Eichendorffs Werk „Aus dem Leben eines Taugenichts". Es entstand als Gedicht unter dem Titel „Der frohe Wandersmann" bereits 1817 und wurde 1823 mit den Anfangskapiteln des Werkes „Aus dem Leben eines Taugenichts" in einer Zeitschrift veröffentlicht. 1833 wurde es von Friedrich Theodor Fröhlich vertont.

- *Lesen Sie das Lied „Wem Gott will rechte Gunst erweisen" (S. 6). Joseph von Eichendorff verfasste den Liedtext bereits 1817 unter dem Titel „Der frohe Wandersmann" als Gedicht.*

- *Untersuchen Sie den inhaltlichen Aufbau sowie die formale Gestaltung des Gedichts. Erläutern Sie die jeweilige Funktion für eine mögliche Deutung.*

- *Überlegen Sie gemeinsam, welche Bedeutung dem Wandern in der Darstellung des Gedichts zukommt. Wie wird das lyrische Ich charakterisiert und von welchem Lebensentwurf distanziert es sich?*
  Überlegen Sie anschließend, welche Funktion das Lied innerhalb des Handlungsgeschehens und für eine mögliche Deutung des Gesamttextes haben könnte.
  Berücksichtigen Sie bei Ihren Überlegungen auch den Kontext, in dem das Lied vorgetragen wird.

- *Erläutern Sie das Ergebnis Ihrer Überlegungen im Plenum.*

Auf der Basis der in Gruppen- oder Partnerarbeiten erzielten Ergebnisse kann im gelenkten Unterrichtsgespräch die nachfolgende Analyse erarbeitet werden:

Auffällig ist zunächst der ungewöhnliche Satzbau in der ersten Strophe, durch den der menschliche Protagonist, der Wanderer, zum grammatischen Objekt wird, während Gott als Subjekt fungiert. Das Gedicht beginnt mit Gott, dem sich auch im Folgenden alles andere unterordnet. Gott ist es, der den Wanderer „schickt" (S. 6, Z. 2). Mit diesem Signalwort verknüpft sich das menschliche Schicksal mit der göttlichen Sendung. Der Wanderer ist gleichsam im Auftrag Gottes unterwegs. Das Wandern erscheint entsprechend als Gottesdienst. Der Natur wiederum kommt in diesem Sinnbild die Rolle der Kirche zu. Es ist jedoch kein Ort der Zwänge. Die „weite Welt" (Z. 2) symbolisiert vielmehr eine Freiheit, die im Kontrast zu den bürgerlichen Zwängen steht, die in der zweiten Strophe thematisiert werden. Die freie Natur ist der Ort, an

Postkarte aus dem Jahr 1917

dem Gott dem Menschen seine „Wunder" (Z. 3) offenbart (vgl. Z. 4). Die klangliche Nähe zwischen „Wunder" und „Wanderer" mag Zufall sein. Sie entspricht jedoch dem im Gedicht hergestellten inhaltlichen Zusammenhang. Der gläubige Mensch durchwandert die göttlichen Wunder. Im Hinblick auf ein Leben im Jenseits kann der Mensch aus dieser religiösen Perspektive heraus grundsätzlich als Wanderer auf Erden verstanden werden.

Die zweite Strophe stellt diesem religiösen Menschen die „Trägen" (Z. 5) gegenüber, die „zu Hause" (Z. 5) bleiben. Die göttliche Botschaft, der göttliche Segen, den das „Morgenrot" (Z. 6) symbolisiert, bleibt diesen Daheimgebliebenen verborgen. Nur der Wanderer wird davon seelisch „erquicket" (Z. 6). Dieses Sinnbild des Morgens als christliche Tageszeit und Labsal für die Seele wird in Eichendorffs Werk „Aus dem Leben des Taugenichts" noch häufig aufgegriffen (vgl. 2.6). Im Gegensatz zum gläubigen Wanderer werden die Philister, die sich offenbar hinter den „Trägen" verbergen und nicht über ihren eigenen Tellerrand hinausblicken können (vgl. Z. 7f.), von den beengenden Umständen ihres Alltages niedergedrückt. Dies spiegelt sich auch im lautlichen Gegensatz zwischen den hellen Vokalen in „erquicket" (Z. 6) und den tiefen Vokalen im vierten Vers der zweiten Strophe (vgl. Z. 8) wider. Träge aber, das zeigt auch der Kontext, in den das Lied eingebettet ist, sind die Philister nicht im körperlichen oder materiellen Sinne. Mit „Kinderwiegen" (Z. 7), „Sorgen, Last und Not um Brot" (Z. 8) haben sie wie der Vater des „Taugenichts", der „schon seit Tagesanbruch in der Mühle rumort" (S. 5, Z. 7f.), alle Hände voll zu tun. Sie sind jedoch so geschäftig und mit ihren Alltagsnöten beschäftigt, dass sie keinen Sinn für das Höhere, die göttliche Schöpfung und die Wunder der Natur haben. Aus Sicht der Philister erscheint dagegen der Ich-Erzähler träge, weshalb ihn sein Vater auch als einen „Taugenichts" bezeichnet. Aus der Perspektive des Müllers vergeudet der „Taugenichts" wertvolle Zeit damit, den Sonnenaufgang zu betrachten (vgl. S. 5, Z. 4ff.). Deutlich zeigt sich hier ein Gegensatz zwischen der körperlichen, materiellen Sphäre der Philister und der geistigen, seelischen, religiösen und ideellen Sphäre des gläubigen Romantikers. Träge erscheinen die Philister vor allem im Herz und in der Seele.

In der dritten Strophe spiegelt sich die geistige, seelische Beweglichkeit des Wanderers, der im dritten Vers erstmals als lyrisches Ich in Erscheinung tritt (vgl. S. 6, Z. 11), in der Natur wider. Die Natur erhält durch das Stilmittel der Personifikation (die „Bächlein [...] springen", Z. 9, die Lerchen fliegen nicht einfach nur, sondern tanzen gleichsam „vor Lust", Z. 10) ein Eigenleben. Sie erscheint beseelt, von Gott durchdrungen. Das ist eine für die Epoche der Romantik charakteristische Naturvorstellung (vgl. Baustein 4). Durch den Gesang – der in diesem Kontext auch ein religiöses Loblied darstellt – will das lyrische Ich eins mit der Natur werden und indirekt auch mit Gott. Bemerkenswert sind die Leichtigkeit und Unbeschwertheit, die vermittelt werden. Klanglich schlägt sich das in dieser Strophe in den vielen hohen Vokalen nieder. Nachdem die ersten beiden Strophen einen Gegensatz zwischen Romantikern und Philistern, Gläubigen und Handwerkern etabliert haben, positioniert sich das lyrische Ich in der dritten Strophe klar auf der Seite der religiösen Romantiker.

Die vierte Strophe beginnt ähnlich wie die erste Strophe mit einem Verweis auf „Gott" (Z. 13). Gott bildet damit eine formale Klammer um das Gedicht. Der Kreis schließt sich gewissermaßen. Allerdings ist „Gott" grammatisch in der vierten Strophe zunächst noch nicht Subjekt des Satzes, sondern (Akkusativ-)Objekt (vgl. Z. 13). Das Subjekt bildet das lyrische Ich, das jedoch freiwillig hinter Gott zurücktritt („lass ich nur walten", Z. 13), der dann im zweiten Vers das Subjekt bildet (vgl. Z. 14ff.). Diese formale Veränderung signalisiert eine inhaltliche Entwicklung. Die erste Strophe formuliert den göttlichen Auftrag, das religiöse Angebot. Die zweite Strophe beschreibt die Philister, die in ihrer kleinbürgerlichen Beschränktheit nicht in der Lage sind, diesen Auftrag zu erkennen. In der dritten Strophe meldet sich im Kontrast zu diesen Philistern das lyrische Ich zu Wort und erklärt frohgemut seine Bereitschaft, diesen Auftrag zu erfüllen: „Was sollt ich nicht ..." (Z. 11). In der vierten Strophe führt das lyrische Ich diesen Auftrag nun gewissermaßen aus, indem es sich in die Hände bzw. die Obhut Gottes begibt. Die vierte Strophe ist somit Ausdruck eines tiefen Gottvertrauens und einer damit einhergehenden optimistischen Grundhaltung (vgl. Z. 16).

Eine weitere Möglichkeit, den Schülern und Schülerinnen eine Deutung des Liedes und die romantisch-religiöse Dimension des Wanderns nahezubringen, besteht darin, ihnen den folgenden Radiobeitrag vorzuspielen:

„Wem Gott will rechte Gunst erweisen", Sendung des SWR2 vom 19.08.2011 aus der Reihe „Volkslieder".

www.ardmediathek.de/radio/SWR2-Volkslieder/Wem-Gott-will-rechte-Gunst-erweisen/SWR2/Audio-Podcast?bcastId=7995620&documentId=19754532 (09.02.2018)

Zusammengefasst erfüllt das Lied innerhalb des Gesamttextes die Funktion, den „Taugenichts", sein romantisches Welt- und Naturbild und das damit einhergehende Gottvertrauen zu charakterisieren. Zudem formuliert es bereits den für den Gesamttext wesentlichen Gegensatz zwischen der Lebenswelt der Philister und der Lebenswelt des „Taugenichts", eines (gut-)gläubigen Romantikers.

Im Kontext des Gesamttextes wirkt das Gottvertrauen des „Taugenichts" zwiespältig. Zwar führt es ihn zu seiner Geliebten zurück aufs Schloss. Dies aber ist die Folge einer Verkettung zahlreicher Missverständnisse und Fehldeutungen. Der „Taugenichts" ist offenbar nicht in der Lage, die Wirklichkeit wahrzunehmen, wie sie ist. Insofern scheint sein Gottvertrauen ein blindes Gottvertrauen zu sein. Als er am Ende dann mit der Wahrheit konfrontiert wird, geht damit möglicherweise auch eine Desillusionierung einher, die sein Gottvertrauen als eine Einbildung, eine naive Fantasie erscheinen lassen kann.

Die Naivität der Weltsicht des „Taugenichts" wird beispielsweise auch im Vergleich seines Wanderliedes mit dem Lied der Studenten im neunten Kapitel (vgl. S. 94 f.) deutlich.

> ■ Vergleichen Sie das Lied „Wem Gott will rechte Gunst erweisen" (S. 6) mit dem Lied der Studenten (S. 94 f.). Inwiefern lässt das Studentenlied das Gottvertrauen, das der „Taugenichts" im ersten Lied formuliert, naiv erscheinen? Berücksichtigen Sie bei Ihrer Antwort auch den Gesamtkontext.

Das Lied der Studenten (zur Analyse des Liedes vgl. auch 2.2) beginnt ähnlich fröhlich und optimistisch wie das Lied, das der „Taugenichts" im ersten Kapitel anstimmt, als er die väterliche Mühle verlässt. Die daheimgebliebenen Philister scheinen in der ersten Strophe des Studentenliedes noch bedauernswert, weil sie sich selbst die Freiheit der Wanderer versagen.
Der Optimismus der Studenten hält der Realität, wie sie in den beiden folgenden Strophen beschrieben wird, jedoch nicht stand. Nachts (vgl. 2. Strophe) und im Winter (vgl. 3. Strophe) sieht die Welt anders aus als morgens und im Frühling (vgl. S. 5, Z. 12 ff.). Diese desillusionierende Erkenntnis bleibt dem „Taugenichts" verborgen, weil sie teilweise in Latein formuliert ist und er das nicht versteht. Die mangelnde Lateinkenntnis wird hier zum Sinnbild seiner Naivität. Fröhlich „jauchzend" (S. 95, Z. 15) singt er das Lied mit, ohne überhaupt zu wissen, worum es darin geht.
Dieser Gegensatz von Schein und Sein, der die Erlebnisse des „Taugenichts" derart prägt, dass am Ende der Eindruck entstehen muss, er habe die meiste Zeit über in einer Scheinwelt, einem „Roman" (vgl. S. 101, Z. 24 ff.) gelebt, lässt sich auch noch am Beispiel des Liedes **„Wenn ich ein Vöglein wär"** (S. 66) thematisieren.

> ■ Lesen Sie das Lied „Wenn ich ein Vöglein wär" (S. 66).
>
> ■ Erläutern Sie kurz, „wovon" der „Taugenichts" gerne singen und „wohin" er sich gerne schwingen würde.
>
> ■ Beantworten Sie anschließend die Frage, wie sich der Konjunktiv, in dem das Lied geschrieben wurde, deuten lässt. Berücksichtigen Sie bei Ihrer Antwort auch den Kontext des Gesamttextes.

Der „Taugenichts" singt das Lied nach jener spukhaften Nacht, in der er glaubt, seine „schöne gnädige Frau" in einem Garten in Rom gesehen zu haben. Es bleibt jedoch bei einer flüchtigen Erscheinung und die Angebetete erweist sich einmal mehr als unerreichbar. Unmittelbar bevor er zu singen beginnt, verweist der „Taugenichts" darauf, dass ihm diese „konfuse Nacht" (S. 66, Z. 11) und die „schöne[..] gnädige[..] Frau" (Z. 12) „im Kopfe hin und her" (Z. 13) gegangen sind.

Man darf also annehmen, dass er von der Liebe zu der „schönen gnädigen Frau" singen und sich zu ihr schwingen möchte, um ihr seine Liebe zu gestehen.

Da seine Geliebte für ihn aber (noch) unerreichbar ist, bleibt ihm nur die im Konjunktiv formulierte romantische Sehnsucht.

Dieser Konjunktiv entspricht zugleich der Lebenshaltung und Liebesvorstellung des „Taugenichts" über weite Strecken des Gesamttextes. Er führt gewissermaßen ein Leben im Konjunktiv, bis er am Ende vom Indikativ und der Realität eingeholt wird. Seine Träume freilich werden bestenfalls teilweise wahr.

Dieses romantische Sehnen, das sich im Konjunktiv des Liedes widerspiegelt, können die Schülerinnen und Schüler nun zum anfänglich geplanten Titel der Geschichte in Bezug setzen.

■ *„Der neue Troubadour" wollte Eichendorff seinen Text ursprünglich nennen. Recherchieren Sie zunächst den Begriff „Troubadour" und erklären Sie anschließend, ob die Bezeichnung „neuer Troubadour" den „Taugenichts" Ihrer Ansicht nach treffend charakterisiert. Begründen Sie Ihre Meinung.*

Bei einem Troubadour handelt es sich um einen Dichter und fahrenden (Minne-)Sänger im mittelalterlichen Frankreich.

Nicht nur weil er nach Italien reist, trifft diese Bezeichnung auf den „Taugenichts" nur teilweise zu. Anders als für den Troubadour sind Geigenspiel und Gesang für den „Taugenichts" keine Profession, sondern dienen ihm vielmehr als Ventil, um seinen Gefühlen spontan Ausdruck zu verleihen. Besonders deutlich wird diese Haltung in der Begegnung mit dem Maler Eckbrecht in Rom (vgl. 2.2).

Charakteristisch für den „Taugenichts" allerdings ist die sehnsuchtsvolle Hingabe des Minnesängers, die dadurch, dass die Geliebte unerreichbar bleibt, zum Selbstzweck wird.

Der „Taugenichts" träumt sich in eine Liebe hinein, die ihm zugleich unmöglich scheint. Dieses Träumen und Sehnen ist der Wesenskern seiner romantisch-poetischen Existenz, die sich im Geigenspiel und Gesang sinnbildlich ausdrückt.

3.4 Gattungsbestimmung: Märchen, Novelle, Roman?

In der Sekundärliteratur herrscht Uneinigkeit darüber, welcher Gattung sich Eichendorffs Text am ehesten zuordnen lässt. Zwar erschien die 1826 gemeinsam mit „Das Marmorbild" veröffentlichte Erstausgabe von „Aus dem Leben eines Taugenichts" in der Berliner Vereinsbuchhandlung mit dem Hinweis auf „Zwei Novellen", jedoch weicht der Text in einigen Punkten von einer typischen Novelle ab.

Im zehnten Kapitel klärt Herr Leonhard den Ich-Erzähler darüber auf, dass dieser in einem Roman „mitgespielt" (S. 101, Z. 26) habe. Doch auch die Gattungsmerkmale eines Romans erfüllt der Text nur teilweise.

Aufgrund seiner märchenhaften Züge wurde der Text verschiedentlich in die Nähe eines Glücksmärchens gerückt. Doch auch hier weicht der Text „Aus dem Leben eines Taugenichts" an wesentlichen Punkten von der Gattung ab.

Baustein 3: Erzählaufbau, Erzähltechnik und die Frage der Gattung

Mithilfe von **Arbeitsblatt 8a**, S. 82 können die Schülerinnen und Schüler Eichendorffs Text zu literaturwissenschaftlichen Definitionen der drei Gattungen Märchen, Novelle und Roman in Bezug setzen.

- *Lesen Sie in Gruppen jeweils einen der auf Arbeitsblatt 8a abgedruckten Lexikoneinträge.*
- *Unterstreichen Sie die zentralen Stellen des Textes und fassen Sie dessen Kernaussagen mit eigenen Worten kurz zusammen.*
- *Notieren Sie stichwortartig, worin Eichendorffs Text den jeweiligen Gattungen entspricht und worin er sich von ihnen unterscheidet.*

Märchen

Eichendorffs Ich-Erzähler schildert mehrere Begebenheiten, die einen fantastisch-wunderbaren Eindruck erwecken. Letztlich aber entpuppen sich diese als natürlich erklärbar. Zugleich sind sie Ausdruck der Poetisierung der Wirklichkeit durch den Erzähler.
Anders als im Märchen ist bei Eichendorffs Text eine ungefähre räumlich-zeitliche Einordnung möglich. Diese bleibt jedoch so vage, dass eher von einer Gemeinsamkeit als von einem Unterschied gesprochen werden kann.

Novelle

Für eine Novelle mag Eichendorffs Text etwas lang erscheinen, dennoch kommt er vom Umfang her dieser Gattung am nächsten.
Der Konflikt, um den sich – zumindest auf der Handlungsebene – alles dreht, ist die unglückliche Liebe des Ich-Erzählers zur „schönen gnädigen Frau", die im Sinne von Paul Heyses Falkentheorie, auf die im gelenkten Unterrichtsgespräch bei Bedarf eingegangen werden kann, auch als Falke bzw. Dingsymbol (vgl. Anhang der Textausgabe, S. 132 ff.) für die unerfüllbare Sehnsucht des romantischen Ich-Erzählers fungiert. Grundsätzlich ist die symbolische Deutungsebene ein gemeinsames Charakteristikum der Novelle und Eichendorffs Text. Ähnlich einem Drama, mit dem auch die Novelle formal verwandt ist, kann das Werk „Aus dem Leben eines Taugenichts" in fünf Akte unterteilt werden. Und weder die Hauptfigur noch andere Charaktere vollziehen eine psychologische Entwicklung.
Formal sprengt Eichendorffs Text jedoch die für die Novelle typische kompakte Form. Die subjektive Darstellung des Ich-Erzählers wird anders als in einer Novelle üblich nicht an einen Rahmenerzähler oder ein anderes scheinbar objektives Erzählelement gekoppelt. Auch findet sich in Eichendorffs Text kein einzelner, besonders herausgearbeiteter, unerwarteter Wendepunkt, der handlungslogisch als Dreh- und Angelpunkt fungiert. Vielmehr mäandriert die Geschichte an mehreren Wendepunkten entlang. Erst im Schlusskapitel wird das überraschende Element mit der Auflösung der Missverständnisse gewissermaßen nachgeliefert.

Roman

Für einen Roman gerät Eichendorffs Text zu kurz. Auch werden die Geschehnisse nicht differenziert und komplex genug dargestellt. Zudem entwickelt sich der „Taugenichts" charakterlich nicht weiter.
Wie im Roman geraten jedoch auch in Eichendorffs Text innere und äußere Welt mehrfach in Widerspruch, was sich in den vielen am Ende aufgelösten Verwechslungen und Missverständnissen niederschlägt. So entspricht das Ideal der „schönen gnädigen Frau" nicht der Wirklichkeit.
Auch durch seine stilistische und erzählerische Vielfalt rückt Eichendorffs Text in die Nähe eines Romans.

Baustein 3: Erzählaufbau, Erzähltechnik und die Frage der Gattung

An der Tafel lässt sich das so zusammenfassen:

Versuch einer Gattungsbestimmung

	Märchen	Novelle	Roman
Unterschiede zu „Aus dem Leben eines Taugenichts"	kurz; fantastisch-wunderbare Begebenheiten, widerspricht Naturgesetzen; schwarz-weiße Weltordnung: gut und böse	gedrängte, geradlinige, geschlossene Form; objektiver Berichtstil; unerwarteter Wendepunkt, „unerhörte Begebenheit"	Großform; umfassende, komplexe, differenzierte Zusammenhänge; innere Entwicklung des Protagonisten
Gemeinsamkeiten mit „Aus dem Leben eines Taugenichts"	fantastisch-wunderbare Atmosphäre; keine klare zeitlich-räumliche Einordnung; Wunschwelt; Poetisierung der Wirklichkeit	nicht allzu lang; ein einziger Konflikt; formaler Aufbau ähnelt Drama; symbolisch; psychologisch bruchlose Charaktere	Diskrepanz von Ideal und Wirklichkeit, innerer und äußerer Welt; geringe Formstrenge, stilistische und erzählerische Vielfalt

→ Eichendorffs „Aus dem Leben eines Taugenichts" lässt sich keiner Gattung eindeutig zuordnen.

■ *Überlegen Sie gemeinsam, welcher Gattung das Werk „Aus dem Leben eines Taugenichts" am ehesten entspricht. Begründen Sie Ihre Wahl.*

Obwohl Eichendorffs Text über weite Strecken märchenhafte Züge trägt und auch das scheinbare „Happy End" mit der Schlussformulierung „und es war alles, alles gut" (S. 105, Z. 14) an das formelhafte Ende eines Märchens erinnert, fehlt „Aus dem Leben eines Taugenichts" mit der fantastisch-wunderbaren Handlungsebene das für ein Märchen entscheidende Merkmal. Um ein Märchen handelt es sich demnach eindeutig nicht, auch wenn dem „Taugenichts" bis zum Schluss vieles so erscheint, als befände er sich in einem Märchen.

Ähnlich wie mit den Elementen eines Märchens spielt Eichendorff auch mit denjenigen eines Bildungsromans (vgl. 5.1), die er letztlich jedoch ad absurdum führt. Für einen Roman und einen Bildungsroman im Besonderen fehlt es an innerer Entwicklung der Hauptfigur. Aber auch die Merkmale einer Novelle erfüllt der Text nur zum Teil.

Es lassen sich daher sowohl Argumente dafür finden, den Text der Novellengattung als auch der Romangattung zuzuordnen. Dass er in der Sekundärliteratur überwiegend als Novelle bezeichnet wird, dürfte vor allem daran liegen, dass er in seiner Erstausgabe unter dieser Bezeichnung erschien. Zudem spricht auch die Länge bzw. Kürze des Textes für die Einordnung in die Gattung der Novelle.

Die formale Offenheit und erzählerische Vielfalt jedoch, mit der Eichendorff Merkmale unterschiedlicher Gattungen aufgreift und in seinem Text verarbeitet, entspricht weitgehend den romantischen Vorstellungen eines Romans, wie sie in dem auf **Arbeitsblatt 8b**, S. 83 abgedruckten Textauszug wiedergegeben werden.

■ *Fassen Sie mit eigenen Worten kurz zusammen, was den Roman als „romantisches Buch" kennzeichnet.*

In der Romantik wird der Roman nicht als klassische Gattung mit eigenständigen Merkmalen begriffen, sondern als Sammelbecken für all das, was die klassischen Gattungsgrenzen überschreitet. Der Roman greift nach diesem Verständnis Elemente verschiedener Gattungen auf und vereint diese in einem „romantischen Buch". Er unterliegt damit keinen Formvorgaben. Charakteristisch für den romantischen Roman ist neben der Formoffenheit der fragmentarische Charakter seiner Handlung und Handlungsstränge. Er erzählt keine abgeschlossene Geschichte.

■ *Handelt es sich bei Eichendorffs „Aus dem Leben eines Taugenichts" um ein solches „romantisches Buch"? Begründen Sie Ihre Antwort.*

Die formale Gestaltung, die Elemente des Märchens, der Novelle, eines Bildungsromans sowie zahlreiche Lieder miteinander vereint, entspricht dem Wesen eines „romantischen Buches". Zudem vermittelt der episodische Charakter des Geschehens über weite Strecken einen fragmentarischen Eindruck.

Dem widerspricht das scheinbare „Happy End", bei dem alle Handlungsfäden zusammengeführt werden. Wie an anderen Stellen ausführlich dargelegt (vgl. 2.3, 2.4, 3.1, 5.2), bestehen bei genauerer Analyse jedoch berechtigte Zweifel an diesem „Happy End" und die Zukunft des „Taugenichts" erscheint zumindest offen.

Insgesamt also spricht vieles dafür, Eichendorffs Text als „romantisches Buch" und in diesem Sinne auch als Roman zu klassifizieren.

Darüber hinaus lässt sich „Aus dem Leben eines Taugenichts" möglicherweise aber auch als selbstironische Parodie des romantischen Erzählens und damit des „romantischen Buches" deuten (vgl. 5.2).

Handlungsverlauf

- *Ergänzen Sie in der unteren Erzählpyramide[1] die Kapitelangaben zu den einzelnen Erzählphasen bzw. Handlungsabschnitten. Notieren Sie stichwortartig, was in den einzelnen Abschnitten jeweils geschieht.*

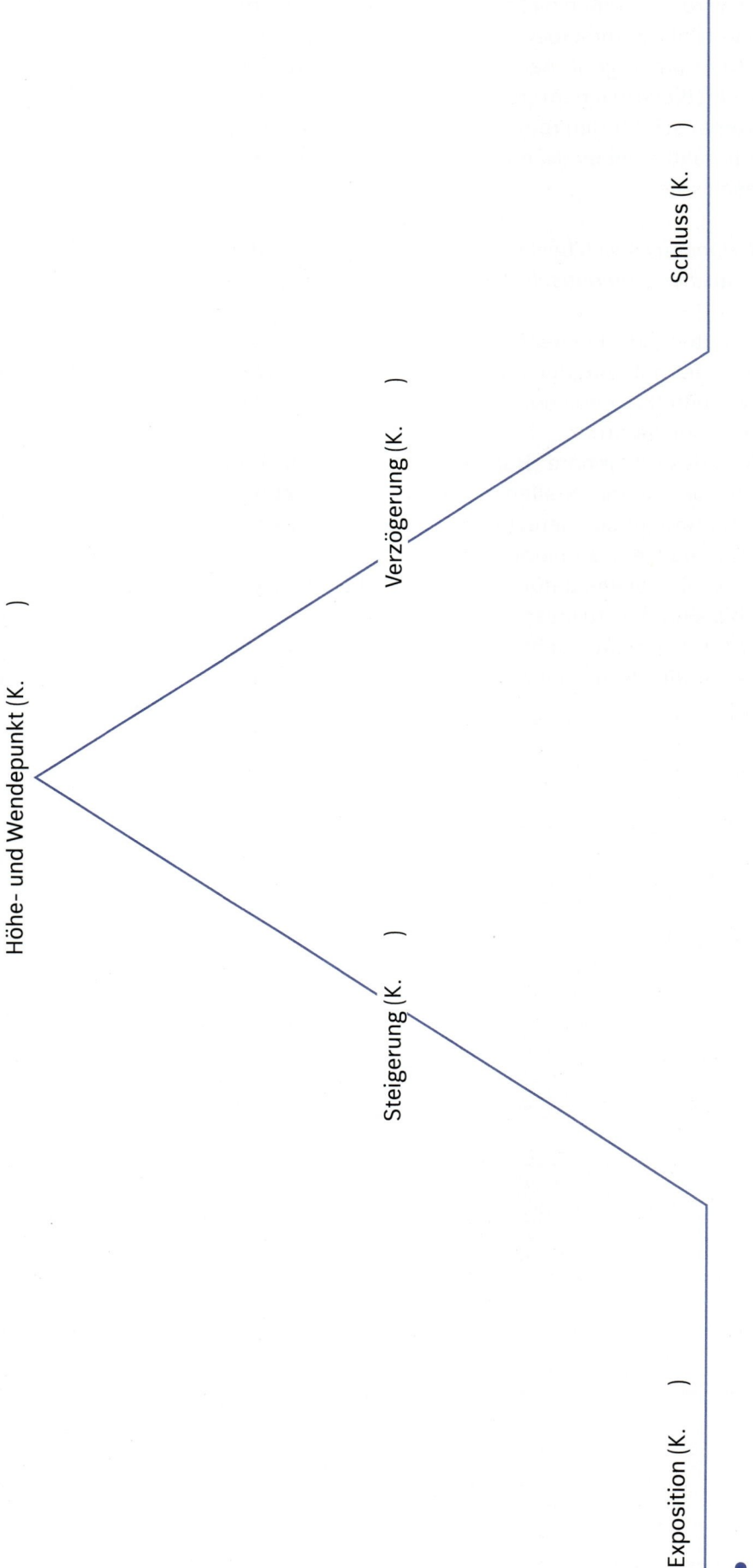

Exposition (K.   )
Steigerung (K.   )
Höhe- und Wendepunkt (K.   )
Verzögerung (K.   )
Schluss (K.   )

[1] Die Pyramide orientiert sich an Gustav Freytags Abhandlung „Die Technik des Dramas" (1863). Da Eichendorffs Text in der Sekundärliteratur häufig als Novelle gehandelt wird und diese eine ähnliche Struktur aufweist wie ein Drama, kann die Pyramide versuchsweise auf das Werk „Aus dem Leben eines Taugenichts" angewendet werden.

Handlungsverlauf (Lösungsvorschlag)

Höhe- und Wendepunkt (K. 5/6)

Brief von Aurelie (K. 6; S. 57)

Kutscher der „Maler" bringt „T." zu altem Bergschloss. Merkwürdige, bedrohliche Vorgänge (Verwechslungen). Brief von Aurelie mit scheinbarer Liebesbotschaft an „T.": „Kommen, eilen Sie zurück". Überstürzte Flucht aus Angst vor Mord.

Verzögerung (K. 7/8)

Flucht führt „T." nach Rom. „T." glaubt, dort seine „schöne Frau" in einem Garten zu sehen. Trifft jungen Maler und Maler Eckbrecht. Weiteres Missverständnis: Kammerzofe aus Wiener Schloss arrangiert Treffen, bei dem aber statt Aurelie eine römische Gräfin erscheint.

Steigerung (K. 3/4)

„T." verlässt Schloss aus Liebeskummer. Unterwegs begegnet er einem reichen Dorfmädchen, lässt die Gelegenheit, mit ihr sein Glück zu machen, ungenutzt. Reise/Flucht nach Italien im Gefolge der beiden vermeintlichen Maler Leonhard und Guido (Gräfin Flora).

Schluss (K. 9/10)

Rückreise nach Wien, Begegnung mit Prager Studenten. Zurück im Schloss klären sich die Verwechslungen auf. Aurelie ist Nichte des Portiers und in „T." verliebt. Doppelte Hochzeit kündigt sich an: zwischen Leonhard und Flora sowie zwischen „T." und Aurelie.

Exposition (K. 1/2)

„Taugenichts" verlässt vaterliche Mühle, bricht am Frühlingsanfang auf, um sein Glück zu machen, folgt Damen zum Wiener Schloss. „T." verliebt sich in „schöne gnädige Frau", arbeitet als Gärtnergehilfe und Zolleinnehmer. (Scheinbar) unglückliche Liebe.

Grundbegriffe der Erzähltechnik

Autor und Erzähler	Autor eines Textes ist der Schriftsteller oder die Schriftstellerin, die den Text verfasst hat. In epischen Texten (Romanen, Erzählungen, Novellen etc.) richtet sich der Autor nie (!) unmittelbar an den Leser, sondern er tut dies stets (!) mittelbar über den Umweg einer fiktiven erzählenden Instanz: den Erzähler. (Ein fiktiver Erzähler erzählt einem fiktiven Zuhörer eine Geschichte. Erzähler und Zuhörer können im Text erkennbar sein oder im Verborgenen bleiben.) Dies gilt auch bei (scheinbar) autobiografischen Schilderungen. Der Autor kann in epischen Texten nicht selbst in Erscheinung treten! Selbst wenn eine Romanfigur unter dem Namen des Autors auftritt und erklärt, ihre eigene Geschichte zu erzählen, handelt es sich dabei nicht um den Autor, sondern den Erzähler.
Erzählform	Der Erzähler kann zwischen zwei Erzählformen wählen: der Ich-Erzählung und der Er-/Sie-Erzählung. Der Ich-Erzähler tritt ausdrücklich als Erzähler in Erscheinung und verwendet dazu das Personalpronomen 1. Person Singular. In der Ich-Erzählung unterscheidet man zudem zwischen erlebendem und erzählendem Ich als zwei Erscheinungsformen derselben Person. Das erzählende Ich meint das „Ich", das die Geschichte erzählt. Das erlebende Ich meint das „Ich", das in der Geschichte vorkommt. In der Er-/Sie-Erzählung tritt der Erzähler nicht selbst in Erscheinung, sondern bleibt hinter der Geschichte, die er von anderen erzählt, im Verborgenen.
Erzählperspektive	Zur Wahl stehen hier Innen- und Außenperspektive bzw. Innen- und Außensicht. Die Innenperspektive/Innensicht eröffnet Einblicke in das Innenleben der Figuren, ihre Gefühle, Gedanken und Wahrnehmungen. Die Außenperspektive/Außensicht richtet den Blick von außen auf die Figuren, ohne ihr Innenleben offenzulegen. Im Laufe eines Erzähltextes kann die Erzählperspektive mehrfach wechseln.
Erzählerstandort	Der Standort des Erzählers kann *außerhalb* oder *innerhalb* der erzählten Welt liegen. Liegt der Erzählerstandort außerhalb, wahrt der Erzähler die Distanz zum Geschehen und behält den Überblick. Er verfügt über ein umfassendes Wissen über Handlung und Figuren. Man spricht hier auch vom allwissenden bzw. olympischen Erzähler. Liegt der Erzählerstandort innerhalb, rückt der Erzähler näher an das Geschehen und verfügt meist nur noch über eine eingeschränkte Perspektive auf Handlung und Figuren. Auch der Erzählerstandort kann innerhalb eines Erzähltextes mehrfach wechseln.
Erzählverhalten	Hier unterscheidet man zwischen auktorialem, personalem und neutralem Erzählverhalten. Beim auktorialen Erzählverhalten tritt der Erzähler deutlich in Erscheinung, indem er beispielsweise Handlung oder Figuren kommentiert, den weiteren Verlauf des Geschehens andeutet oder vorwegnimmt, erklärende Hinweise liefert oder zwischen unterschiedlichen Handlungsorten bzw. in der Zeit hin und her springt. Beim auktorialen handelt es sich daher meist auch um einen allwissenden Erzähler. Beim personalen Erzählverhalten erzählt der Erzähler aus der eingeschränkten Perspektive einer oder mehrerer Figuren, an deren Erleben er scheinbar unmittelbar teilhat. Der personale Erzähler selbst verbirgt sich weitgehend hinter der Figur bzw. den Figuren.

	Beim neutralen Erzählverhalten vermittelt der Erzähler den Eindruck eines objektiven, neutralen Erzählens. Der neutrale Erzähler verbirgt sich hinter dem Geschehen, das er überwiegend aus der Außensicht schildert. Das Erzählverhalten kann in einem Erzähltext mehrfach wechseln.
Erzählhaltung	Die Haltung, die der Erzähler dem von ihm erzählten Geschehen gegenüber einnimmt, kann neutral oder wertend (kritisch, ironisch, zustimmend, zweifelnd etc.) sein.
Zeitstruktur	Wesentlich ist hier, zwischen Erzählzeit und erzählter Zeit zu unterscheiden. Erzählzeit bezeichnet die Zeit, in der das Geschehen erzählt (bzw. gelesen) wird. Die Erzählzeit entspricht also der Zeit, die man braucht, um den Text zu lesen (bzw. zu erzählen). Die erzählte Zeit bezeichnet die Zeit, in der das Geschehen stattfindet. Die erzählte Zeit entspricht also der Zeitdauer des Geschehens. Das Verhältnis der Erzählzeit zur erzählten Zeit kann zeitdeckend (die Erzählzeit entspricht der erzählten Zeit; die Schilderung des Geschehens dauert genauso lange wie das Geschehen selbst), zeitraffend (die Erzählzeit ist kürzer als die erzählte Zeit; das Geschehen wird schneller erzählt, als es tatsächlich dauerte) oder zeitdehnend (die Erzählzeit ist länger als die erzählte Zeit) sein. Außer in seiner chronologischen Abfolge (also in der Reihenfolge, in der es stattgefunden hat) kann der Erzähler das Geschehen zudem auch in Rückblicken bzw. Rückwendungen und Vorausdeutungen schildern, die den chronologischen Ablauf durchbrechen.
Darbietungsformen	Außer im Erzählerbericht, in dem der Erzähler mit eigenen Worten berichtet, beschreibt, kommentiert oder erörtert, kann der Erzähler das Geschehen auch in Form der Personenrede wiedergeben. Die Personenrede umfasst alle Äußerungen, Gedanken und Empfindungen einer Figur. Sie kann als wörtliche oder direkte Rede oder in Form der indirekten Rede wiedergegeben werden. Gedanken einer Figur können außerdem die Form eines inneren Monologs annehmen. Der innere Monolog gibt in der 1. Person Singular (meist im Präsens) die Gedanken, Empfindungen, Eindrücke, Erwägungen und Assoziationen einer Figur ohne Anführungszeichen scheinbar unmittelbar wieder. Eine weitere Darbietungsform ist die erlebte Rede, bei der die Gedanken, Äußerungen oder Empfindungen einer Figur in der 3. Person Indikativ (meist im Imperfekt) scheinbar unmittelbar aus der Perspektive der erlebenden Figur wiedergegeben werden. Die Darbietungsformen können innerhalb eines Erzähltextes mehrfach wechseln und sind nicht immer klar voneinander zu unterscheiden.

Martin Zurwehme: P.A.U.L. D. Oberstufe. Herausgegeben von Johannes Diekhans und Michael Fuchs. Bildungshaus Schulbuchverlage, Paderborn 2013, S. 536 ff.

- *Unterstreichen Sie in Partnerarbeit die wichtigsten erzähltechnischen Begriffe und erläutern Sie diese mit eigenen Worten.*
- *Erfinden Sie Textbeispiele, in denen die einzelnen Erzähltechniken jeweils Anwendung finden.*
- *Unterstreichen Sie in einer anderen Farbe Stellen, die Ihnen unklar sind, und diskutieren Sie diese mit Ihrem Partner.*
- *Präsentieren Sie die Ergebnisse (und offenen Fragen), die sich aus Ihrer Partnerarbeit ergeben haben, dem Kurs bzw. der Klasse.*

Gattungsbestimmung

Märchen

Kürzere volksläufig-unterhaltende Prosaerzählung von fantastisch-wunderbaren Begebenheiten und Zuständen aus freier Erfindung ohne zeitlich-räumliche Festlegung: Eingreifen übernatürlicher Gewalten ins Alltagsleben, redende und Menschengestalt annehmende Tiere und Tier- oder Pflanzengestalt annehmende, verwunschene Menschen [...], Riesen, Zwerge, Drachen, Feen, Hexen, Zauberer u. a. den Naturgesetzen widersprechende und an sich unglaubwürdige Erscheinungen, die jedoch aus dem Geist des Märchens heraus glaubwürdig werden [...]. Der ethische Grund ist eine denkbar einfache schwarz-weiße Weltordnung: Abenteuer und Prüfung der Helden durch gute oder böse Mächte, Belohnung des Guten, Bestrafung des Bösen [...].

[Das Kunstmärchen] wird [...] oft zu einem aus Not und Sehnsucht gespeisten utopischen Gegenbild zum Alltag: rückblickende Flucht in eine Idylle, gegenwärtige progressive Satire oder vorausblickende Wunschwelt. [...]

[Auf] der Höhe der Romantik erfolgt der Umschlag zum Märchen als „bewusste Poetisierung der Welt" mit Durchbrechung der Wirklichkeit, Erfahrung und Kausalität, Loslösung von Zeit und Raum [...].

Novelle

Kürzere Vers- oder meist Prosaerzählung einer neuen, unerhörten, doch im Gegensatz zum Märchen tatsächlichen oder möglichen Einzelbegebenheit mit einem einzigen Konflikt in gedrängter, geradliniger auf ein Ziel hinführender und in sich geschlossener Form und nahezu objektivem Berichtstil ohne Einmischung des Erzählers, epische Breite und Charakterausmalung des Romans, dagegen häufig in Gestalt der Rahmen- oder chronikalischen Erzählung, die dem Dichter eine eigene Stellungnahme oder die Spiegelung des Erzählten bei den Aufnehmenden ermöglicht und den streng tektonischen[1] Aufbau der Novelle, den sie mit dem Drama gemeinsam hat, betont. [...] Beide Formen verlangen [eine] geraffte Exposition, [eine] konzentriert herausgebildete Peripetie[2] und ein Abklingen, das die Zukunft der Figuren mehr ahnungsvoll andeuten als gestalten kann. [...] Von den wesentlichen Theoretikern der Novelle zeigt Friedrich Schlegel[3] [...] den symbolischen Charakter [der Novelle] auf; August Wilhelm Schlegel und besonders Tieck[4] betonen bei aller stofflicher Vielseitigkeit neben dem Symbolcharakter das Auftreten eines völlig unerwarteten, doch natürlich entwickelten und scharf herausgearbeiteten Wendepunktes in der psychologisch bruchlos gestalteten Charakterentwicklung; Goethe definiert die Novelle [...] als „eine sich ereignete unerhörte Begebenheit". Er betont [...] den Wert des Neuen, Ungewöhnlichen, Interessanten [...].

Roman

Epische Großform in Prosa [...]. [Der Roman] bringt [...] einen umfassend angelegten und weit ausgesponnenen Zusammenhang zur Darstellung und unterscheidet sich dadurch von der Novelle und anderen epischen Kleinformen [...]. [Er] richtet [...] den Blick auf die einmalig geprägte Einzelpersönlichkeit oder eine Gruppe von Individuen mit ihren Sonderschicksalen in einer [...] Welt, in der nach Verlust der alten Ordnungen und Geborgenheiten die Problematik, Zwiespältigkeit, Gefahr und die ständigen Entscheidungsfragen des Daseins an sie herantreten und die ewige Diskrepanz von Ideal und Wirklichkeit, innerer und äußerer Welt, bewusst machen. [...] Bei aller Gebundenheit an die Außenwelt bestimmen letztlich nicht äußere Taten, sondern innere Entwicklungen den Gang des Romans [...].

Die geringe Formstrenge, die unterschiedlichen Zielsetzungen und Lesererwartungen, Themen und Stoffe, Stilarten und Erzählstrukturen bedingen die außerordentliche Vielfalt der Romanliteratur als der am weitesten gefassten Gattung [...].

Gero von Wilpert: Sachwörterbuch der Literatur, 7. Auflage 1989, Alfred Kröner Verlag, Stuttgart

---

[1] Tektonik (hier): strenger, kunstvoller Aufbau einer Dichtung
[2] Peripetie: Wendepunkt, Umschwung
[3] Friedrich Schlegel (1772–1829): dt. Dichter und Literaturwissenschaftler
[4] August Wilhelm Schlegel (1767–1845): dt. Dichter, Bruder von Friedrich Schlegel; Ludwig Tieck (1773–1853): dt. Dichter

- ■ *Lesen Sie in Gruppen jeweils einen der drei Lexikoneinträge.*
- ■ *Unterstreichen Sie die zentralen Stellen des Textes und fassen Sie dessen Kernaussagen mit eigenen Worten kurz zusammen.*
- ■ *Notieren Sie stichwortartig, worin Eichendorffs Text „Aus dem Leben eines Taugenichts" den jeweiligen Gattungen entspricht und worin er sich von ihnen unterscheidet.*
- ■ *Überlegen Sie gemeinsam, welcher Gattung der Text am ehesten entspricht. Begründen Sie Ihre Wahl.*

Gattungsbestimmung

■ *Lesen Sie den nachfolgenden Textauszug.*

Das romantische Buch

Anders als die Klassiker betrachten die Romantiker den Roman [...] nicht als abgeschlossene, gesonderte Gattung, sondern als „romantisches Buch", in dem alle Gattungen, alle Formen, alle Stile, alle Bewusstseinsäußerungen sich vermengen.

Da er „als unendliche, offene Summenbildung [...] prinzipiell alle diskursiven und poetischen Formen integrieren kann" (Kremer), kommt er, wie keine andere Textsorte sonst, der Unendlichkeit des Seins und Erkennens am nächsten. Für Schelling[1] ist dieses Verwischen und Auflösen der Gattungsgrenzen die Grundbedingung des Romanhaften schlechthin: „Ja ich kann mir einen Roman kaum anders denken, als gemischt aus Erzählung, Gesang und anderen Formen", schreibt er in seinem Gespräch über die Poesie. [...]

Nicht minder konstitutiv als das Postulat der Gattungsvermischung ist darüber hinaus das im Roman eingelöste Prinzip des Fragmentarischen. Da die Welt unendlich ist, bleibt sie unerzählbar. Kein Roman, wie lang auch immer und wie vermischt auch immer, kann alles erzählen, kein Roman kann die Gesamtheit aller Erscheinungen einfangen. Der Roman als „romantisches Buch" bildet diese Grundannahme strukturell durch eine potenziell unendliche Verschachtelung immer wieder neuer Geschichten und Erzählstränge ab. Diese Vielstimmigkeit, diese Polyfonie[2] der Möglichkeiten öffnet stets neue Perspektiven und symbolisiert zugleich die Unabschließbarkeit des Erzählens, das im Nebeneinander erzählender, reflektierender Abschnitte, eingestreuter Lieder, Märchen, Gedichte, Briefe und dialogischer Sequenzen schon per se einen fragmentarischen Charakter trägt. Im Sinne der Universalpoesie[3] wird das romantische Buch zum Abbild der unendlichen und damit nie erreichbaren, nie abschließbaren [...] Annäherung an die Wirklichkeit des Absoluten. So bleibt jeder romantische Text ein offenes Projekt, ein offener Prozess und damit selbst ein Fragment der Idee des Romantischen. Damit eignet sich der Roman zum bevorzugten Experimentierfeld eines völlig freien, absolut autonomen Autors, der laut Schlegel[4] „an kein Gesetz, keine Regeln, keine Vorgaben gebunden und völlig frei von jeder poetologischen Konvention" agiert. So bleibt als einziges Gesetz, das die romantische Poesie anerkennt, jenes, „dass die Willkür des Dichters kein Gesetz über sich leide".

Textauszug aus Das romantische Buch, veröffentlicht am 11.02.2015 auf: www.br.de/radio/bayern2/sendungen/radiowissen/deutsch-und-literatur/novalis-das-romantische-buch100.html (12.02 2018)

---

[1] Friedrich Wilhelm Joseph Schelling (1775–1854): dt. Philosoph
[2] Polyfonie: Mehrstimmigkeit, (hier auch) Vielfalt; Polyfonie (Literatur): Figuren sprechen für sich selbst und vertreten nicht unbedingt die Meinung des Autors
[3] Universalpoesie: von Friedrich Schlegel entwickelte Theorie der romantischen Literatur, die sich zum Ziel setzt, sämtliche literarische Gattungen sowie Philosophie, Kunst und Wissenschaft in sich zu vereinen und Traum und Wirklichkeit miteinander zu verbinden
[4] Friedrich Schlegel (1772–1829): dt. Dichter und Literaturwissenschaftler

■ *Fassen Sie mit eigenen Worten kurz zusammen, was den Roman als „romantisches Buch" kennzeichnet.*

■ *Handelt es sich bei Eichendorffs „Aus dem Leben eines Taugenichts" um ein solches „romantisches Buch"? Begründen Sie Ihre Antwort.*

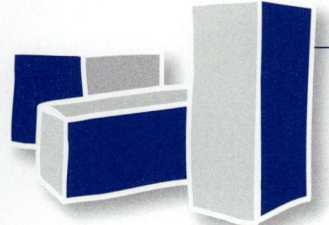

Baustein 4

Romantik

Für das Verständnis von Eichendorffs Text ist es unumgänglich, sich auch mit der Epoche der Romantik zu befassen, in der dieser entstanden ist. Zahlreiche Elemente romantischer Literatur lassen sich im Werk „Aus dem Leben eines Taugenichts" nachweisen. Da das Werk zeitlich der Spätromantik (1815 – 1848) zuzuordnen ist, stellt es möglicherweise bereits eine kritisch-ironische Auseinandersetzung mit der Epoche und ihrer Literatur dar (vgl. 5.2). In diesem Baustein gilt es zunächst jedoch, wesentliche Grundmerkmale romantischer Literatur zu erarbeiten und zu Eichendorffs Buch in Bezug zu setzen.

4.1 Merkmale der Romantik

Anhand des im Anhang der Textausgabe abgedruckten Epochenüberblicks, S. 116 ff. können die Schülerinnen und Schüler wesentliche Merkmale romantischer Literatur herausarbeiten.

- *Lesen Sie den im Anhang der Textausgabe, S. 116 – 118, abgedruckten „Epochenüberblick: Romantik".*
- *Fassen Sie stichwortartig die Merkmale romantischer Literatur zusammen, die darin beschrieben werden.*
- *Welche dieser Merkmale erscheinen Ihnen auf Grundlage des Textes besonders wesentlich?*

Folgende Stichworte können an der Tafel notiert werden:

Merkmale romantischer Literatur

- Gefühl
- Welt wird poetisiert, romantisiert.
- Hang zum Wunderbaren
- Realitätsflucht
- idyllische, verklärte Natur
- Außenseiterdasein, Abkehr von bürgerlicher Gesellschaft
- Sehnsucht
- Vorliebe für Lyrik + volkstümliche Literatur (Volkslieder, Märchen, fantastische Literatur)
- idealisiertes Mittelalter (Minnesang)

Sehnsucht → Poetisierung der Welt/Natur

Die einzelnen Merkmale lassen sich nun in einem nächsten Schritt mit Eichendorffs Buch abgleichen.

>
> ■ *Erläutern Sie, inwieweit die an der Tafel aufgeführten Merkmal auch Eichendorffs „Aus dem Leben eines Taugenichts" kennzeichnen.*

Das Gefühl der Sehnsucht bildet nicht nur ein zentrales Merkmal romantischer Literatur im Allgemeinen, sondern auch von Eichendorffs „Aus dem Leben eines Taugenichts" im Besonderen. Die Sehnsucht nach der „schönen gnädigen Frau" ist Ausgangs- und Zielpunkt des Handlungsgeschehens (vgl. 2.3).

Gleichzeitig rückt damit das Gefühlsleben des „Taugenichts" in den Mittelpunkt, der aus seiner Wahrnehmung als „Ich-Erzähler" die Welt poetisiert (vgl. 2.1). Insbesondere die Natur erscheint als Ausdruck seiner Stimmung bzw. inneren Gefühlswelt und wird symbolisch überhöht und verklärt (vgl. 2.5, 2.6).

Die Realitätsflucht beschreibt gewissermaßen das Motiv für den Aufbruch des „Taugenichts" von der väterlichen Mühle. Zugleich schlägt sie sich in den märchenhaften Zügen der Geschichte nieder.

Zumindest in seiner Fantasie gibt der Ich-Erzähler als romantischer Held seinem Hang zum Wunderbaren nach, welches sich am Ende jedoch als Illusion entpuppt.

Bis zu diesem möglicherweise eher unromantischen Ende (vgl. u. a. 5.2) erscheint der „Taugenichts" als romantischer Außenseiter, der sein Glück sucht, indem er sich von der bürgerlichen Gesellschaft abkehrt und einer sehnsuchtsvollen Liebe zuwendet.

Die Art und Weise, mit der er diese Liebe ausdrückt und die „schöne gnädige Frau" idealisiert, ist spürbar vom Minnesang beeinflusst.

Zuletzt schlägt sich die romantische Vorliebe für Lyrik und Volkstümlichkeit in den zahlreichen Volksliedern nieder, die in „Aus dem Leben eines Taugenichts" in das Handlungsgeschehen eingewoben werden.

Nachdem die Schüler und Schülerinnen auf diese Weise zentrale romantische Elemente mit dem Text Eichendorffs in Verbindung gebracht haben, lohnt es sich, den Aspekt der Poetisierung noch einmal etwas genauer zu beleuchten.

> ■ *Lesen Sie folgenden Auszug aus dem im Anhang der Textausgabe abgedruckten Text „Die Poetisierung der Wirklichkeit": S. 123.*
>
> ■ *Vergleichen Sie Gerhard Kluges Ausführungen zur Poetisierung mit der entsprechenden Darstellung im „Epochenüberblick", S. 116f. Arbeiten Sie zunächst die wesentlichen Unterschiede heraus.*
>
> ■ *Überlegen Sie anschließend, wie sich die beiden Definitionen miteinander vereinbaren lassen. Gehen Sie dabei auch auf die Frage ein, inwiefern die Poetisierung eine religiöse Funktion erfüllt.*

Im Text zum „Epochenüberblick" erscheint das Poetisieren bzw. Romantisieren als ein subjektives Fantasieren. Der romantische Dichter gibt dem „Gewöhnlichen" (S. 117, Z. 3) kraft seiner Vorstellungskraft einen außergewöhnlichen „Schein" (Z. 5). Die Wirklichkeit wird überhöht bzw. „verklärt" (Z. 27).

Kluge dagegen hebt hervor, dass die Natur aus religiös-romantischer Sicht nicht erst beseelt werden muss, sondern bereits beseelt ist (vgl. S. 123, Z. 19 ff.). Poetisieren bzw. Romantisieren heißt demnach, den romantischen, poetischen Kern der Natur offenzulegen und damit das göttliche Wesen der Natur zu „offenbaren" (Z. 29).

Auf den ersten Blick erscheint dies widersprüchlich. Im ersten Text wird das Poetisieren als ein Erfinden beschrieben, während es im zweiten Text als ein Finden dargestellt wird.

Aus romantisch-literarischer Perspektive muss dies jedoch kein Gegensatz sein. Das literarische Prinzip des „Verklärens", das u. a. von Fontane auch im poetischen Realismus aufgegriffen wird, lässt sich nämlich auch als eine poetische Methode des Erklärens bzw. Aufklärens begreifen. Anders gesagt: Das Erfinden trägt zum Finden bei. Dadurch, dass der romantische Dichter die Natur mithilfe seiner poetischen Fantasie überhöht, offenbart er ihren wahren, verborgenen Kern. Die Poesie ist aus dieser romantischen Perspektive ein Mittel der Erkenntnis.

Als Schaubild lässt sich das so skizzieren:

Das Poetisieren/Romantisieren der Natur/Wirklichkeit

innerer, göttlicher/ideeller Kern der Natur/Wirklichkeit
(ideelle Natur)

↑

Poetisierung bzw. Romantisierung
(überhöht äußere Gestalt & offenbart inneres Wesen)

|

äußere, materielle Gestalt der Natur/Wirklichkeit

→ **Offenbarung durch Poesie**

Ehe die Schülerinnen und Schüler abermals den Bezug zu „Aus dem Leben eines Taugenichts" herstellen, kann ihnen das Prinzip des Poetisierens noch einmal auf der Grundlage des berühmten Gedichtes „Wünschelrute" veranschaulicht werden, in dem Joseph von Eichendorff eben dieses Prinzip thematisiert. Das im Anhang der Textausgabe, S. 109 abgedruckte Gedicht entstand 1835 und wurde 1838 im Deutschen Musenalmanach erstmals veröffentlicht.

■ *Lesen Sie Joseph von Eichendorffs Gedicht „Wünschelrute", Anhang, S. 109, Z. 6 – 9.*

■ *Deuten Sie das Gedicht im Hinblick auf das romantische Prinzip des Poetisierens.*

Es liegt nahe, das „Zauberwort" (Z. 9) aus dem Vierzeiler als Sinnbild für das literarische Wort, Literatur und Poesie zu deuten. Im weiteren Sinne repräsentiert es die Kunst im Allgemeinen. Mithilfe der Poesie verwandelt sich die Welt selbst in Poesie, indem sie zu singen anhebt (vgl. Z. 8).

Das lyrische „Zauberwort" erweckt jedoch nicht etwa kraft der Fantasie und Einbildungskraft die toten Dinge zu einem imaginären, eingebildeten Leben, sondern es bringt nur jenes verborgene Leben, jenen verborgenen Zauber, jenes verborgene „Lied" (Z. 6) an die Oberfläche, das ohnehin „in allen Dingen" „schläft" (Z. 6). Das „Zauberwort" ist entsprechend nicht beliebig, sondern man muss es treffen (Z. 9). Es ist also bereits vorgegeben. Die Poesie bzw. die lyrische Darstellung der Welt muss dem lyrischen Charakter entsprechen, der der Welt bzw. der Natur innewohnt. Die „Dinge" (Z. 6) müssen nicht erst durch den Dichter belebt und beseelt werden, sondern sie sind es bereits. Sie „träumen fort und fort" (Z. 7). Mithilfe des Zauberworts bzw. der Poesie offenbart der Dichter die verborgene poetische bzw. göttliche Gestalt der Welt.

Das Lied, das in den Dingen „schläft" (Z. 6), wird hörbar und die Welt beginnt zu „singen"

(Z. 8). Es scheint, als habe der Dichter die Welt aus ihrem Dornröschenschlaf erweckt. Gleichzeitig jedoch können nur jene das Lied hören, die das „Zauberwort" treffen und damit ihre Wahrnehmung der Welt verändern bzw. richtig hinsehen und hinhören. Die Welt erwacht für den Dichter bzw. Romantiker möglicherweise erst dadurch, dass er selbst sich in sie hineinträumt. Das schlafende Lied erklingt, indem der Dichter an den Träumen der Dinge teilnimmt. Das „Zauberwort" fungiert in diesem Sinne als Codewort bzw. Losung, die dem Dichter den Zugang zu jener verborgenen Dimension öffnet.

Nach dieser Analyse können sich die Schülerinnen und Schüler nun wieder Eichendorffs Werk „Aus dem Leben eines Taugenichts" zuwenden:

■ *Lesen Sie das Lied „Wem Gott will rechte Gunst erweisen" aus dem ersten Kapitel (S. 6).*

■ *Erläutern Sie, welche Rolle die Poetisierung der Natur in dem Lied spielt. Welche Funktion kommt dabei dem Wandern zu?*

Das Lied wird unter 3.3 ausführlich analysiert.
In diesem Zusammenhang genügt es, darauf hinzuweisen, dass das Lied zwei gegensätzliche Wahrnehmungen der Natur unterscheidet: diejenige der „Trägen" (S. 6, Z. 5) bzw. Philister und diejenige der Reisenden/Wandernden bzw. Romantiker.
Nur die Romantiker nehmen die poetische Schönheit der Natur wahr, nur ihnen offenbaren sich die göttlichen „Wunder" (Z. 3), die in ihr verborgen sind.
Das Wandern entspricht in diesem Zusammenhang dem Poetisieren. Es ist ein aus rein ökonomischer, materieller Philisterperspektive nutzloser Vorgang. Aus romantischer Sichtweise jedoch ein poetischer Akt.
Sinnbildlich lässt sich das körperliche Wandern als ein geistiges Wandern, ein Fantasieren, Erfinden und Dichten deuten.
In dieser Lesart beschreibt das Lied die romantisch-religiöse Offenbarung durch Poesie.

Doch auch wenn Eichendorff das Prinzip des Romantisierens gleich zu Beginn des ersten Kapitels im Lied des „Taugenichts" thematisiert, stellt sich mit Blick auf den Gesamttext die Frage, inwieweit sich dieses Prinzip mit der Kette aus Missverständnissen vereinbaren lässt, zu denen das Romantisieren bzw. Poetisieren beim „Taugenichts" führt.

■ *Diskutieren Sie in Gruppen darüber, ob sich dem „Taugenichts" durch sein Poetisieren der Wesenskern der Natur bzw. der Wirklichkeit offenbart. Berücksichtigen Sie bei Ihren Überlegungen insbesondere auch die vielen Missverständnisse und Verwechslungen, zu denen es im Laufe des Geschehens kommt.*

■ *Präsentieren Sie die Ergebnisse Ihrer Diskussion im Plenum.*

An zahlreichen Stellen der Handlung kommt es zu Verwechslungen und Missverständnissen, weil der „Taugenichts" Zeichen falsch deutet. Dies beginnt bereits bei seiner Überzeugung, die „schöne Frau" sei eine Adelige. Auch im Folgenden erweist sich der „Taugenichts" als naiver Träumer, der immer wieder falsche Schlüsse zieht. Etwa, wenn er glaubt, bei der „gnädigen Frau", die ihn im Garten zu einem Stelldichein lädt, müsse es sich um Aurelie handeln (vgl. 2. Kapitel), und er daraufhin seinen Garten zu ihrem Abbild verwandelt bzw. romantisiert (vgl. S. 21, Z. 29ff.). Oder wenn ihm eine ganz ähnliche Verwechslung in Rom erneut passiert (vgl. 8. Kapitel).
Wie sehr ihm seine Fantasie mitunter Streiche spielt, wird besonders deutlich, wenn er davon überzeugt ist, in einer schemenhaften „weiße[n] Gestalt" (S. 64, Z. 30), die er in einem

Garten in Rom erblickt, seine Geliebte wiederzuerkennen. Exemplarisch verkehrt sich hier die Wirkung des Romantisierens: Anstatt einen verborgenen Wesenskern zu offenbaren, führt es zu einem Missverständnis.

Dies lässt sich als eine Parodie romantischer Literatur deuten. Das Poetisieren scheitert, wirkt albern und komisch.

Dem kann entgegengehalten werden, dass der „Taugenichts" auf den von Missverständnissen und Verwechslungen abgesteckten Umwegen am Ende doch sein Glück findet. Aurelie ist nach dieser Lesart zwar keine Adelige im sozialen Sinne. Die Fehldeutung des „Taugenichts" offenbart jedoch ihre innere, adelige Natur.

Voraussetzung für eine solche Interpretation ist, dass man den Schluss als „Happy End" deutet. Aber auch dann bleibt das (erfolgreiche) Romantisieren eines auf komischen Umwegen, die dem Text zumindest einen selbstironischen Unterton verleihen.

Ironisch lässt sich auch die Bemerkung Leonhards von der Liebe als „Poetenmantel" (S. 99, Z. 18 f.) interpretieren.

- Lesen Sie den folgenden Textauszug: S. 99, Z. 14 – Z. 37.

- Überlegen Sie im Partner- oder Gruppengespräch, inwiefern sich das Sprachbild vom „Poetenmantel" (Z. 18 f.) in dieser Passage auch als Sinnbild des Romantisierens bzw. Poetisierens deuten lässt.

Beim „Poetenmantel" handelt es sich um einen rein ideellen Mantel, der nur für den Dichter und Romantiker Gestalt annimmt. Es ist erst die Poesie, welche die Liebe in einen solchen schützenden, wärmenden Mantel verwandelt. Erst die Poesie bzw. das Romantisieren also verleiht der Liebe ihre Kraft und Bedeutung. Der „Poetenmantel" wird so zum Ausdruck der romantischen bzw. romantisierten Liebe und in einem allgemeineren Sinne des Romantisierens bzw. Poetisierens selbst.

- Vergleichen Sie das Sinnbild des „Poetenmantels" in der gewählten Passage mit der Darstellung des Poetisierens in Eichendorffs Gedicht „Wünschelrute". Achten Sie insbesondere darauf, welche Funktion das Poetisieren jeweils erfüllt.

Der Poetenmantel schützt und wärmt „in der kalten Welt" (S. 99, Z. 19). In diesem Sinnbild entfaltet sich ein Kontrast zwischen dem Poeten bzw. Romantiker und der Welt, vor der dieser durch seinen Mantel geschützt wird. Der Poetenmantel bzw. das Poetisieren offenbart dem Romantiker anders als im Gedicht „Wünschelrute" keinen geheimen Zugang zum Wesenskern der Welt, sondern es hält dem Romantiker die Welt auf Abstand. Entsprechend geht die „ganze andere Welt rings" um die Liebenden „unter" (Z. 36), wenn diese ihren Mantel umlegen (vgl. Z. 35 ff.).

Das Poetisieren hat im Sinnbild des „Poetenmantels" keine offenbarende, sondern eine eskapistische Wirkung. Es öffnet keinen Zugang zur Welt, sondern eine Fluchttür aus der Welt heraus. Anstatt wie im Vierzeiler „Wünschelrute" Verborgenes zu enthüllen, erfüllt das Romantisieren im Sinnbild des „Poetenmantels" die gegenteilige Funktion: Es verhüllt, verschleiert die nackte Wirklichkeit und damit zugleich auch das wahre, profane Wesen der Liebe. Diese wahre Natur der Liebe scheint für Leonhard vor allem im Liebes- bzw. Geschlechtsakt zum Ausdruck zu kommen. Seine Aufforderung „liebt euch wie die Kaninchen" (Z. 37) entkleidet die Liebe aller Romantik.

Zu dieser materialistischen, aufgeklärten Sichtweise passt, dass Leonhard Dichter und Romantiker mit „Fantast[en]" (Z. 19), also wirklichkeitsfremden Schwärmern und Träumern, gleichsetzt. Das Pathos, mit dem Leonhard in dieser Passage die Liebe als Poetenmantel preist, lässt sich daher durchaus ironisch verstehen (vgl. auch 5.2).

4.2 Sehnsucht und romantische Metaphorik

Eines der Hauptmotive romantischer Literatur, das auch in Eichendorffs Text „Aus dem Leben eines Taugenichts" eine zentrale Rolle spielt, ist die „Sehnsucht". Auf der Grundlage von Eichendorffs gleichnamigem Gedicht, Anhang, S. 140 lernen die Schüler und Schülerinnen wesentliche romantische Motive und Sinnbilder kennen.
Vor der Lektüre des Gedichtes empfiehlt es sich jedoch zuerst ihre eigenen Assoziationen zum Begriff der „Sehnsucht" abzufragen.

- *Wonach sehnen Sie sich? Was löst in Ihnen Sehnsucht aus?*
- *Beschreiben Sie in wenigen eigenen Worten das Gefühl der „Sehnsucht".*

Ein wesentliches Element der Sehnsucht, das von den Schülerinnen und Schülern genannt werden dürfte, ist das Verlangen bzw. der Wunsch nach etwas. Wer Sehnsucht verspürt, möchte etwas. Konkretisieren lässt sich dieses Gefühl des Wollens zunächst quantitativ: Man möchte es dringend. Der Wunsch, der dem Gefühl der Sehnsucht zugrunde liegt, ist ein besonders starker.
Damit allein aber ist das (romantische) Gefühl der Sehnsucht noch nicht ausreichend definiert. Der Wunsch hat auch eine besondere Qualität.
Möglicherweise findet sich diese bereits in den Beschreibungen der Schüler und Schülerinnen wieder. Es ist ein quälender Wunsch, ein schmerzhaftes Verlangen. Und es ist auch ein – zumindest im Moment des Sehnens – unstillbarer Wunsch, ein unerfüllbares Verlangen.

- *Wieso ist Sehnsucht ein widersprüchliches bzw. zwiespältiges Gefühl?*

Dem Verlangen nach etwas – im Moment – Unerreichbarem liegen zwei gegenläufige Bewegungen zugrunde. Einerseits diejenige hin zum Objekt der Begierde bzw. der Sehnsucht. Andererseits die Gegenbewegung, die verhindert, dass der Sehnende dieses Objekt erreicht. Im Gefühl der Sehnsucht vereinen sich Lust und Schmerz.

An der Tafel lässt sich diese ambivalente Dynamik so skizzieren:

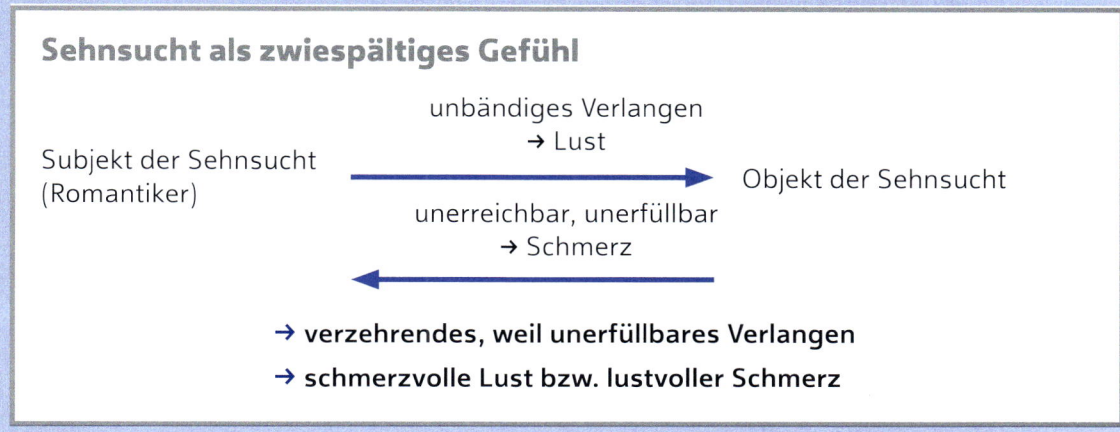

Nachdem die Schüler und Schülerinnen den Begriff der „Sehnsucht" auf diese Weise genauer bestimmt haben, können sie sich nun Eichendorffs Gedicht zuwenden.

- *Lesen Sie Eichendorffs im Anhang der Textausgabe, S. 140 abgedrucktes Gedicht „Sehnsucht".*

■ *Beantworten Sie anschließend folgende Fragen:*
  • *Was löst beim lyrischen Ich das Gefühl der Sehnsucht aus?*

Das lyrische Ich fühlt sich „einsam" (S. 140, Z. 2). Der Blick aus dem Fenster, in den Himmel (vgl. Z. 1), sowie das Posthorn, das in der „Ferne" (Z. 3) ertönt, wecken in ihm die Sehnsucht nach einem anderen, glücklicheren Leben. Diese Sehnsucht kann als Fernweh, Reise- und Abenteuerlust, aber auch als religiöse Sehnsucht nach dem Jenseits (Blick in den Himmel) und damit als eine Art Todessehnsucht gedeutet werden.

  • *Wie verändert sich der Blickwinkel des lyrischen Ichs im Verlaufe des Gedichtes? Worauf richtet sich seine Sehnsucht jeweils?*

In der Realität bleibt sein Blickwinkel unverändert: Es steht am Fenster und schaut nach draußen. In der Fantasie aber weitet sich die Perspektive. Der Gesang, der beiden Gesellen, den es hört – oder zu hören glaubt –, löst in ihm Bilder von einer abenteuerlichen Reise voller Gefahren aus. Diese führt die Gesellen in deren Vorstellung bzw. in ihrem Gesang schließlich zu „Palästen im Mondschein" (Z. 20) und den darin wartenden Mädchen. Die wilden „Gärten" (Z. 18 f.) und der „Mondschein" stehen symbolisch für eine verborgene Leidenschaft und die Nachtseiten der menschlichen Natur. In der Symbolik der „Marmorbilder" schwingt abermals eine Todessehnsucht mit.
Während das lyrische Ich in den ersten beiden Strophen ausdrücklich genannt wird (vgl. Z. 2, Z. 11), wird es in der dritten Strophe nicht mehr erwähnt. Es hat sich weitgehend in seiner Sehnsucht und Fantasie aufgelöst.

  • *Welche Rolle spielen dabei die „Gesellen" und die „Mädchen"?*

Das lyrische Ich blickt und hört den beiden Gesellen, die es durch sein Fenster sieht, sehnsuchtsvoll hinterher. Es wäre gerne an ihrer Stelle („Ach, wer da mitreisen könnte", Z. 8). Die beiden Gesellen bilden einerseits also für das lyrische Ich ein Objekt der Sehnsucht. Zugleich scheinen sie die Sehnsucht des lyrischen Ichs stellvertretend zu erfüllen. Sie erscheinen mit Beginn der zweiten Strophe (vgl. Z. 9) direkt, nachdem das lyrische Ich am Ende der ersten Strophe seiner Fernweh Ausdruck verliehen hat (vgl. Z. 8).
Im weiteren Verlauf der zweiten Strophe verleihen die Gesellen mit ihrem Gesang ihren eigenen Sehnsüchten Ausdruck. Sie werden scheinbar also selbst zu Subjekten der Sehnsucht, die sich auf eine abenteuerliche Reise zu „schwindelnden Felsenklüften" etc. (Z. 13 ff.) richtet. Der Wald (vgl. Z. 11, Z. 16) symbolisiert mit seinem sachten Rauschen neben der Gefahr auch verborgene Lust und Sinnlichkeit. Diese Sehnsucht der Gesellen wird anfangs auch in der dritten Strophe beschrieben. Vermittelt wird sie jedoch stets über das lyrische Ich, das ihren Gesang angeblich hört. Dadurch, dass das lyrische Ich diesen Gesang wiedergibt, macht es sich dessen Inhalt zu eigen. Die Gesellen transportieren die Sehnsucht des lyrischen Ichs weiter. Sie dienen als Projektionsfläche für die Sehnsüchte des lyrischen Ichs und fungieren somit als dessen Alter Ego.
In der dritten Strophe wiederholt sich dieser Vorgang der Projektion. Die Gesellen fantasieren nämlich von Mädchen, die ihrerseits sehnsüchtig „am Fenster lauschen" (Z. 21). Damit verwandeln sich diese Mädchen wie die Gesellen zuvor scheinbar von Objekten der Sehnsucht zu Subjekten derselben (vgl. Z. 21 f.). Die Mädchen sehnen sich nach der „Lauten Klang" (Z. 22). Die Laute kann beispielsweise als Symbol für Harmonie, Glück oder auch eine romantische Liebe verstanden werden. In der Sehnsucht der Mädchen, die wie das lyrische Ich am Fenster nach draußen hören, spiegelt sich letztlich auch die Sehnsucht des lyrischen Ichs wider.

Vereinfacht lässt sich das an der Tafel so skizzieren:

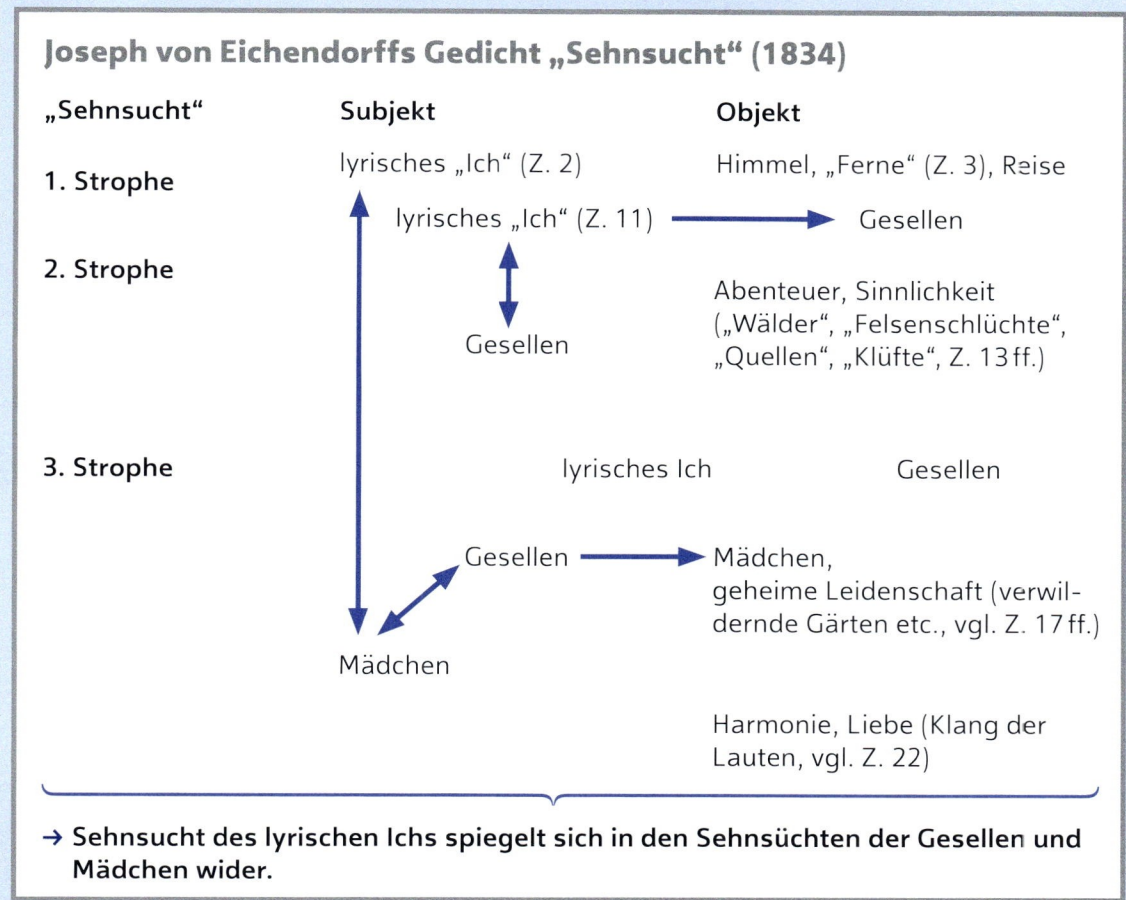

→ Sehnsucht des lyrischen Ichs spiegelt sich in den Sehnsüchten der Gesellen und Mädchen wider.

Im Anschluss an diese erste Analyse des Gedichtes können die Schüler und Schülerinnen nun dessen romantische Metaphorik näher in den Blick nehmen.
In Eichendorffs Gedicht reiht sich ein romantisches Signalwort an das nächste.
Die Sehnsucht wird lyrisch derart verdichtet, dass sie sich beinahe in jedem Wort, jeder Formulierung widerspiegelt.
Daher erscheint es sinnvoll, zwischen Sinnbildern für das sehnsüchtige Empfinden und Sinnbildern für die Objekte dieser Sehnsucht zu unterscheiden.

■ *Unterstreichen Sie zunächst all jene Begriffe oder Formulierungen, die Ihrer Ansicht nach das Gefühl der Sehnsucht versinnbildlichen.*

■ *Unterstreichen Sie anschließend in einer anderen Farbe diejenigen Sinnbilder, die Objekte der Sehnsucht darstellen.*

Ihre Ergebnisse können die Schüler und Schülerinnen anschließend mit den Einträgen in der linken Spalte von **Arbeitsblatt 9**, S. 100 abgleichen.

■ *Überlegen Sie in Partner- oder Gruppenarbeit, wofür die auf Arbeitsblatt 9 aufgelisteten Motive aus Eichendorffs Gedicht „Sehnsucht" jeweils stehen könnten. Notieren Sie Ihre Deutung anschließend stichwortartig in der rechten Spalte.*

Ein Lösungsvorschlag findet sich im Anschluss an **Arbeitsblatt 9**, S. 101.

Dabei zeigt sich, dass sich die Widersprüchlichkeit des Sehnsuchtsbegriffes in der doppel- und mehrdeutigen Metaphorik fortsetzt. Verführung und Bedrohung erweisen sich oftmals als zwei Seiten derselben Medaille.
Auch dass einige Sinnbilder sowohl das Sehnsuchtsempfinden als auch das Sehnsuchtsobjekt repräsentieren können, ist eine Auswirkung dieser Ambivalenz, bei der das unerreichbare Objekt auf das Empfinden zurückwirkt.

Diese Doppeldeutigkeit akzentuiert Eichendorff in seinem Gedicht noch zusätzlich, indem er die Sehnsucht der jungen „Gesellen" (Z. 9) in der Sehnsucht der „Mädchen" (Z. 21) spiegelt, von denen die Gesellen träumen bzw. singen. Denn auch diese Mädchen horchen sehnsuchtsvoll durchs Fenster nach draußen (vgl. Z. 21 ff.).

Nachdem die Schülerinnen und Schüler auf der Basis von Eichendorffs Gedicht einen ganzen Katalog romantischer Symbole zusammengetragen haben, werden sie aufgefordert, diese Sinnbilder zu Eichendorffs „Aus dem Leben eines Taugenichts" in Bezug zu setzen.

- *Suchen Sie in Partner- oder Gruppenarbeit jeweils eine Passage aus Eichendorffs „Aus dem Leben eines Taugenichts" heraus, in der mindestens eines der Sinnbilder aus Eichendorffs Gedicht „Sehnsucht" vorkommt.*

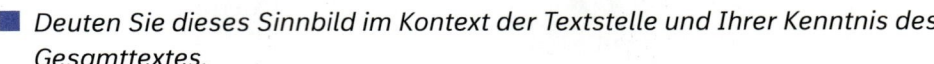

- *Deuten Sie dieses Sinnbild im Kontext der Textstelle und Ihrer Kenntnis des Gesamttextes.*

- *Präsentieren Sie Ihre Interpretation im Plenum.*

Da Eichendorff bereits im Werk „Aus dem Leben eines Taugenichts" das metaphorische Inventar anwendet, das er später in seinem Gedicht „Sehnsucht" aufgreift, lassen sich die meisten Sinnbilder aus dem Gedicht auch in der Novelle bzw. dem Roman (vgl. 3.4) belegen. Auch die Deutungen ähneln einander, variieren jedoch je nach konkretem Kontext.
Im gelenkten Unterrichtsgespräch empfiehlt es sich, auf die **Ambivalenz der romantischen Metaphorik** hinzuweisen, die dazu führt, dass einzelne Sinnbilder sowohl in einem positiven, sittlich-moralischen als auch in einem negativen, bedrohlichen, unmoralischen Zusammenhang verwendet werden können.
Dies liegt daran, dass die Sehnsucht als narrativer Motor auch sinnbildlich in ein Zwischenreich von Tag und Nacht, Vernunft und Fantasie, Anpassung und Freiheit, Religiosität und Sinnlichkeit führt.

Exemplarisch für diese Ambivalenz lassen sich etwa die Sinnbilder der **„weißen Lilie"** sowie der **„weißen Frau"** (S. 25, Z. 7 – S. 26, Z. 4) anführen (vgl. dazu 2.3).

Auch auf die Doppelrolle der **„schönen gnädigen Frau"** kann an dieser Stelle hingewiesen werden. In der Vorstellung des „Taugenichts" ruft diese „schöne Frau" widersprüchliche Assoziationen wach (vgl. S. 63, Z. 1 – S. 71, Z. 33). Einerseits verkörpert sie für ihn die Rolle der heiligen Jungfrau Maria und stellt ein Sinnbild von Mütterlichkeit, Unschuld und Christentum dar. Andererseits verknüpft er sie in seiner Fantasie mit Venus, der Göttin der Liebe und Erotik, und damit mit Heidentum, Verführung, Sexualität und Sinnlichkeit (vgl. 2.6).

Ein weiteres, anschauliches Beispiel für die metaphorische Ambivalenz ist die symbolische Verwendung des Mondlichtes, das je nach Kontext und Stimmungslage des „Taugenichts" eine unterschiedliche Atmosphäre erzeugt.

- *Lesen Sie die beiden folgenden Textstellen:*
  - *S. 10, Z. 8 – Z. 15,*
  - *S. 53, Z. 1 – Z. 7.*

■ *Vergleichen Sie die sinnbildliche Funktion, die der Mondschein in den beiden Textstellen jeweils erfüllt.*

In der ersten Textstelle heißt es, Mond und Sterne beleuchteten „eine gute schöne Nacht" (S. 10, Z. 15). Der **Mondschein** hat eine beglückende Wirkung und versinnbildlicht Geborgenheit, Schönheit und Harmonie.
In der zweiten Textstelle wird der Mondschein mit einer dämonischen Atmosphäre, konkret „einer alten Hexe und ihrem blassen Töchterlein" (S. 53, Z. 6f.), verknüpft. Das fahle Mondlicht spiegelt sich im blassen Teint der Tochter wider. Beides symbolisiert eine gespenstische Todesnähe. Das Zwielicht des Mondes wirkt bedrohlich und fällt sinnbildlich auf ein Zwischenreich von Leben und Tod.

■ *Wie lässt sich diese gegensätzliche Symbolik vor dem Hintergrund des Gesamttextes erklären?*

Wie der Mondschein so reflektiert auch die Natur das Innenleben des „Taugenichts". Zurückführen lässt sich das auf die subjektive Ich-Perspektive, aus der heraus die Welt nicht so beschrieben wird, wie sie ist, sondern so, wie der „Taugenichts" sie wahrnimmt bzw. sie ihm erscheint.
In der ersten Passage ist der „Taugenichts" bester Dinge und fühlt sich glücklich.
In der zweiten Passage erwacht er verwirrt und desorientiert und steht scheinbar noch immer unter dem Eindruck eines Albtraumes.
Die sinnbildliche Funktion des Mondlichtes passt sich jeweils dieser Stimmungslage an. Voraussetzung hierfür ist jedoch, dass die verwendeten Sinnbilder entsprechend deutungsoffen sind.

Diese Ambivalenz ist, wie bereits erwähnt, ein wesentliches Charakteristikum romantischer Metaphorik.
Ähnlich wie bei der Ich-Perspektive des „Taugenichts" dient die romantische Metaphorik häufig dazu, subjektive Innenwelten, Traumwelten und Unterbewusstes zu umschreiben. Im Unbewussten spiegelt sich jedoch das Bewusstsein wider. Verdrängte Wünsche gehen mit entsprechenden Ängsten einher. Nicht zuletzt dieses Nebeneinander von Unterbewusstem und Bewusstem, Traum und Realität, Verbotenem und Gebotenem begründet die Ambivalenz der romantischen Sinnbilder.

Doppelungen und Spiegelungen sind beliebte Stilmittel romantischer Literatur, auf die auch Eichendorff in „Aus dem Leben eines Taugenichts" mehrfach zurückgreift. So etwa bei der **Fenster-Symbolik**.

■ *Lesen Sie die folgende Textstelle: S. 10, Z. 32 – S. 11, Z. 17.*

■ *Erläutern Sie, inwiefern sich in dieser Passage die Sehnsucht des „Taugenichts" in der Sehnsucht der „schönen Frau" widerspiegelt und welche sinnbildliche Funktion das „Fenster" dabei erfüllt.*

Der „Taugenichts" sehnt sich nach der „schönen Frau", die selbst wiederum voller Sehnsucht ans Fenster tritt.
Diese Situation erinnert an Eichendorffs Gedicht „Sehnsucht", in dem sich die Sehnsucht der Gesellen in der Sehnsucht des Mädchens widerspiegelt.
In der vorliegenden Textstelle fungiert das Fenster als Verbindung zwischen den getrennten Welten des „Taugenichts" und der „schönen Frau". Der „Taugenichts" wünscht sich zur „schönen Frau" hinein, während diese sich nach draußen sehnt, möglicherweise eben zu jenem „Taugenichts".

Das Fenster steht bildlich für diese wechselseitigen Sehnsüchte. Dass die beiden Liebenden sich jedoch nur auf symbolischer Ebene begegnen, wird deutlich, als die „schöne Frau" den „Taugenichts" vor dem Fenster entdeckt und danach nicht mehr dort erscheint. In der Realität vermag das Fenster die zwei nicht miteinander zu vereinen. Nur ihre Sehnsüchte gelangen hindurch. Nachdem das Fenster aber als Sinnbild gewissermaßen enttarnt wurde, kann es auch diese symbolische Funktion nicht mehr erfüllen.

Dies zeigt abermals den ambivalenten Charakter der Sehnsucht. Trotz der räumlichen Nähe bleibt die Geliebte hinter dem offenen Fenster für den „Taugenichts" unerreichbar. Auch die subjektive Natur der Sehnsucht wird hier deutlich. Denn wohin sich die Sehnsucht richtet, ob nach drinnen oder draußen, ist jeweils eine Frage des eigenen Standortes. Sie zielt stets auf das Entfernte, Unerreichbare, das Jenseitige – und damit sinnbildlich auf das, was sich jenseits des Fensters befindet.

Auf einen weiteren, allgemeineren Aspekt der Fenstermetaphorik kann bei Gelegenheit im Unterrichtsgespräch hingewiesen werden: Wenn der Zielpunkt der Sehnsucht das ist, was sich außerhalb der eigenen Sphäre befindet, so erhält diese Sehnsucht nach dem Jenseits möglicherweise auch eine religiöse Dimension und lässt sich als Gottes- oder auch Todessehnsucht interpretieren.

Weitere bedeutende Sinnbilder, auf die an anderen Stellen dieses Unterrichtsmodells bereits eingegangen wurde, können nun wahlweise eingeführt oder rekapituliert werden.

Insbesondere sind dies:

- **die Mühle** (vgl. 2.1)
- **Garten, Landschaft, Natur** (vgl. 2.5)
- **Tageszeiten** (vgl. 2.6)
- **das Wandern, Reisen** (vgl. 3.3)

Im Zusammenhang mit dem Reisen sollten die Schüler und Schülerinnen auf die besondere Bedeutung **Italiens** als Sehnsuchtsland der Deutschen im 18. und 19. Jahrhundert hingewiesen werden. Exemplarisch schlägt sich diese Italiensehnsucht in Goethes Italienreisen (vgl. „Italienische Reise", 1816) nieder.

Berühmt ist auch das als **Zusatzmaterial 4**, S. 133 abgedruckte Gedicht „Kennst du das Land, wo die Zitronen blühn" aus „Wilhelm Meisters Lehrjahre" (1795/96), in dem Goethe die Italiensehnsucht sinnbildlich aufgreift. Italien erscheint in Goethes Roman als Chiffre für einen Sehnsuchtsort. Dass das Italien, nach dem sich Mignon sehnt, nicht das reale Italien ist, wird deutlich, als das Kind auf Wilhelms Nachfrage, ob es dort schon einmal gewesen sei, beharrlich schweigt. Italien symbolisiert für Mignon ein Paradies auf Erden. Hinter ihrer Italiensehnsucht kommt damit zugleich eine transzendentale Sehnsucht nach einem himmlischen Paradies zum Vorschein.

Diese transzendentale bzw. religiöse, zum Himmel und Jenseits hin ausgerichtete Sehnsucht schwingt auch in der Metaphorik Eichendorffs im Werk „Aus dem Leben eines Taugenichts" mit. So zum Beispiel im Symbolfeld des **„Vogels"** und **„Fliegens"**.

Anhand ausgewählter Textstellen können sich die Schülerinnen und Schüler diesem Symbolfeld ebenso annähern wie dem Sinnbild der **„Geige"**.

Lesen Sie die folgenden Textstellen:
- *S. 5, Z. 16 – Z. 26,*
- *S. 22, Z. 1 – Z. 35,*
- *S. 27, Z. 9 – Z. 32.*

■ *Erläutern Sie, wie der „Taugenichts" an diesen Stellen durch das Motiv des Vogels bzw. Fliegens sinnbildlich charakterisiert wird.*

In der ersten Passage vergleicht sich der Ich-Erzähler indirekt mit der Goldammer, die im Frühjahr ihre Freiheit zu genießen scheint. Wie die Goldammer zieht es auch den „Taugenichts" hinaus in die Welt. Dieser implizite Vergleich offenbart die subjektive, romantisierende Naturwahrnehmung des „Taugenichts", der den Gesang der Goldammer je nach Jahreszeit und eigener Stimmungslage unterschiedlich deutet. Offenbar projiziert der „Taugenichts" sein eigenes Befinden auf den Vogel.

Auch in der zweiten Passage finden sich Parallelen zwischen der Vogelwelt und dem „Taugenichts". Zu Beginn werden die vielen Vögel erwähnt, die „in den hohen Bäumen" (S. 22, Z. 5) „lustig" (Z. 6) singen. Die fröhlichen Vögel stehen symbolisch für die Glücksgefühle des „Taugenichts". In der Nacht jedoch, auf dem Boden, zwischen den „Lauben und Lusthäusern" ist diese Stimmung gleichsam verflogen. Mit den Vögeln ist auch die gute Laune verschwunden. Betrübt klettert der „Taugenichts" auf einen Baum, um „im Freien Luft zu schöpfen" (Z. 34). Wie zuvor die Vögel sitzt nun der Ich-Erzähler im Baum. Wieder erscheinen die Vögel als Sinnbilder des „Taugenichts" und dessen Freiheitsdrang. Umgeben von Symbolen menschlicher Zivilisation fühlt er sich beengt und bedrängt, erst in der Natur fühlt er sich frei.

Die Freiheit des „Taugenichts" wird durch das Auf-den-Baum-Klettern symbolisch mit einem Emporstreben verbunden, das sich transzendental bzw. religiös auch so deuten lässt, dass der „Taugenichts" zum Himmel bzw. Jenseits strebt. Abermals kann seine Natur- bzw. Vogelsehnsucht als Gottessehnsucht gedeutet werden.

Eine solche Lesart legt insbesondere auch die dritte Passage nahe. Eingeleitet vor dem Bibelzitat „Unser Reich ist nicht von dieser Welt" (S. 27, Z. 17 f.) bricht der „Taugenichts" auf. Diesmal vergleicht er sich ausdrücklich mit einem Vogel, „der aus seinem Käfig ausreißt" (Z. 26). Wieder verkörpert der Vogel den Freiheitsdrang des „Taugenichts". Diese Freiheit erscheint gleichzeitig jedoch als ein Gottesgeschenk. Indem er den dritten Vers des Eingangsliedes aufgreift (vgl. Z. 29–32), begibt sich der „Taugenichts" wie die „Lerchen" (Z. 30) in Gottes Obhut (vgl. 3.3).

Der Lerche kommt in diesem Zusammenhang eine besondere symbolische Bedeutung zu. Da sie beim Singen oftmals steil in die Luft fliegt, versinnbildlicht sie in der Literatur die Hinwendung zum Himmel bzw. zu Gott.

■ *Wie lässt sich die Geige bzw. das Geigenspiel des „Taugenichts" in der ersten und dritten Passage deuten?*

Bringt man die Geige in diesen Passagen mit dem Vogelmotiv in Verbindung, liegt es nahe, das Instrument als Sinnbild für die Stimme des freiheitsliebenden Vogels zu deuten. Wie der Gesang der Goldammer reflektiert das Geigenspiel des „Taugenichts" zugleich auch dessen Stimmung. Stimme und Stimmung werden sinnbildlich miteinander verknüpft.

Der symbolische Zusammenhang von „Geige" und „Vogel" zeigt sich in der dritten Passage in der Parallele zwischen der verstaubten, fast vergessenen Geige (vgl. Z. 12 f.) und dem Vogelkäfig. Der „Taugenichts" hat sich bereits so sehr mit einem Leben als Philister arrangiert, dass er seine Freiheit aufgegeben und damit gegen seine innere Natur gehandelt hat. Damit gleicht er einem eingesperrten, verstummten Vogel. Mit seiner Freiheit erobert er auch seine Stimme zurück. Er nimmt die Geige von der Wand (vgl. Z. 19) und spielt darauf (vgl. Z. 28); wohlbemerkt: „im Freien" (Z. 28).

Die transzendentale Bedeutung seines Spiels und Gesangs wird explizit hervorgehoben. Der „Taugenichts" spricht die Geige mit dem abgewandelten Bibelzitat (Johannes 18,36) direkt an: „Unser Reich ist nicht von dieser Welt!" (Z. 17 f.) Das Geigenspiel wird dadurch zum Ausdruck der religiösen bzw. seelischen Gestimmtheit, des Glaubens und Gottvertrauens des „Taugenichts". Die Geige erscheint als Instrument seiner Seele und seines Glaubens.

Es entspricht jedoch der Ambivalenz romantischer Sinnbilder, dass auch das Geigenspiel im „Taugenichts" nicht nur erbauliche Facetten hat.
Zum einen wird es zum verbissenen, kunstversessenen und eitlen Gitarrenspiel des Malers Eckbrecht in Bezug gesetzt (vgl. S. 78; 2.2).
Zum anderen spiegelt es die Ambivalenz der menschlichen Seele wider, die häufig in der romantischen Metaphorik zum Ausdruck kommt.

- Lesen Sie den folgenden Textauszug: S. 32, Z. 28 – S. 33, Z. 30.

- Erläutern Sie, welche Wirkung in dieser Passage vom Geigenspiel des „Taugenichts" ausgeht. Vergleichen Sie diese Wirkung mit der sinnbildlichen Funktion des Geigenspiels in den beiden oberen Passagen (S. 5, Z. 16 – Z. 26 und S. 27, Z. 9 – Z. 32).

Das Geigenspiel des „Taugenichts" hat in dieser Passage eine unterhaltende Wirkung. Es bringt die Menschen dazu zu lachen und zu tanzen. Dabei handelt es sich um ein sinnliches, erotisches Vergnügen. Die jungen Männer tanzen „um die Mädchen herum" (S. 33, Z. 11 f.). Es wird Wein getrunken, und eine der vom Geigenspiel verführten Tänzerinnen nähert sich dem „Taugenichts" ihrerseits auf verführerische Weise mit „roten Lippen" (Z. 24). Dabei handelt es sich um eben jenes Mädchen, das dem „Taugenichts" kurz darauf möglichen Reichtum und irdisches Glück verheißt (vgl. S. 34 f.).
Diese verführerische, sinnliche Wirkung des Geigenspiels steht in auffälligem Widerspruch zur erbaulichen Wirkung des Geigenspiels in den beiden zuvor untersuchten Passagen. Anders als in diesen Abschnitten verleiht der „Taugenichts" hier nicht seinem seelischen Befinden Ausdruck und stimmt auch kein Loblied auf Gott an. Die Geige fungiert nicht als Medium der Zwiesprache von Gott und Mensch, sondern erfüllt eine irdische, soziale Funktion. Der „Taugenichts" spielt nicht für sich und Gott, sondern für andere.
Vom Ausdrucksmittel verwandelt sich die Geige zum Medium der Unterhaltung und Verführung.

Ergänzend kann im gelenkten Unterrichtsgespräch darauf hingewiesen werden, dass die Geige in der Literatur wiederholt als Begleiterin des Teufels in Erscheinung tritt.

- Überlegen Sie, inwiefern die mehrdeutige Symbolik der Geige bzw. des Geigenspiels der Ambivalenz der romantischen Sehnsuchtsvorstellungen in Eichendorffs „Aus dem Leben eines Taugenichts" entspricht.

- Skizzieren Sie das Ergebnis Ihrer Überlegungen in einem Schaubild.

Auch im Werben um die „schöne Frau" kommt die Geige des „Taugenichts" zum Einsatz. In der sinnbildlichen Doppeldeutigkeit der „schönen Frau" als Mutter Gottes und/oder Venus schlägt sich die ambivalente Sehnsucht nieder, die der „Taugenichts" mit seinem Geigenspiel ausdrückt.

Vereinfacht lässt sich das an der Tafel so zusammenfassen:

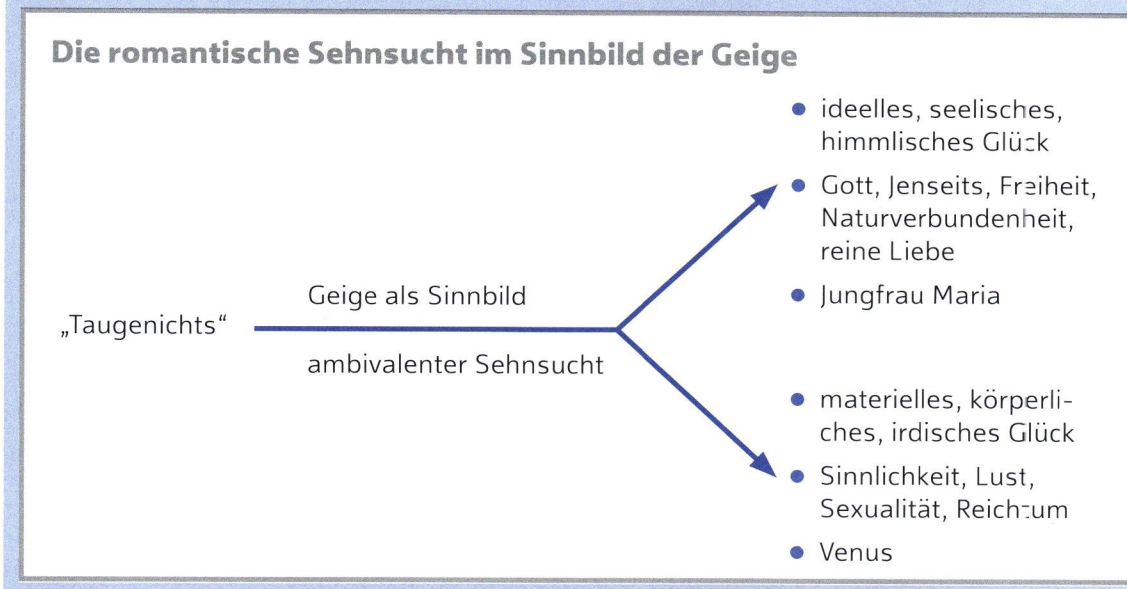

4.3 Traumwelt

Ein erheblicher Teil der Handlung des Werkes „Aus dem Leben eines Taugenichts" spielt nachts bzw. morgens oder abends im Übergang von Nacht und Tag. Immer wieder weist der Ich-Erzähler ausdrücklich darauf hin, dass er aufwacht, einschläft oder träumt.

- *Lesen Sie die folgenden Textauszüge:*
  - *S. 5, Z. 1 – Z. 6,*
  - *S. 29, Z. 21 – S. 30, Z. 18,*
  - *S. 40, Z. 24 – S. 41, Z. 3,*
  - *S. 45, Z. 33 – S. 46, Z. 4,*
  - *S. 53, Z. 1 – Z. 7,*
  - *S. 56, Z. 14 – Z. 35,*
  - *S. 65, Z. 16 – Z. 39.*

- *Erläutern Sie, wie der „Taugenichts" durch diese Schilderungen charakterisiert wird. In welchem Verhältnis stehen Schlaf, Träume und Realität in der Wahrnehmung des Ich-Erzählers?*

Der Ich-Erzähler erscheint dadurch, dass er häufig vom Einschlafen, Aufwachen und Träumen erzählt, selbst als ein Träumer, ein schläfriger Faulenzer, ja beinahe ein Schlafwandler. Dieser Eindruck wird dadurch verstärkt, dass sich Traum und Realität mehrfach vermischen. Besonders deutlich wird dies an den Textstellen, an denen sich ein Traum des „Taugenichts" in der Realität fortzusetzen bzw. widerzuspiegeln scheint (vgl. S. 30, Z. 4 ff., S. 40 f., S. 46, Z. 1 ff.). Psychologisch lässt sich das dadurch erklären, dass der Träumende unbewusst wahrgenommene Ereignisse aus seiner Umgebung in seine Träume einfließen lässt.
Dennoch entsteht der Eindruck, dass sich Traum und Wirklichkeit aus der Perspektive des Ich-Erzählers zunehmend vermischen (vgl. auch S. 53, Z. 1 – Z. 7).
Diese Unschärfe zwischen Traum und Realität vermittelt der Ich-Erzähler schließlich auch seinen Lesern.

■ *Wie wirken sich die wiederholten Schilderungen von Schlaf und Traum insgesamt auf die Atmosphäre der Geschichte aus?*

Die Geschichte erhält dadurch einen unwirklichen, surrealen Charakter. Das Geschehen erinnert an einen Traum.

■ *Überlegen Sie, wodurch dieser atmosphärische Eindruck noch zusätzlich gestärkt wird. Präsentieren Sie das Ergebnis Ihrer Überlegungen im Plenum.*

Verstärkt wird diese surreale Stimmung dadurch, dass die Handlung oftmals nachts spielt. Auch die vielen Missverständnisse und die unerklärlichen, unglaubwürdigen Zufälle (die Begegnung des „Taugenichts" mit Leonhard und der als Guido verkleideten Flora; das Aufeinandertreffen mit der Wiener Kammerzofe in Rom etc.) tragen zu dem Eindruck bei, dass die Handlung einer unrealistischen Traumlogik folgt.

Den Schülern und Schülerinnen lässt sich das in einem Textauszug beispielhaft veranschaulichen.

■ *Lesen Sie den folgenden Textauszug: S. 81, Z. 3 – Z. 38.*

■ *Erläutern Sie, inwiefern das in diesem Textauszug geschilderte Geschehen aus der Perspektive des Ich-Erzählers einer Traumlogik folgt. Was ereignet sich tatsächlich und wie erlebt es der Ich-Erzähler?*

Tatsächlich ereignet sich an dieser Textstelle eine Verwechslung. Der „Taugenichts" glaubt, aus der Ferne die von ihm verehrte „schöne gnädige Frau" (S. 81, Z. 5) Aurelie zu erkennen. In Wirklichkeit aber handelt es sich um eine ihm „ganz fremde Person" (Z. 36 f.).
Als Ich-Erzähler schildert der „Taugenichts" das aber so, als habe er zunächst die „schöne Frau" erkannt, und diese habe sich anschließend plötzlich in eine fremde Person verwandelt. Mit dieser (scheinbaren) Metamorphose folgt die Ich-Erzählung einer Traumlogik. Dem erlebenden Ich kommt es offenbar so vor, als befände es sich in einem Traum.

Dieses subjektive Traumempfinden zieht sich bis zur Auflösung im letzten Kapitel durch den gesamten Text.

■ *Bevor die Verwechslungen und Missverständnisse im zehnten Kapitel aufgeklärt werden, erscheint das Geschehen dem „Taugenichts" oftmals so rätselhaft und merkwürdig, als befände er sich in einem Traum.*
Käme es nicht zu der Auflösung im zehnten Kapitel, welche anderen Erklärungen böten sich für das rätselhafte Geschehen dann an? Berücksichtigen Sie für Ihre Antworten sowohl den Textanfang (S. 5, Z. 1 – Z. 6) als auch Eichendorffs Gedicht „Wünschelrute" (Anhang, S. 109, Z. 6 – Z. 9).

Zwar könnte man die seltsamen Verstrickungen und Begegnungen als unerklärliche Zufälle und kuriose Begebenheiten abtun. Um sie aber in einen sinnvollen Zusammenhang zu bringen, eröffnet der Textanfang, an dem sich der „Taugenichts" den Schlaf aus den Augen wischt, eine mögliche Lesart, nach welcher der Ich-Erzähler gar nie wirklich aufgewacht ist, sondern alles, was er danach schildert, nur träumt bzw. sich in einem schläfrigen Tagtraum zusammenreimt. Unterstützen lässt sich eine solche Deutung dadurch, dass er auch später beim Gedanken an die väterliche Mühle einschläft (vgl. S. 29, Z. 22 ff.). Mühle und Schlaf bilden bei diesem Deutungsansatz den Ausgangspunkt für die Träumereien des „Taugenichts". Eine andere Interpretation legt ein Vergleich mit Eichendorffs Gedicht „Wünschelrute" nahe (vgl. 4.1). In dieser Lesart gelingt es dem „Taugenichts", das „Zauberwort" zu sagen und den wahren Charakter der Welt zu offenbaren, indem er sich in diese hineinträumt und so das in ihr schlummernde Lied zum Leben erweckt. Die Traumlogik des Textes wäre demnach das Resultat romantischen Poetisierens seitens des Ich-Erzählers.

> ■ *Wie wirkt sich die Auflösung im zehnten Kapitel auf eine solche romantische Lesart des Geschehens aus?*

Die Aufklärung durch Leonhard entzieht einer romantischen Lesart den Boden. Der Romantiker wird desillusioniert. Im übertragenen Sinne setzt sich die Aufklärung gegen die Romantik durch.

An der Tafel lässt sich das skizzieren, indem man das Schaubild „Hochzeit als ‚Happy End'?" (vgl. 2.3, S. 46) entsprechend variiert:

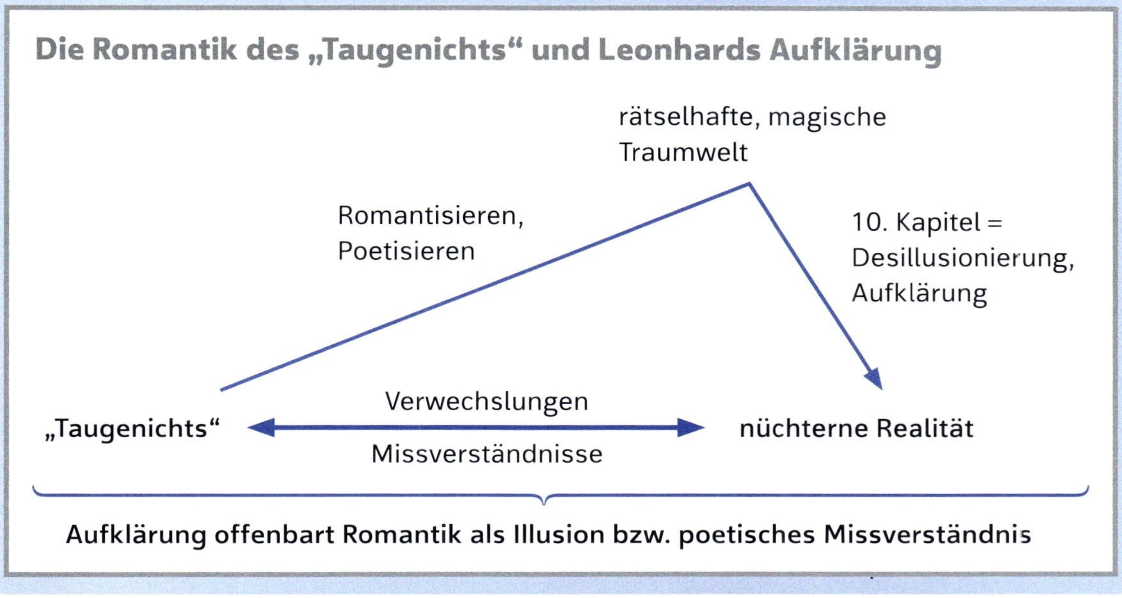

Die Romantik des „Taugenichts" und Leonhards Aufklärung

- rätselhafte, magische Traumwelt
- Romantisieren, Poetisieren
- 10. Kapitel = Desillusionierung, Aufklärung
- „Taugenichts" ←— Verwechslungen / Missverständnisse —→ nüchterne Realität

Aufklärung offenbart Romantik als Illusion bzw. poetisches Missverständnis

Romantische Sehnsuchts-Metaphorik

Romantische Symbole der Sehnsucht

Motiv	Deutung
• Sterne (Z. 1), Mond (Z. 20)	
• Schein, Sternenschein (Z. 1), Mondschein (Z. 20)	
• Am Fenster (Z. 2, Z. 21)	
• Hören (Z. 2 ff.), lauschen (Z. 21 ff.) (durchs Fenster nach draußen)	
• Reise (Z. 7), Wandern (Z. 11)	
• Weite Ferne (Z. 3), Quellen (Z. 15)	
• Posthorn (Z. 4)	
• (brennendes) Herz (Z. 5)	
• Heimliche Gedanken (Z. 6), Schlaf (Z. 23)	
• Gesang (Z. 11, Z. 17), Musik (Z. 22)	
• Rauschen (Z. 14, Z. 23)	
• Marmorbilder (Z. 17)	

Sinnbildliche Objekte der Sehnsucht

Motiv	Deutung
• Nacht (Z. 8, Z. 16, Z. 24; jeweils letztes Wort jeder Strophe!)	
• Reise (Z. 7), Wandern (Z. 11)	
• Wälder (Z. 14, Z. 16), (verwilderte) Gärten	
• Marmorbilder (Z. 17)	
• Mädchen (Z. 21)	

■ *Überlegen Sie in Partner- oder Gruppenarbeit, wofür die in der linken Spalte aufgelisteten Motive aus Eichendorffs Gedicht „Sehnsucht" jeweils stehen könnten. Notieren Sie Ihre Deutung anschließend stichwortartig in der rechten Spalte.*

Romantische Sehnsuchts-Metaphorik (Lösungsvorschlag)

Romantische Symbole der Sehnsucht

Motiv	Deutung
• Sterne (Z. 1), Mond (Z. 20)	• Schön, verführerisch. Sichtbar, aber unerreichbar. Nah und fern. Geschöpfe der Nacht
• Schein, Sternenschein (Z. 1), Mondschein (Z. 20)	• Verlockend schön, aber ungreifbar • Zwischenreich zwischen Tag und Nacht, Wirklichkeit und Illusion (Halbdunkel, Zwielicht, vgl. „dämmernd", Z. 19)
• Am Fenster (Z. 2, Z. 21)	• Öffnet den geschlossenen Raum in Richtung Freiheit. Verbindung zwischen zwei Welten: innen und außen, Gesellschaft und Natur, Wirklichkeit und Wunschtraum, Sehnendem und Objekt der Sehnsucht
• Hören (Z. 2 ff.), lauschen (Z. 21 ff.) (durchs Fenster nach draußen)	• Hörbar, aber unerreichbar. Da und weg, nah und fern. Hörrichtung weist nach draußen, in die Freiheit
• Reise (Z. 7), Wandern (Z. 11)	• (Sinn-)Suche
• Weite Ferne (Z. 3), Quellen (Z. 15)	• Unerreichbar (im Moment)
• Posthorn (Z. 4)	• Signal zum Aufbruch, zur Abreise
• (brennendes) Herz (Z. 5)	• Gefühl, leidenschaftliches Verlangen, Hingabe
• Heimliche Gedanken (Z. 6), Schlaf (Z. 23)	• Verborgene, geheime Wünsche, Träume, Unterbewusstes
• Gesang (Z. 11, Z. 17), Musik (Z. 22)	• Ausdruck der Sehnsucht, aber auch von Freude, Glück. Einklang von Mensch und (göttlicher) Natur
• Rauschen (Z. 14, Z. 23)	• Leidenschaftlich, kraftvoll, diffus, vielstimmig, in Bewegung, unaufhaltsam, ungreifbar
• Marmorbilder (Z. 17)	• Schöne, aber leblose Abbilder

Sinnbildliche Objekte der Sehnsucht

Motiv	Deutung
• Nacht (Z. 8, Z. 16, Z. 24; jeweils letztes Wort jeder Strophe!)	• Unbewusstes, Verborgenes, Geheimes. Reizvoll („prächtig", Z. 8, Z. 24), aber auch gefährlich, bedrohlich („stürzen", Z. 16)
• Reise (Z. 7), Wandern (Z. 11)	• Weg als Ziel, religiöse Erfüllung, Natur- und Gottverbundenheit
• Wälder (Z. 14, Z. 16), (verwilderte) Gärten	• Fantasieraum, Magie, Ursprünglichkeit, Gottesnähe (vgl. Garten Eden), aber auch: verborgene Wünsche, Verbote, Tabus
• Marmorbilder (Z. 17)	• Tod
• Mädchen (Z. 21)	• Liebe, Sexualität

© Westermann Gruppe
Best.-Nr. 022697

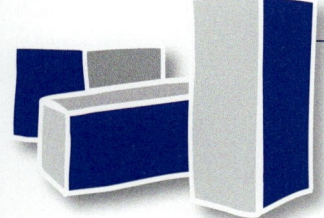

Baustein 5

Parodie und Selbstironie

Die humorvollen, komischen Züge von Eichendorffs Text sind derart unverkennbar, dass dieser in der Sekundärliteratur wiederholt mit einer Komödie verglichen wurde. Der „Taugenichts" erinnert in seinem Auftreten an einen Narren oder Schelm. Hinter dem subjektiven Ich-Erzähler schimmert zudem immer wieder die Ironie des Autors hervor.

In diesem Baustein werden zwei Deutungsmöglichkeiten vorgestellt, die sich durch diese Darstellungsweise eröffnen.

Zum einen kann der Text als Parodie auf den klassischen Bildungsroman verstanden werden, wie ihn Goethe mit seinem „Wilhelm Meister" geprägt hat.

Zum anderen kann Eichendorffs „Aus dem Leben eines Taugenichts" auch als ironischer Abgesang auf die Romantik und deren naive Vorstellungen gelesen werden.

5.1 Antibildungsroman

Um sich ein Urteil darüber bilden zu können, ob Eichendorff mit „Aus dem Leben eines Taugenichts" den klassischen Bildungsroman parodiert, machen sich die Schülerinnen und Schüler mithilfe des auf **Arbeitsblatt 10**, S. 113 abgedruckten Wikipedia-Eintrages zunächst mit wesentlichen Grundlagen dieses Genres vertraut.

An dieser Stelle ist es hilfreich, in einem kurzen Lehrervortrag auf die Gegensätze zwischen der Epoche der Romantik und der Klassik hinzuweisen. Die unter 4.1 herausgearbeiteten Merkmale der Romantik kennzeichnen die Epoche als ein von Gefühl, Fantasie, Glaube und Sehnsucht geprägtes Zeitalter. Damit vollzieht die Romantik eine Abkehr vom klassisch-humanistischen Bildungsideal, das vor allem auf kanonisiertes Wissen abzielt. Den damit verbundenen elitären Anspruch lehnen die Romantiker tendenziell ab, was sich auch in ihrer Hinwendung zur volkstümlichen Kunst und Literatur niederschlägt.

Auf der Grundlage dieser Kenntnisse können die Schülerinnen und Schüler anschließend das Genre des Bildungsromans unter ausgewählten Gesichtspunkten zu Eichendorffs Text in Bezug setzen.

■ *Vergleichen Sie anhand der auf Arbeitsblatt 10 aufgelisteten Kriterien den klassischen Bildungsroman, wie er in dem Wikipedia-Eintrag beschrieben wird, mit Joseph von Eichendorffs „Aus dem Leben eines Taugenichts". Vervollständigen Sie die Tabelle entsprechend.*

Ein Lösungsvorschlag hierfür findet sich im Anschluss an **Arbeitsblatt 10** (S. 115).

„Bildung" meint im Sinne des klassischen Bildungsromans zwar keine Schulbildung oder Wissensaneignung im humanistischen Sinne, sondern die Ausbildung individueller Fähigkeiten und das Heranreifen zu einer Persönlichkeit. Dennoch kann eine humanistische Bildung durchaus als Indiz für einen solchen Reifeprozess gewertet werden.

Umgekehrt deuten die mangelnden Lateinkenntnisse des „Taugenichts" bei der Begegnung mit den Studenten im neunten Kapitel (vgl. S. 95) beispielhaft an, wie wenig dieser Reifeprozess beim „Taugenichts" vorangeschritten ist.

- *Diskutieren Sie ausgehend von Ihren Tabelleneinträgen und Ihrer Kenntnis des Gesamttextes, inwiefern es sich bei Eichendorffs „Aus dem Leben eines Taugenichts" um die Parodie eines Bildungsromans handelt.*
- *Erläutern Sie das Ergebnis Ihrer Diskussion im Plenum.*

Wenn der „Taugenichts" als junger, naiver und idealistischer Held zu einer Reise aufbricht, um in der Welt sein Glück zu machen (vgl. S. 5), entspricht diese Ausgangssituation von Eichendorffs Text weitgehend derjenigen eines Bildungsromans.

Wie der Held des klassischen Bildungsromans hat auch der „Taugenichts" ein gestörtes Verhältnis zu seiner Umwelt. Dies schlägt sich im Konflikt mit seinem Vater und der von diesem repräsentierten Philisterwelt nieder.

Am Ende seiner Reise scheint dieser Konflikt auf den ersten Blick ausgeräumt. Der „Taugenichts" könnte seinen Platz in der Gesellschaft gefunden haben. Auch darin gleicht Eichendorffs Text einem Bildungsroman.

Insgesamt sind diese Parallelen derart augenfällig, dass es naheliegt, „Aus dem Leben eines Taugenichts" auch darüber hinaus mit einem Bildungsroman zu vergleichen.

Dabei zeigt sich, dass der für einen Bildungsroman konstitutive innere Reifeprozess des Helden beim „Taugenichts" nicht stattfindet. Dass der „Taugenichts" am Ende sein Glück zu finden scheint, ist nicht Resultat der Ausbildung innerer Charaktereigenschaften, sondern vielmehr das Ergebnis von Zufällen und glücklichen Fügungen.

Anstatt seine Anlagen zu entfalten und sich selbst weiterzuentwickeln, irrlichtert der „Taugenichts" getrieben von fremden Interessen, Missverständnissen und Verwechslungen dem Ende seiner (verhältnismäßig kurzen) Wanderschaft bzw. Reise entgegen.

Verglichen mit dem typischen Helden eines Bildungsromans erscheint der „Taugenichts" als Antiheld bzw. Karikatur. Auch das Ideal der Reise, die eine innere Entwicklung vorantreiben soll, wird ad absurdum geführt.

Hinzu kommt, dass keineswegs ausgemacht ist, dass der „Taugenichts" am Ende wirklich seinen Platz in der Gesellschaft gefunden hat (vgl. 2.3, 2.4, 3.1, 5.2). Vielmehr scheint er allenfalls bereit, sich mit den Umständen zu arrangieren. Von einem anderen, freieren Leben zu träumen hört er deshalb noch lange nicht auf. Die Harmonie zwischen Held und Umwelt erweist sich als trügerisch.

Insgesamt zeigt sich, dass Eichendorff mit „Aus dem Leben eines Taugenichts" oberflächliche Strukturen des Bildungsromans übernimmt, zugleich aber in wesentlichen Punkten von diesem abweicht.

Das klassische Bildungsversprechen wird in Eichendorffs Text nicht eingelöst. Da dem „Taugenichts" auf allerlei komischen Umwegen ohne eigenes Zutun dennoch sein vermeintliches Glück zufällt, kann der Text durchaus als Parodie auf den Bildungsroman gelesen werden.

An der Tafel kann das beispielsweise so skizziert werden:

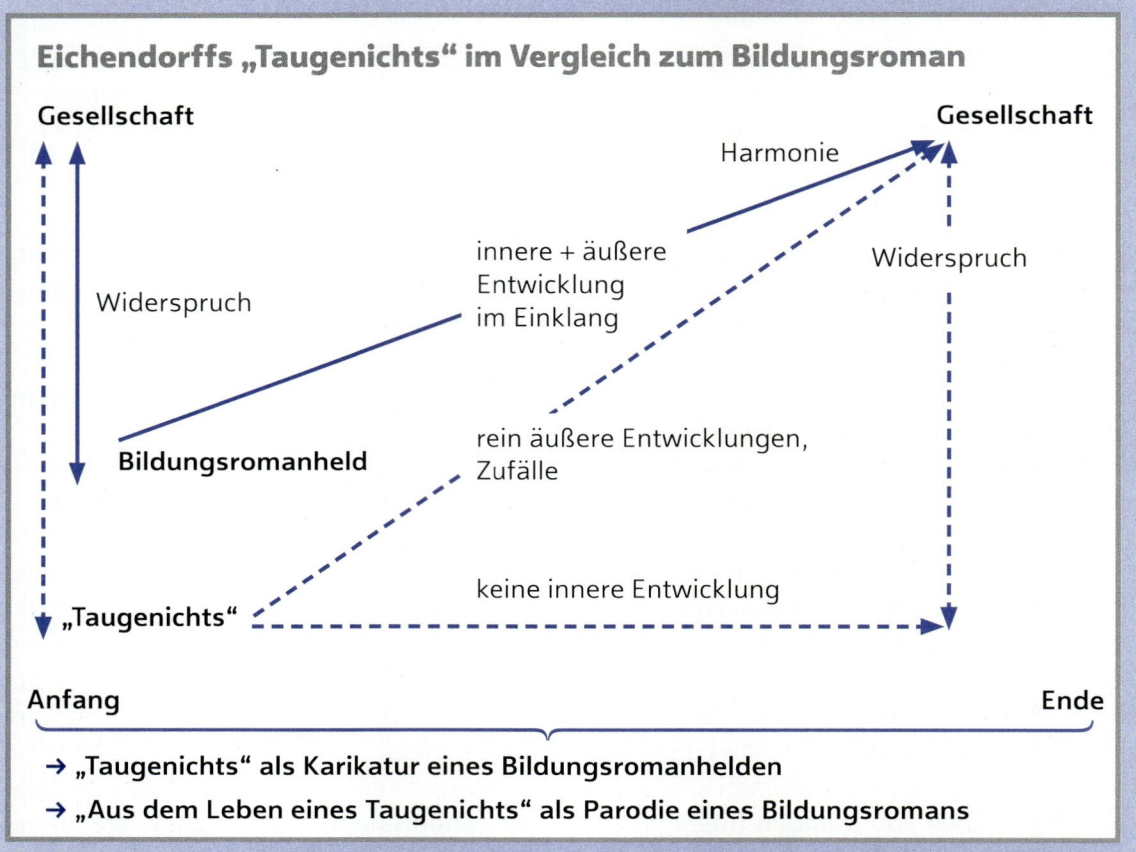

5.2 Romantische Selbstironie

Liest man Eichendorffs Buch als Parodie eines klassischen Bildungsromans (vgl. 5.1), kann dies einerseits als Kritik am Genre des Bildungsromans oder dem damit einhergehenden Bildungsideal verstanden werden. Andererseits aber lässt es sich auch als Kritik am „Taugenichts" und an der von ihm verkörperten romantischen Naivität bzw. naiven Romantik interpretieren.

Aus dieser Perspektive erscheint der Ich-Erzähler durch seine überzeichnete Naivität und Weltfremdheit als Karikatur eines romantischen Helden.

Ein solcher Deutungsansatz kann den Schülern und Schülerinnen zunächst anhand ausgewählter Textstellen nahegelegt werden.

■ *Lesen Sie die folgenden Textstellen:*
- *S. 17, Z. 10 – Z. 37,*
- *S. 69, Z. 7 – Z. 32,*
- *S. 80, Z. 18 – S. 81, Z. 38,*
- *S. 95, Z. 13 – Z. 18.*

■ *Welchen Eindruck vermitteln diese Passagen vom „Taugenichts"? Mit welchen Stichworten lässt er sich auf der Grundlage dieser Textstellen charakterisieren?*

Folgende Stichworte können an der Tafel notiert werden:

„Taugenichts"
- naiv
- weltfremd
- verträumt, romantisch
- kindisch, stur, unreif
- närrisch, Narr, komisch, lächerlich   **Karikatur, Witzfigur**
- ungebildet
- oberflächlich
- angeberisch, prahlerisch
- tollpatschig

Im gelenkten Unterrichtsgespräch kann diese (selbst-)karikierende Darstellung des „Taugenichts" zu einer möglichen Kritik an der Romantik bzw. an der romantischen Literatur in Bezug gesetzt werden.

Dafür ist es hilfreich, Eichendorffs Text literaturhistorisch der späten Romantik zuzuordnen. Und zwar nicht nur, weil die für diese Spätphase der Epoche typische schwarze Romantik bzw. Schauerromantik, die sich dem Bösen und Unheimlichen zuwendet, auch in Eichendorffs Text ihre Spuren hinterlassen hat, sondern auch, weil eine Epoche, wenn sie sich ihrem Ende entgegenneigt, bereits kritisch und selbstironisch reflektiert werden kann.

■ *Erläutern Sie, inwiefern der „Taugenichts" in den oben gewählten Passagen als Karikatur eines Romantikers beschrieben wird.*

In der ersten Passage (vgl. S. 17) ärgert sich der Ich-Erzähler über die unromantische Weltsicht des Portiers. Damit positioniert er sich als Romantiker gegen die rationale, nüchterne Weltsicht der Philister (vgl. 2.1). Zugleich kann er jedoch auch als weltfremder Träumer erscheinen, der seine Fantasien mit kindischer Sturheit gegen die Wirklichkeit verteidigt. Für eine solche Auslegung spricht, dass die Einwände des Portiers ihn völlig aus der Fassung bringen. Er reagiert unverhältnismäßig, ein „närrischer Zorn" (Z. 30) befällt ihn. Wie ein trotziges Kind verschließt sich der „Taugenichts" der Realität.

Auch in der zweiten Passage (vgl. S. 69) wirkt er kindisch und unreif. Er verwechselt die beiden (vermeintlichen) Maler Leonhard und Guido mit den historischen Malern Leonardo da Vinci (1452–1519) und Guido Reni (1575–1642). Damit entlarvt er sich als kulturell ungebildet, was er jedoch mit einer Lüge vergeblich zu kaschieren versucht. Einmal mehr verweigert er sich der Realität. Dadurch wirkt er derart lächerlich, dass der Maler in „lautes Gelächter" (Z. 30) ausbricht.

In der dritten Passage (vgl. S. 80 f.) tritt der „Taugenichts" abermals als „Narr" (S. 81, Z. 23) in Erscheinung. Seine romantisch übersteigerte Fantasie geht mit ihm durch. Dabei täuscht er sich gleich doppelt. Der meuchlerische Maler entpuppt sich als Kammerjungfer und die „schöne gnädige Frau" als eine Fremde. Sinnbildlich stolpert der „Taugenichts" über seine subjektive, verzerrte Wahrnehmung (vgl. S. 81, Z. 81 ff.). Als kreischender Tollpatsch hinterlässt er den Eindruck einer Witzfigur.

Auch in der vierten Passage (vgl. S. 95) offenbart sich eine Kluft zwischen der Wahrnehmung des „Taugenichts" und der Wirklichkeit. Vergnügt singt er das Lied der Studenten mit, ohne überhaupt zu verstehen, wovon dieses handelt. Die lateinischen Verse, die er nicht versteht, preisen jedoch gerade jenes Philisterleben, das er als Romantiker eigentlich ablehnt. Einmal mehr wirkt der „Taugenichts" naiv, ungebildet und oberflächlich. Dadurch erscheint auch sein romantisches Weltbild unglaubhaft und nicht fundiert.

Insgesamt zeigt sich in diesen Textabschnitten eine deutliche Diskrepanz zwischen dem romantischen Idealbild des Poetisierens (vgl. 4.1) und der naiven, träumerischen Weltsicht des „Taugenichts". Aus dieser Kluft ergibt sich das parodistische bzw. selbstironische Potenzial von Eichendorffs Text.

Verkürzt lässt sich das an der Tafel so skizzieren:

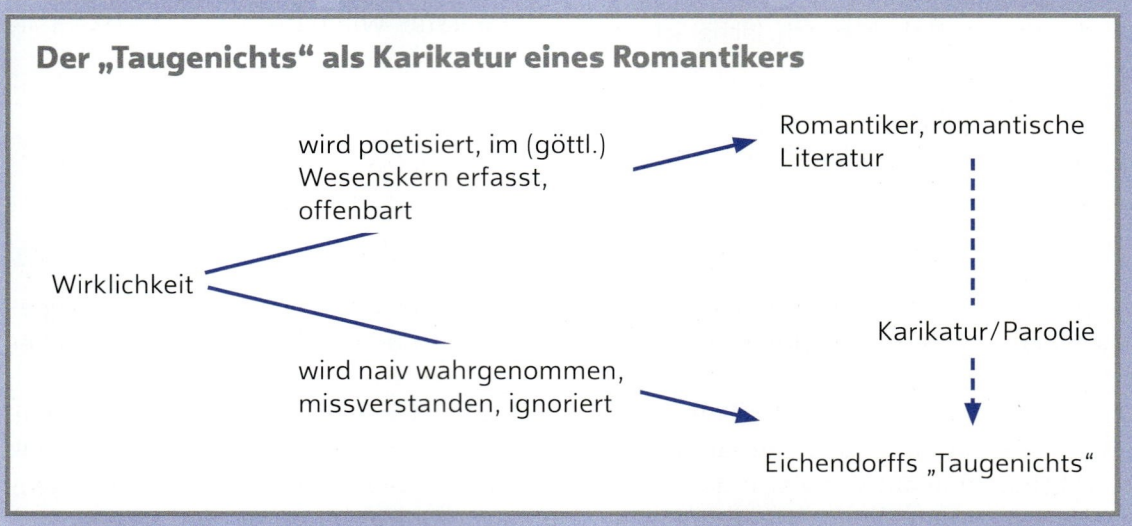

Ähnlich wie beim Bezug zum Bildungsroman (vgl. 5.1) entsteht die parodistische Fallhöhe dadurch, dass der „Taugenichts" oberflächlich als Romantiker in Erscheinung tritt und auch Eichendorffs Text wesentliche Elemente romantischer Literatur aufweist (vgl. Baustein 4). Diese formalen Parallelen gehen jedoch mit inhaltlichen Widersprüchen einher, die sich daraus ergeben, dass sowohl der „Taugenichts" als auch Eichendorffs Text die romantischen Ansprüche nur unzureichend erfüllen bzw. gezielt unterlaufen.

- *Überlegen Sie in Gruppen- oder Partnerarbeit, inwiefern sich das Verhalten des „Taugenichts" und das Handlungsgeschehen auch über die ausgewählten Passagen hinaus als Parodie oder selbstironische Kritik an der Romantik bzw. romantischer Literatur deuten lassen.*

- *Präsentieren Sie die Ergebnisse Ihrer Überlegungen im Plenum.*

Dass der „Taugenichts" die Geschehnisse um sich herum missversteht und fehlinterpretiert, zieht sich als roter Faden durch den gesamten Text. Möglicherweise parodiert der Romantiker Joseph von Eichendorff in seinem spätromantischen Text damit das Prinzip des romantischen Poetisierens. Liest man „Aus dem Leben eines Taugenichts" als eine selbstironische Parodie auf die Romantik, offenbart das Romantisieren bzw. Poetisieren nicht etwa die wahre, göttliche Natur der Dinge, sondern vielmehr die Naivität des Romantikers, dessen Weltsicht das Resultat banaler Missverständnisse ist.

Die Reise und Wanderschaft entpuppt sich entsprechend als Irrfahrt ohne Mehrwert. Weder kommt der „Taugenichts" der göttlichen Natur näher, noch gelingt es ihm, seine eigene Natur zu entfalten (vgl. 5.1). Im übertragenen Sinne erweist sich die Romantik damit nur als weiterer Irrweg; ein einziges großes Missverständnis.

Folgt man dieser Lesart, schlägt sich die Weltfremdheit des Romantikers auch in den vagen und teilweise unrealistischen Schilderungen von Handlungsabläufen und Schauplätzen (vgl.

2.5) nieder. Der „Taugenichts" bewegt sich in einer fiktiven, märchenhaft anmutenden Welt fernab der historischen Realität. Soziale und politische Hintergründe wie die Karlsbader Beschlüsse spielen etwa bei der Begegnung mit den Studenten keine Rolle (vgl. 2.2).

Auch als Parodie auf die schwarze Romantik lassen sich einige Passagen des Textes deuten: etwa die unheimliche Beschreibung des Bergschlosses (vgl. 5. und 6. Kapitel) oder die gespenstischen nächtlichen Beobachtungen in den römischen Gärten (vgl. 8. Kapitel). Denn anstatt die Geheimnisse in einer fantastischen Schwebe zu halten oder gar eine wunderbare, übernatürliche Erklärung nahezulegen, löst Eichendorff sie auf profane Weise als Hirngespinste des „Taugenichts" auf, der die Geschehnisse einmal mehr falsch deutet. Die unheimliche Atmosphäre entlädt sich in einem auf komische Weise überzeichneten, grotesken Höhepunkt (vgl. S. 61 f., S. 80 ff.).

Auch stilistisch untergräbt Eichendorff das Prinzip des Romantisierens auf ironische Weise, indem er in die Ich-Erzählung brachiale, umgangssprachliche Formulierungen einstreut (vgl. z. B. S. 61, Z. 21 – Z. 24).

Auch jenseits der oben ausgewählten Textstellen tritt der „Taugenichts" immer wieder als clowneske Figur in Erscheinung. Beispielsweise, wenn er sich beim Gärtnern das Unkraut über den Kopf wirft (vgl. S. 21, Z. 31 f.), oder auch, wenn er unentwegt in Bäume klettert. In einer selbstironischen Lesart verbirgt sich hinter der vermeintlich tiefgründigen Vogelmetaphorik (vgl. 4.2) ein deutlich profaneres Sinnbild: der „Taugenichts" wäre demnach einfach nur ein „komischer Vogel".

Nachdem die Schülerinnen und Schüler in Gruppen- oder Partnerarbeit und im anschließenden gelenkten Unterrichtsgespräch einige dieser parodistischen, selbstironischen Elemente auf der Ebene des Gesamttextes herausgearbeitet haben, lohnt es sich, einen etwas ausführlicheren Blick auf das Ende von Eichendorffs Text zu werfen, an dem diese parodistischen Tendenzen kumulieren.

Hierfür bietet sich zunächst ein Vergleich mit Eichendorffs auf **Arbeitsblatt 11**, S. 116 abgedrucktem Gedicht „Die zwei Gesellen" an. Die Schüler und Schülerinnen werden aufgefordert, die Lebenswege der beiden Protagonisten des Gedichtes zum Schicksal des „Taugenichts" in Bezug zu setzen.

■ *Welchen Menschentypus verkörpern die beiden Gesellen aus Eichendorffs Gedicht jeweils?*

Bei ihrem Aufbruch sind beide Gesellen in etwa gleich jung. Zum „ersten Mal" verlassen sie ihr Zuhause (vgl. 1. Strophe).

Am Anfang verfolgen beide noch dieselben Ziele (vgl. 2. Strophe). In den ersten beiden Strophen wird nicht zwischen den beiden Gesellen unterschieden.

Erst mit der dritten Strophe trennen sich ihre Wege. Der erste heiratet und führt ein bescheidenes, behagliches Familienleben.

Der zweite Geselle hingegen lässt sich verführen („Sirenen"), verliert sich in seinen Träumen und Sehnsüchten: Seine Sinne vermischen sich in der synästhetischen Wahrnehmung des „farbig klingenden" Abgrundes, in den er stürzt, weil er vom rechten Weg abkommt (vgl. 4. Strophe).

Als er dies bemerkt (vgl. 5. Strophe), ist es für ihn bereits zu spät. Sein Lebens-„Schifflein" ist gesunken. Sein Leben ist zerstört bzw. er scheint am Ende seines Lebens angelangt.

Im Gegensatz zum ersten Gesellen setzt sich der zweite Geselle nicht zur Ruhe, sondern sucht weiter das Abenteuer, strebt auch weiterhin „nach hohen Dingen" und jagt (vergeblich) seinen Sehnsüchten hinterher.

Im Kontrast dieser beiden Lebensweisen spiegelt sich der Gegensatz zwischen dem bodenständigen Philister und dem rastlosen, sehnsüchtigen Romantiker wider.

An der Tafel können diese unterschiedlichen Lebenswege so zusammengefasst werden:

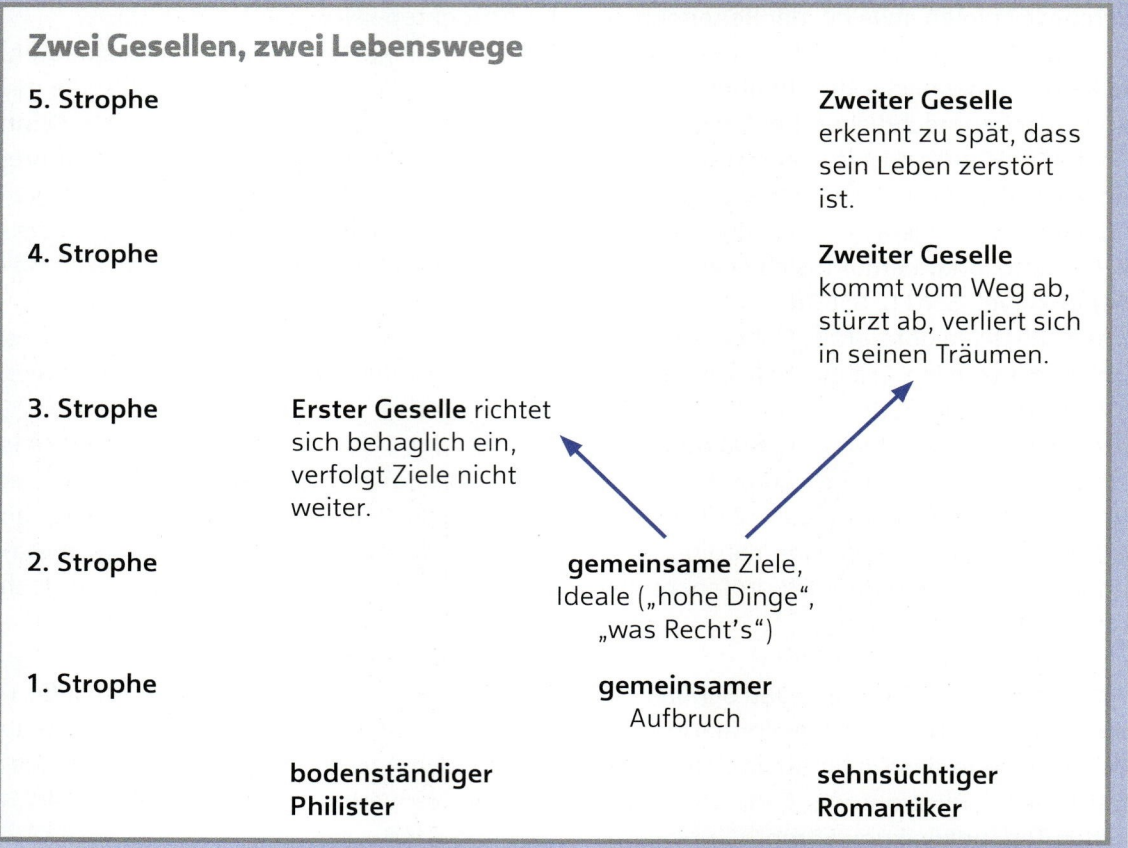

■ *Diskutieren Sie in Partner- oder Gruppenarbeit darüber, ob der erste Geselle (im Gegensatz zum zweiten) sein Glück findet. Begründen Sie Ihre Meinung auf der Grundlage des Gedichts.*

Dass der zweite Geselle ein unglückliches Ende nimmt, geht recht unmittelbar aus dem Gedicht hervor. Im Vergleich dazu scheint der erste Geselle sein Glück gefunden zu haben. Er hat eine Frau, einen Sohn, besitzt Haus und Hof und hat es sich dort „behaglich" (3. Strophe, 4. Vers) eingerichtet.

Allerdings erweist sich sein vermeintliches Glück auf den zweiten Blick als trügerisch. Auffällig sind die drei Diminutive in der dritten Strophe, die das Glück gewissermaßen verkleinern. „Liebchen", „Bübchen" und „Stübchen" kennzeichnen die eng begrenzte, kleine Lebenswelt eines typischen Philisters (vgl. 2.1 und 2.4). Der eingeschränkte Horizont des ersten Gesellen zeigt sich auch beim Blick aus dem Fenster, der nicht etwa sehnsüchtig in die Ferne schweift, sondern ausschließlich aufs nahe „Feld" gerichtet ist.

Negativ lässt sich zudem deuten, dass es die Schwiegermutter des ersten Gesellen ist, die Haus und Hof kauft. Der erste Geselle erscheint dadurch unselbstständig und abhängig. Er bestimmt nicht selbst über sein Schicksal. Dadurch wirkt er wie ein Gefangener von Konventionen und Verpflichtungen. Von den „hohen Dingen", nach denen er gestrebt hat, scheint kaum noch etwas übrig zu sein. Seine Träume sind offenbar am Philisteralltag zerplatzt.

In der sechsten Strophe sind es denn auch die Lebensschicksale beider Gesellen, die das lyrische Ich, das sich in dieser letzten Strophe erstmals ausdrücklich zu erkennen gibt, zu Tränen rühren.

> ■ *Vergleichen Sie das Schicksal des „Taugenichts" mit demjenigen der beiden Gesellen. Gehen Sie dabei insbesondere auf das Ende (S. 104, Z. 9 – S. 105, Z. 14) von Eichendorffs „Aus dem Leben eines Taugenichts" ein.*

Zumindest vorläufig bleibt dem „Taugenichts" das Schicksal des zweiten Gesellen erspart. Stattdessen droht er jedoch ganz ähnlich zu enden wie der erste Geselle. Denn auch das vermeintliche Glück des „Taugenichts" erweist sich auf den zweiten Blick als keineswegs vollkommen. Die „schönste, gnädigste Gräfin" (S. 104, Z. 27) entpuppt sich als Nichte des Portiers, eines typischen Philisters. Auch wenn der „Taugenichts" zunächst erleichtert reagiert, weil nun einer Ehe mit Aurelie nichts mehr im Wege steht, fällt beim genaueren Hinsehen auf, wie weit die Realität sich von den Wunschfantasien des „Taugenichts" entfernt hat. Den Superlativen (vgl. Z. 27), die er mit der vermeintlichen Gräfin verband, nach der er sich so lange verzehrt hat, stehen auf stilistischer Ebene die Verkleinerungsformen („Köpfchen" Z. 11, „Schlösschen" Z. 19) entgegen, die ähnlich wie im Gedicht „Die zwei Gesellen" die Welt der Philister markieren (vgl. auch 2.4). Ein „Schlösschen" mag zwar mehr hermachen als ein „Stübchen". Es ist aber eben doch kein Schloss. Dass das „weiße Schlösschen" beinahe wie eine Fata Morgana „drüben im Mondschein glänzt" (Z. 19 f.), deutet möglicherweise bereits an, dass die damit verbundenen Sehnsüchte und Erwartungen sich nicht erfüllen werden, wenn der „Taugenichts" und Aurelie erst einmal dort eingezogen sind und das „Drüben" zum Hier geworden ist. Zugleich lässt sich diese Formulierung auch als Parodie des romantischen Sehnens deuten. Die Sehnsucht zielt in dieser Passage nämlich nicht auf höhere geistige oder seelische Dinge, sondern auf materiellen Wohlstand und ein angenehmes, bequemes Leben (vgl. auch 2.3).

Eine weitere auffällige Parallele zwischen dem Schicksal des „Taugenichts" und demjenigen des ersten Gesellen besteht darin, dass auch der „Taugenichts" sein Haus geschenkt bekommt, und zwar vom Grafen (vgl. Z. 21 f.).

Ähnlich wie der erste Geselle begibt sich dadurch auch der „Taugenichts" in Abhängigkeit. Dass er zukünftig womöglich nicht mehr selbst über sein Leben bestimmen kann, zeigt sich beispielhaft daran, dass Aurelie ihm im Namen ihres Philisteronkels bereits jetzt vorschreibt („Du musst", S. 105, Z. 4), sich in Zukunft ordentlicher zu benehmen und zu kleiden (vgl. Z. 2 ff.). Anders als für den ersten Gesellen ist das Philisterschicksal für den „Taugenichts" am Ende jedoch noch nicht besiegelt. Noch hat er nicht aufgehört zu träumen. Nach wie vor strebt er nach den „hohen Dingen". Wenn Aurelie ihn mahnt, sich „eleganter" (Z. 5) zu kleiden, malt er sich einen pompösen, exotischen Kleidungsstil aus (vgl. Z. 5 f.). Und er fantasiert davon, nach Italien aufzubrechen, anstatt im Schlösschen des Grafen zu versauern. Die Konflikte oder Enttäuschungen sind angesichts solch unterschiedlicher Vorstellungen wohl vorprogrammiert. Dass sich die Gegensätze in Wirklichkeit so einfach überwinden lassen, wie der „Taugenichts" es sich wünscht, wenn er in Gedanken die freiheitsliebenden Prager Studenten einerseits und den braven, biederen Philisterportier andererseits gemeinsam mit auf die Hochzeitsreise nimmt, dass sich also Romantik und Philistertum unter einen Hut bringen lassen, scheint dagegen eine Illusion zu sein.

Zusätzlich zu **Arbeitsblatt 11**, S. 116 bietet auch **Zusatzmaterial 5**, S. 135 die Möglichkeit, das Ende von Eichendorffs Werk „Aus dem Leben eines Taugenichts" mithilfe eines Textvergleiches zu analysieren.

> ■ *Vergleichen Sie das Zitat aus dem Lied der Brautjungfern in Eichendorffs Text (S. 98, Z. 29 ff.) mit der auf Zusatzmaterial 5 abgedruckten Originalstrophe. Welche Unterschiede fallen Ihnen auf?*

Das „Freischütz"-Zitat der singenden Dorfmädchen weicht an mehreren Stellen vom Original ab. Inhaltlich fällt auf, dass der Kranz bereits fertiggestellt ist („bringen" statt „winden" im 1.

Vers). Im zweiten Vers ersetzt „Lust" das „Spiel". Am weitreichendsten ist die Änderung im dritten Vers, der nahezu vollständig umgestaltet wird. Neue „Hochzeitsfreude" ersetzt „Glück und Liebesfreude".

- Wie wirkt sich das „Freischütz"-Zitat auf eine mögliche Deutung des Endes von Eichendorffs „Aus dem Leben eines Taugenichts" aus? Berücksichtigen Sie bei Ihren Überlegungen auch den Kontext des Liedes in Webers Oper.

Besonders wichtig erscheint in diesem Zusammenhang, dass bei Eichendorff, anders als im „Freischütz", nicht mehr von „Glück" die Rede ist. Dies ist umso bemerkenswerter, da der „Taugenichts" im ersten Kapitel ausdrücklich auszieht, sein „Glück" zu machen (vgl. S. 5, Z. 15 f.). Hätte Eichendorff die erste Strophe des Liedes nun unverändert aus der Oper übernommen, hätte sich der Kreis gewissermaßen geschlossen. Es wäre der Eindruck erweckt worden, der „Taugenichts" habe das Glück, das er gesucht hat, endlich gefunden. Statt von „Glück" und „Liebe" singen die Mädchen aus dem Dorf jedoch lediglich von der „Hochzeit". Das klingt deutlich weniger romantisch.

Irritierend ist zudem, dass die Hochzeit mit dem Attribut „neu" (S. 98, Z. 32) versehen wird. Indirekt wird die Hochzeitsfreude dadurch zu anderen, älteren Hochzeitsfreuden in Bezug gesetzt. Sie verliert ihren einzigartigen, einmaligen Charakter.

Dass im dritten Vers von der sinnlichen „Lust" statt vom unschuldigen „Spiel" die Rede ist, trägt zusätzlich dazu bei, die Zeremonie zu entweihen. Die romantische Glücksvorstellung von der Vermählung zweier liebender Seelen wird geerdet zu einem irdischen, fleischlichen Bund (vgl. auch S. 99, Z. 37).

Diese Veränderungen deuten an, dass die bevorstehende Hochzeit zwischen dem „Taugenichts" und Aurelie nicht unbedingt eine glückliche gemeinsame Zukunft verheißen muss. Von Liebe ist keine Rede. Viel eher scheint es, als hätten die beiden sich miteinander arrangiert. Dadurch erinnert die Zukunft, die den „Taugenichts" nun erwartet, weniger an die Zukunft, die er sich an der Seite einer schönen Adligen erträumt hat, als an das Zukunftsmodell, das er sich auf seiner Reise noch hat entgehen lassen, als er dem reichen Dorfmädchen begegnet ist (vgl. S. 34 ff.).

Dass das Lied der Brautjungfern aus dem „Freischütz" nicht unbedingt ein gutes Omen darstellt, ergibt sich auch aus dem Kontext, in dem es in der Oper gesungen wird. Direkt im Anschluss an das Lied entdecken die Brautjungfern anstatt des Brautkranzes eine Totenkrone.

Nachdem die Schülerinnen und Schüler nun zunächst anhand ausgewählter Textstellen das „Happy End" infrage gestellt haben, können sie abschließend das Ende umfassender untersuchen. Je nachdem, welche Bausteine bereits zuvor erarbeitet wurden, lassen sich in diesem Zusammenhang einzelne Deutungsaspekte abermals aufgreifen.

- Lesen Sie noch einmal das Ende von Eichendorffs „Aus dem Leben eines Taugenichts" (10. Kapitel, S. 98 – S. 105).

- Sammeln Sie anschließend in Gruppenarbeit weitere Hinweise darauf, dass Eichendorff das vermeintlich glückliche, romantische Ende mit seiner Darstellung parodiert und infrage stellt.

Zu Beginn dieses Textauszuges trägt Eichendorff derart dick mit romantischen Motiven auf, dass es beinahe schwülstig und kitschig wirkt. Das Idyll der beiden „vom Abendrot beschienenen" (S. 98, Z. 5) Frauen und der kreisenden Schwäne (vgl. Z. 15 f.) lässt sich entsprechend als selbstironische Parodie einer romantischen Szene lesen. Diese Parodie wird durch die folgende Inszenierung, in der die singenden Dorfmädchen nun wie die Schwäne um den „Taugenichts" kreisen, noch weiter gesteigert. Die Szenerie wirkt unwirklich und theatralisch.

Dieser Eindruck des Unwirklichen parodiert die romantische Wahrnehmung bzw. die Romantisierung der Welt. Ähnlich verhält es sich, wenn Leonhard die Erlebnisse des „Taugenichts" ausdrücklich mit einem „Roman" vergleicht (S. 101, Z. 25f.). Der „Taugenichts" wird damit als Romanfigur karikiert. Nimmt man Leonhards Hinweis wörtlich, wäre der „Taugenichts" nichts anderes als die Ausgeburt romantischer Fantasie.

Auch mit dem Hinweis auf den „Poetenmantel" (S. 99, Z. 18f.) macht sich Leonhard – möglicherweise stellvertretend für den Autor Joseph von Eichendorff – über den romantischen „Fantast[en]" (Z. 19) lustig, der im „Taugenichts" steckt. Leonhard entromantisiert das Geschehen, indem er den „Poetenmantel" entfernt, in den der „Taugenichts" seine Erlebnisse gehüllt hat. Glück und Liebe beruhen für Leonhard auf sexueller Vereinigung: „liebt Euch wie die Kaninchen und seid glücklich!" (S. 99, Z. 37). Anstatt die Menschen in göttliche Höhen zu romantisieren, reduziert Leonhard sie auf ihre animalischen („Kaninchen"-)Triebe. Der Poetenmantel der Romantik dient aus dieser Perspektive lediglich dazu, diese Triebe zu kaschieren (vgl. 4.1).

Auch weil sich am Ende herausstellt (vgl. S. 101 ff.), dass die gesamte Reise des „Taugenichts" von Missverständnissen, Verwechslungen, Zufälle und fremden Interessen gelenkt wurde, wirkt der romantische Blick, mit dem der Protagonist die Welt wahrnimmt, naiv und nahezu lächerlich (vgl. 2.3 und 3.1).

Besonders ins Gewicht fällt, dass sich der „Taugenichts" im Objekt seiner Sehnsucht getäuscht hat. Die „schönste, gnädigste Gräfin" (S. 104, Z. 26f.), nach der er sich die ganze Zeit über verzehrte, obwohl sie ihm so gut wie unerreichbar scheinen musste, entpuppt sich als Philisternichte. Damit ist sie zwar erreichbar geworden, aber zugleich nicht mehr diejenige, in die er sich ursprünglich verliebt hat.

Die Voraussetzung der Hochzeit ist also eine grundlegende Enttäuschung. Nicht nur das „Happy End" erscheint dadurch fragwürdig. Auch die romantische Überhöhung von Liebe und Sehnsucht wirkt im Nachhinein oberflächlich, wenn der „Taugenichts" sich jetzt erleichtert darüber gibt, dass seine Träume sich als Illusionen entpuppen (vgl. Z. 39f.; vgl. auch 2.3, 2.4 und 3.1). Die Romantik und das Poetisieren ließen sich vor diesem Hintergrund als reine Fassade deuten, hinter der sich auch der vom „Taugenichts" verkörperte Romantiker kaum von einem Philister unterscheidet. Die Romantik wäre in dieser Lesart nicht viel mehr als der sinnbildliche „Stein" (Z. 39), der dem „Taugenichts" vom Philisterherzen fällt.

Es spricht jedoch einiges dafür, dass der „Taugenichts" auch am Ende keineswegs in der Realität angekommen ist. Stattdessen scheint er lediglich seine Träume neu auszurichten. Anstatt mit der „schönsten Gräfin" fantasiert er sich jetzt eben mit der Nichte des Portiers eine goldene Zukunft mit „Frack", „Pumphosen" und Italienreise (vgl. S. 105) zusammen. Die Missverständnisse hören nicht auf, sondern setzen sich in der Beziehung zwischen dem „Taugenichts" und Aurelie fort (vgl. S. 105). Der „Taugenichts" stellt sich unter eleganter Kleidung etwas ganz anderes vor als Aurelie (vgl. Z. 4 – Z. 6). Während Aurelie ihn auffordert, sich an die Philisterlebensweise ihres Onkels anzupassen (vgl. Z. 2 – Z. 5), träumt der „Taugenichts" davon, den Onkel in seine romantischen Vorstellungen integrieren zu können (vgl. Z. 7 – Z. 9; vgl. auch 2.3, 2.4 und 3.1).

Entsprechend zurückhaltend reagiert Aurelie auf die Zukunftsfantasien des „Taugenichts". Sie lächelt zwar, jedoch nur „still" (Z. 10). Auch ihr vergnügter und freundlicher Blick wird durch das Attribut „recht" (Z. 10) auf ironische Weise abgeschwächt. Damit greift Eichendorff am Ende seines Textes eine Formulierung auf, die er ganz zu Beginn mit der Mühle, die „recht lustig" braust und rauscht (S. 5, Z. 1 f.), eingeführt hat (vgl. 2.1). Sinnbildlich ist der „Taugenichts" somit wieder am Anfang angelangt. Mit der bevorstehenden Hochzeit dreht sich das Mühlrad des (Philister-)Lebens weiter. Und wie schon zu Beginn denkt der „Taugenichts" angesichts solcher Aussichten auch am Ende wieder an eine Flucht bzw. eine Reise nach Italien.

Den letzten Hinweis darauf, dass sich der Ich-Erzähler mit seinem zum „Happy End" romantisierten Schluss etwas vormacht, liefert der finale Halbsatz, der wie die Schlussformel eines

Märchens klingt (vgl. S. 105, Z. 24; vgl. auch 3.4). Ließe sich allein schon die Märchenformel „und alles war gut" ironisch deuten, treibt der Ich-Erzähler diese Ironie durch die Doppelung des „alles" auf die Spitze. Mit dieser ironischen Tautologie setzt er einen unverkennbar parodistischen Schlussakzent.

Das romantische „Happy End", so lässt sich das parodistische Finale deuten, findet wie die gesamte romantische Geschichte des „Taugenichts" fernab jeder Realität statt. Überträgt man das auf die romantische Literatur an sich, so erscheint diese als eine oberflächliche, hochtrabende Träumerei.

Eichendorff formuliert diese Kritik jedoch mit einem selbstironischen Augenzwinkern. Möglicherweise führt es daher zu weit, den „Taugenichts" als prototypischen Romantiker zu deuten. Naheliegender erscheint es, dass er nur eine einseitige, besonders naive und oberflächliche Spielart der Romantik verkörpert. So gesehen würde sich Eichendorff mit dem „Taugenichts" nicht etwa über alle Romantiker lustig machen, sondern lediglich über einen bestimmten Typus, der den oberflächlichen romantischen Gestus nicht mit Inhalt füllt. Aber auch dieser „Taugenichts"-Romantiker wird von Eichendorff nicht verurteilt. Denn selbst wenn Eichendorff ihn karikiert, dann doch stets auf liebevolle Weise. Der „Taugenichts" mag am Ende bei Eichendorff zwar als Witzfigur und naiver Träumer erscheinen, aber eben doch als ein liebenswerter Träumer.

Insofern erweist sich zuletzt auch die Haltung des Romantikers Eichendorff zur Romantik auf selbstironische Weise als ambivalent.

Dieses mehrdeutige, offene Ende erlaubt es den Schülerinnen und Schülern, selbst eine kreative Fortsetzung der Geschichte zu formulieren.

■ *„Ach, das alles ist schon lange her!" (S. 11, Z. 8), formuliert der Ich-Erzähler im ersten Kapitel. Erzählen Sie aus Sicht des „Taugenichts" bzw. des erzählenden Ichs, was seitdem alles passiert ist, indem Sie eine Fortsetzung zu Eichendorffs Geschichte erfinden. Orientieren Sie sich dabei an der Erzählweise und am Stil Eichendorffs.*

Bildungsroman

Ein Bildungsroman thematisiert die Entwicklung einer meist jungen Hauptfigur. Die Gattung entstand Ende des 18. Jahrhunderts in Deutschland. [...] Es handelt sich um ein Subgenre des Entwicklungsromans [...].

Wesentliche Merkmale

[...] Die zentrale Figur, der Held, durchlebt eine Entwicklung, die von seinem Verhältnis zu [...] seiner Umwelt bestimmt wird. Diese Entwicklung spielt sich meistens in der Jugend des Helden ab. Die erzählte Zeit erstreckt sich über mehrere Jahre, oft sogar Jahrzehnte. Somit weist der Bildungsroman Elemente einer Biografie auf.
Der Aufbau des Bildungsromans ist häufig dreigeteilt und folgt dem Schema „Jugendjahre – Wanderjahre – Meisterjahre". Beispielhaft lässt sich dies an Goethes „Wilhelm Meisters Lehrjahre" nachvollziehen, dieser Roman gilt als Ideal und Prototyp des deutschen Bildungsromans. [...]

Bezug auf den Bildungsbegriff der Aufklärung

Eine zentrale Rolle bei der Entwicklung spielt – im Unterschied zum reinen Entwicklungsroman – beim Bildungsroman ein bestimmter Bildungsbegriff. Aus der Antike abgeleitet, meint der Begriff „Bildung" seit der Aufklärung und dem Sturm und Drang die von staatlichen und gesellschaftlichen Normen freie individuelle Entwicklung des Einzelnen zu einem höheren, positiven Ziel. [...] Ein weiteres Kennzeichen des historischen Bildungsbegriffs ist die [...] Entwicklung und Entfaltung vorhandener Anlagen. [...]

Inhalt

Der Held eines Bildungsromans ist zunächst seiner Umwelt direkt entgegengesetzt. Während er noch jung, naiv und voller Ideale ist, steht ihm eine ablehnende, realistische Welt entgegen, in der nur weniges nach seinen Vorstellungen abläuft. [...]
Dieses Verhältnis des Helden zu seiner Umwelt setzt nun seine Entwicklung, seine Bildung, in Gang. Der Held macht in seiner Umwelt konkrete Erfahrungen, die ihn allmählich wachsen und reifen lassen. [...]
Diese Entwicklung endet in einem harmonischen Zustand des Ausgleichs mit der Umwelt. Der „Wandlungsprozess des Helden [hat ihn] zur Klarheit über sich selbst und über die Welt [ge]führt" [Jacobs], der Held hat sich also mit der Welt versöhnt und nimmt in ihr seinen Platz ein. So ergreift er zum Beispiel einen Beruf „und wird Philister, so gut wie die anderen auch" [Hegel] und damit ein Teil der Welt, die er vorher so verachtet hat.

Wikipedia (Stichwort: Bildungsroman) (12.02.2018)

- *Lesen Sie die oben abgedruckten Auszüge aus dem Wikipedia-Eintrag zum Bildungsroman (Stichwort: Bildungsroman).*

- *Markieren Sie Begriffe und Textstellen, die Ihnen unklar sind, und besprechen Sie diese mit Ihrem Sitznachbarn bzw. Ihrer Sitznachbarin.*

- *Unterstreichen Sie in einer anderen Farbe die zentralen Aussagen des Eintrages. Formulieren Sie anschließend fünf Fragen, auf die der Text eine Antwort gibt, und beantworten Sie diese im Austausch mit Ihrer Nachbarin bzw. Ihrem Nachbarn.*

■ Vergleichen Sie anhand der nachfolgend aufgelisteten Kriterien den klassischen Bildungsroman, wie er in dem Wikipedia-Eintrag beschrieben wird, mit Joseph von Eichendorffs „Aus dem Leben eines Taugenichts".
Vervollständigen Sie die Tabelle entsprechend.

	Bildungsroman	„Aus dem Leben eines Taugenichts"
Charakter der Hauptfigur		
Erzählte Zeit & Aufbau		
Entwicklung des Helden		
Entwicklung des Verhältnisses zwischen Held und Umwelt		

■ Diskutieren Sie ausgehend von Ihren Tabelleneinträgen und Ihrer Kenntnis des Gesamttextes, inwiefern es sich bei Eichendorffs „Aus dem Leben eines Taugenichts" um die Parodie eines Bildungsromans handelt.
Erläutern Sie das Ergebnis Ihrer Diskussion im Plenum.

Bildungsroman (Lösungsvorschlag)

	Bildungsroman	„Aus dem Leben eines Taugenichts"
Charakter der Hauptfigur	• jung • naiv • idealistisch	• jung • naiv • idealistisch, verträumt, hoffnungsvoll
Erzählte Zeit & Aufbau	• erstreckt sich über mehrere Jahre • Dreiteilung: Jugendjahre/Lehrjahre – Wanderjahre – Meisterjahre • Elemente einer Biografie	• erstreckt sich über mehrere Wochen • Reise, Wanderschaft im Frühjahr/Sommer • Elemente einer Biografie
Entwicklung des Helden	• frei, individuell • hin zu einem höheren, positiven Ziel • Entfaltung individueller Anlagen • innerlicher, charakterlicher Reifeprozess	• Spielball von fremden Interessen (Leonhard & Flora, Gräfinnen) und Zufällen • rein äußerliche Veränderung der Lebensumstände • keine innere Entwicklung, kein Reifeprozess
Entwicklung des Verhältnisses zwischen Held und Umwelt	• zu Beginn: Konflikt zwischen eigenen Idealen und Umwelt • Reifeprozess ermöglicht Sozialisation: Held findet seinen Platz, seine Aufgabe bzw. seine Bestimmung • am Ende: Harmonie zwischen Held und Umwelt; Held integriert sich in Gesellschaft	• zu Beginn: Konflikt zwischen „Taugenichts" und Philisterwelt • Anpassungsversuche scheitern aufgrund von Verwechslungen und Missverständnissen • Reise als Flucht und Suche • am Ende: Missverständnisse lösen sich auf; Held scheint in Gesellschaft/Philisterwelt integriert zu werden; plant jedoch bereits neue Reise, neuen Ausbruch → es bleibt offen, ob Konflikt zwischen Held und Umwelt überwunden ist; möglicherweise nur vorübergehende Harmonie zwischen Held und Umwelt

© Westermann Gruppe
Best.-Nr. 022697

Joseph von Eichendorff: „Die zwei Gesellen" (1818)

Joseph von Eichendorff
(1788 – 1857)

Es zogen zwei rüstge Gesellen
Zum ersten Mal von Haus,
So jubelnd recht in die hellen,
Klingenden, singenden Wellen
Des vollen Frühlings hinaus.

5 Die strebten nach hohen Dingen,
Die wollten, trotz Lust und Schmerz,
Was Recht's in der Welt vollbringen,
Und wem sie vorübergingen,
Dem lachten Sinnen und Herz. –

10 Der Erste, der fand ein Liebchen,
Die Schwieger kauft' Hof und Haus;
Der wiegte gar bald ein Bübchen,
Und sah aus heimlichem Stübchen
Behaglich ins Feld hinaus.

15 Dem Zweiten sangen und logen
Die tausend Stimmen im Grund,
Verlockend' Sirenen, und zogen
Ihn in der buhlenden¹ Wogen
Farbig klingenden Schlund.

20 Und wie er auftaucht vom Schlunde,
Da war er müde und alt,
Sein Schifflein das lag im Grunde,
So still war's rings in die Runde,
Und über die Wasser weht's kalt.

25 Es singen und klingen die Wellen
Des Frühlings wohl über mir;
Und seh ich so kecke Gesellen,
Die Tränen im Auge mir schwellen –
Ach Gott, führ' uns liebreich zu Dir!

Joseph von Eichendorff: Werke. Erster Teil, Gedichte. Berlin 1841. S. 69 f.
30

¹ buhlend: werbend

- *Welchen Menschentypus verkörpern die beiden Gesellen jeweils?*
- *Diskutieren Sie in Partner- oder Gruppenarbeit darüber, ob der erste Geselle (im Gegensatz zum zweiten) sein Glück findet. Begründen Sie Ihre Meinung auf der Grundlage des Gedichts.*
- *Vergleichen Sie das Schicksal des „Taugenichts" mit demjenigen der beiden Gesellen. Gehen Sie dabei insbesondere auf das Ende (S. 104, Z. 9 – S. 105, Z. 14) von Eichendorffs „Aus dem Leben eines Taugenichts" ein.*

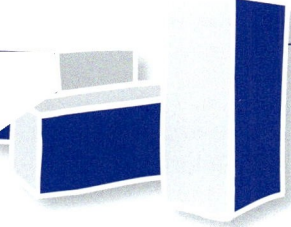

Baustein 6

Rezeption und Verfassen einer Kritik

„Aus dem Leben eines Taugenichts" zählt heute zu den bedeutendsten Werken Joseph von Eichendorffs und ist Teil der Weltliteratur.

Als der Text 1826 erstmals veröffentlicht wurde, war diese Entwicklung nicht absehbar. Eichendorffs Geschichte wurde eher beiläufig wahrgenommen. Die Kritiken fielen überwiegend positiv aus. Es gab jedoch auch negative Stimmen. Bis heute am bekanntesten ist der im Anhang der Textausgabe, S. 126 f. abgedruckte Verriss des renommierten Literaturkritikers Wolfgang Menzel (1798 – 1873).

Hob ein anonymer Kritiker der „Vossischen Zeitung" in der ersten überlieferten Rezension des Werkes vom 31. Mai 1826 noch die komische Natur des Textes hervor, den er wahlweise als Novelle oder Roman klassifizierte, wurde das Werk „Aus dem Leben eines Taugenichts" in der weiteren Rezeption tendenziell als Verkörperung eines romantischen Ideals betrachtet. Eichendorffs Text galt als prototypisch für die romantische Literatur. Die Meinungen darüber, inwieweit die vom „Taugenichts" personifizierte Romantik auch außerhalb der Literatur Vorbildcharakter haben könne, gingen jedoch auseinander.

Einige Rezipienten aus der zweiten Hälfte des 19. Jahrhunderts wie Theodor Fontane (1819 – 1898) oder Thomas Mann (1875 – 1955) sahen in der Figur des „Taugenichts" einen typisch deutschen Charakter, der wie kein anderer das „deutsche Gemüt" (Fontane) zum Ausdruck bringe. Dieses vermeintlich deutsche Wesen orientierte sich jedoch weniger an nationalem Chauvinismus als an der Idee eines freiheitlichen demokratischen Nationalstaates mit europäischer Ausrichtung.

Zu Beginn des 20. Jahrhunderts erhob Herman Hesse (1877 – 1962) das Werk „Aus dem Leben eines Taugenichts" in den Rang der Weltliteratur (vgl. Anhang, S. 125).

Die Nationalsozialisten vereinnahmten den Text für ihre Ideologie, interpretierten den „Taugenichts" als wandernden Nationalisten und instrumentalisierten seine Lieder als Ausdrucksmittel deutschen Heimatgefühls.

Nach dem Zweiten Weltkrieg rückten dann die romantischen Aspekte des Textes – wie die Kritik am Philistertum, der Verweis auf den Bildungsroman, der träumerische Idealismus oder die Landschaftsmetaphorik – wieder in den Mittelpunkt der Analyse. „Aus dem Leben eines Taugenichts" etablierte sich als Standardwerk der deutschen Literaturgeschichte und Schullektüre.

Bereits im 19. Jahrhundert entwickelten die Lieder aus Eichendorffs Text ein Eigenleben. Sie wurden als Volks- und Wanderlieder oder auch als Kunstlieder unter anderem von Robert Schumann oder Felix Mendelssohn Bartholdy (1809 – 1847) vertont.

In den 1970er-Jahren entstanden die bislang einzigen Spielfilme auf der Grundlage des Textes: die DEFA-Produktion „Aus dem Leben eines Taugenichts" unter der Regie von Celino Bleiweiß (DDR 1973) sowie Bernhard Sinkels sehr freie Adaption „Taugenichts" (Erscheinungsjahr: BRD 1978).

Im diesem Baustein beschäftigen sich die Schülerinnen und Schüler mit der Rezeptionsgeschichte von Eichendorffs Text am Beispiel zweier ausgewählter Rezensionen. Ergänzend oder alternativ können auch noch weitere im Anhang der Textausgabe, S. 125 – S. 132 abgedruckte Besprechungen herangezogen werden.

Anschließend erstellen die Schüler und Schülerinnen auf der Grundlage einiger theoretischer Vorüberlegungen eine eigene Buchkritik.

Baustein 6: Rezeption und Verfassen einer Kritik

6.1 Zwei Besprechungen von Eichendorffs Werk „Aus dem Leben eines Taugenichts"

Anhand der im Anhang der Textausgabe abgedruckten Besprechungen von Willibald Alexis (vgl. S. 125 f.) und Petra Kipphoff (vgl. S. 129 ff.) können sich die Schülerinnen und Schüler der Rezeptionsgeschichte von Eichendorffs Werk beispielhaft annähern. Bei der ersten Besprechung handelt es sich um eine zeitgenössische Kritik aus dem Jahr 1826. Die zweite Besprechung würdigt Eichendorffs Text über 150 Jahre später als Zeugnis der Weltliteratur.

- Lesen Sie Willibald Alexis' Kritik „Ein ewiges Sonntagsleben" (S. 125 f.).
- Notieren Sie in Stichworten, wie Alexis Eichendorffs Text a) deutet und b) bewertet.
- Fassen Sie anschließend die zentrale Aussage der Besprechung in wenigen Worten zusammen.

Als Tafelbild lässt sich das wie folgt skizzieren:

Willibald Alexis über „Aus dem Leben eines Taugenichts"

Deutung	Bewertung
• Wunschfantasie	• vergnüglich
• Loblied auf Optimismus und Fröhlichkeit	• leichte Unterhaltung
• Darstellung eines harmlosen, liebenswürdigen Charakters und eines bequemen, sorglosen Lebens	• unrealistisch, aber vermittelt „innere Wahrheit" (S. 126, Z. 1 f.)

→ leichte, unterhaltsame Wohlfühlliteratur

- Nehmen Sie begründet zu Alexis' Kritik Stellung.

Alexis hebt in seiner Besprechung die positiven und unterhaltsamen Aspekte der Geschichte hervor. Zu Recht verweist er darauf, dass Eichendorffs Darstellung nicht realistisch ist. Den „Taugenichts" deutet er als liebenswerten Optimisten. Insgesamt betont er vor allem den Unterhaltungswert der Lektüre.
Damit erfasst er zwar einen wesentlichen Aspekt des Textes, übersieht jedoch, dass dieser auch für kritische und ironisch-parodistische Lesarten zugänglich ist. Wenn Alexis den Text als Beispiel für ein „sorglose[s] gemütliche[s] Leben" (S. 126, Z. 8) interpretiert, ignoriert er, dass der „Taugenichts" unter einem solchen Leben etwas grundlegend anderes versteht als die in der Geschichte auftretenden Philister. Auf den soziokulturellen Konflikt zwischen Philistern und Romantikern, den Eichendorff behandelt, geht Alexis in seiner Besprechung nicht ein. Auch die Bezüge zum klassischen Bildungsroman und die teilweise selbstironische Auseinandersetzung mit der Romantik (bzw. dem romantischen Weltbild und der Sinnsuche des „Taugenichts") entgehen ihm.
Unterm Strich eröffnet Alexis mit seiner Besprechung lediglich einen möglichen Zugang zu Eichendorffs Text, wird dessen weiterreichendem Deutungspotenzial jedoch nicht gerecht.

Alternativ oder ergänzend kann auch die Besprechung von Petra Kipphoff im Unterricht behandelt werden:

- Lesen Sie Petra Kipphoffs Besprechung (S. 129 – S. 132).

118

- *Kipphoff versucht, sich Eichendorffs Text anzunähern, indem sie einerseits beschreibt, was diesen nicht kennzeichnet, und andererseits seine wesentlichen Themen benennt. Skizzieren Sie diese doppelte Argumentationsstrategie in wenigen Stichworten.*
- *Fassen Sie anschließend zusammen, was für Kipphoff das zentrale Thema von Eichendorffs „Aus dem Leben eines Taugenichts" ist.*

Daraus ergibt sich als mögliches Tafelbild:

Petra Kipphoff über „Aus dem Leben eines Taugenichts"

Das Werk „Aus dem Leben eines Taugenichts" kennzeichnet nicht:
- autobiografisches Bekenntnis (vgl. S. 130, Z. 8 ff.)
- Spannung (vgl. S. 130, Z. 18 ff.)
- realistische Charaktere, Psychologie (vgl. S. 130, Z. 20 ff.)
- realistische oder psychologische/ emotionale Naturdarstellung (vgl. S. 131, Z. 1 ff.)
- detaillierte, individuelle Landschaftsbeschreibungen (vgl. S. 131, Z. 14 ff.)
- Entwicklung zu sozialem Verantwortungsbewusstsein im Sinne von Goethes „Wilhelm Meisters Lehrjahre" (vgl. S. 132, Z. 10 ff.)
- Harmonie von Mensch und Gesellschaft (vgl. S. 132, Z. 10 ff.)
- Vorbildfunktion (vgl. S. 132, Z. 18 f.)

Das Werk „Aus dem Leben eines Taugenichts" thematisiert:
- den verborgenen „Code" (S. 130, Z. 33) der Natur
- die Natur als Sehnsuchtsraum (vgl. S. 131, Z. 1 ff.)
- Natur und Landschaften als Symbole (vgl. S. 131, Z. 26 ff.)
- naive Unschuld, natürliches Glück (vgl. S. 132, Z. 14 ff.)
- Sehnsucht nach Harmonie von Mensch und Natur (vgl. S. 132, Z. 14 ff.)

→ **Das Werk „Aus dem Leben eines Taugenichts" als „Beschreibung einer Sehnsucht"**

- *Nehmen Sie begründet zu Kipphoffs Kritik Stellung.*

Kipphoff nähert sich der Geschichte Eichendorffs gewissermaßen von ihren Rändern aus. Sie listet auf, was „Aus dem Leben eines Taugenichts" alles *nicht* ist: autobiografisch, realistisch etc. Dadurch charakterisiert sie den Text zugleich als ein Werk, das sich von der sozialen Wirklichkeit abwendet. Laut Kipphoff entwickelt Eichendorff stattdessen einen in den Naturbeschreibungen verborgenen Sehnsuchtsraum.

Tatsächlich erscheint die romantische Sehnsucht als ein zentrales – wenn nicht sogar das zentrale – Thema der Geschichte. Mit dem Verweis auf das in Goethes „Wilhelm Meisters Lehrjahre" behandelte Verantwortungsbewusstsein, dem sich der „Taugenichts" in Eichendorffs „Gammlergeschichte" (S. 132, Z. 8) entzieht (vgl. S. 132, Z. 8 ff.), lässt Kipphoff die Auseinandersetzung mit dem Philistertum zumindest anklingen. Auch die ironischen und parodistischen Tendenzen des Textes werden mit dem Verweis auf den „zu theaterhaft[en]" (S. 132, Z. 19) Schluss angedeutet.

Dennoch kann auch Kipphoffs Besprechung das Deutungspotenzial von Eichendorffs Werk bestenfalls schlaglichtartig beleuchten.

Nachdem die Schüler und Schülerinnen die Besprechungen Kipphoffs und Alexis' zunächst unabhängig voneinander untersucht haben, können sie diese nun zueinander in Bezug setzen.

- *Vergleichen Sie die beiden Besprechungen von Willibald Alexis und Petra Kipphoff mithilfe einer von Ihnen angelegten Tabelle anhand folgender Vergleichskriterien:*
  - *Beurteilung der Hauptfigur*
  - *Beurteilung von Eichendorffs Darstellungsweise*
  - *Deutung von Eichendorffs Text (Was ist Eichendorffs zentrales Thema?)*
  - *Gesamturteil*

Beide Autoren fällen ein positives Urteil über Eichendorffs Text. Beide bewerten auch die Hauptfigur des „Taugenichts" positiv als fröhliche, ungezwungene und liebenswert naive Kreatur. Auch arbeiten beide den unrealistischen Charakter des Geschehens heraus.
Während es Alexis jedoch weitgehend dabei belässt und den Text als eine unterhaltsame Fantasie in die Nähe einer Komödie rückt, richtet Kipphoff ihr Augenmerk auf die Kluft zwischen Wirklichkeit und Illusion, die in Eichendorffs Geschichte durch die Sehnsucht überwunden wird. Für Alexis beschreibt Eichendorff ein „ewiges Sonntagsleben" (S. 125, Z. 1), für Kipphoff die Sehnsucht nach einem solchen, aber auch nach mehr.
Die Sehnsucht, so wie Kipphoff sie versteht, richtet sich in eine „tiefe Ferne" (S. 131, Z. 3), nach etwas Natürlichem, Ursprünglichem, das tief unter der gesellschaftlichen und zivilisatorischen, bildungsbürgerlichen Oberfläche des Menschen verborgen liegt. Damit gesteht sie Eichendorffs Text deutlich mehr Tiefgang und Bedeutung zu als Alexis.

Als Tabelle lässt sich das so darstellen:

Die Besprechungen von Alexis und Kipphoff im Vergleich

„Aus dem Leben eines Taugenichts"	Alexis (Kritik, Deutung)	Kipphoff (Kritik, Deutung)
Hauptfigur	positiv: harmlos, liebenswürdig	positiv: unschuldig, „unbewusst lebende Kreatur" (S. 132, Z. 16)
Darstellungsweise	unrealistisch: „Unwahrscheinlich im Einzelnen" (S. 125, Z. 15 – S. 126, Z. 1)	unrealistisch: keine individuellen Charaktere, symbolisch
Deutung/zentrales Thema	leichte, unterhaltsame Fantasie über „ein ewiges Sonntagsleben"/Unterhaltung	Sehnsucht nach einem unter der gesellschaftlichen Oberfläche verborgenen natürlichen Glück/Sehnsucht
Gesamturteil	positiv (nettes, oberflächliches Vergnügen)	positiv (mit symbolischem Tiefgang)

6.2 Eine eigene Rezension verfassen

Nachdem die Schülerinnen und Schüler die Textform der Rezension beispielhaft kennengelernt haben, können sie nun dazu animiert werden, selbst eine Buchkritik zu Joseph von Eichendorffs „Aus dem Leben eines Taugenichts" zu verfassen.

Bevor sie mit dem Schreiben beginnen, sollten sie sich anhand von **Arbeitsblatt 12**, S. 124 zunächst jedoch die wesentlichen Merkmale einer Rezension vergegenwärtigen. Insbesondere sind sie angehalten, zwischen einer Rezension und einer Inhaltsangabe zu unterscheiden. Anschließend können sie im gelenkten Unterrichtsgespräch eine Checkliste für das Verfassen einer Rezension erarbeiten.

■ *Lesen Sie den auf Arbeitsblatt 12 abgedruckten Text sorgfältig durch. Unterstreichen Sie die Hinweise, die Ihnen besonders wichtig oder hilfreich erscheinen.*

■ *Erläutern Sie mit eigenen Worten, was eine Rezension von einer Inhaltsangabe unterscheidet.*

Ziel einer Buchkritik ist es, Aufmerksamkeit zu wecken und zur Meinungsbildung beizutragen. Anders als bei einer Inhaltsangabe sollte in einer Buchkritik das Geschehen normalerweise **nicht vollständig** wiedergegeben werden. Dem Leser bzw. der Leserin der Kritik soll dadurch die Möglichkeit gelassen werden, das Buch selbst zu lesen, ohne bereits zu wissen, wie es ausgeht. Vor allem das **Ende** des Buches soll in der Kritik **nicht verraten** werden. Dennoch sollte das **Handlungsgeschehen** zumindest **in groben Zügen wiedergegeben** werden. Der Leser bzw. die Leserin der Kritik sollte erfahren, was das **Thema** des Buches ist. Anders als bei einer Inhaltsangabe sollte eine Rezension das Buch **kritisch bewerten** und dabei nicht nur auf den Inhalt, sondern **auch** auf **Form und Stil** eingehen. Der Verfasser bzw. die Verfasserin einer Buchkritik darf und soll seine/ihre **persönliche Meinung (positive wie negative Kritik)** äußern. Diese allerdings muss **nachvollziehbar begründet** werden.

■ *Erstellen Sie eine Checkliste zum Verfassen einer Rezension.*

Als Ergebnis des Unterrichtsgesprächs lässt sich Folgendes an der Tafel oder auf Folie notieren:

Checkliste zum Verfassen einer Rezension

1.) Einleitung:
- markanter Einstieg, der neugierig macht
- Wie heißt das Buch, der Autor/die Autorin?
- Welchen Umfang hat es? (kann auch im Hauptteil stehen)
- Genre und Kernthema benennen
- knappe Infos zum Autor/zur Autorin und dessen/deren bisherigen Werken (auch im Hauptteil möglich)

2.) Hauptteil:
- Inhalt prägnant zusammenfassen, ohne zu viel (das Ende) zu verraten, + bewerten!
- Aufbau, Erzähltechnik, Stil, Motive darstellen + bewerten!

→ jeweils positive und negative Bewertungen möglich (begründen!)
→ Was gefällt mir? (begründen!)
→ Was gefällt mir nicht? (begründen!)
→ evtl. Zitate (als Belege) einstreuen

3.) Schluss:
- Werk nach Möglichkeit kurz einordnen; literaturhistorisch und in Gesamtwerk des Autors/der Autorin (kann auch im Hauptteil geschehen)
- Fazit, zusammenfassende Bewertung

4.) Bibliografische Angaben

Nachdem die Schülerinnen und Schüler nun mit den wesentlichen Kriterien einer Buchkritik vertraut sind, können sie diese praktisch anwenden, indem sie auf der Grundlage des Erlernten eine eigenständige Rezension verfassen:

- *Schreiben Sie eine eigene Buchkritik zu Joseph von Eichendorffs „Aus dem Leben eines Taugenichts".*

6.3 Podiumsdiskussion

Nach dem Vorbild des aus dem Fernsehen bekannten „Literarischen Quartetts" können die Schülerinnen und Schüler über die Stärken und Schwächen von Joseph von Eichendorffs „Aus dem Leben eines Taugenichts" diskutieren. Zur Einstimmung können den Schülern und Schülerinnen Auszüge aus der Fernsehsendung, die beispielsweise auf YouTube zu finden sind, vorgeführt werden.

Eine mögliche Grundlage der Podiumsdiskussion bilden von den Schülern und Schülerinnen eigenständig erstellte Rezensionen oder die professionellen Rezensionen, die im Anhang der Textausgabe, S. 124 – S. 132 abgedruckt sind.

An einer Podiumsdiskussion nehmen jeweils vier Rezensenten bzw. Rezensentinnen teil. Jeder Rezensent vertritt dabei die Argumente seiner eigenen oder einer ausgewählten professionellen Rezension. Wahlweise können die Diskussionsteilnehmer anstatt auf Rezensionen auch auf eine zuvor in Gruppen- oder Partnerarbeit erstellte Liste ausgewählter Argumente zurückgreifen. Nach Möglichkeit sollten alle Rezensenten unterschiedliche Rezensionen bzw. Argumente vertreten. Für eine angeregte Diskussion sollten auch die Urteile der Rezensenten möglichst kontrovers ausfallen.

Vor der eigentlichen Diskussion bereiten sich die Rezensentinnen und Rezensenten zunächst auf ihre Rolle vor.

- *Lesen Sie den Text, dessen Argumente Sie in der Podiumsdiskussion vertreten möchten, noch einmal sorgfältig durch.*

- *Notieren Sie sich die positiven und/oder negativen Urteile in knappen Stichworten. Notieren Sie stichwortartig auch die Begründung dieser Urteile.*

- *Bei Bedarf können Sie auch weitere eigene Urteile und Begründungen hinzufügen, die Ihrer Ansicht nach inhaltlich zu den Bewertungen des Textes passen.*

- *Bereiten Sie Karteikarten vor, auf denen Sie die einzelnen Urteile und Begründungen mit eigenen Worten formulieren.*

Im Anschluss an die Diskussion können die Teilnehmer/innen und Zuschauer/innen ihre Eindrücke untereinander austauschen.

Folgende Leitfragen können das Gespräch in Gang bringen.

Diskussionsteilnehmer:
- Wie fühlte sich die Rolle/Situation an?
- Konnte er/sie seine/ihre Meinung zum Ausdruck bringen?

- Was war schwierig? Was hat besonders Spaß gemacht?
- Hat die Diskussion neue Erkenntnisse gebracht? Wenn ja: Welche? Wenn nein: Woran lag das?

Publikum:
- Wie haben die Zuschauer die Diskussion empfunden?
- War die Diskussion verständlich, unterhaltsam? Oder langweilig? Woran lag das jeweils?
- Gab es Argumente, die besonders einleuchtend waren?
- Haben die besten Argumente auch am meisten überzeugt? Falls nicht: Warum nicht?
- Hat die Diskussion neue Erkenntnisse gebracht? Wenn ja: Welche? Wenn nein: Woran lag das?

Wie schreibt man eine Rezension?

Das Rezensieren eines Buches ist gar nicht so einfach, wie es sich auf den ersten Blick vielleicht vermuten lässt. Viele neigen dazu, ein Buch zu lesen, und ist man angetan, schreibt man positiv, ohne vielleicht das Gesamtkonzept wie Aufbau, Thematik, Illustrationen oder äußerliches Erscheinungsbild zu beachten.

1. Definition

Für den Begriff Rezension können im Zusammenhang mit dem Schreiben synonym auch die Worte Buchbesprechung oder Buchkritik verwendet werden. Eine Rezension ist eine kritische [...] Bewertung von Werken.

2. Ziel

Im Rahmen einer Rezension geht es darum, dem Leser anhand von bestimmten Kriterien und Argumenten eine Hilfestellung bei der Entscheidung für oder gegen ein Buch an die Hand zu geben. [...] [Zu] einer aussagekräftigen Rezension [...] gehört zum Beispiel, dass man nicht alle Informationen wild durcheinanderschreibt, sondern eine gewisse Struktur einhält.

3. Allgemeines

- Wer ist Adressat? (keine fachwissenschaftlichen Begriffe) → Vereinfachung und Verzicht auf Details zugunsten der Konzentration
- Sachlichkeit und Genauigkeit, aber auch Lebendigkeit, Witz, Anschaulichkeit, Begeisterung, Urteilsfreude, Engagement, Lust zur Provokation → Gespür für die Wirkung
- gründliches Wissen über das zu rezensierende Werk
- Übernahme fremden Eigentums kennzeichnen
- Beachten des Persönlichkeitsschutzes (keine falschen Tatsachen oder Schmähkritik)
- Vorheriges Überlegen eines Konzepts
- Experimente sind erwünscht [...]

4. Was eine Rezension nicht ist

Es empfiehlt sich nicht, den Klappentext abzuschreiben, denn den kann ein Interessent in der Buchhandlung selbst überfliegen. Diese auf dem Umschlag und dem rückwärtigen Cover abgedruckten Werbetexte wurden vom Verlag verfasst, der damit möglichst viele Kunden neugierig machen und zum Kauf ermuntern will. Sie heben nur die (vermeintlichen) Vorzüge des Werks hervor.

Eine Rezension darf nicht nur aus einer Nacherzählung oder Inhaltsangabe bestehen. Wer die gesamte Geschichte und ihren Ausgang bereits kennt, kann sich die Lektüre des Buchs nämlich meist sparen. Und neben dem Inhalt sind immer auch die Form und die Sprache wichtig.

Eine Rezension ist keine reine (begeisterte oder enttäuschte) Meinungsäußerung des Verfassers. Der Leser der Rezension kann einen ganz anderen Geschmack, andere Lesegewohnheiten und Bedürfnisse haben als der Verfasser. Überschwängliches Lob oder vernichtende Kritik ohne Begründung sind daher fehl am Platze.

5. Arbeitsschritte bei der Rezension

1. das Buch mit Konzentration lesen
2. wichtige Stellen im Text markieren oder Notizen machen
3. überlege, wie du das Buch findest
4. begründe dein Urteil
5. verfasse die Rezension

6. Aufbau einer Rezension

Einleitung:

- Informationen über [den] Autor, wenn es für den weiteren Verlauf wichtig ist
- **Kurz** den Inhalt des zu rezensierenden Werkes wiedergeben (Namensnennungen können schon zu viel sein! [bei einem Buch mit mehreren Texten nicht auf alle eingehen])
- Informationen über die Entstehung des Werkes
- empfehlenswert: ein einleitender Satz, der zum Lesen anregt (eine provokante These; ein markantes Zitat; eine interessante Frage, die erst am Ende beantwortet wird; ein extremes Werturteil, dessen Begründung erst am Ende geliefert wird → negative Gesamtbewertung ans Ende, nach Abwägen der Argumente

Hauptteil:

- Hinweise auf Konstruktion (eventuell Zitate als Ergänzung)
- die Sprache/Wortwahl (ist sie lustig, traurig, spannend, leicht/schwer verständlich usw.)
- die Motive (gibt es wiederkehrende Motive, Symbole, Metaphern etc.)
- das Thema (ist das Thema außergewöhnlich spannend, aktuell, antiquiert usw.)
- der Schreibstil (hat der Autor eine „eigene Handschrift")

- Wertungen miteinbeziehen → diese können nebensächlich, müssen aber enthalten sein. Sie sind „Angebote", über die der Leser selbst urteilen muss → sie können zu einer Diskussion anregen.
- Die Wertungen können dabei in Formen wie Ironie, Parodie, Satire etc. auftreten (Begründung allerdings nur in exemplarischen Ansätzen: Mindestanforderung ist es, positive und negative Merkmale und Wirkungen zu beschreiben)
- Wertmaßstäbe zu explizieren ist überflüssig; eigene Maßstäbe müssen aber verdeutlicht und begründet werden
- Negative Kritik ist wichtig → Gegensatz zur Verlagswerbung bilden, nur positive Kritik wirkt unglaubwürdig; keine „Gefälligkeitsrezensionen"
- keine Aneinanderreihung der Aspekte → Spannung schaffen (über langweilige Bücher fesselnd schreiben)
- Floskeln sind zu vermeiden.
- Interpretationsvorschläge (besonders, wenn der Text/das Werk schwer zu verstehen ist)

Schluss:
- Vergleich mit anderer Literatur, die dem Werk auf irgendeine Weise ähnlich ist
- Korrigieren oder Bestätigen der bisherigen Einschätzung des Autors
- Das Werk in Bezug zu politischen, sozialen oder ästhetischen Problemen setzen [...]
- Was gibt es noch Interessantes über das Buch zu sagen ...?
- Gibt es ein Zitat, das du selbst nicht verstanden hast?
- Kann man das Ende der Geschichte vielleicht auf unterschiedliche Weisen deuten?
- Warum hat die Figur das gesagt/getan?
- Wie ist das Buch generell zu bewerten?

http://schulzeug.at/deutsch/sonstige/2446-anleitung-zum-schreiben-einer-rezension (12.02.2018)

■ *Lesen Sie den Text sorgfältig durch. Unterstreichen Sie die Hinweise, die Ihnen besonders wichtig oder hilfreich erscheinen.*

■ *Erläutern Sie kurz mit eigenen Worten, was eine Rezension von einer Inhaltsangabe unterscheidet.*

■ *Erstellen Sie eine Checkliste zum Verfassen einer Rezension.*

Zusatzmaterial

1 Schilderung eines Musterphilisters

Clemens Brentano (1778 – 1842) war ein deutscher Schriftsteller und zählte zu den bedeutendsten Vertretern der deutschen Romantik. Gemeinsam mit Achim von Arnim (1781 – 1831) veröffentlichte er unter dem Titel „Des Knaben Wunderhorn" (1805 – 1808) eine dreibändige Sammlung von Volksliedern.
In seiner „scherzhaften Abhandlung" „Der Philister vor, in und nach der Geschichte" (1811), aus der der nachfolgende Textauszug stammt, macht er sich über die „Philister" lustig. Mit dem Ausdruck „Philister" bezeichneten Studenten ursprünglich jeden Nichtstudenten. Die Romantiker charakterisierten mit der Bezeichnung „Philister" borniert Kopfmenschen, Vertreter einer einseitig auf Rationalität ausgerichteten Aufklärung sowie engstirnige Kleinbürger.

Clemens Brentano, Gemälde von Emilie Linder, um 1835

Clemens Brentano: „Schilderung eines Musterphilisters, welcher sich zuletzt in eine ganze Musterkarte von Philistereien aufrollt" (1811)

Wenn der Philister morgens aus seinem traumlosen Schlafe wie ein ertrunkener Leichnam aus dem Wasser heraufаuchtaucht, so probiert er sachte mit seinen Gliedmaßen herum, ob sie auch noch alle zugegen, 5 hierauf bleibt er ruhig liegen, und dem anpochenden Bringer des Wochenblatts ruft er zu, er solle es in der Küche abgeben, denn er liege jetzt im ersten Schweiß und könne, ohne ein Waghals zu sein, nicht aufstehn; sodann denkt er daran, der Welt nützlich zu sein, und 10 weil er stets überzeugt ist, dass der nüchterne Speichel etwas sehr Heilkräftiges sei, so bestreicht er sich die Augen damit, oder der Frau Philisterin oder seinen kleinen Philistern oder seinem wachsamen Hund oder niemand.
15 Seine weiße baumwollene Schlafmütze, zu welchen diese Ungeheuer große Liebe tragen, sitzt unverrückt, denn ein Philister rührt sich nicht im Schlaf. Wenn er aufgestanden, [...] geht es an ein gewaltiges Zungenschaben und Ohrenbohren, an ein Räuspern 20 und Spucken, entsetzliches Gurgeln und irgendeine absonderliche Art, sich zu waschen, nach einer fixen Idee, kalt oder warm sei gesund, sodann kaut er einige Wacholderbeeren, während er an das gelbe Fieber denkt; oder er hält seinen Kindern eine Abhand-25 lung vom Gebet und sagt, wenn er sie zur Schule geschickt, zu seiner Frau: man muss den äußern Schein beobachten, das erhält einem den Kredit, sie werden früh genug den Aberglauben einsehen; sodann raucht er Tabak, wozu er die höchste Leiden-30 schaft hat, oder welches er übertrieben affektiert hasst; im Ganzen ist der Rauchtabak den Philistern unendlich lieb, sie sagen sehr gern: er halte ihnen den Leib gelinde offen, und sie könnten bei dem Zug der Rauchwolken Betrachtungen über die Vergänglichkeit anstellen, so hängt die Pfeife eng mit ihrer Philo-35 sophie zusammen; auch besitzt er gewiss irgendein Tabakgedicht, oder hat selbst eins gemacht. Übrigens wenngleich mancher Tabak raucht, ohne darum ein Philister zu sein, so kann man es doch nur in einer Zeit gelernt haben, in der man ideenlos verkehrt und 40 ein Philister gewesen, und die lebendigsten, tüchtigsten, reinsten und seelenvollsten Menschen, die ich gekannt, waren nie auf den Tabak gekommen.
Zweifellos zieht der Philister nun auch alle Uhren des Hauses auf und schreibt das Datum mit Kreide über 45 die Türe; trinkt er Kaffee, so spricht er von den Engländern, nennt den Kaffee auch wohl die schwarze afrikanische Brühe; sehr kränkend würde es ihm sein, wenn die Frau ihm nicht ein Halbdutzendmal sagte: trinke doch, er ist so schöne warm, trinke doch, 50 eh er kalt wird; wenn er ihm aber nicht warm gebracht wurde, wehe dann der armen Frau! [...]
Wenn er zu seinen Geschäften ausgeht, zieht er Schmierstiefel an, wozu er eine große Leidenschaft hat, oft auch Sporne, ohne je zu reiten, Wichsstiefel 55 spiegeln, und ein Spiegel ist schon etwas Transzendentales. [...]
Bei den unbedeutendsten Gesprächen macht er Gesichter von größter Bedeutung [...].
Er sammelt Zeitungen, Wochenblätter [...], weiß im-60 mer wer predigt, geht aber nur des Kredits halber in die Kirche, wo er schläft, woran er wohl tut, denn der Prediger ist auch ein Philister. [...]

Philistersymptome

Sie nennen Natur, was in ihren Gesichtskreis, oder vielmehr in ihr Gesichtsviereck fällt, denn sie begrei-65 fen nur viereckige Sachen, alles andere ist widernatürlich und Schwärmerei. [...]

Alle Begeisterten nennen sie verrückte Schwärmer, alle Märtyrer Narren, und können nicht begreifen, warum der Herr für unsre Sünden gestorben und nicht lieber zu Apolda¹ eine kleine nützliche Mützenfabrik angelegt. Nie hat sie der Regen ohne Regenschirm getroffen. Sagen sie guten Abend, guten Morgen, guten Tag! wie geht's, was macht die Frau Liebste? so denken diese Elenden nichts dabei, es fällt ihnen vom Maul, und nach Tisch wünschen sie einem wohl gespeist zu haben, wenn man gleich gehungert hat. [...]

Mit dem Zustand des Theaters in Deutschland sind sie vollkommen zufrieden, und man kann sich keine bessere Idee von ihrer hoffärtigen Abgötterei gegen ihr eignes Elend machen, als wenn man bedenkt, dass dieselben Menschen, welche nicht begreifen können, wie die Vorwelt so töricht sein konnte, dem Gottesdienste ungeheure Kirchen zu bauen, ganz damit zufrieden sind, dass durch die ganze Welt kein öffentliches Institut so unmäßig unterstützt wird [wie] die Schauspielzunft. Nie hat ein Philister darüber geschaudert, dass man ungeheure Paläste baut, die inwendig mit den Gaben aller Künste verziert, um dort abends noch Geld dazuzugeben, [um dass] bei unzähligen Kerzen, was der eben fließende gemeine Strom der Dichtung an gemeinstem poetischen Flößholz herangeschwemmt, von Menschen dargestellt zu sehn, die eben so wie dies Holz durch allerlei Zufälle zu diesem Gewerbe zusammengeflößt und noch dafür bezahlt sind. [...]

Die Philister haben nur Sinn für platte, tändelnde oder bocksteife Musik, den Beethoven halten sie für ganz verrückt [...]. Sie korrigieren in alle Bücher, die sie lesen, hinten die Druckfehler hinein. [...]

Ihre Weisheit besteht wirklich darin, alles weiß zu übertünchen [...]. Diese Narren radieren an Gottes Namen selbst die ihnen überflüssig scheinenden Buchstaben aus. [...]

Nie sind sie berauscht gewesen, ohne zu trinken, und dann immer sehr besoffen. Wenn sie erschrocken sind, schlagen sie sogleich ihr Wasser ab. Sie können kein ursprüngliches Dichterwort begreifen, verspotten und parodieren es und schreiben dann doch wässerige Nachahmungen. [...]

---

¹ Apolda: Stadt in Thüringen, im 19. Jahrhundert bekannt für ihre Textilmanufaktur und Glockengießerei

Clemens Brentano: Der Philister vor, in und nach der Geschichte – Scherzhafte Abhandlung. Berlin 1811, S. 15 – 23

■ *Fassen Sie in eigenen Worten zusammen, wie Brentano den typischen Philister charakterisiert.*

■ *Vergleichen Sie Brentanos Beschreibung der Philister mit der Darstellung der Philister in Eichendorffs „Aus dem Leben eines Taugenichts".*

Der Wiener Kongress und seine gesellschaftlichen Folgen

Delegierte des Wiener Kongresses, Gemälde von J.-B. Isabey, 1814

Die Neuordnung Deutschlands und Europas auf dem Wiener Kongress

Als sich im Jahre 1814 die bedeutendsten Monarchen Europas auf dem Wiener Kongress trafen – einem der großen europäischen Friedenskongresse der Neuzeit –, um nach den staatlichen Umwälzungen der Napoleonischen Kriege Europa und Deutschland politisch neu zu ordnen, setzten viele Deutsche große Hoffnungen auf dieses Ereignis. Josef Görres war einer von vielen. Er schrieb 1814 im „Rheinischen Merkur":

„Deutschland steht harrend jetzt, was ihm für alle seine großen Opfer werden soll, dafür, dass es Gut und Blut [in den Befreiungskriegen] hingeopfert, will es eine gute Sache haben. Darum soll der Frieden ein Nationalwerk werden, wie man den Krieg auch zu einem Werk der Nation gemacht [...]. Damit aber der öffentliche Geist, wie er sich jetzt glücklicherweise in Deutschland entzündet hat, nachwirken könne, muss innerer ständischer Verfassung eine verfassungsmäßige Stimme und eine Einwirkung in das Getriebe der Staatsverwesung (= -verwaltung) gestattet werden."

Die deutschen Patrioten beanspruchten einen geeinten deutschen Nationalstaat und politische Mitwirkungsrechte in diesem Staat als ein ihnen zustehendes Recht. Diese Haltung hatte eine doppelte Wurzel: Einmal wirkten die Ideale der Französischen Revolution im deutschen Bürgertum nach. Die staatlich-gesellschaftliche Neuordnung Deutschlands setzte die Beseitigung der feudalen Ständeschranken und regional-staatlicher Sonderrechte und Privilegien voraus. Auch verfassungsmäßig garantierte Mitbestimmungs- und Freiheitsrechte nach dem Vorbild der französischen Verfassung von 1791 waren für das politisch bewusst gewordene Bürgertum eine Selbstverständlichkeit.

Zum anderen waren auch viele Erfahrungen der antinapoleonischen Befreiungskriege in dieses politische Selbstbewusstsein eingegangen. So z. B. die Einsicht, dass ein uneiniges und politisch gespaltenes Deutschland sehr leicht zum Spielball äußerer Mächte werden konnte. Schließlich hatte der von bürgerlich-volkstümlichen Kräften geführte Befreiungskampf gegen Napoleon ein starkes gesamtdeutsches Zusammengehörigkeitsgefühl und nationales Selbstbewusstsein entstehen lassen. Aus den in diesem Kampf gebrachten Opfern leitete das Bürgertum politische Rechte gegenüber den Monarchen und gesellschaftliche Gleichstellung mit dem Adel ab. Damit waren die Hauptforderungen des Bürgertums für die kommenden Jahrzehnte entstanden: Einheit und Freiheit Deutschlands.

Ganz andere Konsequenzen für die Gestaltung der Zukunft hatten die in Wien versammelten Monarchen aus ihren Erfahrungen mit der Französischen Revolution und Napoleon gezogen. […] Ihre Herrschaft war nicht nur von außen bedroht worden; sie sahen sich auch von innen, durch ihre eigenen Untertanen gefährdet, wenn die Ideale der Revolution in ihren eigenen Ländern Wurzeln schlugen. So beherrschten auf dem Wiener Kongress konservativ-monarchische Leitideen die Neugestaltung Europas: Restauration (Wiederherstellung der alten Ordnung) und Legitimität (Herrschaftsausübung nur durch die rechtmäßigen, alteingesessenen Dynastien).

Auszug aus: Wilhelm Borth: Die Zeit der Restauration: Die Neuordnung Deutschlands und Europas auf dem Wiener Kongress. In: Zeiten und Menschen, herausgegeben von Wilhelm Borth und Eberhard Schanbacher. Band 2. Paderborn 1986, S. 45f.

Irene Binal: Ein tanzender Kongress?

Am 9. Juni 1815 endete der Wiener Kongress. Als „tanzender Kongress" ging er in die Geschichte ein. Keine 20 Jahre nach der Französischen Revolution entfaltete der Adel in einer glanzvollen Inszenierung noch einmal all seine Pracht. […]

Was sich in Wien 1814/15 abspielte, war einerseits eine Demonstration der Macht der alten Gewalten in Europa – andererseits aber auch ein Schauspiel der gesellschaftlichen Verschiebung. Ausdrücklich wurde das gehobene Bürgertum in die Festlichkeiten einbezogen und die Monarchen präsentierten sich so volksnah wie nie zuvor, erzählt [der Historiker] Eberhard Straub:

„Sie gehen ins Kaffeehaus, sie gehen in die Weinstuben, sie gehen am Graben, das ist gleichsam der Salon des Wiener Kongresses, man trifft sich auf der Straße, plauscht und redet auf der Straße – das hat es so in dem Sinn noch nie gegeben, dass die Monarchen gleichsam auf der Straße oder im Kaffeehaus zu beobachten waren und dass man, wenn man gewollt hätte, dem Kaiser als erstem Hofrat seiner Monarchie auf die Schulter hätte klopfen können und sagen: Majestät, wir danken Ihnen oder sonst etwas. So weit ging natürlich der Respekt, dass man so etwas nicht machte, aber es war immerhin etwas völlig Ungewöhnliches, dass Hochadelige eben nicht in ihrem Schloss Händler empfingen und dann dort feilschen, sondern dass sie nun selber an der Ladentheke stehen, sich anschauen, was gibt es, und dann über den Preis diskutieren, das war etwas durchaus Neues und das ist ein etwas sehr bürgerliches Verhalten dann wieder."

Der Graben, die Einkaufsstraße Wiens, heute wie damals. Der Stephansdom um die Ecke, die Hofburg in der Nähe. Noch heute trifft man hier die Nachfahren jener Aristokraten, die vor 200 Jahren die Geschicke Europas lenkten […].

Auch 1815 konnte man hier Fürsten und Prinzen begegnen, sie beobachten, ihnen näher kommen als je zuvor – was allerdings eine nicht selten desillusionierende Erfahrung war, wie Eberhard Straub schreibt:

„Allzu viele Prinzen auf einen Haufen wirkten ernüchternd, denn sie unterschieden sich so gar nicht von gewöhnlichen Sterblichen oder machten sich verächtlich, weil sie allzu gewöhnlich wirkten aufgrund von Trunkenheit, Prügeleien und Liederlichkeiten. Das Geheimnis der Gekrönten, durch die Distanz gewahrt, verlor sich in der alltäglichen Nähe."

Und diese postrevolutionäre Aufhebung der Distanz zwischen Adel und Bürgertum war eine Erfahrung, die auch politische Konsequenzen haben sollte, so Straub:

„Insofern ist das dann eben bei der Revolution von 48 natürlich dann auch ein Argument, dann zu sagen, ja, warum soll der Adel noch privilegiert werden, eigentlich verhält er sich auch nicht mehr anders als jetzt irgendwelche Patrizier aus Frankfurt oder aus Köln oder wo auch immer."

Auszug aus Irene Binal: Der Wiener Kongress – ein tanzender Kongress?. Deutschlandfunk Kultur, Zeitfragen. Beitrag vom 27.05.2015, www.deutschlandfunkkultur.de/hoefische-kultur-und-politik-in-wien-1815-der-wiener.976.de.html?dram:article_id=320589 (13.02.2018)

- *Fassen Sie stichwortartig zusammen, inwiefern der Wiener Kongress die Erwartungen des aufsteigenden Bürgertums enttäuschte.*

- *Worin unterscheidet sich die Darstellung des sozialen Lebens zu Beginn des 19. Jahrhunderts in den beiden Textauszügen von der Darstellung in Eichendorffs Buch? Gehen Sie dabei insbesondere auch auf die Darstellung der Adelswelt und des Verhältnisses zwischen Bürgertum und Adel ein.*

Hans im Glück (Märchen der Gebrüder Grimm)

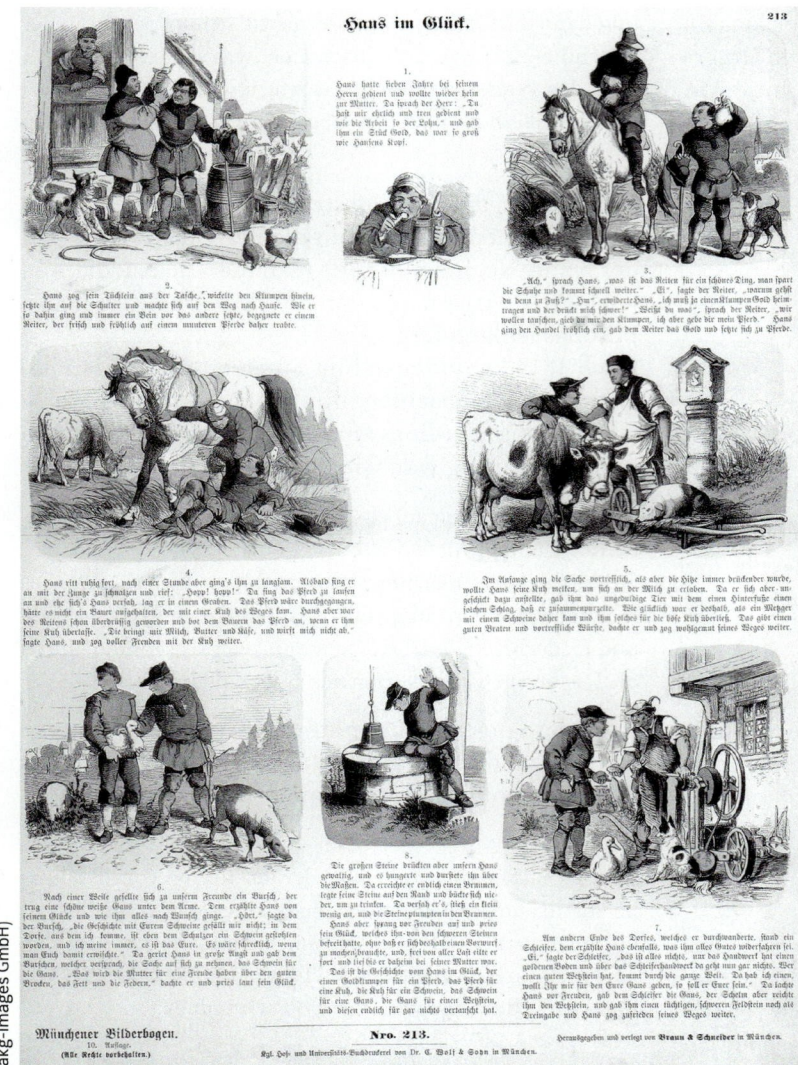

Hans hatte sieben Jahre bei seinem Herrn gedient, da sprach er zu ihm „Herr, meine Zeit ist herum, nun wollte ich gerne wieder heim zu meiner Mutter, gebt mir meinen Lohn". Der Herr antwortete: „Du hast
5 mir treu und ehrlich gedient, wie der Dienst war, so soll der Lohn sein", und gab ihm ein Stück Gold, das so groß als Hansens Kopf war. Hans zog sein Tüchlein aus der Tasche, wickelte den Klumpen hinein, setzte ihn auf die Schulter und machte sich auf den
10 Weg nach Haus. Wie er so dahinging und immer ein Bein vor das andere setzte, kam ihm ein Reiter in die Augen, der frisch und fröhlich auf einem muntern Pferde vorbeitrabte. „Ach", sprach Hans ganz laut, „was ist das Reiten ein schönes Ding! Da sitzt einer
15 wie auf einem Stuhl, stößt sich an keinem Stein, spart die Schuh und kommt fort, er weiß nicht wie." Der Reiter, der das gehört hatte, hielt an und rief: „Ei, Hans, warum läufst du auch zu Fuß?" „Ich muss ja wohl, da habe ich einen Klumpen heimzu-
20 tragen, es ist zwar Gold, aber ich kann den Kopf dabei nicht gerad halten: auch drückt mir's auf die Schulter." „Weißt du was", sagte der Reiter, „wir wollen tauschen, ich gebe dir mein Pferd, und du
25 gibst mir deinen Klumpen." „Von Herzen gern", sprach Hans, „aber ich sage euch, ihr müsst euch damit schleppen." Der Reiter stieg ab, nahm das Gold und half dem Hans hinauf, gab ihm die Zügel fest in die Hände und sprach:
30 „Wenn's nun recht geschwind soll gehen, so musst du mit der Zunge schnalzen und ‚hopp hopp' rufen."

Hans war seelenfroh, als er auf dem Pferde saß und so frank und frei dahin-
35 ritt. Über ein Weilchen fiel's ihm ein, es sollte noch schneller gehen, und fing an mit der Zunge zu schnalzen und „hopp hopp" zu rufen. Das Pferd setzte sich in starken Trab, und ehe sich's Hans ver-
40 sah, war er abgeworfen und lag in einem Graben, der die Äcker von der Landstraße trennte. Das Pferd wäre auch durchgegangen, wenn es nicht ein Bauer aufgehalten hätte, der des Weges
45 kam und eine Kuh vor sich hertrieb. Hans suchte seine Glieder zusammen und machte sich wieder auf die Beine. Er war aber verdrießlich und sprach zu dem Bauer: „Es ist ein schlechter Spaß,
50 das Reiten, zumal wenn man auf so eine Mähre gerät wie diese, die stößt und einen herabwirft, dass man den Hals brechen kann, ich setze mich nun und nimmermehr wieder auf. Da lob ich
55 mir eure Kuh, da kann einer mit Gemächlichkeit hinterhergehen und hat obendrein seine Milch, Butter und Käse jeden Tag gewiss. Was gäb' ich darum, wenn ich so eine Kuh hätte!" „Nun", sprach der Bauer, „geschieht euch so ein großer Gefallen, so will ich
60 euch wohl die Kuh für das Pferd vertauschen." Hans willigte mit tausend Freuden ein: Der Bauer schwang sich aufs Pferd und ritt eilig davon.

Hans trieb seine Kuh ruhig vor sich her und bedachte den glücklichen Handel. „Hab ich nur ein Stück Brot,
65 und daran wird mir's doch nicht fehlen, so kann ich, so oft mir's beliebt, Butter und Käse dazu essen; hab ich Durst, so melk' ich meine Kuh und trinke Milch. Herz, was verlangst du mehr?" Als er zu einem Wirts-

haus kam, machte er halt, aß in der großen Freude alles, was er bei sich hatte, sein Mittag- und Abendbrot, rein auf und ließ sich für seine letzten paar Heller ein halbes Glas Bier einschenken. Dann trieb er seine Kuh weiter, immer nach dem Dorfe seiner Mutter zu. Die Hitze war drückender, je näher der Mittag kam, und Hans befand sich in einer Heide, die wohl noch eine Stunde dauerte. Da ward es ihm ganz heiß, sodass ihm vor Durst die Zunge am Gaumen klebte. „Dem Ding ist zu helfen", dachte Hans, „jetzt will ich meine Kuh melken und mich an der Milch laben." Er band sie an einen dürren Baum und stellte, da er keinen Eimer hatte, seine Ledermütze unter, aber sosehr er sich auch bemühte, es kam kein Tropfen Milch zum Vorschein. Und weil er sich ungeschickt dabei anstellte, so gab ihm das ungeduldige Tier endlich mit einem der Hinterfüße einen solchen Schlag vor den Kopf, dass er zu Boden taumelte und eine Zeit lang sich gar nicht besinnen konnte, wo er war. Glücklicherweise kam gerade ein Metzger des Weges, der auf einem Schubkarren ein junges Schwein liegen hatte. „Was sind das für Streiche!", rief er und half dem guten Hans auf. Hans erzählte, was vorgefallen war. Der Metzger reichte ihm seine Flasche und sprach: „Da trinkt einmal und erholt euch. Die Kuh will wohl keine Milch geben, das ist ein altes Tier, das höchstens noch zum Ziehen taugt oder zum Schlachten". „Ei, ei", sprach Hans und strich sich die Haare über den Kopf, „wer hätte das gedacht! Es ist freilich gut, wenn man so ein Tier ins Haus abschlachten kann, was gibt's für Fleisch! Aber ich mache mir aus dem Kuhfleisch nicht viel, es ist mir nicht saftig genug. Ja, wer so ein junges Schwein hätte! Das schmeckt anders, dabei noch die Würste." „Hört, Hans", sprach der Metzger, „euch zuliebe will ich tauschen und will euch das Schwein für die Kuh lassen." „Gott lohn euch eure Freundschaft!", sprach Hans und übergab ihm die Kuh und ließ sich das Schweinchen vom Karren losmachen und den Strick, woran es gebunden war, in die Hand geben.

Hans zog weiter und überdachte, wie ihm doch alles nach Wunsch ginge: Begegnete ihm ja eine Verdrießlichkeit, so würde sie doch gleich wiedergutgemacht. Es gesellte sich danach ein Bursch zu ihm, der trug eine schöne weiße Gans unter dem Arm. Sie boten einander die Zeit, und Hans fing an, von seinem Glück zu erzählen, und wie er immer so vorteilhaft getauscht hätte. Der Bursch sagte ihm, dass er die Gans zu einem Kindtaufschmaus brächte. „Hebt einmal", fuhr er fort und packte sie bei den Flügeln, „wie schwer sie ist, die ist aber auch acht Wochen lang genudelt worden. Wer in den Braten beißt, muss sich das Fett von beiden Seiten abwischen." „Ja", sprach Hans und wog sie mit der einen Hand, „die hat ihr Gewicht, aber mein Schwein ist auch keine Sau." Indessen sah sich der Bursch nach allen Seiten ganz bedenklich um, schüttelte auch wohl mit dem Kopf. „Hört", fing er darauf an, „mit eurem Schweine mag's nicht so ganz richtig sein. In dem Dorfe, durch das ich gekommen bin, ist eben dem Schulzen eins aus dem Stall gestohlen worden; ich fürchte, ihr habt's da in der Hand. Sie haben Leute ausgeschickt, und es wäre ein schlimmer Handel, wenn sie euch mit dem Schweine erwischten: Das Geringste ist, dass ihr ins finstere Loch gesteckt werdet." Dem guten Hans ward bang; „ach Gott", sprach er, „helft mir aus der Not, ihr wisst hier herum besser Bescheid, nehmt mein Schwein da und lasst mir eure Gans". „Ich muss schon etwas aufs Spiel setzen", antwortete der Bursche, „aber ich will doch nicht schuld sein, dass ihr ins Unglück geratet." Er nahm also das Seil in die Hand und trieb das Schwein schnell auf einem Seitenweg fort, der gute Hans aber ging, seiner Sorgen entledigt, mit der Gans unter dem Arme der Heimat zu. „Wenn ich's recht überlege", sprach er mit sich selbst, „habe ich noch Vorteil bei dem Tausch: erstlich den guten Braten, hernach die Menge von Fett, die heraussträufeln wird, das gibt Gänsefettbrot auf ein Vierteljahr, und endlich die schönen weißen Federn, die lass ich mir in mein Kopfkissen stopfen und darauf will ich wohl ungewiegt einschlafen. Was wird meine Mutter eine Freude haben!"

Als er durch das letzte Dorf gekommen war, stand da ein Scherenschleifer mit seinem Karren: Sein Rad schnurrte und er sang dazu:

„Ich schleife die Schere und drehe geschwind,
und hänge mein Mäntelchen nach dem Wind."

Hans blieb stehen und sah ihm zu; endlich redete er ihn an und sprach: „Euch geht's wohl, weil ihr so lustig bei eurem Schleifen seid." „Ja", antwortete der Scherenschleifer, „das Handwerk hat einen güldenen Boden. Ein rechter Schleifer ist ein Mann, der, so oft er in die Tasche greift, auch Geld darin findet. Aber wo habt ihr die schöne Gans gekauft?" „Die hab' ich nicht gekauft, sondern für mein Schwein eingetauscht." „Und das Schwein?" „Das hab' ich für eine Kuh gekriegt." „Und die Kuh?" „Die hab' ich für ein Pferd bekommen." „Und das Pferd?" „Dafür hab' ich einen Klumpen Gold, so groß als mein Kopf, gegeben." „Und das Gold?" „Ei, das war mein Lohn für sieben Jahre Dienst." „Ihr habt euch jederzeit zu helfen gewusst", sprach der Schleifer, „könnt ihrs nun dahinbringen, dass ihr das Geld in der Tasche springen hört, wenn ihr aufsteht, so habt ihr euer Glück gemacht." „Wie soll ich das anfangen?", sprach Hans. „Ihr müsst ein Schleifer werden, wie ich; dazu gehört eigentlich nichts als ein Wetzstein, das andere findet sich schon von selbst. Da hab' ich einen, der ist zwar ein wenig schadhaft, dafür sollt ihr mir aber auch weiter nichts als eure Gans geben; wollt ihr das?" „Wie könnt ihr noch fragen", antwortete Hans, „ich werde ja zum glücklichsten Menschen auf Erden: Habe ich Geld, so oft ich in die Tasche greife, was brauche ich da länger zu sorgen?", reichte ihm die Gans hin und nahm den Wetzstein in Empfang. „Nun", sprach der Schleifer und hob einen gewöhnlichen schweren Feldstein, der neben ihm lag, auf, „da habt ihr noch einen tüchtigen Stein dazu, auf dem sich's gut schlagen lässt und ihr eure alten Nägel gerade klopfen könnt. Nehmt hin und hebt ihn ordentlich auf."

Hans lud den Stein auf und ging mit vergnügtem Herzen weiter; seine Augen leuchteten vor Freude, „ich muss in einer Glückshaut geboren sein", rief er aus, „alles, was ich wünsche, trifft mir ein, wie einem Sonntagskind". Indessen, weil er seit Tagesanbruch auf den Beinen gewesen war, begann er, müde zu werden, auch plagte ihn der Hunger, da er allen Vorrat auf einmal in der Freude über die erhandelte Kuh aufgezehrt hatte. Er konnte endlich nur mit Mühe weitergehen und musste jeden Augenblick haltmachen; dabei drückten ihn die Steine ganz erbärmlich. Da konnte er sich des Gedankens nicht erwehren, wie gut es wäre, wenn er sie gerade jetzt nicht zu tragen brauchte. Wie eine Schnecke kam er zu einem Feldbrunnen geschlichen, wollte da ruhen und sich mit einem frischen Trunk laben; damit er aber die Steine im Niedersitzen nicht beschädigte, legte er sie bedächtig neben sich auf den Rand des Brunnens. Darauf setzte er sich nieder und wollte sich zum Trinken bücken, da versah er's, stieß ein klein wenig an, und beide Steine plumpsten hinab. Hans, als er sie mit seinen Augen in die Tiefe hatte versinken sehen, sprang vor Freuden auf, kniete dann nieder und dankte Gott mit Tränen in den Augen, dass er ihm auch diese Gnade noch erwiesen und ihm auf eine so gute Art und ohne dass er sich einen Vorwurf zu machen brauchte, von den schweren Steinen befreit hätte; das Einzige wäre ihm nur noch hinderlich gewesen. „So glücklich wie ich", rief er aus, „gibt es keinen Menschen unter der Sonne." Mit leichtem Herzen und frei von aller Last sprang er nun fort, bis er daheim bei seiner Mutter war.

Jacob und Wilhelm Grimm: Die schönsten Kinder- und Hausmärchen. Kapitel 76, http://gutenberg.spiegel.de/buch/-6248/76 (13.02.2018)

- *Hans beginnt seine Heimreise mit einem großen Stück Gold und kommt am Ende mit leeren Händen bei seiner Mutter an. Dennoch fühlt er sich glücklich. Wie lässt sich das erklären?*

- *Beschreiben Sie in wenigen Worten, was sich Hans und die Menschen, denen er begegnet, jeweils unter „Glück" vorstellen. Vergleichen Sie diese Glücksvorstellungen mit denjenigen des „Taugenichts" und der Philister in Joseph von Eichendorffs „Aus dem Leben eines Taugenichts".*

- *Erläutern Sie, worin sich der „Taugenichts" und der „Hans im Glück" ähneln und worin sie sich unterscheiden.*

Das Land, wo die Zitronen blühn

„Goethe in der Campagna" von Johann Heinrich Wilhelm Tischbein, 1787

Das nachfolgende Gedicht „Kennst du das Land, wo die Zitronen blühn" und der anschließende Textauszug stammen aus Johann Wolfgang von Goethes (1749–1832) Bildungsroman „Wilhelm Meisters Lehrjahre" (1795/96). Der Roman zeichnet den Lebensweg und die innere Entwicklung der Titelfigur Wilhelm Meister nach. Auf seinen Reisen begegnet Wilhelm dem italienischen Gauklermädchen Mignon, das er freikauft, nachdem das Kind vom Leiter der Truppe geschlagen wurde. Zwischen Wilhelm und Mignon entwickelt sich ein inniges Vater-Tochter-Verhältnis.

Kennst du das Land, wo die Zitronen blühn,
Im dunklen Laub die Goldorangen glühn,
Ein sanfter Wind vom blauen Himmel weht,
Die Myrte still und hoch der Lorbeer steht,
Kennst du es wohl?
       Dahin! Dahin
Möcht' ich mit dir, o mein Geliebter, ziehn!

Kennst du das Haus, auf Säulen ruht sein Dach,
Es glänzt der Saal, es schimmert das Gemach,
Und Marmorbilder stehn und sehn mich an:
Was hat man an dir, du armes Kind, getan?
Kennst du es wohl?
       Dahin! Dahin
Möcht' ich mit dir, o mein Beschützer, ziehn!

Kennst du den Berg und seinen Wolkensteg?
Das Maultier sucht im Nebel seinen Weg,
In Höhlen wohnt der Drachen alte Brut,
Es stürzt der Fels und über ihn die Flut:
Kennst du ihn wohl?
       Dahin! Dahin
Geht unser Weg; o Vater, lass uns ziehn!

Als Wilhelm des Morgens sich nach Mignon im Hause umsah, fand er sie nicht, hörte aber, dass sie früh mit Melina ausgegangen sei, welcher sich, um die Garderobe und die übrigen Theatergerätschaften zu übernehmen, beizeiten aufgemacht hatte.
Nach Verlauf einiger Stunden hörte Wilhelm Musik

vor seiner Türe. Er glaubte anfänglich, der Harfenspieler sei schon wieder zugegen; allein er unterschied bald die Töne einer Zither, und die Stimme, welche zu singen anfing, war Mignons Stimme. Wilhelm öffnete die Türe, das Kind trat herein und sang das Lied, das wir soeben aufgezeichnet haben.

Melodie und Ausdruck gefielen unserem Freunde besonders, ob er gleich die Worte nicht alle verstehen konnte. Er ließ sich die Strophen wiederholen und erklären, schrieb sie auf und übersetzte sie ins Deutsche. Aber die Originalität der Wendungen konnte er nur ferne nachahmen; die kindliche Unschuld des Ausdrucks verschwand, indem die gebrochene Sprache übereinstimmend und das Unzusammenhängende verbunden ward. Auch konnte der Reiz der Melodie mit nichts verglichen werden.

Sie fing jeden Vers feierlich und prächtig an, als ob sie auf etwas Sonderbares aufmerksam machen, als ob sie etwas Wichtiges vortragen wollte. Bei der dritten Zeile ward der Gesang dumpfer und düsterer; das *„Kennst du es wohl?"* drückte sie geheimnisvoll und bedächtig aus; in dem *„Dahin! Dahin!"* lag eine unwiderstehliche Sehnsucht, und ihr *„Lass uns ziehn!"* wusste sie bei jeder Wiederholung dergestalt zu modifizieren, dass es bald bittend und dringend, bald treibend und vielversprechend war.

Nachdem sie das Lied zum zweiten Mal geendigt hatte, hielt sie einen Augenblick inne, sah Wilhelmen scharf an und fragte: „Kennst du das Land?" – „Es muss wohl Italien gemeint sein", versetzte Wilhelm; „woher hast du das Liedchen?" – „Italien!", sagte Mignon bedeutend; „gehst du nach Italien, so nimm mich mit, es friert mich hier." – „Bist du schon dort gewesen, liebe Kleine?", fragte Wilhelm. – Das Kind war still und nichts weiter aus ihm zu bringen.

Johann Wolfgang Goethe: Wilhelm Meisters Lehrjahre. Stuttgart 1997. S. 148 f.

- Erläutern Sie, welche sinnbildliche Funktion Italien in diesem Romanauszug für Mignon erfüllt.
- Vergleichen Sie diese Italiensymbolik mit derjenigen in Eichendorffs „Aus dem Leben eines Taugenichts".

Wir winden dir den Jungfernkranz

Das nachfolgende Lied „Wir winden dir den Jungfernkranz" stammt aus der romantischen Oper „Der Freischütz" (1821) des deutschen Komponisten Carl Maria von Weber (1786 – 1826). Der Text wurde vom deutschen Schriftsteller Johann Friedrich Kind (1768 – 1843) verfasst.
Es wird in der zweiten Szene des dritten Aktes von Brautjungfern gesungen, während sich die Försterstochter Agathe im Brautkleid auf die Hochzeit mit dem Jägersburschen Max vorbereitet. Die Brautjungfern verstummen entsetzt, als sie in der Schachtel, in der sich der weiße Brautkranz befinden sollte, eine schwarze Totenkrone entdecken.
Max, der einen Probeschuss bestehen muss, um Agathe heiraten zu dürfen, hat im Zweiten Akt einen Pakt mit dem Teufel geschlossen, ohne zu ahnen, dass er damit Agathes Leben aufs Spiel setzt.
In der Schlussszene des finalen dritten Aktes wendet sich jedoch alles zum Guten. Max wird in Aussicht gestellt, nach einem Bewährungsjahr Agathe doch noch heiraten zu dürfen.

Carl Maria von Weber, Porträt von Ferdinand Schimon, um 1825

Wir winden dir den Jungfernkranz
Mit veilchenblauer Seide
Wir führen dich zu Spiel und Tanz
Zu Glück und Liebesfreude!
5 Schöner grüner,
Schöner grüner Jungfernkranz!
Veilchenblaue Seide!

Lavendel, Myrt' und Thymian,
Das wächst in meinem Garten;
10 Wie lang bleibt doch der Freiersmann?
Ich kann es kaum erwarten.
Schöner grüner,
Schöner grüner Jungfernkranz!
Veilchenblaue Seide!

15 Sie hat gesponnen sieben Jahr
Die gold'nen Flachs am Rocken;
Die Schleier sind wie Spinnweb klar,
Und grün der Kranz der Locken.
Schöner grüner,
20 Schöner grüner Jungfernkranz!
Veilchenblaue Seide!

Johann Friedrich Kind

Und als der schmucke Freier kam,
War'n sieben Jahr verronnen;
Und weil sie der Herzliebste nahm,
25 Hat sie den Kranz gewonnen.
Schöner grüner,
Schöner grüner Jungfernkranz!
Veilchenblaue Seide!

Lied der Brautjungfern aus der romantischen Oper „Der Freischütz" (1821) von Carl Maria von Weber. Text/Libretto von Johann Friedrich Kind

■ *Vergleichen Sie das Zitat aus dem Lied der Brautjungfern in Eichendorffs Text (S. 98, Z. 29 ff.) mit der Originalstrophe. Welche Unterschiede fallen Ihnen auf?*

■ *Wie wirkt sich das „Freischütz"-Zitat auf eine mögliche Deutung des Endes von Eichendorffs „Aus dem Leben eines Taugenichts" aus? Berücksichtigen Sie bei Ihren Überlegungen auch den Kontext des Liedes in Webers Oper.*

Klausurvorschlag mit Bewertungsbogen

Name:	Schule:	Fachlehrer:

Kurs:	Arbeitszeit:

Thema der Unterrichtsreihe:
Joseph von Eichendorff, „Aus dem Leben eines Taugenichts"

Aufgabenart:
Analyse eines literarischen Textes mit weiterführendem Schreibauftrag (IA)

1. Analysieren Sie die Textstelle „Gespräch mit dem Portier", S. 16 – S. 18 aus Joseph von Eichendorffs Werk „Aus dem Leben eines Taugenichts" unter besonderer Berücksichtigung des darin geschilderten Konfliktes. [45 Punkte]

2. Vergleichen Sie das an dieser Textstelle geschilderte Verhalten des „Taugenichts" mit seinem Verhalten am Ende der Geschichte. [27 Punkte]

Hinweise:

- Nehmen Sie sich ausreichend <u>Zeit für die Vorbereitung</u> (Textbearbeitung, Stichworte, Gliederung der Analyse etc.) und die <u>Nachbereitung der Verschriftlichung</u> (sorgfältiges Überprüfen von sprachlicher Richtigkeit und Gedankenführung).

- Bedenken Sie, dass die Leistung der sprachlichen Darstellung (Struktur, Ausdruck, Satzbau, Zitierweise sowie formale Richtigkeit) einen hohen Anteil der Bewertung ausmacht.

Erlaubte Hilfsmittel:

- Deutsches Rechtschreibwörterbuch
- Kopie der Textstelle

Viel Erfolg!

TEXT

Gespräch mit dem Portier

"Aus dem Leben eines Taugenichts", S. 16 – S. 18.

Die Kartoffeln und anderes Gemüse, das ich in meinem kleinen Gärtchen fand, warf ich hinaus und bebaut es ganz mit den auserlesensten Blumen, worüber mich der Portier vom Schlosse mit der großen kurfürstlichen Nase, der, seitdem ich hier wohnte, oft zu mir kam und mein intimer Freund geworden war, bedenklich von der Seite ansah und mich für einen hielt, den sein plötzliches Glück verrückt gemacht hätte. Ich aber ließ mich das nicht anfechten. Denn nicht weit von mir im herrschaftlichen Garten hörte ich feine Stimmen sprechen, unter denen ich die meiner schönen Frau zu erkennen meinte, obgleich ich wegen des dichten Gebüschs niemand sehen konnte. Da band ich denn alle Tage einen Strauß von den schönsten Blumen, die ich hatte, stieg jeden Abend, wenn es dunkel wurde, über die Mauer und legte ihn auf einen steinernen Tisch hin, der dort inmitten einer Laube stand; und jeden Abend, wenn ich den neuen Strauß brachte, war der alte von dem Tische fort.

Eines Abends war die Herrschaft auf die Jagd geritten; die Sonne ging eben unter und bedeckte das ganze Land mit Glanz und Schimmer, die Donau schlängelte sich prächtig wie von lauter Gold und Feuer in die weite Ferne, von allen Bergen bis tief ins Land hinein sangen und jauchzten die Winzer. Ich saß mit dem Portier auf dem Bänkchen vor meinem Hause und freute mich in der lauen Luft, und wie der lustige Tag so langsam vor uns verdunkelte und verhallte. Da ließen sich auf einmal die Hörner der zurückkehrenden Jäger von Ferne vernehmen, die von den Bergen gegenüber einander von Zeit zu Zeit lieblich Antwort gaben. Ich war recht im innersten Herzen vergnügt und sprang auf und rief wie bezaubert und verzückt vor Lust: „Nein, das ist mir doch ein Metier, die edle Jägerei!" Der Portier aber klopfte sich ruhig die Pfeife aus und sagte: „Das denkt Ihr Euch just so. Ich habe es auch mitgemacht, man verdient sich kaum die Sohlen, die man sich abläuft; und Husten und Schnupfen wird man erst gar nicht los, das kommt von den ewig nassen Füßen." – Ich weiß nicht, mich packte da ein närrischer Zorn, dass ich ordentlich am ganzen Leibe zitterte. Mir war auf einmal der ganze Kerl mit seinem langweiligen Mantel, die ewigen Füße, sein Tabaksschnupfen, die große Nase und alles abscheulich. – Ich fasste ihn, wie außer mir, bei der Brust und sagte: „Portier, jetzt schert Ihr Euch nach Hause, oder ich prügle Euch hier sogleich durch!" Den Portier überfiel bei diesen Worten seine alte Meinung, ich wäre verrückt geworden. Er sah mich bedenklich und mit heimlicher Furcht an, machte sich, ohne ein Wort zu sprechen, von mir los und ging, immer noch unheimlich nach mir zurückblickend, mit langen Schritten nach dem Schlosse, wo er atemlos aussagte, ich sei nun wirklich rasend geworden.

Ich aber musste am Ende laut auflachen und war herzlich froh, den superklugen Gesellen los zu sein, denn es war grade die Zeit, wo ich den Blumenstrauß immer in die Laube zu legen pflegte.

Joseph von Eichendorff: Aus dem Leben eines Taugenichts. Schöningh Verlag
[14]2018, S. 16 ff.

Zusatzmaterial

6

Bewertungsbogen für _____

1. Verstehensleistung

Teilaufgabe 1 Die Schülerin/der Schüler	max. Punktzahl	erreichte Punkte
formuliert eine **funktionalisierte Einleitung**: • Autor, Titel, Entstehungszeit, Epoche, Gattung, zentrales Thema, kurze Inhaltswiedergabe des Textauszugs, kurze Einordnung in den Gesamttext	5	
verweist auf die **Erzähltechnik** der Textstelle: • Ich-Erzähler • erlebendes vs. erzählendes Ich • subjektiver, unzuverlässiger Erzähler	3	
erläutert den im Textauszug dargestellten **zentralen Konflikt**: • unterschiedliche Einschätzungen der Jägerei: edles Metier („Taugenichts") oder unrentables, anstrengendes Geschäft (Portier) • Streit steht stellvertretend für unterschiedliche Weltanschauungen: Romantiker („Taugenichts") vs. Philister (Portier) • Romantik vs. Aufklärung	6	
analysiert die **Haltung bzw. Einstellung des „Taugenichts"**: • vertritt romantische Weltsicht bzw. Naturvorstellung • romantisiert bzw. poetisiert Jägerei zu einem Idealbild • glaubt an verborgenes, höheres, poetisches Naturprinzip • weist aufklärerische Einwände des Portiers als engstirnige Philisterkritik zurück; ärgert sich über die begrenzte, rein rationalistische, plumpe Weltsicht des Portiers • fürchtet möglicherweise aber auch, der Portier könne recht haben; will sich nicht belehren lassen → „närrischer Zorn", verhält sich wie ein Narr, der die Fantasie gegen die Realität verteidigt • romantische Vorstellung von Jägerei gleicht der romantischen Vorstellung von der „schönen Frau"; beides wird an dieser Stelle in der Vorstellung des „Taugenichts" miteinander verknüpft; wenn er an die jagende „Herrschaft" denkt, meint er v. a. die „schöne Frau" → mit der Jägerei entromantisiert der Portier die Liebe	10	
analysiert die **Haltung bzw. Einstellung des Portiers**: • vertritt aufgeklärte, rationale, nüchterne und pragmatische Weltsicht bzw. Naturvorstellung • beurteilt Jägerei unter dem Gesichtspunkt eines rein materiellen Nutzen-Kosten-Verhältnisses • hat keinen Sinn für Romantik und verborgene Poesie; empfindet die romantische Haltung des „Taugenichts" als naiv und wirklichkeitsfremd → hält den „Taugenichts" für „verrückt"	6	
analysiert die **sprachlich-stilistische Gestaltung**: • Konflikt spiegelt sich in sprachlich-stilistischer Gestaltung wider • romantische Signalwörter/Motive (Blumen, Abendsonne, Glanz, Schimmer, Gold, Feuer, weite Ferne, jauchzende Winzer) symbolisieren romantische Sehnsucht, Streben nach Höherem, Größerem (weite Ferne) • Diminutive (Gärtchen, Bänkchen) kennzeichnen die begrenzte, beengte Lebenswelt des Philisters • „kurfürstliche Nase", „Pfeife", „langweiliger Mantel", „Tabaksschnupfen" etc. charakterisieren Portier als typischen Philister • Gegensatz zwischen Romantik und Aufklärung wird als Gegensatz zwischen Herz und Verstand sinnbildlich verdichtet: „Ich […] war herzlich froh, den superklugen Gesellen los zu sein […]."; „superklug" beinhaltet ironische Kritik an Aufklärung • für die „schöne Frau" bestimmte Blumensträuße rahmen den Streit um Jägerei → Jägerei wird formal mit der sehnsüchtigen Liebe des „Taugenichts" verknüpft	10	

fasst die **Analyseergebnisse** sinnvoll zusammen: • Streit um Jägerei steht sinnbildlich für Konflikt gegensätzlicher Weltanschauungen • „Taugenichts" als Romantiker, Portier als Philister • Jägerei symbolisiert Verhältnis zwischen Mensch und Natur sowie zwischen „Taugenichts" und „schöner Frau" • Konflikt zwischen Romantik und Aufklärung: Glaube, Gefühl vs. Vernunft, Rationalität; Idealismus vs. Materialismus	5
erfüllt ein weiteres aufgabenbezogenes Kriterium	(5)
Summe Teilaufgabe 1	**45**

Teilaufgabe 2 Die Schülerin/der Schüler	max. Punktzahl	erreichte Punkte
fasst das Verhalten des „Taugenichts" in der vorliegenden Textstelle kurz **zusammen**	5	
vergleicht das Verhalten des „Taugenichts" in der vorliegenden Textstelle mit seinem Verhalten gegen Ende der Geschichte: *Unterschiede:* • schickt Portier weg (Bedrohung für Liebe) ↔ freut sich darüber, dass Portier sein Schwiegervater wird (Bedrohung fällt weg) • sehnt sich nach „schöner Frau" ↔ reagiert erleichtert, als sich sein sehnsüchtiger Traum als Illusion entpuppt • ärgert sich über Einwände des Portiers ↔ nimmt die Zurechtweisungen des Portiers und Aurelies gelassen entgegen *Gemeinsamkeiten:* • lässt den Blick in die Ferne schweifen („Berge", „Italien") • fantasiert sich die Realität zurecht (Jägerei, „Frack … und Pumphosen")	10	
bewertet den Vergleich zwischen dem jeweiligen Pflichtverständnis: • Gegensatz zwischen „Taugenichts" und Portier scheint überwunden • „Taugenichts" scheint seine Träume (von der „schönen Frau") bereitwillig gegen die Realität einzutauschen • „Taugenichts" scheint bereit, sich an Portier und soziale Realität anzupassen; scheinbarer Wandel vom Romantiker zum Philister, vom Träumer zum Pragmatiker • ABER: der harmonische Schein trügt möglicherweise; Aurelie und Portier wollen „Taugenichts" am Ende verändern; „Taugenichts" aber nimmt das nicht ernst, er hört nicht auf zu träumen, will nach Italien reisen • Konflikt zwischen Welt der Romantiker und Welt der Philister möglicherweise nur vertagt	12	
erfüllt ein weiteres aufgabenbezogenes Kriterium	(5)	
Summe Teilaufgabe 2	**27**	
Summe Verstehensleistung	**72**	

2. Darstellungsleistung

Anforderungen Die Schülerin/der Schüler	max. Punktzahl	erreichte Punkte
strukturiert ihren/seinen Text kohärent, schlüssig, stringent und gedanklich klar: • angemessene Gewichtung der Teilaufgaben in der Durchführung • gegliederte und angemessen gewichtete Anlage der Arbeit • schlüssige Verbindung der einzelnen Arbeitsschritte • schlüssige gedankliche Verknüpfung von Sätzen	6	

© Westermann Gruppe
Best.-Nr. 022697

formuliert unter Beachtung der fachsprachlichen und fachmethodischen Anforderungen: • Trennung von Handlungs- und Metaebene • begründeter Bezug von beschreibenden, deutenden und wertenden Aussagen • Verwendung von Fachtermini in sinnvollem Zusammenhang • Beachtung der Tempora • korrekte Redewiedergabe (Modalität)	6	
belegt Aussagen durch angemessenes und korrektes Zitieren: • sinnvoller Gebrauch von vollständigen oder gekürzten Zitaten in begründender Funktion	3	
drückt sich allgemeinsprachlich präzise, stilistisch sicher und begrifflich differenziert aus: • sachlich-distanzierte Schreibweise • Schriftsprachlichkeit • begrifflich abstrakte Ausdrucksfähigkeit	5	
formuliert lexikalisch und syntaktisch sicher, variabel und komplex (und zugleich klar)	5	
schreibt sprachlich richtig	3	
Summe Darstellungsleistung	**28**	

Bewertung:	max. Punktzahl	erreichte Punkte
Summe insgesamt (Verstehens- und Darstellungsleistung)	**100**	

Kommentar:

Die Arbeit wird mit der Note _____ **beurteilt.**

Datum: _____ Unterschrift: _____

Bepunktung

Note	Punkte	erreichte Punktzahl
sehr gut plus	15	100 – 95
sehr gut	14	94 – 90
sehr gut minus	13	89 – 85
gut plus	12	84 – 80
gut	11	79 – 75
gut minus	10	74 – 70
befriedigend plus	9	69 – 65
befriedigend	8	64 – 60
befriedigend minus	7	59 – 55
ausreichend plus	6	54 – 50
ausreichend	5	49 – 45
ausreichend minus	4	44 – 39
mangelhaft plus	3	38 – 33
mangelhaft	2	32 – 27
mangelhaft minus	1	26 – 20
ungenügend	0	19 – 0

Weitere Klausurvorschläge und mögliche Facharbeitsthemen

Klausurvorschlag 2

Textstelle: „Aufbruch von der Mühle", S. 5

1. Analysieren Sie die Textstelle „Aufbruch von der Mühle", S. 5 aus Joseph von Eichendorffs Werk „Aus dem Leben eines Taugenichts" unter besonderer Berücksichtigung der darin verwendeten Sprachbilder. [45 Punkte]
2. Erläutern Sie ausgehend von der Textstelle den Gegensatz von Romantikern und Philistern. [27 Punkte]

Klausurvorschlag 3

Textstelle: „Das schmucke Dorfmädchen", S. 33, Z. 5 – S. 36, Z. 16

1. Analysieren Sie die Textstelle „Das schmucke Dorfmädchen, S. 33, Z. 5 – S. 36, Z. 16 aus Joseph von Eichendorffs Werk „Aus dem Leben eines Taugenichts" unter besonderer Berücksichtigung des darin verwendeten Glücksbegriffes. [45 Punkte]
2. Erläutern Sie die Funktion dieser Textstelle für eine mögliche Deutung des Gesamtwerks. [27 Punkte]

Klausurvorschlag 4

Textstelle: „Wem Gott will rechte Gunst erweisen", S. 6, Z. 1 – Z. 16

1. Analysieren Sie das Lied „Wem Gott will rechte Gunst erweisen", S. 6, Z. 1 – Z. 16 aus Joseph von Eichendorffs Werk „Aus dem Leben eines Taugenichts" unter besonderer Berücksichtigung der darin verwendeten romantischen Motive. [45 Punkte]
2. Erläutern Sie die Funktion des Liedes für eine mögliche Deutung des Gesamtrwerks. [27 Punkte]

Klausurvorschlag 5

Textstelle: „und es war alles, alles gut!", S. 98, Z. 1 – S. 105, Z. 14

1. Analysieren Sie das Ende von Joseph von Eichendorffs Werk „Aus dem Leben eines Taugenichts", S. 98, Z. 1 – S. 105, Z. 14 unter besonderer Berücksichtigung der Fragestellung, inwieweit es sich dabei um ein glückliches Ende handelt. [45 Punkte]
2. Erläutern Sie die Funktion des Endes für eine mögliche Deutung des Gesamtwerks. [27 Punkte]

Klausurvorschlag 6

Text: Joseph von Eichendorffs Gedicht „Wünschelrute", Anhang, S. 109, Z. 6 – Z. 9

1. Analysieren Sie Joseph von Eichendorffs Gedicht „Wünschelrute", Anhang, S. 109, Z. 6 – Z. 9 unter besonderer Berücksichtigung des romantischen Prinzips des Poetisierens. [45 Punkte]
2. Erläutern Sie die Funktion dieses Prinzips für eine mögliche Deutung des Gesamtwerks. [27 Punkte]

Klausurvorschlag 7

Text: Joseph von Eichendorffs Gedicht „Sehnsucht", Anhang, S. 140

1. Analysieren Sie Joseph von Eichendorffs Gedicht „Sehnsucht", Anhang S. 140 unter besonderer Berücksichtigung der darin verwendeten Symbole. [45 Punkte]
2. Vergleichen Sie die Darstellung der Sehnsucht in Eichendorffs Gedicht mit derjenigen in Eichendorffs Werk „Aus dem Leben eines Taugenichts". [27 Punkte]

Mögliche Facharbeitsthemen:

- Die Darstellung der Philister in Joseph von Eichendorffs „Aus dem Leben eines Taugenichts"
- Der Ich-Erzähler aus Joseph von Eichendorffs „Aus dem Leben eines Taugenichts" im Vergleich zu einem mittelalterlichen Minnesänger
- Die Funktion der „schönen Frau" Aurelie in Joseph von Eichendorffs „Aus dem Leben eines Taugenichts"
- Die Symbolik der Farbe Weiß in Joseph von Eichendorffs „Aus dem Leben eines Taugenichts"
- Eine Analyse des Schlusskapitels von Joseph von Eichendorffs „Aus dem Leben eines Taugenichts"
- Die Bedeutung von Glück in Joseph von Eichendorffs „Aus dem Leben eines Taugenichts"
- Ein Vergleich zwischen Joseph von Eichendorffs „Aus dem Leben eines Taugenichts" und dem Grimm'schen Märchen „Hans im Glück"
- Die sinnbildliche Darstellung von Schauplätzen und Tageszeiten in Joseph von Eichendorffs „Aus dem Leben eines Taugenichts"
- Eine Analyse des Erzählaufbaus von Joseph von Eichendorffs „Aus dem Leben eines Taugenichts"
- Die Funktion des Ich-Erzählers für eine mögliche Deutung von Joseph von Eichendorffs „Aus dem Leben eines Taugenichts"
- Die Problematik der Gattungsbestimmung von Joseph von Eichendorffs „Aus dem Leben eines Taugenichts"
- Das Prinzip des Poetisierens in Joseph von Eichendorffs „Aus dem Leben eines Taugenichts"
- Das Motiv der Sehnsucht in Joseph von Eichendorffs „Aus dem Leben eines Taugenichts"
- Ein Vergleich zwischen Joseph von Eichendorffs „Aus dem Leben eines Taugenichts" und Johann Wolfgang von Goethes „Wilhelm Meisters Lehrjahre"
- Der Ich-Erzähler aus Joseph von Eichendorffs „Aus dem Leben eines Taugenichts" als Karikatur eines Romantikers
- Ein Vergleich zwischen Joseph von Eichendorffs „Aus dem Leben eines Taugenichts" und seinem Gedicht „Die zwei Gesellen"
- Eine ausführliche Rezension zu Joseph von Eichendorffs „Aus dem Leben eines Taugenichts"

Prealgebra

Decimals, Fractions, Percents, and Algebra 1
Negatives, Exponents, Roots, and Algebra 1

Math Without Calculators
From Brain Based Education

David Eastwood

Whatever a person's religion might be,
there is One God over all.

Copyright © 2019 by Brain Based Education. All rights reservec. Except as permitted under the United States of America Act of 1976, no part of this lesson may be reproduced or distributed in any form or by any means, or stored in a database or retrieval system, without the prior written permission of the publisher.

Prealgebra
Copyright © 2019 by David Eastwood

All rights reserved. No part of this publication may be reproduced, distributed, or transmitted in any form or by any means, including photocopying, recording, or other electronic or mechanical methods, without the prior written permission of the author, except in the case of brief quotations embodied in critical reviews and certain other non-commercial uses permitted by copyright law.

Tellwell Talent
www.tellwell.ca

ISBN
978-0-2288-2159-5 (Paperback)

Prealgebra

1. Decimals

1. Decimal Place Values................1
- 1-1 Larger Decimals — 1
- 1-2 Rounding Decimals — 3
- 1-3 Compare/Order Decimals — 5
- 1-4 Review Problems — 7

2. Four Operations w Decimals.....9
- 2-1 Adding Decimals — 9
- 2-2 Multiply Decimals — 11
- 2-3 Divide Decimals — 13
- 2-4 Story Problems — 15
- 2-5 Review Problems — 17

2. Fractions

3. Fraction Basics........................19
- 3-1 Begin Fraction — 19
- 3-2 Equal Fractgions — 21
- 3-3 Simplest Form — 23
- 3-4 Fractions as Numbers — 25
- 3-5 Review Problems — 27

4. Add Fractions..........................29
- 4-1 Adding Fractions — 29
- 4-2 One as a Fraction — 31
- 4-3 Change 1 Fraction — 33
- 4-4 Change Both Fractions — 35
- 4-5 Review Problems — 37

5. Improper Frac/Mixed Num.......39
- 5-1 Improper Frac/Mixed Numb — 39
- 5-2 Improper Fractions — 41
- 5-3 Mixed Numbers — 43
- 5-4 Add Mixed Numbers — 45
- 5-5 Subtract Mixed Numbers — 47
- 5-6 Review Problems — 49

6. Multiply and Divide Fractions..51
- 6-1 Multiply Fractions — 51
- 6-2 Divide Fractions — 53
- 6-3 Multiply and Divide — 55
- 6-4 Mixed Numbers — 57
- 6-5 Review Problems — 59
- 6-6 Prime Numbers/GCF/LCM — 61
- 6-7 Review Problems — 63

7. Fractions and Decimals...........65
- 7-1 Change Decimals — 65
- 7-2 Half Rule — 67
- 7-3 Fraction Families — 69
- 7-4 Review Problems — 71

8. Compare Fractions..................73
- 8-1 Compare Fractions — 73
- 8-2 Compare Decimals/Fractions — 75
- 8-3 Time Fractions/Decimals — 77
- 8-4 Estimate Glasses — 79
- 8-5 Estimate Glasses > than 1/2 — 81
- 8-6 Review Problems — 83

3. Percent

9. Percents and Decimals............85
- 9-1 Whole Percents — 85
- 9-2 Percent of a Number — 87
- 9-3 Multiply Percents — 89
- 9-4 Percent Story Problems — 91
- 9-5 Review Problems — 93

10. Percents and Fractions..........95
- 10-1 Percents to Fractons — 95
- 10-2 Percent of a Number — 97
- 10-3 10% of a Number — 99
- 10-4 Other Percents — 101
- 10-5 More Percents — 103
- 10-6 Review Problems — 105

11. More Percents of a Number...107

11-1	Split Percents	107
11-2	Uneven Percents	109
11-3	1% of a Number	111
11-4	10ths of a Percent	113
11-5	Review Problems	115

12. Percent Equations...117

12-1	"Other" Percents	117
12-2	Percent of a Number Eq	119
12-3	Simple Interest	121
12-4	Review Problems	123
12-5	Review Problems Pt 2	125

4. Algebra One

13. Basic Exponents...127

13-1	Basic Exponents	127
13-2	Solve Larger Exponents	129
13-3	10 with Exponents/Rule 3s	131
13-4	Review Problems	133

14. How to Use Variables...135

14-1	What is a Variable	135
14-2	Add/Subtract Variables	137
14-3	Add/Subtract Binomials	139
14-4	Review Problems	141

15. One Step Equations...143

15-1	Solve 1 Step Equations	143
15-2	Multiply/Divide 1 Step Eq	145
15-3	Simple Story Problems	147
15-4	Build Expressions	149
15-5	Review Problems	151

16. Equations Rate Formulas...153

16-1	Begin Rate Formulas	153
16-2	Other Rate Formulas	155
16-3	What's Happening	157
16-4	Switch Variables	159
16-5	Build Equations	161
16-6	Review Problems	163

17. Percent Formulas...165

17-1	Percent of a Number	165
17-2	Simple Interest Equations	167
17-3	Percent of a Rate Formula	169
17-4	Review Problems	171

5. Negatives 6. Ratios 7. Exponents 8. Scientific Notation 8. Algebra One and 9. Roots

5. Negative Numbers

1. Four Operations Negatives.....173

1-1	Begin Negatives	173
1-2	Add 2 negatives	175
1-3	Multiply/Divide Negatives	177
1-4	Compare/Story Problems	179
1-5	Review Problems	181

6. Ratios

2. Ratios and Rates....................183

2-1	Ratios/Rates	183
2-2	2 Kinds of Ratios	185
2-3	Ratios as Percents	187
2-4	Know the Total/3 Part Ratios	189
2-5	Review Problems	191

3. Ratios and Percents...............193

3-1	Proportions	193
3-2	Proportion Percent	195
3-3	Ratio Equations	197
3-4	Review Problems	199

7. Exponents

4. Exponents and Equations......201

4-1	MA Rule	201
4-2	ME Rule	203
4-3	DS Rule	205
4-4	Change Base/Power Rule	207
4-5	Review Problems	209

8. Scientific Notation

5. Scientific Notation Over 1.....211

6-1	Begin Scientific Notation	211
6-2	2 Digit Scientific Notation	213
6-3	2 Digit Backwards	215
6-4	Add/Subtract	217
6-5	Review Problems	219

6. Scientific Notation Under 1...221

7-1	Small Scientific Notation	221
7-2	2 Digit Scientific Notation	223
7-3	2 Digit Backwards	225
7-4	Multiply/Divide	227
7-5	Review Problems	229

8. Algebra One

7. Two Step Equations...............231

7-1	Two Step Equations	231
7-2	Double Variables	233
7-3	Equation Parentheses	235
7-4	Review Problems	237
7-5	Review Problems Pt 2	239

8. Two Step Story Problems......241

8-1	Build 2 Step Equations	241
8-2	2 Step Percent Equations	243
8-3	Average Formula	245
8-4	Double Variables	247
8-5	2 Equations	249
8-6	Review Problems	251
8-7	Review Problems Pt 2	253

9. Add/Average Rate Formulas.255

9-1	Add Rate Formulas	255
9-2	Add Percent Formulas	257
9-3	Average Rate Formulas	259
9-4	Average Percents	261
9-5	Switch Variables	263
9-6	Subtract Rate Formulas	265
9-7	Review Problems	267
9-8	Review Problems	269

10. Ma/Me Rules..................271

10-1   MA Rule/ME Rule   271
10-2   Power Rule/Parentheses   273
10-3   Multiply Binomials   275
10-4   Variables and Fractions   277
10-5   How Fractions Use Var   279
10-6   Adding Fractions   281
10-7   Review Problems   283

11. Connect Rules.....................285

11-1   Connect Variables   285
11-2   Coin/Cake Problems   287
11-3   Add Core Equations   289
11-4   Subtract Core Equations 291
11-5   Review Problems   293

12. Work and Time Problems.......295

12-1   2 Sides Equal Problems   295
12-2   Age Ratio Problems   297
12-3   Work Problems   299
12-4   Time Problems   301
12-5   Story Problems   303
12-6   Review Problems Pt 2   305

9. Roots

13. Roots and Imperfect Roots....307

13-1   Perfect Square/Cube Roots   307
13-2   Imperfect Roots Under 50   309
13-3   Imperfect Roots Over 50   311
13-4   Kinds of Numbers/Mixed Rts 313
13-5   Review Problems   315
13-6   Review Problems   317

14. Four Operations with Roots....319

14-1   Multiply/Add Roots   319
14-2   Factor/Factor to Add Roots   321
14-3   Review Problems   323
14-4   Divide Roots   325
14-5   Roots of Fractions/Decimals   327
14-6   Review Problems   329
14-7   Review Problems Pt 2   331

15 Operations with Roots.............333

15-1 Negative Exponents   333
15-2 Fraction Exponents   335
15-3 Root Exp MA/ME   337
15-4 Review Problems   339
15-4 Use Root as Exponent   341
15-5 DS/Simplify Rules   343
15-5 Review Problems Pt 2   345
15-6 Review Problems Pt 3   347

16. Orders Operation/Pythagor....349

16-1   Order of Operations   349
16-2   Pythagorean Theorem   351
16-3   Pythagorean Story Pr   353
16-4   Review Problems   355

17. Science and Geometry..........357

17-1   Momentum/Density Prob   357
17-2   Electric Power   359
17-3   Geometry Problems   361
17-4   Using Binomials   363
17-5   Review Problems   365

Ch 4 Ls 1: 2 Steps to Carry Addition 33

_____ Front ____ / 8 Back ____ / 27 Rev ____ / 20 T / 53 _____
　　　Name　　　　　　　　　　　　　　　　　　　　　　　　　　　　　　　Checker

#1 1. When do you carry in math? _____

2. What does 6 + 6 carry? $\begin{array}{r}26\\+\ 6\\\hline\end{array}$ _____

Checker makes sure it's done.

3. What's the 2nd step to carry? _____

4. Why don't you have to carry twice with 100s? _____

#2 1. You know 3 + 9 is 12. What's the 1st step to carry?
$\begin{array}{r}13\\+\ 9\\\hline 2\end{array}$

Student makes sure these are filled out in class.

Carry a ____. → $\begin{array}{r}^1 1\,3\\+\ 9\\\hline 2\end{array}$

　　　　　　　　　___ ___
　　　　　　　　　tens ones

2. What's the teen fact? $\begin{array}{r}15\\+\ 9\\\hline\end{array}$

Checker reviews the front page.

Why we're different!!!

4 + 8 = ____

___ ___

4. What's the teen fact? $\begin{array}{r}26\\+\ 7\\\hline\end{array}$

6 + 7 = ____

___ ___

Student is honest about whether → Calculator?
they used a calculator or not.   yes   no

Review 1. When do you carry in math? _____ Calculator?
2. Name 2 steps to carry. _____ yes   no
3. Why don't you have to carry twice with 100s? _____

Student is quizzed on these Qs.
(Teacher option)

It works!!!

PLUS These explore these pages...

1. What's Happening in Algebra The student decides what's happening in algebra.

2. Simplified Algebra means it's easier to make equations, not just solve equations someone else has made.

3. Plenty of story problems!!!

It's written as Math Without Calculators, but you need to make it happen.

You can do this!
Mr David Eastwood

Ch 1 Ls 1 Larger decimals place value. 1

_____ #1 #2 ____/10 #3 #4 ____/15 R ___/16 Total ____/41 _____
Name   Checker

#1 1. To count 3 places, what place value do decimals start with? _____

2. **0.0205** How do you say decimal numbers? _____

3. **0.000002** How do you find millionths place? _____

4. How do say a whole number and decimal? _____

#2 1. What place is the 5 in?   **0.0015**

1 is in _____ **place.**   What decimal is this?

_____

2. What place is the 3 in?   **0.00023**

3 is in _____ **place.**   What decimal is it?

_____

3. What place is the 3 in?   **0.000034**

4 is in _____ **place.**   What's the decimal?

_____

4. What is this decimal?   **0.075**

_____

5. What is this decimal?   **0.00106**

_____

6. What is this decimal?   **0.0036**

_____

2.

#3 1.   **0.003**   **0.00005**   **0.00034**   Calculator?
Write the decimal   _____   _____   _____   yes   no
with place values.

   2.   **0.01006**   **0.000027**   **0.00045**

        _____   _____   _____

   3.   **0.0000007**   **0.00005**   **0.000003**

        _____   _____   _____

#4 1.   **23 millionths**   **4 10 thousandths**   Calculator?
        _____   _____   yes   no

   2.   **70 thousandths**   **15 millionths**

        _____   _____

   3.   **74 10 millionths**   **37 100 thousandths**

        _____   _____

Review 1. To count 3 places, what place value do decimals start with? _____   Calculator?
   2. Why count ones as a decimal place value? _____   yes   no
   3. **0.0205** How do you say decimal numbers? _____
   4. **0.000002** How do you find millionths place? _____
   5. How do you say a whole number and decimal? _____
   5. Find place values **0.004**_____ **0.0003**_____
   6. **0.014**_____   **0.106**_____
   7. **0.000007**_____   **0.00008**_____
   8. **0.0000002**_____   **0.00009**_____
   9. A machine's error margin is 6 100 thousandths. Write the decimal._____
   10. A door closes to 3 millionths of a meter. Write the decimal. _____
   11. A window closes to 5 10,000ths of a meter. Write it. _____
   12. A car door error rate is 2 1000ths of a meter. Write it. _____

Ch 1 Ls 2 How to round decimals.   3

_____ #1 #2 ____/8   #3 #4 ____/15 R ___/ 14 Total ____/37 _____
         Name   Checker

#1 1. Name 3 steps to round decimals. _____

_____

2. Round to 10ths. First step?   **0.547**

_____ is in 10ths place   **How does it round?**

_____

3. Round to 100ths. First step?   **0.547**

_____ is in 100ths place   **How does it round?**

_____

#2 1. Round to 1,000ths.   **0.00625**

_____

2. Round to 10,000ths.   **0.00625**

_____

3. Round to 100,000ths.   **0.000148**

_____

4. Round to 10,000ths.   **0.000148**

_____

5. Round to 1,000ths.   **0.0097**

_____

4.

#3 Round to these place values.   Calculator?
                                                                     yes   no

Round   1. **0.04651**   **0.3875**   **0.9845**
to 1000ths.   _____   _____   _____

Round to 2. **0.89503**   **0.022803**   **0.80567**
10,000ths.   _____   _____   _____

Round   3. **0.2385**   **0.4192**   **0.9995**
to 100ths.   _____   _____   _____

#4 Is it correct? Yes or correct.   Calculator?
                                                                     yes   no

1. Round to 100ths.   **0.3872 to 0.3870**   yes or _____
2. Round to 1000ths.   **0.2895 to 0.2900**   yes or _____
3. Round to 10,000ths. **0.006723 to 0.0670**   yes or _____
4. Round to 1000ths.   **0.10549 to 0.1050**   yes or _____
5. Round to 100ths.   **0.1952 to 0.2**   yes or _____
6. Round to 1000ths.   **0.55774 to 0.558**   yes or _____

Review 1. Name 3 steps to round.   Find the _____   Calculator?
                                                                          yes   no
        Look to the _____.   Decide _____

2. Round thousandths **0.0451** _____   **0.00297** _____

3. 10 thousandhs **0.00782** _____   **0.00174** _____

4. 100ths   **0.2982** _____   **0.6089** _____

5. thousandths **0.2005** _____   **0.3041** _____

6. millionths   **0.001085** _____   **0.0023419** _____

7. Tokyo has 27.4 million people. Write it.. _____

8. Bill Gates has 82.5 billion dollars. Write it. _____

9. The US gov owes $22.7 trillion. Write it. _____

Ch 1 Ls 3 How comparing decimals is different. 5

_____ #1 #2 ____/9   #3 #4 ____/20   R ___/12   Total ____/41 _____
      Name   Checker

#1 1. When you compare decimals, what do you look for? _____

2. Name 1 way to remember greater or less than sign. _____

3. What if the largest places are the same? _____

4. Which place compares these?   **0.145 _?_ 0.154**

Compare _____ place. **Which sign is it?**

0.145 ___ 0.154

5. Which place compare these?   **0.145 _?_ 0.142**

Compare _____ place. **Which sign is it?**

0.105 ___ 0.140

#2 1. What do you look at to put decimals in order? _____

2. Name 2 ways to put decimals in order. _____

3. What's the 1st step to put more decimals in order? _____

4. Put in order, smallest 1st.   **0.041   0.015   0.042   0.025**

_____   _____   _____   _____

5. Find the 2 smallest.   **0.36   0.34   0.78   0.75   0.45**

_____   _____   **Finish the rest.**

_____   _____   _____

6. Find the 2 smallest.   **0.77   0.87   0.78   0.88   0.67**

_____   _____   **Finish the rest.**

_____   _____   _____

6.

#3
Compare these decimals.

1. 0.6775 ___ 0.6764   0.2332 ___ 0.2323   Calculator? yes no
2. 0.0413 ___ 0.1402   0.6868 ___ 0.6886
3. 0.1123 ___ 0.0112   0.7798 ___ 0.798
4. 0.08998 ___ 0.08989   1.465 ___ 0.765

#4
Solve the problem. Does the sign change?

1. 0.56 > 0.52 + 0.1   0.62 > 0.23 + 0.04   Calculator? yes no
   0.56 ___ yes no   0.62 ___ yes no
2. 0.45 > 0.36 + 0.1   0.74 < 0.87 - 0.12
   0.45 ___ yes no   0.74 ___ yes no
3. 0.45 < 0.58 - 0.15   0.79 > 0.23 + 0.6
   0.45 ___ yes no   0.79 ___ yes no

#5
Put in order, smallest first.

1. 0.0106   0.023   0.015   0.16   0.115   0.13   Calculator? yes no
   _____   _____
2. 0.041   0.014   0.0411   0.323   0.132   0.322
   _____   _____

Put in order, largest first.

3. 0.076   0.067   0.1   0.077   0.087
   _____

Review

4. 0.021   0.009   0.0201   0.023   0.03
   _____

Review

1. When you compare decimals, what do you look for? _____   Calculator? yes no
2. Name 1 way to remember greater or less than sign. _____
3. What if the largest places are the same? _____
4. What do you look at to put decimals in order? _____
5. Name 2 ways to put decimals in order. _____
6. What's the 1st step to put more decimals in order? _____

Review Problems. 7

_____ #1 to #5 ____/29 #6 ____/11 Total ____/40
Name

#1 **1. Decimals** _____

2. Thousandths _____

3. Millionths _____

4. Count 1s place _____

#2 Write the decimals.   Calculator?
                                                                                        yes   no
1. 9 and 23 millionths = _____   4 10 thousandths = _____

2. 12 and 7 thousandths = _____   15 ten millionths = _____

#3 Round to place value.   Calculator?
                                                                                        yes   no
Round   1.   0.07954   0.5725   0.9995
to 1000ths.
              _____   _____   _____

Round to 2. 0.56264   0.18643   0.74289
10,000ths.
              _____   _____   _____

Round   3. 0.2735   0.6258   0.0345
to 100ths.
              _____   _____   _____

#4 Compare these decimals.   Calculator?
                                                                                        yes   no
1.   0.677 ____ 0.676   0.2332 ____ 0.2323

2.   0.041 ____ 0.140   0.6868 ____ 0.6886

3.   0.112 ____ 0.0112   0.7798 ____ 0.798

4.   0.8998 ____ 0.8989   1.465 ____ 0.765

#5 Put these decimals in order.   Calculator?
                                                                                        yes   no
4.   0.079 0.078 0.08   0.009 0.01 0.042
Largest
First   _____   _____

5.   0.052 0.06 0.007   0.144 0.123 0.109
Smallest
First   _____   _____

#6 Review Story Problems.

Calculator?
yes   no

1. Mark batted 0.235 his 1st year in baseball. Write his batting average in word form. _____

2. Mrs J drove six hundred seventy nine and eight tenths of a km from his home. Write it in standard form. _____

3. Five people are splitting their dinner bill equally. After tip, the total is $32.25. How much does each one owe? _____

4. There are 25 servings in a 50 cl bottle of vinegar. How many cl are in a serving? _____

5. Nathan runs 5.5 km on Sunday, 3.6 km on Tuesday, 8.75 km on Thursdays , and 5.7 km on Saturdays .What is the total? _____

6. A sports club has a special for members; no initiation fee to join and $59 per month. How much will it cost for a year? _____

7. It took William 5 months to build a house. He sold it and was left with $18,750 profit. How much did he make per month on average? _____

8. Ira wants to figure out her grade. Her test scores were 95%, 84%, and 92%. What was her average test score? _____

9. Noah bought apples for $3.50 per pound. He bought 6.5 kg of them. How much was it? _____

10. Liam bought $4,150 of car parts before sales tax. Tax is 7%. What is the amount of sales tax for the items? _____

11. Mr W spends $1,450 each month for rent to run his car shop. If he charges $25 for an oil change, how many does it take to pay for it? _____

Ch 2 Ls 1 Add decimals going across. 9

_____ #1 #2 ____/12 #3 #4 #5 ____/30 R ___/ 17 T ____/30 _____
           Name   Checker

#1 1. What do you use to add decimals? _____

2. Add **0.17 + 0.4**. What does the 7 add to? _____

3. Add **0.17 + 0.4**. What number goes in 10ths place? _____

4. Add 2.9 with 2.3. What's the answer?   **2.9 + 2.3**

2.9 + 2.3 = _____

5. Add 0.92 and 3 10ths. What is it?   **0.92 + 0.3**

0.92 + 0.3 = _____

6. Add 0.92 and 3 10ths. What is it?   **0.98 + 0.027**

0.98 + 0.027 = _____

#2 1. What do you look for to subtract decimals? _____

2. Name 3 ways to subtract. _____

3. Subtract 1.21 minus 7 10ths.   **0.91 - 0.7**

0.91 - 0.7 = _____

4. What is 1.2 minus 9 10ths?   **1.2 - 0.9**

1.2 - 0.9 = _____

5. Subtract 7 10ths - 58 100ths.   **0.7 - 0.58**

1.2 - 0.9 = _____

6. Subtract 2 10ths minus 9 100ths.   **0.2 - 0.09**

0.2 - 0.09 = _____

#3 Add decimals across.   Calculator? yes   no

1. 1.9 + 3.4 = _____   1.9 + 4.5 = _____   1.9 + 2.7 = _____
2. 0.8 + 0.54 = _____   0.8 + 0.36 = _____   0.8 + 0.47 = _____
3. 9.7 + 3.4 = _____   7.7 + 7.8 = _____   7.7 + 6.5 = _____

#4 Subtract the decimals.   Calculator? yes   no

1. 4.2 - 1.9 = _____   5.3 - 1.8 = _____   3.2 - 1.9 = _____
2. 1.4 - 0.02 = _____   1.5 - 0.06 = _____   1.2 - 0.04 = _____
3. 5.00 - 2.04 = _____   7.02 - 0.09 = _____   6.01 - 0.03 = _____

#5 Mixed Practice   Calculator? yes   no

1. 1.6 + 2.8 = _____   3.5 - 1.03 = _____   10.7 - 1.2 = _____
2. 3.19 + 5.04 = _____   6.0 - 1.05 = _____   5.9 + 6.04 = _____
3. 2.8 + 2.57 = _____   6.2 - 1.8 = _____   4.0 - 2.06 = _____
4. 5.9 + 1.54 = _____   3.9 - 1.07 = _____   7.9 + 4.5 = _____

Review 1. What do you use to add decimals? _____   Calculator? yes   no

2. Add **0.17 + 0.4**. What does the 7 add to? _____

3. Name 3 ways to subtract. _____

4. 1.59 + 1.54 = _____   6.3 - 1.02 = _____   3.8 + 3.5 = _____
5. 2.9 + 1.7 = _____   5.6 - 2.03 = _____   2.2 - 1.8 = _____
6. 1.87 + 1.86 = _____   4.0 - 0.05 = _____   1.9 + 2.34 = _____
7. 1.5 + 1.67 = _____   7.5 - 1.9 = _____   8.0 - 1.09 = _____

8. A desk is 1.4 m long and the table with it is 1.92 m. How long in all? _____

9. A ceiling is 2.15 meters. A clock is 0.48 m tall. What's the difference? _____

Ch 2 Ls 2 Multiply decimals across 11

_____ #1 #2 ____/10 #3 #4 ____/20 R ___/19 T____/49 _____
Name   Checker

#1 1. Does multiplying use the same rules as adding decimals? _____

2. Multiply **0.9 x 5**. What's the 1st step to multiply decimals? _____

3. Multiply **0.9 x 5**. What's the 2nd step? _____

4. What's the 1st step to multiply?   **0.9 x 0.3**

Multiply the numbers.   **9 x 3 = ___**   2nd step?

_____

5. What's the 1st step?   **0.4 x 1.4**

Multiply the numbers.   **4 x 14 = ___**   Next step?

_____

6. What's the 1st step?   **0.5 x 0.12**

Multiply the numbers.   **5 x 12 = ___**   2nd step?

_____

#2 1. Multiply, all 1 step. What is it?   **0.08 x 0.03**

_____

2. All 1 step. What is it?   **0.06 x 500**

_____

3. Multiply, all 1 step.   **0.07 x 0.04**

_____

4. Multiply, all 1 step. What is it?   **1.4 x 0.004**

_____

#3 Multiply the decimals.   Calculator? yes no

1.
    1.6   0.19   1.9   2.08
    x 3   x 7   x 5   x 4

2.
    1.04   1.6   0.19   1.7
    x 3   x 70   x 50   x 6

3.
    1.04   1.6   0.18   1.7
    x 0.3   x 1.7   x 0.15   x 2.1

#4 Is it correct? Yes or correct.   Calculator? yes no

1. 0.9 x 0.04 = 0.36   yes or _____   0.09 x 0.03 = 0.027   yes or _____

2. 0.05 x 1.3 = 0.75   yes or _____   0.08 x 0.06 = 0.0048   yes or _____

3. 1.2 x 300 = 3.60   yes or _____   1.2 x 1.2 = 1.44   yes or _____

4. 0.6 x 1.4 = 0.84   yes or _____   0.8 x 1.5 = 1.20   yes or _____

Review
1. Does multiplying use the same rules as adding decimals? _____   Calculator? yes no

2. Multiply **0.9 x 5**. What's the 1st step to multiply decimals? _____

3. Multiply **0.9 x 5**. What's the 2nd step? _____

4.   0.9 x 21 = _____   5 x 4.2 = _____   0.02 x 47 = _____

5.   0.03 x 26 = _____   0.6 x 52 = _____   50 x 4.2 = _____

6.   0.02 x 57 = _____   0.02 x 64 = _____   0.4 x 3.2 = _____

7.   0.3 x 1.7 = _____   0.05 x 45 = _____   0.03 x 3.6 = _____

8. Each tile is 0.15 meters. How long is 8 of them? _____ m

9. A garden has plants every 0.4 m. How long is the row with 20 plants? _____ m

10. JJ bought 6 kg of meat at $3.70 per kg. How much was it? $_____

11. Eva purchased 7 kg of nails for $3.89 per kg. How much was it? $_____

Ch 2 Ls 3 Divide decimals verticallly.   13

_____ #1 #2 ____/9   #3 #4 ____/16   R ___/ 11   T ____/36 _____
         Name   Checker

#1 1. Divide 2.3 by 5. What's the 1st step to divide? _____   5) 2.3

2. What decides how the decimal moves? _____

3. 35 divided by 5 is 7.
    Where does the decimal go?   5) 3.5

....

5) 3.5

4. 20 divided by 4 is 5.
    Where does the decimal go?   4) 0.20

....

4) 0.20

#2 1. Divide 0.1 by 0.3. What's the 1st step? _____   0.3) 0.1

2. What shows the remainder? _____

3. Divide the remainder. (Answer below)   0.5) 2.6

....

0.5) 2.6

4. Divide 1.7 by 0.2. (Answer below)   0.2) 1.7

....

0.2) 1.7

5. Divide 0.22 by 0.04. (Answer below)   0.04) 0.22

....

0.04) 0.22

14.

#3 Divide by whole numbers.   Calculator?
                                                                 yes   no

1.   5)4.5   6)4.2   12)6.0   6)0.24
     -___   -___   -___   -___

2.   4)1.80   6)4.50   8)28.0   5)5.45
     -___   -___   -___   -___

     -___   -___   -___   -___

#4 1.   0.5)2.5   0.8)4.8   0.4)2.8   0.7)4.9   Calculator?
         -___   -___   -___   -___   yes   no
Divide by
decimals.

    2.   0.5)4.30   0.8)43.2   0.5)1.90   0.6)4.32
         -___   -___   -___   -___

         -___   -___   -___   -___

Review 1. Divide 2.3 by 5. What's the 1st step to divide? _____   Calculator?
        2. What decides how the decimal moves? _____   yes   no
        3. Divide 0.1 by 0.3. What's the 1st step? _____
        4. What shows the remainder? _____

        5.   0.3)2.25   0.4)30.0   0.5)1.80   0.7)4.34
             -___   -___   -___   -___

             -___   -___   -___   -___

        6. Mr J makes $12..40 per hour. How much for 50 hours? $_____
        7. 4.6 liters of solution is divided into 0.02 Liters. How many liter is it? _____ L
        8. Liam bought 4 kg of chicken for $9.12. How much is it per kg? $_____

Ch 2 Ls 4 Decimal Story Problems 15

_____ #1 #2 ____/9 #3 ____/7 R ___/4 Total ____/20 _____
       Name   Checker

#1 1. Name 3 skills to solve story problems. _____

2. What kinds of words show multiply or divide in a story prob? _____

3. Does subtract and divide start or end with the total? _____

#2 1. Find key words. How far is it?   **Alice's coach had her run 4.5 km in the morning and 5.8 at night. How many in all?**

_____   _____
   Key words   Answer

2. Key words? How heavy is it?   **A ball weighs 1.9 kg. It's box is 0.13 kg. How many kg will the package weigh?**

_____   _____
   Key words   Answer

3. Key words? How heavy is it?   **A power saw weighs 21.2 kgs and the box for it is 0.78 kg. How much does the package weigh?**

_____   _____
   Key words   Answer

4. What shows how it changes?   **A casting is 3.045 cm. They adjusted it 0.013 longer. How many cm will it be in all?**

_____   _____
   Key words   Answer

5. How much money is it?   **A scrap metal company pays $1.35 per kg for scrap copper. How much for 4.2 kg?**

_____   _____
   Key words   Answer

6. How heavy is it in all?   **A liter of milk is 1.65 kg. How much will 8 liters of milk weigh?**

_____   _____
   Key words   Answer

#3 Solve the problems with 1 or 2 steps.   Calculator?
   yes   no

1. The average shower uses 8.7 liters of
   water. A bath is 15.6 liters. How many   _____
   more liters for a bath?
   _____

2. Eva's lunch is $3.65 each day for 5 days.
   Is $20 enough for the week of school?   _____

   If $20 is enough, what's the change?   _____

3. A hamster eats 27 mg of food per day.
   There are 5 hamsters. How much food do   _____
   they eat in a week?
   _____

4. Jack's cat weighs 2.6 kilograms. His dog
   weighs 6 times as much. How much do   _____
   they weigh together?
   _____

5. A bus carries 30 people to the airport.
   They each pay $5.75 each. How much   _____
   does the bus driver need to collect total?
   _____

6. Emma ran a race 3 times. Her times were
   13.4, 14.2, and 13.8 seconds. What was   _____
   her average time?
   _____

7. A 6 pack of soda is $2.20 or an 8 pack is
   $3. Which one is cheaper per can?   _____
   _____

Review 1. Name 3 skills to solve story problems. _____

2. What kinds of words show multiply or divide in a story prob? _____

3. Does subtract and divide start or end with the total? _____

4. A 4 pack of tuna is R 280 and a 6 pack is R 360. Which is cheaper per can? _____

Practice Problems. 17

_____ #1 #2 #3 #4 ____/37 #5 ____/11 Total _____/48
Name

#1 1. Decimal Remainder _____

    2. Average _____

    3. Total _____

#2 Add/ Subtract Decimals.   Calculator? yes no

1. 4.8 + 3.4 = _____   2.9 + 6.5 = _____   1.6 + 9.7 = _____

2. 0.8 + 0.74 = _____   0.9 + 0.46 = _____   2.8 + 0.97 = _____

3. 6.00 - 3.05 = _____ 5.02 - 0.08 = _____ 8.3 - 0.18 = _____

4. 2.18 - 0.99 = _____ 1.6 - 0.08 = _____   1.3 - 0.07 = _____

#3 1.   2.7   0.38   2.8   3.62   Calculator? yes no
Multiply   x 3   x 8   x 5   x 4
decimals.

    2.   3.31   1.6   0.480   0.350
        x 7   x 60   x 50   x 8

    3.   2.34   18.6   0.26   7.03
        x 0.4   x 0.5   x 0.06   x 0.09

#4 1.   4)2.72   5)39.5   0.9)2.16   0.7)4.41   Calculator? yes no
Divide   -___   -___   -___   -___
decimals.
          -___   -___   -___   -___

    2.   15)5.25   16)6.72   12)7.56
        -___   -___   -___
        -___   -___   -___

    3.   2.8)644   2.5)426   3.2)9.92
        -___   -___   -___
        -___   -___   -___

#5 Story Problems   Calculator?
                                                                                    yes   no

1. A car traveled 20 km an hour for 0.75 hour,
   then 80 kph for 3 hours. How far did it go?   _____

2. A park is 4.6 kilometers long and 2.25 km wide.
   How much longer is it than it is wide?   _____

Do work on
side if needed.

3. If a racecar drove 150 times around the 2.5 km
   park, how far will it go?   _____

4. Kid Building Blocks are 1.75 cm tall. If you
   stack 55 of them on top of each other, will it
   be more or less than a meter?   _____

5. A package of chickens weighing 3.5 kg
   costs $12. How much does it cost per kg?   _____

6. If you have $3458 in your checking and write
   a check for $1290, how much is left?   _____

7. Six people shared the cost of a party that cost
   $272. How much did each person pay?   _____

8. Nine bars of soap in a box cost $8.10. How
   much is it for each bar?   _____

9. In 1920, the men in a country lived to be
   46.8 years. 60 years later it was 62.3 years.
   How many years did the life span go up?   _____

10. A kilowatt costs 5.20 dollars. A family used
    270 kilowatts one month. How much will
    their electric be?   _____

11. Mrs K is filling 0.6 liter bottles with a ketchup
    she made. She was able to fill 42 bottles.
    How many liters did she start with?   _____

18.

Ch 3 Ls 1 Use blocks to make fractions. 19

_____ #1 #2 ____/10 #3 #4 ____/12 R ___/13 Total ____/30 _____
            Name   Checker

#1 1. Every fraction is a...? _____

2. What is the bottom number called? _____ top_____

3. Name 2 ways fractions talk about things? _____

4. Name 2 steps to say a fraction. _____

#2 1. How many total parts? $\frac{1}{4}$
            How many parts are counted?

Draw the blocks
for each fraction. [   ]   ___total parts ____counted

2. How many total parts? $\frac{3}{5}$
    How many parts are counted?

Draw the blocks
for each fraction. [   ]   ___total parts ____counted

3. What fraction is this?   [| | | |]

                              —

4. Find the fraction.   [| | |▓| | |]

                              —

5. Remember the 1st step.   [|▓|▓|▓|▓|]

                              —

6. Find the fraction.   [▓|▓| | |▓|]

                              —

20.

#3 What's the fraction?   Calculator? yes   no

1.
2.
3.

#4 Draw the boxes in for each fraction.   Calculator? yes   no

1. $\frac{2}{4}$ $\frac{3}{5}$
2. $\frac{2}{6}$ $\frac{5}{6}$
3. $\frac{3}{4}$ $\frac{4}{5}$

Review

1. Every fraction is a...? _____   Calculator? yes   no
2. What is the bottom number called? _____ top_____
3. Name 2 ways fractions talk about things? _____
4. Name 2 steps to say a fraction. _____

Find the fractions.

5.
6.
7.

8. A quiz had 12 questions. Joe got 11 right. What fraction is that? _____

9. A restaurant has 7 tables. 4 are filled. What fraction is that? _____

10. Liam has $20. $13 is for the store. What fraction is left? $_____

Ch 3 Ls 2 Change fractions with equal fractions. 21

_____ #1 #2 ____/8   #3 #4 ____/15   R ___/11   Total ____/34 _____
         Name   Checker

#1 1. How do you make equal fractions? _____

2. What do you do 1st to find a missing number? $\frac{1}{3} = \frac{?}{6}$ _____

3. How do you use the 1st fact? _____

4. 4 times what makes 8? $\frac{1}{4} = \frac{?}{8}$

Multiply top and bottom by ___.   4 x ____ = 8   What does it multiply?

$\frac{1}{4} = \frac{}{8}$

5. 2 times what makes 6? $\frac{2}{3} = \frac{6}{?}$

Multiply top and bottom by ___.   3 x ____ = 9   What does it multiply?

$\frac{1}{3} = \frac{3}{}$

#2 1. If you double 1 4th, what's the equal fracttion? $\frac{1}{4}$

$\frac{1}{4} = \boxed{\frac{}{}}$

2. If you double 2 3rds, what's the equal fraction? $\frac{2}{3}$

$\frac{2}{3} = \boxed{\frac{}{}}$

3. If you triple 1 fifth, what's the equal fracttion? $\frac{1}{5}$

$\frac{1}{5} = \boxed{\frac{}{}}$

#3 Find the missing numbers.   Calculator? yes no

1. $\dfrac{1}{3} = \dfrac{}{9}$ $\dfrac{2}{3} = \dfrac{6}{}$ $\dfrac{1}{5} = \dfrac{3}{}$

2. $\dfrac{3}{4} = \dfrac{}{12}$ $\dfrac{1}{6} = \dfrac{4}{}$ $\dfrac{3}{7} = \dfrac{9}{}$

3. $\dfrac{1}{8} = \dfrac{12}{}$ $\dfrac{2}{30} = \dfrac{}{90}$ $\dfrac{8}{14} = \dfrac{24}{}$

4. $\dfrac{5}{6} = \dfrac{45}{}$ $\dfrac{4}{12} = \dfrac{}{60}$ $\dfrac{1}{16} = \dfrac{6}{}$

#4 Solve with equal fractions.   Calculator? yes no

1. A third of the 21 cars are red. How many cars is that? $\dfrac{}{} = \dfrac{}{21}$

2. Half of the 40 muffins are blueberry. How many muffins are there? $\dfrac{}{2} = \dfrac{}{}$

3. A quarter of 20 students failed the quiz. How many is that? $\dfrac{1}{} = \dfrac{}{}$

Review 1. How do you make equal fractions? _____   Calculator? yes no

2. What do you do 1st to find a missing number? $\dfrac{1}{3} = \dfrac{?}{6}$ _____

3. How do you use the 1st fact? _____

4. Double each fraction. $\dfrac{1}{6} = \boxed{\dfrac{}{}}$ $\dfrac{3}{4} = \boxed{\dfrac{}{}}$ $\dfrac{1}{5} = \boxed{\dfrac{}{}}$

5. Triple each fraction. $\dfrac{1}{3} = \boxed{\dfrac{}{}}$ $\dfrac{1}{6} = \boxed{\dfrac{}{}}$ $\dfrac{3}{5} = \boxed{\dfrac{}{}}$

6. Two thirds of the 120 tacos are very spicey. How many tacos is that? $\dfrac{}{} = \dfrac{}{120}$

7. A quarter of the 28 muffins are baked. What fraction are not baked? $\dfrac{}{} = \dfrac{}{28}$

Ch 3 Ls 3 Change fractions to simplest form.

_____ #1 #2 ____/9 #3 #4 ____/15 R ___/12 Total ____/36 _____
Name   Checker

#1 1. How do you get simplest form? _____

2. What does simplest form do? _____

3. If you make simplest form, does the fraction change? _____

4. What do you divide both 2 and 6
   by to get simplest form? $\frac{2}{6} = \frac{?}{?}$

Find the missing numbers.   **Divide both by ____.**

$$\frac{2}{6} = \frac{}{}$$

5. What's the simplest form with 3 and 9? $\frac{3}{9} = \frac{?}{?}$

$$\frac{3}{9} = \frac{}{}$$

6. Find the simplest form for 6 and 8. $\frac{6}{8} = \frac{?}{?}$

$$\frac{6}{8} = \frac{}{}$$

#2 Make a fraction story problems.

1. When can you add parts to make a fraction? _____

2. What do you solve 1st to make the fraction? _____

3. Find the fraction   **Class #1 has 17 students and #2 has 21.**
   for each class.   **What's the denominator for both classes?**

Add 17 + 21 is ____ students.   ☐ ☐   **What are the**
                                Class 1 Class 2   **numerators?**

                                 ☐ ☐
                                Class 1 Class 2

#3 Find Simplified Fractions.   Calculator? yes no

1. $\dfrac{3}{18} = \underline{\quad}$ $\dfrac{4}{28} = \underline{\quad}$ $\dfrac{8}{12} = \underline{\quad}$

2. $\dfrac{9}{27} = \underline{\quad}$ $\dfrac{2}{36} = \underline{\quad}$ $\dfrac{12}{30} = \underline{\quad}$

3. $\dfrac{4}{38} = \underline{\quad}$ $\dfrac{3}{42} = \underline{\quad}$ $\dfrac{6}{42} = \underline{\quad}$

4. $\dfrac{14}{56} = \underline{\quad}$ $\dfrac{12}{18} = \underline{\quad}$ $\dfrac{20}{90} = \underline{\quad}$

#4 Solve with simplest fractions.   Calculator? yes no

1. 7 out of 21 cars are red. What is the simplest form? $\dfrac{\quad}{21} = \underline{\quad}$

2. Half of the 40 tickets are sold. What fraction is that? $\dfrac{\quad}{40} = \underline{\quad}$

3. There's 24 kids in a class. Half are girls. What's simplest form? $\dfrac{\quad}{24} = \underline{\quad}$

Review
1. How do you get simplest form? _____   Calculator? yes no
2. What does simplest form do? _____
3. If you make simplest form, does the fraction change? _____
4. When can you add parts to make a fraction? _____
5. What do you solve 1st to make the fraction? _____

6. $\dfrac{4}{12} = \boxed{}$ $\dfrac{15}{20} = \boxed{}$ $\dfrac{8}{12} = \boxed{}$

7. $\dfrac{12}{20} = \boxed{}$ $\dfrac{4}{24} = \boxed{}$ $\dfrac{9}{12} = \boxed{}$

8. **There's 57 cans of paint. A third of them are green. What fraction are not?** $\dfrac{\quad}{57} = \underline{\quad}$

Ch 3 Ls 4 Use fractions with number lines. 25

_____#1 #2 ____/9 #3 #4 #5 ____/18 R ___/ 9 T____/36 _____
                    Name   Checker

#1 1. Name 2 things fractions do. _____

2. What does a number line show about a fraction? _____

3. What is the 1st step to make a fraction?

Count the _____.   ?/__ **2nd step?**

Count the _____.   __/__

4. Find total parts. What's the fraction?

   __/__

5. What is this fraction?

   __/__

6. What is the numerator this time?

   __/__

#2 Fractions over 1.

1. How do you solve a fraction? _____

2. Solve the fraction. What point is it on a graph? $\frac{20}{4}$

$\frac{20}{4}$ = ____

3. Find the fraction. What point is it? $\frac{12}{3}$

$\frac{12}{3}$ = ____

#3 Solve these fractions.   Calculator?
                                     yes   no

1. $\dfrac{9}{3}$ = _____ $\dfrac{24}{2}$ = _____ $\dfrac{15}{3}$ = _____ $\dfrac{24}{6}$ = _____

2. $\dfrac{8}{4}$ = _____ $\dfrac{20}{4}$ = _____ $\dfrac{16}{2}$ = _____ $\dfrac{20}{5}$ = _____

#4 What fraction is it?   Calculator?
                                     yes   no

1. [number line 0 to 1, dot] ▭   [number line 0 to 1, dot] ▭

2. [number line 0 to 1, dot] ▭   [number line 0 to 1, dot] ▭

3. [number line 0 to 1, dot] ▭   [number line 0 to 1, dot] ▭

#5 Fill in the number line for each fraction.   Calculator?
                                                  yes   no

1. [number line 0 to 1] $\dfrac{3}{4}$ [number line 0 to 1] $\dfrac{3}{8}$

2. [number line 0 to 1] $\dfrac{1}{6}$ [number line 0 to 1] $\dfrac{4}{5}$

Review 1. Name 2 things fractions do. _____   Calculator?
                                                                              yes   no
2. What does a number line show about a fraction? _____

3. How do you solve a fraction? _____

4. [number line 0 to 1, dot] ▭   [number line 0 to 1, dot] ▭

5. [number line 0 to 1, dot] ▭   [number line 0 to 1, dot] ▭

6. A rope is 8 meters long. Put a mark on 5 meters.   [number line 0 to 1]

7. An electric line is 7 km long. Find 5 km.   [number line 0 to 7]

Practice Problems. 27

_____ #1 #2 #3 #4 ____/29 #6 ____/11 Total ____/ 40
Name

#1 1. Fraction _____

   2. Numerator _____

   3. Denominator _____

   4. Equal Fractions _____

   5. Simplify a Fraction _____

#2 Find the missing numbers.   Calculator?
                                                                  yes   no

1. $\dfrac{3}{4} = \dfrac{12}{}$ $\dfrac{3}{5} = \dfrac{9}{}$ $\dfrac{6}{7} = \dfrac{36}{}$

2. $\dfrac{1}{3} = \dfrac{}{21}$ $\dfrac{2}{9} = \dfrac{8}{}$ $\dfrac{5}{6} = \dfrac{}{42}$

3. $\dfrac{1}{7} = \dfrac{3}{}$ $\dfrac{2}{} = \dfrac{12}{18}$ $\dfrac{}{14} = \dfrac{12}{84}$

#3 Simplify the fractions.   Calculator?
                                                                  yes   no

1. $\dfrac{12}{48} = $ ___ $\dfrac{24}{28} = $ ___ $\dfrac{27}{36} = $ ___

2. $\dfrac{15}{21} = $ ___ $\dfrac{12}{20} = $ ___ $\dfrac{15}{36} = $ ___

3. $\dfrac{18}{21} = $ ___ $\dfrac{24}{36} = $ ___ $\dfrac{28}{70} = $ ___

#4 What fraction is it?   Calculator?
                                                                  yes   no

1. [number line 0 to 1, point marked] ▭   [number line 0 to 1, point marked] ▭

2. [number line 0 to 1, point marked] ▭   [number line 0 to 1, point marked] ▭

3. [number line 0 to 1, point marked] ▭   [number line 0 to 1, point marked] ▭

#6 Story Problems   Calculator?
                                       yes   no

1. JJ got 13 of the 20 test questions right. What fraction did he get wrong?

2. James's trip is 73 kilometers. He drove 35 km and stopped. What fraction of the trip is left?

3. Mason's dog ate 3 of his 7 sandwiches. What fraction of the sandwiches are left?

4. Mr A's gas tank has 24 liters. He used 15 liters, then added 4 more liters. What fraction of liters is left?

5. Emma ate 5/8 of the apple and gave the rest to Jim. What fraction of the apple is left?

6. Leah ran 7 tenths of a kiloeter and walked the rest. How far did she walk?

7. Ira has 60 pages to read. She read 2/3 of it. How many pages are left?

8. A cake is divided in 20 parts. You get 2 slices. What fraction is left over? (simplified)

9. A large soda is 2 fifths ice. How much soda is there?

10. A pizza is cut in 20 pieces. Joe had a 5th of them. How many pieces did he eat?

11. The party has 120 chairs. You need 5 of them. What fraction is left? (simplified)

Ch 4 Ls 1 How to add and subtract fractions.   29

_____ #1 #2 ____/9   #3 #4 ____/18   R ___/15 Total ____/42 _____
         Name   Checker

#1 1. What happens to the denominators when you add? _____

2. What happens to the tops? _____

3. How do you subtract fractions? _____

4. What is 2 fifths plus 1 fifth? $\dfrac{2}{5} + \dfrac{1}{5}$

$\dfrac{\square}{}$ ___ fifths

5. What is 4 sevenths minus 2 sevenths? $\dfrac{4}{7} - \dfrac{2}{7}$

$\dfrac{\square}{}$ ___ sevenths

#2 1. Find the missing numbers. $\dfrac{1}{8} + \dfrac{2}{?} = \dfrac{?}{?}$

$\dfrac{1}{8} + \dfrac{2}{} = \dfrac{}{}$

2. Which numbers stay the same? $\dfrac{4}{?} - \dfrac{2}{?} = \dfrac{?}{5}$

$\dfrac{}{} - \dfrac{2}{} = \dfrac{}{5}$

3. Find the missing numbers. $\dfrac{1}{7} + \dfrac{4}{?} = \dfrac{?}{?}$

$\dfrac{1}{7} + \dfrac{4}{} = \dfrac{}{}$

4. What are these missing numbers? $\dfrac{3}{?} - \dfrac{2}{?} = \dfrac{?}{9}$

$\dfrac{}{} - \dfrac{2}{} = \dfrac{}{9}$

#3 Solve the problems.   Calculator? yes   no

1. $\frac{2}{4} + \frac{1}{4} = \boxed{}$ $\frac{4}{6} + \frac{1}{6} = \boxed{}$ $\frac{2}{7} + \frac{1}{7} = \boxed{}$

2. $\frac{2}{8} + \frac{1}{8} = \boxed{}$ $\frac{2}{5} + \frac{1}{5} = \boxed{}$ $\frac{3}{9} + \frac{1}{9} = \boxed{}$

3. $\frac{3}{7} + \frac{3}{7} = \boxed{}$ $\frac{2}{9} + \frac{3}{9} = \boxed{}$ $\frac{2}{5} + \frac{2}{5} = \boxed{}$

#4 Find the missing numbers.   Calculator? yes   no

1. $\frac{1}{8} + \frac{2}{\_} = \frac{\_}{\_}$ $\frac{\_}{\_} - \frac{2}{7} = \frac{3}{\_}$ $\frac{1}{6} + \frac{\_}{\_} = \frac{5}{\_}$

2. $\frac{1}{9} + \frac{3}{\_} = \frac{\_}{\_}$ $\frac{\_}{\_} - \frac{2}{5} = \frac{1}{\_}$ $\frac{1}{4} + \frac{\_}{\_} = \frac{3}{\_}$

3. $\frac{1}{7} + \frac{2}{\_} = \frac{\_}{\_}$ $\frac{\_}{\_} - \frac{5}{8} = \frac{1}{\_}$ $\frac{1}{5} + \frac{\_}{\_} = \frac{4}{\_}$

Review   1. Name 2 steps to add fractions. _____   Calculator? yes   no

2. Why do the denominators stay the same? _____

3. How do you subtract fractions? _____

3. $\frac{2}{7} + \frac{1}{7} = \boxed{}$ $\frac{2}{8} + \frac{1}{8} = \boxed{}$ $\frac{4}{9} + \frac{4}{9} = \boxed{}$

4. $\frac{4}{6} + \frac{1}{6} = \boxed{}$ $\frac{2}{5} + \frac{1}{5} = \boxed{}$ $\frac{2}{7} + \frac{1}{7} = \boxed{}$

5. $\frac{1}{9} + \frac{4}{\_} = \frac{\_}{\_}$ $\frac{\_}{\_} - \frac{2}{7} = \frac{1}{\_}$ $\frac{1}{6} + \frac{\_}{\_} = \frac{5}{\_}$

Solve with fractions.

6. Eva did 1 fifth of the paper. She'll do 2 parts later. Add them. _____

7. A sign is 8 m long. Three m are lit. Five m are black. Add it. _____

8. Four of 15 homes are empty and 2 are vacant. Add the fractions. _____

Ch 4 Ls 2 Add or subtract with 1 as a fraction. 31

_____ #1 #2 ____/9   #3 #4 ____/12   R ___/14   Total ____/35 _____
        Name   Checker

#1 1. What is 1 as a fraction? _____

2. What is the other fraction? _____

3. Why do story problems use 1 as a fraction? _____

4. What adds to get 1 as a fraction? $\frac{1}{4} + \underline{}$

$\frac{1}{4} + \underline{} = \underline{}$

5. What subtracts with 1 as a fraction? $\frac{?}{5} - \frac{1}{5}$

$\underline{} - \frac{1}{5} = \underline{}$

#2 1. Find the missing numbers with 1 as a fraction. $\frac{1}{8} + \frac{?}{?} = \frac{?}{?}$

$\frac{1}{8} + \underline{} = \underline{}$

2. What numbers subtract from 1 as a fraction? $\frac{?}{?} - \frac{2}{?} = \frac{?}{5}$

$\underline{} - \frac{2}{} = \frac{}{5}$

3. Find the missing numbers. $\frac{1}{8} + \frac{?}{?} = \frac{?}{?}$

$\frac{1}{8} + \underline{} = \underline{}$

4. What is 1 as a fraction and what does it subtract?   **A store has 20 cards for birthdays. They sold 3 of them.**

Solve it. What does the answer tell you? $\underline{} - \underline{} = \frac{?}{?}$

A fraction answer tells you $\underline{} - \underline{} = \underline{}$

_____

#3 Find the missing numbers for 1 as a fraction. Calculator? yes   no

1. $\frac{1}{8} + \underline{} = \underline{}$ $\underline{} - \frac{2}{5} = \underline{}$ $\frac{1}{6} + \underline{} = \underline{}$

2. $\frac{1}{7} + \underline{} = \underline{}$ $\underline{} - \frac{2}{9} = \underline{}$ $\frac{1}{4} + \underline{} = \underline{}$

3. $\frac{3}{6} + \underline{} = \underline{}$ $\underline{} - \frac{3}{7} = \underline{}$ $\frac{2}{9} + \underline{} = \underline{}$

#4 Solve the story problems. Calculator? yes   no

1. Mrs D's cake is cut in 12 pieces. Joe has 3 of them. What is left? $\underline{} - \underline{} = \underline{}$

2. Kim ran 7 kms out of 11. Subtract with 1 as a fraction to find what's left. $\underline{} - \underline{} = \underline{}$

3. Mr W is working 8 hours. There's 5 hours left. Subtract 1 as a fraction. $\underline{} - \underline{} = \underline{}$

Review 1. What is 1 as a fraction? _____ Calculator? yes   no

2. What is the other fraction? _____

3. How can you tell 1 as a fraction? _____

4. $\frac{2}{3} + \underline{} = \underline{}$ $\underline{} - \frac{3}{4} = \underline{}$ $\frac{1}{6} + \underline{} = \underline{}$

5. $\frac{1}{9} + \underline{} = \underline{}$ $\underline{} - \frac{2}{5} = \underline{}$ $\frac{1}{7} + \underline{} = \underline{}$

6. $\frac{1}{8} + \underline{} = \underline{}$ $\underline{} - \frac{2}{9} = \underline{}$ $\frac{3}{8} + \underline{} = \underline{}$

7. **It's 150 km home. Angela has 32 more to go. Subtract 1 as a fraction to find how far she has to go.** $\underline{} - \underline{} = \underline{}$

8. **There's 18 candy bars. Five of them are gone. What's left? Subtract 1 as a fraction.** $\underline{} - \underline{} = \underline{}$

Ch 4 Ls 3 Change 1 fraction to add or subtract. 33

_____ #1 #2 ____/7 #3 #4 ____/12 R ___/12 Total ____/31 _____
Name   Checker

#1 1. $\frac{1}{2} + \frac{2}{4}$ Can you add these fractions? _____

2. What do you look at to decide if a fraction changes? _____

3. How do you get same denominators? _____

#2 1. Which fraction changes and how does it change? $\frac{1}{2} + \frac{1}{4}$

Add them. $\frac{1}{2} = \boxed{} + \frac{1}{4}$ What's the answer?

$\underline{} + \underline{} = \boxed{}$

2. Does 1 half or 1 8th change and how does it change? $\frac{1}{2} + \frac{1}{8}$

Add them. $\frac{1}{2} = \boxed{} + \frac{1}{8}$ What's the answer?

$\underline{} + \underline{} = \boxed{}$

3. Does 1/2 or 1/6 change and how does it change? $\frac{1}{2} + \frac{1}{6}$

Add them. $\frac{1}{2} = \boxed{} + \frac{1}{6}$ What's the answer?

$\underline{} + \underline{} = \boxed{}$

4. Does 1/3 or 1/6 change and how does it change? $\frac{1}{3} + \frac{1}{6}$

Add them. $\frac{1}{3} = \boxed{} + \frac{1}{6}$ What's the answer?

$\underline{} + \underline{} = \boxed{}$

#3 Change a fraction, then add it.   Calculator?
                                                                         yes   no

1. $\frac{1}{2} + \frac{3}{8} = \frac{?}{?}$ $\frac{7}{4} - \frac{1}{2} = \frac{?}{?}$ $\frac{1}{3} + \frac{1}{9} = \frac{?}{?}$

   $\frac{\square}{} + \frac{3}{8} = \frac{\square}{}$ $\frac{7}{4} - \frac{\square}{} = \frac{\square}{}$ $\frac{\square}{} + \frac{1}{9} = \frac{\square}{}$

2. $\frac{1}{2} + \frac{1}{4} = \frac{?}{?}$ $\frac{1}{2} - \frac{1}{6} = \frac{?}{?}$ $\frac{3}{4} - \frac{3}{8} = \frac{?}{?}$

   $\frac{\square}{} + \frac{1}{4} = \frac{\square}{}$ $\frac{\square}{} - \frac{1}{6} = \frac{\square}{}$ $\frac{\square}{} - \frac{3}{8} = \frac{\square}{}$

#4 Mentally solve these.   Calculator?
                                                                          yes   no

1. $\frac{1}{2} + \frac{1}{4} = \square$ $\frac{1}{2} - \frac{2}{6} = \square$ $\frac{1}{2} + \frac{1}{8} = \square$

2. $\frac{2}{3} + \frac{1}{6} = \square$ $\frac{2}{3} - \frac{1}{9} = \square$ $\frac{2}{4} + \frac{7}{8} = \square$

Review 1. $\frac{1}{2} + \frac{2}{4}$ Can you add these fractions? _____   Calculator?
                                                                                        yes   no
2. What do you look at to decide if a fraction changes? _____

3. How do you get same denominators? _____

4. $\frac{1}{2} + \frac{3}{4} = \square$ $\frac{3}{2} - \frac{1}{6} = \square$ $\frac{2}{4} + \frac{7}{8} = \square$

5. $\frac{1}{2} + \frac{1}{8} = \square$ $\frac{3}{2} - \frac{1}{4} = \square$ $\frac{1}{2} + \frac{1}{12} = \square$

6. Mrs D has 10/12's of her cake left. TJ ate half   ___ + ___ = ___
   the cake. How much is left?

7. There's 18 games on the schedule. A 3rd are   ___ - ___ = ___
   done. What fraction are left?

8. Ethan has a 240 km trip. He's done with   ___ - ___ = ___
   2/3 of it. How many km are left?

Ch 4 Ls 4 Change both fractions to add/subtract. 35

_____ #1 #2 ____/9   #3 #4 ____/9   R ___/10 Total ____/28 _____
         Name   Checker

#1 1. When do you have to change both fractions? $\frac{1}{2} + \frac{1}{3}$ _____

2. How do you change both of them? _____

3. Which fraction changes and how does it change? $\frac{1}{2} + \frac{1}{5}$

Add them. $\frac{1}{2}$ = ☐ $\frac{1}{5}$ = ☐   What's the answer?

— + — = ☐

4. How do the fractions change? $\frac{1}{3} + \frac{1}{4}$

Add them. $\frac{1}{3}$ = ☐ $\frac{1}{4}$ = ☐   What's the answer?

— + — = ☐

#2 1. $\frac{1}{2} + \frac{1}{3}$ What's the 1st step to add fractions mentally? _____

2. What's the next step? _____

3. What happens to the numbers after you cross multiply? _____

4. How do the corners multiply? $\frac{1}{4} + \frac{1}{5}$

___ x ___ = ___   ___ x ___ = ___   What's the answer?

$\frac{1}{4} + \frac{1}{5}$ = ☐

5. How do the corners multiply? $\frac{1}{2} + \frac{2}{5}$

___ x ___ = ___   ___ x ___ = ___   What's the answer?

$\frac{1}{2} + \frac{2}{5}$ = ☐

36.

#3 Change both fractions and solve.   Calculator? yes   no

1. $\dfrac{1}{2} = \dfrac{\ }{\ }$ $\dfrac{2}{3} = \dfrac{\ }{\ }$ $\dfrac{5}{6} = \dfrac{\ }{\ }$

 $+\dfrac{1}{3} = \dfrac{\ }{\ }$ $+\dfrac{1}{4} = \dfrac{\ }{\ }$ $-\dfrac{1}{4} = \dfrac{\ }{\ }$

2. $\dfrac{1}{2} = \dfrac{\ }{\ }$ $\dfrac{2}{3} = \dfrac{\ }{\ }$ $\dfrac{4}{5} = \dfrac{\ }{\ }$

 $-\dfrac{2}{5} = \dfrac{\ }{\ }$ $+\dfrac{1}{5} = \dfrac{\ }{\ }$ $-\dfrac{1}{2} = \dfrac{\ }{\ }$

#4 Mentally solve these. Multiply it out if you need.   Calculator? yes   no

1. $\dfrac{1}{3} + \dfrac{3}{5} = \dfrac{\ }{\ }$ $\dfrac{1}{2} - \dfrac{2}{7} = \dfrac{\ }{\ }$ $\dfrac{1}{3} + \dfrac{4}{7} = \dfrac{\ }{\ }$

 ___ x ___ = ___   ___ x ___ = ___   ___ x ___ = ___

 ___ x ___ = ___   ___ x ___ = ___   ___ x ___ = ___

Review   1. When do you have to change both fractions? $\dfrac{1}{2} + \dfrac{1}{3}$ _____   Calculator? yes   no

2. What do you use to change both of them? _____

3. $\dfrac{1}{2} + \dfrac{1}{3}$ What's the 1st step to add fractions mentally? _____

4. What's the next step to add them? _____

5. What happens to the numbers after you cross multiply? _____

6. $\dfrac{3}{7} + \dfrac{1}{4} = \dfrac{\ }{\ }$ $\dfrac{3}{5} - \dfrac{1}{2} = \dfrac{\ }{\ }$ $\dfrac{1}{4} + \dfrac{1}{5} = \dfrac{\ }{\ }$

7. **Alex cut half the lawn and Leo cut a 3rd. What fraction of the lawn is done?** $\dfrac{\ }{\ } + \dfrac{\ }{\ } = \dfrac{\ }{\ }$

8. **Mrs K will drive half the trip and her son will drive a 5th. What fraction is left over?** $\dfrac{\ }{\ } + \dfrac{\ }{\ } = \dfrac{\ }{\ }$

Review Problems.

_____ #1 #2 #3 ____/21 #4 ____/11 Total ____/30
Name

#1 1. Make a Fraction _____

2. Number Line _____

3. Same Denominators _____

#2 Add or subtract these fractions.   Calculator? yes no

1. $\dfrac{1}{8} + \dfrac{3}{8} =$ ____ $\dfrac{3}{12} - \dfrac{2}{12} =$ ____ $\dfrac{5}{16} + \dfrac{3}{16} =$ ____

2. $\dfrac{5}{12} + \dfrac{1}{12} =$ ____ $\dfrac{8}{9} - \dfrac{4}{9} =$ ____ $\dfrac{1}{8} + \dfrac{5}{8} =$ ____

3. $\dfrac{7}{15} + \dfrac{1}{15} =$ ____ $\dfrac{9}{12} - \dfrac{1}{12} =$ ____ $\dfrac{5}{20} - \dfrac{1}{20} =$ ____

#3 Change both fractions and solve.   Calculator? yes no

1. $\dfrac{1}{2} =$ ____ $\dfrac{1}{2} =$ ____ $\dfrac{2}{5} =$ ____
    $+ \dfrac{1}{5} =$ ____ $+ \dfrac{1}{7} =$ ____ $- \dfrac{1}{3} =$ ____

2. $\dfrac{3}{4} =$ ____ $\dfrac{2}{3} =$ ____ $\dfrac{4}{5} =$ ____
    $- \dfrac{2}{5} =$ ____ $+ \dfrac{1}{7} =$ ____ $- \dfrac{1}{2} =$ ____

3. $\dfrac{5}{6} =$ ____ $\dfrac{2}{5} =$ ____ $\dfrac{3}{5} =$ ____
    $- \dfrac{3}{5} =$ ____ $+ \dfrac{1}{15} =$ ____ $- \dfrac{1}{3} =$ ____

#4   Story Problems   Calculator?
                                        yes   no

1. **In 1 country, coal is 1 fifth and oil is third of the energy used. What fraction do they make up together?** _____

2. **Mrs Z uses 2 fifths of a meter of cloth for each doll's clothes. She plans on making 7 of them. How many meters is that in all?** _____

3. **Mrs Z also makes curtains that use 2 and 1 eighths meters each. She's making 9 curtains. How many meters does she need?** _____

4. **Noah walked 3/4 of a km to school, then 7/10 of a km to the store. How many km did he walk?** _____

5. **Liam grew 2 cm in July and 8 mm in August. How much did he grow in all?** _____

6. **Mr K uses 1/3rd cup of peanuts and 1/4th cup of walnuts in his mix. How many cups of nuts does it make in all?** _____

7. **Mr J caught a 2.1 kg catfish and a bass that weighed 87 decigram. How much did they weigh together? (use kilograms)** _____

8. **If you mix a 3rd of a liter of red and a 5th of a liter of blue paint, what part of a liter of purple paint will it make?** _____

9. **Ira ate half the apple and gave a 3rd of the apple to Jim. What fraction of the apple is left?** _____

10. **Mr K has an orange. He kept a quarter to eat and gave a fifth of it to a student. How much is left?** _____

11. **Ms. T owns a restaurant. Typically, 1/4 of the customers order fish, while 1/3 of them order chicken. What fraction of her customers order either fish or chicken?** _____

Ch 5 Ls 1 Improper fractions and Mixed Numbers. 39

_____ #1 #2 ____/9 #3 ____/ 6 R ___/ 11 Total ____/26 _____
         Name   Checker

#1 1. What is an improper fraction? _____

2. What is a mixed number? _____

3. How do you count blocks for an improper fraction? _____

4. How do you count blocks for a mixed number? _____

5. How are improper fractions and mixed numbers different? _____

_____

#2 1. What is the mixed number? ▢▢ ▢▢ ▢▢

Mixed Number ____ — **What is the improper fraction?**

Fraction —

2. What is the mixed number? ▢▢▢ ▢▢▢

Mixed Number ____ — **What is the improper fraction?**

Fraction —

3. Find the mixed number. ▢▢ ▢▢

Mixed Number ____ — **What is the improper fraction?**

Fraction —

4. Find the mixed number. ▢▢ ▢▢ ▢▢ ▢▢

Mixed Number ____ — **What is the improper fraction?**

Fraction —

#3 Find the mixed number, then an improper fraction.   Calculator? yes   no

1.
Improper Fraction ___   Mixed Number ___

Improper Fraction ___   Mixed Number ___

2.
Improper Fraction ___   Mixed Number ___

Improper Fraction ___   Mixed Number ___

3.
Improper Fraction ___   Mixed Number ___

Improper Fraction ___   Mixed Number ___

Review   1. What is an improper fraction? _____   Calculator? yes   no

2. What is a mixed number? _____

3. How do you count blocks for an improper fraction? _____

4. How do you count blocks for a mixed number? _____

5. How are improper fractions and mixed numbers different? _____
_____

6.
Improper Fraction ___   Mixed Number ___

Improper Fraction ___   Mixed Number ___

7.
Improper Fraction ___   Mixed Number ___

Improper Fraction ___   Mixed Number ___

8. There's 3 and a half dozen eggs. How many total eggs are there? _____

9. A car takes 4 tires. There's 26 tires. How many cars can they fit? _____

Ch 5 Ls 2 Improper fractions to mixed numbers. 41

_____ #1 #2 ____/8   #3 #4 ____/17   R ___/11   Total ____/36 _____
            Name   Checker

#1 1. What's the 1st step to make a fraction into a mixed number? $\frac{7}{4}$ _____
_____

2. You know the closest fact. How do you find the fraction? _____

3. What is the short way to say it? _____

#2 1. What's the closest fact? $\frac{5}{3}$

_____ x ____ = _____   What's the mixed number?

____ $\boxed{}$

2. What's the closest fact? $\frac{7}{2}$

_____ x ____ = _____   What's the mixed number?

____ $\boxed{}$

3. What's the closest fact? $\frac{9}{2}$

_____ x ____ = _____   What's the mixed number?

____ $\boxed{}$

4. What's the mixed number? $\frac{9}{4}$

____ $\boxed{}$

5. Find the mixed number. $\frac{7}{3}$

____ $\boxed{}$

#3 Is it correct? Yes or correct.   Calculator? yes no

1. $\frac{5}{4} = 1\frac{1}{4}$ yes or ___ ▭ $\frac{7}{3} = 2\frac{1}{3}$ yes or ___ ▭

2. $\frac{11}{4} = 3\frac{3}{4}$ yes or ___ ▭ $\frac{9}{2} = 4\frac{1}{4}$ yes or ___ ▭

3. $\frac{11}{3} = 3\frac{1}{3}$ yes or ___ ▭ $\frac{7}{5} = 1\frac{2}{5}$ yes or ___ ▭

4. $\frac{13}{6} = 2\frac{1}{6}$ yes or ___ ▭ $\frac{9}{2} = 3\frac{1}{2}$ yes or ___ ▭

#4 Solve these mentally.   Calculator? yes no

1. $\frac{7}{4} =$ ___ $\frac{8}{5} =$ ___ $\frac{11}{8} =$ ___

2. $\frac{9}{8} =$ ___ $\frac{8}{3} =$ ___ $\frac{5}{2} =$ ___

3. $\frac{7}{6} =$ ___ $\frac{11}{9} =$ ___ $\frac{10}{7} =$ ___

Review 1. What's the 1st step to make a fraction into a mixed number? $\frac{7}{4}$ _____   Calculator? yes no
_____

2. You know the closest fact. How do you find the fraction? _____

3. What is the short way to say it? _____

4. $\frac{3}{2} =$ ___ $\frac{4}{3} =$ ___ $\frac{13}{4} =$ ___

5. $\frac{5}{4} =$ ___ $\frac{7}{2} =$ ___ $\frac{9}{4} =$ ___

6. Mom has 40 eggs. Each omelette takes 3. Total made? ____ Eggs left over? ____

7. Mr G has 57 tires. Each car gets 4. How many cars? ____   What's left? ____

Ch 5 Ls 3 Mixed numbers to improper fractions.   43

_____ #1 #2 ____/8   #3 #4 ____/18   R ___/11 Total ____/30 _____
              Name   Checker

#1 1. Where do you start to make a fraction from a mixed number? $1\frac{1}{4}$ _____

_____

2. What's the 1st step to make an improper fraction? _____

3. What's the 2nd step to make a fraction? _____

4. What multiplies? What adds? $1\frac{1}{2}$

Multiply 2 x 1. Add 1 more.   ___ x ___ = ___ + ___   **What's the fraction?**

5. What multiplies? What adds? $2\frac{1}{3}$

Multiply 2 x 3. Add 1 more.   ___ x ___ = ___ + ___   **What's the fraction?**

#2 1. Change 4 and a half to a fraction. $4\frac{1}{2}$

2. What's 7 and a 3rd as a fraction? $7\frac{1}{3}$

3. What's 8 and a 5th as a fraction? $8\frac{1}{5}$

#3 Find the improper fractions.   Calculator? yes no

1. $2\frac{1}{4} = \boxed{}$ $3\frac{2}{3} = \boxed{}$ $1\frac{1}{5} = \boxed{}$

2. $1\frac{3}{4} = \boxed{}$ $2\frac{2}{5} = \boxed{}$ $1\frac{5}{6} = \boxed{}$

3. $2\frac{2}{7} = \boxed{}$ $4\frac{1}{2} = \boxed{}$ $6\frac{1}{3} = \boxed{}$

#4 Make your own. Don't use 1 as a numerator.   Calculator? yes no

1. $4\frac{}{3} = \boxed{}$ $3\frac{}{7} = \boxed{}$ $5\frac{}{3} = \boxed{}$

2. $7\frac{}{2} = \boxed{}$ $2\frac{}{5} = \boxed{}$ $4\frac{}{6} = \boxed{}$

3. $8\frac{}{4} = \boxed{}$ $9\frac{}{2} = \boxed{}$ $1\frac{}{4} = \boxed{}$

Review 1. Where do you start to make a fraction from a mixed number? $1\frac{1}{4}$ _____   Calculator? yes no
_____

2. What's the 1st step to make an improper fraction? _____

3. What's the 2nd step to make a fraction? _____

4. $3\frac{1}{5} = \boxed{}$ $2\frac{3}{4} = \boxed{}$ $4\frac{5}{6} = \boxed{}$

5. $4\frac{1}{7} = \boxed{}$ $6\frac{1}{2} = \boxed{}$ $5\frac{2}{3} = \boxed{}$

6. There's 5 packs of 6 lightbulbs. 1 bulb is gone. Mixed number? _____ fraction? _____

7. There's 3 dozen eggs. 5 eggs are gone. Mixed number? _____ fraction? _____

Ch 5 Ls 4 Add or subtract with mixed numbers. 45

_____ #1 #2 ____/6 #3 #4 ____/12 R ___/10 Total ____/28 _____
        Name   Checker

#1 1. $1\frac{3}{4} + 1\frac{3}{4}$ How do you add mixed numbers? _____

2. What happens to the 6 fourths? _____

#2 1. How do you add mixed numbers? $1\frac{3}{4} + 1\frac{2}{4}$

Add the numbers and fractions.   ___ — **How do you finish it?**

                                   ___ —

2. How do you add mixed numbers? $2\frac{3}{5} + 4\frac{3}{5}$

Add the numbers and fractions.   ___ — **How do you change 6 fifths?**

                                   ___ —

3. How do you get same fractions? $1\frac{5}{6} + 1\frac{1}{2}$

Change 1 half to _____. $1\frac{5}{6} + 1$ ___ **Add the mixed numbers.**

Simplify if needed.   ___ — **Change the 8 sixths.**

                                   ___ —

4. How do you get same fractions? $1\frac{4}{6} + 1\frac{2}{3}$

Change 1 3rd to _____. $1\frac{4}{6} + 1$ ___ **Add the mixed numbers.**

Simplify if needed.   ___ — **How do you change 8 6ths?**

                                   ___ —

#3 Is it correct? Yes or write correct.   Calculator? yes no

1. $2\frac{2}{3} + 1\frac{2}{3} = 3\frac{2}{3}$ yes or _____ $3\frac{4}{5} + 2\frac{4}{5} = 5\frac{3}{5}$ yes or _____

2. $4\frac{3}{4} + 1\frac{3}{4} = 6\frac{1}{4}$ yes or _____ $4\frac{2}{3} + 1\frac{2}{3} = 6\frac{1}{4}$ yes or _____

3. $4\frac{3}{5} + 1\frac{4}{5} = 6\frac{2}{5}$ yes or _____ $1\frac{4}{6} + 1\frac{5}{6} = 3\frac{1}{2}$ yes or _____

#4 Mentally add these mixed numbers.   Calculator? yes no

1. $3\frac{1}{2} + 5\frac{1}{2} =$ ___ $3\frac{2}{3} + 1\frac{2}{9} =$ ___

2. $4\frac{3}{4} + 1\frac{2}{8} =$ ___ $6\frac{5}{7} + 1\frac{6}{7} =$ ___

3. $3\frac{1}{2} + 2\frac{3}{4} =$ ___ $1\frac{1}{4} + 1\frac{7}{8} =$ ___

Review 1. $1\frac{3}{4} + 1\frac{3}{4}$ How do you add mixed numbers? _____   Calculator? yes no

2. What happens to the 6 fourths? _____

3. $3\frac{1}{5} + 2\frac{2}{5} =$ ___ $2\frac{1}{2} + 2\frac{5}{6} =$ ___

4. $4\frac{2}{4} + 1\frac{3}{4} =$ ___ $7\frac{3}{4} + 1\frac{3}{8} =$ ___

5. $3\frac{4}{5} + 2\frac{4}{10} =$ ___ $3\frac{5}{6} + 2\frac{1}{3} =$ ___

6. You have 1 and a 4th dozen eggs. Buy 2 and a half more. Add them. _____

7. You have 7 and 2/3 pack of cards. You buy 1 and a 6th. Add them. _____

Ch 5 Ls 5 Add or subtract with mixed numbers. 47

_____ #1 #2 ____/6 #3 ____/6 R ___/8 Total ____/30 _____
         Name   Checker

#1 1. How do you subtract mixed numbers? $5\frac{4}{5} - 4\frac{1}{5}$ _____

2. How does $2 - 1\frac{1}{5}$ borrow to subtract? Borrow_____

3. What happens when there isn't enough? $3 - 1\frac{1}{3}$

Borrow 1. Change to 3 over 3. ___ $\boxed{} - 1\frac{1}{3}$ What's the answer?

___ $\boxed{}$

4. What's the 1st step here? $4 - 1\frac{1}{2}$

Borrow 1. Change to 3 over 3. ___ $\boxed{} - 1\frac{1}{2}$ What's the answer?

___ $\boxed{}$

#2 Borrow with a fraction.

1. What does $2\frac{1}{4} - 1\frac{3}{4}$ change to borrow? Borrow_____

2. What do you add to borrow? $3\frac{1}{5} - 1\frac{3}{5}$

Borrow 1. Add to 1 5th. ___ $\boxed{} - 1\frac{3}{5}$ What's the answer?

___ $\boxed{}$

3. What do you add to borrow? $5\frac{1}{7} - 1\frac{3}{7}$

Borrow 1. Add to 1 7th. ___ $\boxed{} - 1\frac{3}{7}$ What's the answer?

___ $\boxed{}$

#3 Borrow to subtract these. Simplify if needed.   Calculator? yes no

1. $3 = \boxed{}\!\!\dfrac{}{}$ $\quad$ $4 = \boxed{}\!\!\dfrac{}{}$
    $-1\tfrac{1}{3} = 1\tfrac{1}{3}$ $\qquad$ $-1\tfrac{2}{5} = 1\tfrac{2}{5}$
    $\underline{}$ $\qquad\qquad$ $\underline{}$
    $\boxed{}\!\!\dfrac{}{}$ $\qquad\qquad\qquad$ $\boxed{}\!\!\dfrac{}{}$

2. $5 = \boxed{}\!\!\dfrac{}{}$ $\quad$ $5 = \boxed{}\!\!\dfrac{}{}$
    $-2\tfrac{1}{4} = 1\tfrac{1}{4}$ $\qquad$ $-3\tfrac{2}{3} = 3\tfrac{2}{3}$

3. $2\tfrac{1}{4} = \boxed{}\!\!\dfrac{}{}$ $\quad$ $3\tfrac{1}{8} = \boxed{}\!\!\dfrac{}{}$
    $-1\tfrac{3}{4} = 1\tfrac{3}{4}$ $\qquad$ $-1\tfrac{3}{8} = 1\tfrac{3}{8}$

Review

1. How does $2\tfrac{3}{4} - 1\tfrac{1}{4}$ subtract? _____ Calculator? yes no

2. How does $2 - 1\tfrac{1}{5}$ borrow to subtract? Borrow_____

3. What does $2\tfrac{1}{4} - 1\tfrac{3}{4}$ add to borrow? Borrow_____

4. $6 = \boxed{}\!\!\dfrac{}{}$ $\qquad$ $5\tfrac{1}{5} = \boxed{}\!\!\dfrac{}{}$
    $-1\tfrac{1}{4} = 1\tfrac{1}{4}$ $\qquad$ $-1\tfrac{3}{5} = 1\tfrac{3}{5}$

5. There's 8 dozen donuts. 2 and a half are sold. How many dozen left? _____

6. Mr T has 12 packs of paper. He sold 1 and a fourth. How many left? _____

7. TJ wants to walk 7 km. He rested at 4 3/4 km. How far does have to go? _____

8. Zara needs 5 loaves of bread. They're $12.50. How much for each? $ _____

Practice Problems. 49

_____ #1 to #5 ____/25 #6 ____/11 Total _____/26
          Name

#1 **1. Mixed Number** _____

   2. Whole Numbers _____

   3. Improper Fraction _____

   4. Solve any Fraction _____

   5. Closest Fraction _____

#2 1. $\dfrac{5}{2}$ = ___ □ $\dfrac{7}{3}$ = ___ □ $\dfrac{12}{7}$ = ___ □   Calculator?
Find   yes   no
mixed
numbers. 2. $\dfrac{7}{6}$ = ___ □ $\dfrac{8}{5}$ = ___ □ $\dfrac{5}{4}$ = ___ □

#3 1. $1\dfrac{1}{6}$ = □ $5\dfrac{2}{3}$ = □ $2\dfrac{1}{5}$ = □   Calculator?
Find   yes   no
the
improper
fractions. 2. $2\dfrac{3}{4}$ = □ $3\dfrac{2}{5}$ = □ $2\dfrac{4}{5}$ = □

#4 1. $1\dfrac{1}{2} + 4\dfrac{1}{4}$ = ___ □ $5\dfrac{1}{6} + 1\dfrac{2}{3}$ = ___ □   Calculator?
Add   yes   no
mixed
numbers. 2. $6\dfrac{3}{4} + 1\dfrac{3}{8}$ = ___ □ $1\dfrac{1}{7} + 1\dfrac{5}{14}$ = ___ □

#5 1. 6 = ___ □ 7 = ___ □   Calculator?
Subtract $-1\dfrac{1}{2}$ = $1\dfrac{1}{2}$ $-2\dfrac{1}{3}$ = $2\dfrac{1}{3}$ yes   no
mixed   _____   _____
numbers.   ___ □   ___ □

   2. $4\dfrac{1}{2}$ = ___ □ $5\dfrac{1}{7}$ = ___ □
       $-1\dfrac{3}{4}$ = $1\dfrac{3}{4}$ $-1\dfrac{3}{7}$ = $1\dfrac{3}{7}$
       _____   _____
              ___ □   ___ □

#6 Story Problems

Calculator?
yes   no

1. Mrs T is making tableclothes that are 2 1/8 meters long. She cuts them from pieces that are 10 meters long. How many does she make? Remainder?

2. There's 47 pens and each student gets 3. How many students get pens and how many are left over? (Make a mixed number.)

3. Mr. Garcia has 10 hectacres. He planted 4 1/8 hectares of wheat and the rest is corn. How many acres are corn?

4. Eva ran 2 and 7 eighths kms. She then walked 3 and a half more. How far in all?

5. The average wingspan of a cardinal is 17 3/4 cm while an average blue jay is 20 and 1/2. What's the difference between them?

6. Ira's baby sister weighed 4 3/4 kg at birth. After one month, her sister weighed 5 3/16 kg. How much did it gain?

7. Mr K wants to make biscuits. He needs 2 1/4 liters of flour for the biscuits and 5/8 liters of sugar. How many liters are they combined?

8. Mrs W is making 4 table clothes that use 1 3/4 meters of cloth. If cloth is sold in 5 meters, how many meters of cloth will she need to buy?

9. Angela spent 1 1/2 hours on her math and 1 3/5 hours on her science homework. How much time did she spend in all?

10. There's 51 pancakes and each breakfast person gets 4. How many breakfasts does it make and what's left over?

11. Mr. G planted 10 1/2 hectacres of wheat and 7 3/8 hectacres of corn. How much more wheat did he plant than corn?

Ch 6 Ls 1 Multiply fractions. 51

_____ #1 #2 ____/9   #3 #4 ____/12 R ___/14 Total ____/35 _____
        Name   Checker

#1 1. How do you multiply fractions? _____

2. What does Cross Out mean? _____

3. Can you Cross Out problems that add fractions? _____

4. Find what crosses out. $\dfrac{6}{7} \times \dfrac{1}{3}$
   What do they divide by?

6 and 3 divide by ___. $\dfrac{\overline{}6}{7} \times \dfrac{1}{3}\underline{}$ What's the answer?

$\boxed{\dfrac{}{}}$

5. Cross out. $\dfrac{4}{5} \times \dfrac{1}{8}$
    What do 4 and 8 divide by?

They both divide by ___. $\dfrac{\overline{}4}{5} \times \dfrac{1}{8}\underline{}$ What's the answer?

$\boxed{\dfrac{}{}}$

#2 Fraction of a Number Problems.

1. What are 2 kinds of fractions? _____
_____

2. What does a fraction of a number do? _____

3. When don't you simplify a fraction answer? _____

4. Which fraction tells   **A cake is divided in 20 parts. You get**
   about what real number?   **1 10th of it. How many pieces is that?**

$\boxed{\dfrac{}{}}$ Tells about it. $\boxed{}$ Real Number   **What's the answer?**

$\dfrac{}{} \times \dfrac{}{} = \boxed{\dfrac{}{}}$

#3 All in 1 step, cross out if you want, or simplify.   Calculator? yes   no

1. $\dfrac{2}{3} \times \dfrac{1}{8} = \underline{}$ $\dfrac{4}{5} \times \dfrac{1}{2} = \underline{}$ $\dfrac{2}{3} \times \dfrac{1}{6} = \underline{}$

2. $\dfrac{4}{7} \times \dfrac{1}{4} = \underline{}$ $\dfrac{1}{6} \times \dfrac{3}{4} = \underline{}$ $\dfrac{6}{7} \times \dfrac{1}{3} = \underline{}$

3. $\dfrac{6}{8} \times \dfrac{1}{9} = \underline{}$ $\dfrac{6}{7} \times \dfrac{1}{12} = \underline{}$ $\dfrac{5}{8} \times \dfrac{1}{10} = \underline{}$

#4 Use fraction of a numbers.

1. 24 peaches in a basket. Mrs J decided to buy half of them. Solve with fractions.   ___ x ___ = ___   Calculator? yes   no

2. Mr V has 80 kms to go. He drove 3 fourths of them. How many is that?   ___ x ___ = ___

3. Kate works 12 hours as a nurse. She's 2 3rds of the way done. How many is that?   ___ x ___ = ___

Review

1. How do you multiply fractions? _____   Calculator? yes   no

2. What does Cross Out mean? _____

3. Can you Cross Out problems that add fractions? _____

4. What are 2 kinds of fractions? _____

5. What does a fraction of a number do? _____

6. When don't you simplify a fraction answer? _____

7. $\dfrac{3}{5} \times \dfrac{1}{6} = \underline{}$ $\dfrac{1}{4} \times \dfrac{2}{7} = \underline{}$ $\dfrac{1}{2} \times \dfrac{6}{7} = \underline{}$

8. $\dfrac{5}{12} \times \dfrac{3}{10} = \underline{}$ $\dfrac{5}{6} \times \dfrac{4}{10} = \underline{}$ $\dfrac{3}{8} \times \dfrac{4}{5} = \underline{}$

9. Mrs W has a $42 water bill. She has to pay 2/3. How much is that?   ___ x ___ = ___

10. Mr K makes $480 a week. He spends a 4th of it on food. Solve with fractions.   ___ x ___ = ___

Ch 6 Ls 2 Divide fractions. 53

_____ #1 #2 ____/8 #3 #4 ____/12 R ___/ 8 Total ____/28 _____
Name   Checker

#1 1. $\frac{1}{4} \div \frac{2}{3}$ How do you divide fractions? _____

2. What's the difference between solving a fraction and dividing fractions? _____
_____

3. How do you divide fractions mentally? _____

4. What's the 1st step to divide? $\frac{2}{5} \div \frac{2}{3}$

Flip _____. $\frac{2}{5} \times \boxed{}$ **Finish it.**

$\boxed{}$

5. What's the 1st step to divide? $\frac{1}{4} \div \frac{2}{7}$

Flip _____. $\frac{1}{4} \times \boxed{}$ **Finish it.**

$\boxed{}$

#2   1. All 1 step, what's the answer? $\frac{2}{9} \div \frac{1}{4}$

$\frac{2}{9} \times \boxed{} = \boxed{}$

2. Divide 1 fourth by 2 thirds. $\frac{1}{4} \div \frac{2}{3}$

$\frac{1}{4} \times \boxed{} = \boxed{}$

3. Divide 1 seventh by 2 fifths. $\frac{1}{7} \div \frac{2}{5}$

$\frac{1}{7} \times \boxed{} = \boxed{}$

#3 Divide the fractions in 2 steps.   Calculator? yes   no

1. $\frac{1}{6} \div \frac{2}{3}$ $\frac{2}{5} \div \frac{4}{1}$ $\frac{1}{3} \div \frac{5}{6}$

   ☐ x ☐ ___   ☐ x ☐ ___   ☐ x ☐ ___

2. $\frac{3}{4} \div \frac{3}{5}$ $\frac{6}{1} \div \frac{2}{3}$ $\frac{8}{1} \div \frac{3}{4}$

   ☐ x ☐ ___   ☐ x ☐ ___   ☐ x ☐ ___

#4 Divide the fractions in 1 step.   Calculator? yes   no

1. $\frac{1}{2} \div \frac{1}{4}$ $\frac{1}{6} \div \frac{3}{2}$ $\frac{9}{1} \div \frac{1}{2}$

   ___   ___   ___

2. $\frac{7}{2} \div \frac{1}{4}$ $\frac{5}{3} \div \frac{1}{6}$ $\frac{4}{3} \div \frac{5}{3}$

   ___   ___   ___

Review 1. $\frac{1}{4} \div \frac{2}{3}$ How do you divide fractions? _____   Calculator? yes   no

2. What's the difference between solving a fraction and dividing fractions? _____
_____

3. How do you divide fractions mentally? _____

4. $\frac{1}{3} \div \frac{2}{3}$ $\frac{5}{6} \div \frac{3}{2}$ $\frac{3}{8} \div \frac{4}{5}$

   ___   ___   ___

5. Half of a cake is left. Eat a 3rd of it for dessert. What fraction is left? _____

**6. Three fourths of a trip is left. You drove half of the 1 4th. How much
of the trip did the other driver drive?** _____

Ch 6 Ls 3 Multiply mixed numbers   55

_____ #1 #2 ____/6   #3 #4 ____/9   R ___/6   Total ____/21 _____
         Name   Checker

#1 1. How do you multiply with mixed numbers? _____

2. How do you multiply with 1 mixed number? _____

3. What's the 1st step to multiply? $1\frac{1}{2} \times 1\frac{1}{3}$

Change to improper fractions.   ☐ x ☐   What's the answer?

☐

4. What's the 1st step to multiply? $1\frac{1}{2} \times 3$

Multiply them 1 at a time.   ___ ☐

#2 1. What are the mixed numbers?   **A kilogram of spaghetti uses 1 and a 3rd lb peppers. Mr W has 4 kgs spaghetti. How many peppers?**

Solve it. What's the answer?   _____

_____

2. What are the mixed numbers?   **Nathan works 7 and a half hours each day for 5 days. How many hours is that?**

Solve it. What's the answer?   _____

_____

#3 Multiply these mixed numbers.   Calculator? yes no

1. $1\frac{4}{5} \times 1\frac{3}{4}$ $\boxed{-} \times \boxed{-} = \boxed{-}$ $2\frac{1}{5} \times 2\frac{2}{3}$ $\boxed{-} \times \boxed{-} = \boxed{-}$

2. $2\frac{2}{3} \times 4 = \underline{}\boxed{-}\ \boxed{-}$ $1\frac{1}{7} \times 5 = \underline{}\boxed{-}\ \boxed{-}$

3. $3\frac{3}{5} \times 2 = \underline{}\boxed{-}\ \boxed{-}$ $4\frac{3}{4} \times 3 = \underline{}\boxed{-}\ \boxed{-}$

#4 What's the answer to each problem?   Calculator? yes no

1. **Eva's pencil was 7 centimeters long. Now it's 4 and a half. How much shorter is hie?** _____

2. **If Liam worked 3 and 3 fourths hours a day for 5 days, how many hours would it be?** _____

3. **Noah walks 2 and 3/4 km to school. How far does he walk to school and back?** _____

Review 1. How do you multiply/divide mixed numbers? _____   Calculator? yes no

2. How do you multiply with 1 mixed number? _____

3. $2\frac{1}{4} \times 1\frac{2}{3}$ $\boxed{-} \times \boxed{-} = \boxed{-}$ $7\frac{1}{2} \times 3\frac{1}{2}$ $\boxed{-} \times \boxed{-} = \boxed{-}$

4. **It rained 3 and 1 third cm, then 2 and 1/4 the next day. How much rain in all?** _____

5. **A legal fish is 14 cm. Tim's is 12 and 3/4. How much longer does it need to be?** _____

Ch 6 Ls 4 Mixed or Improper Fraction story prob. 57

_____ #1 #2 ____/7 #3 ____/8 R ___/6 Total ____/21 _____
Name   Checker

#1 1. What's the 1st step to divide mixed numbers? _____

2. How do you divide fractions? _____

3. What's 1st to divide by 1 and a half? $2\frac{1}{2} \div 1\frac{1}{2}$

□/□ ÷ □/□   What's the next step?

□/□ x □/□ = □/□

4. What's the 1st step to divide by 2? $7\frac{1}{2} \div 2$

□/□ ÷ □/□   Next step?

□/□ x □/□ = □/□

#2 1. Decide which way to solve it.   Owen walked 8 and a half kms in 2 and a half hours. How many kilometers per hour?

What's the answer?   **Divide a Fraction   Divide Fractions**

_____

2. What's the answer?   Mrs G has 48 cookies for 18 kids. How many for each kid? Any left over?

_____

3. What's the answer?   The rope is 6 and a half meters long. Cut it equally for 4 kids. How long does each one get?

_____

#3 Divide these mixed numbers. Calculator? yes no

1. $1\frac{1}{2} \div \frac{1}{3}$ $\boxed{} \div \boxed{} = \boxed{}$ $5\frac{1}{4} \div \frac{2}{3}$ $\boxed{} \div \boxed{} = \boxed{}$

2. $2\frac{1}{5} \div \frac{1}{4}$ $\boxed{} \div \boxed{} = \boxed{}$ $6\frac{1}{2} \div \frac{1}{2}$ $\boxed{} \div \boxed{} = \boxed{}$

3. $5\frac{1}{4} \div 1\frac{1}{4}$ $\boxed{} \div \boxed{} = \boxed{}$ $1\frac{2}{3} \div 1\frac{1}{6}$ $\boxed{} \div \boxed{} = \boxed{}$

4. $1\frac{1}{3} \div 1\frac{1}{2}$ $\boxed{} \div \boxed{} = \boxed{}$ $2\frac{1}{2} \div 1\frac{1}{3}$ $\boxed{} \div \boxed{} = \boxed{}$

Review 1. What's the 1st step to divide mixed numbers? _____   Calculator? yes no

2. How do you divide fractions? _____

3. **JJ has 7 and a half books to read in 3 days. He wants to read the same amount each day. What fraction should he read each day?** _____

4. **Mrs J reads 4 and a half pages each day for 12 days. How much will she read?** _____

5. **A tire should have 23 and a half kg of pressure. It's at 21 and 3/4. How much more air to fill it up?** _____

6. **Sam has 17 trees to plant in a row. It's 2 and a half meters between each. How long is the row?** _____

Review Problems.

_____ #1 to #5 ____/23   #5 ____/11 Total ____/34
Name

#1   **1. Common Fractions** _____

   2. Terminating Decimal _____

   3. Repeating Decimal _____

#2 1. $\dfrac{8}{9} \times \dfrac{1}{4} =$ ——— $\dfrac{6}{7} \times \dfrac{1}{2} =$ ——— $\dfrac{4}{5} \times \dfrac{1}{6} =$ ———   Calculator?
Multiply   yes   no

   2. $\dfrac{6}{8} \times \dfrac{6}{9} =$ ——— $\dfrac{4}{5} \times \dfrac{5}{12} =$ ——— $\dfrac{5}{8} \times \dfrac{4}{15} =$ ———

#3 1. $\dfrac{2}{5} \div \dfrac{4}{7}$ $\dfrac{3}{5} \div \dfrac{6}{11}$ $\dfrac{2}{3} \div \dfrac{5}{6}$ Calculator?
Divide   yes   no

   □ × □ ____   □ × □ ____   □ × □ ____

   2. $\dfrac{3}{8} \div \dfrac{3}{4}$ $\dfrac{7}{1} \div \dfrac{1}{4}$ $\dfrac{9}{1} \div \dfrac{3}{5}$

   □ × □ ____   □ × □ ____   □ × □ ____

#4 1. $4\dfrac{1}{2} \times 1\dfrac{1}{3}$ $3\dfrac{2}{3} \times 1\dfrac{1}{2}$ Calculator?
Multiply   yes   no
mixed
numbers.   □ × □ = □   □ × □ = □

   2. $3\dfrac{3}{4} \times 2 =$ ___ □ □ $2\dfrac{1}{6} \times 4 =$ ___ □ □

#5 1. $1\dfrac{1}{8} \div \dfrac{1}{4}$ $4\dfrac{1}{2} \div \dfrac{1}{2}$ Calculator?
Divide   yes   no
mixed
numbers.   □ ÷ □ = □   □ ÷ □ = □

   2. $4\dfrac{1}{3} \div 1\dfrac{1}{6}$ $2\dfrac{2}{3} \div 1\dfrac{1}{3}$

   □ ÷ □ = □   □ ÷ □ = □

#5 Story Problems

1. Mr J's truck can haul 3/4 ton of wood. He needs to haul 4 1/2 tons of wood. How many trips should Mr J make? _____ Calculator? yes no

2. Olivia has 60 pages to read. She reads a 5th of them each day. Divide using fractions. How many pages is that each day? _____

3. Liam's dog ate a 4th of his 3 sandwiches. How much of the sandwiches are left? _____

4. Ira walks her dog 2 1/4 km every day. How far does she walk in 10 days? (that's a week and a half) _____

5. Zoe wants to cut a 10 meter board into three equally long pieces. How long will each piece be? _____

6. Ms D uses 1 5/8 deciliters of raisins for a mix. She wants to double the recipe. How many deciliters is it? _____

7. Isabella has 1/4 hour to finish 5 math problems. How much time does she have to spend on each problem? (solve with fractions) _____

8. 850 people use the library every week. If 3/4 of them just use the internet, how many is that? _____

9. Mr K needs 3 1/3 liters juice for 1 batch. If he wants to make 1 1/2 batches of punch, how much juice will he have? _____

10. Logan cuts the grass along roads. He can cut 1 and 3 fifths km per hour. How many kilometers can he cut in an 8 hour day? _____

11. Teachers have a bake sale with 23 pieces of pie for $1.70 each and 35 cookies for 60 cents each. How much did they raise if they sold everything? _____

Ch 6 Ls 5 Prime number, GCF, and LCM.

_____ #1 #2 #3 ____/14   #3 #4 #5 ____/18   R ___/ 18   T ____/50   _____
         Name   Checker

#1 1. What is a prime number? _____

2. Which numbers of **3, 5, 8** are prime numbers? _____

3. After 2, how are all prime numbers alike? _____

4. What are the next 5 prime numbers after 7?

___ ___ ___ ___ ___

#2 1. What is a greatest common factor? _____

2. What is the GCF for 6 and 12? _____

3. How do you find the GCF for 24 and 36? _____

4. What are the prime factors for 12 and 30?   **12 and 30**

12 = ___ x ___ x ___   30 = ___ x ___ x ___   What are the same factors?

The GCF is ___ x ___ or ____

5. What are the GCF's for these numbers?   **27 and 45**   **16 and 32**

                                                ____   ____

#3 1. What does LCM stand for? _____

2. What is the LCM of 4 and 6? _____

3. How do prime factors find it? 4 = 2 x 2   6 = 2 x 3 _____

4. What are the prime factors for 12 and 30?   **12 and 30**

12 = ___ x ___ x ___   30 = ___ x ___ x ___   Which factors are used the most?

The LCM is ___ x ___ x ___ x ___ or ____

5. What are the LCMs for these numbers?   **4 and 10**   **3 and 7**

                                               ____   ____

#4 Circle the Prime Numbers.   Calculator?
                                                                         yes   no

1.   1   2   3   4   5   6   7   11 12 13 14 15 16 17

2.   23 24 25 26 27 28 29   37 38 39 40 41 42 43

3.   50 51 52 53 54 55 56   70 71 72 73 74 75 76

#5 What are the GCF's for these numbers?   Calculator?
                                                                         yes   no

1. 27 and 21 = _____   18 and 24 = _____   12 and 28 = _____

2. 36 and 24 = _____   10 and 25 = _____   10 and 26 = _____

3. 8 and 20 = _____   14 and 28 = _____   7 and 51 = _____

#6 What are the LCM's for these numbers?   Calculator?
                                                                         yes   no

1. 4 and 6 = _____   5 and 6 = _____   3 and 8 = _____

2. 5 and 7 = _____   6 and 8 = _____   4 and 9 = _____

3. 3 and 4 = _____   4 and 10 = _____   12 and 5 = _____

Review 1. What is a prime number? _____   Calculator?
                                                                             yes   no
2. Circle the prime numbers 23   17   5   2   51   53   27   19   13   29

3. What is a greatest common factor? _____

4. How do you find the GCF for 24 and 36? _____

5. What does LCM stand for? _____

6. How do prime factors find LCM? 4 = 2 x 2   6 = 2 x 3 _____

Find the   7. 24 and 30 = _____   26 and 39 = _____   12 and 40 = _____
GCFs
            8. 81 and 27 = _____   72 and 24 = _____   64 and 16 = _____

Find the   9. 7 and 14 = _____   4 and 9 = _____   5 and 8 = _____
LCMs
           10. 8 and 10 = _____   6 and 8 = _____   3 and 4 = _____

           11. Teachers have a bake sale with 135 slices of cherry bread
                and 45 slices of wheat bread. What is the greatest number   _____
                of packages they can put together and not have any left?

Review Problems.

_____ #1 to #5 ____ /54 #6 ____ / 9 Total ____ / 63
                           Name

#1 1. Prime Numbers _____

   2. GCF Numbers _____

   3. LCM Numbers _____

#2   Find the 1st 24 Prime Numbers.   Calculator?
                                                                      yes   no

1. ____ ____ ____ ____ ____ ____ ____ ____

2. ____ ____ ____ ____ ____ ____ ____ ____

3. ____ ____ ____ ____ ____ ____ ____ ____

#3   What are the GCF's for these numbers?   Calculator?
                                                                      yes   no

1. **28 and 21 =** ____   **15 and 45 =** ____   **20 and 28 =** ____

2. **35 and 25 =** ____   **15 and 40 =** ____   **18 and 26 =** ____

3. **12 and 20 =** ____   **14 and 35 =** ____   **17 and 51 =** ____

4. **28 and 36 =** ____   **42 and 39 =** ____   **32 and 42 =** ____

#4   What are the LCM's for these numbers?   Calculator?
                                                                      yes   no

1. **5 and 7 =** ____   **7 and 8 =** ____   **3 and 4 =** ____

2. **3 and 8 =** ____   **6 and 10 =** ____   **4 and 9 =** ____

3. **3 and 6 =** ____   **4 and 12 =** ____   **12 and 7 =** ____

4. **6 and 8 =** ____   **8 and 15 =** ____   **10 and 8 =** ____

#5   Story Problems.   Calculator?
                                                                      yes   no

1. **A photography club has 1 set of negatives
   containing 32 negatives and another contains   _____
   28 negatives. What is the LCM?**
                                                          _____

2. **Cups are sold 6 to a package and plates are sold
   8 to a package. If you want to have the same   _____
   number of each item for a party, what is the least
   number of packages of each he needs to buy?**   _____

#6

1. Eva has 12 red and 20 yellow flowers. She wants to make bouquets with the same number of each color flower in each bouquet. What is the greatest number of bouquets she can make?

2. Two neon signs are simultaneously turned on. One sign blinks every 5 seconds. The other sign blinks every 8 seconds. In how many seconds will they blink together?

3. A history class has 28 students and a English class has 20 students. The students need to divide themselves into groups of the same size. How many students in how many groups will there be?

4. The manager of a chicken restaurant buys chicken patties in packages of 24 and buns in packs of 30. How many do they need to buy to be even?

5. Noah has 18 kiwis, 27 apples and 12 bananas. He wants to make baskets with the same number of each fruit in each basket. What is the greatest number of baskets and how many of each fruit in it?

6. Two clocks are turned on at the same time. One clock chimes every 15 minutes. The other clock chimes every 25 minutes. In how many minutes will they chime together?

7. A radio station was giving away a $200 bill to every 50th caller and concert tickets to every 30th caller. How many callers must call before someone wins both a $200 bill and 2 concert tickets?

8. At the gym, Tom swims every 3 days, runs every 4 days and cycles every 10 days. If he did all three activities today, in how many days will he do all three activities again on the same day?

9. Emma has 60 ping pong balls and 12 paddles. She wants to sell packages of balls and paddles bundled together. What is the greatest number of packages she can sell with no leftover balls or paddles?

Calculator? yes   no

Ch 7 Ls 1 Change fractions to decimals.

_____ #1 #2 ____/8 #3 #4 ____/8 R ___/21 Total ____/37 _____
Name   Checker

#1 1. How do equal fractions change a fraction into a decimal? _____

2. How does **7/10** make a decimal? _____

3. What does 2 5ths multiply for a decimal? $\frac{2}{5} \times \frac{?}{?}$

$\frac{2}{5} \times \boxed{} = \boxed{}$ What decimal is it?

$\frac{2}{5} =$ _____

4. What does 3 25ths multiply for a decimal? $\frac{3}{25} \times \frac{?}{?}$

$\frac{3}{25} \times \boxed{} = \boxed{}$ What decimal is it?

$\frac{3}{25} =$ _____

5. What does 3/50ths multiply for a decimal? $\frac{3}{50} \times \frac{?}{?}$

$\frac{3}{50} \times \boxed{} = \boxed{}$ What decimal is it?

$\frac{3}{50} =$ _____

#2 1. How do you change any fraction to a decimal? _____

2. What does a line over a decimal show you? _____

3. How do you divide 5 7ths to get a decimal? $\frac{5}{7}$ ⟌‾‾‾‾‾

- ___

- ___

___ ___ r ___

#3 Use equal fractions to find the decimals.   Calculator? yes no

1. $\frac{9}{25} \times \boxed{} = \boxed{} =$ $\frac{10}{33} \times \boxed{} = \boxed{} =$

2. $\frac{11}{10} \times \boxed{} = \boxed{} =$ $\frac{5}{12} \times \boxed{} = \boxed{} =$

3. $\frac{3}{20} \times \boxed{} = \boxed{} =$ $\frac{13}{50} \times \boxed{} = \boxed{} =$

#4 How does it divide to get each decimal?   Calculator? yes no

1. $\frac{5}{8}\overline{)}$ $\frac{2}{15}\overline{)}$

Review 1. How do equal fractions change a fraction into a decimal? _____   Calculator? yes no

2. How do you change any fraction to a decimal? _____

3. What does a line over a decimal show you? _____

Change to decimals.

4. $\frac{7}{10} =$ ____ $\frac{9}{20} =$ ____ $\frac{4}{25} =$ ____ $\frac{9}{50} =$ ____

5. $\frac{3}{4} =$ ____ $\frac{1}{3} =$ ____ $\frac{7}{12} =$ ____ $\frac{15}{20} =$ ____

6. $\frac{9}{10} =$ ____ $\frac{5}{33} =$ ____ $\frac{5}{40} =$ ____ $\frac{17}{50} =$ ____

7. What fraction multiplies 7/10? _____   5/25 ? _____

8. What fraction multiplies 9/20? _____   13/50 ? _____

9. Mr K drove 315 km at an average rate of 70 kph. How long did it take him?

_____

Ch 7 Ls 2 Change other fractions to decimals. 67

_____ #1 #2 ____/16 #3 #4 ____/18 R ___/20 Total ____/64 _____
Name   Checker

#1 1. How does Half Rule find a decimal? _____

2. How can you remember 1 seventh's decimal? _____

3. How does half rule use 1/4th to find 1/8th? $\frac{1}{8} = ?$

$\frac{1}{4} =$ _____   **Round the decimal.**

$\frac{1}{8} =$ _____

4. How does half rule use 1/6th to find 1/3rd? $\frac{1}{6} = ?$

$\frac{1}{3} =$ _____   **Round the decimal.**

5. How does it use 1/6th to find 1/12th? $\frac{1}{6} =$ _____

$\frac{1}{12} =$ _____

#2 1. What is the 1st step for the decimal of 7 8ths? $\frac{7}{8}$ _____

2. What do you subtract to find it? _____

3. Find these decimals. $\frac{1}{6} =$ ____ $\frac{1}{7} =$ ____ $\frac{1}{8} =$ ____ $\frac{1}{9} =$ ____

4. What are decimals for 12, 14, and 16? $\frac{1}{12} =$ ____ $\frac{1}{14} =$ ____ $\frac{1}{16} =$ ____

5. What does 2/7ths multiply for a decimal? $\frac{2}{7} \times \frac{?}{?}$

$\frac{2}{7} \times \boxed{} = \boxed{} =$ _____

6. What does 3/8ths multiply for a decimal? $\frac{3}{8} \times \frac{?}{?}$

$\frac{3}{8} \times \boxed{} = \boxed{} =$ _____

#3 What are the decimals for these fractions?   Calculator? yes no

1. $\frac{1}{2}$ = ____ $\frac{1}{3}$ = ____ $\frac{1}{4}$ = ____ $\frac{1}{5}$ = ____

2. $\frac{1}{6}$ = ____ $\frac{1}{7}$ = ____ $\frac{1}{8}$ = ____ $\frac{1}{9}$ = ____

3. $\frac{1}{10}$ = ____ $\frac{1}{20}$ = ____ $\frac{1}{33}$ = ____ $\frac{1}{50}$ = ____

#4 How does equal fractions find these decimals?   Calculator? yes no

1. $\frac{2}{3}$ x ☐ = ☐ = ____ $\frac{2}{9}$ x ☐ = ☐ = ____

2. $\frac{2}{7}$ x ☐ = ☐ = ____ $\frac{3}{7}$ x ☐ = ☐ = ____

3. $\frac{3}{8}$ x ☐ = ☐ = ____ $\frac{4}{9}$ x ☐ = ☐ = ____

Review 1. How does half rule estimate decimals? _____   Calculator? yes no

2. What are the decimals for 6, 7, 8, and 9? $\frac{1}{6}$ ____ $\frac{1}{7}$ ____ $\frac{1}{8}$ ____ $\frac{1}{9}$ ____

3. What are the decimals for 12, 14, and 16? $\frac{1}{12}$ ____ $\frac{1}{14}$ ____ $\frac{1}{16}$ ____

4. $\frac{7}{8}$ How do you subtract to find 7 8ths? _____

5. $\frac{6}{7}$ How do you subtract to find 6 7ths? _____

Change to decimals.

6. $\frac{5}{6}$ = ____ $\frac{3}{4}$ = ____ $\frac{8}{9}$ = ____ $\frac{9}{10}$ = ____

7. $\frac{2}{9}$ = ____ $\frac{3}{7}$ = ____ $\frac{3}{10}$ = ____ $\frac{4}{6}$ = ____

8. Mr G has worked 5 out of 8 hours. What decimal is that? _____

9. If he worked 7 hours out of 9, what decimal is that? _____

Ch 7 Ls 3 Change fractions to decimals. Pt 3   69

_____ #1 #2 ____/10 #3 ____/6 R ___/12 Total ____/28 _____
Name   Checker

#1 1. What are sister fractions? $\frac{1}{9}$ $\frac{1}{11}$ _____

2. How do you remember the decimal for 1/7th? $\frac{1}{7}$ _____

3. What is the decimal for 1/12th? $\frac{1}{12}$ _____

4. What is the sister fraction and decimal for 1/6th? $\frac{1}{6}$ = 0.16

$\frac{\Box}{}$ = _____

5. What is the sister fraction and decimal for 1/7th? $\frac{1}{7}$ = 0.14

$\frac{\Box}{}$ = _____

6. What is the sister fraction and decimal for 1/8th? $\frac{1}{8}$ = 0.12

$\frac{\Box}{}$ = _____

#2 Fraction Family and Fractions Over 1

1. What is a fraction family? _____

2. How do you find fractions over 1? $\frac{3}{2}$ _____

3. What 2 numbers add to get this decimal? $\frac{5}{4}$

_____ + _____   **What's the decimal?**

$\frac{5}{4}$ = _____

4. What's the decimal for seven sixths? $\frac{7}{6}$

$\frac{7}{6}$ = _____

#3 Change this fraction family to decimals.   Calculator? yes   no

1. $\dfrac{5}{5}$ $\dfrac{6}{5}$ $\dfrac{7}{5}$ $\dfrac{11}{10}$ $\dfrac{12}{10}$ $\dfrac{13}{10}$

   ____ ____ ____   ____ ____ ____

2. $\dfrac{7}{7}$ $\dfrac{8}{7}$ $\dfrac{9}{7}$ $\dfrac{21}{20}$ $\dfrac{22}{20}$ $\dfrac{23}{20}$

   ____ ____ ____   ____ ____ ____

3. $\dfrac{5}{4}$ $\dfrac{6}{4}$ $\dfrac{7}{4}$ $\dfrac{16}{16}$ $\dfrac{17}{16}$ $\dfrac{18}{16}$

   ____ ____ ____   ____ ____ ____

Review 1. What are sister fractions? $\dfrac{1}{9}$ $\dfrac{1}{11}$ _____   Calculator? yes   no

2. What is a fraction family? _____

3. Fractions over 1 make decimals over what number? $\dfrac{3}{2}$ _____

4. What 2 numbers add to get this decimal? $\dfrac{5}{4}$ _____

5. $\dfrac{3}{3}$ $\dfrac{4}{3}$ $\dfrac{5}{3}$ $\dfrac{25}{25}$ $\dfrac{26}{25}$ $\dfrac{27}{25}$

   ____ ____ ____   ____ ____ ____

6. $\dfrac{8}{8}$ $\dfrac{9}{8}$ $\dfrac{10}{8}$ $\dfrac{11}{11}$ $\dfrac{12}{11}$ $\dfrac{13}{11}$

   ____ ____ ____   ____ ____ ____

7. Mr J bought a $1.70 sandwich. He paid $20 for it. What change is left? $ _____

8. Mr J works 8 hrs, but he worked 9. What decimal does he put in? _____

9. If you have 1 egg missing from a dozen, what decimal is missing? _____

10. There's 14 days in 2 weeks. What decimal is 13 out of 14? _____

Review Problems.

_____ #1 #2 #3 #4 ____/36 #5 ____/17 Total ____/ 53
Name

#1 1. Half Rule _____

2. Subtract with 1 _____

3. Sister Fractions _____

4. Decimal Families _____

#2 Change to decimals.   Calculator? yes   no

1. $\frac{1}{10}$ = ____ $\frac{1}{20}$ = ____ $\frac{1}{25}$ = ____ $\frac{1}{50}$ = ____

2. $\frac{1}{4}$ = ____ $\frac{1}{3}$ = ____ $\frac{1}{5}$ = ____ $\frac{1}{12}$ = ____

3. $\frac{1}{6}$ = ____ $\frac{1}{14}$ = ____ $\frac{1}{16}$ = ____ $\frac{1}{7}$ = ____

4. $\frac{1}{11}$ = ____ $\frac{1}{9}$ = ____ $\frac{1}{8}$ = ____ $\frac{1}{100}$ = ____

#3 Change to Decimals.   Calculator? yes   no

1. $\frac{13}{10}$ = ____ $\frac{26}{20}$ = ____ $\frac{26}{25}$ = ____ $\frac{53}{50}$ = ____

2. $\frac{7}{4}$ = ____ $\frac{9}{8}$ = ____ $\frac{13}{12}$ = ____ $\frac{21}{20}$ = ____

3. $\frac{7}{6}$ = ____ $\frac{15}{14}$ = ____ $\frac{17}{16}$ = ____ $\frac{4}{3}$ = ____

#4 Find the decimal families.   Calculator? yes   no

1. $\frac{10}{9}$ $\frac{11}{9}$ $\frac{12}{9}$ $\frac{11}{11}$ $\frac{12}{11}$ $\frac{13}{11}$

   ____ ____ ____   ____ ____ ____

2. $\frac{7}{7}$ $\frac{8}{7}$ $\frac{9}{7}$ $\frac{12}{12}$ $\frac{13}{12}$ $\frac{14}{12}$

   ____ ____ ____   ____ ____ ____

#5 Decide the decimals for these problems.   Calculator? yes   no

1. 6 and 1 half kilometers is what decimal? _____

2. 1 3 fourths of a pizza is what decimal? _____

3. 2 and 2/3rds sandwiches is what decimal? _____

4. 1 and 7/10ths kilometers is what decimal? _____

5. A board that's 2 m 4 cm is what decimal? _____

6. 1 3/8 liter raisins is what decimal? _____

7. 2 3/4ths of an hour is what metric decimal? _____

8. 2 ninths of a kilometers is what decimal? _____

9. 4 and 3/11ths liters is what decimal? _____

10. 7 eggs out of a dozen is what decimal? _____

11. 2 and 6/7ths of a km is what decimal? _____

12. 4 and 3/16ths hours is what decimal? _____

13. 2 and 8/9ths of a km is what decimal? _____

14. 10/11ths of the problems is what decimal? _____

15. 7/16ths of an meter is what decimal? _____

16. 13/14ths of 2 weeks is what decimal? _____

17. 15 of 16 is what decimal? _____

Ch 8 Ls 1 Change fractions to compare them. 73

_____ #1 #2 ____/9   #3 #4 ____/14   R ___/12   Total ____/30 _____
          Name   Checker

#1 1. What's the first thing to look at to compare fractions? _____

2. How do you remember which way the sign points? _____

3. How do you get same denominators? _____

4. How do you get same denominators? $\frac{1}{4}$? $\frac{3}{8}$

....

Use equal fractions.   ___ × $\frac{1}{4}$ $\frac{3}{8}$ **What's the sign?**

....

The arrow points at the smaller fraction.   ☐ $\frac{3}{8}$

5. All 1 step, compare these fractions. $\frac{1}{4}$? $\frac{1}{12}$

....

☐ $\frac{1}{12}$

#2 1. How can you tell if 3 fifths is more or less than half? _____

2. Name 2 Half rules. _____

3. What's the 1st step to decide $\frac{3}{8}$
   if it's more or less than half?

....

Multiply 3 by 2. $\frac{3}{8}$ × 2 = ___   **Is it more or less?**

....

☐   More than   Less than
     half   half

4. How do you decide $\frac{6}{11}$
   if it's more or less than half?

....

Multiply 6 by 2. $\frac{6}{11}$ × 2 = ___   **Is it more or less?**

....

☐   More than   Less than
     half   half

74

#3 Is it correct? Find same denominators and solve.   Calculator? yes no

1. $\frac{1}{4} > \frac{3}{8}$ □ □ $\frac{2}{5} < \frac{3}{10}$ □ □ $\frac{1}{3} > \frac{2}{9}$ □ □

2. $\frac{2}{3} > \frac{3}{4}$ □ □ $\frac{3}{7} < \frac{1}{2}$ □ □ $\frac{3}{5} < \frac{3}{4}$ □ □

#4 Decide if it's more, less, or equal to half.   Calculator? yes no

1. $\frac{3}{8}$ More Less = $\frac{3}{5}$ More Less = $\frac{4}{9}$ More Less = $\frac{4}{7}$ More Less =

2. $\frac{14}{29}$ More Less = $\frac{13}{25}$ More Less = $\frac{23}{45}$ More Less = $\frac{14}{28}$ More Less =

Review   Calculator? yes no

1. What's the first thing to look at to compare fractions? _____

2. How do you remember which sign to use? _____

3. How do you get same denominators? _____

4. How can you tell if 3 fifths is more or less than half? _____

5. Compare these. $\frac{4}{5}\;?\;\frac{3}{4}$ □ □ $\frac{1}{2}\;?\;\frac{5}{12}$ □ □ $\frac{2}{3}\;?\;\frac{5}{9}$ □ □

6. $\frac{14}{29}$ More Less = $\frac{18}{35}$ More Less = $\frac{12}{23}$ More Less =

7. Which is bigger, 5 sixths of a pie or 2 thirds of a pie? _____

8. Which is smaller, a 12th of a km or an 11th of a km? _____

Ch 8 Ls 2 Compare decimals and fractions. 75

_____ #1 #2 ____/9   #3 #4 ____/26   R ___/16   Total ____/30   _____
        Name   Checker

#1   1. **0.6** What does the last place value show about it's decimal? _____
_____

   2. How do you say **1.6**? _____

   3. What place value is 6 in?   **0.06**

                                              _____   What fraction is it?

                                                   ☐

   4. What place value is 8 in?   **2.018**

                                              _____   What fraction is it?

                                              ___ _____

#2 Compare Fractions and Decimals

   1. What do you look at to change a fraction to a decimal? _____
   2. Are fractions or decimals usually more accurate? _____

   3. Change to a decimal and compare. $\frac{3}{4}$ **0.77**

      More than.   Less than.   Equal to.   _____   **0.77**

   4. Compare 2 7ths. Which is greater? $\frac{2}{7}$ **0.30**

      More than.   Less than.   Equal to.   _____   **0.30**

   5. Compare 7 8ths. Which is greater? $\frac{7}{8}$ **0.85**

      More than.   Less than.   Equal to.   _____   **0.85**

#3 Change to both decimal or fractions and compare.   Calculator? yes   no

1. $\frac{1}{4}$ 0.3 $\frac{3}{4}$ 0.7 $\frac{5}{6}$ 0.8

    ___ ___   ___ ___   ___ ___

2. $\frac{2}{7}$ 0.25 $\frac{3}{8}$ 0.4 $\frac{2}{3}$ 0.7

    ___ ___   ___ ___   ___ ___

#4 Is it correct? Circle yes or no.   Calculator? yes   no

1. $\frac{2}{16}$ < 0.3   yes no $\frac{3}{7}$ < 0.45   yes no

2. $\frac{5}{9}$ < 0.6   yes no $\frac{5}{8}$ < 0.6   yes no

3. $\frac{6}{7}$ < 0.8   yes no $\frac{3}{16}$ < 0.2   yes no

4. $\frac{5}{12}$ < 0.4   yes no $\frac{7}{9}$ < 0.7   yes no

5. $\frac{8}{9}$ < 0.9   yes no $\frac{6}{7}$ > 0.8   yes no

Review 1. **0.6** What does the last place value show about it's decimal? _____   Calculator? yes   no

2. **1.6** What if the decimal has a whole number with it? _____

3. How do you compare fractions and decimals? _____

4. Are fractions or decimals more accurate? _____

Change to fractions.

5. **0.8** _____   0.012 _____   0.07 _____

6. **0.3** _____   0.0015 _____   0.13 _____

7. **0.5** _____   0.014 _____   0.20 _____

8. **0.9** _____   0.0033 _____   0.06 _____

Ch 8 Ls 3 Use fractions/decimals with time. 77

_____ #1 #2 ____/12 #3 #4 ____/18 R ___/19 Total ____/49 _____
       Name   Checker

#1 1. How do you change a 10th of an hour into minutes? Multiply_____

2. What are these as decimals?   **30 min** ____   **15 min** ____   **20 min** ____

3. How many minutes are these? $\frac{1}{2}$ hr $\frac{1}{3}$ hr

   ____ min   ____ min

4. How many minutes are these? $\frac{1}{4}$ hr $\frac{3}{4}$ hr

   ____ min   ____ min

5. How many minutes are these? $\frac{1}{10}$ hr $\frac{3}{10}$ hr

   ____ min   ____ min

#2 1. Can you use fractions or decimals to talk about something? _____
_____

2. What do both fractions and decimals do? _____
3. How does a decimal write half of an hour? _____
4. How long is 1.3 hours in hours and minutes? _____
5. How long is 1.25 hrs in regular time?   **1.25 hrs**

   ____ hrs ____ mins

6. How long is 1.2 hrs in regular time?   **1.2 hrs**

   ____ hrs ____ mins

7. How long is 1.66 hrs in regular time?   **1.66 hrs**

   ____ hrs ____ mins

#3 How many minutes is it?   Calculator? yes no

1. $\frac{3}{10}$ ___ min $\frac{8}{10}$ ___ min $\frac{9}{10}$ ___ min

2. $\frac{3}{4}$ ___ min $\frac{2}{3}$ ___ min $\frac{1}{5}$ ___ min

3. $1\frac{1}{4}$ ___ hr ___ min $3\frac{2}{5}$ ___ hr ___ min

4. $4\frac{7}{10}$ ___ hr ___ min $6\frac{4}{5}$ ___ hr ___ min

#4 Change to hours and minutes.   Calculator? yes no

1. 1.6 ___ hr ___ min   5.66 ___ hr ___ min
2. 2.75 ___ hr ___ min   3.2 ___ hr ___ min
3. 6.25 ___ hr ___ min   7.1 ___ hr ___ min
4. 4.5 ___ hr ___ min   3.4 ___ hr ___ min

Review   Calculator? yes no

1. How do you change a 10th of an hour into minutes? Multiply _____
2. What are these as decimals?   30 min ___   15 min ___   20 min ___
3. How do you find a multiple of a fraction for time? _____
4. What do both fractions and decimals both do? _____
5. How does a decimal write half of an hour? _____
6. How long is 1.3 hours in hours and minutes? _____

7. $\frac{6}{10}$ ___ min $\frac{2}{10}$ ___ min $\frac{4}{10}$ ___ min

8. $1\frac{3}{4}$ ___ hr ___ min $1\frac{3}{5}$ ___ hr ___ min

9. 2.9 ___ hr ___ min   1.5 ___ hr ___ min

10. 3.7 ___ hr ___ min   4.6 ___ hr ___ min

11. Mrs Watts worked 6 hr 18 minutes. What's the decimal for it? _____

12. The airline has a 3.4 hour flight. How long is that? _____ hr _____ min

Ch 8 Ls 4 Estimate a glass that's half or less full. 79

_____ #1 #2 ____/9   #3 #4 ____/12   R ___/10   Total ____/31 _____
        Name   Checker

#1 1. What do you use to estimate a fraction? _____

2. Does smaller parts make a larger or smaller denominator? _____

3. Estimate the fraction.
   Where is half and quarter?

   It's close to _____.

4. Estimate the fraction.
   Where is half and quarter?

   It's close to _____.

5. Estimate the fraction.
   Where is half and quarter?

   It's close to _____.

#2 How to estimate with numerators.

1. When does a fraction use a bigger numerator? _____

2. Is 3 4ths or 3 5ths closer to 1 half? _____

3. Estimate the fraction.
   Where is half and quarter?

   It's close to _____.

4. Estimate the fraction.
   Where is half and quarter?

   It's close to _____.

#3 Circle the fraction that goes with the box.   Calculator?
yes   no

1. $\frac{1}{4}$ $\frac{3}{8}$ $\frac{1}{3}$ $\frac{1}{6}$

2. $\frac{1}{6}$ $\frac{3}{8}$ $\frac{1}{5}$ $\frac{3}{8}$

3. $\frac{2}{5}$ $\frac{1}{4}$ $\frac{3}{8}$ $\frac{1}{2}$

#4 Estimate the fraction for each box.   Calculator?
yes   no

1. $\overline{16}$ $\overline{2}$

2. $\overline{8}$ $\overline{4}$

3. $\overline{9}$ $\overline{8}$

Review 1. What part of the fraction do you start with to estimate it? _____   Calculator?
yes   no

2. Does smaller parts make a larger or smaller denominator? _____

3. When can a fraction use a bigger numerator? _____

4. Is 3/4ths or 3/5ths closer to 1 half? _____

5. $\overline{5}$ $\overline{7}$ $\overline{5}$

6. $\overline{10}$ $\overline{3}$ $\overline{9}$

Ch 8 Ls 5 Estimate a glass that's half or more full. 81

_____ #1 #2 ____/7   #3 #4 ____/10   R ___/ 9 Total ____/26 _____
         Name   Checker

#1 1. How is a glass over half different from less than half? _____

2. How does it find how much is full? _____

3. What does it always add upto? _____

#2 1. What fraction is left until full?

Find the fraction that it's full.

$$\frac{1}{12} + \frac{}{} = \frac{}{}$$

2. What fraction is left until full?

Find the fraction that it's full.

$$\frac{7}{16} + \frac{}{} = \frac{}{}$$

3. What fraction is left until full?

Find the fraction that it's full.

$$\frac{1}{4} + \frac{}{} = \frac{}{}$$

4. What fraction is left until full?

Find the fraction that it's full.

$$\frac{1}{8} + \frac{}{} = \frac{}{}$$

#3 What fractions add what is empty and it full.   Calculator?
yes   no

1. [bar] $\dfrac{}{10} + \dfrac{}{} = \dfrac{}{}$

2. [bar] $\dfrac{}{2} + \dfrac{}{} = \dfrac{}{}$

3. [bar] $\dfrac{}{11} + \dfrac{}{} = \dfrac{}{}$

4. [bar] $\dfrac{}{4} + \dfrac{}{} = \dfrac{}{}$

#4 Estimate the fraction for each box.   Calculator?
yes   no

1. [bar] $\dfrac{}{11}$ [bar] $\dfrac{}{8}$

2. [bar] $\dfrac{}{16}$ [bar] $\dfrac{}{8}$

3. [bar] $\dfrac{}{16}$ [bar] $\dfrac{}{12}$

Review 1. How is a glass over half different from less than half? _____   Calculator?
yes   no
2. How does it find how much is full? _____
3. What does it always add up to? _____

4. [box] $\dfrac{}{16}$ [box] $\dfrac{}{2}$ [box] $\dfrac{}{8}$

5. [box] $\dfrac{}{16}$ [box] $\dfrac{}{4}$ [box] $\dfrac{}{12}$

Review Problems. 83

_____ #1 #2 #3 #4 ____/31 #5 ____/11 Total ____/ 42
         Name

#1 1. Half of a Fraction _____

  2. Estimate a Fraction _____

#2 Compare fractions.   Calculator?
                                                                            yes   no

1. ___ $\frac{3}{4}$ $\frac{4}{5}$ ___   ___ $\frac{3}{5}$ $\frac{7}{10}$ ___   ___ $\frac{2}{3}$ $\frac{7}{9}$ ___

2. ___ $\frac{2}{3}$ $\frac{3}{5}$ ___   ___ $\frac{4}{9}$ $\frac{4}{10}$ ___   ___ $\frac{4}{5}$ $\frac{7}{8}$ ___

3. ___ $\frac{3}{4}$ $\frac{3}{5}$ ___   ___ $\frac{3}{7}$ $\frac{4}{9}$ ___   ___ $\frac{5}{6}$ $\frac{6}{7}$ ___

#3 Change to both decimal or fractions and compare.   Calculator?
                                                                            yes   no

1. $\frac{1}{4}$ 0.3 $\frac{3}{4}$ 0.7 $\frac{5}{6}$ 0.8

    ___ ___   ___ ___   ___ ___

2. $\frac{2}{7}$ 0.25 $\frac{3}{8}$ 0.4 $\frac{2}{3}$ 0.7

    ___ ___   ___ ___   ___ ___

1. $\frac{3}{10}$ ____ min $\frac{8}{10}$ ____ min $\frac{9}{10}$ ____ min

2. $\frac{3}{4}$ ____ min $\frac{2}{3}$ ____ min $\frac{1}{5}$ ____ min

3. $1\frac{1}{4}$ ___ hr ___ min $3\frac{2}{5}$ ___ hr ___ min

#4 Estimate the fraction for each box.   Calculator?
                                                                            yes   no

1. [box] $\frac{\ }{16}$ [box] $\frac{\ }{2}$

2. [box] $\frac{\ }{8}$ [box] $\frac{\ }{4}$

3. [box] $\frac{\ }{16}$ [box] $\frac{\ }{8}$

#5
Story Problems

1. Sana lives 1 5/16ths km from school. Kim lives 1 and a quarter km. Which is farther? _____ Calculator? yes no

2. Mr D worked 5.7 hours. He makes $18 an hour. How much did he make? _____

3. Noah scored 9.41 on his gymnastics routine. Owen scored 9 and 3/8ths points. Which was higher? _____

4. Two divers are in a competition. The 1st got 7.52 and the 2nd got 7 and 5/9ths. Which one is higher? _____

5. A fryer at a restaurant takes 2 3/4ths of a minute for fries. How long is that in minutes and sec? _____

6. Myra beat the school record for the 400-meters by 1/14th of a second. How long is that? _____

7. Mr D needs a board that is 8 and 3/8ths cm long. What is that as a decimal? _____

8. An automatic car washer takes 4.7 minutes to finish a car. How many minutes and seconds is that? _____

9. Alex rented a bike for $5 an hour. She was gone for 3.7 hours. How much did it cost? _____

10. The parade route was 5/8ths of a km long. What is that 5/8ths as a decimal? _____

11. A robot welder takes 2.8 minutes to finish the welds on a car. How many minutes and seconds is that? _____

Ch 9 Ls 1 What is a percent? 85

_____ #1 #2 ____/11 #3 #4 ____/15 R ___/ 9 Total ____/35 _____
Name   Checker

#1 1. What number is a lot like percent? _____

2. What does percent do? _____

3. How do you find 200% of a number? _____

4. What does percent of a number do? _____

Draw pictures to find each percent of a number.
5. There's 5 fish in a tank. How many is 200% of it?

| | | What are the numbers for each percent? |

100% is ___ fish   **200% is ___ fish**

6. There's 4 fish in a tank. How many is 300% of it?

| | | What are the numbers for each percent? |

100% is ___ fish   **300% is ___ fish**

#2 Find a percent of a number.

1. **100% is 6 cars. Find 200%.**   What is another word for 200%?

    100% is 6 cars, 200% is ___ cars.   200% means _____

2. **100% is 8 pens. Find 300%.**   What is another word for 300%?

    100% is 8, 300% is ___ pens   300% means _____

3. **100% is 4 tires. Find 400%**   How do you find 400%?

    100% is 4 tires, 400% is ___ tires.   Multiply 4 times _____

#3 Draw a picture to find each percent of a number.   Calculator?
                                                              yes   no
1. There's 6 Xs in each box How many is 300%?

[ ]   [ ]   [ ]

100% is ___ Xs   **200% is ___ Xs**   **300% is ___ Xs**

#4 Is it correct? Yes or correct it.   Calculator?
                                                              yes   no

1. **100% is 6 pies. 200% is ____.**   **100% is 5 pigs. 300% is ____.**
2. **100% is 5 coins. 400% is ____.**   **100% is 6 dogs. 300% is ____.**
3. **100% is 6 cups. 200% is ____.**   **100% is 8 cows. 300% is ____.**
4. **100% is 3 trucks. 500% is ____.**   **100% is 6 cats. 300% is ____.**
5. **100% is 7 chairs. 400% is ____.**   **100% is 3 rats. 300% is ____.**
6. **100% is 8 tents. 200% is ____.**   **100% is 7 mice. 300% is ____.**

Review 1. What number is a lot like percent? _____   Calculator?
                                                                       yes   no
2. What does percent do? _____

3. How do you find 200% of a number? _____

4. What does percent of a number do? _____

5. 100% of 1 apple tree is 75 apples. How much for 3 trees? _____

6. 1 order is 6 tacos. How much is 400% of that? _____

7. 4 eggs is 1 omelette. 20 eggs is what percent of that? _____

8. Two meters is the standard. 8 meters is what percent of that? _____

9. Seven km is 1 trip. 63 km is what percent of that? _____

Ch 9 Ls 2 Change decimals with percents. 87

_____ #1 #2 ____/11 #3 #4 ____/24 R ___/14 Total ____/49 _____
Name   Checker

#1 1. What's the 1st step to change 700% to a decimal? _____

2. Where does the decimal go when you change it? _____

3. How do you change 400% to a decimal?   **400%**

Move the decimal ___ places left.   _____

4. Change 30% to a decimal.   **30%**

                                                   _____

5. What decimal does 7% change to?   **7%**

                                                   _____

#2 Change a decimal to a percent.

1. Name 2 steps to change 0.3 to a percent. _____

2. If a number is 1 or above, what percent does it make? _____

3. How do you change 2.00 to a percent?   **2.00**

Move the decimal ___ places right.   _____

4. What is 0.45 as a percent?   **0.45**

                                                   _____

5. What percent does 0.09 change to?   **0.09**

                                                   _____

6. Change 0.3 to a percent.   **0.3**

                                                   _____

#3 Change to decimals or percents.   Calculator? yes no

Change to decimals.

1. 200% _____   350% _____   45% _____   8% _____

2. 400% _____   125% _____   72% _____   2% _____

Change to percents.

3. 0.02 _____   3.10 _____   0.8 _____   0.01 _____

4. 0.04 _____   4.25 _____   0.6 _____   2.1 _____

#4 Is it correct? Yes or correct.   Calculator? yes no

1. 0.34 = 340%   yes or _____   0.07 = 70%   yes or _____

2. 1.5 = 15%   yes or _____   70% = 0.07   yes or _____

3. 140% = 1.4   yes or _____   80% = 0.8   yes or _____

4. 125% = 1.25   yes or _____   50% = 0.05   yes or _____

Review 1. How do you change 700% to a decimal? _____   Calculator? yes no

2. How do you change 0.6 to a percent? _____

3. If a number is 1 or above, what percent does it make? _____

4. 200% = _____   350% = _____   45% = _____   8% = _____

5. 0.02 = _____%   2.10 = _____%   0.8 = _____%   0.04 = _____%

6. A box of cereal is $3. Another is $6. What percent is the 2nd one? _____

7. A gumball is $0.25. Spend $0.75. What percent did you get? _____

8. Two equal cars cost $24,000 together. How is each of them? $ _____

Ch 9 Ls 3 Percent of a number, 2 parts   89

_____ #1 #2 ____/9   #3 #4 ____/ 8   R ___/11   Total ____/28   _____
                Name   Checker

#1 1. If it's decimal 1st, what's the 1st step? _____

2. What does "of" always mean? _____

3. What's the 1st step to 30% of 50?   **30% of 50 toys**

Change 30% to _____ x 50 = ?   **What's the answer?**

30% of 50 toys is _____

4. What's the 1st step to 20% of 50?   **20% of 40 tires**

Change 20% to _____ x 40 = ?   **What's the answer?**

20% of 40 tires is _____

#2 Multiply first to find these.

1. If it's multiply 1st, what's the 1st step with 20% of 30 books? _____

2. Name 2 ways to find 20% of 30 books. _____

3. What's the 1st step with multiply first?   **40% of 50 books**

Multiply 40% x 50 = _____   **What's next?**

Move the decimal 2 places. It's _____.

4. What's the 1st step with multiply first?   **60% of 20 pies**

Multiply 60% x 20 = _____   **What's next?**

Move the decimal 2 places. It's _____.

5. Which way did you think was easier?   **Decimal 1st   Multiply 1st**

#3 Change to a decimal and solve.   Calculator?
                                             yes   no

1. **200% of 50 books**   **30% of 50 cars**

   ____ x ____ = ____   ____ x ____ = ____

   200% of 50 books is ____   30% of 50 cars is ____

2. **40% of 20 cats**   **50% of 60 crayons**

   ____ x ____ = ____   ____ x ____ = ____

   40% of 20 cats is ____   50% of 60 crayons is ____

#4 Solve by multiplying the percent first.   Calculator?
                                                      yes   no

1. **30% of 50 kids**   ____ x ____ = _____%   30% of 50 kids is ____

2. **20% of 40 cats**   ____ x ____ = _____%   20% of 40 cats is ____

3. **40% of 20 fish**   ____ x ____ = _____%   40% of 20 fish is ____

4. **30% of 80 cups**   ____ x ____ = _____%   30% of 80 cups is ____

Review 1. Name 2 ways to find 20% of 40 books. _____   Calculator?
                                                                         yes   no
2. If it's multiply 1st, what's the 1st step with 20% of 40 books? _____

3. If it's decimal 1st, what's the 1st step this time? _____

4. What does "of" always mean? _____

Choose how
to multiply

5. **20% of 90 books**   ____ x ____ = ____   20% of 90 books is _____

6. **20% of 200 kids**   ____ x ____ = ____   20% of 200 kids is _____

7. **40% of 70 pens**   ____ x ____ = ____   30% of 70 pens is _____

8. **50% of 60 boys**   ____ x ____ = ____   30% of 20 boys is _____

9. A pizza has 80 pepperonis. You get 20% of it. How many pepperonis is that? ____pep

10. You receive $2400 pay. Save 30% of it. How much is that? $_____

11. Orange juice is $2.20. You buy 400% of it. How much did it cost you? $_____

Ch 9 Ls 4 Find percent of a number and average   91

_____ #1 #2 ____/ 6   #3 #4 ____/ 9   R ___/ 11   T ____/ 26 _____
         Name   Checker

#1 1. Name 2 ways to find 200% of 4 books. _____

   2. What does **of** mean? _____

   3. What formula finds Percent of Increase? _____

   4. What formula finds Percent of Decrease? _____

   5. What is the 1st step for multiply 1st?   **XYZ stock started at 70 and gained 10% yesterday. Where did it end?**

   ....

   _____ x _____ = _____   2nd step?

   Add _____ is _____

   6. What is the 1st step for multiply 1st?   **ABC stock had a bad year. It started at at 200 and lost 20% last year. Where did it end?**

   ....

   _____ x _____ = _____   2nd step?

   Subtract _____ is _____ __

#2 Use average with percents.

1. Name 2 steps to find average. _____
2. What's the average of 4%, 7%, and 16%?   **4%   7%   16%**

   ___ + ___ + ___ = _____   _____ ÷ ___ = _____

3. Find the average of 50%, 60%, and 100%.   **50%   60%   100%**

   ___ + ___ + ___ + ___ = _____   _____ ÷ ___ = _____

#3 Find the average.   Calculator? yes no

1. 210% 130% 20%   12% 6% 9% 5%
    _____   _____

2. 180% 160% 20%   14% 16% 17% 1%
    _____   _____

3. 240% 140% 40%   26% 12% 9% 5%
    _____   _____

#4

1. Melissa used 20 sprinkles for a sundae. She made 1 with 200%. How many sprinkles? _____   Calculator? yes no

2. Mrs J gave 80 pens to her classes. They lost 20%. How many are gone? _____

3. Tom needs $3000. If he made 60% of it, how much does he still need in dollars? _____

Review

1. Name 2 ways to find 200% of 4 books. _____   Calculator? yes no

2. What does **of** mean? _____

3. What formula finds Percent of Increase? _____

4. What formula finds Percent of Decrease? _____

5. Name 2 steps to find average. _____

Find the average.

6. 90% 130% 140% = ____%   12% 16% 20% 2% = ____%

7. 110% 150% 70% = ____%   15% 13% 18% 8% = ____%

8. Eva's cellphone has 20 hours energy. She used 30% up. How much is left? _____

9. Mrs K has 400 km to drive. She went 60% of it. How many km are left? _____

Review Problems.

_____ #1 #2 #3 #4 ____/31 #5 ____/14 Total ____/ 45
             Name

#1 **1. Percent** _____

   2. Percent of a Number _____

   3. Add Percent of a Number _____

   4. Average Percents _____

   5. Make a Fraction _____

#2 Change to decimals and percents.   Calculator?
                                                                yes   no

Decimals 1. **150% =** _____   **53% =** _____   **320% =** _____   **80% =** _____

          2. **4% =** _____   **110% =** _____   **7% =** _____   **21% =** _____

Percents 3. **1.75 =** _____ **0.20 =** _____ **0.9 =** _____   **0.03 =** _____

          4. **0.05 =** _____ **0.3 =** _____   **3.1 =** _____   **6.35 =** _____

#3 Solve percent of a number.   Calculator?
                                                                yes   no

   1. **300% of 40 boxes**   **20% of 40 trucks**

       ____ x ____ = ____   ____ x ____ = ____

       300% of 40 boxes is ____   20% of 40 trucks is ____

   2. **60% of 20 tacos**   **50% of 80 people**

       ____ x ____ = ____   ____ x ____ = ____

       60% of 20 tacos is ____   50% of 80 people is ____

#4 Find the average.   Calculator?
                                                                yes   no

   1. **110% 140% 50%**   **20% 4% 15% 5%**
       _____   _____

   2. **180% 110% 40%**   **24% 26% 14% 6%**
       _____   _____

   3. **25% 120% 35%**   **40% 28% 20% 8%**
       _____   _____

#5 Story Problems   Calculator?
                                                       yes   no

1. 96% of the US is not covered with water. Write
   that as a decimal.   _____

2. Liam has 4 cats. His mom bought 200% more.
   How many do they have now?   _____

3. A baseball player's season average is 0.268.
   Write it as a percent.   _____

4. Lucas has a 74%, 60%, 70%, and 80% on
   his tests. What's his percent average?   _____

5. Ella made $170 this week. She wants to
   make 200% of that next week. How much is that?   _____

6. 40% of 20 dogs sleep on the bed. How many
   dogs is that?   _____

7. 73% of workers get to work driving alone. Write
   73% as a decimal.   _____

8. Mr J bought a stock for $50. The next day it
   went upto $150. What percent did it go up?   _____

9. The tax rate is 7.2%. What that as a decimal.   _____

10. India counts for 0.194 of the world's population.
    What is that as a percent?   _____

11. 80% of 30 people like to eat chocolate. How
    many people is that?   _____

12. 63% of the world's population like soccer best.
    Write it as a decimal.   _____

13. Eva got 85%, 92%, and 90% on her math tests.
    What is her average?   _____

14. Ira has 30 people on her newspaper route.
    90% of them get sunday paper. How many is it?   _____

Ch 10 Ls 1 Change fractions into percents. 95

_____ #1 #2 ____/10 #3 #4 ____/11 R ___/16 Total ____/37 _____
Name   Checker

#1 1. What does a fraction need in the denominator to be a percent? _____

2. How do you change 9/25ths to be a percent? _____

3. How do you simplify 9/12ths to be a percent? _____

4. When do you divide to get a percent? _____

5. What does equal fractions multiply to get the percent? $\frac{2}{25}$

Multiply to get over 100. $\frac{2}{25}$ x $\boxed{\frac{}{}}$ = $\boxed{\frac{}{}}$ is _____ %

6. How do you simplify 4 16ths to find a percent? $\frac{4}{16}$

Multiply ___ over ___. $\frac{4}{16}$ ÷ $\boxed{\frac{}{}}$ = $\boxed{\frac{}{}}$ is _____ %

7. How do you change any fraction to make a percent? $\frac{3}{8}$

Divide _____ by _____ $)\overline{}$

#2 Change a Picture to a Percent

1. What's the 1st step to make a percent from a picture? _____

2. What's the 2nd step to get a percent? _____

3. What's the 1st step to find a percent?   ☆ ☆ ☆ ☆ ☆

Change to a _____. What percent is it? $\boxed{\frac{}{}}$ of the stars are grey.

___ x $\boxed{\frac{}{}}$ = $\frac{}{}$ or _____ %

#3 Change the fractions to percents.   Calculator? yes no

1. $\frac{12}{25}$ × ☐ = ☐ is ____% $\frac{19}{50}$ × ☐ = ☐ is ____%

2. $\frac{6}{10}$ × ☐ = ☐ is ____% $\frac{5}{11}$ × ☐ = ☐ is ____%

3. $\frac{12}{16}$ ÷ ☐ = ☐ is ____% $\frac{8}{12}$ ÷ ☐ = ☐ is ____%

Solve for 100ths. 4. $\frac{7}{5}$)‾‾ $\frac{5}{8}$)‾‾ $\frac{7}{8}$)‾‾

#4 ☆☆☆☆☆☆   ●●●○○○○○   Calculator? yes no

Find the percent of the objects that are grey.   ☐ is ____%   ☐ is ____%

Review
1. What does a fraction need in the denominator to be a percent? _____   Calculator? yes no
2. How do you simplify 9/12 to be a percent? _____
3. When do you divide to get a percent? _____
4. What's the 1st step to make a percent from a picture? _____
5. What's the 2nd step to get a percent? _____

Change to percents.
6. $\frac{1}{3}$ = ____ $\frac{1}{2}$ = ____ $\frac{5}{4}$ = ____ $\frac{3}{2}$ = ____

7. $\frac{7}{4}$ = ____ $\frac{3}{20}$ = ____ $\frac{7}{3}$ = ____ $\frac{2}{25}$ = ____

8. JJ bent 4 nails before getting 1 right. What percent are bent?   ☐ is ____%

9. Eva spent $20 of her $160 on dog food. What percent is that?   ☐ is ____%

10. Leah, an electrician, worked 7 months out of the year. What percent of the year did she work?   ☐ is ____%

Ch 10 Ls 2 Percent of a number problems. 97

_____ #1 #2 ____/10 #3 #4 ____/12 R ___/11 Total ____/33 _____
Name   Checker

#1 1. How do you find 50% of 12 with a shortcut? _____

2. How do you find 25% of 12 with a shortcut? _____

3. How do you find 5% of 40 with a shortcut? _____

4. What percents can you use the shortcut with? _____

5. How do you find 50% of 8?   **50% of 8**

Half means divide by ____ .   **What is half of 8?**

50% of 8 is ___

6. How do you find 25% of 20?   **25% of 20**

Quarter means divide by ____ .   **What is a quarter of 12?**

25% of 20 is ___

7. How do you find 33% of 12?   **33% of 12**

Third means divide by ____ .   **What is a 3rd of 12?**

33% of 12 is ___

8. How do you find 5% of 40?   **5% of 40**

5 percent divides by ____ .   **What is a 5 percent of 40?**

5% of 40 is ___

#2 1. Find percents with 16.   **50% of 16**   **25% of 16**

50% of 16 is ___   25% of 16 is ___

2. Find percents with 60.   **33% of 60**   **5% of 60**

33% of 8 is ___   5% of 60 is ___

#3 Find the percent of a number.   Calculator? yes   no

1. **50% of 80**   **50% of 120**   **25% of 80**

   Divide by ___ is ___   Divide by ___ is ___   Divide by ___ is ___

2. **25% of 20**   **33% of 90**   **33% of 30**

   Divide by ___ is ___   Divide by ___ is ___   Divide by ___ is ___

3. **20% of 25**   **20% of 40**   **5% of 60**

   Divide by ___ is ___   Divide by ___ is ___   Divide by ___ is ___

#4   1. **Leo got 70% of 30 questions right.**   Calculator?
Percent   **How many problems did he get wrong?** _____   yes   no
Problems
         2. **44% of the class are boys. If there's 25**
            in the class, how many are girls?   _____

         3. **A dress is $400, but it's 20% off. What's**
            the new price?   _____

Review   1. How do you find 50% of 12 with a shortcut? _____   Calculator?
         2. How do you find 25% of 12 with a shortcut? _____   yes   no
         3. How do you find 5% of 20 with a shortcut? _____
         4. What percents can you use the shortcut with? _____

      5. **50% of 300**   **25% of 160**   **33% of 150**

         Divide by ___ is ___   Divide by ___ is ___   Divide by ___ is ___

      6. **20% of 30**   **25% of 200**   **5% of 40**

         Divide by ___ is ___   Divide by ___ is ___   Divide by ___ is ___

      7. **Mr K's trip is 270 kilometers. He drove 60%**
         of it. How far does he still have to drive?   _____

Ch 10 Ls 3 Percent of a number with 10%. 99

_____ #1 #2 ____/12 #3 #4 ____/30 R ___/10 Total ____/52 _____
Name   Checker

#1 1. How do you use a calculator to find Percent of a Number? _____
_____

2. How do you find 10% of a number? _____

3. Why can you move the decimal 1 place to find 10%? _____

4. What kind of answer is it for 10% of 45? _____

5. What kind of answer is it for 10% of 4? _____

6. How do you find 27% of 83? You can use a calculator.   **27% of 83**

                                                              _____

7. How do you find 78% of 293? You can use a calculator.   **78% of 293**

                                                              _____

#2 1. What is 10% of 4000?   **10% of 4000**

                                    10% of 4000 is ____

2. What is 10% of 70?   **10% of 70**

                                    10% of 70 is ____

3. What is 10% of 8?   **10% of 8**

                                    10% of 8 is ____

4. What is 10% of 52?   **10% of 52**

                                    10% of 52 is ____

5. What is 10% of 0.3?   **10% of 0.3**

                                    10% of 0.3 is ____

#3   Find the percent of a number.   Calculator?
                                         yes   no

1. 10% of 800 is _____   10% of 0.2 is _____   10% of 45 is _____

2. 10% of 20 is _____   10% of 750 is _____   10% of 12 is _____

3. 10% of 67 is _____   10% of 0.4 is _____   10% of 150 is _____

4. 10% of 8 is _____   10% of 403 is _____   10% of 84 is _____

5. 10% of 1.3 is _____   10% of 5000 is _____   10% of 3.7 is _____

#4   Mixed practice.   Calculator?
                                         yes   no

1. 10% of 80 is _____   50% of 120 is _____   10% of 45 is _____

2. 10% of 200 is _____   50% of 360 is _____   10% of 5 is _____

3. 50% of 180 is _____   10% of 0.9 is _____   50% of 380 is _____

4. 10% of 8 is _____   10% of 240 is _____   10% of 80 is _____

5. 10% of 4.0 is _____   50% of 8000 is _____   50% of 3000 is _____

Review   1. How do you use a calculator to find Percent of a Number? _____   Calculator?
         _____   yes   no

2. How do you find 10% of a number? _____

3. Why can you move the decimal 1 place to find 10%? _____

4. What kind of answer is it for 10% of 45? _____

5. What kind of answer is it for 10% of 4? _____

6. A TV set is $800. Tax is 5%. How much is the final price? $ _____

7. A computer is $8700. It's 10% off. Final price? $ _____

8. The meal is $120. How much is a 10% tip? $ _____

9. JJ missed 10% of 200 questions. How many problems did he get right? _____

10. Mrs D needs to put 10% down on a $18,500 car. How much is it? $ _____

11. How much is 10% of a $450,000 house? $ _____

Ch 10 Ls 4 Percent of a number with 10% and 1%. 101

_____ #1 #2 ____/13 #3 #4 ____/17 R ____/21 Total ____/41 _____
         Name   Checker

#1 1. How do you find 10% of a number using a shortcut? _____

2. What's the 1st number to find 30% of 20? _____

3. What does it multiply by to find 30% of 20? _____

4. How do you get the answer? _____

5. What's the 1st step for 20% of 20?   **10% of 20**   **20% of 20**

                                        10% of 20 is ____ How do you find 20% of 20?

                                        Multiply x ___   **20% of 20 is** ____

6. What's the 1st step for 30% of 400? **10% of 400**   **30% of 400**

                                        10% of 400 is ____ How do you find 30% of 400?

                                        Multiply x ___   **30% of 400 is** ____

7. What's the 1st step for 20% of 3?   **10% of 3**   **20% of 3**

                                        10% of 3 is ____ How do you find 20% of 3?

                                        Multiply x ___   **30% of 400 is** ____

#2 1. Find 10 and 20% of 40.   **10% of 40**   **20% of 40**

                                        10% of 40 is ___   20% of 40 is ___

2. Find 10 and 30% of 50.   **10% of 50**   **30% of 50**

                                        10% of 50 is ___   30% of 50 is ___

3. Find 10 and 20% of 30.   **10% of 30**   **20% of 30**

                                        10% of 30 is ___   20% of 30 is ___

#3 Find the percent of a number. Calculator? yes no

1. 10% of 80 is _____   20% of 80 is _____   30% of 80 is _____

2. 10% of 50 is _____   20% of 50 is _____   40% of 50 is _____

3. 10% of 6.0 is _____   20% of 6.0 is _____   30% of 6.0 is _____

4. 10% of 300 is _____   20% of 300 is _____   30% of 300 is _____

5. 10% of 2.0 is _____   20% of 2.0 is _____   30% of 2.0 is _____

#4
1. **Thomas got 60% of 40 questions right. How many was that?**   ___ x ___ = ___ questions   Calculator? yes no

2. **Kim made 70% of 30 basketball shots. How many shots did she make?**   ___ x ___ = ___ shots

Review 1. How do you find 10% of a number using a shortcut? _____   Calculator? yes no

2. What's the 1st number to find 30% of 20? _____

3. What does it multiply by to find 30% of 20? _____

4. How do you get the answer? _____

5. 20% of 500 is _____   30% of 7.0 is _____   60% of 60 is _____

6. 90% of 50 is _____   20% of 40 is _____   30% of 20 is _____

7. 30% of 400 is _____   70% of 20 is _____   10% of 12 is _____

8. 20% of 8 is _____   40% of 50 is _____   90% of 20 is _____

9. 80% of 40 is _____   20% of 12 is _____   30% of 60 is _____

10. **Mr K drove 40% of 230 kilometers. How many km is that?**   _____ x _____ = _____ kms

    40% + _____ = 100%

11. **TJ saved 30% of his $1520 paycheck. How much did he save?**   _____ x _____ = $ _____

Ch 10 Ls 5 Percent of a number with 75% and 66%.   103

_____ #1 #2 ____/10 #3 #4 ____/17 R ___/15 Total ____/42 _____
            Name   Checker

#1 1. What's the 1st step to find 25% of 40? _____
         2. How do you find 75% of 40? _____
         3. What's the 1st step to find 5% of 40? _____
         4. How do you find 15% of 40? _____
         5. What's 66% of 15? _____

#2 1. What's the 1st step for 75% of 20?   **75% of 20**

                                        25% of 20 is ____ **How do you find 75% of 20?**

                                        Multiply x ____   75% of 20 is ____

         2. What's the 1st step for 66% of 300?   **66% of 300**

                                        33% of 300 is ____ **How do you find 66% of 300?**

                                        Multiply x ____   66% of 300 is ____

         3. What's the 1st step for 15% of 60?   **15% of 60**

                                        5% of 60 is ____   **How do you find 15% of 60?**

                                        Multiply x ____   15% of 60 is ____

         4. How do you find 66% of 18?   **66% of 18**

                                        33% of 18 is ____ **How do you find 66% of 18?**

                                        Multiply x ____   66% of 18 is ____

         5. How do you find 35% of 30?   **35% of 40**

                                        5% of 40 is ____   **How do you find 35% of 40?**

                                        Multiply x ____   35% of 40 is ____

#3 Find the percent of a number.   Calculator? yes   no

1. 30% of 20 is _____   30% of 80 is _____   30% of 70 is _____
2. 20% of 4 is _____   20% of 8 is _____   20% of 9 is _____
3. 66% of 30 is _____   66% of 12 is _____   66% of 24 is _____
4. 75% of 80 is _____   75% of 36 is _____   75% of 60 is _____
5. 15% of 40 is _____   15% of 60 is _____   15% of 200 is _____

#4 1. **Tom got 75% of 40 questions right. How many was that?**   ___ x ___ = _____ questions   Calculator? yes   no

2. **Kim made 75% of 20 basketball shots. How many shots was that?**   ___ x ___ = _____ shots

Review 1. What's the 1st step to find 25% of 40? _____   Calculator? yes   no

2. How do you find 75% of 40? _____

3. What's the 1st step to find 5% of 40? _____

4. How do you find 15% of 40? _____

5. What's 66% of 15? _____

6. **66% of all calls are for orders. How many out of 60 calls are orders?** _____

7. **Mr J goes 90% of the speed limit. If it's 70 kph, how fast does he go?** _____

8. **The owner gets 5% of the money. How much is that of $5000?** $_____

9. **Mrs W gets a 5% bonus. She sold $11,500. What's her bonus?** $_____

10. **33% is profit. What's the profit on $2000 sold?** $ _____

11. **Mr K drove 40% of 280 km. How many km is that?** _____

   How many km are left to go? _____ What percent is that? % _____

12. **TJ saved 33% of his $1200 paycheck. How much did he save?** $_____

   What percent did he spend? _____ How much money is it? $_____

13. **Profit is 20%. What's the profit on $5800 sold?** _____

Review Problems. 105

_____ #1 #2 #3 #4 ____/ 44   #3 #4 ____/ 14   Total ____/ 58
Name

#1 1. Place Value Shortcut _____

    2. Multiple of a Percent _____

    3. Base Percent _____

#2 Change to percents.   Calculator? yes no

1. $\frac{1}{4}$ = _____ $\frac{1}{8}$ = _____ $\frac{6}{5}$ = _____ $\frac{4}{3}$ = _____

2. $\frac{7}{6}$ = _____ $\frac{4}{50}$ = _____ $\frac{9}{4}$ = _____ $\frac{7}{20}$ = _____

#3 Find percent of a number.   Calculator? yes no

1. **50% of 60**   **50% of 150**   **25% of 120**
    Divide by ___ is _____   Divide by ___ is _____   Divide by ___ is _____

2. **25% of 40**   **33% of 180**   **33% of 210**
    Divide by ___ is _____   Divide by ___ is _____   Divide by ___ is _____

3. **20% of 90**   **20% of 50**   **5% of 80**
    Divide by ___ is _____   Divide by ___ is _____   Divide by ___ is _____

#4 Find these percent of a numbers.   Calculator? yes no

1. **10% of 40 is** _____   **20% of 40 is** _____   **40% of 40 is** _____
2. **10% of 3.0 is** _____ **20% of 3.0 is** _____ **30% of 3.0 is** _____
3. **10% of 500 is** _____ **20% of 500 is** _____ **30% of 500 is** _____
4. **10% of 7.0 is** _____ **20% of 7.0 is** _____ **30% of 7.0 is** _____
5. **20% of 40 is** _____   **20% of 60 is** _____   **20% of 70 is** _____
6. **66% of 90 is** _____   **66% of 15 is** _____   **66% of 27 is** _____
7. **75% of 24 is** _____   **75% of 40 is** _____   **75% of 400 is** _____
8. **15% of 20 is** _____   **15% of 40 is** _____   **15% of 300 is** _____

#5 Story Problems   Calculator?
                                                              yes   no

1. 20% of 300 people take the bus. How many
   people is that?   _____

2. 10% of 400 people return their purchase
   because they don't like it. How many is that?   _____

3. 60% of 700 people let their dog sleep on the
   bed. How many people is that?   _____

4. 66% of 480 senior citizens are on the internet.
   How many is that?   _____

5. 20% of 630 students have perfect attendance.
   How many is that?   _____

6. 15% of 420 fast food workers close the store.
   How many have to stay late?   _____

7. 15% of 260 students don't have a cellphone.
   How many is that?   _____

8. Liam bought a $1300 laptop. The tax is 4%.
   What is the total?   _____

9. 75% of 300 men in sports lift weights. How
   many is that?   _____

10. 90% of 320 women like to eat chocolate. How
    many is that?   _____

11. 8/9 of kids like recess. What percent is that?   _____

12. 19/20ths of math teachers like math. What
    percent is that? (I don't know about the rest.)   _____

13. 11/12ths of students don't like homework.
    What percent is that?   _____

14. 1/7th of kids like math. What percent is that?   _____

Ch 11 Ls 1 Split a percent of a number. 107

_____ #1 #2 ____/ 11 #3 #4 ____/ 18 R ___/ 26 T ____/ 55 _____
Name   Checker

#1 1. Find 110% of 20. First, whats 100% of 20? _____ What's 10% of 20 is? _____
What's the 2nd step to find it? Add _____ + _____ 110% of 20 is _____
2. Name 2 steps to find 110% of 20. _____
3. What is each percent of a number? **110% of 40**

100% is ___ 10% is ___ Finish it.

110% of 40 is ___

4. What is each percent of a number? **210% of 30**

200% is ___ 10% is ___ Finish it.

210% of 30 is ___

5. What is each percent of a number? **250% of 20**

200% is ___ 50% is ___ Finish it.

250% of 20 is ___

#2 Find the percent of a number.

1. Use 150% with split percents. **150% of 8**   **150% of 20**

150% of 8 is ___   150% of 20 is ___

2. Use 110% with split percents. **110% of 30**   **110% of 50**

110% of 30 is ___   110% of 50 is ___

3. Use 120% with split percents. **120% of 200**   **120% of 300**

120% of 200 is ___   120% of 300 is ___

#3 Find the percent of a number.   Calculator? yes no

1. 50% of 6 is _____   150% of 6 is _____   250% of 6 is _____

2. 25% of 12 is _____   125% of 12 is _____   225% of 12 is _____

3. 10% of 50 is _____   110% of 50 is _____   210% of 50 is _____

4. 33% of 30 is _____   133% of 30 is _____   233% of 30 is _____

5. 20% of 200 is _____ 120% of 200 is _____ 220% of 200 is _____

#4
1. Tom got 105% of 40 questions right. How many was that?   _____ _____ = _____ questions   Calculator? yes no

2. Kim made 120% on her $70 stock. What was the end price?   _____ _____ = _____ rupees

3. Mr T paid 150% of the $280 price for a ticket. How much was it?   _____ _____ = _____ rupees

Review
1. Find 110% of 20. First, whats 100% of 20 is? _____   What's 10% of 20 is? _____   Calculator? yes no

   What's the 2nd step to find it?   Add _____ + _____   110% of 20 is _____

2. Name 2 steps to find 110% of 20. _____

3. 110% of 8 is _____   105% of 40 is _____   110% of 200 is _____

4. 150% of 8 is _____   125% of 12 is _____   105% of 60 is _____

5. 210% of 6 is _____   110% of 25 is _____   110% of 70 is _____

6. 110% of 9 is _____   150% of 30 is _____   210% of 80 is _____

7. 210% of 7 is _____   115% of 20 is _____   133% of 90 is _____

8. Drive 120% of 300 km. How far is that?   _____ _____ = _____ km

9. Drive 210% of 200 km. How far is that?   _____ _____ = _____ km
   (They drove back and got lost.)

Ch 11 Ls 2 2 Ways to find Uneven Percents. 111

_____ #1 #2 ____/ 9   #3 #4 ____/ 20   R ___/ 15   T ____/30   _____
            Name   Checker

#1 1. What's 1st to find 50% of 9 for a fraction answer? _____

2. What do you change the fraction to? _____

3. How do you use fraction answers?   **50% of 11**

Fraction is □/□   What do you change to?

___ □/□ is _____

4. How do you use fraction answers?   **25% of 13**

Fraction is □/□   What do you change to?

___ □/□ is _____

#2 1. How does multiply find 50% of 9 using decimals? _____

2. How do you divide 9 by 50% using decimals? _____

3. Name 2 ways to find uneven percents? _____

4. How do you divide for a decimal?   **50% of 15**

Divide by ____ . □/□   Find the decimal.

The decimal is _____

5. How do you multiply for a decimal?   **25% of 17**

Multiply ___ x ___ = ____   Find the decimal.

The decimal is _____

#3 Use fractions for both kinds of answers.   Calculator?
                                                                 yes   no

1. **50% of 5**   Fraction: _____   Mixed Num: _____   Dec: _____

2. **25% of 5**   Fraction: _____   Mixed Num: _____   Dec: _____

3. **50% of 7**   Fraction: _____   Mixed Num: _____   Dec: _____

4. **25% of 9**   Fraction: _____   Mixed Num: _____   Dec: _____

5. **33% of 7**   Fraction: _____   Mixed Num: _____   Dec: _____

#4 Use decimals to find both kinds of answers.   Calculator?
                                                                 yes   no

1. **50% of 15**   ____ x ____ = ____ or ____

2. **25% of 11**   ____ x ____ = ____ or ____

3. **50% of 17**   ____ x ____ = ____ or ____

4. **25% of 21**   ____ x ____ = ____ or ____

5. **33% of 11**   ____ x ____ = ____ or ____

Review 1. What's the 1st step to find 50% of 9 for a fraction answer? _____   Calculator?
                                                                                     yes   no
2. What do you change the fraction to? _____

3. How does multiply find 50% of 9 for a decimal answer? _____

4. How do you divide 9 by 50% using decimals? _____

5. Name 2 ways to find uneven percents? _____

6. **50% of 23** Fraction: _____   Mixed Num: _____   Dec: _____

7. **25% of 13** Fraction: _____   Mixed Num: _____   Dec: _____

8. **50% of 27**   ____ x ____ = ____ or ____

9. **25% of 21**   ____ x ____ = ____ or ____

10. Two days of the week (7 days) were cloudy. What percent was that? ____ is ____ %

11. Juan needs $450 for a bike. He has $350. What percent does he need? _____ %

Ch 11 Ls 3 Find percent of a number with 1%.   111

_____ #1 #2 ____/ 10   #3 #4 ____/ 18   R ___/ 20   T ____/ 48 _____
          Name   Checker

#1   1. How do you find 1% of 300? _____

2. How do you find 1% of 20? _____

3. How do you find 1% of 200?   **1% of 200**

Move the decimal ___ place.   1% of 200 is ____

4. How is 1% of 70 different?   **1% of 70**

It makes a _____ answer.   1% of 70 is ____

5. What is 1% of 3?   **1% of 3**

1% of 3 is ____

#2 Find percent of a number with 1%.

1. What's the 1st step to find **3% of 200**. _____

2. What does it multiply? (Find the answer.) _____

3. What kind of an answer is 3% of 60? _____

4. What's the 1st step for 2% of 20?   **2% of 200**

1% of 200 is ____   **How do you find 2% of 200?**

Multiply x ____   2% of 200 is ____

5. What's the 1st step for #5 of 40?   **3% of 40**

1% of 40 is ____   **How do you find 3% of 40?**

Multiply x ____   3% of 40 is ____

#3   Find the percent of a number.   Calculator? yes   no

1. 1% of 200 is _____   2% of 200 is _____   4% of 200 is _____

2. 1% of 50 is _____   101% of 50 is _____   201% of 50 is _____

3. 1% of 8 is _____   1% of 12 is _____   1% of 15 is _____

4. 1% of 30 is _____   2% of 30 is _____   3% of 30 is _____

5. 1% of 80 is _____   6% of 80 is _____   11% of 80 is _____

#4 1. Mr D's loan is for 11% on $3000. How much is the simple interest?   _____ x _____ = _____ interest   Calculator? yes   no

2. Mr K drove 12% of 360 km when he got a flat tire. How far had he gone?   _____ x _____ = _____ kilometers

3. Gas prices are $1.20 per liter. It's going up 5% by noon. How much is that?   _____ x _____ = _____ dollars

Review 1. How do you find 1% of 300? _____   Calculator? yes   no

2. How do you find 1% of 20? _____

3. What's the 1st step to find **3% of 200**. _____

4. What does it multiply? (Find the answer.) _____

5. What kind of an answer is 3% of 60?   percent   number   circle one

6. 1% of 700 is _____   1% of 300 is _____   1% of 400 is _____

7. 1% of 20 is _____   1% of 50 is _____   1% of 80 is _____

8. 1% of 400 is _____   6% of 400 is _____   6% of 200 is _____

9. 11% of 80 is _____   11% of 70 is _____   11% of 30 is _____

10. 21% of 20 is _____   21% of 50 is _____   21% of 40 is _____

11. Mr K drove 102% of 200 kilometer. (He got lost.) How many km is that?   _____ x _____ = _____ km

12. The extra credit was worth 4% of 200 points. How many points is it?   _____ x _____ = _____ points

Ch 11 Ls 4 Find 1 tenth of a percent. 113

_____ #1 #2 ____ /10 #3 #4 ____ / 18 R ___ / 21 T ____ / 49 _____
           Name   Checker

#1 1. How does 0.1% of 1000 move a decimal? _____

2. Name 2 places people use 10ths of a percent. _____

3. How do you find 0.1% of 5000? **0.1% of 5000**

Move the decimal ___ place.   0.1% of 5000 is ____

4. What kind of answer is 0.1% of 700? **0.1% of 700**

It makes a decimal answer.   0.1% of 700 is _____

5. What is 0.1% of 30? **0.1% of 30**

0.1% of 30 is _____

#2 Find percent of a number with 0.1%.

1. What's the 1st step to find 0.3% of 2000? _____

2. What's the answer for it? _____

3. Name 2 steps to multiply of a percent. _____

4. What's the 1st step for 0.2% of 2000? **0.2% of 2000**

0.1% of 2000 is ____   How do you find 0.2% of 200? _____

Multiply x ___   0.2% of 2000 is ____

5. What's the 1st step for 0.3% of 400? **0.3% of 400**

0.1% of 400 is ____   How do you find 3% of 400? _____

Multiply x ___   0.3% of 400 is ____

#3 Find the percent of a number.   Calculator?
                                                                              yes   no

1. 0.1% of 4000 is _____   0.1% of 400 is _____   0.1% of 40 is _____

2. 0.1% of 200 is _____   0.2% of 200 is _____   0.3% of 200 is _____

3. 1.1% of 3000 is _____   1.1% of 2000 is _____   1.1% of 7000 is _____

4. 0.1% of 10 is _____   0.2% of 10 is _____   0.3% of 10 is _____

5. 0.1% of 15 is _____   0.1% of 12 is _____   0.1% of 17 is _____

#4 1. Mr T has a contract for 0.3% of   Calculator?
       $4,000,000. How much is 0.3% worth?   _____ x _____ = $_____   yes   no

    2. Mrs W's house loan went up 0.8% on
       $700,000. How much is that?   _____ x _____ = $_____

    3. Mr A owns 0.4% of a $5,000,000
       building. How much is it worth?   _____ x _____ = $_____

Review 1. How does 0.1% of 1000 move a decimal? _____   Calculator?
                                                                              yes   no
       2. What's the 1st step to find 0.3% of 2000? _____

       3. What's the 2nd step to find 0.3% of 2000? _____

       4. Name 2 steps to multiply of a percent. _____

       5. 10% of 600 is _____   11% of 600 is _____   15% of 600 is _____

       6. 0.1% of 300 is _____   0.2% of 300 is _____   21% of 300 is _____

       7. 1.1% of 4000 is _____   12% of 400 is _____   15% of 400 is _____

       8. 0.1% of 200 is _____   15% of 20 is _____   21% of 20 is _____

       9. 1% of 30 is _____   2% of 30 is _____   3% of 30 is _____

       10. Liam's share went up 0.8% on $90,000.
           How much is it?   _____ x _____ = $_____

       11. Dr T owns 1.1% of a $6,000,000
           diamond mine. How much is it worth? _____ x _____ = $_____

#1 to #5 ____ / 55   #6 ____ / 14   Total ____ / 69

Name

#1 **1. Percent of a Number over 100%** _____

2. Imperfect Percents _____

3. 1% of a Number _____

4. Tenths of a Percent _____

#2 Find percent of a number.   Calculator? yes   no

1. **150% of 8 is** ____   **125% of 12 is** ____   **105% of 60 is** ____
2. **250% of 6 is** ____   **110% of 25 is** ____   **110% of 70 is** ____
3. **110% of 9 is** ____   **150% of 30 is** ____   **210% of 80 is** ____
4. **210% of 7 is** ____   **110% of 50 is** ____   **133% of 90 is** ____

#3 Find uneven fractions and percents.   Calculator? yes   no

1. **50% of 11**   Fraction: ____   Mixed Num: ____   Dec: ____
2. **25% of 13**   Fraction: ____   Mixed Num: ____   Dec: ____
3. **50% of 15**   Fraction: ____   Mixed Num: ____   Dec: ____
4. **25% of 21**   Fraction: ____   Mixed Num: ____   Dec: ____
5. **33% of 10**   Fraction: ____   Mixed Num: ____   Dec: ____

#4 Find 1% with percent.   Calculator? yes   no

1. **1% of 700 is** ____   **2% of 700 is** ____   **3% of 700 is** ____
2. **1% of 60 is** ____   **101% of 60 is** ____   **201% of 60 is** ____
3. **1% of 2 is** ____   **1% of 20 is** ____   **1% of 40 is** ____
4. **1% of 80 is** ____   **2% of 80 is** ____   **3% of 80 is** ____

#5 Find 10ths of a percent.   Calculator? yes   no

1. **0.1% of 8000 is** ____   **0.1% of 800 is** ____   **0.1% of 80 is** ____
2. **0.1% of 300 is** ____   **0.2% of 300 is** ____   **0.3% of 300 is** ____
3. **1.1% of 6000 is** ____   **1.1% of 8000 is** ____   **1.1% of 5000 is** ____
4. **0.1% of 200 is** ____   **0.2% of 200 is** ____   **0.3% of 200 is** ____

Story Problems

Calculator?
yes   no

#6
1. Mrs D bought a refrigerator for $800 with a 3% tax. How much is the total? _____

2. Jacob, an electrician, worked 10 months out of the year. What percent of the year did he work? _____

3. Mr T has a contract for 0.3% of $700,000. How much is 0.6% worth? _____

4. 50% of 23 pizzas have pepperonis. How many pizzas is that? _____

5. Owen got 110% of 20 questions right. How many was that? (It's extra credit.) _____

6. Mrs W's house loan went up 0.4% on $200,000. How much is that? _____

7. 3% of 400 students have perfect attendance. How many is that? _____

8. Noah worked 30 hours this week. His manager scheduled him for 120% next week. How many is that? _____

9. Hansh bought a $1500 laptop. The tax is 5%. What is the total? _____

10. Logan's shae went up 0.6% of $40,000. How much did it go up? _____

11. There's 200 bacteria. Every hour they increase 50%. How much is there after 3 hours? _____

12. 8% of 600 fast food workers like to close the store. How many like to stay late? _____

13. Mr J owns 1.8% of a $8,000,000 building. How much is it worth? _____

14. Zoe ran 50% of 17 km. How far is that? _____

Ch 12 Ls 1 Percent equations/Average of percents. 117

_____ #1 #2 ____/13 #3 #4 ____/12 R ___/12 T____/37 _____
　　　　Name　　　　　　　　　　　　　　　　　　　　　　　　　　　　　　　　Checker

#1 1. Add a percent to a percent. What kind of answer is it? _____

2. What is the "other percent" ? _____

3. What's the other percent?　　**10%**　　　　　　**40%**

....

　　　　　　　　　　　　　　10% + ___ = 100%　　40% + ___ = 100%

4. What's the other percent?　　**17%**　　　　　　**99.5%**

....

　　　　　　　　　　　　　　17% + ___ = 100%　　99.5% + ____ = 100%

5. What's the other percent?　**100% - 14%**　　**100% - 55%**

....

　　　　　　　　　　　　　　100% - 14% = _____　　100% - 55% = _____

#2 1. Name 2 ways to find a part of a percent. _____

2. How do you find a part of a percent? _____

3. Find half of 100% - 60%. What's 1st?　**100% - 60%**

....

　　　　　　　　　　　　　　100% - 60% = ____%　　What's the 2nd step?

....

　　　　　　　　　　　　　　_____ ÷ 2 = ___%

4. Find 25% of what's left from 100% - 92%.　**100% - 92%**

....

　　　　　　　　　　　　　　100% - 92% = ____%　　What's the 2nd step?

....

　　　　　　　　　　　　　　_____ ÷ 4 = ___%

5. Find 10% of what's left from 100% - 80%.　**100% - 80%**

....

　　　　　　　　　　　　　　100% - 80% = ____%　　What's the 2nd step?

　　　　　　　　　　　　　　10% of 20 is ___%

#3 Find the other percent.   Calculator? yes   no

1. **10%**   **40%**   **75%**

   10% + ___ = 100%   40% + ___ = 100%   75% + ___ = 100%

2. **3%**   **5%**   **9%**

   3% + ___ = 100%   5% + ___ = 100%   9% + ___ = 100%

3. **0.5%**   **0.2%**   **0.1%**

   100% - ___ = ___   100% - ___ = ___   100% - ___ = ___

#4
1. **60% of the bill to repair Mrs W's roof was for labor. Half of the rest was for shingles. What percent was the rest?** _____   Calculator? yes   no

2. **Emma got an 82% on a test. She understood what she got wrong on half of it. What percent did she not understand?** _____

3. **XYZ seated 70% of the customers. A third of the remaining customers are children. What percent are adults?** _____

Review
1. Add a percent to a percent. What kind of answer is it? _____   Calculator? yes   no

2. What is the other percent? _____

3. Name 2 ways to find part of a percent. _____

4. How do you find a part of a percent? _____

5. **10% + ___ = 100%   40% + ___ = 100%   6% + ___ = 100%**

6. **98% + ___ = 100%   0.3% + ___ = 100%   0.01% + ___ = 100%**

7 **33% of each day is sleeping and 10% is eating. What percent is left over?** _____

8. **Angelica finished 10% of her math in class, 30% after school, and 20% now. What percent is left?** _____

Ch 12 Ls 2 Find percent of equations. 119

_____ #1 #2 ____/11 #3 #4 ____/9 R ___/10 T ____/30 _____
        Name   Checker

#1 1. What is a percent equation? _____

2. What is a percent of a number equation? _____

3. Find the missing numbers.
20% + 80% = 100%
? + ? = 50

____ + ____ = 50

4. Find what adds with 3.
10% + 90% = 100%
3 + ? = ?

3 + ____ = ____

5. Find what adds to 200.
10% + 90% = 100%
? + ? = 200

____ + ____ = 200

#2 1. Kate missed 20% on a test. What is the percent equation? _____

2. There were 30 questions. What is the number equation? _____

3. Name 2 ways to solve it. _____

4. What subtracts from 300?
100% - 80% = 20%
300 - ? = ?

300 - ____ = ____

5. What subtracts with 40?
100% - 90% = 10%
40 - ? = ?

40 - ____ = ____

6. Subtract with 70% and 30%.
100% - 70% = 30%
200 - ? = ?

200 - ____ = ____

#3 Find the missing numbers.   Calculator? yes no

1. 10% + 90% = 100%   20% + 80% = 100%
    20 + ___ = ___   30 + ___ = ___

2. 100% - 10% = 90%   100% - 5% = 95%
    400 - ___ = ___   400 - ___ = ___

3. 10% + 90% = 100%   20% + 80% = 100%
    7 + ___ = ___   8 + ___ = ___

#4
1. TJ got 90% of 40 questions right.   100% - ___ = ___   Calculator? yes no
    How many did he get wrong?   ___ - ___ = ___

2. Mr K drove 10% of 600 kilometers.   ___ + ___ = 100%
    How many kilometers are left?   ___ + ___ = ___

3. Emily saves 20% of $920.   100% - ___ = ___
    How much does she spend?   ___ - ___ = ___

Review
1. What is a percent equation? _____   Calculator? yes no
2. What is a percent of a number equation? _____
3. Kate missed 20% on a test. What is the percent equation? _____
4. There were 30 questions. What is the number equation? _____
5. Name 2 ways to solve it. _____

Find the missing numbers.

6. 10% + 90% = 100%   20% + 80% = 100%
    ___ + ___ = 30   ___ + ___ = 50

7. 10% + 90% = 100%   100% - 5% = 95%
    2 + ___ = ___   40 - ___ = ___

8. Mr W sold 10% of his pop shares for   100% - ___ = ___
    $200. How many did he start out with? ___ - ___ = ___

Ch 12 Ls 3 Simple Interest/Percent of a total cost. 121

_____ #1 #2 ____/12 #3 #4 ____/7 R ___/10 T ____/25 _____
              Name   Checker

#1 1. What 3 things does simple interest multiply? _____

   2. What does it find on the right side? _____

   3. What is a princpal in math? _____

   4. Multiply $ and years 1st.   **$200 at 5% for 2 yr**

                                    $200 x 2 = _____   Multiply the percent.

                                    $ _____ x 5% = _____

   5. Multiply $ and years 1st.   **$300 at 7% for 5 yr**

                                    $300 x 5 = _____   Multiply the percent.

                                    $ _____ x 7% = _____

#2 1. How did tacos take 10% off 3 tacos for $2 each? Multiply _____ x _____ x _____

   2. How do you change it to find how much they cost? Multiply _____ x _____ x _____

   3. How does Increase Percent change how the amount is viewed? _____
   _____

   4. Name 2 steps to solve it. _____

   5. Buy 8 comic books for $6 each at 10% off. How much does it take off?

                    _____ x _____ x _____ = $?   How much do they take off?

                    Take off _____

   6. Buy 4 loaves of bread for $3.50 each at 20% off. How much does it take off?

                    _____ x _____ x _____ = $?   How much do they take off?

                    Take off _____

118.

#3 Solve these in 2 steps.

1. $600 at 6% for 3 yr $1000 at 5% for 2 yr

    $600 x 6% = _____ $1000 x 5% = _____

    _____ x _____ = _____   _____ x _____ = _____

2. $800 at 12% for 4 yrs $6000 at 17% for 10 yrs

    $800 x 12% = _____ $6000 x 17% = _____

    _____ x _____ = _____   _____ x _____ = _____

3. Buy 3 books for $9 each. They are
    20% off. What does it multiply?   _____ x 9 x 3 = Rs _____

    Change the percent to
    find how much they cost.   _____ x 9 x 3 = Rs _____

4. Buy 4 sandwiches for $1.50 each.
    They are 30% off. What does it multiply?   _____ x 1.50 x 4 = Rs _____

    Change the percent to
    find how much they cost.   _____ x 1.50 x 4 = Rs _____

Review 1. What 3 things does simple interest multiply? _____

2. What is a princpal in math? _____

3. What does simple interest find? _____

4. How did tacos take 10% off 3 tacos for $2 each? _____

5. How do you change it to find how much they cost? _____

6. A football crowd went from 5000 to 4000
   over a year. What's the decrease percent?   Fraction _____ 4000 is _____%

7. A high school went from 3000 to 3500.
   What is the percent of increase?   Fraction _____ 3500 is _____%

8. A home is priced at $400,000. It got cut to
   $380,000. What is the decrease percent?   Fraction _____ It's _____%

_____ #1 #2 #3 #4 ____/32 #6 ____/14 Total ____/46
Name

#1 1. Other Percent _____

2. Percent of a Number Equation _____

3. Simple Interest _____

4. Percent of Total Cost _____

#2 Find the percent.   Calculator?
                                                               yes   no

1. 25% + _____ = 100%   66% + _____ = 100%

2. 97% + _____ = 100%   0.5% + _____ = 100%

3. 0.6% + _____ = 100%   0.03% + _____ = 100%

4. 100% - _____ = 21%   100% - _____ = 1%

5. 100% - _____ = 0.4%   100% - _____ = 97.5%

6. 100% - _____ = 1.5%   100% - _____ = 36%

#3 Find the missing numbers.   Calculator?
                                                               yes   no

1. 10% + 90% = 100%   20% + 80% = 100%

    60 + ____ = ____   8 + ____ = ____

2. 100% - 10% = 90%   100% - 5% = 95%

    900 - ____ = ____   200 - ____ = ____

3. 30% + 70% = 100%   75% + 25% = 100%

    15 + ____ = ____   60 + ____ = ____

#4 1. Buy 6 signs at $200 each. They are   Calculator?
Simple   10% off. How much did they discount it?   yes   no
Interest   ____ x $200 x 6 = $____

       Change the percent to
       find how much they cost.   ____ x $200 x 6 = $____

2. Buy 2 tv sets at $700 each. They are
   discounted 25%. How much is the
   discount?   ____ x $700 x 2 = $____

       Change the percent to
       find how much they cost.   ____ x $700 x 2 = $____

Review Practice 123

#4 Story Problems　　　　　　　　　　　　　　　　　　　　　　　　　　　　　Calculator? yes no

1. Mr K has a $40,000 loan at 12% interest for 2 years. How much simple interest will he pay? _____

2. Noah bought 4 burritos for $3 each. He got 10% off. How much is that? _____

3. Emily has 400 followers on Twitter. 80% are her friends and half of the rest are her family. What's left? _____

4. Mr Z mowed 15% of the lawn. His brother mowed 50% of what's left. What percent is left to do? _____

5. There's 30 people in my class. 10% are absent. What percent are here and how many is that? _____

6. Mr J earns $2000 each month. He spends 20% on his car loan. What percent is left and how much is that? _____

7. Liam borrowed $7500 for a laptop. It's 5% interest and is for 1 year. How much does it cost in all? _____

8. Mattie took 300 pictures. 40% are of people and 20% are of animals. What percent are left? _____

9. 10% of the animals at the zoo are lions, 20% are monkees, and 50% birds. What percent are others? _____

10. Ms C bought 6 chairs for $20 each. The tax is 5%. How much did she pay in all? _____

11. Ethan has 60 newspaper customers. 10% are sunday only. What percent is left and how many are they? _____

12. Leo did 20% of his 50 problems in class. What percent is left and how many are for homework? _____

13. Mrs W paid $8000 for art work and sold it for 200% of that 2 years later. How much was that? _____

14. Logan works 20% of 50 hours of his hours on Monday. What percent and how many hours are left for the week? _____

_____ #1 Review ____/14 #2 Review ____/14 Total ____/28
Name

#1 1. Mr K, a casino worker, worked 11 months out of the year. What percent of the year did he work? _____

Calculator?
yes   no

2. Eighteen of 25 students are boys. What percent of the class are girls? _____

3. DJ took a quiz and got 28 right and 5 answers wrong. What percent did he get right? _____

4. A student got a grade of 70% on a test that had 40 problems. How many did he get right? _____

5. There are 18 workers on a crew. Yesterday, 15 were here. What percent showed up for work? _____

6. Mr T put $9500 into a savings account for 1 year. The interest on the account was 4%. How much was the interest for a year? (simple) _____

7. A student got a 82% on a test with 72 problems. How many problems did he get right? _____

8. JJ bought a car for 80% of the $20,000 they were asking. What did he pay for the car? _____

9. Mr D bought an electric saw for 25% of the store price. He paid $210 for the saw. What was the regular price? _____

10. A crew has 12 men for 75% of the crew and the rest are women. How many are in the crew? _____

11. Liam earns $36,500 a year. 13% is taken out for taxes. How many dollars are taken out for taxes? _____

12. At a sale, pants were discounted 75% of their price to $20 each. What was the original price? _____

13. There are 28 students in a class. Fifteen of those students are boys. What percent are girls? _____

14. A soccer team played 38 games and won 22 of them. What percent of the games did they lose? _____

Review Practice 125

Story Problems   Calculator?
                                                                                                    yes   no

#2 1. Liam cut a quarter the lawn and Noah cut
   2 fifths. What percent of the lawn is done?   _____

2. Mrs K will drive a third of the trip and her son
   will drive a 5th. What fraction is left over?   _____

3. Toy.Com has a 8% return rate on its products.
   Write this percent as a fraction in simplest form. _____

4. There are 4 trombones out of 20 instruments in
   the town band. What percent is that?   _____

5. Mr Z's favorite clothing store is having a 40% off
   sale. What fraction represents the 40% off sale?   _____

6. 45% of the customers order large soft drinks.
   What simplified fraction of them order it?   _____

7. A center for a Olympic team made 66% of his
   field goals. What fraction is that?   _____

8. In a class, 9 out of 25 students have blue eyes.
   What percent of the class has blue eyes?   _____

9. Mason answered 3/4 of the questions correctly on
   his test. What percent of the questions is that?   _____

10. Jack spelled 13 out of 20 words correctly on
    his spelling test. What is 13 of 20 as a percent? _____

11. You spent 2% of the $8,000 budget on bagels.
    How much did you spend on bagels?   _____

12. Tom, a carpenter, worked 7 months out of
    the year. What percent of the year did he work?   _____

13. Fourteen of the 32 students in a class are boys.
    What percent of the class are girls?   _____

14. A teacher gave a math test with 40 questions
    on it. TJ scored 85% on the test. How many   _____
    questions did he answer correctly?

Ch 13 Ls 1 Working with squared exponents. 127

_____ #1 #2 ____/12 #3 #4 ____/ 31 R ___/ 21 T ____/52 _____
           Name   Checker

#1 1. What does an exponent do? _____

2. What is the name for 2 as an exponent? _____

3. What rule is it if no exponent is written? _____

4. What is any number to the 0 power? _____   What if the exponent is 1? _____

5. What does 15 squared multiply? 15^2 **Solve it.**

_____ x _____ = _____

6. What does 13 squared multiply? 13^2

_____ x _____ = _____

7. What does 14 squared multiply? 14^2

_____ x _____ = _____

#2 1. What is the name for 3 as an exponent? _____

2. How do you solve a cube by using a square? _____

3. How do you change 2 to the 3rd for squares? 2^3

Solve it. What's the answer? $2^{--} \times 2^{--}$

_____ x _____ x _____ = _____

4. What are 3 and 4 cubed? 3^3 4^3

_____   _____

5. What are 5 and 10 cubed? 5^3 10^3

_____   _____

#3 Solve the squares.   Calculator? yes no

1. $6^2 =$ _____ $7^2 =$ _____ $8^2 =$ _____ $9^2 =$ _____

2. $11^2 =$ _____ $12^2 =$ _____ $13^2 =$ _____ $14^2 =$ _____

3. $15^2 =$ _____ $20^2 =$ _____ $30^2 =$ _____ $40^2 =$ _____

4. $10^2 =$ _____ $10^3 =$ _____ $10^4 =$ _____ $10^5 =$ _____

#4 Solve the cubes and others.   Calculator? yes no

1. $1^3 =$ _____ $3^0 =$ _____ $2^3 =$ _____ $3^3 =$ _____

2. $10^0 =$ _____ $4^3 =$ _____ $5^3 =$ _____ $10^1 =$ _____

3. $5^3 =$ _____ $15^2 =$ _____ $50^2 =$ _____ $60^2 =$ _____

4. $10^6 =$ _____ $10^7 =$ _____ $10^8 =$ _____

Review 1. What does an exponent do? _____   Calculator? yes no

2. What is the name for 2 and 3 as exponents? _____

3. What rule is it if no exponent is written? _____

4. What is any number to the 0 power? _____ What if the exponent is 1? _____

5. How do you solve a cube by using a square? _____

6. $8^2 =$ _____ $11^2 =$ _____ $15^2 =$ _____ $20^2 =$ _____

7. $2^2 =$ _____ $5^2 =$ _____ $9^2 =$ _____ $8^2 =$ _____

8. $10^2 =$ _____ $15^2 =$ _____ $16^2 =$ _____ $20^2 =$ _____

9. $60^2 =$ _____ $50^2 =$ _____ $90^2 =$ _____

Ch 13 Ls 2 Solve exponents of negative numbers. 129

_____ #1 #2 ____/ 10 #3 #4 ____/ 13 R ___/ 16 T ____/39 _____
      Name   Checker

#1 1. Which numbers do larger exponents solve? _____

2. What exponent do you use to solve larger exponents? _____

3. How do you find squares with an odd exponent? _____

4. How do you change 5 to the 4th for squares? 5^4

Solve it. What's the answer? $5^{\_\_} \times 5^{\_\_}$

____ x ____ = ____

5. How does 2 to the 5th use squares? 2^5

Solve it. What's the answer? $2^{\_\_} \times 2^{\_\_} \times 2^{\_\_}$

____ x ____ x ____ = ____

#2 1. What sign do even exponents make? _____

2. What sign do negative odd exponents make? _____

3. Write out what multiplies. What's the answer? $(-4)^2$

_____

4. Write out what multiplies. What is it? $(-3)^3$

_____

5. Write it out. Positive or negative? $(-2)^4$

_____

#3 Use squares to find these numbers.   Calculator?
                                                           yes   no

1. $3^4 = 3 \_\_ \times 3 \_\_$ $4^4 = 4 \_\_ \times 4 \_\_$

   ___ × ___ = ___   ___ × ___ = ___

2. $6^4 = 6 \_\_ \times 6 \_\_$ $2^5 = 2 \_\_ \times 2 \_\_ \times 2 \_\_$

   ___ × ___ = ___   ___ × ___ × ___ = ___

#4 Solve the exponents. Find the signs.   Calculator?
                                                           yes   no

1. $-2^2 = $ ____ $-2^3 = $ ____ $-2^4 = $ ____

2. $-3^2 = $ ____ $-3^3 = $ ____ $-3^4 = $ ____

3. $-5^2 = $ ____ $-5^3 = $ ____ $-5^4 = $ ____

Review 1. What do you look for to solve larger exponents? _____   Calculator?
                                                                                        yes   no
2. What exponent do you use to solve larger exponents? _____

3. How do you find squares with an odd exponent? _____

4. What sign do negative even exponents make? _____

5. What sign do negative odd exponents make? _____

6. $5^4 = 5 \_\_ \times 5 \_\_$ $2^6 = 2 \_\_ \times 2 \_\_ \times 2 \_\_$

   ___ × ___ = ___   ___ × ___ × ___ = ___

7. $-6^2 = $ ____ $-4^3 = $ ____ $-10^3 = $ ____

8. $-7^2 = $ ____ $-2^4 = $ ____ $-3^4 = $ ____

9. $-3^3 = $ ____ $-5^3 = $ ____ $-3^5 = $ ____

Ch 13 Ls 3 The Rule of 3s.   131

_____ #1 #2 ____/15 #3 #4 ____/22 R ___/15 T ____/52 _____
Name   Checker

#1 1. What is 10^3? _____ what is 1 more? 10^4 _____

2. What number is 2 more (3 + 2)? 10^5 is _____

3. What is 10^6? _____ what is 1 more? 10^7 _____

4. What number is 2 more (6 + 2)? 10^8 is _____

5. What number does 10 to the 4th make? 10^4

    10 to the 4th is _____ or ____ thousand.

6. What number does 10 to the 5th make? 10^5

    10 to the 5th is _____ or _____ thousand.

#2 Larger Exponents

1. What is 10^9? _____ 1 more? 10^{10} _____

2. What number is 2 more (9 + 2)? 10^{11} is _____

3. 10^{12}? _____ 1 more? 10^{13} _____

4. What number is 2 more (9 + 2)? 10^{14} is _____

5. What number does 10 to the 6th make? 10^6

    10 to the 6th is ___ groups or _____.

6. What number does 10 to the 9th make? 10^9

    10 to the 9th is ___ groups or _____.

7. What number does 10 to the 12th make? 10^{12}

    10 to the 12th is ____ groups or _____.

#3 Are these correct? Yes or write the correct exponent.   Calculator?
yes   no

1. 10 million = 10^7 yes or ___   100 trillion = 10^{11} yes or ___
2. million = 10^5 yes or ___   100 thousand = 10^8 yes or ___
3. thousand = 10^6 yes or ___   100 billion = 10^{10} yes or ___
4. billion = 10^9 yes or ___   100 million = 10^9 yes or ___
5. trillion = 10^{13} yes or ___   10 billion = 10^{12} yes or ___

#4 Write the number, then place value with words.   Calculator?
yes   no

1. 10 to the 4th _____ is _____
2. 10 to the 8th _____ is _____
3. 10 to the 9th _____ is _____
4. 10 to the 12th _____ is _____
5. 10 to the 6th _____ is _____
6. 10 to the 8th _____ is _____

Review   1. What group does the exponents 3, 4, and 5 count? _____   Calculator?
yes   no

2. What group does the exponents 9, 10, and 11 count? _____

3. What group does the exponents 12, 13, and 14 count? _____

4. What group does the exponents 6, 7, and 8 count? _____

5. What's the exponent?   1 thousand ____   10 trillion ____   100 billion ____

6.   10 million ____   1 trillion ____   10 billion ____   100 thousand ____

7.   100 million ____   10 thousand ____   1 billion ____   1 million ____

_____ #1 #2 #3 ____ / 37 #4 ____ / 9 Total ____ / 46
Name

#1 **1. Exponent** _____

2. Square _____

3. Cubed _____

4. Larger Exponent _____

5. Negative Exponent _____

6. Rule of 3s _____

#2 Solve the exponents.   Calculator?
                                                                            yes   no

1. $18^0 =$ _____ $6^2 =$ _____ $7^2 =$ _____ $8^2 =$ _____

2. $2^3 =$ _____ $3^3 =$ _____ $4^3 =$ _____ $5^3 =$ _____

3. $13^2 =$ _____ $14^2 =$ _____ $20^2 =$ _____ $30^2 =$ _____

4. $40^2 =$ _____ $50^2 =$ _____ $60^2 =$ _____

5. $-5^2 =$ ____ $-4^3 =$ ____ $-3^4 =$ ____

6. $-2^3 =$ ____ $-2^4 =$ ____ $-2^5 =$ ____

7. $-6^2 =$ ____ $-7^2 =$ ____ $-8^2 =$ ____

#3 Write the number, then place value with words.   Calculator?
                                                                  yes   no

1. **10 to the 5th** _____ is _____

2. **10 to the 7th** _____ is _____

3. **10 to the 6th** _____ is _____

4. **10 to the 11th** _____ is _____

5. **10 to the 9th** _____ is _____

6. **10 to the 12th** _____ is _____

7. **10 to the 10th** _____ is _____

Word Problems

#4
1. Liam has a 121 solar powered panels in equal parts. How long is 1 side of it? _____ Calculator? yes no

2. You have a party. You decide to invite 2 to the fifth people to it. How many people is it? _____

3. Well, you forgot about some other people who want to be at your part, so it's 2^6. How many? _____

4. You're friend washes windows. Once she had a job for 13 by 13 windows. How many was it? _____

5. You have a photo that is 3 cm by 3 cm. You enlarge it once so it's double the size. How large is it? _____

6. Find the value of 15, 24, and 39. What can you say about the value of power of 1? _____

7. Noah has a window that's 7 by 7 smaller windows. How many small windows are there? _____

8. Mason has a 15 by 15 meter yard to sow with grass. How many square meters is it? _____

9. Mason measued again and it's 16 by 16 meters. How many square meters is it? _____

10. Thomas has a 20 by 20 cm design for an art work. How many square cm is it? _____

11. After 2 more days, you have some more friends who want to come to your party. Now, it's 2^7 people coming. How many is it? _____

12. A national park is 8 by 8 km. How many square km is it? _____

13. A friend has a 14 by 14 parking lot for cars. Each car is $12. How much is it if it is full? _____

Ch 14 Ls 1 Solve expressions with variables.   135

_____ #1 #2 ____/ 11   #3 #4 ____/ 12   R ___/ 10   T ____/ 33 _____
Name   Checker

#1 1. What is a variable? _____

2. How do you solve a variable? _____

3. What happens when you solve it? _____

4. Name 3 ways algebra uses to multiply. _____

_____

5. Solve for **x is 6**. What does 5x show?   **5x**

Multiply. If x is 6 it equals ___   **5 • 6 = 30**

6. Solve for **a is 6**. What does a + 2 show?   **a + 2**

Add. If A is 6 it equals ___   **6 + 2 = 8**

7. Solve for **a is 6**. What does 2.5s multiply?   **2.5a**

Multiply. If a is 6 it equals ___   **2.5 • 6 = 15**

#2 1. Solve for **x is 4**. What does 2x + 1 show?   **2x + 1**

Multiply and add 1. If x is 4 it equals ____   **2 • 4 + 1 = ___**

2. Solve for **x is 5**. What does 3x - 2 show?   **3x - 2**

Multiply and subtract. If x is 5 it equals ____   **3 • 5 - 2 = ___**

3. Solve for **a is 12**. What's the answer?   **0.5b + 6**

Multiply and add 6. If a is 12 it equals ____   **0.5 • 12 + 6 = ___**

4. Solve for **b is 20**. What's the answer?   **0.1b - 5**

Multiply and subtract. If b is 20 it equals ____   **0.1 • 20 - 5 = ___**

#3 Solve 2 step expressions.   Calculator?
                                                                        yes   no

1. Solve X is 3.   **2x + 3**   **- 5x - 3**   **7x + 11**
                    2(   ) + 3   - 5(   ) - 3   7(   ) + 11

                    If x is ___ it's _____ If x is ___ it's _____ If x is ___ it's _____

2. Solve X is 8.   **4x - 1**   **- 2x - 3**   **5x - 9**
                    4(   ) - 1   - 2(   ) - 3   5(   ) - 9

                    If x is ___ it's _____ If x is ___ it's _____ If x is ___ it's _____

#4 Solve these expressions.   Calculator?
                                                                         yes   no

1. Solve A is 2.   **2.5a - 1**   **$\frac{1}{2}$ a + 7**   **4a - 1.2**
                    2.5(   ) - 1 $\frac{1}{2}$ (   ) + 7   4(   ) - 1.2

                    If c is ___ it's _____ If c is ___ it's _____ If c is ___ it's _____

2. Solve A is 6.   **1.5a - 1**   **$\frac{1}{2}$ a + 3**   **2a - 2.3**
                    1.5(   ) - 1 $\frac{1}{2}$ (   ) + 3   4(   ) - 2.3

                    If c is ___ it's _____ If c is ___ it's _____ If c is ___ it's _____

Review 1. What is a variable? _____   Calculator?
                                                                          yes   no
        2. How do you solve a variable? _____

        3. What happens when you solve it? _____

        4. Name 3 ways algebra uses to multiply. _____
        _____

5. Solve X is - 1. **4x + 6**   **- 2x - 3**   **- 3x - 5**
                    4(   ) + 6   - 2(   ) - 3   - 3(   ) - 5

                    If x is ___ it's _____ If x is ___ it's _____ If x is ___ it's _____

6. Solve A is 8.   **0.2a - 2**   **$\frac{1}{4}$ a + 2**   **3a - 0.7**
                    0.2(   ) - 2 $\frac{1}{4}$ (   ) + 2   3(   ) - 0.7

                    If c is ___ it's _____ If c is ___ it's _____ If c is ___ it's _____

Ch 14 Ls 2 Add/subtract variables. 137

_____ #1 #2 ____/ 13 #3 #4 ____/ 16 R ___/ 15 T ____/ 44 _____
       Name   Checker

#1 1. What is a monomial? _____

2. What is a binomial? _____

3. What order do terms go in an equation? _____

4. What order do these terms go in? $x^2 \quad 2x^3$

  _____

5. Put these terms in order. $-3x \quad 2 \quad x^2$

  _____

#2 Add different variables or exponents.

1. How do you add variables? _____

2. Can you add variables with exponents? _____

3. Can you add different variables? _____

4. What happens if some variables can add? _____

5. What's the rule to add variables? $2x + 3x$

Add the _____. _____ stay the _____.   _____

6. How does it solve $-9x - 6x$? $-9x - 6x$

  _____

7. How does it solve exponents? $x^2 + 2x^2$

Add same variables with same _____.   _____

8. Add these variables. $x^3 - 2x^2$

Can't add _____.   _____

#3 Add 2 terms together.   Calculator? yes no

1. $14a + a =$ _____ $22b - 6b =$ _____
2. $-3c - 2c =$ _____ $15d - d^2 =$ _____
3. $12a + 2b =$ _____ $2a^2 - 6a^2 =$ _____
4. $-6c + 2c =$ _____ $d - 0.6d =$ _____

#4 Add 3 terms together.   Calculator? yes no

1. $14a - 3a + 4a =$ _____ $7b - 6ab + b =$ _____
2. $-3c - 2c + 7c =$ _____ $15d - d + d^2 =$ _____
3. $2a^2 + 2a^2 - 6a^2 =$ _____ $2b - 6b - 3b^2 =$ _____
4. $-6c + 7c - 3b^2 =$ _____ $0.5d - 0.6d + a^2 =$ _____

Review

1. What is a monomial? _____   Calculator? yes no
2. What is a binomial? _____
3. How do you add variables? _____
4. When can you add variables with exponents? _____
5. Can you add different variables? _____

6. $2a - 7a =$ _____ $-4x - 3y =$ _____
7. $2b^2 - b^2 =$ _____ $-2ab - 3ab =$ _____
8. $3a^3 + 2a - 7a =$ _____ $2x^2 - x^2 + 4 =$ _____
9. $3a^2 + 2a^2 - a^2 =$ _____ $0.2x - x - 0.3x =$ _____
10. $0.1x + 0.4x - 6 =$ _____ $\frac{1}{2}x + \frac{1}{4}x + 2 =$ _____

Ch 14 Ls 3 Add binomials. 139

_____ #1 #2 ____/13 #3 #4 ____/12 R ___/ 9 T ____/34 _____
Name   Checker

#1 1. How do you add binomials? _____

2. What if binomials add different terms? _____

3. Add these binomials. $(7x^2 + 1) + (x^2 + 2)$

                                _____

4. Remember what can combine. $(ab - 7) + (2ab - b)$

                                _____

5. This one has lots of negatives. $(-3x^2 - 4) + (-x^2 - 2)$

                                _____

#2 1. How do you subtract binomials? _____

2. What happens when you subtract a negative? _____

3. What does 4 minus -2 equal? _____

4. What 2 things change subtracting binomials? _____
_____

5. How does it subtract a negative? $-(-x - 2)$

2 negatives make a _____.   _____

6. What's the rule to subtract 2 negatives? $(7x + 6) - (x - 2)$

2 negatives make a _____.   _____

7. How do all negatives work? $(-x - 4) - (-2x - 2)$

                                _____

8. Subtract these binomials. $(3x^2 + 4) - (x^2 - 2)$

                                _____

#3 Add/subtract without exponents.   Calculator? yes no

1. $(-2x + 5) + (-x - 1)$ $(-x - 7) + (-2x - 5)$

   _____   _____

2. $(6x + 4) - (-6x - 4)$ $(4c - 4) - (3c - 1)$

   _____   _____

3. $(b - 7) - (2b - 1)$ $(0.3x - 5) + (-0.8x + 2)$

   _____   _____

#4
1. $(3x^2 - 1) + (-2x^2 + 2)$ $(5c + 3) + (6c - 8)$ Calculator? yes no

   _____   _____

2. $(7x^2 + z) + (x^2 + z)$ $(4a^2 + b) - (3a^2 + b)$

   _____   _____

3. $(-3x^2 - 4) - (-x^2 - 2)$ $(2x^2 - 4) - (x^2 - 1)$

   _____   _____

Review 1. How do you add binomials? _____   Calculator? yes no

2. What if binomials add different terms? _____

3. How do you subtract binomials? _____

4. What happens when you subtract a negative? _____

5. What 2 things change subtracting binomials? _____

_____

6. $(6x + 4) + (6xy - 9)$ $(5c + 3) + (6c^2 - 8)$

   _____   _____

7. $(7x^2 + 5) - (x^2 - 3)$ $(0.3x - 5) - (-0.8x + 2)$

   _____   _____

Review Problems   141

_____ #1 #2 #3 #4 ____/ 31 #5 ____/ 14 Total ____/ 45
Name

#1 1. Variable _____

 2. Expression _____

 3. Monomial _____

 4. Binomial _____

#2 Solve 2 step expressions.   Calculator?
                                                                    yes   no

1. Solve X is 2.   **3x + 1** = _____   **- 3x - 2** = _____   **5x - 3** = _____

2. Solve A is - 3. **0.3a - 2** = _____   **$\frac{1}{4}$ a + 3** = _____   **4a - 0.5** = _____

3. Solve B is 5.   **0.5b + 1** = _____   **2b + 6** = _____   **9b - 8** = _____

#3 Solve these expressions.   Calculator?
                                                                    yes   no
Add or   1.   **15a - 2a + 5b** = _____   **8b - 5ab + 2b** = _____
subtract.
          2.   **- 4c - 2x + 3c** = _____   **14d - 3d + d^2** = _____

          3.   **5a^2 + 2a^2 - 3a^2** = _____   **2b - 8b - 3b^2** = _____

          4.   **4x + 8 + x - 2** = _____   **a - 4 - 3a - 6** = _____

#4 Add/subtract these binomials.   Calculator?
                                                                    yes   no

1. **(- x - 7) + (- 2x - 5)** = _____   **(6x + 8) - (- 2x - 3)** = _____

2. **(4a - 7) + (2a - 3)** = _____   **(- 3x + 5) + (- x - 2)** = _____

3. **(8x + 4) - (- x - 4)** = _____   **(7b - 7) - (2b - 1)** = _____

4. **(b - 7) - (2b - 1)** = _____   **(- a - 7) + (- 2a - 4)** = _____

5. **(5c - 4) - (3c - 2)** = _____   **(3x - 5) + (- 8x + 2)** = _____

#5 **1.** $(-4x + 7) + (-x - 4)$ $(-x - 8) - (-3x - 6)$

Solve these
expressions.   _____   _____   Calculator?
                                                                         yes   no

2. $(7x + 5) - (-7x - 5)$ $(8c - 2) - (4c - 7)$

          _____   _____

3. $(8x^2 - 3) + (-9x^2 + 4)$ $(6c + 4) + (2c - 3)$

          _____   _____

4. $(9x^2 + 4) + (x^2 + 6)$ $(5a^2 + c) - (2a^2 + c)$

          _____   _____

5. $(-4x^2 - 6) - (-x^2 - 3)$ $(4x^2 - 5) - (x^2 - 7)$

          _____   _____

#6 See if you can get these. Write the equation before solving it.

1. **Eva is 4 years younger than her brother Liam. Make an expression with L for Liam.**

   Solve for if when Liam is 26 years old.

                                                           Calculator?
                                                           yes   no

2. **Your cellphone costs $150 per month. Use X for the variable.**

   Solve for how much 3 months costs.

3. **Mr J has $20 to buy potato chips. It costs $2 each. He buys C packs.**

   He decides on 4 packs. How much will his change be?

4. **The high temperature for the day is 22 C degrees. Make an expression with d for how how much it will cool down.**

   By midnight it cooled down 5 C degrees.

Ch 15 Ls 1 Solve and check 1 step equations. 143

_____#1 #2 ____/ 11 #3 ____/ 6 R ___/ 14 T ____/ 31 _____
         Name   Checker

#1 1. How do you solve an equation? _____

   2. Why is that important? _____

   3. What is the Opposite Rule? _____

   4. What is the opposite of addition? _____

      5. What step solves this equation? $x + 9 = 20$

                                                    _____

      6. What step solves this equation? $x + 8 = 12$

      Subtract _____   _____   **Finish it.**

                                                    _____

      7. What's the answer to this equation? $x - 8 = 12$

      Add _____   _____   **Finish it.**

                        #2 How to check answers.

   1. What's the 1st step to check an answer? _____

   2. How can you tell the answer is correct? _____

      3. What step solves this equation? $12 = a - 6$

      Add _____   _____

      4. How do you check it?
                                                    _____

      Put the _____ in for the _____.   _____   **Finish it.**

      If it's correct, both sides are _____.   _____

#3 Circle add or subtract and solve it.   Calculator? yes   no

1.   **a - 4 = 9**   **b - 6 = 14**
Add   Subtract _____ _____   Add   Subtract _____ _____
                 _____   _____

2.   **c + 4 = 11**   **d + 2 = 12**
Add   Subtract _____ _____   Add   Subtract _____ _____
                 _____   _____

3.   **e - 4 = - 13**   **x + 6 = - 20**
Add   Subtract _____ _____   Add   Subtract _____ _____
                 _____   _____

Review   1. How do you solve an equation? _____   Calculator? yes   no

           2. Why is that important? _____

           3. What's the Opposite Rule? _____

           4. What is the opposite of addition? _____

           5. What's the 1st step to check an answer? _____

           6. How can you tell the answer is correct? _____

Circle add or subtract.

7.   **a - 4 = 17**   **a + 2 = - 7**
      Add   Subtract   **a = ____**   Add   Subtract   **a = ____**

8.   **b + 6 = 14**   **b - 4 = - 5**
      Add   Subtract   **b = ____**   Add   Subtract   **b = ____**

9.   **c - 4 = 10**   **c - 8 = - 3**
      Add   Subtract   **c = ____**   Add   Subtract   **c = ____**

10.   **- 12 = d - 4**   **13 = d + 1**
      Add   Subtract   **____ = d**   Add   Subtract   **____ = d**

Ch 15 Ls 2 Multiply or divide 1 step equations. 145

_____ #1 #2 ____/9 #3 ____/ 6 R ___/ 11 T ____/ 26 _____
          Name   Checker

#1 1. What is the Opposite Rule? _____

2. What is the opposite of multiplication? _____

3. What step solves the equation?   **8x = 40**

Multiply or divide   How do you check it?   _____

Put _____ in for the _____.   _____

If it's correct, both sides are _____.   _____

4. What's the answer? Solve it.   **24 = 4a**

                                                          _____

#2 Solve an equation with a fraction.

1. How does opposite rule solve a fraction? _____ the opposite side.

2. Name 3 steps to check an answer. _____
_____

3. What step solves the equation? $\frac{a}{4} = 6$

Multiply or divide   How do you check it?   _____

Put _____ in for the _____.   _____

If it's correct, both sides are _____.   _____

4. What's the answer? Solve it. $\frac{b}{4} = 5$

                                                          _____

5. What's the answer? Solve it. $\frac{c}{4} = -8$

                                                          _____

#3 Circle Multiply or Divide and solve it.   Calculator? yes   no

1. $\frac{a}{4} = 6$ $\frac{c}{3} = 7$

Multiply _____ _____   Multiply _____ _____
Divide   Divide
_____   _____

2. $2b = 1$ $5d = 11$

Multiply _____ _____   Multiply _____ _____
Divide   Divide
_____   _____

3. $\frac{x}{2} = 8$ $3z = 4$

Multiply _____ _____   Multiply _____ _____
Divide   Divide
_____   _____

Review 1. What is the opposite of multiplication? _____   Calculator? yes   no

2. How does opposite rule solve a fraction? _____ the opposite side.

3. Name 3 steps to check an answer. _____
_____

Circle how to solve it.

4.   Add   Subtract $a - 4 = 11$ Add   Subtract $5b = 3$
     Multiply   Divide a = ____   Multiply   Divide b = ____

5.   Add   Subtract $\frac{c}{2} = 11$ Add   Subtract $d + 4 = 11$
     Multiply   Divide c = ____   Multiply   Divide d = ____

6.   Add   Subtract $a + 2 = 10$ Add   Subtract $\frac{b}{3} = 6$
     Multiply   Divide a = ____   Multiply   Divide b = ____

7.   Add   Subtract $c - 6 = 8$ Add   Subtract $3d = 1$
     Multiply   Divide c = ____   Multiply   Divide d = ____

Ch 15 Ls 3 How math uses a variable. 147

_____ #1 #2 ____/ 7   #3 #4 ____/ 3   R ___/ 5   T ____/ 15 _____
         Name   Checker

#1 1. How can you use algebra with a math problem? _____
        _____
        2. How can you tell which number the variable goes in for? _____
        3. Why is order important in subtraction/division? _____

#2 1. Logan weighs 100 kilograms. He wants to lose some. **Use k for kilograms.**
        Use a variable to change how much he loses.

        He decides to lose 8 kilograms.   **100 -** _____   Solve it.

                                            _____
                                            _____

        2. The temperaure low is 7. It's to go up some.   **Use d is degrees.**
        Change it because the high can change.

        It goes up 8 degrees.   **7 +** _____   Solve.

                                            _____
                                            _____

        3. Mrs P drove 70 kph for some time.   **T is for time.**
        Change it for how fast she drives.

        She decides to drive 3.5 hours.   **70 •** _____   Solve.

                                            _____
                                            _____

        4. Buy some shirts at $15 each.   **S is number of shirts.**
        Change the number of shirts he buys.

        He decides to buy 5 shirts.   **350** _____   Solve.

                                            _____
                                            _____

#3 Make an expression with variable. Solve it.   Calculator? yes no

1. Mr K bought 4 coffees for $2 each.

   Some more people want coffee. Where does the variable go?

   Solve for 7 coffees. Answer?

   Expression _____

   Change it. _____

   Answer _____

2. A couple have a meal and they have $5 coupon. Make it m for meal.

   Solve: The meal is $40. Solve it.

   Equation _____

   Change it. _____

   Answer _____

3. Mrs J changes her car's oil at 7000 km. Make it k for km driven for the km she's driven.

   Solve: Now it's 2800 km. Answer?

   Expression _____

   Change it. _____

   Answer _____

4. Noah bought $24 in clothes, but he decided to return C for clothes.

   Solve: He decided to sell $12. Answer?

   Equation _____

   Change it. _____

   Answer _____

5. Owen has 253 baseball cards. He decided to sell some of them.

   Solve: He decided to sell 60. Answer?

   Equation _____

   Change it. _____

   Answer _____

Review 1. How can you use algebra with a math problem? _____   Calculator? yes no
_____

2. How can you tell which number the variable goes in for? _____

3. Why is order important in subtraction/division? _____

Ch 15 Ls 4 How to Build Expressions 149

_____ #1 #2 ____ /9   #3 ____ / 6   R ___ / 7   Total ____ /22 _____
Name   Checker

#1 1. What's the 1st step to build an expression? _____

2. After the facts, what's the 2nd step to build an expression? _____

3. How can you tell what the variable will be? _____

4. After the variable, what's the last step? _____

5. What does FVS stand for? _____

#2 Put a variable into the expression.

1. The record for a pumpkin is 230 kg. Liam's is close. How close? Make an expression.

His pumpkin is 220 kg. Solve it.   _____

_____

2. Mrs K drives 80 kph. She doesn't know how long it will take to get to Alba. Make an expression.

She has 3 hours. How far will she go?   _____

_____

3. A city has 230 people. Some people move in. Make an expression.

17 people moved in. Solve it.   _____

_____

4. Mr W buys suits that are $225 each. He doesn't know how many to buy.

He buys 3 suits. How much is it?   _____

_____

#3 Make an expression. Where does the variable go?   Calculator?
yes   no

1. **Liam reads 15 pages an hour. He'll read most of the evening.**

    Solve: He reads for 4 hours. How many pages in all?

    Expression _____

    Solve it. _____

    Answer _____

2. **Mr K bought a stock at $230. He's hoping it will go up.**

    Solve: The stock gained $10 more. End price?

    Expression _____

    Solve it. _____

    Answer _____

3. **Ava's 1st race is 25 minutes. She wants to go faster.**

    Solve it. She ran 2 minutes faster.

    Expression _____

    Solve it. _____

    Answer _____

4. **Mrs P drove 90 kph for a few hours.**

    Solve: She decides to drive for 6 hours.

    Expression _____

    Solve it. _____

    Answer _____

5. **The temperature low is 15 degrees C. It goes up to a high temperature.**

    Solve: It goes up 3 degrees C.

    Expression _____

    Solve it. _____

    Answer _____

Review 1. What's the 1st step to build an expression? _____   Calculator?

2. After the facts, what's the 2nd step to build an expression? _____   yes   no

3. How can you tell what the variable will be? _____

4. After the variable, what's the last step? _____

5. What does FVS stand for? _____

Review Problems

Name _____ #1 #2 ___/17 #5 ___/14 Total ___/31 Checker

#1 1. Equation _____

  2. Equal Sign _____

  3. Opposite Rule _____

  4. Check It _____

  5. Independent Variable _____

#2 Circle one and solve it.

Add Subtract Multiply Divide	1. $4d = 9$	Add Subtract Multiply Divide	$5z = 6$	Calculator? yes no
Add Subtract Multiply Divide	2. $c + 4 = 11$	Add Subtract Multiply Divide	$d + 3 = 15$	
Add Subtract Multiply Divide	3. $3b = 2$	Add Subtract Multiply Divide	$a - 2 = 7$	
Add Subtract Multiply Divide	4. $\dfrac{a}{3} = 7$	Add Subtract Multiply Divide	$\dfrac{c}{5} = 4$	
Add Subtract Multiply Divide	5. $b - 8 = 14$	Add Subtract Multiply Divide	$x + 5 = -18$	
Add Subtract Multiply Divide	6. $\dfrac{x}{4} = 5$	Add Subtract Multiply Divide	$e - 1 = -12$	

#3 Make an expression, then solve it.   Calculator?
yes   no

1. **Mr. M's car has a 32 liter gas tank. Make an expression with g for how many liters he'll use.**

   Solve for 12 liters.

2. **Latisha makes $10 an hour at the bank. Make an expression with h as hours.**

   Solve for 40 hours in a week.

3. **Mr W has a 5 meter stair railing. He needs to cut it for the stairway.**

   Solve for a 3 m 70 cm railing.

4. **Make an expression with s for a square with 4 equal sides in centimeters.**

   Solve for 6 centimeters.

5. **Liam walks 4 blocks to Sam's house. Next, they'll walk downtown. How far will he walk in all? Use b for blocks.**

   Solve for it's 9 blocks to downtown.

6. **Pens cost $0.50 each. Mrs J needs enough for her class. Use s for students.**

   Solve for 24 students.

7. **Ira needs 8 liters of punch from the store. She wonders how much it will cost. Make it p for punch. Make an equation.**

   Solve for $2.85 per liter.

Ch 16 Ls 1 Make equations with rate formula. 153

_____ #1 #2 ____/ 9   #3 ____/ 8   R ___/ 7   Total ____/ 24 _____
          Name   Checker

#1 1. What is the Rate Formula? _____

  2. What does time stand for? _____

  3. What does distance stand for? _____

  4. What does rate stand for? _____

#2 **1. Mrs P has 300 km to go.**   **R x T = D**   Rate, time, and distance.
   She has 5 hours to get there.   Which parts does it have?

   How fast should she go?   R x ____ = _____   How do you solve it?

   Multiply or Divide   R = _____

  2. Mr T drives 8 hours each day.   **R x T = D**   Which parts does it have?
   The speed limit is 80 kph.

   How far does he go?   ____ x ____ = _____   How do you solve it?

   Multiply or Divide   ____ = _____

  3. Nathan has 4 hours to drive   **R x T = D**   Which parts in this one?
   280 kilometers to get to Toronto.

   How fast should he go?   ____ x ____ = _____   How do you solve it?

   Multiply or Divide   ____ = _____

  4. Mrs W's jet flies 400 kph.   **R x T = D**   Which parts this time?
   She has fuel to fly 5 hours.

   How far can she go?   ____ x ____ = _____   Does it multiply or divide?

   Multiply or Divide   ____ = _____

  5. Mrs Y has 240 kilometers to   **R x T = D**   What's the equation?
   drive at 70 kph.

   How long will it take her?   ____ x ____ = _____   Find the answer.

   Multiply or Divide   ____ = _____

#3 What is the rate? Time? Distance?   Calculator?
                                                yes   no

1. Emma rides her bike for 2 and a half hours
   at 8 kph. How far will she go?   Equation _____

                                               Answer   _____

2. Adam runs 10 kph for 30 minutes. How
   far will he go?   Equation _____

                                               Answer   _____

3. Mrs J's flight lasts 3 hours 30 minutes.
   She knows it's 1400 kilometers to Paris.   Equation _____
   How fast did the jet go?
                                               Answer   _____

4. Oliver runs 6 km of a race. He runs at
   5 minutes per kilometer. How long did   Equation _____
   it take?
                                               Answer   _____

5. Mr T drives 40 kph for 1.3 hours because   Equation _____
   it is raining hard. How far does he go?
                                               Answer   _____

6. Mason drives 80 kph and goes 240 km.   Equation _____
   How long does it take her?
                                               Answer   _____

7. Mr W runs a 20 km race. He does it in
   2 hours. How fast did he run each km?   Equation _____
   (2 hours is 120 minutes.)
                                               Answer   _____

Review 1. What is the Rate Formula? _____   Calculator?
                                                                            yes   no
        2. What does time stand for? _____

        3. What does distance stand for? _____

        4. What does rate stand for? _____

Ch 16 Ls 2 Different ways to use rate formula. 155

_____ #1 #2 ____/ 9   #3 ____/ 6   R ____/ 7   Total ____/ 22 _____
               Name   Checker

#1   1. What does Distance stand for in Paycheck Formula? _____

2. What does Rate stand for in paycheck? _____

3. What is Time in a paycheck? _____

4. How do you Change a Number? _____

#2   **1. Mr W's truck gets 7 kilometers to the liter.**
He has 24 liters of gas. How far can he go?   Rate, time, and distance.
                                                               Which parts does it have?

              ____ x ____ = _____   How do you solve it?

        Multiply or Divide   **R =** _____

2. Noah makes $9 an hour. He works 8
hrs on Monday. How much does he get?   Which parts does it have?

              ____ x ____ = _____   How do you solve it?

        Multiply or Divide   ____ = _____

3. Mrs K has $300 to buy 4 tires.
How much will they cost each?   Which parts in this one?

              ____ x ____ = _____   How do you solve it?

        Multiply or Divide   ____ = _____

4. Owen's heartrate whle running is 80/min. He
runs 20 minutes. How many beats is it?   Which parts this time?

              ____ x ____ = _____   Does it multiply or divide?

        Multiply or Divide   ____ = _____

5. Cupcakes cost $2. He bakes 30 of them.
How much will he make?   What's the equation?

              ____ x ____ = _____   Find the answer.

        Multiply or Divide   ____ = _____

#3   What is the rate? Time? Distance?   Calculator?
                                                           yes   no

1. **Liam's heart beats 60 times a minute. Make an equation.**

   Equation _____

   Solve it. How many times is that in an hour?

   Solve it. _____

   Answer _____

2. **Mr K has $2,000 to spend on a stock. Make an equation.**

   Equation _____

   He wants to buy a stock that's $50 each. Solve for how many shares he can buy.

   Solve it. _____

   Answer _____

3. **Sana's car gets 12 kpL. Make an equation.**

   Equation _____

   She needs to go 300 kilomters. How many liters is that?

   Solve it. _____

   Answer _____

4. **Mr W drives 80 kph. Make an equation.**

   Equation _____

   He drives for 5.2 hours. How far does he go?

   Solve it. _____

   Answer _____

5. **Mrs K is shopping and finds a store that's selling books for $4 each. Make an equation.**

   Equation _____

   She buys 8 books. How much does she spend?

   Solve it. _____

   Answer _____

Review 1. What does Distance stand for in Paycheck Formula? _____   Calculator?
                                                                                         yes   no

2. What does Rate stand for in paycheck? _____

3. What is Time in a paycheck? _____

4. How do you Change a Number? _____

Ch 16 Ls 3 What's happening? Say ar equation. 157

_____ #1 #2 ____/10 #3 ____/6 R ____/7 Total ____/23 _____
         Name   Checker

#1 1. Why are labels important? _____

   2. Where is the question in an equation? _____

   3. What's the 1st way to say an equation? _____

   4. How can you say a variable on the left side? _____

#2 1. Write what is happening with apples.   **8 + a** apples

   _____

                                                KPH   Hours
   2. What is happening with this trip?   **90 x 5 = d**

   _____

                                                $/book books
   3. What is happening with buying books?   **30 x 5 = d**

   _____

                                                20 x L = 400
   4. What happens with this trip?   KPL   liters   km

   _____

                                                $/Coat coats Dollars
   5. What happens with the coats?   **60 x t = 300**

   _____

                                                KPH   Hrs   km
   6. What is happening with this trip?   **R x 4 = 200**

   _____

#4

1. Drive 220 km at 60 kph. How long will it take?

Make H the variable for hours.

Equation _____

Answer _____

Calculator? yes   no

2. Buy 10 school lunches at $2.50 each. How much are they?

Make M the variable for money.

Equation _____

Answer _____

3. Work 50 hours at $8 an hour. How much is the paycheck?

Make P the variable for paycheck.

Equation _____

Answer _____

4. Mrs D needs some pens, so she stops at a store and picks some up for $2 each. What's the variable?

She spends $20. How many did she buy?

Equation _____

Answer _____

5. Mrs D's car gets 13 KPL. She has 15 liters. Make an equation.

How many km can she go?

Equation _____

Answer _____

6. Mr B has 350 km to go for his next appointment. It will take him 5 hrs to get there. Make an equation.

How fast did he drive?

Equation _____

Answer _____

Review
1. Why are labels important? _____
2. Where is the question in an equation? _____
3. What's the 1st way to say an equation? _____
4. How can you say a variable on the left side? _____

Calculator? yes   no

Ch 16 Ls 4 How to Switch the Variable.   159

_____ #1 #2 ____/ 6   #3 ____/ 3   R ___/ 6 Total ____/ 15 _____
            Name   Checker

#1 1. What do you start with to switch variables? _____

2. What's the 1st step to switch variables? _____

3. After a new total, what will change? _____

#2 1. Mr Y drives 85 kph for 5 hrs. How many miles is it?   85 x 5 = d   What's the 1st step to switch it?

He decides to go 350 kms by speeding up.   85 x 5 = _____   Where does the new variable go?

Change to _____.   ____ x ____ = _____   How fast we he go? Solve it.

Multiply or Divide   ____ = _____

2. Davon is looking at buying 4 tires at $180 each.   280 x 4 = d   What's the 1st step to switch it?

He has $800. He wonders how much he can spend per tire.   280 x 4 = _____   Where does the new variable go?

Change to _____   _____ x ____ = _____   How fast we he go? Solve it.

Multiply or Divide   ____ = _____

3. Zoe's car get 8 kpL. She has 14 liters of gas.   8 x 14 = d   What's the 1st step to switch it?

She needs to go 120 km. How much gas is that?   8 x 14 = _____   Where does the new variable go?

Change to _____.   ____ x ____ = _____   How fast we he go? Solve it.

Multiply or Divide   ____ = _____

#3 We made the equation. Switch the variable.   Calculator? yes no

1. Eva gets $7.50 an hour and works 30 hours for 4225.

    She wants to make $270 pay by working more hours. How many does she work?

    Equation 7.50 x 30 = 225

    Switch it. _____

    Answer _____

2. Liam's heart beats 70 times a minute. 12 minutes of exercise is 840 beats.

    How many minutes for 2000 beats?

    Equation 70 x 12 = 840

    Switch it. _____

    Answer _____

3. Drive 100 kph for 3 hours is 300 km.

    How many hours should they go to get 500 km?

    Equation 100 x 3 = 300

    Switch it. _____

    Answer _____

4. Drive 60 kph for 5 hours is 300 km.

    How many hours should they go to get 420 km?

    Equation 60 x 5 = 300

    Switch it. _____

    Answer _____

5. Buy 5 liters of gas at $1.25 is $6.25.

    She wants to spend Rs 280. How many liters can she buy?

    Equation 1.25 x 5 = 6.25

    Switch it. _____

    Answer _____

6. Angel buys 8 pounds of apples for $2 each for $16.

    She has $20 to spend, so she gets some more apples. How many is it?

    Equation 2 x 8 = 32

    Switch it. _____

    Answer _____

Review 1. What do you start with to switch variables? _____   Calculator? yes no

2. What's the 1st step to switch variables? _____

3. After a new total, what will change? _____

Ch 16 Ls 5 How to Build Equations

_____ #1 #2 ____ /9 #3 ____ / 3   R ___ / 7   Total ____ / 19 _____
         Name   Checker

#1 1. What's the 1st step to build an equation? _____

2. After the total, what is FVS? _____

3. What does the variable show in an equation? _____

4. How can the problem show the equation? _____

#2 1. Make a variable. Equation or expression?   **Ojas is 120 kg. He wants to weigh 110 kg.**

Solve it. What does he need to lose?   _____

_____

2. Make a variable. Equation or expression?   **How many shares of $15 stock for $720?**

Solve for how many shares he can buy.   _____

_____

3. Expression or equation?   **Alba has 550 people. They want to make it 600.**

How many people moved in? Solve it.   _____

_____

4. Expression or equation?   **Mr W has $100 for shoes. They're $80 each.**

How many shoes can he buy? Solve it.   _____

_____

5. Expression or equation?   **Noah drove 10 kpL for 200 km. How many liters?**

It's 240 km. How many km are left? Solve it.   _____

_____

#3

Wrute the equation and solve it.

1. Mr W has 160 km to go and his meeting is in 2.5 hours. How fast will he drive?

    R is how fast he'll drive.

    Equation _____
    Solve it. _____
    Answer _____

    Calculator?
    yes   no

2. It's -3 degrees C outside. If it's 0, recess is outside. How much warmer is that?

    D is the variable for degrees.

    Equation _____
    Solve it. _____
    Answer _____

3. Mrs J works 40 hours a week. She's already worked 12. How many are left?

    H is the variable for hours.

    Equation _____
    Solve it. _____
    Answer _____

4. Ethan has 50 hours to work this week. He's done with 7 of them. How many does he have to go?

    Equation _____
    Solve it. _____
    Answer _____

5. Mr J goes to the store with $220 to spend. Twenty minutes later he has $40 left. How much did he spend?

    Equation _____
    Solve it. _____
    Answer _____

Review

1. What's the 1st step to build an equation? _____
2. After the total, what is FVS? _____
3. What does the variable show in an equation? _____
4. How can the problem show the equation? _____

Calculator?
yes   no

Review Problems 163.

_____ #1 #2 ____/12 #3 ____/ 3 Total ____/ 30
Name

#1 1. Time _____

2. Rate _____

3. Distnnce _____

4. What's Happening _____

5. Switch Variables _____

#2 1. Ira's car get 10 kpL. She needs to go   _____   Calculator?
Make an   120 kilometers. How many liters is that?   yes   no
equation   _____
and solve.

2. Samuel's heart beats 70 times a minute.   _____
How many times is that in an hour?
_____

3. Liam weighs 90 kg. He wants to weigh   _____
87. What percent does he need to lose?
_____

4. It's 5 degrees C outside. If it's 8 C at   _____
lunch, recess is outside. What percent
warmer is that?   _____

5. TJ needs 12 liters gas at $1.30 each.   _____
How many will it cost? (Write an
equation.)   _____

6. Mr W has $400 to spend on shirts. He
wants to buy $35 shirts. Use a variable.   _____

How many shirts can he buy? Solve it.   _____

7. Mr W has $200 to spend on pants. He
wants to buy the $40 kind. Use a variable.   _____

How many pants can he buy? Solve it.   _____

#3 Make an equation, then switch the variable.   Calculator?
                                                  yes   no

1. Mr M's truck gets 6 km per liter. It takes 5 liters to drive 30 km to Alba.

   It's 42 km to Windsor. How many now?

2. Every year for 5 years Alba added 50 people to it's 300 people.

   How many years until they reach 550 people?

3. The high school play has 200 tickets to sell. They charge $10 each to make $2400.

   They want to make $3000 by charging more money. How much is it now?

4. Mrs W's garden is 3 meters wide and 7 meters long so it's 21 square meters.

   She wants to make it longer so it's 30 square meters total. Switch it.

5. A pizza is $15. They get 2 pizzas, so it's $30. Make an equation.

   They have $50, so how many pizzas can they order?

6. Each shelf is 3 meters long and costs $12. It costs $48 for 4 shelves.

   How many shelves can they get for $72? (Write an equation.)

7. Noah's heart beats 65 times a minute for 5 minutes. It's 325 beats.

   Mason wants to find how long it will take to beat 715 beats.

Ch 17 Ls 1 Build percent of a number equations.   165

_____ #1 #2 ____/9   #3 ____/ 3   R ___/ 7 Total ____/ 19 _____
Name   Checker

#1 1. What does percent of a number multiply? _____

2. What does it equal? _____

3. **Drive 120 mi in 2 hrs.** How do you get a rate? _____

4. How does 3 pieces of cake in 5 min make a rate? _____

#2 1. A cell phone is $200 with 6% tax. How much is the tax?   % x N = n   Where do the numbers go?

_____ x _____ = _____   Solve it. Find the answer.

Multiply or Divide   _____ = _____

2. Mrs M tips the waiter 20% on a $60 meal. How much is it?   % x N = n   Where do the numbers go?

_____ x _____ = _____   Solve it. Find the answer.

Multiply or Divide   _____ = _____

3. Gabriel got 16 right out of 20. What percent right is that?   % x N = n   Where do the numbers go?

_____ x _____ = _____   Solve it. Find the answer.

Multiply or Divide   _____ = _____

4. What equation finds the rate? Solve it.   **4 cakes are $60 total. What's the rate?**

_____ x _____ = _____   1 cake is _____.

5. What equation finds the rate?   **Run 6 kilometers in 22 minutes. What's the rate?**

Solve it. What's the rate?   _____ x _____ = _____

Divide _____   1 km took _____.

#3

Make an equation, thes solve these.

1. **A laptop is $2,000, but it's 20% off. How much is the sale price? Make an equation**

   Sana has $1,800. Is it enough?

   Equation _____   Calculator? yes   no
   _____
   _____

2. **Mr T thinks a tip for a $80 meal should be 20%. Make an equation.**

   What percent would $15 be? Solve it.

   Equation _____
   _____
   _____

3. **Mantrell buys a $50 i pod. Tax is 5%. Make an equation. How much is the tax?**

   He has $52. Is it enough?

   Equation _____
   _____
   _____

4. **Henry has a 3 hour flight that goes 1500 km. Make an equation.**

   How fast is the aircraft?

   Equation _____
   _____
   _____

5. **Logan wants to be on the school math team. He does 3 problems in 8 minutes.**

   What is the rate?

   Equation _____
   _____
   _____

6. **Ethan does a test on his home water system. He turns the water on and 128 seconds later it reaches 3 liters. Make an equation.**
   What is the rate?

   Equation _____
   _____
   _____

Review

1. What does percent of a number multiply? _____   Calculator? yes   no
2. What does it equal? _____
3. **Drive 120 mi in 2 hrs.** What's the 1st way to find rate? _____
4. **Eat 3 pieces of cake in 5 min.** How do you find rate? _____

Ch 17 Ls 2 Build simple interest equations.   167

_____ #1 #2 ____ /8   #3 ____/ 3   R ___/ 7 Total ____/ 18 _____
              Name   Checker

#1 1. Name 3 things simple interest formula multiplies. _____

  2. What does simple interest equal? _____

  3. What does principal stand for? _____

  4. Does interest find all the money? _____

#2 **1. Mr K borrows $43,000 at 8% interest for**
  2 years. How much interest will he pay?   What's the equation?

        _____ x _____ x _____ = _____   What's the answer?

                    _____ = _____

  2. Noah has $8000. He wants to make $400 interest
  in a years. What percent does he need to get?   What does it multiply?

        _____ x _____ x _____ = _____   What's the answer?

                    _____ = _____

  3. Liam has $100,000. He wants to make $1000
  interest at 2% interest. How long will it take?   Make the equation.

        _____ x _____ x _____ = _____   What's the answer?

                    _____ = _____

  4. Mr B is going to invest
  $70,000 at a bank. Interest?   70,000 x 5% x 2 = i   Multiply years x time.

              _____ x _____ = i   What's the interest?

                    _____ = i

  5. What is the interest Mrs G
  will make on this equation?   90,000 x 3% x 4 = i   Multiply years x time.

              _____ x _____ = i   What's the interest?

                    _____ = i

#3 Make an equation and solve it.   Calculator?
   yes   no

1. **Mr W took out a $120,000 loan at 12% for 2 years. How much interest will he pay?**

   Make an equation and solve.

   Equation _____

   _____

   _____

2. **Mr W wants a 2 year loan at 10%. He can afford $3000 interest. How much can he borrow?**

   Equation _____

   _____

   _____

3. **Liam has a 500 km trip. He drives 70 kph for 5 hours. What percent of the trip is done? How much is to go?**

   ____ x ____ = ____

   Equation _____

   _____

   _____

Review 1. Name 3 things simple interest formula multiplies. _____   Calculator?
   yes   no

2. What does simple interest equal? _____

3. What does principal stand for? _____

4. Does interest find all the money? _____

Solve these equations.

5. Loan   Percent   Yrs   Interest
   $50,000 • 8% • 2 = i
   About a car loan.

   _____

   _____

6. Loan   Percent   Yrs   Interest
   100,000 • 9% • 1 = i
   How much Mr J can afford.

   _____

   _____

7. Loan   Percent   Yrs   Interest
   L • 5% • 2 = 8000
   A bank loan.

   _____

   _____

Ch 17 Ls 3 Build percent of a rate equations. 169

_____ #1 #2 ____ / 7   #3 ____ / 3   R ___ / 6 Total ____ / 16 _____
                Name   Checker

#1 1. What 3 things does total cost equation multiply? _____

2. What shows what percent of rate finds? _____

3. A toy car costs $80. They buy 2 of them and it's 10% off, how much will it cost in all?   What's the equation with 10%?

Find what it costs.   _____ x ____ x ____ = _____

_____ x ____ x ____ = _____   What's the answer?

_____ = _____

4. Eva makes $300 a week for 3 weeks. She wants to save 20%. How much will that be?   What does it multiply?

_____ x ____ x ____ = _____   What's the answer?

_____ = _____

#2 1. How does Increase Percent change how the amount is viewed? _____
_____

2. Name 2 steps to solve it. _____

3. What's the opposite of Increase? _____

4. **Use Increase Percent. You have a stock that gained 50% in 1 week. It was $300. What is it now?**

Stock is _____

5. **Use Decrease Percent. I have a stock that is $800. It decreased 10% in 1 week. What is it now?**

Stock is _____

$_____ x 7% = _____

#3 Use Percent of a Rate Formula to solve these.   Calculator?
                                                        yes   no

1. **Lam makes $2000 a week for 6 weeks.**
   He saves 20%. How much will he save?   Equation _____

   Make an equation and solve.   Solve it. _____

                                                Answer _____

2. **Mr W buys 6 $60 soccer balls at 10% off. How much will they cost?**   Equation _____

                                                Solve it. _____

                                                Answer _____

3. **Mrs K got 20% off 4 nights at a hotel when she paid $150 for each night. Find what she paid.**   Equation _____

                                                Solve it. _____

                                                Answer _____

Review 1. What 3 things does total cost equation multiply? _____   Calculator?
                                                                                        yes   no
        2. What does princpal stand for? _____

        3. What shows what percent of rate finds? _____

        4. How does Increase Percent change how the amount is viewed? _____
           _____

        5. Name 2 steps to solve it. _____

        6. What's the opposite of Increase? _____

        7. **A football crowd went from 4000 to 3000 over a year. What's the decrease percent?**   Fraction _____ 3000 is ____%

        8. **A high school went from 2000 to 2500. What is the percent of increase?**   Fraction _____ 2500 is ____%

        9. **A home is priced at 42,100,000. It got cut to $1,800,000. What is the decrease percent?**   Fraction _____ It's ____%

Problem Review 171

_____ #1 #2 ____ / 9   #3 ____ / 7   Total ____ / 16
Name

#1 1. Percent Equation _____

2. Simple Interest _____

3. Percent of a Rate Equation _____

#2 1. Mr K owes a loan account for $200,000 at 8% interest for 2 years. How much is the nterest?   Calculator? yes   no

2. Zoe has a 600 km trip. She drives 70 kph for 7 hours. What percent of the trip is done? How much is to go?

3. Mrs C buys 8 $30 art canvases at 20% off. How much will they cost?

4. Mr G got 25% off 3 nights at a hotel which listed for $200 each night. Find what he paid.

5. Owen makes $1400 per week. He saves 20% of it.. How much will he save over 50 weeks?

6. Emma has a 400 km trip. She drives 80 kph for 3 hours. What percent of the trip is done? How much is to go?

1. **Mr K makes $500 a week for 4 weeks. He saves 15%. How much will he save?**

    Make an equation and solve.

2. **Adam is buying a car for $20,000. She finances it at 8% for 3 years. How much is the interest she'll pay? (simple interest)**

3. **A TV set is $800, but it's 10% off. How much is the sale price?**

    Kiaan has Rs $700. Is it enough?

4. **Mr G buys 3 $600 computers at 5% off. How much will they cost?**

5. **Nathan decides on a tip for a $25 meal. What percent would $5 be? Solve it.**

6. **Lam buys a $120 cell phone. Tax is 7%. How much is the tax?**

    She has $100. Is it enough?

7. **Noah owns a pizza shop. It's slow, so he makes it 20% off a pizza. What's the price of 2 $10 pizzas?**

Calculator?
yes   no

Negatives, Ratios, Exponents, Roots, and Algebra 1

This is the 4th course in the
Math Without Calculators Courses.

Ch 1 Ls 1 How negative numbers work.   173

_____ #1 #2 ____/11 #3 #4 #5 ____/23 R ___/18 T ____/52 _____
         Name   Checker

#1 1. What are negative numbers? _____

2. **3 - 5** Where do you start to add to subtract a negative? _____

3. What happens to the smaller number? _____

4. How do you know if the answer is negative or positive? _____

5. What adds to get the larger number?   **4 - 9**

                                    4 + ____ = 9   **Is the answer positive or negative?**

         Circle one.   Positive   Negative   _____

6. What adds to get the larger number?   **- 14 + 9**

                                    9 + ____ = 14   **Is the answer positive or negative?**

         Circle one.   Positive   Negative   _____

#2 1. All 1 step, positive or negative?   **- 80 + 20**

                                                _____

2. Add 90. Positive or negative?   **- 80 + 90**

                                                _____

3. Add 120. What's the answer?   **- 70 + 120**

                                                _____

4. Add - 90. Positive or negative?   **80 - 90**

                                                _____

5. Add 65. What's the answer?   **- 80 + 65**

                                                _____

#3 What problem does it show?   Calculator? yes no

1. [number line -10 to 10, points at 6 and -2, arrow left]   ___ - ___ = ___

2. [number line -10 to 10, points at 6 and -6, arrow left]   ___ - ___ = ___

3. [number line -10 to 10, points at 6 and -5, arrow left]   ___ - ___ = ___

#4 Solve   Calculator? yes no

1. 1 - 6 = ___   - 8 + 5 = ___   2 - 8 = ___   12 - 6 = ___
2. 17 - 6 = ___   - 5 + 8 = ___   12 - 6 = ___   - 9 + 3 = ___
3. 1 - 6 = ___   - 5 + 2 = ___   3 - 14 = ___   12 - 6 = ___

#5 Is it correct? Yes or correct.   Calculator? yes no

1. 11 - -16 = 5   yes or _____   - 8 + 15 = 7   yes or _____
2. 17 - 19 = 2   yes or _____   - 5 - -8 = -3   yes or _____
3. 18 - 43 = 15   yes or _____   - 12 + 6 = -6   yes or _____
4. 11 - 6 = -5   yes or _____   - 5 + 12 = 7   yes or _____

Review 1. What are negative numbers? _____   Calculator? yes no

2. 3 - 5 Where do you start to add to subtract a negative? _____

3. What happens to the smaller number? _____

4. How do you know if the answer is negative or positive? _____

5. 3 - 7 = ___   - 7 + 2 = ___   5 - 18 = ___   12 - 8 = ___
6. 12 - 5 = ___   - 4 + 8 = ___   - 12 + 9 = ___   - 5 + 1 = ___
7. 1 - 8 = ___   - 7 + 1 = ___   2 - 8 = ___   6 - 12 = ___

8. Liam's suit was $180 and he has a $30 coupon. How much does he owe? _____

9. A jet is at 10,100 m when it dropped 500 m from bad air. What is it now? _____

Ch 1 Ls 2 How more negative signs work. 175

_____ #1 #2 ____/10 #3 #4 #5 ____/18 R ___/16 T ____/44 _____
　　　　　Name　　　　　　　　　　　　　　　　　　　　　　　　　　　　　　　　　　　　Checker

#1　1. What happens when you combine **- 3 - 5** ? _____

　　2. Why are 2 negative numbers added together? _____
　　_____

　　3. What adds to get the larger number? **- 4 - 9**

$$4 + 9 = \_\_\_\_$$ Is the answer positive or negative?

　　Circle one. Positive　Negative　_____

$$- 14 + 9$$

　　4. What adds this time?　　$9 + \_\_\_\_ = 14$ Is the answer positive or negative?

　　Circle one. Positive　Negative　_____

#2　1. How do you subtract binomials? _____

　　2. What happens when you subtract a negative? It makes a _____

　　3. What does 4 minus - 2 equal? _____

　　4. What 2 things change subtracting binomials? Same _____ and numbers.

　　5. How does it subtract a negative?　　**- (- x - 2)**

　　2 negatives make a _____.　　_____

　　6. What's the rule to subtract 2 negatives?　　**(7x + 6) - (x - 2)**

　　2 negatives make a _____.　　_____

　　7. How do all negatives work?　　**(- x - 4) - (- 2x - 2)**

　　　　　　　　　　　　　　　　　　_____

　　8. Subtract these binomials.　　$(3x^2 + 4) - (x^2 - 2)$

　　　　　　　　　　　　　　　　　　_____

#3
1. - 1 - 6 = ____   - 5 + 8 = ____   - 7 - 8 = ____   - 12 - 6 = ____   Calculator?
2. 12 - 9 = ____   - 5 - 8 = ____   7 - 11 = ____   - 5 + 1 = ____   yes   no
3. - 5 - 6 = ____   - 9 + 4 = ____   2 - 8 = ____   - 12 - 9 = ____
4. 1 - 14 = ____   - 6 - 5 = ____   - 8 - 6 = ____   - 4 + 9 = ____
5. - 5 - 6 = ____   - 5 + 8 = ____   7 - 9 = ____   - 7 + 4 = ____
6. 1 - 6 = ____   - 7 + 1 = ____   6 - 8 = ____   13 - 6 = ____

#4
1. It's - 4 degrees outside. It's to go down another 8 tonight. What's the low?

The boots are $120, but it's 10% off. How much are they now?

Calculator? yes   no

_____   _____

2. Liam had $620 in his account, but now he has - $60. How much did he spend?

Alto should have 14 cm of rain, but they have 6. How much do they need?

_____   _____

#5 Subtract Binomials

1. (- 2x + 5) + (- x - 1)   (- x - 7) + (- 2x - 5)
   _____   _____   Calculator? yes   no

2. (6x + 4) - (- 6x - 4)   (4c - 4) - (3c - 1)
   _____   _____

3. (b - 7) - (2b - 1)   (0.3x - 5) + (- 0.8x + 2)
   _____   _____

Review
1. What happens if both numbers are negative? - 3 - 5 _____   Calculator? yes   no
2. Why do you add them before changing the sign? _____
_____
3. How do you subtract binomials? _____
4. What happens when you subtract a negative? It makes a _____
5. What does 4 minus - 2 equal? _____
6. What 2 things change subtracting binomials? Same _____ and numbers.

Ch 1 Ls 3 Multiply/divide negative numbers. 177

_____ #1 #2 ____/12 #3 #4 ____/36 R ___/12 Total ____/60 _____
　　　Name　　　　　　　　　　　　　　　　　　　　　　　　　　　　　　　Checker

#1 1. What are 2 steps for multiplying or dividing negatives? _____
_____

2. If multiply or divide has 1 negative, what sign is the answer? _____

3. How do 2 negatives change multiply or divide? _____

4. What are the rules for more than 2 negatives? _____
_____

5. Multiply the numbers. What decides the sign?　　**4 x - 8**

____ negatives means it's _____.　　　　_____

6. Divide by - 2. What decides the sign?　　　　　　**- 10 ÷ - 2**

____ negatives means it's _____.　　　　_____

#2 1. All in 1 step, positive or negative?　　**- 5 x - 21**

　　　　　　　　　　　　　　　　　　　　　　　　　　_____

2. Divide by - 2. Positive or negative?　　　　**48 ÷ - 2**

　　　　　　　　　　　　　　　　　　　　　　　　　　_____

3. Multiply 6. What's the answer?　　　　　　　**- 21 x 6**

　　　　　　　　　　　　　　　　　　　　　　　　　　_____

4. Divide by - 4. Positive or negative?　　　　**- 24 ÷ - (- 4)**

　　　　　　　　　　　　　　　　　　　　　　　　　　_____

5. Divide by - 12. Find the answer.　　　　　　**- 72 ÷ - 12**

　　　　　　　　　　　　　　　　　　　　　　　　　　_____

6. Multiply - -8. Find the sign.　　　　　　　　**- 5 x - (- 8)**

　　　　　　　　　　　　　　　　　　　　　　　　　　_____

#3 **Multiply and divide negative numbers.**

1. - 3 x - 9   - 4 x - 7   - 2 x -(- 9)   8 x -(- 7)   Calculator? yes no

2. - 27 ÷ 3   40 ÷ - 5   - 21 ÷ - 7   - 32 ÷ 4

3. - 5 x 6   - 6 x -(- 8)   8 x -(- 3)   - 4 x 8

4. - 45 ÷ - 5   48 ÷ - 6   - 35 ÷ 7   - 18 ÷ - 3

#4 **Mixed Practice**

1. 2 - 7 = ____   - 5 x 4 = ____   24 ÷ - 8 = ____   - 6 - - 6 = ____   Calculator? yes no

2. 3 x - 6 = ____   - 5 + 8 = ____   - 2 x - 6 = ____   - 4 - 8 = ____

3. 11 - 6 = ____   - 8 ÷ - 4 = ____   2 - 18 = ____   - 7 x 6 = ____

4. 3 - - 8 = ____   32 ÷ - 8 = ____   - 2 - 16 = ____   18 - 9 = ____

5. 8 - 16 = ____   - 3 + 9 = ____   - 2 x - 6 = ____   - 5 - - 1 = ____

Review

1. What are 2 steps for multiplying or dividing negatives? _____   Calculator? yes no
_____

2. If multiply or divide has 1 negative, what sign is the answer? _____

3. How do 2 negatives change multiply or divide? _____

4. What are the rules for more than 2 negatives? _____
_____

5. - 2 x - 9 = ____   3 x - 7 = ____   - 2 x -(- 9) = ____

6. - 21 ÷ 3 = ____   25 ÷ - 5 = ____   - 14 ÷ - 7 = ____

7. Mr T lost $20 on his stock 3 days in a row. How much did it lose? _____

8. A ride goes up 50 m, down 14 m, up 20 m, and down 12. Where does it end? _____ m

Ch 1 Ls 4 How to compare negative numbers. 179

_____ #1 #2 ____/11 #3 #4 ____/11 R ___/19 T ____/42 _____
         Name   Checker

#1 1. Where do you start to compare numbers? _____

2. How does a number line compare it? _____

3. Which way does the sign point? _____

4. Name 3 tools to solve story problems. _____

5. What word shows multiply or divide in a problem? _____

Use this number line for these problems.   -10 -8 -6 -4 -2 0 2 4 6 8 10

6. Is -6 left or right of positive 7?   **- 6 ? 7**

-6 is _____ of 7.   **Which way does it point?**

- 6 ___ 7

7. Is -6 left or right of -7?   **- 6 ? - 7**

-6 is _____ of -7.   **Which way does it point?**

- 6 ___ - 7

#2 1. Is -5 less than or greater than -8?   **- 5 ? - 8**

- 5 ___ - 8

2. Is -6 less than or greater than 4?   **- 6 ? 4**

- 6 ___ 4

3. Is -9 less than or greater than -10?   **- 9 ? - 10**

- 9 ___ - 10

4. Is -6 less than or greater than 3?   **- 6 ? 3**

- 6 ___ 3

#3 Are these correct? Yes or no.   Calculator?
                                         yes   no

1. -2 > 8   yes or no   -2 > -8   yes or no

2. 6 < 14   yes or no   15 > -7   yes or no

3. -8 > -3   yes or no   -1 < 12   yes or no

4. -4 > -5   yes or no   -1 > -9   yes or no

#4 1. It's 4 C degrees outside. It's to go down   Calculator?
       another 7 C tonight. What's the low? _____   yes   no

2. ABC stock was at $41, but has lost
   $12. What did it end up at? _____

3. Kim's dress is $450, but she has a gift
   card for $200. How much did it cost? _____

Review 1. Where do you start to compare numbers? _____   Calculator?
       2. How does a number line compare it? _____   yes   no
       3. Which way does the sign point? _____
       4. Name 3 tools to solve story problems. _____
       5. What word shows multiply or divide in a problem? _____

6. -2 ___ 8   -2 ___ -8   13 ___ -9   14 ___ -7

7. 6 ___ 14   15 ___ -7   -3 ___ -1   5 ___ -9

8. -10 ___ 12   -2 ___ -8   -12 ___ -9   18 ___ -17

9. Mr G had $400 in his account, but he
   wrote a check for $700. How much is left? _____

10. Mr K wrote a check for $400 when he only
    had $100 in his account. The bank charges
    $30. How much does he owe? _____

_____ #1 #2 #3 #4 ____/51 #4 ____/11 Total ____/ 62
Name

#1 1. Negatives _____

   2. Add to Subtract Negatives _____

   3. Add 2 Negatives _____

   4. Multiply Negatives _____

   5. Count the Negatives _____

   6. Divide Negatives _____

   7. Compare Negatives _____

#2 Four operations with negative numbers.   Calculator? yes no

1. 2 - 7 = ____   - 6 x 4 = ____   24 ÷ - 8 = ____   - 6 - - 6 = ____

2. 3 x - 6 = ____   - 5 + 8 = ____   - 2 x - 6 = ____   - 4 - 8 = ____

3. 11 - 6 = ____   - 8 ÷ - 4 = ____   2 - 18 = ____   - 7 x 6 = ____

4. 3 - - 8 = ____   32 ÷ - 8 = ____   - 6 - 16 = ____   5 - 14 = ____

5. 8 - 16 = ____   - 8 + 2 = ____   - 2 x - 6 = ____   - 5 - - 1 = ____

#3 Comparing with negative numbers.   Calculator? yes no

1. - 3 ____ 4   - 3 ____ - 8   14 ____ - 9   - 14 ____ - 7

2. 7 ____ 14   - 10 ____ - 7   - 3 ____ - 8   9 ____ - 8

3. - 10 ____ 11   - 4 ____ - 8   - 11 ____ - 20   - 16 ____ - 15

4. - 2 ____ 8   - 2 ____ - 8   13 ____ - 9   14 ____ - 7

5. 6 ____ 14   15 ____ - 7   - 3 ____ - 1   5 ____ - 9

6. - 10 ____ - 12   - 9 ____ - 6   - 12 ____ - 9   18 ____ - 17

#4 Story Problems.   Calculator? yes no

1. It's 6 C, but the temperature outside is dropping 2 C degrees each hour for 9 hours. What will the temperature be at?   _____

Continued from part 4 story problems.   Calculator?
                                          yes   no

2. **The temperature was -5° C at 1:00 am. The next day the temperature had risen to 11°C. How much did it warm up?** _____

3. **Noah had $20 He paid $7 for a ticket to a football game. At the game, he bought a hotdog for $3 and drink for $2. How much does he have left?** _____

4. **A football team is on the 50 meter line. They lose 5 m, then lose 8 m more. How many meters do they need to get across the 50 to the 40 meter line?** _____

5. **A submarine starts at the surface, 0 m. It submerges 120 m, then up 50 m. Finally, it submerges 200 m and stays still. What is it's final depth?** _____

6. **The highest temperature recorded on Earth was 58°C in Africa and the lowest was - 88°C in Antarctica. What is the difference?** _____

7. **The temperature fell to -15°C at midnight, then, then it rose to 7 C degrees the next day. How much did it rise?** _____

8. **JJ started + 1, - 2, and even for the 1st 9 holes in golf. The golf course has a score of 38 for the first 9 holes. What was his score?** _____

9. **A stock started up at 210, but lost 50 points on Tuesday and 23 points on Wednesday. Then it gained 34 points. What's the end report?** _____

10. **A submarine descends 800 m under the surface of the water. It rose 400 m and descended 300 meters. What was the final position of the sub?** _____

11. **A bookstore has 20 copies of My Life. On Tuesday, it sold 16 copies and Wednesday it sold 9 more. On Friday, it got 15 more copies. How many are left now?** _____

Ch 2 Ls 1 What are ratios and how to make rates.   183

_____ #1 #2 ____/8   #3 #4 ____/10 R ___/ 6 T ____/30 _____
            Name   Checker

#1 1. What do ratios do? _____

2. Why are ratios better than < or > at comparing numbers? _____

_____

3. What is a rate? _____

4. How does a ratio make a rate? _____

5. How can you use a rate to find other numbers? _____

#2 1. How do you find the rate?   **2 cats and 6 dogs**

Divide both by _____   What is the rate?

**If there were 3 cats, how
many dogs would there be?**   ___ cats : ___ dogs

Multiply both by _____.   ___ cats : ___ dogs

2. How do you find the rate?   **5 pens and 20 pencils**

Divide both by _____   What is the rate?

**If there were 2 pens, how
many pencils would there be?**   ___ pens : ___ pencils

Multiply both by _____.   ___ pens : ___ pencils

3. How do you find the rate?   **2 nickel and 4 dimes**

Divide both by _____   Divide both by _____   What is the rate?

**If there were 4 nickels, how
many pencils would there be?**   ___ nickels : ___ dimes

Multiply both by _____.   ___ nickels : ___ dimes

#3 1. **2 cats and 6 dogs**   **3 cars and 9 trucks**   Calculator?
Find the   yes   no
rate.   Divide both by ____   Divide both by ____

             ___ cats : ___ dogs   ___ cars : ___ trucks

      2. **5 pens and 20 pencils**   **2 teas and 12 coffees**

             Divide both by ____   Divide both by ____

             ___ pens : ___ pencils   ___ teas : ___ coffees

      3. **2 kings and 4 jacks**   **12 girls and 8 boys**

             Divide both by ____   Divide both by ____

             ___ kings : ___ jacks   ___ girls : ___ boys

#4 1. A cookie recipe is 1 egg for 0.5 liters   A breakfast has 4 toasts with   Calculator?
            of flour. Change for 6 eggs. How many   2 bacon. Change for 12 toast.   yes   no
Story   liters of flour?   How many bacon are there?
Problems
            _____   _____

      2. A cement mix takes 6 liters of water   Bill uses 2 sugars for every 4 ounces of
          for 3 bags. How many for 15 bags?   coffee. If he gets 12 oz, how many sugars?

            _____   _____

Review 1. What do ratios do? _____   Calculator?
                                                                                   yes   no
        2. What is a rate? _____

        3. How does a ratio make a rate? _____

        4. How can you use a rate to find other numbers? _____

      5. **1 nickel to 5 dimes**   **1 fork to 3 spoons**

          If there's 3 nickels, how many dimes?   If there's 6 forks, how many spoons?

             ___ nickels : ___ dimes   ___ fork : ___ spoons

Ch 2 Ls 2 How 2 kinds of ratios work. 185

_____ #1 #2 ____/9 #3 #4 ____/ 8 R ___/ 9 T ____/ 26 _____
        Name   Checker

#1 1. How do you change a ratio to a fraction? _____

    2. Name 2 kinds of ratios. _____

    3. Which kind of ratio makes a true fraction? _____

    4. How do you change a Part to Part ratio to Part to All ratio? _____

    5. What makes the other part to all ratio? _____

#2 1. **1 cat for 3 dogs**   Make a cats to all ratio.

        ___ cats : ___ pets   Make a dogs to all ratio.

        ___ dogs : ___ pets

   2. **2 boys for 5 girls**   Make a boys to all ratio.

        ___ boys : ___ kids   Make a girls to all ratio.

        ___ girls : ___ kids

   3. **4 red cars for 7 black cars**   Make a red cars to all ratio.

        ___ red cars : ___ cars   Make a black cars to all ratio.

        ___ black cars : ___ cars

   4. **4 cars for 3 trucks**   Make a trucks to all ratio.

        ___ trucks : ___ vehicles   Make a cars to all ratio.

        ___ car : ___ vehicles

#3 Find the part to all ratios.   Calculator? yes   no

1. **5 crayons and 20 pencils**   **2 diets and 12 regular pops**

   ___ crayons : ___ utensils   ___ diets : ___ drinks

   ___ pencils : ___ utensils   ___ regulars : ___ drinks

2. **1 nickel and 5 quarters**   **1 knife and 3 spoons**

   ___ nickels : ___ coins   ___ knife : ___ utensils

   ___ quarters : ___ coins   ___ spoons: ___ utensils

#4
1. **A breakfast has 2 toast and 3 sausages. What is the toast to all ratio?**

   A recipe is 0.2 liters of sugar to 0.7 liters of flour. What is the sugar to all cups ratio?

   _____   _____

   Calculator? yes   no

2. **TJ does 2 push up for every 5 sit ups. What are sit ups to all ratios?**

   A lightbulb pack has 1 100 watt with 3 75 watt lights. What are 100s to all ratio?

   _____   _____

Review
1. How do you change a ratio to a fraction? _____   Calculator? yes   no
2. Name 2 kinds of ratios. _____
3. Which kind of ratio makes a true fraction? _____
4. How do you change a Part to Part ratio to Part to All ratio? _____
5. What makes the other part to all ratio? _____

Change to all ratios.

6. **3 tacos and 2 buritos**   **4 bikes and 3 cars**

   ___ tacos : ___ items   ___ bikes : ___ vehicles

   ___ burittos : ___ items   ___ cars : ___ vehicles

7. **2 cups ice and 3 cups pop**   **5 runners and 3 walkers**

   ___ cups ice : ___ drinks   ___ runner : ___ people

   ___ cups pop : ___ drinks   ___ walkers: ___ people

Ch 2 Ls 3 Find ratio percents over 100%. 187

_____ #1 #2 ____/ 10 #3 #4 ____/13 R ___/ 10 T ____/ 32 _____
                Name   Checker

#1 1. **1 : 10** What's the 1st step to change a ratio to a percent? _____

2. How does a fraction make percent? _____

3. How do you find the other percent? _____

4. How do you change 3 to 4 to a percent?   **3 : 4**

Multiply both by ___ $\dfrac{3}{4} = \dfrac{?}{100}$ **What percent is it?**

3 is ____% of 4

5. What do you multiply 2 and 5 by to get a percent?   **2 : 5**

Multiply both by ___   2 is ____% of 5

6. What percent is the ratio 3 to 25?   **3 : 25**

Multiply both by ___   3 is ____% of 25

#2 1. How does division find a percent? _____

2. Name 2 ways to change a ratio into a percent. _____

3. What's the mixed number for 5 to 4?   **5 : 4**

Mixed Number ___ ▭   **What percent is it?**

5 is ___% of 4

4. What's the mixed number for 9 to 4?   **9 : 4**

Mixed Number ___ ▭   **What percent is it?**

9 is ___% of 4

#5 Change Ratios to Percent.   Calculator?
                                                        yes   no

Find the
percent.
1. **5 : 10**   Multiply both by ___   5 is ____% of 10

2. **5 : 20**   Multiply both by ___   5 is ____% of 20

3. **3 : 11**   Multiply both by ___   3 is ____% of 11

4. **7 : 25**   Multiply both by ___   7 is ____% of 25

5. **6 : 50**   Multiply both by ___   6 is ____% of 50

#4 1. **A store sells 3 TV sets for every
       5 computers. What percent is that?**   3 is ____% of 5   Calculator?
                                                                            yes   no

2. **A restaurant sells 1 tea for every
   4 coffees. What percent is that?**   1 is ____% of 4

3. **Joe missed 2 free throws for every 7
   free throws he took. What percent is
   did he make?**   2 is ____% of 7

Review 1. What's the 1st step to change a ratio to be a percent? _____   Calculator?
                                                                                                yes   no
2. How many percents does a part to all ratio make? _____

3. How is a part to part percent different from part to all? _____

4. How does division find a percent? _____

5. Name 2 ways to change a ratio into a percent. _____

6. **8 : 7**   change to _____   8 is ____% of 7

7. **7 : 2**   change to _____   7 is ____% of 2

8. **5 : 3**   change to _____   5 is ____% of 3

9. **6 : 5**   change to _____   6 is ____% of 5

10. **9 : 4**   change to _____   9 is ____% of 4

Ch 2 Ls 4 Make ratios with a total/3 Part Ratios. 189

_____ #1 #2 ___/8 #3 ___/4 R ___/6 Total ___/18 _____
          Name   Checker

#1 1. How do you find a problem total? _____

2. How do you find a ratio total? _____

3. What is the problem total?   There are 10 cats and 15 dogs at Dave's Kennel.

Add them up.   ___ + ___ = ___ **pets.**   **What's the rate for the ratio?**

___ **cats** : ___ **dogs**   **What's the rate total?**

___ + ___ = ___ pets.

4. What is the problem total?   A car dealer has 15 trucks and 45 cars on his lot.

Add them up.   ___ + ___ = ___ **vehicles.**   **What's the rate for the ratio?**

___ **trucks** : ___ **cars**   **What's the rate total?**

___ + ___ = ___ vehicles.

#2 How Ratios use 3 Parts and a Different Total

1. When does a ratio total not add the parts up? _____
_____

2. How does any ratio make an equal ratio? _____

3. How do you change the ratio total to double it? _____

	Eggs	Flour	Sugar	Dozen
4. How does the ratio change for 2 dozen?	**1**	**: 4**	**: 3**	**1**
What is the new ratio?	x	x	x	x 2
	____	____	____	____
	Eggs	Flour	Sugar	Dozen

#3 Story Problems.

1. **Alex promises her kids they'll ride 5 coaster for 15 kid rides. What's the problem total? What's the ratio total?**   Calculator? yes   no

    problem total is _____

    rate is ___ coaster : ___ kids   ratio total is _____

2. **A radio station plays 3 new songs for 12 classic tunes. Find the problem total. What's the ratio total?**

    problem total _____

    rate is ___ old : ___ new songs   ratio total is _____

3. **A theater sold 50 kids seats and 175 adult seats. What's the problem and ratio totals?**

    problem total _____

    rate is ___ kid : ___ adult tickets   ratio total is ____

4. **A football team keeps 20 offensive players and 15 defensive players. Find the problem and ratio totals.**

    problem total _____

    ___ defensive : ___ offensive players   total is _____

Review

1. How do you find a problem total? _____   Calculator? yes   no

2. How do you find a ratio total? _____

3. When does a ratio total not add the parts up? _____

4. How does any ratio make an equal ratio? _____

5. How do you change the ratio total to double it? _____

6. **Soccer teams keep a ratio of 7 defensive players to 8 offensive to 1 goalie. Solve the totals.**

    Find the ratio for 3 special team players.   ___ offensive : ___ defensive : ___ special

    Find the problem and rate total.   problem total is ____   rate total is ____

Review Problems

_____ #1 #2 #3 #4 ____/20 #5 ____/ 8 Total ____/ 28
Name

#1 1. Ratio _____

2. Rate _____

3. Equal Ratio _____

4. 2 kinds of Ratios _____

5. Ratio Percent _____

#2 Find the part to all ratios. Calculator?

1. **4 boys and 7 girls**   **6 pops and 1 coffees**   yes   no

___ boys : ___ children   ___ pops : ___ drinks

___ girls : ___ children   ___ coffee : ___ drinks

2. **2 50 peste and 3 10 rupee bills**   **2 forks and 3 spoons**

___ peste : ___ total rupees   ___ forks : ___ utensils

___ 10 rupees : ___ total rupees   ___ spoons: ___ utensils

#3 Find the percent of a number. Calculator?
yes   no

1. **9 : 5**   9 is _____% of 5   **2 : 5**   2 is _____% of 5

2. **7 : 6**   7 is _____% of 6   **7 : 4**   7 is _____% of 4

3. **7 : 3**   7 is _____% of 3   **3 : 5**   3 is _____% of 5

#4 1. **A shop sells 400 whole wheat to 250 white loaves. What ratio and rate is it?**   **A piece of 12 m steel weighs 120 kgs. What's the ratio and rate?**   Calculator?
yes   no

Find ratio and rate.

_____ _____   _____ _____

2. **A pop company sold 40 diet pops and 250 regular pops. Find ratio/rate.**   **A man used 20 liters of gasoline on a 180-km trip. What is the ratio and rate?**

_____ _____   _____ _____

3. **Eight people prefer oranges out of 20 people. Find a ratio and rate.**   **Ten liters of milk weigh 10.15 kilograms. What's the ratio and rate?**

_____ _____   _____ _____

#5 Story Problems.

1. A star player shoots a ratio of 2 shots inside to 3 shots outside the box. If he shoots 40 shots inside the box, how many outside? How many shots in all?

   Rate _____   Calculator?
   40 shots inside _____ outside   yes   no
   Total shots _____

2. A pizza shop sells 2 pepperoni for 5 pizzas with other toppings. If they sell 50 pepperoni pizzas, how many other pizzas is that? Find the problem total.

   Rate _____
   50 pepperoni _____ other
   Total pizzas _____

3. A bread shop sells 2 whole wheat for 3 white loaves. If they sell 120 whole wheat, how many white loaves should they sell? Find total loaves.

   Rate _____
   120 whole wheat _____ white
   Total loaves _____

4. Alba predicts 3 under 50 voters to 5 over 50 voters. If 500 people over 50 vote, how many under 50? Find the total voters.

   Rate _____
   500 over 50 _____ under 50
   Total voters _____

5. A baseball team wins 7 to 3 games lost. How many games would you expect the team to win if they lose 9 games for the season? How many games in all?

   Rate _____
   lost 9 games _____ won
   Total games _____

6. A florist uses 1 red for 2 white roses. If an order has 6 red roses, how many white roses will there be? Total roses?

   Rate _____
   6 red roses _____ white roses
   Total roses _____

7. A grocery company expects 1 bad orange for 8 good ones. If they want 64 good oranges, how many bad ones will there be? Find how many oranges in all.

   Rate _____
   64 good oranges _____ bad
   Total oranges _____

8. How does the ratio change for 3 dozen? What is the new ratio?

   Eggs Flour Sugar   Dozen
   1 : 6 : 2   1
   x   x   x   x 3
   ____ ____ ____   ____
   Eggs Flour Sugar   Dozen

Ch 3 Ls 1 Make proportions with a total.   193

_____ #1 #2 ____/9   #3 ____/ 4   R ___/ 7   T____/ 20 _____
           Name   Checker

#1 1. What do ratios use to make proportions? _____

2. What's the 1st step to make a ratio into a proportion? _____

3. How do you write the labels of a proportion? _____

4. How do you find a ratio total? _____

5. What fraction does cats to hamsters make?   **1 cat : 4 hamsters**

$\dfrac{\text{cats}}{\text{hamsters}}$ ___   Make a proportion to find how many cats go with 24 hamsters.

$\dfrac{\text{cats}}{\text{hamsters}}$ ___ = ___ $\dfrac{\text{cats}}{\text{hamsters}}$

6. What fraction does birds and cats make?   **8 birds : 3 cats**

$\dfrac{\text{birds}}{\text{cats}}$ ___   Make a proportion to find how many cats go with 32 birds.

$\dfrac{\text{birds}}{\text{cats}}$ ___ = ___ $\dfrac{\text{birds}}{\text{cats}}$

#2 1. Name 3 steps to make a proportion. _____

2. Name 2 kinds of totals with proportions. _____

3. Use cats to all pets. What's the 1st step?   **There are 20 pets at the kennel. That's a ratio of 2 cats to 3 dogs. How many are there of each?**

___ + ___ = ___ pets.   ___ **cats** : ___ **pets**   What's the proportion?

Solve the proportion. How many dogs and cats are there? $\dfrac{\text{cats}}{\text{pets}}$ ___ = ___ $\dfrac{\text{cats}}{\text{pets}}$

There are ____ cats and ____ dogs.

#3
Story Problems.

1. **A florist puts 1 daisy for every 2 carnations. If a bouquet has 24 flowers, how many are daisies?** Calculator? yes   no

    ratio total   ____ carnation + ____ daisies = ____ all $\dfrac{\text{daisy}}{\text{total}} = \dfrac{\text{daisies}}{\text{total}}$

    For a bouquet of 24 flowers there's _____ daisies.

2. **A chicken sandwich seller sells 1 hotdog for every 3 chicken sandwiches. One morning he sells 80 sandwiches. How many are chickens?**

    ratio total   ____ hotdogs + ____ chickens = _____ all $\dfrac{\text{chicken}}{\text{total}} = \dfrac{\text{chickens}}{\text{total}}$

    He sold _____ chickens out of 80 total sandwiches.

3. **A stock investment of 200 shares paid a dividend of $300. At this rate, what dividend would be paid for 450 shares of stock?**

    $\dfrac{\text{dividend}}{\text{total}} = \dfrac{\text{dividend}}{\text{total}}$ 450 shares of stock would pay $_____.

4. **The school has a soccer sign up and 3 girls sign up for every 2 boys. There are 95 kids to play soccer. How many boys are there?**

    ratio total   ____ boys + ____ girls = ____ all $\dfrac{\text{boys}}{\text{total}} = \dfrac{\text{boys}}{\text{total}}$

    The soccer sign up has ____ boys and ____ girls for 95 total.

Review

1. What do ratios use to make proportions? _____   Calculator? yes   no
2. What's the 1st step to make a ratio into a proportion? _____
3. Name 2 things proportions can do. _____
4. How do you write the labels of a proportion? _____
5. How do you find a ratio total? _____
6. Name 2 kinds of totals with proportions. _____
7. Why didn't the stock problem use the total to find the answer? _____
_____

Ch 3 Ls 2 Use percents with proportions. 195

_____ #1 #2 ____/7 #3 ____/11 R ___/ 4 T ____/30 _____
Name   Checker

Use Percent on the left of the Proportion.

#1 1. How can you use a percent as a fraction? _____

2. How do you make the labels? _____

3. How does a percent make a proportion? _____

4. Does all of the deal or part of the deal go with 100? _____

#2 1. What equation starts the proportion? **An ad said the down payment is $15,000. How much is the car if it's 20% down?**

Where does the Rs 50,000 go? $\dfrac{}{} = \dfrac{?}{?}$

$\dfrac{}{} = \dfrac{}{?}$ Solve the problem.

The car costs _____ $\dfrac{}{} = \dfrac{}{}$

2. What starts the proportion? **Owen missed 1 free throw for every 8 he took. What percent is that of the total?**

Where does 100% go? $\dfrac{}{} = \dfrac{?}{?}$ Solve the problem.

$\dfrac{}{} = \dfrac{}{}$

He missed _____ **%**

3. What starts the proportion? **25% of the drinks a restaurant sells are teas. If they sell 240 drinks, how many are teas?**

Where does the 200 go? $\dfrac{}{} = \dfrac{?}{?}$ Solve the problem.

$\dfrac{}{} = \dfrac{}{}$

They sold ____ **teas.**

#3 Solve with proportions.

1. An ad said the down payment is $800. How much is the car if it's 8% down? ___ = ___   The car is _____.   Calculator? yes   no

2. Eva missed 1 free throw for 11 shots she made. What percent is that of the total? ___ = ___   She missed ____%.

3. A restaurant sells 1 salad meal for every 3 sandwiches. What percent of the total is it? ___ = ___   Salads are _____%

4. A school has a 2:3 ratio of boys to girls. If there's 20 kids in a class. How many should be boys? ___ = ___   There are ____ boys.

5. 10% of the bananas are bad at a grocery store. If there are 70 bunches, how many will be either thrown away? ___ = ___   ____% aren't sold.

6. TJ can type 70 words in 5 minutes. How many words could he type in 35 minutes? ___ = ___   type ____ words

7. A store sells 3 TV sets for every 7 laptops. Find the percent of the total. ___ = ___   ____% are TVs.

8. A factory has a rejection rate of 3% of 200 pieces. If an order is 1800 pieces, how many are bad? ___ = ___   _____ are bad.

9. If 15 people eat 20 sandwiches, how many sandwiches would 75 people eat? ___ = ___   _____ sandwiches

10. Alice has a 450 batting average. If she bats 200 times over a season, how many hits should she get? ___ = ___   _____ hits.

11. 1 slice of pizza has 270 Calories. How many calories are in 3 slices? ___ = ___   _____ calories

Review

1. How can you use a percent as a fraction? _____

2. How do you make the labels? _____

3. How does a percent make a proportion? _____

4. Does all of the deal or part of the deal go with 100? _____

Ch 3 Ls 3 2 Step Equations/Double Variables. 197

Name _____ #1 #2 ___/6 #3 ___/4 R ___/8 T ___/18 Checker _____

#1 1. What's the 1st step to cross multiply? $\dfrac{1}{2} = \dfrac{a}{7}$ _____

_____

2. What's the 2nd step to cross multiply? _____

_____

#2 1. Multiply both crosses. $\dfrac{1}{3} = \dfrac{a}{8}$ What's the 1st step?

____ x ____ =   What's the answer?

____ x ____ = ____ x ____   What's the answer?

____ = ____

2. Multiply both crosses. $\dfrac{2}{3} = \dfrac{b}{5}$ What's the equation?

____ x ____ = ____ x ____   What's the answer?

____ = ____

3. Multiply both crosses. $\dfrac{2}{3} = \dfrac{c}{7}$ What's the equation?

____ x ____ = ____ x ____   What's the answer?

____ = ____

4. Multiply both crosses. $\dfrac{3}{4} = \dfrac{x}{9}$ What's the equation?

____ x ____ = ____ x ____   What's the answer?

____ = ____

#3 1. $\dfrac{4}{5} = \dfrac{a}{9}$ $\dfrac{1}{7} = \dfrac{b}{11}$ Calculator? yes no

Solve the proportions.   ___ x ___ = ___ x ___   ___ x ___ = ___ x ___

_____   _____

_____   _____

2. $\dfrac{3}{8} = \dfrac{c}{15}$ $\dfrac{5}{9} = \dfrac{d}{11}$

___ x ___ = ___ x ___   ___ x ___ = ___ x ___

_____   _____

_____   _____

3. $\dfrac{1}{3} = \dfrac{a}{7}$ $\dfrac{1}{4} = \dfrac{b}{5}$

Solve the proportions.   ___ x ___ = ___ x ___   ___ x ___ = ___ x ___

_____   _____

_____   _____

4. $\dfrac{1}{2} = \dfrac{x}{3}$ $\dfrac{2}{5} = \dfrac{z}{2}$

___ x ___ = ___ x ___   ___ x ___ = ___ x ___

_____   _____

_____   _____

Review 1. If there are double variables, what is the 1st step? _____   Calculator? yes no

2. How do you solve a negative on both sides? - x = - 5 _____

3. What's the 1st step to cross multiply? $\dfrac{1}{2} = \dfrac{a}{7}$ _____

4. What's the 2nd step to cross multiply? _____

_____ #1 #2 #3 ____/16 #4 #5 ____/11 Total ____/27
                Name

#1 1. **Problem Total** _____

2. **Ratio Total** _____

3. **Proportion** _____

4. **Proportion Percent** _____

5. **Ratio Equation** _____

#2 1. **8 is 20% of what number?**   ─── = ───   8 is 20% of _____   Calculator?
                                                                          yes   no

2. **15 is 33% of what number?** ─── = ───   15 is 33% of _____

3. **What number is 20% of 80?** ─── = ───   _____ is 20% of 80

4. **What number is 33% of 60?** ─── = ───   _____ is 33% of 60

5. **20 is what percent of 25?** ─── = ───   20 is _____% of 25

6. **35 is what percent of 105?** ─── = ───   35 is _____% of 105

#3 1. **The newspaper said the down payment** ─── = ───   The car is   Calculator?
Use proportions   **is $1600. How much is the car if it's**   _____.   yes   no
to solve these   **20% down?**

2. **A restaurant sells 3 chickens for 7** ─── = ───   3 chickens is
    people per meal. What percent is that?   _____% of 7.

3. **JJ missed 1 free throw for every 7 he** ─── = ───   He misses
    took. What percent is that of the total?   _____% of shots.

4. **A motorcycle shop has 3 bad parts for** ─── = ───   1 bad part is
    147 good ones. What percent is that   _____%.
    of the total?

5. **A package delivery system had 15 late** ─── = ───   _____%
    packages out of 485 deliveries. What   will be late.
    percent is that?

#4 Story Problems.

1. There are 40 pets at the kennel. That's a ratio of 3 cats to 7 dogs. How many are there of each?

   ___ + ___ = 20 pets.

   $\dfrac{\text{cats}}{\text{pets}}$ ___ = ___ $\dfrac{\text{cats}}{\text{pets}}$ Calculator? yes no

   There are ___ cats and ___ dogs.

2. A rental car company has 22 cars and 5 trucks for rent. If the next customer picks a vehicle at random, what is the probability that a truck is chosen?

   ___ + ___ = ___ vehicles.

   $\dfrac{\text{trucks}}{\text{vehicles}}$ ___ = ___ $\dfrac{\text{trucks}}{\text{vehicles}}$

   ___ chances of picking a truck.

3. A magician has a trick where he picked a card from a 52 card deck. Determine what the probability is that the card will be a heart?

   ___ hearts : ___ cards

   ___ - ___ = ___ hearts.

   $\dfrac{\text{heart cards}}{}$ ___ = ___ $\dfrac{\text{heart cards}}{}$

   The card's probabilty of being a heart is ___%.

4. An ad said the down payment is $500. How much is the car if it's 5% down?

   ___ = ___   The car costs _____

5. An ad said the down payment on a truck is $400. How much is the car if it's 2% down?

   ___ = ___   The truck costs _____

6. An ad said the down payment on a computer is $40. How much is the computer if it's 5% down?

   ___ = ___   The computer costs _____

#5
1. 4 is 20% of what number?

   ___ = ___   4 is 20% of _____   Calculator? yes no

2. 16 is 66% of what number?

   ___ = ___   16 is 66% of _____

3. What number is 25% of 20?

   ___ = ___   _____ is 25% of 20

4. What number is 90% of 30?

   ___ = ___   _____ is 90% of 30

Ch 4 Ls 1 What is the MA rule?   201

_____ #1 #2 ____/9 #3 #4 ____/14 R ___/15 T ____/38 _____
       Name   Checker

#1 1. Name 2 things a problem needs to add exponents. _____

2. How do you get the answer? $2^5 \times 2^2$ _____

3. What is the MA Rule? _____

4. Use the MA Rule for an exponent answer. $3^2 \times 3^3$

                                              _____   Find a number
                                                                  answer.

                                                                  _____

5. Find an exponent answer. 5×5^3

                                              _____   Find a number
                                                                  answer.

                                                                  _____

6. What's the exponent answer? $2^4 \times 2^3$

                                              _____   Find a number
                                                                  answer.

                                                                  _____

#2 1. How does the MA Rule go backwards? _____

2. Go backwards for 5 to the 4th power. 5^4

                                          5×5 5×5 5×5

3. Go backwards for 6 to the 5th power. 6^5

                                          6×6 6×6 6×6

#3 Solve for exponent answers. Calculator? yes   no

1. $4^2 \times 4^3$ _____ $2^3 \times 2^2$ _____ $7^2 \times 7$ _____

2. $9^5 \times 9^3$ _____ $11^3 \times 11^4$ _____ $5^2 \times 5^4$ _____

#4 What's the exponent answer? Then write the place value. Calculator? yes   no

1. $10^9 \times 10^3 = 10^{\underline{}}$ or _____

2. $10^7 \times 10^4 = 10^{\underline{}}$ or _____

3. $10^5 \times 10^3 = 10^{\underline{}}$ or _____

4. $10^3 \times 10^2 = 10^{\underline{}}$ or _____

Review   Calculator? yes   no

1. Name 2 things a problem needs to add exponents. _____
2. How do you get the answer? $2^5 \times 2^2$ _____
3. What is the MA Rule? _____
4. Go backwards. Name 3 sets for 2^5 2 x 2   2 x 2   2 x 2
5. Solve. $4^5 \times 4^2 =$ ____ $8^6 \times 8^3 =$ ____ $7^4 \times 7 =$ ____
6. $5^5 \times 5^4 =$ ____ $2^6 \times 2^2 =$ ____ $3^2 \times 3^2 =$ ____

Find an exponent answer and place value.

7. $10^6 \times 10^2 = 10^{\underline{}}$ or _____

8. $10^8 \times 10^5 = 10^{\underline{}}$ or _____

9. $10^6 \times 10^4 = 10^{\underline{}}$ or _____

Ch 6 Ls 2 What is the Me rule? 203

_____ #1 #2 ____/9 #3 #4 ____/4 R ___/8 T ____/21 _____
Name   Checker

Example $3^2 \times 2^2$

#1 1. How do you solve different bases with same exponents? _____

2. What is the ME Rule? _____

3. What is the key to remember the ME Rule? **E** shows _____

4. Use the ME Rule. What's an exponent answer? $2^3 \times 3^3$

What number is it? _____

_____

5. Use the ME Rule. What's an exponent answer? $10^4 \times 20^4$

What number is it? _____

_____

#2 1. Does it use the Ma or Me rule? $8^2 \times 3^2$

Circle one: Ma Rule   or   Me rule   _____

2. Decide. Ma or Me rule? $7^2 \times 7^3$

Circle one: Ma Rule   or   Me rule   _____

3. Ma or Me rule? $5^2 \times 6^2$

Circle one: Ma Rule   or   Me rule   _____

4. Is it the Ma or Me rule? $9^2 \times 2^2$

Circle one: Ma Rule   or   Me rule   _____

204

#3 Are these correct? Yes or correct.   Calculator? yes no

1. $4^2 \times 4^3 = 16^3$ yes or ____ $10^2 \times 10^2 = 10^3$ yes or ____

2. $5^2 \times 4^2 = 20^2$ yes or ____ $12^2 \times 10^2 = 12^4$ yes or ____

3. $2^3 \times 3^3 = 6^3$ yes or ____ $20^2 \times 20^2 = 400^2$ yes or ____

4. $3^2 \times 4^3 = 12^8$ yes or ____ $11^2 \times 11^2 = 11^4$ yes or ____

#4 Solve these. Ma or Me Rule?   Calculator? yes no

1. $5^3 \times 4^3 =$ ____ $10^2 \times 10^5 =$ ____ $7^3 \times 5^3 =$ ____

2. $6^5 \times 4^5 =$ ____ $11^3 \times 10^3 =$ ____ $5^2 \times 6^2 =$ ____

3. $4^4 \times 6^4 =$ ____ $10^2 \times 12^2 =$ ____ $7^4 \times 7^1 =$ ____

Review   1. What is the MA rule? _____   Calculator? yes no

2. How do you solve different bases with same exponents? _____

3. What is the ME Rule? _____

4. What is the key to remember the ME Rule? **E** shows _____

Decide. is it the Ma or Me Rule?

5. $4^2 \times 4^3 =$ ____ $15^5 \times 10^5 =$ ____ $4^2 \times 4^3 =$ ____

6. $9^4 \times 3^4 =$ ____ $13^2 \times 13^3 =$ ____ $4^3 \times 6^3 =$ ____

7. $3^2 \times 8^2 =$ ____ $14^4 \times 14^2 =$ ____ $4 \times 4^3 =$ ____

8. $3^3 \times 7^3 =$ ____ $10^4 \times 10^3 =$ ____ $5^0 \times 5^5 =$ ____

Ch 6 Ls 3 What is the DS rule?   205

_____ #1 #2 ____/11 #3 #4 ____/15 R ___/17 T ____/43 _____
         Name   Checker

#1 1. What is the DS Rule? _____

2. When does the DS Rule make a negative exponent? _____

3. A negative exponent makes what kind of number? _____

4. If the exponents are the same, how do you solve it? _____

5. Why use parentheses with exponents? _____

6. Use the DS rule for an exponent answer. $3^7 \div 3^3$

   _____

7. What kind of exponent is this? $5^2 \div 5^4$

         Negative exponent   _____

#2 1. Does it use the DS rule or simplify? Solve. $\dfrac{8^8}{8^2}$

         DS Rule   Simplify   _____

2. Decide, DS rule or simplify? Solve it. $\dfrac{7}{7^3}$

         DS Rule   Simplify   _____

3. DS rule or simplify? Look for what's the same. $\dfrac{2^3}{8^3}$

         DS Rule   Simplify   _____

4. DS rule or simplify? Solve it. $\dfrac{9^2}{3^2}$

         DS Rule   Simplify   _____

#3 Does it use DS Rule or Simplify? Solve.   Calculator? yes no

1. DS Rule / Simplify $\dfrac{3^4}{3^2} =$ DS Rule / Simplify $\dfrac{5^6}{5} =$ DS Rule / Simplify $\dfrac{2^4}{8^4} =$

2. DS Rule / Simplify $\dfrac{4^4}{4^2} =$ DS Rule / Simplify $\dfrac{8^2}{16^2} =$ DS Rule / Simplify $\dfrac{2^4}{2^5} =$

3. DS Rule / Simplify $\dfrac{9^3}{3^3} =$ DS Rule / Simplify $\dfrac{5^6}{5^6} =$ DS Rule / Simplify $\dfrac{6^3}{6^5} =$

#4 Is it a positive or negative exponent? Find exponent answers.   Calculator? yes no

1. $5^3 \div 5^4$ $8^2 \div 8^5$ $3^2 \div 3^4$
     Pos Neg _____   Pos Neg _____   Pos Neg _____

2. $9^3 \div 9^4$ $2^5 \div 2^2$ $7^2 \div 7^6$
     Pos Neg _____   Pos Neg _____   Pos Neg _____

Review 1. Name 2 things a problem needs to subtract exponents. _____   Calculator? yes no

2. What is the DS Rule? _____

3. When does the DS Rule make a negative exponent? _____

4. A negative exponent makes what kind of number? _____

5. Why use parentheses with exponents? _____

Solve these.

6. $3^6 \div 3^3 = 3^{—}$ $5^2 \div 5^3 = 5^{—}$ $4^2 \div 4^6 = 4^{—}$

7. $9^4 \div 9^5 = 9^{—}$ $2^3 \div 2^6 = 2^{—}$ $8^7 \div 8^5 = 8^{—}$

Use the DS rule or simplify.

8. $\dfrac{4^4}{8^4} =$ $\dfrac{7^4}{7^2} =$ $\dfrac{6^8}{6^2} =$

9. $\dfrac{3^3}{3^2} =$ $\dfrac{6^4}{2^2} =$ $\dfrac{9^4}{36^4} =$

Ch 6 Ls 4 How to change the base to solve it.   207

_____ #1 #2 ____/11 #3 #4 ____/11 R ___/11 T ____/33 _____
         Name   Checker

#1 1. **20^2** How do you change the base? _____

2. What happens to the exponents? _____

3. How many answers can there be? _____

4. What are 2 ways to multiply with 40? Solve   **40^2**

_____   _____ = _____

5. Name 2 ways to multiply with 200.   **200^2**

_____   _____ = _____

6. What are 2 ways to multiply with 45?   **45^2**

_____   _____ = _____

#2 Power Law for Exponents

1. How do you solve an exponent to an exponent? _____

2. What is the name of the rule for exponent to an exponent? _____

3. Name 2 steps to solve a power law. **$(2^2)^3$** _____

4. Use the power law. What's the exponent answer?   **$(4^2)^4$**

Solve for a number answer.   _____

5. Find the power law. What's the exponent answer?   **$(5^2)^2$**

Solve for a number answer.   _____

#3 Choose 3 ways to change the base, then solve.   Calculator?
                                                            yes   no

1. 24^2 _____ _____ _____ = _____

2. 300^2 _____ _____ _____ = _____

3. 600^2 _____ _____ _____ = _____

4. 80^3 _____ _____ _____ = _____

5. 400^3 _____ _____ _____ = _____

#4 Solve with power law, then find the number.   Calculator?
                                                          yes   no

1. $(5^2)^2$ = ____ = _____ $(2^2)^3$ = ____ = _____

2. $(3^2)^2$ = ____ = _____ $(10^2)^4$ = ____ = _____

3. $(10^4)^3$ = ____ = _____ $(4^3)^3$ = ____ = _____

Review 1. 20^2 How do you change the base? _____ Calculator?
                                                                          yes   no
2. What happens to the exponents? _____

3. How many answers can there be? _____

4. What is the name of the rule for exponent to an exponent? _____

5. Name 2 steps to solve a power law. $(4^2)^4$ _____

Choose 3 ways to change the base, then solve.

6. 90^4 _____ _____ _____ = _____

7. 240^2 _____ _____ _____ = _____

Solve with power law, then find the number.

8. $(6^3)^4$ = ____ = _____ $(8^5)^2$ = ____ = _____

9. $(6^3)^4$ = ____ = _____ $(8^5)^2$ = ____ = _____

_____ #1 to #5 ____/29 #6 #7 ____/13 Total ____/42
Name

#1 **1. MA Rule** _____

2. ME Rule _____

3. DS Rule _____

4. Change the Base _____

5. Power Law _____

#2 Solve these for exponent answers. Calculator? yes no

1. $6^4 \times 8^4 =$ ____ $20^2 \times 20^6 =$ ____ $8^3 \times 5^3 =$ ____

2. $9^5 \times 2^5 =$ ____ $21^5 \times 10^5 =$ ____ $7^2 \times 6^2 =$ ____

3. $2^4 \times 7^4 =$ ____ $10^2 \times 15^2 =$ ____ $9^5 \times 9^1 =$ ____

#3 Solve these fractions. Calculator? yes no

1. $\dfrac{2^4}{8^4} =$ $\dfrac{6^5}{6^2} =$ $\dfrac{9^2}{3^2} =$

2. $\dfrac{4^2}{4^7} =$ $\dfrac{8^4}{2^4} =$ $\dfrac{6^4}{24^4} =$

#4 Choose 3 ways to change the base, then solve. Calculator? yes no

1. 30^3 _____ _____ _____ = _____

2. 500^2 _____ _____ _____ = _____

3. 800^2 _____ _____ _____ = _____

#5 Solve with power law, then find the number. Calculator? yes no

1. $(6^2)^3 =$ ____ = _____ $(5^4)^4 =$ ____ = _____

2. $(4^2)^5 =$ ____ = _____ $(10^2)^6 =$ ____ = _____

3. $(20^4)^3 =$ ____ = _____ $(9^3)^4 =$ ____ = _____

#6 Solve exponent story problems.   Calculator? yes no

Power Law, then solve.

1. $(5^2)^2 =$ _____ $=$ _____ $(2^2)^3 =$ _____ $=$ _____

2. $(3^2)^2 =$ _____ $=$ _____ $(10^2)^4 =$ _____ $=$ _____

Change it 2 ways. Solve one.

3. 24^2 _____ x _____   _____ x _____   _____

4. 18^2 _____ x _____   _____ x _____   _____

5. 36^2 _____ x _____   _____ x _____   _____

#7 Use 3.1 for Pi in these problems.   Calculator? yes no

1. Area of a square $Side^2$ What is the difference between a 3 m and 5 m square? _____

2. Volume of a cube. $Side^3$ What is the difference between a 4 m and 6 m cube? _____

3. Area of a circle. $Pi\ R^2$ What is the difference for a 2 m and 4 m radius? _____

4. Surface area of a sphere $4\ Pi\ R^2$ Find the area of a ball with radius 5 m. _____

5. Volume of a sphere $\frac{4}{3} Pi \times R^3$ Find the volume of a ball with radius 3 m. _____

6. 2 cells doubled 2^2 Doubles again C^2 Doubles again C^2 How much is it? _____

7. **TJ's fertilizer bag covers 600 sq m. He puts it on a strip 20 m wide. How long of the strip gets treated?** _____

8. **A basketball is wrapped in a 12 cm x 12 cm x 12 cm box. What is the volume of the box?** _____

9. **A chess board has 8 x 8 squares on it's front. If each square is 3 and a half cm, what is the area of the board?** _____

Name _____ #1 #2 ____/45 #3 #4 #5 ____/39 T____/84

#1 Solve for exponent answers.   Calculator?
                                                                                                 yes   no

1. $4^2 \times 4^3 =$ ____ $15^5 \times 10^5 =$ ____ $7^3 \times 3^3 =$ ____

2. $9^4 \times 3^4 =$ ____ $13^2 \times 13^3 =$ ____ $4^3 \times 6^3 =$ ____

3. $3^2 \times 8^2 =$ ____ $14^4 \times 14^2 =$ ____ $4 \times 4^5 =$ ____

4. $5^3 \times 7^3 =$ ____ $10^4 \times 10^3 =$ ____ $5^0 \times 5^5 =$ ____

5. $8^2 \times 4^2 =$ ____ $12^5 \times 12^5 =$ ____ $6^2 \times 6^4 =$ ____

6. $6^4 \times 2^4 =$ ____ $17^4 \times 17^3 =$ ____ $5^3 \times 5^4 =$ ____

7. $2^3 \times 7^3 =$ ____ $15^8 \times 10^8 =$ ____ $2^3 \times 8^3 =$ ____

8. $3^3 \times 8^3 =$ ____ $11^4 \times 11^5 =$ ____ $6^1 \times 6^4 =$ ____

#2 Is it the Ma or Me Rule?   Calculator?
                                                                                                 yes   no

1. $6^3 \times 4^3$ MA or ME $14^4 \times 14^3$ MA or ME $8^2 \times 8^3$ MA or ME

2. $8^5 \times 3^5$ MA or ME $10^3 \times 13^3$ MA or ME $4^4 \times 7^4$ MA or ME

3. $4^2 \times 7^2$ MA or ME $14^3 \times 14^3$ MA or ME 6×6^3 MA or ME

4. $5^4 \times 8^4$ MA or ME $11^5 \times 20^5$ MA or ME $8^3 \times 8^5$ MA or ME

5. $9^4 \times 9^3$ MA or ME $12^4 \times 10^4$ MA or ME $6^3 \times 4^3$ MA or ME

6. $8^4 \times 5^4$ MA or ME $14^3 \times 11^3$ MA or ME $4^3 \times 4^5$ MA or ME

7. $4^2 \times 9^2$ MA or ME $14^4 \times 10^4$ MA or ME $9^2 \times 9^3$ MA or ME

#3 Is it DS Rule or Simplification?   Calculator? yes no

1. $\dfrac{6^2}{3^2} =$ DS Rule / Simplify $\dfrac{5^6}{15^6} =$ DS Rule / Simplify $\dfrac{8^4}{8^6} =$ DS Rule / Simplify

2. $\dfrac{7^5}{7^2} =$ DS Rule / Simplify $\dfrac{3^2}{24^2} =$ DS Rule / Simplify $\dfrac{2^4}{2^7} =$ DS Rule / Simplify

3. $\dfrac{9^3}{9^6} =$ DS Rule / Simplify $\dfrac{4^6}{8^6} =$ DS Rule / Simplify $\dfrac{3^3}{9^3} =$ DS Rule / Simplify

#4 Is it a positive or negative exponent? Find exponent answers.   Calculator? yes no

1. $6^3 \div 6^4$ Pos Neg _____ $4^2 \div 4^5$ Pos Neg _____ $3^2 \div 3^4$ Pos Neg _____

2. $9^3 \div 9^4$ Pos Neg _____ $2^5 \div 2^2$ Pos Neg _____ $7^2 \div 7^6$ Pos Neg _____

#5 Solve these fractions.   Calculator? yes no

1. $\dfrac{3^4}{3^2} =$ $\dfrac{5^6}{5} =$ $\dfrac{2^4}{8^4} =$ $\dfrac{6^4}{6^8} =$

2. $\dfrac{4^4}{4^2} =$ $\dfrac{8^2}{16^2} =$ $\dfrac{2^4}{2^5} =$ $\dfrac{3^4}{15^4} =$

3. $\dfrac{9^3}{3^3} =$ $\dfrac{5^6}{5^6} =$ $\dfrac{6^3}{6^5} =$ $\dfrac{3^5}{9^5} =$

4. $\dfrac{6^4}{2^4} =$ $\dfrac{5^5}{15^5} =$ $\dfrac{4^5}{8^5} =$ $\dfrac{2^7}{16^7} =$

5. $\dfrac{8^4}{4^4} =$ $\dfrac{7^3}{49^3} =$ $\dfrac{6^4}{6^7} =$ $\dfrac{3^9}{3^5} =$

6. $\dfrac{9^4}{27^4} =$ $\dfrac{4^7}{20^7} =$ $\dfrac{9^3}{9^7} =$ $\dfrac{4^4}{24^4} =$

Ch 5 Ls 1 Make numbers from scientific notation.   213

_____ #1 #2 ____/9 #3 #4 ____/16 R ___/ 16 T ____/ 41 _____
　　　　　Name　　　　　　　　　　　　　　　　　　　　　　　　　　　　　　　Checker

#1 1. What's 1st to change scientific notation to a number? **2 x 10^3** _____

　　　　2. What's 2nd to get the number? **2 x 10^3** _____

　　　　3. 2 steps scientific notation to a number. _____

　　　　4. What's the 1st digit for this number?　　　　**7 x 10^3**

　　　　　　　　　　　　　　　　　　　　The 1st digit is _____.　**What's the number?**

　　　　　　　　　　　　　　　　　　　　　　　_____

　　　　5. What's the 1st step to find this number?　　**9 x 10^4**

　　　　　　　　　　　　　　　　　　　　The 1st digit is _____.　**What's the number?**

　　　　　　　　　　　　　　　　　　　　　　　_____

#2 1. What does scientific notation multiply to write a number? **8000 =** _____

　　　　2. How do you find the exponent? **8 $\overset{?}{\times}$ 10 = 8000** Count_____

　　　　3. What's the 1st step to find this number?　　**80,000**

　　　　　　　　　　　Write the _____ digit.　　___ x 10$^?$　**What's left?**

　　　　　　　　　　　　　　　　　　　　　　　___ x 10 —

　　　　4. How does this scientific notation start?　　**400,000**

　　　　　　　　　　　　The 1st digit is ___.　　___ x 10$^?$　**What's left?**

　　　　　　　　　　　　　　　　　　　　　　　___ x 10 —

#3 Make scientific notation.   Calculator?
                                                                   yes   no

1.   5 million = ___ x 10 —   8 trillion = ___ x 10 —

2.   60 thousand = ___ x 10 —   500 million = ___ x 10 —

3.   2 billion = ___ x 10 —   30 billion = ___ x 10 —

4.   80 thousand = ___ x 10 —   20 million = ___ x 10 —

#4 What are the numbers?   Calculator?
                                                                   yes   no

1. 7×10^2 = _____ 3×10^6 = _____

2. 6×10^3 = _____ 5×10^8 = _____

3. 2×10^6 = _____ 9×10^4 = _____

4. 8×10^3 = _____ 4×10^5 = _____

Review 1. What does scientific notation multiply to write a number? **800** = _____   Calculator?
                                                                                                yes   no
2. How do you find the exponent? $8^? \times 10 = 800$ Count_____

3. What's 1st to change to a number? 2×10^3 _____

4. What's 2nd to get the number? 2×10^3 _____

Change to   5.   5,000 = _____   80,000 = _____
sci notation.
             6. 9,000,000 = _____   900 = _____

             7.   5,000 = _____   80,000 = _____

Find the   8. 3×10^6 = _____ 7×10^2 = _____
numbers
            9. 4×10^3 = _____ 6×10^4 = _____

            10. 7×10^5 = _____ 2×10^3 = _____

Ch 5 Ls 2 Change numbers and scientific notation.   215

_____ #1 #2 ____/8   #3 #4 ____/15 R ___/14 T ____/37 _____
           Name   Checker

#1 1. How is 2 digit like 1 digit scientific notation? _____

2. What happens to the 2nd digit? _____

3. What number is the 1st digit? 7.1×10^3

Use the 2nd digit. What's the number?   _____

                                              _____

4. What number is the 1st digit? 8.5×10^4

Use the 2nd digit. What's the number?   _____

                                              _____

5. What number is the 1st digit? 5.3×10^5

Use the 2nd digit. What's the number?   _____

                                              _____

#2 1. All in 1 step, what's the number? 8.4×10^3

                                              _____

2. What number has 6 digits? 3.7×10^6

                                              _____

3. What number has 9 digits? 4.2×10^9

                                              _____

#3 Find the numbers.   Calculator? yes   no

1. 7.1×10^3 6.4×10^3 2.3×10^3

    _____   _____   _____

2. 1.5×10^4 2.5×10^5 3.5×10^6

    _____   _____   _____

3. 8.9×10^9 4.7×10^8 5.8×10^7

    _____   _____   _____

#4 Write the exponent in.   Calculator? yes   no

1. 58 thousand = 5.8×10 ____   4.1 million = 4.1×10 ____

2. 420 million = 4.2×10 ____   8 thousand = 8.0×10 ____

3. 350 thousand = 3.5×10 ____   9.2 million = 9.2×10 ____

Review 1. How is 2 digit like 1 digit scientific notation? _____   Calculator? yes   no

2. What happens to the 2nd digit? _____

Write the numbers.

3. 7.1×10^4 1.3×10^5 4.5×10^6

    _____   _____   _____

4. 6.3×10^4 5.6×10^5 7.8×10^6

    _____   _____   _____

Write the exponents.

5. 63 thousand = 6.3×10 ____   720 million = 7.2×10 ____

6. 1.4 million = 1.4×10 ____   85 thousand = 8.5×10 ____

7. 45 billion = 4.5×10 ____   7.6 billion = 7.6×10 ____

Ch 5 Ls 3 Change numbers and scientific notation. 217

_____ #1 #2 ____/8 #3 #4 ____/12 R ___/12 T ____/30 _____
Name   Checker

#1 1. What's the 1st step to write a **410** as scientific notation? _____

2. How does the number use the 2nd digit? _____

3. What is the scientific notation for 580,000? _____

4. Write the 1st digit scientific notation.   **740**

7 x 10 ——   What's the 2nd digit?

____ x 10 ——

5. Write the 1st digit for 8,600.   **86,000**

8 x 10 ——   What's the 2nd digit?

____ x 10 ——

6. Write the 1st digit.   **93,000,000**

9 x 10 ——   What's the 2nd digit?

____ x 10 ——

#2 1. Write scientific notation.   **920 thousand**

____ x 10 ——

2. Write scientific notation.   **2.6 billion**

____ x 10 ——

3. Write scientific notation.   **46 million**

____ x 10 ——

#3 Find the scientific notation.   Calculator? yes no

1. 85,000   4,200   45,000,0000

    ___ x 10 ―――   ___ x 10 ―――   ___ x 10 ―――

2. 580,000,000   85,000   1,200,000

    ___ x 10 ―――   ___ x 10 ―――   ___ x 10 ―――

#4 Find scientific notation from a place value.   Calculator? yes no

1. 31 thousand   870 thousand   14 million

    ___ x 10 ―――   ___ x 10 ―――   ___ x 10 ―――

2. 530 billion   85 million   92 trillion

    ___ x 10 ―――   ___ x 10 ―――   ___ x 10 ―――

Review
1. What's the 1st step to write a **410** as scientific notation? _____   Calculator? yes no
2. How does the number use the 2nd digit? _____
3. How is 2 digit like 1 digit scientific notation? _____

Find the Scientific Notation.

4. 58 thousand   850,000   4,200,000

    ___ x 10 ―――   ___ x 10 ―――   ___ x 10 ―――

5. 2.4 million   350 billion   62 trillion

    ___ x 10 ―――   ___ x 10 ―――   ___ x 10 ―――

6. 450 thousand   1,300,000   47 billion

    ___ x 10 ―――   ___ x 10 ―――   ___ x 10 ―――

Ch 5 Ls 4 Add and subtract scientific notation. 219

_____ #1 #2 ____/8 #3 #4 ____/8 R ___/8 T ____/30 _____
Name   Checker

#1 1. How do you add with same exponents? _____

2. How are different exponents solved? _____

3. Add same exponents. What's the answer? $(3 \times 10^3) + (8 \times 10^3)$

_____

4. Add these. What's the answer? $(9 \times 10^2) + (4 \times 10^2)$

_____

5. Subtract. What's the answer? $(8 \times 10^1) - (7 \times 10^2)$

_____

#2 1. What's the 1st step to add? $(1.5 \times 10^6) + (1.7 \times 10^5)$

_____+_____ Finish it.

_____

2. What's the 1st step? $(9.7 \times 10^4) - (2.3 \times 10^3)$

_____-_____ Finish it.

_____

3. What are these numbers? $(7.5 \times 10^4) + (5.6 \times 10^2)$

_____+_____ Finish it.

_____

#3 Are these correct? Yes or correct.   Calculator? yes no

1. $(3.1 \times 10^3) + (1.6 \times 10^2) = 3260$ yes or _____

2. $(6.4 \times 10^3) + (2.5 \times 10^2) = 6425$ yes or _____

3. $(3.5 \times 10^4) + (5.7 \times 10^3) = 3570$ yes or _____

4. $(2.4 \times 10^4) + (9.8 \times 10^2) = 2498$ yes or _____

#4 Subtract these problems.   Calculator? yes no

1. $9.2 \times 10^2 =$
   $- 8.3 \times 10^2 =$ _____

   $8.0 \times 10^4 =$
   $- 5.5 \times 10^3 =$ _____

2. $3.9 \times 10^3 =$
   $- 8.4 \times 10^2 =$ _____

   $1.0 \times 10^5 =$
   $- 9.2 \times 10^4 =$ _____

Review 1. How do you add with same exponents? _____   Calculator? yes no
2. How are different exponents solved? _____

3. $2.1 \times 10^4 =$
   $+ 7.6 \times 10^2 =$ _____

   $5.2 \times 10^4 =$
   $+ 5.7 \times 10^3 =$ _____

4. $8.1 \times 10^3 =$
   $+ 5.8 \times 10^3 =$ _____

   $7.3 \times 10^5 =$
   $+ 8.4 \times 10^4 =$ _____

5. $4.7 \times 10^6 =$
   $- 5.3 \times 10^5 =$ _____

   $4.8 \times 10^5 =$
   $- 5.1 \times 10^4 =$ _____

_____ #1 to #5 ____/31 #6 #7 ____/16 Total ____/ 47
Name

#1 1. Scientific Notation _____

2. Backwards _____

3. 2 Digit Number _____

4. Same Exponents _____

5. Different Exponents _____

#2 Find the numbers.   Calculator?
                                                        yes   no

1. 6×10^5 = _____ 3×10^{10} = _____

2. 5×10^9 = _____ 9×10^8 = _____

3. 8.4×10^{12} = _____ 9.2×10^7 = _____

4. 2.5×10^{13} = _____ 4.1×10^{11} = _____

#3 Find the exponents.   Calculator?
                                                        yes   no

1. 75 thousand = 7.5×10 _____   57 million = 5.7×10 _____

2. 630 billion = 6.3×10 _____   80 thousand = 8.0×10 _____

3. 1.5 trillion = 1.5×10 _____   3.4 billion = 3.4×10 _____

#4 Find the scientific notation.   Calculator?
                                                        yes   no

1.   930,000 = ____ $\times 10^{\,\_\_}$ 43,000,000 = ____ $\times 10^{\,\_\_}$

2. 750,000,000 = ____ $\times 10^{\,\_\_}$ 5,800,000,000 = ____ $\times 10^{\,\_\_}$

3.   3,500,000 = ____ $\times 10^{\,\_\_}$ 17,000,000 = ____ $\times 10^{\,\_\_}$

#5 Find the numbers.   Calculator?
                                                        yes   no

1. 2.6×10^3 = _____ 4.8×10^2 = _____

2. 6.7×10^4 = _____ 8.3×10^5 = _____

3. 9.1×10^5 = _____ 7.4×10^4 = _____

#6 Do These Scientific Notations Problems.   Calculator? yes   no

Add or Subtract.

1. $1.7 \times 10^3 =$
   $+ 2.1 \times 10^2 =$ _____

   $3.5 \times 10^4 =$
   $+ 5.8 \times 10^3 =$ _____

2. $3.9 \times 10^3 =$
   $- 1.4 \times 10^2 =$ _____

   $2.1 \times 10^4 =$
   $- 8.2 \times 10^3 =$ _____

3. $5.4 \times 10^5 =$
   $+ 2.7 \times 10^4 =$ _____

   $4.6 \times 10^6 =$
   $+ 7.1 \times 10^5 =$ _____

4. $7.5 \times 10^4 =$
   $- 2.8 \times 10^3 =$ _____

   $3.4 \times 10^5 =$
   $- 9.5 \times 10^4 =$ _____

#7 Story Problems

1. **Planet Earth's mass is about 5.7×10^{24} kilograms. Write the number for it.** _____   Calculator? yes   no

2. **The speed of light is about 3.00×10^5 km per second. Write the number for it.** _____

3. **The diameter of the Sun is about 1.4×10^9 meters. Write the number for it.** _____

4. **The earth is about 12,760,000 meters wide. Round to millions/write the scientific notation.** _____

5. **Canada has a population of 3.5×10^7 people. What's the number for it?** _____

6. **The light travels at a speed of 290,000,000 meters/sec. Write it.** _____

7. **During the year 2001 there were 1.7 billion credit cards in the US. Write the sci not.** _____

8. **In 1994 there were 4.6 billion phone calls made in the US. Write the scientific notation.** _____

Ch 6 Ls 1 Change decimals to scientific notation.   223

_____ #1 #2 ____/10 #3 #4 ____/16 R ___/ 17 T ____/ 43 _____
Name   Checker

#1 1. What's the 1st step to turn a decimal into scientific notation? _____

2. What's the 2nd step? _____

3. What's the 1st step to make a decimal? 7×10^{-1}

| | 1st digit is ____ | Where does the decimal go? |

Move it ___ place to get   _____

4. What decimal does -2 make? 4×10^{-2} What's the decimal?

- 2 makes _____ place.   _____

5. What decimal does -3 make? 8×10^{-3} What's the decimal?

- 3 makes _____ place.   _____

#2 1. What's the 1st step to find scientific notation of a decimal? _____

2. What's the exponent for hundredths? _____

3. What's the 1st step to scientific notation?   0.3

The 1st digit is ____.   ____ $\times 10$ Next step?

The exponent moved ___ place.   ____ $\times 10^{——}$

4. What's the scientific notation for 4 100ths?   0.04

____ $\times 10^{——}$

5. What's the scientific notation for 5 1000ths?   0.005

____ $\times 10^{——}$

#3 Make scientific notation.   Calculator? yes   no

1. 7 10ths = _____   8 100ths = _____

2. 6 100ths = _____   5 millionths = _____

3. 8 10,000ths = _____   4 1000ths = _____

4. 9 100,000ths = _____   8 millionths = _____

#4 What are the numbers?

1. 4×10^{-1} = _____ 5×10^{-6} = _____

2. 1×10^{-5} = _____ 2×10^{-2} = _____

3. 3×10^{-3} = _____ 8×10^{-2} = _____

4. 9×10^{-1} = _____ 6×10^{-4} = _____

Review 1. What's the 1st step to turn a decimal into scientific notation? _____

2. What kind of exponent does a decimal make? _____

3. What's the 1st step to find scientific notation of a decimal? _____

4. What's the exponent for hundredths? _____

5. How can you remember a decimal makes a negative exponent? _____

Change to sci notation.

6. 5 100ths = _____   8 10ths = _____

7. 9 millionths = _____   4 1000ths = _____

8. 6 1000ths = _____   2 10,000ths = _____

Change to numbers

9. 3×10^{-3} = _____ 7×10^{-1} = _____

10. 5×10^{-2} = _____ 9×10^{-4} = _____

11. 2×10^{-5} = _____ 4×10^{-6} = _____

Ch 6 Ls 2 2 digit scientific notation. 225

_____ #1 #2 ____/9   #3 #4 ____/17   R ___/16   T ____/30 _____
Name   Checker

#1 1. What's the 1st step to make scientific notation for **0.15**? _____

2. Where do you count exponent places from? _____

3. How does 2 digits change how it's made? _____

4. What's the 1st step to make a scientific notation?   **0.75**

The 1st digit is ___.   ____ x 10   **How do you get the exponent?**

The exponent moved ___ place.   ____ x 10 ——

5. What's the 1st digit this time?   **0.015**

The 1st digit is ___.   ____ x 10   **How do you get the exponent?**

The exponent moved ___ places.   ____ x 10 ——

#2 1. Find scientific notation. How many exponent places?   **0.045**

The exponent moved ___ places.   4.5 x 10 ——

2. What's the scientific notation?   **0.0063**

6.3 x 10 ——

3. What's the scientific notation?   **0.00089**

8.9 x 10 ——

4. What's the scientific notation?   **0.027**

2.7 x 10 ——

#3 All 1 step, find the scientific notation.   Calculator? yes no

1. 0.042   0.0015   0.27

    ___ x 10 ―   ___ x 10 ―   ___ x 10 ―

2. 0.0091   0.23   0.000067

    ___ x 10 ―   ___ x 10 ―   ___ x 10 ―

3. 0.046   0.00084   0.51

    ___ x 10 ―   ___ x 10 ―   ___ x 10 ―

#4 Write the exponent in.   Calculator? yes no

1. 0.58 = 5.8 x 10 ____   0.072 = 7.2 x 10 ____

2. 0.0035 = 3.5 x 10 ____   0.85 = 8.5 x 10 ____

3. 2.6 = 2.6 x 10 ____   0.00041 = 4.1 x 10 ____

4. 0.00018 = 1.8 x 10 ____   0.0095 = 9.5 x 10 ____

Review 1. What's the 1st step to make scientific notation for **0.15**? _____   Calculator? yes no

2. Where do you count exponent places from? _____

3. How does 2 digits change how it's made? _____

Find sci notation.

4. 0.67   0.00012   0.021

    ___ x 10 ―   ___ x 10 ―   ___ x 10 ―

5. 0.0035   0.00093   0.0025

    ___ x 10 ―   ___ x 10 ―   ___ x 10 ―

6. 0.00046   0.084   0.0037

    ___ x 10 ―   ___ x 10 ―   ___ x 10 ―

Ch 6 Ls 3 2 digit scientific notation.   227

_____ #1 #2 ____/9   #3 #4 ____/16   R ___/16   T ____/ 41 _____
         Name   Checker

#1 1. 1st step to make 9.3×10^{-2} into a number? _____

2. What happens to the 2nd digit? _____

3. What's the 1st step to make a decimal? 1.7×10^{-2}

Find the _____   _____   **What happens to the 2nd digit?**

_____

#2 1. What's the decimal for -2 exponent? 1.3×10^{-2}

_____

2. What's the decimal for $-$ 3rds? 2.4×10^{-3}

_____

3. What's the decimal for $-$ 4ths? 3.6×10^{-4}

_____

4. Find the decimal for $-$ 5ths. 4.9×10^{-5}

_____

5. What's the decimal for $-$ 2nds? 5.2×10^{-2}

_____

6. Find the decimal for $-$ 3rds. 6.7×10^{-3}

_____

#3 Find the decimals with smaller exponents.   Calculator? yes   no

1. 5.2×10^{-1} = _____ 1.7×10^{-1} = _____

2. 4.3×10^{-2} = _____ 2.4×10^{-3} = _____

3. 3.5×10^{-3} = _____ 8.3×10^{-2} = _____

4. 9.3×10^{-1} = _____ 6.7×10^{-2} = _____

#4 Find the decimals with larger exponents.   Calculator? yes   no

1. 1.6×10^{-6} = _____ 2.5×10^{-5} = _____

2. 8.3×10^{-4} = _____ 9.3×10^{-6} = _____

3. 7.1×10^{-5} = _____ 8.2×10^{-4} = _____

4. 3.6×10^{-5} = _____ 2.4×10^{-6} = _____

Review 1. 1st step to make 9.3×10^{-2} into a number? _____   Calculator? yes   no

2. What happens to the 2nd digit? _____

3. What's the 1st step to make scientific notation for **0.15**? _____

4. Where do you count exponent places from? _____

Change to sci notation.

5. **85 100ths** = _____   **27 10ths** = _____

6. **92 1,000ths** = _____   **46 100ths** = _____

7. **36 10ths** = _____   **12 10,000ths** = _____

Find the numbers.

8. 6.3×10^{-4} = _____ 8.7×10^{-1} = _____

9. 2.5×10^{-2} = _____ 2.9×10^{-3} = _____

10. 3.2×10^{-5} = _____ 3.4×10^{-2} = _____

Ch 6 Ls 4 Multiply scientific notation.   229

_____ #1 #2 ____/8   #3 #4 ____/12   R ___/ 12   T ____/32   _____
        Name   Checker

#1   1. How does multiplying scientific notation solve the digits? _____

2. How does multiplying solve the exponents? _____

3. What's the 1st step to solve it? $(3 \times 10^2) \times (8 \times 10^2)$

Multiply the _____.   ___ x ___ = ___   2nd step?

Add the _____.   _____

4. What's the 1st step to solve it? $(1.2 \times 10^3) \times (6 \times 10^2)$

Multiply the _____.   ___ x ___ = ___   2nd step?

Add the _____.   _____   What's the number?

_____

#2   1. How does dividing scientific notation solve the digits? _____

2. How does dividing them solve the exponents? _____

3. What's the 1st step to solve it? $(8 \times 10^3) \div (2 \times 10^2)$

Divide the _____.   ___ ÷ ___ = ___   2nd step?

Subtract the _____.   _____

4. What's the 1st step to solve it? $(1.8 \times 10^4) \div (6 \times 10^2)$

Divide the _____.   ___ ÷ ___ = ___   2nd step?

Subtract the _____.   _____   What's the number?

_____

#3 Solve the left side, then write the numbers and solve.   Calculator?
    yes   no

1. $3.2 \times 10^3 =$ $3.2 \times 10^2 =$
    $\times \underline{ 3 \times 10^2} = \underline{}$ $\times \underline{ 4 \times 10^4} = \underline{}$

2. $1.3 \times 10^3 =$ $1.7 \times 10^4 =$
    $\times \underline{ 5 \times 10^2} = \underline{}$ $\times \underline{ 5 \times 10^2} = \underline{}$

3. $7.1 \times 10^{-1} =$ $7.2 \times 10^{-1} =$
    $\times \underline{ 3 \times 10^{-1}} = \underline{}$ $\times \underline{ 2 \times 10^{-2}} = \underline{}$

#4 Divide these problems.

1. $(3.5 \times 10^5) \div (7 \times 10^2) = \underline{}$ $(3.6 \times 10^4) \div (3 \times 10^3) = \underline{}$ Calculator?
    yes   no
2. $(4.8 \times 10^3) \div (2 \times 10^2) = \underline{}$ $(6.4 \times 10^4) \div (8 \times 10^2) = \underline{}$
3. $(2.8 \times 10^3) \div (4 \times 10^{-2}) = \underline{}$ $(3.2 \times 10^{-3}) \div (8 \times 10^{-4}) = \underline{}$

Review 1. How does multiplying scientific notation solve the digits? _____   Calculator?
    yes   no
2. How does multiplying solve the exponents? _____
3. How does dividing scientific notation solve the digits? _____
4. How does dividing them solve the exponents? _____

5. $(1.2 \times 10^3) \times (2 \times 10^1) = \underline{}$ $(2.4 \times 10^2) \times (6 \times 10^1) = \underline{}$
6. $(2.5 \times 10^5) \times (5 \times 10^2) = \underline{}$ $(4.5 \times 10^3) \times (9 \times 10^2) = \underline{}$
7. $(1.5 \times 10^3) \div (3 \times 10^{-2}) = \underline{}$ $(3.5 \times 10^4) \div (5 \times 10^{-2}) = \underline{}$
8. $(3.6 \times 10^{-1}) \div (4 \times 10^{-2}) = \underline{}$ $(4.2 \times 10^{-4}) \div (7 \times 10^{-2}) = \underline{}$

Review Problems 231

_____ #1 to #5 ____/34 #6 to #8 ____/16 R ___/16 T ____/66
Name

#1 1. Negative Exponents _____

    2. 2 Digit Scientific Notation _____

    3. Multiply Scientific Notation _____

    4. Divide Scientific Notation _____

#2 Make scientific notation. Calculator? yes no

1. 4 10ths = _____   9 100ths = _____
2. 5 100ths = _____   3 millionths = _____
3. 7 10,000ths = _____ 6 1000ths = _____

#3 What are the numbers? Calculator? yes no

1. 3×10^{-1} = _____ 4×10^{-6} = _____
2. 6×10^{-5} = _____ 8×10^{-2} = _____
3. 7×10^{-3} = _____ 9×10^{-2} = _____
4. 3.6×10^{-2} = _____ 2.8×10^{-5} = _____
5. 5.8×10^{-4} = _____ 7.2×10^{-3} = _____

#4 Find the scientific notation. Calculator? yes no

1. 0.053 = ____ x 10 ―   0.0026 = ____ x 10 ―
2. 0.14 = ____ x 10 ―   0.000051 = ____ x 10 ―
3. 0.00027 = ____ x 10 ―   0.00062 = ____ x 10 ―

#5 Solve these problems. Calculator? yes no

1. $(2.6 \times 10^4) \times (2 \times 10^1)$ = _____ $(7.8 \times 10^5) \times (6 \times 10^1)$ = _____
2. $(3.5 \times 10^4) \times (5 \times 10^2)$ = _____ $(6.2 \times 10^3) \times (2 \times 10^2)$ = _____
3. $(1.8 \times 10^3) \div (3 \times 10^{-2})$ = _____ $(4.5 \times 10^3) \div (5 \times 10^{-1})$ = _____
4. $(5.6 \times 10^{-3}) \div (4 \times 10^{-2})$ = _____ $(8.1 \times 10^{-4}) \div (9 \times 10^{-2})$ = _____

#6 Multiply These Scientific Notations.   Calculator? yes no

1. $1.7 \times 10^3 =$ 　　　　　　　　　$3.5 \times 10^3 =$
   $+\ 2.1 \times 10^2 =$ _____　　　$+\ 5.8 \times 10^2 =$ _____

2. $3.9 \times 10^3 =$ 　　　　　　　　　$2.1 \times 10^4 =$
   $-\ 1.4 \times 10^2 =$ _____　　　$-\ 8.2 \times 10^2 =$ _____

#7　Multiply or divide.

1. $(3.2 \times 10^3) \times (2 \times 10^2) =$ _____　　$(2.1 \times 10^2) \times (7 \times 10^2) =$ _____　Calculator? yes no

2. $(3.5 \times 10^5) \times (5 \times 10^3) =$ _____　　$(2.4 \times 10^3) \times (3 \times 10^2) =$ _____

3. $(1.5 \times 10^3) \div (3 \times 10^{-2}) =$ _____　　$(3.6 \times 10^4) \div (2 \times 10^{-2}) =$ _____

4. $(3.6 \times 10^{-1}) \div (4 \times 10^{-2}) =$ _____　　$(4.2 \times 10^{-4}) \div (6 \times 10^{-2}) =$ _____

#8
1. **It's 4 x 10^3 km from Lake Naminski to Poland and from Poland to Either City is 3 x 10^2 km. What's the difference?**   Calculator? yes no

2. **Health care costs in the US in 2003 was $1.7 trillion. The U.S. population was 290 million. What was the average amount spent per person?**

3. **The population of Ada is 4 x 10^2 and Cal is 7 x 10^3. How many people are there between both cities.**

4. **The mass of the sun is 2 x 10^30 kg. The mass of the earth is 6 x 10^24 kg. How much bigger is the sun than the earth?**

5. **The former USSR. was the largest country, having 1.7 x 10^6 sq km of land. Canada was the 2nd largest with 1 x 10^6 sq km less than the USSR. How much larger is Russia?**

Ch 7 Ls 1 Solve 2 Step Equations   233

_____ #1 #2 ____/8 #3 #4 ____/6 R ___/12 T ____/26 _____
            Name   Checker

#1 1. What's the order to solve a 2 step equation? _____

2. How can you change an equation that has a fraction? _____
_____

3. If an equation doesn't work out evenly, what kind answer is it? _____

4. Solve a 2 step equation. $\frac{a}{4} - 5 = 6$ **First step?**

   Add ____ $\frac{a}{4} = $ ____   **What's the answer?**

   Multiply or Divide   **a** = ____

5. What's the 1st step?   **2x - 2 = 3**

   Add ____   **2x** = ____   **Fraction answer or not?**

   Multiply or Divide   **x** = ____   It's a fraction.

#2 1. Name 2 steps solve it.   **4x - 1 = 7**

   1._____ 2._____   **4x = 8**   **What's the answer?**

   x = ____

2. What are the 2 steps?   **2x + 8 = 13**

   1._____ 2._____   **2x = 5**   **Fraction answer or not?**

   x = ____

3. What are the 2 steps?   **3x - 1 = 14**

   1._____ 2._____   **3x = 15**   Finish it.

   x = ____

#3 Write what happens each step and the answer.   Calculator? yes   no

1. $3a + 1 = 13$ $2b - 6 = 18$

   ___ _____   ___ _____
   ___ _____   ___ _____
          _____   _____

2. $\dfrac{c}{2} - 2 = 7$ $\dfrac{x}{6} + 5 = 9$

   ___ _____   ___ _____
   ___ _____   ___ _____
          _____   _____

3. $\dfrac{a}{3} - 3 = 10$ $8b - 5 = 7$

   ___ _____   ___ _____
   ___ _____   ___ _____
          _____   _____

Review 1. What's the order to solve a 2 step equation? _____   Calculator? yes   no

2. How can you change an equation that has a fraction? _____
_____

3. If an equation doesn't work out evenly, what kind answer is it? _____

Mentally solve these.

4. $\dfrac{a}{2} - 2 = 7$ $\dfrac{b}{6} + 5 = 9$ $\dfrac{c}{3} - 3 = 10$
     a = ____   b = ____   c = ____

5. $7d - 1 = 7$ $4x - 2 = 6$ $3z - 5 = 7$
     d = ____   x = ____   z = ____

6. $2a + 3 = 7$ $5b + 2 = 6$ $2c - 2 = 6$
     a = ____   b = ____   c = ____

Ch 7 Ls 2 2 Step Equations/Double Variables. 235

_____ #1 #2 ____/9 #3 #4 ____/12 R ___/9 Total ____/30 _____
Name   Checker

#1 1. If there are double variables, what is the 1st step? _____

2. How do you solve a negative on both sides? $-x = -5$ _____

3. Solve with 2 variables. $3x + 1 = 8 - 4x$ Subtract 1 the 1st step.

Subtract ____. $3x = $ ____ $- 4x$ What's the 2nd step?

Subtract ____.   ____ $= -4x$ What's the answer?

                                        ____ $= x$

4. Solve 2 variables. $a - 2 = 7 + 3a$ Subtract 7 the 1st step.

Subtract ____.   _____   What's the next step?

Subtract ____.   _____   What's the answer?

Divide ____.   _____

#2 1. What's the 1st step to cross multiply? $\dfrac{1}{2} = \dfrac{a}{7}$ _____

2. What's the 2nd step to cross multiply? _____

3. What's the answer? _____

4. Multiply both crosses. $\dfrac{1}{3} = \dfrac{a}{8}$ What's the equation?

____ x ____ = ____ x ____   What's the answer?

                ____ = ____

5. Multiply both crosses. $\dfrac{2}{3} = \dfrac{b}{5}$ What's the equation?

____ x ____ = ____ x ____   What's the answer?

                ____ = ____

#3 Solve these equations.   Calculator? yes no

1. $3b - 1 = 5 + 4b$ $4z + 1 = 10 + 5z$

2. $\dfrac{a}{2} - 2 = 7 + a$ $\dfrac{n}{3} - 2 = -1 + n$

Review
1. If there are double variables, what is the 1st step? _____   Calculator? yes no
2. How do you solve a negative on both sides? $-x = -5$ _____
3. What's the 1st step to cross multiply? $\dfrac{1}{2} = \dfrac{a}{7}$ _____
4. What's the 2nd step to cross multiply? _____

Solve the proportions.

5. $\dfrac{1}{3} = \dfrac{a}{7}$ $\dfrac{2}{4} = \dfrac{b}{5}$

  ___ x ___ = ___ x ___   ___ x ___ = ___ x ___

6. $\dfrac{1}{2} = \dfrac{x}{3}$ $\dfrac{2}{5} = \dfrac{z}{2}$

  ___ x ___ = ___ x ___   ___ x ___ = ___ x ___

Ch 7 Ls 3 2 Step Equations/Parentheses.   237

_____ #1 #2 ____/6   #3 #4 ____/12 R ___/ 9 Total ____/30 _____
Name   Checker

#1 1. If an equation has parentheses, what's first? _____

2. What happens when there's more than 1 variable? _____

#2 1. Solve parentheses. $3(x + 1) = 2$ First step?

_____ = 2   2nd step?

_____ = _____   What's the answer?

_____ = _____

2. Multiply parentheses. $4(2a + 1) = 8$ First step?

_____ = 8   2nd step?

_____ = _____   What's the answer?

_____ = _____

3. Solve the parentheses. $3(x + 1) = -4x + 2$ First step?

_____ = $-4x + 2$ 2nd step?

_____ = _____   What's the answer?

_____ = _____

4. Solve parentheses. $4(\frac{a}{2} + 1) = 3a + 3$ First step?

_____ = _____   2nd step?

_____ = _____   What's the answer?

_____ = _____

#3 Solve these equations.

1. $5z + 1 = 2(2z + 5)$ $-3(c - 1) = 2c + 1$ Calculator? yes no

2. $6(\frac{a}{2} + 2) = 2a - 8$ $4(\frac{b}{2} - 1) = b - 5$

3. $3(e - 4) = -2e - 7$ $3(x + 1) = -4x + 2$

Review
1. If an equation has parentheses, what's first? _____   Calculator? yes no
2. What happens when there's more than 1 variable? _____

Mentally solve these.

3. $2(a - 5) = 4$ $2(b - 4) = 2$ $2(c + 1) = 10$

   a = ___   b = ___   c = ___

4. $6(\frac{d}{3} + 2) = 18$ $4(\frac{e}{2} + 1) = 8$ $2(\frac{x}{2} - 2) = 9$

   d = ___   e = ___   x = ___

5. $6(\frac{y}{2} - 7) = 2$ $8(\frac{a}{2} + 3) = 8$ $9(\frac{b}{3} - 4) = 1$

   y = ___   a = ___   b = ___

Review Problems   239

_____ #1 #2 #3 ____/17 #3 #4 ____/12 R ___/ 9 Total ____/30
Name

#1 **1. 2 Step Equation** _____

2. Double Variable _____

3. Cross Multiply _____

4. Parentheses _____

#2 Mentally solve these.   Calculator? yes no

1. $\dfrac{x}{3} - 3 = 5$ $\dfrac{a}{5} + 2 = 7$ $\dfrac{b}{2} - 4 = 8$

   x = _____   a = _____   b = _____

2. $6a - 1 = 7$ $2x - 3 = 12$ $5z - 6 = 2$

   a = _____   x = _____   z = _____

3. $2y + 4 = 9$ $5b + 3 = 7$ $2x - 3 = 5$

   y = _____   b = _____   x = _____

#3 Solve these.   Calculator? yes no

1. $\dfrac{x}{2} - 1 = -4 + x$ $\dfrac{z}{3} - 4 = -1 - z$

   ___ _____   ___ _____
   ___ _____   ___ _____
   ___ _____   ___ _____

2. $\dfrac{3}{4} = \dfrac{a}{9}$ $\dfrac{3}{5} = \dfrac{b}{6}$

   ___ x ___ = ___ x ___   ___ x ___ = ___ x ___

   ___ _____   ___ _____
   ___ _____   ___ _____
   ___ _____   ___ _____

#3 Make an equation, then solve it.   Calculator?
yes   no

1. Emma bought 6 kilograms of hotdogs that are $4/kg. She also got a liter of milk for $1.80. How much was it?

2. Liam worked for $12 an hour for 7 hours. He already had $370 in his wallet. How much does he have when he gets paid at the end of the day?

3. Mr Q was looking at his bank account statement. The beginning balance was $3500 and he had 4 checks to cash against it for $730 each. How much was it after the checks cleared?

4. Mr G had 7 boards that are each 3 meters long. He took 5.4 meters for a furniture project. How much does he have left?

5. Eva gets $4000 a month from her father for 5 months. She spends $2700 for rent monthly. How much is left after that for the 5 months?

6. A middle school got $1800 for office supplies. They bought 7 boxes of paper for $45 each. How much do they have left?

7. Noah had $700 in his wallet. He worked 30 hours for $13 an hour. How much will he have when he gets paid?

_____ #1 ____/6 #3 #4 ____/12 R ___/ 9 Total ____/30 _____
Name

#1 Make an equation, then solve it.

Calculator?
yes   no

1. JJ spends half an hour every night studying math and an hour every night studying science. Over five days, how much time does JJ spend on his homework?

2. In Emily's computer game, she goes up one level every time she earns 250 points. Anvi has just gone up a level for the ninth time. How many total points did she need?

3. The sixth grade class at a middle school has 25 blondes, 18 redheads, some brunettes, and 34 blacks. There are 108 students in the school. How many brunettes are there?

4. Students were put into groups in music class. Each group had 4 boys and 5 girls. If 13 groups were formed, how many boys and girls are in class?

5. Every day for 11 days, JJ saw 9 sports cars pass his class window during math. Write a numerical expression to describe how many sports cars he saw in all.

6. It costs $1.95 per person for one game of bowling and $1.75 to rent shoes. What does it cost to go bowling for 3 games?

#2   Calculator? yes no

1. JJ installed a device on his car that guaranteed to increase his gas mileage by 10%. He currently gets 12 km per liter. How much will the gas mileage be after installing it?

Make an equation, then solve it.

2. The number of students at school decreased 5% of last year's number. Currently, there are 850 students. How many students were there last year?

3. The Crickett Club has 120 members. It's rules require that 70% of them must be present for any vote. At least how many members must be present to have a vote?

4. This month Ira's office produced 470 kilograms of garbage. Ira wants to reduce the weight of garbage produced to 80% of the weight. What is the target weight?

5. Juan just received a 4% raise in salary. Before the raise, he was making Rs 40,000 per year. How much more will Juan earn next year?

6. Liam's soccer team played 26 games and won 20 of them. What percent did the team win?

7. Emma's softball team played 30 games and won 24 of them. What percent did the team win?

Ch 8 Ls 1 Build 2 step expressions. 241

_____ #1 #2 ____/9   #3 #4 ____/12   R ___/9   Total ____/30 _____
        Name   Checker

#1 1. Why use an expression instead of an equation? Put any _____

2. How can you add a step to a rate formula? _____

3. What does **same kind of thing** mean? _____

4. Owen drives 70 kph for 3 hours, but he got lost and drove some extra miles.   **70 x 3**   Where's the variable?

Solve it for 5 extra miles.   _____   How many miles?

_____

5. It's $2.50 plus $0.60 per kg to mail a package. What's the expression?   Where does the $2.50 go?

Solve for 3 kilograms.   _____   How much money?

_____

#2 1. What's the 1st step to make a 2 step equation? _____

2. What are the next 3 steps? _____

3. Mrs K has $50 and buys some $7 books. She needs to keep $20. How many books does she get?   Make an equation. What does it subtract?

How many books is it?   _____   Solve with 2 steps.

_____

_____

4. Eva has $300. How many hours does she work at $14 an hour to get $420?   Make an equation.

Solve the equation.   _____   How many hours?

_____

_____

#3 Build 2 step expressions and solve them.   Calculator? yes   no

1. **Olivia has 180 km to go home. She has enough gas to go 60 km. Her car gets 10 km. How many more liters does she need to buy?**

   Equation _____
   _____
   _____

2. **Jacob's heart beats 80 times a minute on average when he exercises.**

   His warm up takes 700 beats. How many minutes of exercise to get 2100 total?

   Equation _____
   _____
   _____

3. **Mr G has $300 to spend on 4 tires. He wants to end with $20 left. How much can he spend on each tire?**

   Equation _____
   _____
   _____

Review 1. Why use an expression instead of an equation? _____   Calculator?
2. How can you add a step to a rate formula? _____   yes   no
3. What does **same kind of thing** mean? _____
4. What's the 1st step to make a 2 step equation? _____
5. What are the next 3 steps? _____

What's Happening?

6. kph hrs   km   total
   70t + 20 = 230
   Got lost for 20 miles.
   _____
   _____

7. kph hrs   km   total
   60t + 10 = 250
   They traveled 10 kiolometers before they drove highway.
   _____
   _____

8. kpL liters Km   total
   12 L + 8 = 176
   It's 8 kilometers to the gas station.
   _____
   _____

Ch 8 Ls 2 Build 2 step expressions with percents. 243

_____ #1 #2 ____/6   #3 #4 ____/12   R ___/ 9 Total ____/30 _____
        Name   Checker

#1 1. What does the expression **6 + (p • 6)** show? _____

2. What does p stand for in the expression? _____

3. If you add a step with simple interest, what will it equal? _____

#2 1. James's car loan is $20,000 at 10% for
2 years. What equation finds the interest?   **PRT = i**

Solve it. What's the interest?   ____ x ____ x ____ = i

How does it change to find the total?   _____ = i

T is all the money. Solve in 2 steps.   ____ x ____ x ____ + ____ = t

                                        _____

It's $_____ in all.   _____

2. The meal was $220. They'll leave a $20   What equation finds the percent?
tip. What percent is that for the tip?

Solve it. What's the percent?   ____ x ____ = ____

How does it change for all the money?   _____

                                 ____ x ____ + ____ = t

3. You buy 2 cell phones at $120 each. The   **%RT = t**   (t is tax)
tax is 6%. What equation finds just the tax?

                                  ____ x ____ x ____ = t

How does it change for the final cost?   ____ = t

                                  ____ x ____ x ____ + ____ = c

#3 Build 2 step expressions with percents.   Calculator?
                                                                yes   no

1. **Ethan got a loan for $28,400 at 12% for
   2 years. Find the interest he has to pay.** Equation _____

   **Make an expression and
   find out what he owes.**   _____

                                                _____

2. **Emma got a car loan for $30,000 at 8%
   for 3 years. Find the interest for the
   loan.**   Equation _____

                                                _____

                                                _____

3. **Mr K bought 4 shirts at $36 each
   and there is a 5% tax. What is the
   total he'll have to pay?**   Equation _____

                                                _____

                                                _____

Review 1. What does the expression **6 + (p • 6)** show? _____ Calculator?
                                                                                   yes   no
        2. What does p stand for in the expression? _____

        3. If you add a step with simple interest, what will it equal? _____

        4. Meal   %   Meal   total
           60 + (15% • 60) = t

Solve it.

        5. Meal   %   Meal   total
           50 + (p • 50) = 60

        6. Loan   %   Yrs   Loan   total
           9000 •12% • 2 + 9000 = t
           Mark's car loan.

Ch 8 Ls 3 Build Average Equations. 245

_____ #1 #2 ____/7 #3 #4 ____/12 R ___/9 Total ____/30 _____
          Name   Checker

#1 1. How is Average Rate Formulas different from Add Rate Formulas? _____
_____

2. What does an Average Rate Formula equal? _____

3. What is a Core Equation? _____

4. How can you tell if a problem uses average rate formulas? _____

#2 **1. A baseball player batted 200 for 2 years and 260 the next. What is his average batting average?**   What's the equation?

_____ =   What's the 1st step?

_____ =   Finish it.

_____

2. Liam jumped 0.35 m, 40 cm, and 0.3 m verticallly. What was his average jump?   What's the 1st step?
Make an equation.

_____ =   Solve the 1st step.

_____ =   What's the answer?

_____

3. Ira's gift baskets are $70, $90, $120 and $160. What is the average price?   What's the equation?

_____ =   How do you solve it?

_____ =   Finish it.

_____

#3 Build Average Equations and solve them.   Calculator? yes   no

1. Mr K's electric bills were $47.20, $34.70, and $35.50 for 3 months.

    What is the average amount?

    Equation _____

    _____

    _____

2. Mrs J gave a test. The bottom grade was 64 and top was 98.

    What's the average grade?

    Equation _____

    _____

    _____

3. The next 4 days the high temperatures will be 18 C, 24 C, 20 C, and 22 C.

    What is the average temperature?

    Equation _____

    _____

    _____

Review 1. What formula finds average for any number? _____   Calculator?
2. How are average answers different from total ones? _____   yes   no

3. Solve it. $\dfrac{35 + 51}{2} = a$

    What's the average?

4. $\dfrac{60 + 80 + 50}{3} = a$

    Whats Owen average?

5. $\dfrac{47 + 47 + 80}{3} = a$

    Elleanor has electric bills.

6. $\dfrac{220 + 130 + 90}{3} = a$

    What's monthly cell phone bills average?

_____ #1 #2 ____/6   #3 #4 ____/12   R ___/ 9   Total ____/30 _____
       Name   Checker

$$\frac{60 + 80 + 100}{3} = 80$$

#1 1. What's the 1st step to find 90 as an average? _____

2. Where does the next test go? _____

3. What's the last step? _____

**4. A golf player averaged 250, 250, 280,
   and 300 meters. What is his average drive?**   What's the equation?

**What does he need the next season
for a 280 average for 5 drives?**   _____ =   What's the
                                                                 1st step?

                                         _____ =   Finish it.

                                         _____

                                         _____

#2 Change for a double score.

1. Name 2 things that change for a double test. _____
_____

**2. A pizza shop has quality scores of 14, 15, 19, and 21.
   What equation finds the average?**

   They have 2 more checks to   _____ =   What's the
   average 20. What do they need?   1st step?

                                        _____ =   Finish it.

                                        _____

                                        _____

248

#3 Add a step to these average problems.   Calculator?
                                                   yes   no

1. **Two people are 12 and 14 years old.** Equation _____
   How old are the next 2 people to
   average 16?   _____

                                                   _____

2. **Two flower baskets are $28 and $35.** Equation _____

   What are the next 2 baskets
   priced to average $40?   _____

                                                   _____

3. **A baseball player hit 300 one year.** Equation _____
   What's his average the next 2 years
   to average 340?   _____

                                                   _____

Review 1. What's the 1st step to find 90 as an average? _____   Calculator?
                                                                          yes   no
2. Where does the next test go? _____

3. What's the last step? _____

4. Name 2 things that change for a double test. _____

What's
Happening?

5. $\dfrac{70 + 84 + q}{3} = 80$ _____

   Owen's test scores.   _____

6. $\dfrac{70 + 84 + 2q}{4} = 80$ _____

   How is this one different?   _____

7. $\dfrac{240 + 200 + 2s}{4} = 270$ _____

   Batting average.   _____

Ch 8 Ls 5 2 Equation Story Problems.   249

_____ #1 #2 ____ /6   #3 #4 ____ /12 R ___ / 9 Total ____ /30 _____
            Name   Checker

#1 1. When would a problem need 2 equations? _____

2 Does the 2nd equation use the same variable? _____

3. How does profit use 2 equations? _____

#2 1. Brian paid $700 to have some wallets made. He sold 200 at $10 each. What's the profit?

Make the 1st equation.

_____ Solve the equation.

_____ What's the 2nd equation?

_____ Solve the 2nd equation.

_____

2. A sign is 8 m ttall and 12 m long. If each sq m costs $20, what is the cost to make the sign?

Make the 1st equation.

_____ Solve the equation.

They spent $600. What's the profit?   _____ What's the 2nd equation?

_____ Solve the 2nd equation.

_____

3. JJ's car gets 12 kpg. He drove 312 km. If gas is $1.20/liter, how much did the trip cost?

Make the 1st equation.

_____ Solve the equation.

_____ What's the 2nd equation?

_____ Solve the 2nd equation.

_____

#3 2 Equation Story Problems.   Calculator?
                                                             yes   no

1. **Mrs K bought 4 books at $10 each.**   1st equation. _____
   She has a $5 coupon. How much is it?
                                                              _____
   She paid with $50. How much is her
   change?   2nd equation _____

                                                              _____

2. **ABC printed 200 t shirts and sold all for**   1st equation. _____
   $20 each. They spent $500 on printing.
      How much is their profit?   _____

                                                   2nd equation _____

                                                              _____

Review 1. When would a problem need 2 equations? _____   Calculator?
                                                                          yes   no
        2. Does the 2nd equation use the same variable? _____

        3. How does profit use 2 equations? _____

              $/book   books   total
         4.   **10 x 200 = 2000**   _____
What's   **2000 - c = 800**
Happening?   Matt's book deal.   _____

              $/book   Books   Total
         5.   **10 x 200 = 2000**   _____
              2000 - 600 = p
                How did it change?   _____

         6.   kpg   liters   kilometers
              14 x 10 = 140   _____
              140 x 1.30 = c
                Mrs D's aqaurium.   _____

         7. $/coffee coffees   cost
              $3 x 5 = $15   _____
              $20 - $15 = c
                Coffee for the office.   _____

Review Problems 251

_____ #1 #2 #3 ____/12 #3 #4 ____/12 R ___/ 9 Total ____/30
Name

1. **Add a Step Equation** _____

2. **Add a Percent of a Number** _____

3. **Average Equation** _____

4. **Double Weight** _____

5. **2 Equation Problems** _____

#2 Write what happens each step and the answer.   Calculator?
                                                     yes   no

1. $6x + 2 = 3(x + 4)$ $-4(z - 2) = 5z + 3$

2. $8(\frac{a}{2} + 1) = 3a - 5$ $6(\frac{b}{2} - 2) = b - 4$

#3 What's Happening?   Calculator?
                                        yes   no

1. $\frac{70 + 85 + x}{2} = 80$

     Jeff's quiz grades.

2. $\frac{72 + 90 + 85 + 2x}{5} = 88$

     Martha has a 5th test.

3. $\frac{35 + 40 + 60 + x}{4} = 55$
                                  People
     ABC Company has a 4th meeting.

#4 Make an equation and solve it.   Calculator?
                                                       yes   no

1. You have $105 to spend for 3 months on your cell phone. What's the average?

2. Mrs J has $20 to buy tenis balls. They are $5 each. Make the equation equal $20. How many can she buy?

3. Sam rode his bike 8 kilometers per hour for 3 hours. How far did he go?

   Where does the variable go?

4. Sam wants to bike 36 kilometers in 3 hrs. How fast will he have to go per hour?

5. Mr K works 30 hours a week at $10 an hour for $300. Make the 1st equation.

   He wants a raise in his rate so he makes $360 a week. What's the new rate?

6. The marching band wants to raise $2800 selling 200 t shirts. How much will they charge per shirt? (The T's were donated)

7. Kim and Jack are brother and sister. Jack is 4 years older than Kim. If Jack is 20 years old, write and solve an equation to find Kim's age.

Review Problems 253

_____ #1 ____ / 7 #2 ____ / 7 Total ____ / 14 _____
Name

#1 Make the equation, then solve. Calculator?
  yes   no

1. **Jenna bought 5 of the same pens at the store for a total of $9.
   How much did 1 pen cost?**

2. **Henry drove 32 km on Monday, 14 on Tuesday, and 20 on Wednesday. Make an equation to find the average.**

   What's the average per day?

3. **Contiuned 2. Make an equation to find how far he needs to drive on Thursday and Friday to average 20 km each day.**

4. **Mr G runs 5 miles a day but he always runs 12 miles on Saturday. Make an equation and solve for 4 weeks.**

5. **The meal was $70. Make an equation to find how the percent for a tip changes the final cost. Solve for 20%**

6. **It cost $5 to get into the fair and each ride is 50 cents. Make an equation and solve for 8 rides.**

7. **JJ's birthday is 6 days after Mr W's birthday. JJ's birthday is on the 14th. Write and solve an equation to find the day of Mr W's birthday.**

#2 Make an equation and solve.   Calculator?
                                   yes   no

1. Kate has a $20 gift certificate to a book store. She bought 7 books from the $5 shelf. How much will she pay?

2. Mrs K got $30 earrings. The tax is 7%. Make an equation to find the total she'll pay for her bling.

3. A youth football field is twice as long as it is wide. It's 160 meters around. How wide is the field?

4. A Mexican restaurant sells a taco for $3, a buritto is $7, and deluxe buritto is $8. Make an equation to find the average price.

5. 4 continued. The restaurant wants to average $7 per meal. How much should they charge for their combo meal to average $7?

6. Liam makes $40 a day as a valet. He also makes $2 per car. Make an equation and solve for 25 cars.

7. Ms. G made 28 gifts for her students. Each basket had 5 bananas and 2 oranges. How many pieces bananas and oranges did she need?

Ch 9 Ls 1 Add rate formulas.   255

_____ #1 #2 ____/ 5 #3 #4 ____/12 R ___/ 10 T _____/ 17 _____
               Name   Checker

#1 1. What do Add Rate Formulas add? _____

2. What do Add Rate Formulas equal? _____

3. **50(2) + 70(3) = d** What happens if it adds 2 hours to the 2nd time variable? ___
_____

#2 1. Mr K drove 20 kph for 1 hrs 15 min and 60 kph for 4 hrs 30 min. How far did he go?   What are the rate formulas?

1st Equation _____ x _____ = _____
2nd Equation _____ x _____ = _____   What is the equation?

_____   What's the 1st step to solve it?

_____   How far did he go? Solve it.

_____

2. Six oil filters are $8 each and 3 windshield wipers $3.50 ea. How much do they cost?   What are the rate formulas?

1st Equation _____ x _____ = _____
2nd Equation _____ x _____ = _____   What is the equation?

_____   What's the 1st step?

_____   Find the answer.

_____

#3 Fill the boxes in, make an equation, and solve each one.   Calculator?
　　　　　　　　　　　　　　　　　　　　　　　　　　　　　　　　　　　yes　no

1. **Buy 4 shirts at $15 ea and 2 pants at $17 ea. What's the total cost?**

   (___ x ___) + (___ x ___) = ___

2. **Four tickets are $10 each. How many pops at $2 ea can they get for $50?**

   (___ x ___) + (___ x ___) = ___

3. **Four months of cable are $20 ea. You got movies the last 2 months for $5 each. Total?**

   (___ x ___) + (___ x ___) = ___

Review　1. What do Add Rate Formulas add? _____　Calculator?
　　　　2. What do Add Rate Formulas equal? _____　yes　no
　　　　3. What is the 1st step to Add Rate Formulas? _____

Solve it.

4. 　kph　hrs　　kph　hrs　　Km
   $(50)(1.2) + (100)(2.5) = m$

5. 　kph　hours　kph　hrs　　Km
   $(20)(0.3) + (90\ h) = 500$

6. 　$/Shoes　shoes　$/Coat　coats　total
   $(45)(3) + (52)(2) = t$

7. 　4/Shoes　shoes　$/Coat　coats　total
   $(45)(3) + (Rs)(2) = 255$

Ch 9 Ls 2 Switch variables with percent equations. 257

_____ #1 #2 ____ / 5   #3 #4 ____ /12   R ___ / 9   Total ____ /30 _____
              Name   Checker

#1 1. If Add Rate Formulas adds simple interest, what does it equal? _____
_____

2. Add percents of a number. What does it find? _____

3. If you find percents saved, how do you find percents cost? _____

#2 1. Mr T has $70 at 5% and $50 at 6%, each   **What are the rate formulas?**
for 2 years. How much is his interest?

    1st Equation   ____ x ____ x ____ = ____   **What is the equation?**
    2nd Equation   ____ x ____ x ____ = ____

           _____   **What's the 1st step to solve it?**

           _____   **What's the 2nd step?**

           _____   **How much is his interest?**

           _____

2. Mr T bought a $200 saw at $10% off and a   **What are the rate formulas?**
$300 tool chest at 30% off. Find the total price.

    1st Equation   ____ x ____ = ____   **What is the equation?**
    2nd Equation   ____ x ____ = ____

           _____   **What's the 1st step?**

           _____   **What's the 2nd step?**

           _____

           _____

#3 1. **Leo has 2 loans, $500 at 10% for 2 yrs and $800 at 12% for 1 yr. Total interest?**

_____ Calculator?
_____ yes   no

Find the rate equations and an equation.

1st loan ____ x ____ x ____ = ____

2nd loan ____ x ____ x ____ = ____

_____

2. **Buy $40 in tickets with 10% off and $20 in food at 25% off. How much was saved?**

Tickets ____ x ____ = ____

Food ____ x ____ = ____

_____
_____

3. **A tv is $300 with 20% off and a computer is $400 with 10% off. How much for both?**

TV ____ x ____ = ____

Computer ____ x ____ = ____

_____
_____

Review 1. If Add Rate Formulas adds simple interest, what does it equal? _____ Calculator?

2. Add percents of a number. What does it find? _____   yes   no

3. If you find percents saved, how do you find percents cost? _____

4.   loan   %   Yrs   loan   %   interest
   $(5000)(8\%)2 + (6000)(6\%)1 = i$

Solve it.   With a loan.

_____
_____

5.   % $/Shoes   % $/Coat   discount
   $(20\%)(400) + (10\%)(200) = d$

What's the discount?

_____

6.   % $/Shoes   % $/Coat   cost
   $(80\%)(300) + (90\%)(600) = c$

What is paid?

_____

Ch 9 Ls 3 Build average rate formulas. 259

_____ #1 #2 ____/5   #3 ____/3   R ___/6   T ____/30 _____
            Name   Checker

#1 1. How are Average Rate Formulas different from Add Rates? _____
_____

2. What does the Core Equation do? _____

3. How can you tell an average formula? _____

**#2 1. Drive 50 kph for 2 hrs and 80 kph
      for 4 hrs. What's the average speed?**   What goes in the boxes?

Time   ☐ + ☐ = ☐   Make an equation.
Rate   ___ ___ ___

_____   What's the 1st step?

_____   What's the 2nd step?

_____   Find the answer.

_____

**2. Buy 4 shirts at $15 ea and 2 pants at
    $18 ea. What's the average price?**   What goes in the boxes?

Time   ☐ + ☐ = ☐   Make an equation.
Rate   ___ ___ ___

_____   What's the 1st step?

_____   What's the 2nd step?

_____   Find the answer.

_____

#3 Build average rate formulas.   Calculator?
                                    yes   no

1. **Add 8 kg each of $5 candy to 4 kg each of $10 candy. What's the average price?**

   ☐ + ☐ = ☐
   ___ ___ ___

2. **60 adult tickets are $10 ea and 40 kid's are $6 ea. What's the average ticket price?**

   ☐ + ☐ = ☐
   ___ ___ ___

3. **Make $8/hr for 20 hours and $11/hr for 10 hrs. What's the average per hour?**

   ☐ + ☐ = ☐
   ___ ___ ___

Review 1. How are Average Rate Formulas different from Add Rates? _____   Calculator?
       _____   yes   no

2. What does the Core Equation do? _____

3. How can you tell an average formula? _____

What's Happening?

4.   kph   hrs   kph   hrs   Km   Drive_____
   $(40)(1.5) + (90)(2.1) = 3.6a$
                                      _____

5. apple pies   cherry pies   pies   Buy_____
   $(\$9.50)(5) + (\$8.20)(3) = 8a$
                                      _____

6. $/hr hrs $/hr hrs   hours   Work_____
   $(\$8)(20.5) + (\$9)(15) = 35.5a$
                                      _____

_____ #1 ____ / 5 #2 ____ / 6 Total ____ / 11
                    Name

#1   Make an equation, then solve it.   Calculator?
                                                                      yes   no

1. JJ has 122 baseball cards, 83 football cards
   and 68 basketball cards. What is the average?   _____
                                                   _____
                                                   _____

2. Emma drove 20 kph in a traffic jam for 45 min,
   then she drove 2 hours going 80 kph before   _____
   she got home. How far did she go?   _____
                                                   _____

3. Mom bought her kids 12 shirts at $10 each
   (10% off at sale) and 14 pants at $15 ea   _____
   (20% at sale). What's the total cost?   _____
                                                   _____

4. You buy $60 in tickets (30% off at sale) and
   $20 in food (40% off at sale). How much was   _____
   saved?   _____
                                                   _____

5. Prior problem: How mcuh was spent?   _____
                                                   _____
                                                   _____

6. A stadium has 4 parking lots that cost $600   _____
   each to repair and 2 sidewalks that cost $120   _____
   each. How much was the total?   _____

#2 Write the equation, then solve it.   Calculator?
                                           yes   no

1. Ron went to a burger place for the office. He got 23 burgers for $3 each, 30 fries for $1 ea, and 25 drinks for $2 each. How much was it?

2. William put 32 liters of gas in his truck and 20 is his car. His truck gets 7 km per liter and his car gets 11 km per liter. How far can he go that week?

3. Add 6 kg per each of $5 candy to 4 kg per each of $10 candy. What's the total price?

4. Liam works 30 hrs for $12 an hour. He got a 2nd job for 15 hrs at $9 an hour. What does he make?

5. Add 4 lb of $3 coffee to 8 lb of $12 coffee. How much will the new coffee cost per kilogram?

6. Drive 40 kph for half an hour and 90 kph for 4.5 hours. What's the average speed?

Ch 9 Ls 4 Average rate formulas with percents. 263

_____ #1 #2 ____/ 5   #3 ____/ 3   R ___/ 6   T ____/30 _____
                Name   Checker

#1 1. Add 2 gal of 30% to 2 of 80%. What does the core equation add? _____

2. $40 at 7% interest and $80 at 6% interest. Add the core equation. _____

3. How are solution problems different from money problems? _____
_____

#2 **1. Nathen borrows $1200 at 20% and $800 at 10%,**   What goes in the boxes?
each 1 yr. How much will the accounts average?

Time   ☐ + ☐ = ☐   Make an equation.
Rate   ___ ___ ___

_____   What's the 1st step?

_____   What's the 2nd step?

_____   Find the answer.

_____

2. Dr J has 3 liters of 10% and 2 liters of 60%   What goes in the boxes?
solution. Put them together. What's the average?

Time   ☐ + ☐ = ☐   Make an equation.
Rate   ___ ___ ___

_____   What's the 1st step?

_____   What's the 2nd step?

_____   Find the answer.

_____

#3 1. I owe $3500 at 16% and $4000 at 12%. How much will the interest average?

Solve.

Time ☐ + ☐ = ☐
Rate ___ ___ ___

Equation _____

Calculator? yes   no

2. Two liters of 40% and 3 liters of 70%. Mix them together. What's the average?

☐ + ☐ = ☐
___ ___ ___

Equation _____

3. $2000 at 6% for 3 yrs and $3000 at 4% for 2 yrs. What's the average interest?

☐☐ + ☐☐ = ☐
___   ___   ___

Equation _____

Review 1. Add 2 Liters of 30% to 2 of 80%. What does the core equation add? _____

Calculator? yes   no

2. R40 at 7% interest and R80 at 6% interest. Add the core equation. _____

3. How are solution problems different from money problems? _____
_____

4.   %   liters   %   liters   average
    20%(6) + 75%(3) = 9n%

Solve them.

5. loan %   loan %   interest
   (300)(8%) + (200)(6%) = 500a

   All 1 year loans.

6. % liters   % liters   average
   7%(2) + 12%(5) = 7n%

   Find the average.

Ch 9 Ls 5 Switch Variables with Add Rate Formulas

_____ #1 #2 ____/ 8 #3 ____/ 3 R ___/ 8 T ____/ 19 _____
Name   Checker

#1 1. What do you need to start switch variables? _____

2. Name 2 steps to switch variables. _____

3. How many places can a 2nd variable go? _____

4. How do you know it's a total equation? _____

5. **10(20) + 10(10) = 30a** How can you tell this is an average equation? _____

_____

#2 Make an equation, then switch the variable.

1. **Drive 4 hrs at 50 kph, then 75 kph for 2 hrs for 350 km. You have to go 450 km. How much longer is the 2nd?**	1st trip 2nd trip total **(50 x 4) + (75 x 2) = 350** _____ _____	Switch the total. Solve the 1st step. What's the answer?
2. **Buy 3 books at $10 ea and 2 jeans for $20 ea for $70. How many jeans can you buy for a total $110?**	_____ books jeans **(10 x 3) + (20 x 2) = 70** _____ _____	Switch the total. Solve the 1st step. What's the answer?
3. **Work 20 hrs at $8/hr and 10 hrs at $10/hr for $260. You decide to get a raise at the 1st job to make $300.**	_____ 1st job 2nd job **(8 x 20) + (10 x 10) = 260** _____ _____	Switch the total. Solve the 1st step. What's the answer?

#3 Solve the add rate formula story problems.   Calculator? yes no

1. **Liam's heart beats 60 times a minute at rest for 20 minutes and 80 per minute running. How many minutes will he run to get a total of 2000 beats?**

   Equation _____

   Solve it. _____

   Answer _____

2. **4 adult tickets are $10 ea and 6 kid tickets are $4 ea. What's the average seat price?**

   Equation _____

   Solve it. _____

   Answer _____

3. **Work 30 hrs at $10/hr and 10 hrs at $20/hr. What's the average for both jobs?**

   Equation _____

   Solve it. _____

   Answer _____

Review 1. What do you need to start switch variables? _____   Calculator? yes no

2. Name 2 steps to switch variables. _____

3. How many places can a 2nd variable go? _____

4. How do you know it's a total equation? _____

5. **10(20) + 10(10) = 30a** How can you tell this is an average equation? _____
   _____

Solve it.

6.   1st trip   2nd trip   km
   50(4) + 75(2) = 350
   50(4) + 75 h = 500
   Mark's trip.

7.   pineapple raisins price
   2(10) + 5(3) = 35
   2(10) + 5P = 40
   About buying dried fruit.

8.   1st job   2nd job   pay
   10(15) + 12(20) = 390
   10(15) + 12(H) = 450
   Liam's job.

Ch 9 Ls 6 Fishing Lures and Average   267

_____ #1 #2 ____/ 7 #3 ____/ 3 R ___/ 8 T ____/ 18 _____
         Name   Checker

#1 1. What did fishing lures problem subtract? _____

2. What does it equal? _____

3. A copy machine costs 4 cents to print each page.   Find the rate formulas.
They sell for 9 cents. Find the profit from 60 pgs.

Copy cost ____ X ____ = ____   Make an equation.

Copy sell ____ X ____ = ____

_____   What's the 1st step?

_____   What's the 2nd step?
                                                            Find the answer.

_____

#2 1. How do you find average? _____

2. How do you find the average per day? _____

3. How do you find the average per hour? _____

4. Drive 100 kph for 4 hours, 30 kph for 1 hr, and   Find the equation.
80 kph for 2 hours. What's the average per the trip?

_____ = a   Solve the equation.

_____

_____

Drive 100 kph for day 1, 30 kph for day 2, and   Change to find the
80 kph for day 3. What's the average per the trip?   average per day.

_____ = a   Solve the equation.

_____

_____

#3 1. **A printing machine costs 1.1 cents to print a page. They sell for 3 cents. Find the profit from 800 pgs.** Calculator? yes no

Make an equation and solve.

Prnt cost _____ x _____ = _____

Print sell _____ x _____ = _____

2. **ABC Oil Change sold 13 at $10 ea on Monday, 15 at $12 ea on Tuesday, and 5 at $20 each on Wednesday. Average daily sales?**

Monday sales _____ x _____ = _____

Tuesday sales _____ x _____ = _____

Wednesday sales _____ x _____ = _____

3. **What's the average price per oil change?**

Review 1. What did fishing lures problem subtract? _____ Calculator? yes no

2. What does it equal? _____

3. How do you find average? _____

4. How do you find the average per day? _____

5. How do you find the average per hour? _____

Solve it.

6. g/min min   g/min min   liters
$$0.4\,(10) - 0.3\,(10) = L$$
It's about a clogged drain.

7.   1st job   2nd job   3rd job
$$\frac{50(12) + 60(16) + 80(4)}{3} = a$$

8.   1st job   2nd job   3rd job
$$\frac{50(12) + 60(16) + 80(4)}{32} = a$$
How did it change?

Review Problems   269

_____ #1 #2 ____/11 #3 ____/ 7 Total ____/ 18
              Name

#1 1. Add Rate Formulas _____

    2. Total Cost Equation _____

    3. Average Rate Formulas _____

    4. Core Equation _____

    5. Subtract Rate Formulas _____

    6. Daily Average _____

#2 1. Lucas has $4000 at 10% simple interest/yr   _____   Calculator?
       and $2000 at 20% per yr. How much does   _____   yes   no
       he pay in interest per year?   _____

       Make an equation and solve.   _____

    2. Jack has 3 liters of a 50% antifreeze   _____
       mix. She adds 2 liters of water. How   _____
       strong is the mix?   _____
                                                       _____

    3. Owen has 4 kg of almonds at $5/kg   _____
       and 2 kg of cashews at $8/kg. What is   _____
       the average per kg?   _____
                                                       _____

    4. Mrs G adds 2 liters of 30% fruit juice to 2   _____
       liters of 70% juice. What's the percent   _____
       of the mix she made?   _____
                                                       _____

    5. Add 1 liter of 10% alcohol to 3 liters   _____
       of 50% alcohol. How strong is the mix?   _____
                                                       _____
                                                       _____

#3.

Make an equation and solve

1. Mr G's car gets 12 kpL and his truck gets 8 kpL. He puts 20 Liters in each. How many kilometers can he go driving both of them during the week?

Calculator? yes   no

2. Noah adds 2 liters 50% fertilizer to 3 liters, pure, 100% strength fertilizer. How strong is the mix?

3. A nurse adds 1 liter 50% saline solution to 4 liters purified water. What is the percent soution it makes?

4. Black tea costs $2 per kg and green tea costs $3 per kg. If he sells it at $5 per kg, how much does he make if he sells 10 kg of equal mix?

5. Mr G works 10 hrs at $15/hr, 10 hrs at $10/hr, and 20 hrs at $10/hr. What is the average?

6. Mr W works 30 hrs at $20/hr and 10 hrs at $15/hr. What is the average?

7. How many liters of a 5% bleach solution must be mixed with a 10% bleach solution to produce an 8% bleach solution?

Ch 10 Ls 1 MA/Me Rule, and solving parentheses. 271

_____ #1 #2 ____/ 10 #3 #4 ____/ 19 R ___/ 14 T ____/ 43 _____
   Name   Checker

#1 1. What is the MA rule? _____

2. How do same variables multiply? _____

3. How does the MA rule go backwards? b^4 _____

4. Multiply the numbers first. $3x(4x^2)$

                                                              How does the
                                    _____   **MA Rule work?**

_____ same variables, _____ the exponents   _____

5. Solve with the MA Rule. $2c^2(-3a^3)$

                                              _____

6. Go backwards. 3 possible answers. a^4

                            a (a)   a (a)   a (a)

#2 1. What is the ME Rule? _____

2. Can you multiply different variables? _____

3. What is the ME Rule? Make an exponent answer. $2^3(4^3)$

_____ the bases, exponents _____.   _____

4. What are 2 ways to change the base 40? 40^2

                                                              Solve
                              _____   _____   **one.**

                                        _____

#3 Multiply these terms. Calculator? yes no

1. $-2a^2(-3a^3)$ $4c^2(-3c^3)$ $0.1b(-3b^2)$
   _____   _____   _____

2. $6x^3(-2x)$ $2x^2(-5x^3)$ $0.5b(-4b^4)$
   _____   _____   _____

#4 Solve with MA or ME rule. Calculator? yes no

1. $2x^2(3y^2) =$ _____ $2x^2(3x^5) =$ _____ $-2a^4(3a^4) =$ _____

2. $2a^3(4b^3) =$ _____ $-2e^2(-e^4) =$ _____ $a^3(3c^3) =$ _____

3. $2x^2(3y^3) =$ _____ $2b^2(3b^5) =$ _____ $2x^3(4y^3) =$ _____

4. Change base 2 ways: 60^2 _____ _____ 80^2 _____ _____

5. Solve each of the last problems. $60^2 =$ _____ $80^2 =$ _____

Review 1. What is the MA rule? _____ Calculator? yes no

2. How do same variables multiply? _____

3. How does the MA rule go backwards? b^4 _____

4. What is the ME Rule? _____

5. How do you change the base for 50^2? _____

Multiply these terms.

6. $-2x^3(-4x^3)$ $3c^2(-5c^3)$ $0.2b(-6b^2)$
   _____   _____   _____

7. $6a(4a^3)$ $2c^2(-5c^3)$ $b(-3b^2)$
   _____   _____   _____

8. $-3x(-4x^3)$ $3(-7a^3)$ $0.25x(-8x^2)$
   _____   _____   _____

Ch 10 Ls 2 Different ways to use Power Rule.   273

_____ #1 #2 ____/ 9   #3 #4 ____/12   R ___/ 9   Total ____/30 _____
          Name   Checker

#1 1. It's 3x squared. Is the exponent on 3x or just x? _____

2. When do you multiply exponents? _____

3. Name 2 ways to solve an exponent to an exponent. _____
_____

4. Use the power law for an exponent answer. $(2)^{2^4}$

Solve for a number answer.   _____

_____

5. What's the exponent answer? $(3a)^{2^3}$

Solve for a number answer.   _____

_____

#2 Exponents outside the parentheses.

1. What rule solves an exponent outside a parentheses? _____
_____

2. What if the exponent is outside the parentheses? $(2x)^3$

The exponent _____.   _____

3. What if the exponent is uses a negative? $(-3x^2)^2$

Multiply 2 negatives makes a _____.   _____

4. Solve 2 exponents outside the parentheses. $2(-5x)^3$

_____

#3 Solve the exponents.   Calculator? yes no

1. $(3a)^3 =$ _____ $2(5a)^2 =$ _____

2. $(-4b)^3 =$ _____ $-2(-4b)^2 =$ _____

3. $(-6c)^2 =$ _____ $3(2c)^4 =$ _____

#4 Solve the variable.

1. a is 2 $(3a)^3 =$ _____ $-2(5a)^2 =$ _____   Calculator? yes no

2. b is -2 $(2b)^4 =$ _____ $2(4b)^2 =$ _____

3. c is 5 $(2c)^3 =$ _____ $3(2c)^6 =$ _____

#5 Solve with power exponents.

1. $(3a^2)^3 =$ _____ $2(4b^2)^2 =$ _____   Calculator? yes no

2. $(-5a^2)^3 =$ _____ $2(3b^2)^3 =$ _____

3. $(3a^2)^3 =$ _____ $-2(4b^2)^2 =$ _____

Review 1. It's 3x squared. Is the exponent on 3x or just x? _____   Calculator? yes no

2. When do you multiply exponents? _____

3. Name 2 ways to solve an exponent to an exponent. _____

4. What rule solves an exponent outside a parentheses? _____
_____

5. $(8a)^2 =$ _____ $2(4a)^2 =$ _____

6. $(3b^2)^4 =$ _____ $2(-2b^2)^3 =$ _____

7. $(-3c^2)^3 =$ _____ $-2(5c^2)^2 =$ _____

8. $(-4d^2)^4 =$ _____ $-3(6x^2)^5 =$ _____

Ch 10 Ls 3 Multiply and factor binomials.   275

_____ #1 #2 ____/10 #3 #4 ____/13 R ___/14 T ____/37 _____
           Name   Checker

#1 1. How do you multiply a monomial and a binomial? _____
_____

2. How do you multiply a binomial? $2(x + 4)$

    _____

3. Multiply with exponents $2x(x^2 + 3)$

    _____

4. Multiply with negatives. $-2(a - 4)$

    _____

#2 Factor a binomial with a common factor.

1. What does it mean to factor something? _____
2. $-8x - 4$ What is the 1st step to factor a binomial? _____
3. $-4(\ \ )$ What is the 2nd step to factor a binomial? What is left? _____
4. What is the 1st step to factor a binomial? $9x + 6$

   What's the 2nd part to factoring? $(\ ?\ +\ ?\ )$

    _____

5. Factor it. What's left inside? $2x^2 - 6x$

    _____

6. How do you factor out a negative? $-2a - 4$

    _____

#3. Multiply each binomial.   Calculator?
                                      yes   no

1. $3(2a - 1) =$ _____ $3a(2a + 2) =$ _____

2. $-2(3b^2 - 2) =$ _____ $-b(2b^2 - 3) =$ _____

3. $4(2c^2 - 1) =$ _____ $5(2c^2 - 1) =$ _____

4. $3d(2d - 2) =$ _____ $3d(2d^2 - 1) =$ _____

#4. Factor with binomials.   Calculator?
                                      yes   no

1. $4x - 2 =$ _____ $8x^2 + x =$ _____

2. $-x^2 - 4x =$ _____ $2x^2 - 6x =$ _____

3. $3x^2 + 9x =$ _____ $-b^2 - 6b =$ _____

4. $1\tfrac{1}{2}x - \tfrac{1}{2} =$ _____ $2.5x - 0.5 =$ _____

Review 1. How do you multiply a monomial and a binomial? _____   Calculator?
_____   yes   no

2. What does it mean to factor something? _____

3. $-8x - 4x$ What is the 1st step to factor a binomial? _____

4. $-8x - 4x$ What is the 2nd step to factor a binomial? _____

Multiply 5. $3(2a - 1) =$ _____ $-5(3a - 2) =$ _____

         6. $3a(2a^2 - 1) =$ _____ $-a(2a^2 - 1) =$ _____

Factor   7. $-x^2 - 4x =$ _____ $2x^2 - 6x =$ _____

         8. $-2x^2 - 4x =$ _____ $-b^2 - 6b =$ _____

         9. $-8x - 4 =$ _____ $0.2x^2 - 0.4x =$ _____

Review Problems. 277

_____ #1 #2 #3 ____/ 30 #4 to #7 ____/ 28 Total ____/ 58
Name

#1 Multiply these terms.   Calculator? yes no

1. $8a(9a^5)$ _____ $7c^2(-2c^4)$ _____ $0.4b(-3b^4)$ _____

2. $5x^4(-3x^2)$ _____ $6c^2(-3a^3)$ _____ $0.3b(-7b^3)$ _____

3. $-7x(-3x^6)$ _____ $4(-2a^2)$ _____ $0.75x(-6x^3)$ _____

#2 Solve with MA or ME rule.   Calculator? yes no

1. $3a^3(5b^3) =$ _____ $-4e^2(-e^4) =$ _____ $2a^4(3c^4) =$ _____

2. $5x^2(4y^2) =$ _____ $3x^2(4x^8) =$ _____ $-2a^4(3a^6) =$ _____

3. $5x^7(3y^7) =$ _____ $4b^2(5b^4) =$ _____ $3x^3(4y^3) =$ _____

4. Change base 2 ways: 70^2 _____ _____ 90^2 _____ _____

5. Solve each of the last problems. $70^2 =$ _____ $90^2 =$ _____

#3 Solve the exponents.   Calculator? yes no

1. $(-3b)^3 =$ _____ $-3(-6b)^2 =$ _____

2. $(2a)^6 =$ _____ $2(5a)^3 =$ _____

3. $(-7c)^3 =$ _____ $3(4c)^4 =$ _____

4. $(-9x)^2 =$ _____ $3(6x)^3 =$ _____

#4 Solve the variable.   Calculator? yes no

1. a is -3 $(4a)^3 =$ _____ $-3(6a)^2 =$ _____

2. b is 4 $(3b)^4 =$ _____ $2(2b)^3 =$ _____

3. c is -5 $(4c)^3 =$ _____ $4(2c)^2 =$ _____

#5 Solve with power exponents.   Calculator? yes no

1. $(4a^2)^4 =$ _____ $2(5b^2)^5 =$ _____

2. $(-5a^2)^3 =$ _____ $2(7b^3)^2 =$ _____

3. $(6a^2)^3 =$ _____ $-2(4b^2)^3 =$ _____

#6. Multiply each binomial.   Calculator? yes no

1. $4(5a - 2) =$ _____ $2a(3a + 7) =$ _____

2. $-3(4b^2 - 5) =$ _____ $-b(3b^2 - 4) =$ _____

3. $6(3c^2 - 7) =$ _____ $4(2c^2 - 9) =$ _____

4. $5d(2d - 3) =$ _____ $6d(4d^2 - 3) =$ _____

#7. Factor with binomials.   Calculator? yes no

1. $4x^2 - 2x =$ _____ $7x^2 + x =$ _____

2. $-x^2 - 3x =$ _____ $3x^2 - 9x =$ _____

3. $2x^2 + 8x =$ _____ $2b^2 - 6b =$ _____

4. $1\frac{1}{3}x - \frac{1}{3} =$ _____ $3.2x - 0.4 =$ _____

5. $3x^2 + 12x =$ _____ $-2a^2 - 8a =$ _____

Ch 10 Ls 4 How fractions use variables.   279

_____ #1 #2 ____/11 #3 #4 ____/15 R ___/14 T ____/40 _____
        Name   Checker

#1 1. Name 2 ways that algebra shows division. _____

2. What can't a denominator equal? _____

3. What can't x be in each fraction? $\dfrac{4}{x+2}$ $\dfrac{2}{x}$

                                        X can't be ___   X can't be ____

4. Solve for X is 12. What does it equal? $\dfrac{3}{4} x - 1$

                                            _____

#2 Solve division with exponents.

1. Name 2 things a problem needs to subtract exponents. _____

2. What is the DS Rule? _____

3. What does a negative exponent mean? _____

4. How does the DS Rule work? $x^5 \div x^2$

   Same _____ Subtract _____   _____

5. What if the 2nd exponent is larger? $x^2 \div x^4$

   It makes a_____.   _____

6. How do you solve numbers and variables? $\dfrac{4x^2}{8x}$

   Simplify _____ DS the _____   _____

7. Solve numbers and variables. $\dfrac{6x}{4x^2}$

                                        _____

#3 Find what X can't be.   Calculator? yes   no

1. $\dfrac{7}{x-1}$ $\dfrac{1}{6x}$ $\dfrac{8}{x+9}$

    X can't be ___   X can't be ___   X can't be ___

2. $\dfrac{1}{x+5}$ $\dfrac{3}{x-3}$ $\dfrac{2}{5x}$

    X can't be ___   X can't be ___   X can't be ___

#4 Use the DS Rule. Make fraction answers.   Calculator? yes   no

1. $\dfrac{x^3}{x} =$ _____ $\dfrac{a}{a^4} =$ _____ $\dfrac{z^5}{z^2} =$ _____

2. $\dfrac{6x}{x^2} =$ _____ $\dfrac{8a^2}{2a^2} =$ _____ $\dfrac{4b^2}{2b^3} =$ _____

3. $\dfrac{4d}{d^3} =$ _____ $\dfrac{8e^5}{6e^2} =$ _____ $\dfrac{6x^4}{9x^3} =$ _____

Review   1. Name 2 ways that algebra shows division. _____   Calculator? yes   no

2. What can't a denominator equal? _____

3. Name 2 things a problem needs to subtract exponents. _____

4. What is the DS Rule? _____

5. What does a negative exponent mean? _____

6. $\dfrac{5}{a-2}$ $\dfrac{2}{3a}$ $\dfrac{8}{a+4}$

    X can't be ___   X can't be ___   X can't be ___

7. $\dfrac{a^4}{a} =$ _____ $\dfrac{b}{b^2} =$ _____ $\dfrac{c^3}{c^2} =$ _____

8. $\dfrac{4x}{x^2} =$ _____ $\dfrac{6z^2}{4z^3} =$ _____ $\dfrac{6x^3}{9x^2} =$ _____

Ch 10 Ls 5 Add fractions with different denominators. 281

_____ #1 #2 ____/ 6 #3 ____/ 6 R ____/ 9 Total ____/ 21 _____
Name   Checker

#1 1. What do you need to add fractions? _____

2. Add these fractions. What's the answer? $\dfrac{4}{2a} + \dfrac{1}{2a}$

   _____

#2 Use different denominators.

1. How do you get same denominators? _____

2. How can fractions add to get a binomial? _____

3. How do you make same denominators? $\dfrac{1}{a} + \dfrac{1}{2a}$

_____ fractions. $\dfrac{1}{a} = \dfrac{}{}$ **What's the new equation?**

What's the answer? $\dfrac{}{} + \dfrac{1}{2a}$

_____

4. How do you make same denominators? $\dfrac{1}{3} + \dfrac{1}{a}$

What's the new equation? $\dfrac{1}{3} = \dfrac{}{}$ $\dfrac{1}{a} = \dfrac{}{}$

What's the answer?   _____

_____

#3 Use equal fractions to add fractions.   Calculator? yes no

1. $\dfrac{1}{3} + \dfrac{1}{a}$ $\dfrac{2}{5} + \dfrac{1}{x}$ $\dfrac{1}{7} + \dfrac{1}{x}$

— = —   — = —   — = —   — = —   — = —   — = —

_____   _____   _____

2. $\dfrac{3}{5} - \dfrac{1}{2c}$ $\dfrac{2}{z} - \dfrac{4}{5}$ $\dfrac{2}{7} - \dfrac{1}{d}$

— = —   — = —   — = —   — = —   — = —   — = —

_____   _____   _____

Review 1. What do you need to add fractions? _____   Calculator? yes no

2. How do you get same denominators? _____

3. How can fractions add to get a binomial? _____

4. $\dfrac{2}{9} + \dfrac{1}{b}$ $\dfrac{x}{3} + \dfrac{1}{4}$ $\dfrac{2}{b} + \dfrac{2}{5}$

— = —   — = —   — = —   — = —   — = —   — = —

_____   _____   _____

5. $\dfrac{2}{3} - \dfrac{1}{3c}$ $\dfrac{4}{5} - \dfrac{1}{b}$ $\dfrac{3}{4} - \dfrac{x}{2}$

— = —   — = —   — = —   — = —   — = —   — = —

_____   _____   _____

Review Problems   283

_____ #1 #2 #3 #4 ____/ 23 #5 ____/ 7 Total ____/ 30
Name

#1 **1. Multiply Variables** _____

2. Exponent Outside Parentheses _____

3. Power Rule _____

4. Cross Out _____

5. Common Factor _____

#2 Find out what X can't be.   Calculator?
                                                                                         yes   no

1. $\dfrac{9}{x+2}$ $\dfrac{1}{5x}$ $\dfrac{2}{x+4}$

   X can't be ___   X can't be ___   X can't be ___

2. $\dfrac{1}{x-6}$ $\dfrac{2}{x+6}$ $\dfrac{5}{6x}$

   X can't be ___   X can't be ___   X can't be ___

#3 Use the DS Rule. Make fraction answers.   Calculator?
                                                                                         yes   no

1. $\dfrac{7x}{x^2} =$ _____ $\dfrac{9a^2}{6a^2} =$ _____ $\dfrac{6b^2}{4b^4} =$ _____

2. $\dfrac{5d}{3d^4} =$ _____ $\dfrac{3e^6}{9e^2} =$ _____ $\dfrac{9x^5}{12x^3} =$ _____

#4 Use equal fractions to add fractions.   Calculator?
                                                                                         yes   no

1. $\dfrac{2}{3} + \dfrac{1}{a}$ $\dfrac{4}{5} + \dfrac{1}{b}$ $\dfrac{3}{8} + \dfrac{1}{x}$

   — = —   — = —   — = —   — = —   — = —   — = —

   _____   _____   _____

2. $\dfrac{6}{7} - \dfrac{1}{3c}$ $\dfrac{3}{z} - \dfrac{8}{9}$ $\dfrac{3}{4} - \dfrac{1}{d}$

   — = —   — = —   — = —   — = —   — = —   — = —

   _____   _____   _____

#5 Make an equation. Solve.

Calculator?
yes   no

1. Liam drank 4/7 of a milk, 2/3 of a pop, and 1/6 of a glass of water. What's the tota?

2. Mr K wants to find the volume of a cube whose side is 1/4 of a meter. He wants some of them for art. How much will it be?

3. Sonya wants to try the same art project, but she wants it to be 2/3 of a meter.

   What's the volume?

4. A smoothie recipe uses 1/2 of a deciliter of mangoes, 4/5 of a deciliter of peaches, and some cherries. He wants it to be 2 deciliter. How many cherries does it need?

5. Ira has 3 rows of a garden to plant. She wants 1 1/2 row of corn, 3/4 row of spinach, and the rest is turnips. How many rows of turnips is that?

6. Thomas picked 3/4 of a bucket of peaches, Alyssa picked 2/3 of a bucket, and Sam picked 1/2 of bucket. How much did they pick?

7. Melanie bought gas for $1.20 a liter. She got 7 and 1/2 liters. What's the total cost?

8. Mr Z also bought gas for $1.25 per liter. He gave the cashier $10. How many liters did he buy?

Ch 11 Ls 1 Connect the Variable   285

_____ #1 #2 ____/ 7   #3 ____/ 3   R ___/ 7   Total ____/30 _____
         Name   Checker

#1 1. What are consecutive numbers? _____

2. $x + x = 9$ Why can't this equation find consecutive numbers? _____

3. How do you change it to find consecutive numbers? _____

4. How does it change for an odd or even number? _____

#2 1. Two consecutive numbers add to 45. Find the numbers.   Make an equation. What does it equal?

$x + (x + \_\_\_) = \_\_\_\_$ What's the answer?

_____

_____   Find the 2nd number.

_____

2. Two consecutive even numbers add to 62. Find the numbers.   Make an equation. What does it equal?

$x + (x + \_\_\_) = \_\_\_\_$ What's the answer?

_____

_____   Find the 2nd number.

_____

3. Two numbers add to 65. The 2nd one is 5 more than the 1st. Find the numbers.   Make an equation. What does it equal?

$x + (x + \_\_\_) = \_\_\_\_$ What's the answer?

_____

_____   Find the 2nd number.

_____

#3 Connect the Variable and solve.   Calculator?
                                                          yes   no

1. **Two consecutive numbers add to 29.**
   The 2nd number is 5 less than the
   1st. Find the numbers.

   Equation _____

   Solve it. _____

   Answer _____

2. **Two consecutive numbers add to 24.**
   The 2nd is twice the 1st one.
   Find the numbers.

   Equation _____

   Solve it. _____

   Answer _____

3. **Two consecutive odd numbers**
   add to 32. Find the numbers.

   Equation _____

   Solve it. _____

   Answer _____

Review 1. What are consecutive numbers? _____   Calculator?
                                                                     yes   no
2. $x + x = 9$ Why can't this equation find consecutive numbers? _____

3. How do you change it to find consecutive numbers? _____

4. How does it change for an odd or even number? _____

        1st num   2nd num   total
   5. $x + (x - 3) = 19$
Solve it.

        1st num   2nd num   total
   6. $x + (x + 2) = 30$

        1st num   2nd num   total
   7. $x + (2x) = 30$

Ch 11 Ls 2 Connect the variable cake problems.   287

_____ #1 #2 ____/ 6   #3 ____/ 3   R ___/ 7   Total ____/30 _____
Name   Checker

#1 1. How does counting 3 dimes use a rate formula? _____

  2. What formula does it use to count both coins? _____

  3. How do coin problems connect variables? _____

  4. How are cake problems different? _____

#2 1. Some pennies and dimes add to 83 cents. There are   **Find the rate formulas.**
  5 more dimes than pennies. How many of each coin?

Pennies ___ x ___ = ___   Dimes ___ x ___ = ___   **Add the rate formulas.**

                                        _____   **Connect the variables.**

                                        _____   **What's the 1st step?**

                                        _____   **What's the next step?**

                                        _____   **What's the answer?**

                                        _____   **Find the 2nd number.**

                                        _____

  2. Noah bought a box of donuts for $35. There are 2 more   **Find the rate**
  $2 kind than the $1 kind. How many did he get of each?   **formulas.**

$1 donuts ___ x ___ = ___ $2 donuts ___ x ___ = ___   **Add the rate formulas.**

                                        _____   **Connect the variables.**

                                        _____   **What's the 1st step?**

                                        _____   **What's the next step?**

                                        _____   **What's the answer?**

                                        _____   **Find the 2nd number.**

                                        _____

#3

1. **Pennies and quarters add to $1.33. There's 3 more pennies than quarters. How many of each?**

   Pennies   ____ x ____ = ____

   Quarters ____ x ____ = ____

   Equation _____
   Solve it. _____
   Answer _____

   Calculator? yes   no

2. **Mrs J bought some cans of paint for $70. There are twice as many $10 kind as $15 ones. How many did she get of each?**

   $10 kind   ____ x ____ = ____

   $15 kind   ____ x ____ = ____

   Equation _____
   Solve it. _____
   Answer _____

3. **TJ collects $72 from his customers. There's 2 more sunday than daily. How many of each?**

   Daily   ____ x ____ = ____

   Sunday ____ x ____ = ____

   Equation _____
   Solve it. _____
   Answer _____

4. **Mrs W bought some cake mix for $50. There are twice as many $5 kind as $2 ones. How many did he get of each?**

   $ 2 kind   ____ x ____ = ____

   $ 5 kind   ____ x ____ = ____

   Equation _____
   Solve it. _____
   Answer _____

5. **Liam owns an oil shop for his customers. He has twice as many $50 customers as $40 customers. The shop earned $140,000/ day. How many of each are there?**

   $ 50   ____ x 50 = _____

   4 40   ____ x 40 = _____

   Eq _____
   _____
   _____
   _____

Review

1. How does counting 3 dimes use a rate formula? _____

2. What formula does it use to count both coins? _____

3. How do coin problems connect variables? _____

4. How are cake problems different? _____

Calculator? yes   no

Ch 11 Ls 3 Add the Core Equation Problems.   289

_____ #1 #2 ____ / 5   #3 ____ / 2   R ___ / 6   Total ____ / 13 _____
Name   Checker

1	liter		G	liters
	10%	+		70%

1 liter of 10% liquid. Add some 70% liquid (L) to get 40% solution.

#1 1. What's happening with these boxes? _____

2. What does Add the Core Equation add? _____

3. What do the rate formulas add to get? _____

#2 **1. Drive 40 kph for 0.5 hour. How many hours at 70 kph will it take to average 50 kph?**

What goes in the boxes?

Time □ + □ = □   What equation does it make?
Rate __ __ __

_____   Solve the equation. First step?

_____   What's the next step?

_____   What's the 3rd step?

_____   What's the answer?

_____

2. How much 30% drink adds to 2 liters of 80% drink to make 70% drink?

What goes in the boxes?

Time □ + □ = □   What equation does it make?
Rate __ __ __

_____   Solve the equation. First step?

_____   What's the next step?

_____   What's the 3rd step?

_____   What's the answer?

_____

#3 Fill in the boxes, then make an equation and solve it.   Calculator? yes no

1. **Drive 20 kph for an hour. How many hours at 70 kph will it take to average 60 kph?**

   Time □ + □ = □
   Rate ___ ___ ___

   Equation _____
   Solve it. _____
   _____
   _____
   Answer _____

2. **How much is borrowed at 14% along with $4000 at 8% to average a 10% account?**

   Time □ + □ = □
   Rate ___ ___ ___

   Equation _____
   Solve it. _____
   _____
   _____
   Answer _____

Review

[1 liter, 10%] + [G liter, 70%]   1 liter of 10% liquid. Add some 70% liquid to get 40% solution.   Calculator? yes no

1. What's happening with these boxes? _____
2. What does Add the Core Equation add? _____
3. What do the rate formulas add to get? _____

4. % liter   % liters   % liters   How much 70% _____
    $10\%(1) + 70\%g = 40\%(1+g)$

What's Happening?

5. loan %   % loan   average interest   How much is invested _____
    $(3000)(9\%) + (6\%)(L) = 8\%(3000 + L)$

6. kph hrs   kph hrs   average speed   Drive how long at _____
    $(20)(0.5) + (60h) = 50(h + 0.5)$

Ch 11 Ls 4 Subtract the Core Equation Problems.   291

_____ #1 #2 ____/ 6 #3 ____/ 2 R ____/ 6 T ____/ 14 _____
Name   Checker

#1 1. Where does Subtract the Core Equation start? _____

2. What variables go on the left? _____

3. How does it subtract to connect the variables? _____

4. How do you know the variables work? _____

#2 **1. How much $4 /kg peanuts and $10/kg cashews add to make 8 kgs at $7/kg?**

What does it equal?

Time [P] + [P] = [   ]   What equation does it make?
Rate   ___   ___   ___

_____   Solve the equation. First step?

_____   What's the next step?

_____   What's the 3rd step?

_____   What's the answer?

_____

2. How much 20% solution adds to 80% solution to make 8 liters of 50%?

What does it equal?

Time [   ] + [   ] = [   ]   What equation does it make?
Rate   ___   ___   ___

_____   Solve the equation. First step?

_____   What's the next step?

_____   What's the 3rd step?

_____   What's the answer?

_____

#3 Subtract the Core Equation Problems.   Calculator? yes no

1. **How much is invested in accounts of 8% and 16% to make $80,000 at 10%?**

   What's the equation?

   Time [ ] + [ ] = [ ]
   Rate ___   ___   ___

2. **Mr J has 2 jobs that pay $8/hr and $14/hr. How long at each to average $10 for 30 hr?**

   What's the equation?

   [ ] + [ ] = [ ]
   ___   ___   ___

Review 1. Where does Subtract the Core Equation start? _____   Calculator? yes no

2. How does it subtract to connect the variables? _____

3. How do you know the variables work? _____

Solve it.

    chicken   fish $/kg kgs
4. $5(10 - p) + 10p = 70(10)$
    Buying fish and chicken for a party.

    % loan % loan   interest $
5. $9\% L + 6\%(8000 - L) = 8\%(8000)$
    2 different loans

    kph hrs kph hrs   kph hrs
6. $50h + 80(5 - h) = 70(5)$
    2 different parts to a trip

Review Problems   293

_____ #1 #2 ____/13 #3 ____/7 Total ____/20
          Name

#1 1. **Consecutive Numbers** _____

    2. **Connect Variables** _____

    3. **Add the Core Equations** _____

    4. **Subtract the Core Equations** _____

#2 1. Mr J owes $100,000 at 14%. He can borrow
       more on a 2nd account at 10% interest.   _____   Calculator?
       He can afford $6000 interest a year. How   yes   no
       much can he borrow at 10%?   _____

                                                     _____

    2. Almonds are $4/kg, and cashews are
       $8 per kilogram. How many kiograms   _____
       will make 10 kg selling for $6 per kg?
                                                    _____

                                                    _____

    3. Mr G's 1st job pays $20 an hour and the   _____
       2nd pays $12/hour. He wants to work
       40 hours a week at $15 an hour. How   _____
       many will he work at each job?
                                                    _____

                                                    _____

    4. How many cl of water must be
       added to 20 cl of an 10% salt solution   _____
       to make a 2% salt solution?
                                                    _____

                                                    _____

                                                    _____

    5. Two numbers add to 40. The 2nd number
       is 2 times the 1st one. Use an equation   _____
       and solve for both.
                                                    _____

                                                    _____

                                                    _____

#3 Make an equation and solve it.   Calculator?
                                                                yes   no

1. Mr has 2 more quarters than nickels. They add to $1.10. Make an equation and solve for how many of each.

2. Mrs M sells a dried fruit combo that sells for $2 per/kg for 12 kgs. She puts twice as much of the apples ($4/kg) as she does pineapple ($2/kg). How much of each does she put in?

3. Liam has 4 liters of 20% solution of a fertilizer A. How many liters of 100% fertilizer add to get 40% fertilizer?

4. How much 100% antifreeze adds to 20% antifreeze to make 5 liters of 50%?

5. Black tea sells for $3.00/kg. How much green tea at $6.00 per kilogram adds to get 5 kg per box selling for $5.00 per kilogram?

6. How much 50% drink adds to 90% drink to make 5 liters of 80%?

7. A store sells candy for $5 and $10 a kg. How much do you need of each to get 20 pounds of $8 a kilogram?

Ch 12 Ls 1 2 Sides Ecual Problems.   295

_____ #1 #2 ____/ 8 #3 ____/ 2 R ___/ 8 Total ____/ 18 _____
     Name   Checker

#1   1. Why are they called Equal Distance Problems? _____

   2. How did Amav change time in the equation? _____

   3. If Ojas's trip is 6 hours, how long is Amav's trip? _____

4. A train leaves at 40 kph. A car leaves 2 hrs later at 60 kph. How long until it catches the train?   Find the rate formulas.

Car #1 _____   Car #2 _____   How does time change 1?

Car #1 _____   Car #2 _____   Make an equation.

Equation _____   What's the 1st step?

       _____   What's the 2nd step?

       _____   Find the answer.

       _____

#2   1. What formula measures how a field is watered? _____

   2. What do Q and T stand for in Qt = dA? _____

   3. What do D and A stand for? _____

        An acre is 2/5 a hectare.

4. A farmer has 10 acres and will water 6 inches deep for 2 hours. How much water is that?   Make the equation.

Equation _____   What's the 1st step?

       _____   What's the 2nd step?

       _____   Find the answer.

       _____

#3 What makes Equal Distance Problems?   Calculator?
                                                yes   no

1. **Car #1 leaves at 60 kph. Car #2 leaves an hour later at 80 kph. How long until #2 catches #1?** _____

    Car #1 _____

    Car #2 _____

    _____
    _____
    _____
    _____

2. **A farmer has 17 acres and will water 4 inches deep for 2 hours. How much water is that?** _____

    _____
    _____
    _____
    _____
    _____

Review
1. Why are they called Equal Distance Problems? _____   Calculator?
2. How did Amav change time in the equation? _____   yes   no
3. If Ojas's trip is 6 hours, how long is Amav's trip? _____
4. What's the left side of the formula to water a field? _____
5. What's the right side of the formula to water a field? _____

What's Happening?

6. #1 kph   hours   #2 kph   hours
    $$40 \cdot T = 50(T - 0.2)$$

7. #1 job   hours   #2 job   hours
    $$40 \cdot T = 50(T - 2)$$

8. Water hours   Depth   Acres
    $$Q \cdot 2 = 4 \cdot 50$$

Ch 12 Ls 2 Equal Ratio Problems   297

_____ #1 #2 ____/8 #3 ____/2 R ___/8 Total ____/18 _____
        Name   Checker

#1 1. Why are Age Prob different from distance prob? _____

2. How can you add 5 years to this equation? _____

3. Name 3 steps for Ratio Equations. _____
   _____

**4. TJ is 4 times as old as Kate. In 5 yrs RJ will be
3 times as old as Kate. How old is TJ right now?**   What is the starting ratio?

                    1st ratio   _____   **Add the time.**

                Add the time.   _____   What is the 2nd ratio?

                    2nd ratio   _____   **What's the equation?**

                    1st step   _____   Find the answer.

                    Solution   _____   **Finding the starting ages.**

                                _____

#2 1. How did the age problem start without ratios? _____

2. How did 3 years ago change it? _____

3. How did you get an equation? _____

**4. Ira is 5 years older than Noah. Mr J is twice as old as
Ira. Two years ago, they added to 53. How old are they?**   What are the ages
                                                             for the 1st 2 people?

                   1st 2 ages   _____   Find the 3rd person.

                 Find the 3rd. _____   **Subtract from each one.**

                    Equation   _____   What is the equation?

                    Solve it   _____   **Solve it with 2 steps**

                   All 3 ages   _____   What are the 3 ages?

                                _____

#3 1. **There's 10 times as many A bacteria as B. In 2 weeks there will be 9 times as many. How many of each?**

Two Kinds of Age Problems _____

_____

Calculator? yes   no

_____
_____
_____
_____
_____

2. **MJ is 3 years older than TJ. Mr K is twice as old as MJ. 4 years ago, they added to 45. How old are they?**

TJ's age _____

MJ's age _____

Mr K's age _____

_____
_____
_____
_____
_____

Review 1. Why are Age Prob different from distance prob? _____

2. How can you add 5 years to this equation? _____

3. Name 3 steps for Ratio Equations. _____
_____

4. How did the age problem start without ratios? _____

5. How did 3 years ago change it? _____

6. How did you get an equation? _____

Calculator? yes   no

What's happening?

7. $\underset{\text{Now Ratio}}{3T} + \underset{\text{yrs}}{4} = \underset{\text{Later Ratio}}{2}(T + \underset{\text{yrs}}{4})$

8. $\underset{\text{Now Ratio}}{5T} + \underset{\text{yrs}}{6} = \underset{\text{Later Ratio}}{4}(T + \underset{\text{yrs}}{6})$

_____
_____
_____
_____

Ch 12 Ls 3 Build Rate Work Problems   299

_____ #1 #2 ____/ 5   #3 ____/ 2   R ___/ 6   Total ____/ 13 _____
         Name   Checker

#1 1. How do Work Problems use Rate Formulas differently? _____

2. Why would Work Problems use 1 for work done? _____

3. What is the equation for this problem? _____

#2 1. Printer #1 takes 20 mins for a job. Printer #2 takes 30 mins for the same job. How long will it take if they work together?   **Find the rate formulas.**

Printer #1 $ x ___ = ___   Printer #2 $ x ___ = ___   **Solve each rate formula.**

$ = [ ] $ = [ ]   **Make an equation.**

_____   **What's the 1st step?**

_____   **What's the 2nd step?**

_____   **Find the answer.**

_____

2. Juan takes 4 hrs to do a project. Both Liam and Juan take 2 hours. How long does it take Liam by himself?   **Find the rate formulas.**

Juan's rate $ x ___ = ___   Liam's rate $ x ___ = ___   **Solve each rate formula.**

$ = [ ] $ = [ ]   **Make an equation.**

_____   **What's the 1st step?**

_____   **What's the 2nd step?**

_____   **Find the answer.**

_____

#3 Solve these Work Problems   Calculator? yes   no

1. **Printer #2 takes 6 hours for a job. If it takes 4 hours together, how long for #1 by itself?**

   Printer #1   Printer #2
   R x ___ = ___   R x ___ = ___
   R = ☐   R = ☐

   Equation _____
   _____
   _____
   _____
   _____

2. **Water pump #1 takes 5 hours to fill a pool. Pump #2 takes 8 hours. How long will it take if they work together?**

   Pump #1   Pump #2
   R x ___ = ___   R x ___ = ___
   R = ☐   R = ☐

   Equation _____
   _____
   _____
   _____
   _____

Review 1. How do Work Problems use Rate Formulas differently? _____   Calculator? yes   no

2. Why would Work Problems use 1 for work done? _____

3. What is the equation for this problem? _____

What's Happening?

4. Make Tacos Mins   Ira   Ava   Together
   $$\frac{1}{10} + \frac{1}{15} = \frac{1}{b}$$

5. Lawn Hrs   Liam   Noah   Together
   $$\frac{1}{2} + \frac{1}{b} = \frac{1}{4}$$

6. Copies Hrs   Copier #1   #2   Together
   $$\frac{1}{a} + \frac{1}{2.5} = \frac{1}{1.4}$$

Ch 12 Ls 4 Build Time Problems.   301

_____ #1 #2 ____ / 5 #3 ____ / 2 R ___ / 6 Total ____ / 13 _____
         Name   Checker

#1   1. What rate does 30 min per hectacre change to? _____

   2. What are the rate formulas for cutting grass 2 and 3 acres per hr? _____
   _____

   3. How are Time Prob different from Work Prob? _____
   _____

#2 **1. Copy machine #1 runs 20 copies/min. #2 runs 30**   Find the rate formulas.
      per minute. How long until they finish 3000 copies?

          Copy #1   ____ x ____ = ____   **Make an equation.**
          Copy #2   ____ x ____ = ____

                  _____   **What's the 1st step?**

                  _____   **What's the 2nd step?**

                  _____   **Find the answer.**

                  _____

   2. A car goes east at 50 kph. A truck, at the same time, goes west   Find the
      at 70 kph. How long will it take for them to be 360 km apart?   rate formulas.

          Car   ____ x ____ = ____   **Make an equation.**
          Truck ____ x ____ = ____

                  _____   **What's the 1st step?**

                  _____   **What's the 2nd step?**

                  _____   **Find the answer.**

                  _____

#3 Build Time Problems.   Calculator?
                                                             yes   no

1. **Copy machine #1 runs 10 copies/min. #2 runs 15/min. How long to do 2000 copies?**

   Copy #1 ____ x ____ = ____

   Copy #2 ____ x ____ = ____

2. **A hurt boy is driven at 100 kph to meet an ambulance, which is going 120 kph. It's 225 km between them. How long until they meet?**

   Hurt Boy   ____ x ____ = ____

   Ambulance ____ x ____ = ____

Review 1. What rate does 30 min per acre change to? _____   Calculator?
                                                                              yes   no
2. What are the rate formulas for cutting grass 2 and 3 acres per hr? _____

3. How are Time Prob different from Work Prob? _____

   kph hrs kph hrs   km
4. **10 t + 15 t = 50**

What's   It's about a bike race.
Happening?

   L/min min L/min min   liters
5. **1.2 t + 2.0 t = 600**

   It's about 2 pumps filling a pool.

   c/min min c/min min   copies
6. **5 t + 6 t = 1200**

   It's about 2 copy machines.

Review Problems. 303

_____ #1 ____/ 5 #2 ____/ 5 Total ____/ 10
Name

#1 1. **A bike rider takes off at 10 kph. Another leaves 2 minutes later at 12 kph. How long until the 2nd catches him?**

Make the equation and solve.

Calculator? yes   no

2. **Logan's grandfather is 6 times as old as Logan. In three years, he will be 5 times as old as Logan. How old is each one now?**

3. **A copier runs 20 copies a minute. A 2nd one makes 15 per minute. How long will it take them working together to print 700 copies?**

4. **What if the 1st copier (20/min) starts 7 minutes after the 2nd (15/min) does? How does that change the problem?**

5. **Mason takes 9 hours to build a model house. Liam can do the same in 6 hours. How long should it take them both?**

#2

Make an equation and solve it.

Calculator? yes   no

1. An emergency vehicle drives 140 kph to meet a patient, who is driving 120 kph. They are 100 kilometers apart. How long will it take to meet?

2. #1 Continued... What if the Emergency vehicle leaves 20 minutes after the patient does? How does that change the problem?

3. Noah takes 8 hours to cut the lawn, so Noah and Liam work together once and it took 5 hours. How long would it take Liam to finish it by himself?

4. Mr J is 20 years older than his son, Ethan. Mr K is twice as old as Mr J. 4 years ago, they added to 120. How old are they?

5. Mason makes $8/hr and TJ makes $10/hr. TJ works 2 hours less because of school. How many hours do they work to make the same pay?

6. A taxi charges $3.00 plus $2.00 per min for a trip to the airport. The distance to the airport is 20 kilometers, and the total charge is $43.00. How many minutes did the ride to the airport take? (The equation is important.)

_____ #1 #2 ____/12 #3 ____/ 8 Total ____/ 20
Name

#1 1. **Core Target** _____

    2. **Equal Distance Equation** _____

    3. **Irrigate Fields Equation** _____

    4. **Ratio Age Equation** _____

    5. **Work Equation** _____

    6. **Time Equation** _____

#2 1. **Buy 4 shirts at $5 each and 2 pants at $7 each. What's the total cost?**   Calculator? yes no

    2. **Buy $400 in tickets(at 10% off) and $70 in food (at 25% off). How much was saved?**

    3. **Dr J has 3 liters of 10% and 2 liters of 60% solution. Add them together. What's the average?**

    4. **Buy 4 dresss at $225 each and 2 pairs of shoes at $150 ea. What's the average price for all 6 items of clothes?**

    5. **Drive 4 hrs at 80 kph, then 90 kph for 2 hrs for 500 km. You have to go 650 km. How much longer the 2nd trip?**

    6. **Buy 8 kg of $2 candy and 4 kg of $5 candy. What's the average price?**

#3 Make the equation and answer.   Calculator?
                                     yes   no

1. **Two consecutive even numbers add to 62. Write an equation and find the numbers.**

2. **Two consecutive odd numbers add to 40. Write an equation and find the numbers.**

3. **Two consecutive even numbers add to 102. Write an equation and find the numbers.**

4. **Some pennies and dimes add to 83 cents. There are 5 more dimes than pennies. How many of each coin?**

5. **Ethan bought a box of donuts for $11. There are 2 more $1.00 kind than the $0,60 kind. How many did he get of each?**

6. **How much $4/kg peanuts and $10/kg cashews add to make 8 kgs at $7/kg?**

7. **How much 20% solution adds to 70% solution to make 6 liters of 60%?**

8. **How much 30% drink adds to 2 liters of 80% drink to make 42% drink?**

Ch 13 Ls 1 How to solve square and cube roots.   307

_____ #1 #2 ____ / 10   #3 #4 ____ / 18   R ___ / 20   T ____ / 30 _____
        Name   Checker

#1 1. How do you multiply to find the square root of 64? _____

2. How do you divide to find the square root of 49? _____

3. What multiplies to get the square root of 144? $\sqrt{144}$

___ x ___ $\sqrt{144}$ = ___

4. What multiplies to get the square root of 169? $\sqrt{169}$

___ x ___ $\sqrt{169}$ = ___

5. What multiplies to get the square root of 256? $\sqrt{256}$

___ x ___ $\sqrt{256}$ = ___

#2 1. What is a cube root? _____

2. What is the exponent for a square and cube root? square _____   cube _____

3. What multiplies to get the cube root of 64? $\sqrt[3]{64}$

___ x ___ x ___ $\sqrt[3]{64}$ = _____

4. What multiplies to get the cube root of 125? $\sqrt[3]{125}$

___ x ___ x ___ $\sqrt[3]{125}$ = _____

5. What multiplies to get the cube root of 216? $\sqrt[3]{216}$

___ x ___ x ___ $\sqrt[3]{216}$ = _____

#3 Are these correct? Yes or correct.   Calculator?
   yes   no

1. $\sqrt{64} = 7$ yes or _____ $\sqrt[3]{27} = 3$ yes or _____

2. $\sqrt[3]{216} = 7$ yes or _____ $\sqrt{196} = 13$ yes or _____

3. $\sqrt{121} = 11$ yes or _____ $\sqrt[3]{64} = 4$ yes or _____

#4 Solve these roots.   Calculator?
   yes   no

1. $\sqrt{81} =$ ____ $\sqrt{25} =$ ____ $\sqrt{64} =$ ____ $\sqrt[3]{64} =$ ____

2. $\sqrt{49} =$ ____ $\sqrt[3]{27} =$ ____ $\sqrt{16} =$ ____ $\sqrt{36} =$ ____

3. $\sqrt{121} =$ ____ $\sqrt{9} =$ ____ $\sqrt[3]{8} =$ ____ $\sqrt{144} =$ ____

Review 1. How do you multiply to find the square root of 64? _____   Calculator?
   yes   no

2. How do you divide to find the square root of 49? _____

3. What is a cube root? _____

4. What is the exponent for a square and cube root? square _____   cube _____

5. $\sqrt{81} =$ ____ $\sqrt{25} =$ ____ $\sqrt{64} =$ ____ $\sqrt[3]{64} =$ ____

6. $\sqrt{49} =$ ____ $\sqrt[3]{27} =$ ____ $\sqrt{16} =$ ____ $\sqrt{36} =$ ____

7. $\sqrt{121} =$ ____ $\sqrt{9} =$ ____ $\sqrt[3]{8} =$ ____ $\sqrt{144} =$ ____

8. $\sqrt{169} =$ ____ $\sqrt{4} =$ ____ $\sqrt[3]{125} =$ ____ $\sqrt[3]{216} =$ ____

Ch 13 Ls 2 Solve imperfect square roots. 309

_____ #1 #2 ____/ 10 #3 #4 ____/ 18 R ___/ 20 T ____/ 38 _____
            Name   Checker

#1 1. What makes a square root imperfect? _____

2. What's the 1st step to find an imperfect root? _____

3. How do you estimate between 2 perfect roots? _____

4. Name the next 5 perfect roots.   **1   4**   ___ ___ ___ ___ ___

5. What are the perfect roots around 5?
   (Both the root and number for it.) $\sqrt{5}$

Estimate the number in 10ths. $\sqrt{}$ is ___ $\sqrt{}$ is ___

$\sqrt{5}$ is about _____

#2 1. Is 10 just above or below square root 9? $\sqrt{10}$

Above   Below $\sqrt{10}$ is about _____

2. Is 24 just above or below square root 25? $\sqrt{24}$

Above   Below $\sqrt{24}$ is about _____

3. Is 50 just above or below square root 49? $\sqrt{50}$

Above   Below $\sqrt{50}$ is about _____

4. Where is 30 between 25 and 36? $\sqrt{30}$

$\sqrt{30}$ is about _____

5. Where is 40 between 36 and 49? $\sqrt{40}$

$\sqrt{40}$ is about _____

#3 Estimate the square roots.   Calculator? yes no

1. $\sqrt{12}$ 9 and 16 $\sqrt{14}$ 9 and 16
   is about _____   is about _____

2. $\sqrt{18}$ 16 and 25 $\sqrt{27}$ 25 and 36
   is about _____   is about _____

3. $\sqrt{32}$ 25 and 36 $\sqrt{45}$ 36 and 49
   is about _____   is about _____

#4 Estimate these roots.   Calculator? yes no

1. $\sqrt{3}$ = _____ $\sqrt{10}$ = _____ $\sqrt{17}$ = _____ $\sqrt{26}$ = _____

2. $\sqrt{20}$ = _____ $\sqrt{5}$ = _____ $\sqrt{50}$ = _____ $\sqrt{24}$ = _____

3. $\sqrt{8}$ = _____ $\sqrt{12}$ = _____ $\sqrt{19}$ = _____ $\sqrt{34}$ = _____

Review 1. What makes a square root imperfect? _____   Calculator? yes no

2. What's the 1st step to find an imperfect root? _____

3. How do you estimate between 2 perfect roots? _____

4. Name the next 5 perfect roots.   **1   4**   ___ ___ ___ ___ ___

5. $\sqrt{6}$ = _____ $\sqrt{15}$ = _____ $\sqrt{22}$ = _____ $\sqrt{45}$ = _____

6. $\sqrt{22}$ = _____ $\sqrt{18}$ = _____ $\sqrt{41}$ = _____ $\sqrt{37}$ = _____

7. $\sqrt{28}$ = _____ $\sqrt{13}$ = _____ $\sqrt{7}$ = _____ $\sqrt{11}$ = _____

8. $\sqrt{2}$ = _____ $\sqrt{11}$ = _____ $\sqrt{14}$ = _____ $\sqrt{21}$ = _____

Ch 13 Ls 3 Imperfect square roots over 25.   311

_____ #1 #2 ____ / 9 #3 #4 ____ / 18 R ___/ 15 T ____/ 42 _____
     Name   Checker

#1 1. Name 2 steps to estimate square roots. _____
_____

2. Name the next 5 perfect roots. **49**   ____ ____ ____ ____ ____
3. Name the next 5 perfect roots. **144** ____ ____ ____ ____ ____
4. What are the perfect roots around 70? $\sqrt{70}$

Estimate the number in 10ths. $\sqrt{}$ is ___ $\sqrt{}$ is ___

$\sqrt{70}$ is about _____

#2 1. Is 85 just above or below the nearest root? $\sqrt{85}$

Above   Below $\sqrt{85}$ is about _____

2. Is 200 just above or below the nearest root? $\sqrt{200}$

$\sqrt{200}$ is about _____

3. Where is 110 between 100 and 121? $\sqrt{110}$

$\sqrt{110}$ is about _____

4. Where is 210 between 196 and 225? $\sqrt{210}$

$\sqrt{210}$ is about _____

5. Where is 180 between 169 and 196? $\sqrt{180}$

$\sqrt{180}$ is about _____

#3 Estimate the square roots. Calculator? yes no

1. $\sqrt{60}$ 49 and 64 $\sqrt{70}$ 64 and 81
   is about _____   is about _____

2. $\sqrt{130}$ 121 and 144 $\sqrt{150}$ 144 and 169
   is about _____   is about _____

3. $\sqrt{185}$ 169 and 196 $\sqrt{205}$ 196 and 225
   is about _____   is about _____

#4 Estimate these roots. Calculator? yes no

1. $\sqrt{55}$ = _____ $\sqrt{75}$ = _____ $\sqrt{90}$ = _____ $\sqrt{95}$ = _____

2. $\sqrt{52}$ = _____ $\sqrt{58}$ = _____ $\sqrt{105}$ = _____ $\sqrt{160}$ = _____

3. $\sqrt{120}$ = _____ $\sqrt{190}$ = _____ $\sqrt{79}$ = _____ $\sqrt{83}$ = _____

Review 1. Name 2 steps to estimate square roots. _____ Calculator? yes no
_____

2. Name the next 5 pervect roots. **49** ____ ____ ____ ____ ____

3. Name the next 5 perfect roots. **144** ____ ____ ____ ____ ____

4. $\sqrt{60}$ = _____ $\sqrt{65}$ = _____ $\sqrt{88}$ = _____ $\sqrt{92}$ = _____

5. $\sqrt{72}$ = _____ $\sqrt{58}$ = _____ $\sqrt{85}$ = _____ $\sqrt{90}$ = _____

6. $\sqrt{125}$ = _____ $\sqrt{135}$ = _____ $\sqrt{142}$ = _____ $\sqrt{110}$ = _____

Ch 13 Ls 4 How to solve mixed roots. 313

_____ #1 #2 ____/14 #3 #4 ____/14 R ___/18 T ____/46 _____
Name   Checker

#1 1. What's the difference between whole and natural numbers? _____

2. How are integers different from whole numbers? _____

3. What makes a rational number? _____

4. What makes an irrational number? _____

5. What kind of number is each?   **1, 2, 3, 4, 5**   **- 6, 3, 9**

   _____   _____

6. What kind of number is each?   **0, 1, 2, 3, 4** $\sqrt{74}$

   _____   _____

#2 1. What is a mixed root? _____

2. Is a mixed root added or multiplied? _____

3. How do you solve a mixed root? _____

4. What happens first for 2 square root 16? $2\sqrt{16}$

Square root 16 is ____ Multiply it out.   ____ x ____   **Finish it.**

_____

5. Estimate the square root of 10. $2\sqrt{10}$

Square root 10 is ____ Multiply it out.   ____ x ____   **Finish it.**

_____

6. Estimate the square root of 24. $2\sqrt{24}$

Square root 24 is ____ Multiply it out.   ____ x ____   **Finish it.**

_____

#3 Are these correct? Yes or correct.   Calculator? yes no

1. $2\sqrt{36} = 10$ yes or _____ $4\sqrt{49} = 7$ yes or _____

2. $3\sqrt{100} = 30$ yes or _____ $5\sqrt{121} = 50$ yes or _____

3. $5\sqrt{81} = 44$ yes or _____ $7\sqrt{36} = 40$ yes or _____

4. $3\sqrt{144} = 38$ yes or _____ $9\sqrt{25} = 45$ yes or _____

#4 What kind of numbers are these?   Calculator? yes no

1. $\frac{1}{2}$ $\frac{1}{5}$ 6, 7, 8, 9, 10   -14, 7, 10

    _____   _____   _____

2. 0, 1, 2, 3, 4 $\sqrt{89}$ 0.4   0.25

    _____   _____   _____

Review 1. What's the difference between whole and natural numbers? _____   Calculator? yes no

2. How are integers different from whole numbers? _____

3. What makes an irrational number? _____

4. What is a mixed root? _____

5. Is a mixed root added or multiplied? _____

6. How do you solve a mixed root? _____

7. $4\sqrt{16} =$ _____ $4\sqrt{17} =$ _____ $4\sqrt{20} =$ _____

8. $2\sqrt{100} =$ _____ $3\sqrt{110} =$ _____ $3\sqrt{125} =$ _____

9. $5\sqrt{64} =$ _____ $2\sqrt{70} =$ _____ $2\sqrt{85} =$ _____

10. $7\sqrt{121} =$ _____ $3\sqrt{130} =$ _____ $5\sqrt{144} =$ _____

_____ #1 #2 _____ / 30   #3 #4 #5 _____ / 36   Total _____ / 66
Name

#1 Estimate the square roots.   Calculator?
                                                                            yes   no

1. $\sqrt{7}$ 4 and 9 $\sqrt{20}$ 16 and 25
     is about _____   is about _____

2. $\sqrt{30}$ 25 and 36 $\sqrt{38}$ 36 and 49
     is about _____   is about _____

3. $\sqrt{56}$ 49 and 64 $\sqrt{70}$ 64 and 81
     is about _____   is about _____

#2 Estimate these roots.   Calculator?
                                                                            yes   no

1. $\sqrt{6}$ = _____ $\sqrt{18}$ = _____ $\sqrt{21}$ = _____ $\sqrt{30}$ = _____

2. $\sqrt{12}$ = _____ $\sqrt{35}$ = _____ $\sqrt{45}$ = _____ $\sqrt{52}$ = _____

3. $\sqrt{60}$ = _____ $\sqrt{70}$ = _____ $\sqrt{85}$ = _____ $\sqrt{90}$ = _____

4. $\sqrt{55}$ = _____ $\sqrt{65}$ = _____ $\sqrt{40}$ = _____ $\sqrt{27}$ = _____

5. $\sqrt{15}$ = _____ $\sqrt{75}$ = _____ $\sqrt{17}$ = _____ $\sqrt{24}$ = _____

6. $\sqrt{105}$ = _____ $\sqrt{118}$ = _____ $\sqrt{150}$ = _____ $\sqrt{175}$ = _____

7. $\sqrt{200}$ = _____ $\sqrt{250}$ = _____ $\sqrt{230}$ = _____ $\sqrt{300}$ = _____

#3 Estimate the square roots.   Calculator? yes no

1. $\sqrt{75}$ 64 and 81 $\sqrt{90}$ 81 and 100
   is about _____   is about _____

2. $\sqrt{115}$ 100 and 121 $\sqrt{160}$ 144 and 169
   is about _____   is about _____

3. $\sqrt{200}$ 196 and 225 $\sqrt{230}$ 225 and 256
   is about _____   is about _____

#4 Estimate these roots.   Calculator? yes no

1. $\sqrt{85}$ = _____ $\sqrt{110}$ = _____ $\sqrt{140}$ = _____ $\sqrt{150}$ = _____

2. $\sqrt{175}$ = _____ $\sqrt{180}$ = _____ $\sqrt{210}$ = _____ $\sqrt{250}$ = _____

3. $\sqrt{270}$ = _____ $\sqrt{300}$ = _____ $\sqrt{310}$ = _____ $\sqrt{320}$ = _____

#5 Estimate the square roots and solve them.   Calculator? yes no

1. $2\sqrt{12}$ = _____ $3\sqrt{30}$ = _____ $4\sqrt{40}$ = _____

2. $3\sqrt{23}$ = _____ $5\sqrt{20}$ = _____ $2\sqrt{34}$ = _____

3. $2\sqrt{28}$ = _____ $4\sqrt{42}$ = _____ $5\sqrt{67}$ = _____

4. $4\sqrt{55}$ = _____ $2\sqrt{125}$ = _____ $3\sqrt{118}$ = _____

5. $7\sqrt{60}$ = _____ $2\sqrt{53}$ = _____ $3\sqrt{75}$ = _____

6. $2\sqrt{140}$ = _____ $3\sqrt{105}$ = _____ $5\sqrt{148}$ = _____

Review Problems 317

_____ #1 #2 #3 #4 ___/ 45 #5 #6 ___/ 29 Total ___/ 64
Name

#1 **1. Square Root** _____

2. Cube Root _____

3. Irrational Number _____

4. Imperfect Roots _____

5. Mixed Root _____

#2. Roots 50 or under.   Calculator? yes   no

1. $\sqrt{2}$ = ____ $\sqrt{5}$ = ____ $\sqrt{16}$ = ____ $\sqrt{10}$ = ____

2. $\sqrt{15}$ = ____ $\sqrt{17}$ = ____ $\sqrt{3}$ = ____ $\sqrt{24}$ = ____

3. $\sqrt{26}$ = ____ $\sqrt{30}$ = ____ $\sqrt{35}$ = ____ $\sqrt{7}$ = ____

#3. Roots over 50.   Calculator? yes   no

1. $\sqrt{63}$ = ____ $\sqrt{60}$ = ____ $\sqrt{80}$ = ____ $\sqrt{70}$ = ____

2. $\sqrt{75}$ = ____ $\sqrt{90}$ = ____ $\sqrt{99}$ = ____ $\sqrt{101}$ = ____

3. $\sqrt{95}$ = ____ $\sqrt{125}$ = ____ $\sqrt{140}$ = ____ $\sqrt{146}$ = ____

4. $\sqrt{150}$ = ____ $\sqrt{196}$ = ____ $\sqrt{200}$ = ____ $\sqrt{300}$ = ____

#4. Solve these Mixed Roots.   Calculator? yes   no

1. $2\sqrt{25}$ = ____ $4\sqrt{17}$ = ____ $4\sqrt{20}$ = ____

2. $2\sqrt{100}$ = ____ $3\sqrt{105}$ = ____ $3\sqrt{121}$ = ____

3. $5\sqrt{64}$ = ____ $2\sqrt{70}$ = ____ $2\sqrt{85}$ = ____

4. $4\sqrt{140}$ = ____ $3\sqrt{169}$ = ____ $5\sqrt{196}$ = ____

#5 Solve these roots.   Calculator? yes   no

1. $\sqrt{39}$ = _____ $\sqrt{21}$ = _____ $\sqrt{14}$ = _____ $\sqrt{18}$ = _____

2. $\sqrt{58}$ = _____ $\sqrt{72}$ = _____ $\sqrt{85}$ = _____ $\sqrt{105}$ = _____

3. $\sqrt{53}$ = _____ $\sqrt{123}$ = _____ $\sqrt{45}$ = _____ $\sqrt{140}$ = _____

4. $3\sqrt{17}$ = _____ $2\sqrt{27}$ = _____ $4\sqrt{30}$ = _____

5. $2\sqrt{225}$ = _____ $3\sqrt{256}$ = _____ $3\sqrt{400}$ = _____

6. $2\sqrt{625}$ = _____ $2\sqrt{36}$ = _____ $3\sqrt{64}$ = _____

#6 Calculator? yes   no

1. A fertilizer bag covers 400 sq m. JJ has an area that is 30 m by 60 m. How many should he buy?   _____

2. A square swimming pool has a tarp that is 225 square meters. How long is one side of it?   _____

3. A chess board advertises an area of 196 sq cm. TJ's board is 13 cm wide. Will it fit sitting flat?   _____

4. A remnant square carpet is 16 square meters. Will it cover a square room that is 5 meters on each side?   _____

5. A baseball diamond is 400 square meters. How many meters is it from home to 1st base?   _____

6. If the area of a tiny square occupies is 0.16 square meter, what is the width be?   _____

7. Mrs W wants a square garden that covers 256 square meters. How long is each side of it?   _____

8. A square swimming pool is 625 square meters. How long is one side of it?   _____

Ch 14 Ls 1 Multiply roots and factor. 319

_____ #1 #2 ____/ 12 #3 #4 ____/ 16 R ___/ 13 T ____/ 41 _____
         Name   Checker

#1 1. Root times root makes what kind of answer? _____

2. How do you multiply mixed roots? _____

3. What happens when same roots multiply? _____

4. How do you multiply square roots? $\sqrt{2} \times \sqrt{8}$

Multiply _____ $\sqrt{2} \times \sqrt{8} = \sqrt{}$ Finish it. What does it equal?

_____

5. How do you multiply cube roots? $\sqrt[3]{2} \times \sqrt[3]{4}$

Multiply _____ $\sqrt[3]{2} \times \sqrt[3]{4} = \sqrt[3]{}$ Finish it. What does it equal?

_____

6. Multiply these mixed roots. $2\sqrt{3} \times 4\sqrt{12}$

$2\sqrt{3} \times 4\sqrt{12} = \sqrt{}$ What does it equal?

_____

#2 1. When can you add square roots? _____

2. When you add same roots, what really adds? _____

3. Add and simplify to 10ths. $2\sqrt{2} + 3\sqrt{2}$

_____

5. Add these mixed roots. $\sqrt{5} + 3\sqrt{5}$

_____

6. Add these mixed roots. $\sqrt{3} + 2\sqrt{3}$

_____

#3 Multiply these roots and simplify to 10ths.   Calculator? yes no

1. $\sqrt{2} \times \sqrt{8} = \sqrt{} = \underline{}$ $2\sqrt{3} \times 3\sqrt{12} = \sqrt{} = \underline{}$

2. $\sqrt{6} \times \sqrt{6} = \sqrt{} = \underline{}$ $\sqrt{2} \times 5\sqrt{10} = \sqrt{} = \underline{}$

3. $\sqrt[3]{2} \times \sqrt[3]{4} = \sqrt{} = \underline{}$ $2\sqrt{5} \times 2\sqrt{8} = \sqrt{} = \underline{}$

4. $\sqrt{5} \times \sqrt{9} = \sqrt{} = \underline{}$ $2\sqrt{3} \times 3\sqrt{7} = \sqrt{} = \underline{}$

#4 Add these roots and simplify to 10ths.   Calculator? yes no

1. $\sqrt{5} + \sqrt{5} = \sqrt{} = \underline{}$ $2\sqrt{3} + 3\sqrt{3} = \sqrt{} = \underline{}$

2. $\sqrt{8} + \sqrt{8} = \sqrt{} = \underline{}$ $2\sqrt{6} + 3\sqrt{6} = \sqrt{} = \underline{}$

3. $\sqrt{7} + \sqrt{7} = \sqrt{} = \underline{}$ $\sqrt{7} + 3\sqrt{7} = \sqrt{} = \underline{}$

4. $\sqrt{4} + \sqrt{4} = \sqrt{} = \underline{}$ $2\sqrt{9} + 3\sqrt{9} = \sqrt{} = \underline{}$

Review 1. Root times root makes what kind of answer? _____   Calculator? yes no

2. How do you multiply mixed roots? _____

3. What happens when same roots multiply? _____

4. When can you add square roots? _____

5. When you add same roots, what really adds? _____

6. $\sqrt{2} \times \sqrt{12} = \sqrt{} = \underline{}$ $2\sqrt{2} + 3\sqrt{2} = \sqrt{} = \underline{}$

7. $\sqrt{2} + \sqrt{2} = \sqrt{} = \underline{}$ $2\sqrt{4} \times 3\sqrt{4} = \sqrt{} = \underline{}$

8. $\sqrt{8} + \sqrt{8} = \sqrt{} = \underline{}$ $2\sqrt{3} \times 3\sqrt{3} = \sqrt{} = \underline{}$

9. $\sqrt{2} \times \sqrt{7} = \sqrt{} = \underline{}$ $2\sqrt{4} + 3\sqrt{4} = \sqrt{} = \underline{}$

Ch 14 Ls 2 Factor roots, then factor to add. 321

_____ #1 #2 ____/ 8   #3 #4 ____/ 14 R ____/ 12 T____/ 34 _____
         Name   Checker

#1 1. What's the first step to factor a square root? _____

2. What are you looking for? _____

3. What happens to the perfect square root? _____

4. Find a perfect factor for square root of 75. $\sqrt{75}$

_____ x _____   **How does it factor?**

_____

5. Find a perfect factor for square root of 50. $\sqrt{50}$

_____ x _____   **How does it factor?**

_____

6. All in 1 step, factor the square root of 125. $\sqrt{125}$

_____

#2 1. How do you factor to add $\sqrt{2} + \sqrt{8}$? _____

2. Factor 27. What's perfect that factors out? $\sqrt{3} + \sqrt{27}$

27 is ___ x ___   _____ + _____   **Factor and add it.**

_____

3. Factor 18. What's perfect that factors out? $\sqrt{3} + \sqrt{18}$

18 is ___ x ___   _____ + _____   **Factor and add it.**

_____

#3 Find the root factors. Calculator? yes no

1. $\sqrt{8} = \_\_\sqrt{}$ $\sqrt{12} = \_\_\sqrt{}$

2. $\sqrt{20} = \_\_\sqrt{}$ $\sqrt{24} = \_\_\sqrt{}$

3. $\sqrt{18} = \_\_\sqrt{}$ $\sqrt{27} = \_\_\sqrt{}$

4. $\sqrt{45} = \_\_\sqrt{}$ $\sqrt{63} = \_\_\sqrt{}$

5. $\sqrt{28} = \_\_\sqrt{}$ $\sqrt{32} = \_\_\sqrt{}$

#4 Factor to add these roots. Calculator? yes no

1. $\sqrt{3} + \sqrt{12}$ $\sqrt{3} + \sqrt{75}$

   $\sqrt{3} + \_\_\sqrt{} = \_\_\sqrt{}$ $\sqrt{3} + \_\_\sqrt{} = \_\_\sqrt{}$

2. $\sqrt{2} + \sqrt{8}$ $\sqrt{2} + \sqrt{50}$

   $\sqrt{2} + \_\_\sqrt{} = \_\_\sqrt{}$ $\sqrt{2} + \_\_\sqrt{} = \_\_\sqrt{}$

Review 1. What's the first step to factor a square root? _____   Calculator? yes no
2. What are you looking for? _____
3. What happens to the perfect square root? _____
4. How do you factor to add $\sqrt{2} + \sqrt{8}$? _____

5. $\sqrt{98} = \_\_\sqrt{}$ $\sqrt{147} = \_\_\sqrt{}$

6. $\sqrt{72} = \_\_\sqrt{}$ $\sqrt{108} = \_\_\sqrt{}$

7. $\sqrt{40} = \_\_\sqrt{}$ $\sqrt{44} = \_\_\sqrt{}$

8. $\sqrt{3} + \sqrt{27}$ $\sqrt{5} + \sqrt{20}$

   $\sqrt{3} + \_\_\sqrt{} = \_\_\sqrt{}$ $\sqrt{5} + \_\_\sqrt{} = \_\_\sqrt{}$

_____ #1 #2 ____ / 26   #3 #4 ____ / 22   Total ____ / 48
Name

#1 Multiply these roots.   Calculator? yes no

1. $\sqrt{3} \times \sqrt{7} = \sqrt{}$ $4\sqrt{3} \times 2\sqrt{10} = \sqrt{}$
2. $\sqrt{5} \times \sqrt{6} = \sqrt{}$ $2\sqrt{4} \times 5\sqrt{15} = \sqrt{}$
3. $\sqrt[3]{3} \times \sqrt[3]{6} = \sqrt{}$ $3\sqrt{3} \times 2\sqrt{7} = \sqrt{}$
4. $\sqrt{7} \times \sqrt{8} = \sqrt{}$ $5\sqrt{5} \times 4\sqrt{8} = \sqrt{}$

#2 Add these roots and simplify to 10ths.   Calculator? yes no

1. $\sqrt{6} + 2\sqrt{6} = \sqrt{}$ $5\sqrt{4} + 3\sqrt{4} = \sqrt{}$
2. $\sqrt{7} + \sqrt{7} = \sqrt{}$ $4\sqrt{3} + 5\sqrt{3} = \sqrt{}$
3. $\sqrt{5} + 5\sqrt{5} = \sqrt{}$ $\sqrt{8} + 2\sqrt{8} = \sqrt{}$
4. $\sqrt{9} + \sqrt{9} = \sqrt{}$ $3\sqrt{2} + 4\sqrt{2} = \sqrt{}$

#3 Find the root factors.   Calculator? yes no

1. $\sqrt{18} = \underline{}\sqrt{}$ $\sqrt{8} = \underline{}\sqrt{}$
2. $\sqrt{32} = \underline{}\sqrt{}$ $\sqrt{40} = \underline{}\sqrt{}$
3. $\sqrt{45} = \underline{}\sqrt{}$ $\sqrt{12} = \underline{}\sqrt{}$
4. $\sqrt{20} = \underline{}\sqrt{}$ $\sqrt{27} = \underline{}\sqrt{}$
5. $\sqrt{63} = \underline{}\sqrt{}$ $\sqrt{72} = \underline{}\sqrt{}$

#3 Find the root factors.   Calculator?
                                    yes   no

1. $\sqrt{20} = \underline{}\sqrt{}$ $\sqrt{24} = \underline{}\sqrt{}$

2. $\sqrt{75} = \underline{}\sqrt{}$ $\sqrt{50} = \underline{}\sqrt{}$

3. $\sqrt{32} = \underline{}\sqrt{}$ $\sqrt{48} = \underline{}\sqrt{}$

4. $\sqrt{125} = \underline{}\sqrt{}$ $\sqrt{150} = \underline{}\sqrt{}$

5. $\sqrt{27} = \underline{}\sqrt{}$ $\sqrt{54} = \underline{}\sqrt{}$

#4 Factor to add these roots.   Calculator?
                                     yes   no

1. $\sqrt{2} + \sqrt{50}$ $\sqrt{3} + \sqrt{75}$
   $\sqrt{2} + \underline{}\sqrt{} = \underline{}\sqrt{}$ $\sqrt{3} + \underline{}\sqrt{} = \underline{}\sqrt{}$

2. $\sqrt{3} + \sqrt{12}$ $\sqrt{6} + \sqrt{24}$
   $\sqrt{3} + \underline{}\sqrt{} = \underline{}\sqrt{}$ $\sqrt{6} + \underline{}\sqrt{} = \underline{}\sqrt{}$

3. $\sqrt{2} + \sqrt{18}$ $\sqrt{3} + \sqrt{27}$
   $\sqrt{2} + \underline{}\sqrt{} = \underline{}\sqrt{}$ $\sqrt{3} + \underline{}\sqrt{} = \underline{}\sqrt{}$

4. $\sqrt{3} + \sqrt{12}$ $\sqrt{2} + \sqrt{18}$
   $\sqrt{3} + \underline{}\sqrt{} = \underline{}\sqrt{}$ $\sqrt{2} + \underline{}\sqrt{} = \underline{}\sqrt{}$

5. $\sqrt{5} + \sqrt{125}$ $\sqrt{8} + \sqrt{32}$
   $\sqrt{5} + \underline{}\sqrt{} = \underline{}\sqrt{}$ $\sqrt{8} + \underline{}\sqrt{} = \underline{}\sqrt{}$

6. $\sqrt{7} + \sqrt{28}$ $\sqrt{7} + \sqrt{63}$
   $\sqrt{7} + \underline{}\sqrt{} = \underline{}\sqrt{}$ $\sqrt{7} + \underline{}\sqrt{} = \underline{}\sqrt{}$

Ch 14 Ls 3 Divide mixed roots and simplify. 325

_____ #1 #2 ____/ 8   #3 #4 ____/ 14   R ___/ 14   T ____/ 36 _____
Name   Checker

#1 1. Root divided by root is what kind of answer? _____

2. How do you divide mixed roots? $6\sqrt{15} \div 2\sqrt{5}$ _____

3. Divide these mixed roots. $8\sqrt{20} \div 2\sqrt{5}$

_____ **What does it equal?**

_____

4. Divide these mixed roots. $9\sqrt{45} \div 3\sqrt{5}$

_____ **What does it equal?**

_____

#2 1. How can you simplify roots in a fraction? $\sqrt{\dfrac{30}{5}}$ _____

2. How can you simplify mixed roots? $\dfrac{3\sqrt{10}}{6\sqrt{2}}$ _____

3. How do you simplify the root of 16 over root of 2? $\dfrac{\sqrt{18}}{\sqrt{2}}$

Divide both by ____. $\dfrac{\sqrt{18}}{\sqrt{2}} \div \dfrac{\sqrt{}}{\sqrt{}} =$ _____

4. How do you simplfy mixed roots? $\dfrac{6\sqrt{8}}{3\sqrt{2}}$

Divide _____. $\dfrac{\sqrt{}}{\sqrt{}} =$ _____

#3 Divide and simplify to 10ths these roots.   Calculator?
                                                      yes   no

1. $\sqrt{40} \div \sqrt{8} = \sqrt{}$ _____ $9\sqrt{32} \div 3\sqrt{2} = \sqrt{}$ _____

2. $\sqrt{21} \div \sqrt{3} = \sqrt{}$ _____ $6\sqrt{32} \div 3\sqrt{8} = \sqrt{}$ _____

3. $\sqrt[3]{24} \div \sqrt[3]{3} = \sqrt{}$ _____ $8\sqrt{40} \div 2\sqrt{5} = \sqrt{}$ _____

4. $\sqrt{32} \div \sqrt{8} = \sqrt{}$ _____ $12\sqrt{72} \div 3\sqrt{8} = \sqrt{}$ _____

#4 Solve these fractions. Simplify the answers.   Calculator?
                                                         yes   no

1. $\dfrac{\sqrt{8}}{\sqrt{2}} =$ $\dfrac{\sqrt{10}}{\sqrt{40}} =$ $\dfrac{2\sqrt{8}}{8\sqrt{2}} =$

2. $\dfrac{\sqrt{27}}{\sqrt{3}} =$ $\dfrac{\sqrt{15}}{\sqrt{5}} =$ $\dfrac{9\sqrt{16}}{3\sqrt{4}} =$

Review   1. How do you divide a root by a root? $\sqrt{20} \div \sqrt{5}$ _____   Calculator?
                                                                                                    yes   no
2. How do you divide mixed roots? $6\sqrt{15} \div 2\sqrt{5}$ _____

3. How do you simplify roots in a fraction? $\sqrt{\dfrac{30}{5}}$ _____

4. How can you simplify mixed roots? $\dfrac{3\sqrt{10}}{6\sqrt{2}}$ _____

5. $\sqrt{80} \div \sqrt{8} = \sqrt{}$ _____ $12\sqrt{32} \div 3\sqrt{2} = \sqrt{}$ _____

6. $\sqrt{56} \div \sqrt{7} = \sqrt{}$ _____ $4\sqrt{30} \div 2\sqrt{5} = \sqrt{}$ _____

7. $\dfrac{\sqrt{32}}{\sqrt{2}} =$ $\dfrac{6\sqrt{8}}{3\sqrt{2}} =$ $\dfrac{2\sqrt{27}}{8\sqrt{3}} =$

8. $\dfrac{\sqrt{32}}{\sqrt{2}} =$ $\dfrac{6\sqrt{8}}{3\sqrt{2}} =$ $\dfrac{2\sqrt{27}}{8\sqrt{3}} =$

Ch 14 Ls 4 Square roots of decimals.   327

_____ #1 #2 _____ / 11   #3 #4 _____ / 14   R ____ / 16   T _____ / 41   _____
         Name   Checker

#1 1. What's the square root of 0.25? $\sqrt{0.25}$ _____

2. Why does is work out evenly? _____

3. What's the square root of 2500? $\sqrt{2500}$ _____

4. How can you tell if it works out perfectly? _____

5. Does the root of $\sqrt{0.025}$ work out perfectly? _____

#2 1. Find the root of 36100ths. Does it work out evenly? $\sqrt{0.36}$

2. Estimate root of 144 10,000th. Is it even? $\sqrt{0.0144}$

3. Find the root of 225 1000ths. Is it even? $\sqrt{0.225}$

4. Estimate root of 4,900. Is it even? $\sqrt{4,900}$

5. Find root of 640. Does it work out evenly? $\sqrt{640}$

6. Estimate root of 8,100. Is it even? $\sqrt{8,100}$

#3 Factor if it works out evenly or write not.   Calculator? yes   no

1. $\sqrt{0.36}$ = _____ $\sqrt{0.049}$ = _____

2. $\sqrt{1.21}$ = _____ $\sqrt{0.081}$ = _____

3. $\sqrt{0.09}$ = _____ $\sqrt{0.144}$ = _____

4. $\sqrt{1.69}$ = _____ $\sqrt{0.196}$ = _____

#4 Find how these roots factor.   Calculator? yes   no

1. $\sqrt{6400}$ = _____ $\sqrt{4900}$ = _____

2. $\sqrt{144}$ = _____ $\sqrt{8100}$ = _____

3. $\sqrt{250}$ = _____ $\sqrt{3600}$ = _____

Review 1. What's the square root of 0.25? $\sqrt{0.25}$ _____   Calculator? yes   no

2. Why does is work out evenly? _____

3. What's the square root of 2500? $\sqrt{2500}$ _____

4. How can you tell if it works out perfectly? _____

Factor if even or write not.

5. $\sqrt{0.04}$ = _____ $\sqrt{0.025}$ = _____

6. $\sqrt{0.36}$ = _____ $\sqrt{0.049}$ = _____

7. $\sqrt{2.25}$ = _____ $\sqrt{0.256}$ = _____

8. $\sqrt{196}$ = _____ $\sqrt{1,600}$ = _____

9. $\sqrt{400}$ = _____ $\sqrt{9,000}$ = _____

10. $\sqrt{160}$ = _____ $\sqrt{2,500}$ = _____

Review Problems

_____ #1 #2 ____ / 27   #3 #4 ____ / 34   Total ____ / 61
Name

#1 Divide and simplify to 10ths of a root.   Calculator? yes no

1. $\sqrt{45} \div \sqrt{9} = \sqrt{} = \underline{}$ $12\sqrt{32} \div 3\sqrt{4} = \sqrt{} = \underline{}$

2. $\sqrt{24} \div \sqrt{4} = \sqrt{} = \underline{}$ $8\sqrt{35} \div 4\sqrt{5} = \sqrt{} = \underline{}$

3. $\sqrt{27} \div \sqrt{3} = \sqrt{} = \underline{}$ $10\sqrt{36} \div 2\sqrt{6} = \sqrt{} = \underline{}$

4. $\sqrt{40} \div \sqrt{5} = \sqrt{} = \underline{}$ $15\sqrt{66} \div 5\sqrt{6} = \sqrt{} = \underline{}$

5. $\sqrt{16} \div \sqrt{2} = \sqrt{} = \underline{}$ $6\sqrt{20} \div 2\sqrt{5} = \sqrt{} = \underline{}$

6. $\sqrt{28} \div \sqrt{7} = \sqrt{} = \underline{}$ $9\sqrt{32} \div 3\sqrt{4} = \sqrt{} = \underline{}$

#2 Solve these fractions. Simplify the answers.   Calculator? yes no

1. $\dfrac{\sqrt{16}}{\sqrt{2}} =$ $\dfrac{\sqrt{20}}{\sqrt{50}} =$ $\dfrac{4\sqrt{3}}{8\sqrt{9}} =$

2. $\dfrac{\sqrt{36}}{\sqrt{3}} =$ $\dfrac{\sqrt{25}}{\sqrt{5}} =$ $\dfrac{6\sqrt{20}}{12\sqrt{4}} =$

3. $\dfrac{\sqrt{30}}{\sqrt{2}} =$ $\dfrac{\sqrt{15}}{\sqrt{35}} =$ $\dfrac{3\sqrt{10}}{6\sqrt{2}} =$

4. $\dfrac{\sqrt{18}}{\sqrt{3}} =$ $\dfrac{\sqrt{32}}{\sqrt{8}} =$ $\dfrac{2\sqrt{40}}{8\sqrt{2}} =$

5. $\dfrac{\sqrt{27}}{\sqrt{3}} =$ $\dfrac{\sqrt{50}}{\sqrt{10}} =$ $\dfrac{16\sqrt{21}}{8\sqrt{3}} =$

#3 Factor if it works out evenly or write not.   Calculator? yes no

1. $\sqrt{0.16} =$ _____ $\sqrt{0.036} =$ _____
2. $\sqrt{0.49} =$ _____ $\sqrt{0.121} =$ _____
3. $\sqrt{0.09} =$ _____ $\sqrt{0.144} =$ _____
4. $\sqrt{0.64} =$ _____ $\sqrt{0.169} =$ _____
5. $\sqrt{0.25} =$ _____ $\sqrt{0.025} =$ _____
6. $\sqrt{1.21} =$ _____ $\sqrt{0.072} =$ _____
7. $\sqrt{0.09} =$ _____ $\sqrt{0.196} =$ _____
8. $\sqrt{0.36} =$ _____ $\sqrt{0.256} =$ _____

#4 Find how these roots factor or write not.   Calculator? yes no

1. $\sqrt{225} =$ _____ $\sqrt{1000} =$ _____
2. $\sqrt{144} =$ _____ $\sqrt{6400} =$ _____
3. $\sqrt{2500} =$ _____ $\sqrt{10,000} =$ _____

Factor if even or write not.

4. $\sqrt{490} =$ _____ $\sqrt{1,210} =$ _____
5. $\sqrt{160} =$ _____ $\sqrt{8,100} =$ _____
6. $\sqrt{9,000} =$ _____ $\sqrt{1,600} =$ _____
7. $\sqrt{196} =$ _____ $\sqrt{3,600} =$ _____
8. $\sqrt{400} =$ _____ $\sqrt{25,000} =$ _____
9. $\sqrt{490} =$ _____ $\sqrt{4,900} =$ _____

Review Problems   331

_____ #1 to #5 ____ / 32   #6 #7 #8 ____ / 26   Total ____ / 58
Name

#1 1. Multiply Roots _____

2. Add Roots _____

3. Factor Square Roots _____

4. Divide Roots _____

5. Root of a Decimal _____

#2 Solve.

1. $\sqrt{3} \times \sqrt{15} = \sqrt{}$ $4\sqrt{5} + 3\sqrt{5} = \sqrt{}$

2. $\sqrt{7} + 2\sqrt{7} = \sqrt{}$ $3\sqrt{2} \times 4\sqrt{7} = \sqrt{}$

3. $\sqrt{6} + \sqrt{6} = \sqrt{}$ $2\sqrt{4} \times 2\sqrt{5} = \sqrt{}$

Calculator? yes no

#3 Factor to add these roots. Simplify to 10ths.

1. $\sqrt{5} + \sqrt{20}$ $\sqrt{6} + \sqrt{24}$

$\sqrt{5} + \underline{}\sqrt{} = \underline{}\sqrt{}$ $\sqrt{6} + \underline{}\sqrt{} = \underline{}\sqrt{}$

2. $\sqrt{7} + \sqrt{28}$ $\sqrt{3} + \sqrt{75}$

$\sqrt{7} + \underline{}\sqrt{} = \underline{}\sqrt{}$ $\sqrt{3} + \underline{}\sqrt{} = \underline{}\sqrt{}$

Calculator? yes no

#4 Solve and Simplify.

1. $\dfrac{\sqrt{12}}{\sqrt{3}} =$ $\dfrac{\sqrt{10}}{\sqrt{80}} =$ $\dfrac{6\sqrt{12}}{8\sqrt{6}} =$ $\dfrac{2\sqrt{8}}{8\sqrt{2}} =$

2. $\dfrac{\sqrt{18}}{\sqrt{3}} =$ $\dfrac{\sqrt{25}}{\sqrt{5}} =$ $\dfrac{9\sqrt{20}}{3\sqrt{4}} =$ $\dfrac{2\sqrt{45}}{6\sqrt{5}} =$

Calculator? yes no

#5 Factor. Write the answer if it is or "not".

1. $\sqrt{0.09} =$ _____ $\sqrt{0.049} =$ _____ $\sqrt{2,500} =$ _____

2. $\sqrt{0.81} =$ _____ $\sqrt{0.064} =$ _____ $\sqrt{4,000} =$ _____

3. $\sqrt{2.25} =$ _____ $\sqrt{0.256} =$ _____ $\sqrt{169} =$ _____

Calculator? yes no

#6 Factor these roots.   Calculator? yes no

1. $\sqrt{96} = \sqrt{}$ $\sqrt{148} = \sqrt{}$

2. $\sqrt{72} = \sqrt{}$ $\sqrt{108} = \sqrt{}$

3. $\sqrt{40} = \sqrt{}$ $\sqrt{45} = \sqrt{}$

4. $\sqrt{3} + \sqrt{27}$ $\sqrt{5} + \sqrt{20}$

   $\sqrt{3} + \underline{}\sqrt{} = \underline{}\sqrt{}$ $\sqrt{5} + \underline{}\sqrt{} = \underline{}\sqrt{}$

#7 Divide these roots.   Calculator? yes no

1. $\sqrt{80} \div \sqrt{8} = \sqrt{}\underline{}$ $12\sqrt{54} \div 3\sqrt{2} = \sqrt{}\underline{}$

2. $\sqrt{56} \div \sqrt{7} = \sqrt{}\underline{}$ $4\sqrt{75} \div 2\sqrt{3} = \sqrt{}\underline{}$

3. $\dfrac{\sqrt{32}}{\sqrt{2}} =$ $\dfrac{4\sqrt{27}}{3\sqrt{3}} =$ $\dfrac{4\sqrt{45}}{8\sqrt{5}} =$

4. $\dfrac{\sqrt{72}}{\sqrt{2}} =$ $\dfrac{6\sqrt{8}}{3\sqrt{32}} =$ $\dfrac{3\sqrt{12}}{5\sqrt{3}} =$

#8 Solve these roots.   Calculator? yes no

1. $\sqrt{5} \times \sqrt{25} = \sqrt{} = \underline{}$ $5\sqrt{5} + 2\sqrt{45} = \sqrt{} = \underline{}$

2. $\sqrt{3} + \sqrt{12} = \sqrt{} = \underline{}$ $2\sqrt{2} \times 3\sqrt{32} = \sqrt{} = \underline{}$

3. $\sqrt{6} + \sqrt{24} = \sqrt{} = \underline{}$ $2\sqrt{3} \times 6\sqrt{12} = \sqrt{} = \underline{}$

4. **Jacob has a fertilizer bag that covers 80 sq m and another for 240 sq m. How much can he cover if he adds them together?**

5. **Mr W has a square yard that covers 256 square meters and and another that covers 121 sq meters. Lawn seed covers 196 sq m. How many bags of it should he buy?**

Ch 15 Ls 1 2 step negative exponents. 333

_____ #1 #2 ____ / 10   #3 #4 ____ / 16   R ___ / 19   T ____ / 45 _____
       Name   Checker

#1 1. A negative exponent makes what kind of number? _____

2. When does the DS Rule make a negative exponent? _____

3. Name 2 steps to solve - 2 as an exponent. _____

#2 1. What is 3 to the - 1 power as a fraction? 3^{-1}

$\dfrac{\boxed{}}{}$

2. How does 3 to the - 2 power change it? 3^{-2}

$\dfrac{\boxed{}}{}$

3. How does 3 to the - 1 power change it? $2(3^{-1})$

$\dfrac{\boxed{}}{}$

4. How does 4 to the - 1 power change it? $5(4^{-1})$

$\dfrac{\boxed{}}{}$

5. What is 1 5th in exponent form? $\dfrac{1}{5}$

_____

6. How does 1 9th in exponent form change it? $\dfrac{1}{16}$

_____

7. What root does 1 8th use? $\dfrac{1}{8}$

_____

#3 Change to fraction answers.   Calculator? yes no

1. 2^{-2} 3^{-4} 6^{-2} 5^{-3}

    _____   _____   _____   _____

2. $2(7^{-2})$ $5(4^{-3})$ $2(3^{-2})$ $4(3^{-3})$

    _____   _____   _____   _____

#4 Change to exponent answers.   Calculator? yes no

1. $\frac{1}{4}$ = _____ $\frac{2}{9}$ = _____ $\frac{3}{4}$ = _____ $\frac{1}{9}$ = _____

2. $\frac{1}{8}$ = _____ $\frac{1}{16}$ = _____ $\frac{3}{25}$ = _____ $\frac{2}{49}$ = _____

Review 1. When does the DS Rule make a negative exponent? _____   Calculator? yes no

2. A negative exponent makes what kind of number? _____

3. Name 2 steps to solve -2 as an exponent. _____

Write the fraction.
4. 2^{-3} = _____ 4^{-4} = _____ 6^{-3} = _____ 5^{-4} = _____

5. $3(5^{-2})$ _____ $5(9^{-2})$ _____ $3(7^{-2})$ _____ $4(2^{-3})$ _____

Find the exponent answer.
6. $\frac{1}{9}$ = _____ $\frac{1}{64}$ = _____ $\frac{1}{27}$ = _____ $\frac{1}{81}$ = _____

7. $\frac{3}{4}$ = _____ $\frac{2}{49}$ = _____ $\frac{3}{64}$ = _____ $\frac{5}{36}$ = _____

Ch 15 Ls 2 Solve fraction exponents. **335**

_____ #1 #2 ____/ 7   #3 #4 ____/ 13   R ___/ 10   T ____/30   _____
Name   Checker

#1 1. What is a fraction exponent? _____

2. What are 2 steps to solve a negative fraction exponent? _____

3. What's the problem with a root in a denominator? _____

4. First, what is 49 to the -1 half power? $49^{-\frac{1}{2}}$

Solve the negative exponent.   _____

                                                 _____

5. What is 6 to the -1 third power? $64^{-\frac{1}{3}}$

Solve the negative exponent.   _____

                                                 _____

#2 1. How do you change 1 over square root of 5? $\frac{1}{\sqrt{5}}$

Multiply times _____ $\frac{1}{\sqrt{5}} \times \underline{\quad}$ **Finish it.**

                                                        _____

2. How do you change 1 over square root of 5? $\frac{1}{\sqrt{7}}$

Multiply times _____ $\frac{1}{\sqrt{7}} \times \underline{\quad}$ **Finish it.**

                                                        _____

#3 Solve fraction exponents.   Calculator? yes no

1. $64^{-\frac{1}{2}} = $ _____ $81^{-\frac{1}{2}} = $ _____ $9^{-\frac{1}{2}} = $ _____

2. $64^{-\frac{1}{3}} = $ _____ $81^{-\frac{1}{4}} = $ _____ $4^{-\frac{1}{2}} = $ _____

3. $25^{-\frac{1}{2}} = $ _____ $125^{-\frac{1}{3}} = $ _____ $16^{-\frac{1}{2}} = $ _____

#4 Get the root out of the denominator.   Calculator? yes no

1. $\dfrac{1}{\sqrt{3}}$ $\dfrac{1}{\sqrt{10}}$

$\dfrac{1}{\sqrt{3}} \times \dfrac{}{} = \dfrac{}{}$ $\dfrac{1}{\sqrt{10}} \times \dfrac{}{} = \dfrac{}{}$

2. $\dfrac{1}{\sqrt{2}}$ $\dfrac{1}{\sqrt{15}}$

$\dfrac{1}{\sqrt{2}} \times \dfrac{}{} = \dfrac{}{}$ $\dfrac{1}{\sqrt{15}} \times \dfrac{}{} = \dfrac{}{}$

Review 1. What is a fraction exponent? _____   Calculator? yes no

2. What are 2 steps to solve a negative fraction exponent? _____

3. What's the problem with a root in a denominator? _____

4. $81^{-\frac{1}{2}} = $ _____ $81^{-\frac{1}{4}} = $ _____ $64^{-\frac{1}{3}} = $ _____

5. $\dfrac{1}{\sqrt{5}} \times \dfrac{}{} = \dfrac{}{}$ $\dfrac{1}{\sqrt{11}} \times \dfrac{}{} = \dfrac{}{}$

6. $\dfrac{1}{\sqrt{7}} \times \dfrac{}{} = \dfrac{}{}$ $\dfrac{1}{\sqrt{15}} \times \dfrac{}{} = \dfrac{}{}$

Ch 15 Ls 3 2 step Fraction exponents.   337

_____ #1 #2 ____/ 9 #3 #4 ____/ 8 R ___/ 13 T____/ 30 _____
                    Name   Checker

#1 1. How do you rewrite a 2 step exponent? _____

2. How do you rewrite a mixed exponent? _____

3. Does it matter which exponent you solve first? _____

4. What's 4 to the 3 half's power? $4^{\frac{3}{2}}$

4 to the 1 half is _____ What's left? $2^{\underline{}}$ **Finish it.**

2 cubed is _____

5. What's 9 to the 3 half's power? $9^{\frac{3}{2}}$

9 to the 1 half is _____ What's left? $3^{\underline{}}$ **Finish it.**

3 cubed is _____

#2 1. What is a root of a root? _____

2. How do you solve a root of a root? _____

3. How do you rewrite a root of a root with fraction exponents? _____
_____

4. How you solve a root inside a root? _____

5. What are the fraction exponents? $\sqrt{\sqrt{9}}$

How does it use power rule?   _____

Solve it for a number answer.

                                      _____

                                      _____

#3 Solve the square root, then the cube.   Calculator? yes no

1. $4^{\frac{3}{2}}$ _____ $9^{\frac{3}{2}}$ _____

2. $16^{\frac{3}{2}}$ _____ $25^{\frac{3}{2}}$ _____

#4 Solve the root of a root.   Calculator? yes no

1. $\sqrt{\sqrt{25}}$ = _____ $\sqrt{\sqrt{4}}$ = _____

   _____   _____

2. $\sqrt{\sqrt{16}}$ = _____ $\sqrt[3]{\sqrt{64}}$ = _____

   _____   _____

Review

1. How do you rewrite a 2 step exponent? _____   Calculator? yes no

2. How do you rewrite a mixed exponent? _____

3. Does it matter which exponent you solve first? _____

4. What is a root of a root? _____

5. How do you solve a root of a root? _____

6. How do you rewrite a root of a root with fraction exponents? _____
_____

7. Name 2 ways to solve a root inside a root. _____

8. $8^{\frac{2}{3}}$ _____ $100^{\frac{3}{2}}$ _____

9. $64^{\frac{3}{2}}$ _____ $64^{\frac{2}{3}}$ _____

10. $\sqrt{\sqrt{25}}$ = _____ $\sqrt{\sqrt{36}}$ = _____

Find both square roots.
Use 10ths if needed.

_____   _____

_____ #1 #2 #3 ____/ 29   #4 #5 #6 ____/ 14   Total ____/ 43
Name

#1 Change to fraction answers.   Calculator?
                                                                yes   no

1. 5^{-3} 4^{-4} 7^{-2} 3^{-3}

    _____   _____   _____   _____

2. $3(8^{-2})$ $2(4^{-3})$ $5(3^{-3})$ $6(2^{-3})$

    _____   _____   _____   _____

#2 Change to exponent answers.   Calculator?
                                                                yes   no

1. $\dfrac{3}{4}$ = _____ $\dfrac{7}{9}$ = _____ $\dfrac{5}{16}$ = _____ $\dfrac{1}{81}$ = _____

2. $\dfrac{5}{36}$ = _____ $\dfrac{3}{16}$ = _____ $\dfrac{7}{25}$ = _____ $\dfrac{3}{64}$ = _____

3. $\dfrac{10}{49}$ = _____ $\dfrac{8}{9}$ = _____ $\dfrac{4}{27}$ = _____ $\dfrac{25}{121}$ = _____

#3 Solve these fraction exponents.   Calculator?
                                                                yes   no

1. $27^{-\frac{1}{3}}$ = _____ $216^{-\frac{1}{3}}$ = _____ $25^{-\frac{1}{2}}$ = _____

2. $64^{-\frac{1}{3}}$ = _____ $81^{-\frac{1}{4}}$ = _____ $64^{-\frac{1}{2}}$ = _____

3. $49^{-\frac{1}{2}}$ = _____ $1000^{-\frac{1}{3}}$ = _____ $125^{-\frac{1}{3}}$ = _____

#4 Ratioanalize the denominator.   Calculator? yes no

1. $\dfrac{1}{\sqrt{7}}$ $\dfrac{3}{\sqrt{20}}$

   $\dfrac{1}{\sqrt{7}} \times \dfrac{}{} = \dfrac{}{}$ $\dfrac{3}{\sqrt{20}} \times \dfrac{}{} = \dfrac{}{}$

2. $\dfrac{2}{\sqrt{3}}$ $\dfrac{8}{\sqrt{35}}$

   $\dfrac{2}{\sqrt{3}} \times \dfrac{}{} = \dfrac{}{}$ $\dfrac{8}{\sqrt{35}} \times \dfrac{}{} = \dfrac{}{}$

3. $\dfrac{2}{\sqrt{3}}$ $\dfrac{12}{\sqrt{50}}$

   $\dfrac{2}{\sqrt{3}} \times \dfrac{}{} = \dfrac{}{}$ $\dfrac{12}{\sqrt{50}} \times \dfrac{}{} = \dfrac{}{}$

#5 Solve the square root, then the cube.   Calculator? yes no

1. $36^{\frac{3}{2}}$ _____ $81^{\frac{3}{2}}$ _____

2. $49^{\frac{3}{2}}$ _____ $64^{\frac{3}{2}}$ _____

#6 Solve the root of a root. Simplify to 10ths.   Calculator? yes no

1. $\sqrt{\sqrt{9}} =$ _____ $\sqrt{\sqrt{36}} =$ _____

   _____   _____

2. $\sqrt{\sqrt{49}} =$ _____ $\sqrt[3]{\sqrt{81}} =$ _____

   _____   _____

Ch 15 Ls 4 Use a root as an exponent. 341

_____ #1 #2 ____/10 #3 #4 ____/17 R ___/12 T ____/39 _____
       Name   Checker

#1 1. How do you solve a root exponent? _____

   2. What's the 1st step for 3 to square root of 9? $3^{\sqrt{9}}$

                                                          Find the
                                             _____   answer.

   3. What's the 1st step for 2
      to 2 times square root of 4? $2^{2\sqrt{4}}$

                                                          Find the
                                             _____   answer.

                                             _____

#2. 1. What do you look for with exponent problems? _____
   2. How do you solve multiplication with same bases? _____
   3. What rule solves multiplication with same exponents? _____
   4. How can you tell the MA Rule from the ME Rule? _____
   _____

   5. Decide MA or ME Rule. Solve it. $3^{2\sqrt{3}} \times 3^{\sqrt{3}}$

      Circle one   MA Rule   ME Rule   _____

   6. Which rule is it? Solve it. $5^{\frac{1}{2}} \times 2^{\frac{1}{2}}$

      Circle one   MA Rule   ME Rule   _____

   7. Which rule is it? Solve it. $6^{\frac{1}{4}} \times 6^{\frac{1}{2}}$

      Circle one   MA Rule   ME Rule   _____

#3 Solve each of these exponents.   Calculator? yes no

1. $4^{\sqrt{9}}$ $6^{\sqrt{4}}$ $3^{\sqrt{9}}$ $8^{\sqrt{4}}$

    _____   _____   _____   _____

2. $2^{3\sqrt{4}}$ $7^{\sqrt{9}}$ $9^{\sqrt{4}}$ $2^{2\sqrt{9}}$

    _____   _____   _____   _____

#4 Decide Ma or Me rule. Find exponent answers.   Calculator? yes no

Circle one.

1. $6^{\frac{5}{2}} \times 6^{\frac{1}{2}} =$ _____ $2^{\sqrt{9}} \times 5^{\sqrt{9}} =$ _____ $6^{\frac{1}{2}} \times 2^{\frac{1}{2}} =$ _____
    Ma Rule   Me Rule   Ma Rule   Me Rule   Ma Rule   Me Rule

2. $3^{\frac{1}{2}} \times 6^{\frac{1}{2}} =$ _____ $2^{\sqrt{5}} \times 2^{\sqrt{5}} =$ _____ $3^{\frac{1}{2}} \times 4^{\frac{1}{2}} =$ _____
    Ma Rule   Me Rule   Ma Rule   Me Rule   Ma Rule   Me Rule

3. $3^{\frac{1}{2}} \times 7^{\frac{1}{2}} =$ _____ $2^{\sqrt{2}} \times 4^{\sqrt{2}} =$ _____ $7^{\frac{1}{2}} \times 7^{\frac{1}{2}} =$ _____
    Ma Rule   Me Rule   Ma Rule   Me Rule   Ma Rule   Me Rule

Review

1. How do you solve a root exponent? _____   Calculator? yes no
2. What do you look for with exponent problems? _____
3. How do you solve multiplication with same bases? _____
4. What rule solves multiplication with same exponents? _____
5. How can you tell the MA Rule from the ME Rule? _____
   _____

6. $10^{\sqrt{16}} =$ _____ $4^{2\sqrt{4}} =$ ____ $5^{\sqrt{9}} =$ ____ $3^{2\sqrt{9}} =$ ____

7. $3^{\frac{3}{2}} \times 3^{\frac{1}{2}} =$ _____ $5^{\sqrt{9}} \times 4^{\sqrt{9}} =$ _____ $7^{\frac{1}{2}} \times 3^{\frac{1}{2}} =$ _____

Circle one.

   Ma Rule   Me Rule   Ma Rule   Me Rule   Ma Rule   Me Rule

Ch 15 Ls 5 Solve fractions and division. 343

_____ #1 #2 ____/ 8 #3 #4 ____/ 12 R ___/ 10 T ____/30 _____
　　　Name　　　　　　　　　　　　　　　　　　　　　　　　　　　　　　　Checker

#1 1. What question do you ask with division problems? _____

2. How do you solve division with same bases? _____

3. How do you find an answer with same exponents? _____

4. How can you tell DS Rule from simplifying? _____

_____

#2 1. Which rule is it? Then solve it.　　　$5^{\frac{5}{2}} \div 5^{\frac{1}{2}}$

Circle one　　DS Rule　or　Simplify　　　_____　**Finish it.**

_____

2. DS Rule or simplify?　　　$6\sqrt{4} \div 3\sqrt{4}$

Circle one　　DS Rule　or　Simplify　　　_____　**Finish it.**

_____

3. DS Rule or simplify?　　　$\dfrac{9^{\frac{1}{2}}}{3^{\frac{1}{2}}}$

Circle one　　DS Rule　or　Simplify　　　_____　**Finish it.**

_____

4. DS Rule or simplify?　　　$\dfrac{6\sqrt{8}}{3\sqrt{2}}$

Circle one　　DS Rule　or　Simplify　　　_____　**Finish it.**

_____

#3 Is it the DS Rule or simplify? Solve it.   Calculator? yes no

Circle one.

1. $5^{\frac{5}{2}} \div 5^{\frac{1}{2}} =$ _____ $2^{5\sqrt{4}} \div 2^{\sqrt{4}} =$ _____ $2^{\frac{1}{2}} \div 8^{\frac{1}{2}} =$ _____

   DS Rule Simplify   DS Rule Simplify   DS Rule Simplify

2. $12^{\frac{3}{2}} \div 3^{\frac{3}{2}} =$ _____ $2^{\sqrt{4}} \div 16^{\sqrt{4}} =$ _____ $7^{\frac{3}{2}} \div 7^{\frac{1}{2}} =$ _____

   DS Rule Simplify   DS Rule Simplify   DS Rule Simplify

#4 DS Rule or simplify?   Calculator? yes no

Circle one.

1. $\dfrac{3^{\frac{7}{2}}}{3^{\frac{1}{2}}} =$ _____ $\dfrac{2^{5\sqrt{2}}}{2^{\sqrt{2}}} =$ _____ $\dfrac{2^{\frac{1}{2}}}{8^{\frac{1}{2}}} =$ _____

   DS Rule Simplify   DS Rule Simplify   DS Rule Simplify

2. $\dfrac{8^{\frac{1}{2}}}{6^{\frac{1}{2}}} =$ _____ $\dfrac{5^{\frac{3}{2}}}{5^{\frac{1}{2}}} =$ _____ $\dfrac{7^{3\sqrt{2}}}{7^{\sqrt{2}}} =$ _____

   DS Rule Simplify   DS Rule Simplify   DS Rule Simplify

Review

1. What question do you ask with division problems? _____
2. How do you solve division with same bases? _____
3. How do you find an answer with same exponents? _____
4. How can you tell DS Rule from simplifying? _____
   _____

Calculator? yes no

Circle one.

5. $9^{\frac{5}{2}} \div 9^{\frac{4}{2}} =$ _____ $2^{7\sqrt{2}} \div 2^{\sqrt{2}} =$ _____ $2^{\frac{3}{2}} \div 8^{\frac{3}{2}} =$ _____

   DS Rule Simplify   DS Rule Simplify   DS Rule Simplify

6. $\dfrac{12^{\frac{1}{2}}}{6^{\frac{1}{2}}} =$ _____ $\dfrac{3^{5\sqrt{2}}}{3^{3\sqrt{2}}} =$ _____ $\dfrac{8^{\frac{3}{2}}}{2^{\frac{3}{2}}} =$ _____

   DS Rule Simplify   DS Rule Simplify   DS Rule Simplify

Review Problems. 345

_____ #1 #2 ____ / 28   #3 #4 ____ / 21 Total ____ / 49
       Name

#1 Solve each of these exponents.   Calculator?
                                                                    yes   no

1. $2^{\sqrt{25}}$ $4^{\sqrt{9}}$ $3^{\sqrt{16}}$ $9^{\sqrt{4}}$

   ____ = ____   ____ = ____   ____ = ____   ____ = ____

2. $2^{3\sqrt{4}}$ $5^{\sqrt{9}}$ $11^{\sqrt{4}}$ $2^{2\sqrt{9}}$

   ____ = ____   ____ = ____   ____ = ____   ____ = ____

3. $3^{2\sqrt{4}}$ $10^{\sqrt{9}}$ $8^{\sqrt{4}}$ $3^{2\sqrt{4}}$

   ____ = ____   ____ = ____   ____ = ____   ____ = ____

4. $2^{2\sqrt{9}}$ $6^{\sqrt{4}}$ $3^{\sqrt{16}}$ $4^{2\sqrt{4}}$

   ____ = ____   ____ = ____   ____ = ____   ____ = ____

#2 Decide Ma or Me rule. Find exponent answers.   Calculator?
                                                                    yes   no

Circle one.

1. $8^{\frac{3}{2}} \times 4^{\frac{3}{2}} = $ ____ $3^{\sqrt{4}} \times 7^{\sqrt{4}} = $ ____ $5^{\frac{1}{3}} \times 5^{\frac{1}{6}} = $ ____
    Ma Rule   Me Rule   Ma Rule   Me Rule   Ma Rule   Me Rule

2. $4^{\frac{1}{4}} \times 7^{\frac{1}{4}} = $ ____ $4^{\sqrt{7}} \times 4^{\sqrt{7}} = $ ____ $2^{\frac{3}{2}} \times 6^{\frac{3}{2}} = $ ____
    Ma Rule   Me Rule   Ma Rule   Me Rule   Ma Rule   Me Rule

3. $8^{\frac{3}{2}} \times 8^{\frac{1}{2}} = $ ____ $3^{\sqrt{2}} \times 6^{\sqrt{2}} = $ ____ $9^{\frac{1}{2}} \times 3^{\frac{1}{2}} = $ ____
    Ma Rule   Me Rule   Ma Rule   Me Rule   Ma Rule   Me Rule

4. $4^{\frac{1}{3}} \times 8^{\frac{1}{3}} = $ ____ $5^{\sqrt{2}} \times 5^{\sqrt{2}} = $ ____ $8^{\frac{1}{2}} \times 8^{\frac{5}{2}} = $ ____
    Ma Rule   Me Rule   Ma Rule   Me Rule   Ma Rule   Me Rule

#3 Is it the DS Rule or simplify? Solve it.   Calculator? yes   no

Circle one.

1. $15^{\frac{1}{2}} \div 5^{\frac{1}{2}} = $ _____ $6^{3\sqrt{2}} \div 6^{\sqrt{2}} = $ _____ $2^{\frac{3}{2}} \div 6^{\frac{3}{2}} = $ _____
   DS Rule   Simplify   DS Rule   Simplify   DS Rule   Simplify

2. $18^{\frac{5}{3}} \div 3^{\frac{5}{3}} = $ _____ $3^{\sqrt{3}} \div 18^{\sqrt{3}} = $ _____ $9^{\frac{5}{2}} \div 9^{\frac{1}{2}} = $ _____
   DS Rule   Simplify   DS Rule   Simplify   DS Rule   Simplify

3. $3^{\frac{7}{3}} \div 3^{\frac{1}{3}} = $ _____ $7^{5\sqrt{5}} \div 7^{\sqrt{5}} = $ _____ $3^{\frac{3}{2}} \div 9^{\frac{3}{2}} = $ _____
   DS Rule   Simplify   DS Rule   Simplify   DS Rule   Simplify

4. $12^{\frac{3}{2}} \div 4^{\frac{3}{2}} = $ _____ $2^{\sqrt{7}} \div 18^{\sqrt{7}} = $ _____ $3^{\frac{7}{2}} \div 3^{\frac{1}{2}} = $ _____
   DS Rule   Simplify   DS Rule   Simplify   DS Rule   Simplify

#4 DS Rule or simplify?   Calculator? yes   no

Circle one.

1. $\dfrac{12^{\frac{1}{2}}}{2^{\frac{1}{2}}} = $ _____ $\dfrac{3^{7\sqrt{3}}}{3^{\sqrt{3}}} = $ _____ $\dfrac{3^{\frac{1}{3}}}{9^{\frac{1}{3}}} = $ _____
   DS Rule   Simplify   DS Rule   Simplify   DS Rule   Simplify

2. $\dfrac{24^{\frac{1}{2}}}{8^{\frac{1}{2}}} = $ _____ $\dfrac{8^{\frac{7}{2}}}{8^{\frac{1}{2}}} = $ _____ $\dfrac{2^{5\sqrt{2}}}{2^{\sqrt{2}}} = $ _____
   DS Rule   Simplify   DS Rule   Simplify   DS Rule   Simplify

3. $\dfrac{9^{\frac{1}{2}}}{6^{\frac{1}{2}}} = $ _____ $\dfrac{6^{\frac{5}{2}}}{6^{\frac{1}{2}}} = $ _____ $\dfrac{5^{5\sqrt{2}}}{5^{\sqrt{2}}} = $ _____
   DS Rule   Simplify   DS Rule   Simplify   DS Rule   Simplify

Review Problems 347

_____ #1 to #4 ____ / 38   #5 to #8 ____ / 26   Total ____ / 64
Name

#1 1. 2 Step Negative Exponent _____

2. Fraction Exponent _____

3. Negative Fraction Exponent _____

4. 2 Step Exponents _____

5. Power Rule With Roots _____

6. Roots as Exponents _____

#2 Write the fraction and find the exponent answer.   Calculator? yes   no

1. $3^{-4} =$ ____ $5^{-3} =$ ____ $4^{-4} =$ ____ $6^{-2} =$ ____

2. $9^{-2} =$ ____ $11^{-2} =$ ____ $2^{-5} =$ ____ $8^{-2} =$ ____

3. $2(6^{-2})$ ____ $5(9^{-2})$ ____ $4(5^{-2})$ ____ $3(8^{-3})$ ____

4. $3(4^{-2})$ ____ $2(8^{-2})$ ____ $3(6^{-2})$ ____ $4(2^{-3})$ ____

#3 Solve fraction exponents, then get the root out of denominator.   Calculator? yes   no

1. $16^{-\frac{1}{2}} =$ ____ $49^{-\frac{1}{2}} =$ ____ $36^{-\frac{1}{2}} =$ ____

2. $64^{-\frac{1}{3}} =$ ____ $81^{-\frac{1}{4}} =$ ____ $9^{-\frac{1}{2}} =$ ____

3. $\frac{1}{\sqrt{7}} \times \frac{}{} = \frac{}{}$ $\frac{1}{\sqrt{20}} \times \frac{}{} = \frac{}{}$

4. $\frac{1}{\sqrt{12}} \times \frac{}{} = \frac{}{}$ $\frac{1}{\sqrt{35}} \times \frac{}{} = \frac{}{}$

#4 Solve these roots.   Calculator? yes   no

1. $49^{\frac{3}{2}} =$ ____ $36^{\frac{3}{2}} =$ ____ $64^{\frac{3}{2}} =$ ____

2. $144^{\frac{3}{2}} =$ ____ $100^{\frac{3}{2}} =$ ____ $81^{\frac{3}{2}} =$ ____

#5 Solve the root of a root.   Calculator? yes no

1. $\sqrt{\sqrt{25}} = \underline{\hspace{1cm}}$ $\sqrt{\sqrt{4}} = \underline{\hspace{1cm}}$ $\sqrt[3]{\sqrt{64}} = \underline{\hspace{1cm}}$

#6 Is it Ma rule or Me Rule?   Calculator? yes no

Circle one.

1. $8^{\frac{1}{2}} \times 3^{\frac{1}{2}} = \underline{\hspace{1cm}}$ $6^{\sqrt{7}} \times 4^{\sqrt{7}} = \underline{\hspace{1cm}}$ $4^{\frac{3}{2}} \times 4^{\frac{1}{2}} = \underline{\hspace{1cm}}$
   Ma Rule   Me Rule   Ma Rule   Me Rule   Ma Rule   Me Rule

2. $7^{\frac{1}{4}} \times 7^{\frac{1}{3}} = \underline{\hspace{1cm}}$ $8^{\sqrt{5}} \times 2^{\sqrt{5}} = \underline{\hspace{1cm}}$ $3^{\frac{3}{4}} \times 3^{\frac{1}{4}} = \underline{\hspace{1cm}}$
   Ma Rule   Me Rule   Ma Rule   Me Rule   Ma Rule   Me Rule

#7 Solve these root problems.   Calculator? yes no

1. $\sqrt{40} \div \sqrt{8} = \sqrt{\underline{\hspace{0.5cm}}}$ $12\sqrt{8} \div 3\sqrt{2} = \sqrt{\underline{\hspace{0.5cm}}}$

2. $\sqrt{56} \div \sqrt{7} = \sqrt{\underline{\hspace{0.5cm}}}$ $4\sqrt{30} \div 2\sqrt{5} = \sqrt{\underline{\hspace{0.5cm}}}$

3. $\dfrac{\sqrt{50}}{\sqrt{2}} = \underline{\hspace{1cm}}$ $\dfrac{\sqrt{32}}{\sqrt{2}} = \underline{\hspace{1cm}}$ $\dfrac{2\sqrt{27}}{6\sqrt{3}} = \underline{\hspace{1cm}}$ $\dfrac{2\sqrt{75}}{7\sqrt{3}} = \underline{\hspace{1cm}}$

Circle one.

4. $4^{\frac{5}{2}} \div 4^{\frac{4}{2}} = \underline{\hspace{1cm}}$ $3^{7\sqrt{2}} \div 3^{\sqrt{2}} = \underline{\hspace{1cm}}$ $2^{\frac{3}{2}} \div 18^{\frac{3}{2}} = \underline{\hspace{1cm}}$
   DS Rule Simplify   DS Rule Simplify   DS Rule Simplify

5. $\dfrac{18^{\frac{1}{2}}}{6^{\frac{1}{2}}} = \underline{\hspace{1cm}}$ $\dfrac{6^{5\sqrt{2}}}{6^{3\sqrt{2}}} = \underline{\hspace{1cm}}$ $\dfrac{12^{\frac{3}{2}}}{2^{\frac{3}{2}}} = \underline{\hspace{1cm}}$
   DS Rule Simplify   DS Rule Simplify   DS Rule Simplify

#8   Calculator? yes no

1. A hospital has 14 windows that are each 2.5 square meters. How much glass is it to replace them in all?

2. Mr R has 625 square paving stones that he plans to use to construct a square patio. How many paving stones wide will the patio be?

3. Liam has 360 square meters on the ground and 240 square meters to be planted. How many square meters does he have to mow?

Ch 16 Ls 1 Solve order of operations. 349

_____ #1 #2 ____/ 9 #3 #4 ____/ 21 R ___/ 17 T ____/ 45 _____
Name   Checker

#1 1. What nickname shows the Order of Operations? _____

2. What does PE from PEMDAS stand for? _____

3. If an equation adds and subtracts together, how do you solve it? _____

4. What's the 1st step to solve these? $2 + 3 \times 4^2$

What's the answer?   _____

                                                _____

5. What's the 1st step to solve these? $2\sqrt{9} \times 2^2$

What's the answer?   _____

                                                _____

#2 1. If there's lots of brackets and parentheses, what's the order to solve it? _____
_____

2. How does it solve exponents as it solves parentheses? _____

3. What's the 1st step to multiply this? $2[4(3 + 2) + \sqrt{9}]$

What's the answer?   _____

                                                _____

4. What's the 1st step to multiply this? $3[5(3 + 2^2) + 1]$

What's the answer?   _____

                                                _____

#3 Solve with Pemdas.   Calculator? yes no

1. $9 + 5 - \sqrt{9} = \_\_\_$ $5 + 6\sqrt{16} = \_\_\_$ $3 \times 6 - 2\sqrt{4} = \_\_\_$

2. $9^2 - 2(8 \div 4) = \_\_\_$ $5^2 - 2(36 \div 4) = \_\_\_$ $60 - 2(48 \div 3) = \_\_\_$

3. $2\sqrt{4} + 4^2 = \_\_\_$ $2\sqrt{9} - 2^2 = \_\_\_$ $2\sqrt{5} + 2^2 = \_\_\_$

4. $\dfrac{2 \times 8 \div 4}{3 + 3^2} =$ $\dfrac{4 \times 9 \div 2}{4^2 - 2} =$ $\dfrac{(8 - 1)^2 + 1}{1 + 3^2} =$

#4 How do parentheses change the problem?   Calculator? yes no

1. $4 + 5 \times 6 = \_\_\_$ $5 + 6 \times 2 = \_\_\_$ $16 - 12 \div 2 = \_\_\_$

2. $(4 + 5) \times 6 = \_\_\_$ $(5 + 6) \times 2 = \_\_\_$ $(16 - 12) \div 2 = \_\_\_$

3. $2[4(3 + 2) + 6]$ $5(2^2 + 3) - 1$ $3[4 + 3(2 + 6)]$

_____ = ___   _____ = ___   _____ = ___

Review 1. What nickname shows the Order of Operations? _____   Calculator? yes no

2. What does PE from PEMDAS stand for? _____

3. If an equation adds and subtracts together, how do you solve it? _____

4. If there's lots of brackets and parentheses, what's the order to solve it? _____

_____

5. How does it solve exponents as it solves parentheses? _____

6. $1 + 3^3 - 8 = \_\_\_$ $4 \times 5 - 4\sqrt{16} = \_\_\_$ $2 - 30 \div 5 + 5^3 = \_\_\_$

7. $2\sqrt{9} + 2^2 = \_\_\_$ $2(36 \div 2) + 4^2 = \_\_\_$ $3\sqrt{6} + 3^2 = \_\_\_$

8. $(1 + 3)\sqrt{9} = \_\_\_$ $2 + 5\sqrt{4} = \_\_\_$ $(2 + 6)\sqrt{25} = \_\_\_$

9. $\dfrac{11 \times 9 \div 3}{2 + 3^2} =$ $\dfrac{5 \times 8 \div 2}{4^2 - 11} =$ $\dfrac{(6 - 1)^2 + 2}{5 + 2^2} =$

Ch 16 Ls 2 Solve Pythagorean Theorem. 351

_____ #1 #2 ____/ 8   #3 #4 ____/ 6   R ___/ 10   T ____/ 24 _____
Name   Checker

#1 1. What is the Pythagorean Theorem? _____

2. What does Pythagorean Theorem do? _____

3. What is the name of the slanted part of the triangle? _____

4. What kind of triangles does Pythagorean work with? _____

#2 1. Multiply and add the square of 1 and 2. $1^2 + 2^2 = ?^2$

Find the square root.   ____ $= ?^2$

____ $= ?$

2. Multiply and add the square of 5 and 5. $5^2 + 5^2 = ?^2$

Find the square root.   ____ $= ?^2$

____ $= ?$

3. Multiply and add the square of 2 and 3. $4^2 + 2^2 = ?^2$

Find the square root.   ____ $= ?^2$

____ $= ?$

4. How long is C? What's the equation?
(Not drawn to scale.)

Triangle with ? (top), 3 (right), 5 (bottom)

Solve the next step. Square the numbers.   ___^{2} + ___^{2} = ___^{2}

What's the answer?   ____ + ____ = ____

Triangle with ___ (top), 3 (right), 5 (bottom)

#3 Multiply and add these.   Calculator? yes no

1. $1^2 + 3^2 = ?^2$ $2^2 + 6^2 = ?^2$ $4^2 + 5^2 = ?^2$
    $\sqrt{\_\_\_} = ?^2$ $\sqrt{\_\_\_} = ?^2$ $\sqrt{\_\_\_} = ?^2$
    $\_\_\_ = ?$ $\_\_\_ = ?$ $\_\_\_ = ?$

2. $5^2 + 7^2 = ?^2$ $7^2 + 3^2 = ?^2$ $4^2 + 3^2 = ?^2$
    $\sqrt{\_\_\_} = ?^2$ $\sqrt{\_\_\_} = ?^2$ $\sqrt{\_\_\_} = ?^2$
    $\_\_\_ = ?$ $\_\_\_ = ?$ $\_\_\_ = ?$

#4 Solve with the Pythagorean Theorem.   Calculator? yes no

1. ?, 2, 4   ?, 2, 6   ?, 2, 8
    __ + __ = __   __ + __ = __   __ + __ = __
    _____   _____   _____

Review 1. What is the Pythagorean Theorem? _____   Calculator? yes no

2. What does Pythagorean Theorem do? _____

3. What is the name of the slanted part of the triangle? _____

4. What kind of triangles does Pythagorean work with? _____

5. $2^2 + 2^2 = ?^2$ $4^2 + 4^2 = ?^2$ $6^2 + 2^2 = ?^2$
    $\sqrt{\_\_\_} = ?^2$ $\sqrt{\_\_\_} = ?^2$ $\sqrt{\_\_\_} = ?^2$
    $\_\_\_ = ?$ $\_\_\_ = ?$ $\_\_\_ = ?$

6. ?, 3, 6   ?, 3, 8   ?, 3, 9
    __ + __ = __   __ + __ = __   __ + __ = __
    _____   _____   _____

Ch 16 Ls 3 Pythagorean story problems. 353

_____ #1 #2 ____ / 7   #3 #4 ____ / 3   R ___ / 6   T ____ / 16 _____
            Name   Checker

#1 1. Why could the cat in the tree use the Pythagorean Theorem? _____

2. In the cat up the tree problem, what part of ABC does the tree stand for? _____
_____

3. What part of ABC does the ground stand for? _____

4. What part of ABC does the ladder stand for? _____

#2 1. What equation solves it?   **A window is 4 meters up from the ground. If the ladder foot**
        Draw a picture and solve.   **is 1 m from the wall, what length ladder will reach the window?**

....

___ + ___ = ___

_____

_____

2. Make an equation.   **They decided a meter is too close for the 4 meter ladder.**
   Draw a picture.   **They move the foot out to 2 meters. How long is the ladder?**

....

___ + ___ = ___

_____

_____

3. Make an equation.   **A window is 5 meters up. If the ladder foot is 2 meters**
   Draw a picture.   **from the wall, what length ladder will reach the window?**

....

___ + ___ = ___

_____

_____

#3 Solve these problems.

1. **A school baseball field is 20 meters from home to 1st and the same to 2nd base. How far is it to throw from home plate to 2nd base?**

   ___ + ___ = ___

   _____

   _____

   Calculator? yes   no

2. **A professional baseball field is 30 meters to 1st and 30 m to 2nd base. How far is it to throw from home plate to 2nd base?**
   How much farther than the school field?

   ___ + ___ = ___

   _____

   _____

   ___ − ___ = ___ m

3. **A car goes east 10 km and north 6 km. How far are they from the house they live at?**

   ___ + ___ = ___

   _____

   _____

4. **Mr Z measures the distances between three cities on a map. The distances between the 3 cities are 11 km, 13 km, and 17 k. Do the positions form a right triangle?**

   $11^2 + 13^2 = 17^2$

   _____

   _____

5. **Thomas drives due north for 25 km then east for 11 km. How far is Thomas from her starting point?**

   ___ + ___ = ___

   _____

   _____

6. **Noah has a dog house for Oscar, his dog. It's tent like and it's 9 decimeters tall and 2.4 meters across. How long are the sides?**

   ___ + ___ = ___

   _____

   _____

Review
1. Why could the cat in the tree use the Pythagorean Theorem? _____   Calculator? yes   no
2. In the cat up the tree problem, what part of ABC does the tree stand for? _____

   _____

3. What part of ABC does the ground stand for? _____
4. What part of ABC does the ladder stand for? _____

Ch 17 Ls 1 Solve order of operations.   355

_____ #1 #2 ____ / 9   #3 #4 ____ / 21   R ___ / 17   T ____ / 45 _____
    Name   Checker

#1 1. Pythagorean Theorem _____

2. Hypotenuse _____

3. PEMDAS _____

#2 1. $4^2 + 2^2 = a^2$ $5^2 + 2^2 = b^2$ $7^2 + 2^2 = c^2$ Calculator?
        ___ + ___ = ___   ___ + ___ = ___   ___ + ___ = ___   yes   no
        ___ = ___   ___ = ___   ___ = ___

2. $1^2 + 3^2 = a^2$ $4^2 + 3^2 = b^2$ $5^2 + 3^2 = c^2$
    ___ + ___ = ___   ___ + ___ = ___   ___ + ___ = ___
    ___ = ___   ___ = ___   ___ = ___
                                                                           Calculator?
                                                                           yes   no
3. $1^2 + 4^2 = a^2$ $2^2 + 4^2 = b^2$ $4^2 + 4^2 = c^2$
    ___ + ___ = ___   ___ + ___ = ___   ___ + ___ = ___
    ___ = ___   ___ = ___   ___ = ___

4. $5^2 + 6^2 = a^2$ $6^2 + 7^2 = b^2$ $5^2 + 9^2 = c^2$
    ___ + ___ = ___   ___ + ___ = ___   ___ + ___ = ___
    ___ = ___   ___ = ___   ___ = ___

#3 1. $7 + 4 - \sqrt{25} =$ ___ $5 + 6\sqrt{36} =$ ___ $4 \times 7 - 3\sqrt{49} =$ ___   Calculator?
                                                                                                          yes   no

2. $8^2 - 2(9 \div 3) =$ ___ $6^2 - 2(45 \div 5) =$ ___ $70 - 2(56 \div 4) =$ ___

3. $3\sqrt{9} + 5^2 =$ ___ $4\sqrt{25} - 4^2 =$ ___ $3\sqrt{64} + 6^2 =$ ___

4. $\dfrac{(9-3)^2 + 4}{4 + 4^2} =$ $\dfrac{5 \times 9 \div 3}{6^2 - 6} =$ $\dfrac{5 \times 8 \div 4}{9 - 2^2} =$

#3   Solve these problems.

1. What is the length of a diagonal of a rectangular picture whose sides are 20 centimeters by 30 centimeters? Round to the nearest centimeter.

___ + ___ = ___   Calculator? yes   no

2. Noah has a rectangular garden in his back yd. He measures one side of the garden as 22 m and the diagonal as 33 meters. What is the length of the other side of his garden? Round to the nearest meter.

___ + ___ = ___

3. Adam drove 12 km due west and then 15 km due north. How far is Troy from his starting point? Round to the nearest kilometer.

___ + ___ = ___

4. What is the hypotenuse of a right triangle if one leg is 20 centimeters and another leg is 12 centimeters?

$20^2 + 15^2 = x^2$

5. Zoe is building a rectangular picture frame. If the sides of the frame are 20 centimeters by 40 centimeters, what should the diagonal measure? Round to the nearest centimeter.

___ + ___ = ___

6. Thomas measures the distances between 3 cities on a map. The distances between the 3 cities are 20 km, 15 km, and 25 km.. Do the positions of the three cities form a right triangle?

___ + ___ = ___

7. A door frame is 170 cm tall and 80 cm wide. What is the length of a diagonal of the door frame? Round to the nearest centimeter.

___ + ___ = ___   Calculator? yes   no

Ch 17 Ls 1 Density and Momentum Problems.   357

_____ #1 #2 ____/11 #3 ____/4 R ___/7 Total ____/22 _____
         Name   Checker

#1 1. What is density? _____

2. What does DVM mean? _____

3. How do you change DVM to equal density? _____

4. How do you get the label for the answer? _____

5. Find the density of a box that's 3 cubic meters and weighs 45 kg.   What's the equation?

_____   What's the answer?

_____   How is it labeled?

_____ _____ per _____

#2 Find Momentum

1. What is momentum? _____

2. What does momentum multiply? _____

3. What is the momentum formula? _____

4. How do you label any momentum answer? _____

5. Find momentum of a 200 kg go cart going 6 m/sec.   How does it make an equation?

_____ x _____ = _____   Find the answer.

_____   How do you label it?

_____

6. Find momentum of a 2000 kg car going 60 m/sec.   How does it make an equation?

_____ x _____ = _____   Find the answer.

_____   How do you label it?

_____

#3 Density and Momentum Problems.   Calculator?
                                           yes   no

1. **Find the density of a box that's
   4 cubic meters and weighs 40 kg.**   Equation _____

   _____

2. **A rock is 2 cubic meters and density is
   100 kg per cubic meters. Find it's weight.** Equation _____

   _____

3. **Find the momentum of a 3 kilogram
   model car going 3 m/sec.**   Equation _____

   _____

4. **How fast does a 60 kg man go to get
   momentum of 600 kg/m/sec?**   Equation _____

   _____

Review 1. What is density? _____   Calculator?
                                                                       yes   no
        2. What does DVM mean? _____

        3. What is momentum? _____

        4. What is the momentum formula? _____

        5.   kg/cu m   cu m   mass   _____
What's   **3 x 10 = m**
Happening?   About density of a box.   _____

        6.   m/sec   kg   Momentum
              20 x 70 = p   _____
              About a guy on a moped.
                                           _____

        7.   kg/cu m   cu m   mass/kg
              20 x 10 = 200   _____
              d x 12 = 260
              What changed here?   _____

Ch 17 Ls 2 Power Formula   359

_____ #1 #2 ___/ 8   #3 ___/ 3   R ___/ 7   Total ___/ 18 _____
Name   Checker

#1 1. What is the formula for electrical power? _____

2. What is symbol for voltage and what does it count? _____

3. What is symbol for current and what does it count? _____

4. What is symbol for power and what does it count? _____

#2 1. 110 volts use 2 Amps. How much power/hour is put out?   **Make an equation.**

_____ X _____ = _____   What is the answer?
Current x Voltage = Power

_____

2. 60 watts uses 120 volts. What is the current?   **Make an equation.**

_____ X _____ = _____   What is the answer?
Current x Voltage = Power

_____

3. Nine volts at 0.5A. How much power does it use?   **Make an equation.**

_____ X _____ = _____   What is the answer?
Current x Voltage = Power

_____

4. Sixty watts with a 12 volt battery. What is the current?   **Make an equation.**

_____ X _____ = _____   What is the answer?
Current x Voltage = Power

_____

#3 Solve with the Power Formula   Calculator?
                                                                    yes   no

1. **An alarm clock uses 9.0 watts. If the clock is plugged into a 120 V outlet, what electric current is it?**   Equation _____

   _____

   _____

2. **The headlights of a car have 45 W for low beams. How much current is used for a 12 Volt system?**   Equation _____

   _____

   _____

3. **A lantern uses batteries connected in series. It uses 96 W of power, with 4.0 amps. How many volts is it?**   Equation _____

   _____

   _____

Review 1. What is the formula for electrical power? _____   Calculator?
                                                                         yes   no
2. What is symbol for voltage and what does it count? _____

3. What is symbol for current and what does it count? _____

4. What is symbol for power and what does it count? _____

          Amps Volts Watts

5.   **0.2 • 9 = P**   _____

What's Happening? Mike uses a radio.   _____

          Amps Volts Watts

6.   **a • 120 = 6**   _____

A amall TV set.   _____

          Amps Volts Watts

7.   **0.5 • v = 9**   _____

A bedside alarm.   _____

Ch 17 Ls 3 How Make it, Change it works.   361

_____ #1 #2 ____ / 6 #3 ____ / 3 R ____ / 5 Total ____ / 14 _____
Name   Checker

#1 1. What is Make an Equation, Change it? _____

2. How did the table problem Make it Change it? _____
_____

3. How did the garden problem Make it Change it? _____
_____

#2 **1. An equilateral triangle is 4 m on each side.**
How does the total change for a 27 m triangle?   **4 x 3 = 12**

It equals 27. How does it use a variable?   = _____

How do you solve it?   _____

_____

2. A pool is a square. The model is 2 meters
on each side. What is the perimeter of the pool?   **2 x 4**

The pool is 2 m, but they make any
size. Where does the variable go?   **2 x 4 = ____**

Solve for a pool that's 7 ft.   _____

_____

3. A circle has a diameter of 3 meters.
What is the starting equation?   ___?___ x ___?___ = ___?___

What diameter will make a
perimeter of 31 meters?   _____ x _____ = _____

How do you solve it?   _____ x _____ = _____

How did the diameter change?   _____

_____

#3 Use a variable with geometry formulas.   Calculator?
                                                   yes   no

1. **An equilateral triangle is 6 meters on each side.** $6 \times 3 = 18$
   How does the total change for a 30 m triangle?

   How does it use a variable?   _____
                                                   _____
                                                   _____

2. **An isoceles triangle is 4 m each side. The base
   is 5 m. What equation finds the perimeter?**   _____

   **How does it use a binomial to
   make the base longer?**   _____

   Add 2 meters to the base. What's the perimeter?   _____
                                                   _____

3. **A circle has a diameter of 5 cm. What is the
   starting equation for perimeter?**   ____ x ____ = ____

   **What's the diameter to make
   a perimeter of 24.8 cm?**   ____ x ____ = ____

   Use pi is 3.1. **What is the new diameter?**   _____
                                                   _____

Review   1. What is Make an Equation, Change it? _____   Calculator?
         2. How did the table problem Make it Change it? _____   yes   no
         _____

         3. How did the garden problem Make it Change it? _____
         _____

              Pi   meters area
          4. $3.1 \times 1^2 = 3.1$ _____
What's
Happening? $3.1 \times 2^2 = a$ _____
         Change a swimming pool.

              m/side sides meters   _____
          5. $3 \cdot 4 = 12$
              $s \cdot 4 = 20$ _____
         A pool for diving.

Ch 17 Ls 4 How geometry uses binomials.   363

_____ #1 #2 ____/ 8   #3 ____/ 3   R ____/ 9   Total ____/ 20 _____
Name   Checker

#1 1. Why did the porch problem add to find perimeter? _____

2. How did the 2 sides change 10 + 10 + 10 + 10? _____

3. Why did the mat problem multiply x 4 to find perimeter? _____

4. How did it change to add a mat? _____

5. How did it change to find 108 inches perimeter? _____

6. Name 3 ways to change an equation. _____
_____

#2 1. Mr J has a roof that has a 5 m radius.   **Make a starting equation.**
       What's the area to put a roof over it?

       Solve for the
       area of the roof.   _____

       He wants to put a garden   **How does it**
       around it. Use a binomial.   **add a variable?**

       He decides to add 3 meters   **What's the**
       more. Solve for a new area   **1st step?**

       What's the new area?   **What's the**
                                                        answer?

       _____

2. A field for a horse is 30 meters square.   **Make a starting equation**
   What is the equation for the perimeter?   **using addition.**

   Mr J buys a 160 meters fence.   **What's the**
   He makes the field longer.   **new total?**

   How does it   **Make an**
   use binomials?   **equation.**

   What's the 1st step?

   What's the answer?

#3   Make an equation and solve.   Calculator?   yes   no

1. **Mrs. Jackson is going to put up a wallpaper border along the top of the walls in her dining room. If the dining room measures 7 meters by 5 meters, how much border should she buy?**

   Equation _____
   Solve it. _____
   Answer _____

2. **Liam makes covers for pools.**
   His 1st pool has a 10 meters radius. What's the area of the cover?
   Use a variable for any round pool.

   Equation _____
   Solve it. _____
   Answer _____

3. **A rectangle is 2 cm x 4 cm. We want to make it longer until the perimeter is 40 cm.**
   How much longer is the rectangle?

   Equation _____
   Solve it. _____
   Answer _____

Review 1. Why did the porch problem add to find perimeter? _____   Calculator?   yes   no

2. How did the 2 sides change 10 + 10 + 10 + 10? _____

3. Why did the mat problem multiply x 4 to find perimeter? _____

4. How did it change to add a mat? _____

5. How did it change to find 108 inches perimeter? _____

6. Name 3 ways to change an equation. _____
_____

Solve it.
   centimeters   perimeter
7. $4(20 + 2) = 88$
     $4(20 + n) = 200$
   A tool box gets longer.

   m   m   m   m   perimeter
8. $8 + 8 + (8 + s) + (8 + s) = 50$
   A garage changes.

   meters   meters
9. $3.1 \cdot (2 + d) = 20$
   A pool changes.

Review Problems   365

_____ #1 #2 ____/14 #3 ____/ 7 Total ____/ 21
            Name

#1   **1. Density Equation** _____

   2. Momentum Equation _____

   3. Current _____

   4. Voltage _____

   5. Power _____

   6. Make it, Change it _____

   7. Porch Problem _____

   8. Picture Mat Problem _____

   9. Compare 2 Shapes _____

#2 1. Emma has a $20 gift certificate to a   Calculator?
       book store. She bought 7 books from   _____   yes   no
       the $4 shelf. How much will she pay?   _____
Make an equation
and solve each one.   _____

   2. Mrs K got $3000 earrings. The tax   _____
      is 7%. Make an equation to find the
      total she'll pay for her bling.   _____

                                                 _____

   3 A youth football field is twice as long   _____
      as it is wide. It's perimeter is 240 m
      around. How wide is the field?   _____

                                                 _____

   4. A Mexican restaurant sells a taco for   _____
      $2.00, a burito is $5.00, and deluxe
      burito is $7.00. Make an equation to   _____
      find the average price and solve it.
                                                 _____

   5. The restaurant wants to average $7.00   _____
      per meal. Their lowest price meal is $4.
      How much should they charge for the   _____
      upper price meal to average $7?
                                                 _____

#3 1. **Find the density of a box that's 8 cubic meters and weighs 20 kg.**

Make an equation, then solve for the variable.

2. **A bus that weighs 9,000 kg is going 5 km per hour. What is the momentum?**

3. **A mixer uses 200 W of power with voltage of 110 V. How many amps does it use?**

4. **An equilateral triangle is 6 meters on each side. How does the total change for a 18 m triangle?**

   How does it use a variable?

5. **How fast does a 50 kg woman bike (bike included) for a momentum of 800 kg/m/sec?**

6. **A house is 10 m by 20 m. They want to add a room, but zoning rules cap it at 300 square meters. How much can they add to the house?**

7. **A 6 cm square picture gets an 4 cm mat on each side. How long is the frame that goes around it?**

Calculator?   yes   no

www.ingramcontent.com/pod-product-compliance
Lightning Source LLC
LaVergne TN
LVHW081531060526
838200LV00048B/2056